JN411387

사통통석 2

史通通釋

Shi-Tong Tong Shi(Comprehensive commentary of the Shi-Tong)

지은이 유지기(劉知幾, Liu ZhiJi, 661-721)의 자는 자현(子玄)이고 팽성(彭城 : 江蘇省 徐州) 사람으로 당 고종 용삭(龍朔) 원년(661)에 태어나 현종 개원(開元) 9년(721)에 죽었다. 10세 이후 『좌전』에 몰두하고 17세가 되었을 때 이미 사학에 상당한 조예가 있었다. 약관의 나이에 진사에 합격하여 획가현(獲嘉縣) 주부(主簿)에 오래 머물다 이후 『삼교주영(三教珠英)』의 편찬에 참여하고, 계속하여 저작좌랑(著作佐郎) 등으로 국사편수를 겸하면서 기거주(起居注)·『당서(唐書)』·『무후실록(武后實錄)』 등의 편찬에 참여하였다. 그러나 감수(監修)제도에 불만을 토로하며 사관을 사직하고, 당 이전 사서 편찬과 관련한 문제들에 대하여 종합적이고 체계적인 평가를 시도하기 위해 『사통(史通)』 20권을 저술하였다. 『사통』은 사평(史評)과 관련된 최초의 체계적 저서로서 장학성(章學誠)의 『문사통의(文史通義)』와 함께 중국 사학사에 가장 중요한 역사이론서로 평가된다.

통석자 포기룡(浦起龍, Pu QiLong, 1679-1762)은 자가 이전(二田)이고 만년에는 스스로를 삼산창부(三山傖父)라 불렀다. 청 강희(康熙) 18년(1679) 무석현(無錫縣)의 전간촌(前澗村)에서 태어나 건륭(乾隆) 27년(1762) 83세의 나이로 죽었다. 과거에 낙방한 후 저술에 뜻을 두고 10여 년의 노력 끝에 두보(杜甫)의 시작(詩作)에 대한 연구서라 할 수 있는 『독두심해(讀杜心解)』를 완성하고, 옹정(雍正) 8년(1730) 51세의 나이로 진사에 합격한 이후 곤명(昆明)의 오화서원(五華書院) 산장(山長), 소주부학(蘇州府學)의 교수를 지내면서 『좌전』·『국어』 등 고적의 역대 평주(評注)에 교감과 자신의 평주를 더하여 『고문미전(古文眉銓)』 79권을 완성하였다. 건륭 10년(1745)에 관직을 물러난 후 건륭 4년(1739) 이래 관심을 가졌던 『사통』 주석작업을 본격적으로 시작하여 건륭 12년에 그 초고를 완성하고, 다시 5년 동안의 보완과 수정을 거쳐 건륭 17년(1752)에 정식으로 『사통통석(史通通釋)』을 간행하였다.

옮긴이 이윤화(李潤和, Lee, YunHwa, 1952-)는 경북 군위에서 출생하여 경북대학교 역사교육과를 졸업, 같은 대학교에서 석사과정을 수료하고, 대만 중국문화대학에서 박사학위를 취득하였다. 1980년 이후 안동대학교 사학과에 재직하고 있으며, 저서로는 『中韓近代史學研究』(1994)가 있다. 역서로는 『宋季元明理學通錄』(공역, 1994), 『전목 선생의 사학명저강의』(『中國史學名著』, 2006), 『중국과 일본의 역사가들(*Historians of China and Japan*)』(공역, 2007)이 있으며, 논문으로는 「從『宋書』史論看沈約的天命觀與處世觀」, 「王夫之(1619-1692)의 晉·宋 교체기 이해」, 「『讀通鑑論』「三國」條 史論에 대하여」 등이 있다. 위진수당사학회 회장을 역임하였고, 현재 중국사학회 부회장을 맡고 있으며, 중국 사회과학원 역사연구소에서 1년간(1993-1994) 연구한 적이 있다.

사통통석史通通釋 2

1판 1쇄 인쇄 2012년 4월 20일 **1판 1쇄 발행** 2012년 4월 30일

지은이 유지기 **통석자** 포기룡 **옮긴이** 이윤화 **펴낸이** 박성모 **펴낸곳** 소명출판
등록 제13-522호 **주소** 137-878 서울시 서초구 서초동 1621-18 (란빌딩 1층)
대표전화 (02) 585-7840 **팩시밀리** (02) 585-7848
이메일 somyong@korea.com **홈페이지** www.somyong.co.kr

ISBN 978-89-5626-688-6 94820 값 29,000원
ISBN 978-89-5626-686-2 (전4권)

이 번역도서는 2007년 정부재원(교육인적자원부 학술연구조성사업비)으로 한국연구재단의 지원에 의하여 연구되었음.

사통통석 2

史通通釋

유지기 지음 · 포기룡 통석 | 이윤화 옮김

◆ 일러두기

1. 본 역주는 劉知幾 原著 · 浦起龍 通釋, 『史通通釋』, 上海古籍出版社, 1978을 저본으로 하였다.
2. 본 역주의 인명과 지명 등 고유명사는 모두 우리말 발음으로 표기하고, 우리말(한자)을 병기하였다.
3. 본문에 부기(附記)되어 있는 유지기의 '原註'와 포기룡의 '釋' · '按'은 본래의 위치에 번역하였다.
4. 본문에 부기된 오자와 탈자 등 글자에 대한 고증과 관련한 일부 훈고적 '통석'부분은 문맥의 이해를 돕기 위한 경우를 제외하고는 번역을 생략하였다. 그러나 이들 문장을 『사통』 원문과 함께 모두 부기하여 참고하는데 불편이 없도록 하였다.
5. 각주의 경우, 그 숫자의 번거로움을 피하여 각 권별 새 번호로 시작하였다.
6. 유지기의 '原注'와 역자의 주석은 모두 '역주'라고 표기하였다. 따라서 '역주' 혹은 '原注'로 표기되지 않은 각주는 모두 포기룡의 '통석'에 해당한다.
7. '역주'에 인용된 참고문헌이나 연구논문의 경우 저자와 문헌 명을 원문으로 표기함을 원칙으로 하였지만, 때로는 한글(원문)로도 표기하였다.
8. 본 역주에서는 번역문과의 대조 편의를 위하여 『史通』 원문과 포기룡의 '통석' 원문[釋 · 按]을 모두 부록하였다. 다만 포기룡 '통석'부분의 각주(脚註)는 원문의 분량이 너무 많아 번역문만 싣고 원문은 부기(附記)하지 않았다.
9. 본 역주 본문 제일 앞에 표기되어 있는 숫자는 편-문단순서를 나타낸다. 예를 들어, 1-1은 권1, 「육가(六家)」 제1, 첫 문단, 9-1은 권4, 「논찬」 제9, 첫 문단 등을 표기하는 것이다. 권 표시는 생략하였다.
10. 기타 본 역주에서 사용한 부호는 다음과 같다.
    『 』: 단행본으로 간행된 서명
    「 」: 편명
    [ ]: 번역된 문장의 원문이나 보충설명
    " ": 인용문이나 대화
    ' ': 강조문
11. 원문은 물론 '통석'과 역주문에 가장 빈번하게 등장하는 『한서』 권30, 「예문지(藝文志)」의 경우 『한서예문지』 「육예략(六藝略)」 · 「제자략(諸子略)」 등으로, 그리고 『수서(隋書)』 권32-35에 수록된 「경적지(經籍志)」의 경우 『수서경적지』 「경부(經部)」 "상서" · 「사부(史部)」 "정사" 등으로 표기하였다. 아울러 『구당서(舊唐書)』 권46-47, 「경적지」, 『신당서(新唐書)』 권57-60, 「예문지(藝文志)」의 경우도 마찬가지로 『구당서경적지』 · 『신당서예문지』 등으로 줄여 표기하였다.
12. 『史通』 「原序」 앞에는 浦起龍의 「序」, 蔡焯의 「史通通釋擧例」, 浦起龍의 「史通通釋擧要」에 대한 번역문을 부록하였다.

역자 서문

『사통통석(史通通釋)』은 유지기(劉知幾 : 661-721)에 의해 쓰여진 책 『사통(史通)』에 대해 포기룡(浦起龍 : 1679-1762)이 주석[通釋]한 책을 가리킨다. 주지하다시피 『사통』은 상대적으로 역사이론서로서의 성격을 좀 더 많이 지녔다고 평가되는 장학성(章學誠 : 1738-1801)의 『문사통의(文史通義)』에 비하여 사학평론서로서의 성격을 강하게 갖는다. 물론 넓은 의미에서 볼 때 사학평론은 공자·맹자에 의해서도 언급되었다고 할 수 있지만 매우 단편적인 것이었고, 진한 이후 양웅(揚雄)·반표(班彪)·왕충(王充)·장보(張輔)·유협(劉勰) 등에 의해 시도되었다고 평가되기도 하지만 여전히 체계적이고 전면적인 것은 아니었다. 따라서 『사통』은 특히 공자 이후 사학의 형식이 확대되고 그 내용의 독자적 가치에 대한 자각이 일단락되는 진한에서 위진남북조시기에 있어서의 사서의 원류와 체례 등과 관련한 종합적이고도 체계적인 평가를 시도하였다는 점에서 중국사학사상 매우 중요한 의미를 지닌다.

지은이 유지기의 자는 자현(子玄)이고 팽성(彭城) 사람으로서 당 고종(高宗) 용삭(龍朔) 원년(661)에 태어나 현종(玄宗) 개원(開元) 9년(721)에 죽었으므로, 그의 생애 대부분은 무후(武后) 집정기에 해당한다. 유지기의 사학에 대한 흥미는 가학에 그 연원이 있었다고 할 수 있다. 즉 그의 조부 유윤지(劉胤之)는 수(隋)의 유명한 사가 이백약(李百藥)과 절친한 사이였고, 당 고종 영휘(永徽 : 650-655) 연간에 저작랑(著作郎) · 홍문관학사(弘文館學士)를 지냈으며, 국자좨주(國子祭酒) 영호덕분(令狐德棻) · 저작랑 양인청(楊仁淸) 등과 함께 국사와 실록을 편찬하였다. 유지기의 백부 유연우(劉延祐)는 약관의 나이에 출신 주(州)에서 진사가 되었고, 승진하여 위남위(渭南尉)가 되었다. 기록을 맡은 관리로서 당시 기읍(畿邑)에서 으뜸이었다고 평가되며, 유지기의 부친 유장기(劉藏器)는 고종 때 시어사(侍御史)를 지낸 적이 있다. 비록 사관의 직무를 맡았던 적은 없지만 양사(良史)의 강직한 기풍을 지니고 있었다.

유지기의 시대에 있어서 학자들이 관직에 나가는 주요한 방법은 과거(科擧)를 통하는 것이었다. 당시 과거의 중요한 내용은 경서(經書)와 함께 시부(詩賦)였다. 따라서 시부와 경서는 소년기 교육의 중요한 내용이었다. 유지기 역시 어려서부터 이와 관련한 교육을 받았음은 물론이다. 10세 이후 그의 부친은 그에게 고문상서를 가르쳤다. 그러나 곧 흥미를 잃고 다시 『좌전』 공부에 몰두하였다. 이후 유지기는 한대(漢代)로부터 당 초기까지의 사서(史書)를 전부 열람하였고, 17세가 되었을 때 유지기는 이미 고금 제도의 연혁, 역대 제왕의 계승 상황, 사서(史書)의 서술방법 등에 기본적인 지식을 갖추게 되었다. 이같은 노력이 유지기가 이후 사학 분야에서 많은 성과를 내게된 중요한 토대가 되었음은 물론이다.

유지기는 20세에 과거에 응시하여 진사제(進士第)에 합격하고, 획가현(獲嘉縣)의 주부(主簿)가 되었지만 관운이 순탄하지 않아 19년을 같은 직위에 사환(仕宦)하였다. 그러나 이 시기에 유지기는 경사(京師)를 드나들며 각종 사서는 물론 제자백가 · 잡기 · 소설 등까지도 손쉽게 빌려 열람할 수 있었으므로 그의 안목이 더욱 열리게 되었고 각각 다른 사서에 기록된 일정한 역사적 사실에 대한 이동(異同)을 알게 되었다. 이러한 활동은 이후 저술활동의 중요한 기초가 되었다. 아울러 시폐(時弊)를 지적하여 두 차례에 걸쳐 무후에게 상소를 통해 개혁의 의견을 올린 적도 있었다. 무후 성력(聖曆) 2년(699) 유지기가 39세 되던 해 우보궐(右補闕)·정왕부(定王府) 창조(倉曹)에 있으면서 대규모 유서(類書)인 『삼교주영(三敎珠英)』(1313권)의 편찬에 참여하여 3년 후에 완성하였고, 무후는 다시 조서를 내려 당사(唐史)를 편찬하게 했다. 유지기는 그 후 저작좌랑으로서 국사편수를 겸하면서 정식 사관의 임무를 맡게 되었고, 이후 좌사(左史)로써 기거주(起居注) 편수에도 참여하였으며, 주경칙(朱敬則)·서견(徐堅)·오긍(吳兢) 등과 함께 『당서(唐書)』 80권 편찬 작업에 참여하였다. 장안(長安) 4년(704)에 중서사인(中書舍人)으로 승진하면서 잠시 사관의 직위를 그만 둔 적이 있었지만, 중종(中宗)이 즉위하면서 저작랑·태자중윤(太子中允) 등으로 국사를 겸수(兼修)하였다. 신룡(神龍) 2년(706)에 유지기는 서견·오긍 등과 함께 『측천실록(則天實錄)』 30권을 완성하였고, 경룡(景龍) 2년(708)에는 다시 황제의 명으로 국사의 편수를 맡았지만 곧 감수(監修)제도에 대한 불만을 토로하고 사관을 사직하였다.

유지기가 살았던 고종 이후 현종까지의 시기는 실로 혼란한 정국이 계속되는 매우 불안정한 시기였다. 이러한 형세는 수사(修史)에도 직접적인 영향을 끼쳐 정상적인 편찬이 이루어질 수 없었다. 감수국사(監修國史)의 전횡과 사관들의 책임 회피 등으로 사관(史館)에서는 유지기도 자신의 재능과 포부를 제대로 펼칠 수 없었다. 따라서 유지기는 현실 정치의 모순을 벗어나 사관(史館)의 수사(修史)가 지닌 폐단을 강하게 비판하고 아울러 당 이전의 사서 편찬과 관련한 문제들에 대하여 종합적이고 체계적인 평가를 시도하기 위해 『사통』을 저술하였다. 『사통』이 저술되어 세상에 알려지자 유지기는 다시 태자좌서자(太子左庶子)·숭문관학사(崇文館學士)에 임명되어 수사(修史)작업에도 참여하였다. 현종 개원(開元) 3년

(715)에 산기상시(散騎常侍)로 옮겼지만 사관의 임무는 그대로 수행하였다. 이후 개원 9년(721) 장남 유황(劉貺)의 죄를 변호하다가 현종의 노여움을 사서 안주도독부(安州都督府) 별가(別駕)로 좌천되었고 얼마 되지 않아 그곳에서 병사하였다.

『사통』 20권은 내·외 두 편으로 나누어져 각기 10권으로 구성되어 있다. 내편 10권 39편 중 「체통(體統)」·「비무(紕繆)」·「이장(弛張)」 세 편은 이미 없어지고 현재는 제목만 남아 있을 뿐이고, 외편은 10권 13편이다. 『사통』은 내용의 특징에 따라 다음과 같이 분류하여 설명할 수 있다.[1]

첫째, 「육가(六家)」·「이체(二體)」·「잡술(雜述)」 세 편은 다양한 체례를 지닌 사서의 원류와 발전과정에서의 특징을 상세히 설명하고 있다. 유지기는 완효서(阮孝緖)의 『칠록(七錄)』과 『수서경적지』의 사부(史部)분류법을 계승하여, 기전(紀傳)·편년(編年)·국별(國別) 체례 등을 합하여 정사(正史)라 칭하고, 그 외 다양한 체례를 지닌 편기(偏記)·소록(小錄)·일사(逸事) 등 10종을 통칭하여 잡사(雜史)라고 하였다. 둘째, 「본기(本紀)」·「세가(世家)」·「열전(列傳)」·「표력(表曆)」·「서지(書志)」·「논찬(論贊)」·「서전(序傳)」·「서례(序例)」 등 여덟 편은 전문적으로 기전체의 조직과 구조를 설명하고, 아울러 『사기』와 『한서』 이하 여러 사서에 들어있는 이러한 문제와 관련한 우열과 득실을 평론하고 있다. 셋째, 「단한(斷限)」·「편차(編次)」·「제목(題目)」·「보주(補注)」 등 네 편은 기전체 편찬의 구체적인 처리방법을 상세히 설명하고 있다. 넷째, 「재언(載言)」·「재문(載文)」·「채찬(采撰)」·「서사(書事)」·「인물(人物)」·「서사(敍事)」·「언어(言語)」·「부사(浮詞)」·「모의(摸擬)」·「인습(因習)」·「점번(點煩)」 등 열한 편은 사료를 어떻게 선택할 것이며 서술에 있어서는 어떠한 기준과 원칙을 지켜야 할 것인가를 설명하고 있다. 다섯째, 「직서(直書)」·「품조(品藻)」·「곡필(曲筆)」·「감식(鑑識)」·「탐색(探賾)」 등 다섯 편은 사가들이 당연히 지녀야 할 양사(良史)로

1 이하 趙呂甫, 『史通新校注』, 自序, pp.4-5 참조.

서의 자세를 강조하고, 특히 아부와 명리추구를 강하게 비판하였다. 여섯째, 「핵재(覈才)」·「변직(辨職)」·「오시(忤時)」 등 세 편은 사재(史才)를 선발하는 중요성과 사직(史職) 수행의 어려움을 설명하고 있다. 특히 유지기는 사관(史館)에서의 수사(修史)와 감수국사(監修國史)의 간섭이 갖는 문제점을 매우 강하게 비판하였다. 일곱째, 「사관건치(史官建置)」·「고금정사(古今正史)」 두 편은 역대 사관의 설치연혁과 사서편찬에 대한 개략적인 설명을 하면서 특히 양사(良史)와 예사(穢史)에 대하여 매우 엄격한 잣대를 적용하여 평가하고 있다. 여덟째, 「의고(疑古)」·「혹경(惑經)」·「신좌(申左)」·「오행지착오(五行志錯誤)」·「오행지잡박(五行志雜駁)」·「잡설(雜說)」(상·중·하)·「암혹(暗惑)」 등 여덟 편은 형식적인 논리와 방법의 추리를 통해 유가경전과 정사 그리고 잡기 중의 사실기록이 지닌 허위성을 폭로하고 역사적 고증이 갖는 의의를 강조함으로 후세 역사적 문헌의 변위(辨僞)작업에 큰 영향을 주었다. 그 외 「자서(自敍)」편에서는 유지기 자신의 가학의 연원과 사서에 대한 탐구 그리고 그 결과로서의 『사통』의 취지를 설명하고 있다.

『사통』은 출간된 후 사학의 성취에 대한 평가를 객관적으로 인정받지 못하고 「의고」와 「혹경」편의 내용과 관련하여 부정적인 논란이 계속되었다. 따라서 당대(唐代)의 유찬(劉璨)은 『사통석미(史通析微)』에서 "터무니없이 성철(聖哲)을 모함하고 있다"[2]고 비판했고, 송대의 송기(宋祁) 역시 "고인(古人)을 교묘히 꾸짖었다"[3]고 지적하였다. 이같은 부정적인 평가는 『사통』의 유전(流傳)을 어렵게 하였다. 따라서 오대(五代) 후진(後晋) 때 편찬된 『구당서경적지』에는 『사통』이 수록되지 않았고, 송초(宋初) 왕효신(王曉臣)의 『숭문총목(崇文總目)』에는 이 책이 잡사류(雜史類)에 수록되었다. 남송 정초(鄭樵)의 『통지(通志)』 「예문략(藝文略)」에 이르러 정사(正史) 부분의 통사류(通史類)에 분류되었지만 『사통』의 학술적 위치가 모호한 상태

2 『郡齋讀書後志』 권1, 「史評」류 참조.

3 『新唐書』 권132, 「劉子玄傳」, 贊曰.

였음은 물론이다. 남송 조공무(晁公武)의 『군재독서지(郡齋讀書志)』에는 사부(史部) 사평류(史評類)에 수록되어 비로소 그 학술적 가치가 인정되었다고 할 수 있다. 그 이후 각종 서목(書目)이나 해제(解題)·예문지(藝文志) 등에 집부(集部) 문사류(文史類)에 수록되기도 했지만, 『문헌통고(文獻通考)』·『고금도서집성(古今圖書集成)』·『사고전서총목제요(四庫全書總目提要)』 등에는 모두 사평류에 수록되어 있다.[4]

『사통』의 각본(刻本)과 주석본(注釋本)은 명대 이후 계속하여 나타나고 있지만, 가장 빠른 판본은 송대의 각본(刻本)과 초본(鈔本)을 기초로 만력(萬曆) 5년(1577)에 간행된 장지상본(張之象本)과 육심(陸深)의 『사통』 절본(節本)이라 할 수 있는 『사통회요(史通會要)』 3권을 저본(底本)으로 만력 30년(1602)에 간행된 장정사본(張鼎思本)이 있다. 주석본으로는 명대 이유정(李維楨)·곽공연(郭孔延)의 『사통평석(史通評釋)』, 진계유(陳繼儒)의 『사통정주(史通訂註)』, 왕유검(王惟儉)의 『사통훈고(史通訓故)』, 청대 황숙림(黃叔琳)의 『사통훈고보(史通訓故補)』, 포기룡(浦起龍)의 『사통통석(史通通釋)』, 기윤(紀昀)의 『사통삭번(史通削繁)』 등이 있다. 이 중 명·청시대의 각종 판본을 널리 참고하면서 교정과 함께 상세한 주석을 달고 있는 포기룡의 『사통통석』이 가장 널리 유행하고 있다.

통석자 포기룡(浦起龍)은 자가 이전(二田)이고 만년에는 스스로 삼산창부(三山倫父)라 불렀다. 세간에서는 삼산거사(三山居士)라고도 칭하고, 학자들은 삼창선생(三倉先生)이라고도 불렀다. 청 강희(康熙) 18년(1679) 무석현(無錫縣)의 전간촌(前澗村)에서 태어나 건륭(乾隆) 27년 83세의 나이로 죽었다. 포기룡은 몇 차례 과거시험에 낙방한 후 저술에 뜻을 두었는데, 그는 10여 년의 노력으로 옹정(雍正) 2년(1724)에 완성한 두보(杜甫)의 시작(詩作)에 대한 연구서라고 할 수 있는 『독두심해(讀杜心解)』가 있다. 그리고 옹정 8년(1730) 51세의 나이로 진사(進士)에 합격한 이후 옹정 12년(1734) 운

4 莊萬壽, 『史通通論』, 萬卷樓, 2009, pp.86-89 참조.

남(雲南)의 곤명(昆明)에서 오화서원(五華書院)의 산장(山長)을 맡으면서 서로 다른 고적(古籍)의 평주본(評注本)을 수집하기 시작하였다. 건륭 2년(1737) 고향 무석으로 돌아와 소주부학(蘇州府學)의 교수(教授)로써 자양서원(紫陽書院)에서 임교(任敎)하였을 때 왕창(王昶) · 전대흔(錢大昕) · 왕명성(王鳴盛) 등이 그의 문하에서 수업하였으며, 이때부터 본격적으로 『좌전(左傳)』· 『국어(國語)』· 『초사(楚辭)』· 『문선(文選)』 등 고적의 역대 평주(評注)에 대하여 교감(校勘)을 진행하면서 스스로 상세한 평주를 추가하여 건륭(乾隆) 9년(1744)에는 『고문미전(古文眉詮)』 79권을 각성(刻成)하였다.

『사통통석』 20권은 포기룡이 반생의 정혈(精血)을 모두 이 책의 저술을 위해 썼다고 할 정도로 많은 노력을 기울인 저작이다. 일찍이 건륭 4년(1739) 그가 소주(蘇州)의 자양서원에서 강의하던 시절 왕유검(王惟儉)의 『사통훈고(史通訓故)』와 이유정(李維楨) · 곽공연(郭孔延)의 『사통평석(史通評釋)』 등을 보고 부족한 부분을 다시 새롭게 보완하려 했지만 여의치 못하자 건륭 10년(1745)년 노령으로 관직에서 물러난 후 비로소 정식으로 주석을 시작하여 건륭 12년(1747)에 『사통통석』 초고를 완성하고, 다시 5년 동안 여러 차례의 보완과 수정을 거쳐 건륭 17년(1752)에 간행하였다. 이 책의 저술에는 20명에 가까운 사람들의 조력을 받았지만, 특히 책이 완성되기 전 사망한 그의 제자 채작(蔡焯)의 도움을 가장 많이 받았다. 『사통통석』은 상세한 주석을 통해 『사통』 본문을 이해하는데 크게 도움이 된다는 긍정적인 평가와 함께 경솔하게 고서(古書)를 개찬(改竄)하고 정문 중에 주석(註釋)을 달아 읽기가 혼란스러우며, 교감(校勘)에 있어서 인용한 판본의 명칭을 정확하게 밝히지 않고 별본(別本) · 속본(俗本) · 고본(古本) 등으로 표시하여 그 출처가 애매한 경우가 많다는 비판도 있다.[5] 그럼에도 불구하고 『사통』의 주석본으로 가장 널리 읽히고 있음은 물론이다. 이후 『사통통석』의 문제점을 보완하기 위하여 진한장(陳漢章)의

5 張振珮, 『史通箋注』 前言, 貴州人民出版社, 1985, p.8. 趙呂甫, 『史通新校注』 凡例, 重慶出版社, 1990, p.1 참조.

『사통보석(史通補釋)』, 양명조(楊明照)의 『사통통석보(史通通釋補)』, 나상배(羅常培)의 『사통증석(史通增釋)』 등이 간행되기도 하였다.

역자가 이 책의 번역을 시도한 것을 이제 돌이켜보니 정말 무모한 일이었다는 생각이 든다. 1983년 대만 중국문화대학에서 전목(錢穆) 교수의 강의를 수강하면서 중국사학사에 대한 흥미를 갖기 시작하였지만, 이후 산발적인 관심으로 주로 위진남조시대의 사학과 관련한 논문을 몇 편 발표했을 뿐인 역자에게 이 책의 번역은 다방면에서 역부족임을 절감하게 하였다. 『사통』의 원문은 물론 포기룡의 통석문 중 특히 안문(按文)의 경우는 그 내용을 제대로 이해하는 것이 어려웠을 뿐만 아니라 그것을 다시 우리 글로 정확하게 표현하는 것은 더욱 어려운 일이었다. 때문에 평소 낙관적인 생각으로 모든 일을 쉽게 결정하였다가 간혹 낭패를 보는 일이 있어도 그 결정 자체를 크게 후회해 본적이 없지만, 이 책의 경우는 작업을 하는 내내 과분한 욕심을 냈다는 자괴감을 지울 수가 없었다. 그러나 다른 한 편 곰곰이 생각해보니 그러한 부족함이 오히려 지난 8년의 시간을 이 책과 계속 씨름하며 자신을 채찍질 할 수 있었던 원동력이 되었던 것 같다.

이 책의 번역은 2003년 7월 「자서(自敍)」편을 시작으로 평소 관심을 가지고 있던 「논찬(論贊)」·「서례(序例)」·「인물(人物)」편 등에 대한 산발적인 역주 작업을 진행하다가 2007년 한국연구재단의 번역지원을 받게 되면서 처음부터 다시 체계적인 번역을 진행하였다. 그 과정에서 『사통』의 경우 백화문(白話文)과 일문(日文)으로 번역된 책을 참고로 하여 어려움을 부족하게나마 해결할 수 있었다. 특히 니시와키 쯔네키[西脇常記]의 역주(譯註)는 유지기의 원문을 해석하는 데는 물론 역주 작업을 하는데 있어서도 가장 많은 참고가 되었다. 물론 중국학자들의 선행 교주(校注)와 전주(箋注) 작업들의 도움을 적지 않게 받은 것은 말할 것도 없다. 하지만 '통석'의 경우는 다양한 고전을 인용하면서 축약하여 인용한 문장이 많아 전체 내용을 제대로 이해해야만 해석이 가능한 부분이 적지 않았고 또 참고할 수 있는 선행 저작들이 없어서 그의 주장을 이해하는데 어려움이 많았다. 물론 그 덕분에 과거에 읽었던 흔적이 남아 있는 고전들을 다시 펼쳐가며 전거들을 일일이 대조하는 즐거움을 경험할 수도 있었다. 그러나 포기룡 자신의 견해를 담아 매 편의 중간 혹은 말미에 정리한 안문(按文)의 경우는 역자의 능력이 미치지 않는 부분이 많아 도움을 받지 않으면 안 되었다. 마침 안동대학에 연구를 위해 와 있던 산동사회과학원(山東社會科學院) 유학연구소의 노덕빈(路德斌) 선생의 도움을 많이 받았다. 처음에는 해석이 안 되는 부분을 골라 함께 해석해 나가다가 나중에는 『사통』의 원문을 읽고 다시 포기룡의 안문을 읽고 정리하는 형식을 취하였다. 이러한 작업은 노 선생이 귀국한 후에도 이-메일을 통해 계속되었다. 해석이 어려운 부분은 노 선생이 다시 주변의 관련 학자들의 자문을 받아 정리해 보내주었다. 지난 3년여 시간 동안 노덕빈 선생의 적극적인 도움이 없었더라면 이 책의 번역은 많은 어려움에 봉착하여 순조롭게 진행될 수 없었을 것이다. 서문을 빌려 진심으로 감사의 말을 전한다. 아울러 포기룡의 「서(序)」와 「거요(擧要)」 그리고 채작의 「거례(擧例)」 번역문을 다듬어 준 황만기 선생과 오·탈자 교정을 도와준 대학원생들, 특히 박사과정의 김동현군에게도 고마운 마음을 전한다. 이러한 도움에도 불구하고 분명 적지 않은 오역과 오류가 있을 것이다. 이는 전적으로 모두 역자의 책임인을 밝혀둔다. 물론 터무니없는 오역을 한 부분이 없기를 바라는 마음이지만 그저 희망사항일 뿐이다. 설사 이 번역서가 독자들에게 반면교사로서의 교훈을 제공하는 것에 그치더라도 이 책과 함께 한 지난 8년의 시간이 역자에게는 분명 보람으로 남는다. 마지막으로 책을 정성스럽게 만들어준 소명출판 편집부 여러 분들의 노고에도 감사의 마음을 표한다.

2012년 4월, 안동 원림(院林) 우소(寓所)에서

이윤화

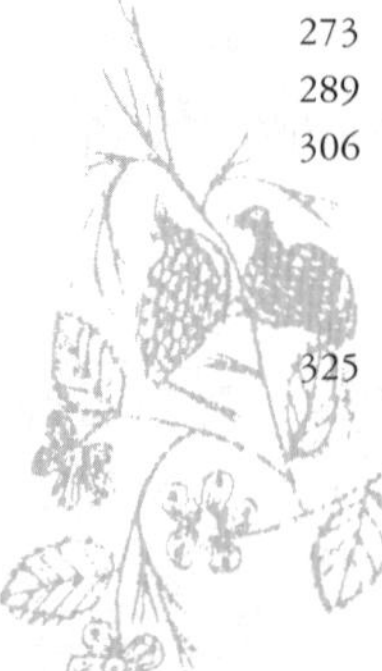

사통통석 전체 차례

『사통통석』 권6

「언어(言語)」 제20

입으로 말하는 언어 즉 방언(方言)과 같은 유로써 사서에 실려 있는 것을 가리킨다.[謂口說之語, 約方言之類, 載在史中者]

「언어(言語)」편에서 유지기는 역사적 사실을 서술함에 있어서 수사(修辭)의 문제를 설명하면서 주의해야 할 요소를 두 가지로 구분하여 설명하였다. 첫째, 시대의 변화에 따라 사용하는 언어가 달라지는 것은 당연하기 때문에 옛 사람의 언사를 그대로 모방하는 것을 반대하였다. 둘째, 지역에 따라 풍속이 다르기 때문에 쓸데없는 문채(文彩)를 동원하여 사실과 다르게 풍물을 과장하는 것을 반대하였다. 두 경우 모두 역사적 진실을 이해하는데 큰 장애가 된다고 여겼기 때문이다. 유지기는 먼저 상고(上古)시대로부터 진한(秦漢)에 이르는 과정에서 시대가 변화함에 따라 사용하는 언어가 다르고 그에 따라 수사(修辭) 또한 자연스럽게 변하였다고 했다. 따라서 『춘추』 삼전(三傳)의 언어가 더 이상 『상서』의 문장을 그대로 답습하지 않고, 양한(兩漢)의 언어 또한 대부분 『전국책』과 같지 않게 되었다고 하였다. 지역의 차이와 관련하여 유지기는 동진(東晉) 이후 남북조가 분열하였던 시기에 강남은 여전히 예악(禮樂)의 고장이 되어 고대의 유풍(遺風)을 좋아하였고 혼란의 시기에도 경적(經籍)을 잃지 않았으므로 사신(史臣)

들은 문장을 수식할 때 큰 힘을 들이지 않았지만, 북조의 경우 최홍(崔鴻)과 위수(魏收) 그리고 우홍(牛弘) 등이 사서를 편찬하면서 당시 중원의 실제 모습을 그대로 반영하는 문사(文辭)를 사용하여 기록하지 않고 『시(詩)』와 『서(書)』를 인용하고 『사기』와 『한서』를 모방함으로써 겉만 화려할 뿐 진실을 잃고 있다는 점을 크게 비판하였다. 결론적으로 유지기는 "역사서술에 아주 능한 사람은 사실을 가리지 않고 쓴다. 때문에 그 말이 아름답고 추함에 관계없이 모두 후세에 전해졌다. 만일 내용이 모두 그릇된 것이 아니고 언어가 분명히 진실에 가까운 것이라면 거의 옛사람들에게 다가설 수 있는 것"이라 하면서, 역사적 진실을 적으려는 노력이야말로 언사를 꾸미는 일보다 훨씬 중요하다는 사실을 강조하였다. 이는 물론 '실록(實錄)'과 '직서(直書)'를 중시하는 유지기의 일관된 주장과 일맥상통하는 것이다.

20-1

대개 언행은 군자에게 있어서 가장 중요한 것[樞機]이니 그것[樞機]을 발하는 것에 영욕(榮辱)이 달려 있으며,[1] 말만하고 글로 남기지 않는다면 그 말은 멀리 전해지지 않는다.[2] 말을 수식하여 교제하고 응대하는[3] 즉 사

---

1 역주 : 『역(易)』 「계사(繫辭)」 상에, 언행은 군자에게 있어서 가장 중요한 것[樞機]이니 그것[樞機]을 발하는 것에 영욕(榮辱)이 달려 있다. 언행은 군자가 천하를 움직이는 수단이니 신중하지 않겠는가?라고 하였다. 李基東, 『周易講說』 下, p.332.

2 역주 : 『좌전』 양공(襄公) 25년(B.C. 548)에, 『지(志)』에 이르기를 말로써 뜻을 완성시키고 글로써 말을 완성시킨다고 했다. 말을 하지 않으면 누가 그 뜻을 알 것인가? 또한 말만 하고 글로 남기지 않는다면 어찌 그 말을 멀리 전할 수 있겠는가[言之無文, 行而不遠]?라고 하였다.

3 역주 : 『논어』 「자로(子路)」편에, 공자께서 말하기를, '『시경』의 시 300편을 다 외우되, 정사(政事)에 보탬을 줄만큼 달하지 못하고, 사방에 사절로 보내져도 혼자 응대하여

신(使臣)으로 다른 나라에 가서 홀로 군주의 명을 수행하는 것을 옛사람들은 중시하였다.(釋 : 처음에는 수식(修飾)을 귀하게 여긴다고 말함으로써 「언어」편의 뜻을 분명하게 주장하였다) 상고(上古)시기에 사람들은 모두 소박하고 간략하였으며, 당시의 언어는 후세사람들이 이해하기 어려워 해석을 통해서야 비로소 뜻이 통했다. 그러므로 도리를 탐구하고자 하면 사실의 기록은 간단하더라도 함의는 깊어야 하며, 문사(文辭)를 고찰하고자 하면 말은 어렵더라도 뜻은 이해가 잘되어야 한다. 예컨대 『상서(尙書)』에 기재된 「이윤(伊尹)」의 훈(訓)[4]과 「고요(皐陶)」의 모(謨),[5] 그리고 「낙고(洛誥)」·「강고(康誥)」·「목서(牧誓)」·「태서(泰誓)」 등이[6] 바로 그러하다.(釋 : 하·은·주 시대의 구어(口語)들이다) 주(周)나라는 하(夏)·상(商) 두 시대의 예법(禮法)과 제도를 본받았으므로 그 문물제도가 찬란하다.[7] 대부(大夫)와 행인(行人)[8] 등의 관직은 특히 시문 짓는 것을 중시하였으므로 언사(言辭)는

[專對] 일을 처리하지 못한다면, 비록 시를 많이 외우고 있다 한들 무엇하리오'라고 했다.

4 역주 : 『상서』 「이훈(伊訓)」편은 이윤(伊尹)이 탕왕(湯王)에 이어 왕위에 오른 태갑(太甲)에게 왕으로써 지녀야 할 마음가짐에 대한 훈계의 내용이 담겨 있다.

5 역주 : 『상서』 「고요모(皐陶模)」편은 고요(皐陶)가 순(舜)의 면전에서 우(禹)와 나눈 여러 가지 정책과 의견을 수록하고 있다. 주로 어떻게 요(堯)의 정책을 계승하여 나라를 잘 다스릴 것인가 하는 문제였다.

6 역주 : 모두 『상서』의 편명으로, 「낙고(洛誥)」는 낙읍이 건성(建成)된 후 주공(周公)이 성왕(成王)을 훈계한 말이고, 「강고(康誥)」는 주공이 강숙(康叔)을 봉하며 훈계한 말이며 특히 형법고하 전제(典制)에 관한 언급이 많다. 「목서(牧誓)」는 무왕이 상(商)의 주(紂)를 정벌하면서 목야(牧野)에서 군사들에게 맹서한 말이고, 「태서(泰誓)」는 역시 무왕이 상을 정벌하기 위해 군대가 황하의 맹진(孟津)을 건너면서 제후들과의 회합에서 주(紂)의 각종 포악한 행위를 지적하며 행한 맹서의 말이다.

7 역주 : 『논어』 「팔일(八佾)」편에, 공자가 말하기를, '주(周)나라는 하(夏)·상(商) 두 시대의 예법(禮法)과 제도를 본받았으므로 그 문물제도가 찬란하니, 나는 주나라를 따르겠노라'고 했다.

8 역주 : '행인'은 외교사절을 가리킨다. 『논어』 「헌문(憲問)」편에, 공자께서 말씀하시기를, "명(命)을 만들 때 비심(裨諶)이 초안을 작성하면 세숙(世叔)이 검토하고, 행인(行人)인 자우(子羽)가 수식(修飾)하고, 동리(東里)의 자산(子産)이 문채(文采)를 더하여 아름답게 하였느니라"라고 하였다. 이는 공자가 정나라에서 외교문서를 작성하는 과정을 가리켜 언급한 것이다. 『춘추』 양공(襄公) 11년(B.C. 562)의 경문(經文)과 『좌

부드러우면서도 정성스러우며, 유창하고 화려하면서도 지나치지 않았다. 예컨대 『춘추』에 기재된 여상(呂相)이 진(晉)을 대표하여 진(秦)과의 단절을 나타낸 말(성공(成公) 13년(B.C. 578)), 정(鄭)나라의 자산(子産)이 진(陳)을 쳐서 크게 이긴 것을 보고한 말(양공(襄公) 25년(B.C. 548)), 장손달(臧孫達)이 노(魯)나라의 군주에게 송(宋)나라의 뇌물인 곡대정(鵠大鼎)을 받지 말아야 한다고 권고하는 간언(환공(桓公) 2년(B.C. 710)), 진(晉)나라의 위강(魏絳)이 진후(晉侯)에게 무엇 때문에 양간(楊干)의 심부름꾼을 죽였는가를 해석하는 설명(양공(襄公) 3년(B.C. 570)) 등이 바로 그러하다.(釋 : 춘추시대의 구어들이다) 전국시대에 싸움은 더욱 치열하고 유세지풍(游說之風)은 크게 일어나 사람들은 모두 말을 꾸며대는 재주를 지니고 있었고 집집마다 모두 변론하는 술수를 갖고 있었다.[9] 말을 잘하는 경우 궤변을 근본으로 삼았고, 변론을 잘하는 경우 우언(寓言)에 근거하였다. 예컨대 『사기』에 기재된 소진(蘇秦)의 합종책(合縱策)과 장의(張儀)의 연형책(連衡策),[10] 범저(范雎)가 진(秦)나라의 승상(丞相)이 되어 운용한 이간책(태후(太后)와 양후(穰侯) 사이를 이간함), 노중련(魯仲連)이 분란을 해결하고 조(趙)나라를 온전하게 구원한 것 등이 바로 그것이다.[11](노중련이 조(趙)나라 평원군(平原君)에게, 천하의 사인

전』에 정(鄭)의 행인(行人) 양소(良霄)가 보인다. 『주례(周禮)』 「추관(秋官)」에 대행인(大行人) · 소행인(小行人)의 관명이 보인다. 『한서예문지』 「제자략(諸子略)」 "종횡가(縱橫家)"에, 종횡가 유(類)는 대개 행인(行人)의 관직에서 나온다고 하였다. 주로 조빙(朝聘)과 사신접대를 관장하였다. 『주례(周禮)』 「추관(秋官)」 조 참조. 장학성(章學誠), 『문사통의(文史通義)』 「시교(詩敎)」 하에, 종횡지학(縱橫之學)은 고대의 행인지관(行人之官)에 근본한다고 하였다.

9 『문심조룡(文心雕龍)』 「논설(論說)」편에, 「전환(轉丸)」에서는 교묘한 화술을 유창하게 구사하였고, 「비감(飛鉗)」에서는 사람들로 하여금 자신들의 정교한 기술에 탄복하게 하였다고 했다. 윤지장(尹知章)의 『귀곡서(鬼谷序)』에, 소진(蘇秦) · 장의(張儀)가 귀곡자에게서 변론술인 「패합(捭闔)」의 술(術)을 받았고, 또 「전환(轉丸)」 · 「거협(胠篋)」 3장(章)을 받았다고 했다. 按 : 말을 꾸며대는 재주[弄丸]는 『장자(莊子)』 「시남의료(市南宜僚)」의 사실에도 인용하고 있다. 『귀곡자』에 「비겸(飛箝)」편이 있는데 '겸(箝)'은 '겸(鉗)'과 통한다.

10 역주 : 『사기』 권69, 「소진열전」과 『사기』 권70, 「장의열전」 참조.

11 역주 : 『사기』 권79, 「범수채택열전(范雎蔡澤列傳)」과 『사기』 권83, 「노중련추양열전

(士人)들이 귀한 까닭은 다른 사람들을 위하여 걱정을 덜어주고, 재난을 없애주며 분규를 풀어주기 때문이라 하였다. **釋**: 전국(戰國)시대의 구어에 관해 설명하고 있다. ○이상 세 단락에서 인용한 사례들은 언어가 구어(口語)류와 유사하여 꾸밈이 없고 순박하면서도 완곡하지만, 남을 속이는 말은 모두 소리로 응하여 나온 것으로 후세의 문장을 빌려 기교를 부리는 것과는 다르다)

蓋樞機之發, 榮辱之主, 言之不文, 行之不遠, 則知飾詞專對, 古之所重也.(**釋**: 起以言貴修飾, 反振篇意) 夫上古之世, 人惟樸略, 言語難曉, 訓釋方通. 是以尋理則事簡而意深, 考文則詞艱而義釋, 若『尙書』載伊尹之(一作'立')訓, 皐陶之(一作'矢')謨, 「洛誥」·「康誥」·「牧誓」·「泰誓」是也.(**釋**: 三古時口語一層) 周監(一多'於'字)二代. 郁郁乎文. 大夫·行人, 尤重詞命, 語微婉而多切, 言流靡而不淫, 若『春秋』載呂相絶秦,(成十三) 子産獻捷,(襄二十五) 臧孫諫君納鼎,(桓二) 魏絳對戮楊干(襄三)是也.(**釋**: 春秋時口語一層) 戰國虎爭, 馳說云涌, 人持弄丸之辯, 家挾飛鉗之術, 劇談者以譎誑爲宗, 利口者以寓言爲主, 若『史記』載蘇秦合從, 張儀連橫, 范雎反間以相秦,(間太后, 穰侯) 魯連解紛而全趙是也.(連言: 天下士爲人排患難·解紛亂. **釋**: 戰國時口語一層. ○此三層爲言語擧似其類, 由渾樸而流婉, 而譎辯, 皆是應聲而出, 非若後世假章札以爲工者)

20-2

한(漢)·위(魏) 이후 북주(北周)·수(隋) 이전까지 세상에서는 모두 문장을 숭상하였고, 때에 따라 응대(應對)하는 인재는 필요로 하지 않았다. 여

(魯仲連鄒陽列傳)」 참조.

러모로 계책을 짜내고 책략을 꾸미는 것을 모두 상주문[章表][12]에 썼으며, 좋은 점과 나쁜 점을 지적하는 말을[13] 모두 필찰[筆札][14]에 담았다. 그리하여 재아(宰我)와 자공(子貢)의 도(道)가 다시는 유행되지 않았고,[15] 소진(蘇秦)과 장의(張儀)의 변설(辯舌)은 마침내 없어졌다.(釋 : 이 몇 마디로 한으로부터 수에 이르는 동안 말로 행하던 일들이 모두 글[筆]로 대체되었다고 총괄하였다) 만일 충성을 담은 간절한 간언(諫言)이 있다면 바로 「답빈희(答賓戲)」·「해조(解嘲)」 같은 문장이 있는데[16] 그 중 칭찬할만한 것으로는 주운(朱雲)이

12 역주 : 『문심조룡』 「장표(章表)」편에, 장(章)·표(表)의 기능은 천자의 덕행에 대하여 품위를 갖추어 찬양하고, 어전에서 신하가 자신들의 의견을 표현하는 것이다. 따라서 자신의 문채를 드러내야 하며, 아울러 국가의 영광을 드러내야 한다. 장(章)은 천자 앞에서 심중을 토로하는 만큼 그 풍격(風格)과 규범이 마땅히 명확해야만 한다. 표(表)는 어떤 행위의 중지를 간청하는 것이기 때문에 그 의도가 분명해야 한다. 이 두 형식이 의미하는 실체를 찾는다면 그것은 문채를 근본으로 삼는다는 사실이다. 그렇기 때문에 장(章)의 체제는 분명하고 훌륭해야 하며, 그 의도는 『상서』의 '전모(典謨)'를 모범으로 삼아 요점을 찌르되 개략적이지 않게 하고 분명하게 하되 천박하지 않도록 해야 한다. 표(表)의 체제는 다방면을 포괄하는 것이기 때문에 그 내용상 진심(眞心)과 가의(假意)가 여러 번 변화되게 마련이다. 그러므로 반드시 정확한 의도로써 그것의 영향력을 드러내어 널리 떨치게 하고, 청신한 언어로써 그것의 미적 효과를 드러내야 한다고 했다.

13 역주 : 『좌전』 소공(昭公) 20년(B.C. 522)에, "(안자(晏子)가 말하기를) 군주가 좋다고 하더라도 혹 좋지 못한 점이 있으면 신하는 그 좋지 못한 점을 말씀드려서 바로잡고, 군주가 좋지 않다고 하더라도 좋은 점이 있으면 신하는 그 좋은 점을 말씀드려 그 좋지 않은 점을 제거하도록 하는 것입니다[君所謂可, 而有否焉, 臣獻其否, 以成其可. 君所謂否, 而有可焉, 臣獻其可, 以去其否]. 이로써 정치는 공평하게 되어 도를 벗어나지 않고, 백성은 다투는 마음이 없어지는 것입니다"라고 하였다. 『문심조룡』 「부회(附會)」편에도, "이렇게 한 후에 흑(黑)과 황(黃)을 평가하고, 금옥(金玉)의 낭랑한 소리를 울려 퍼지게 하며, 적절한 것은 제공하고 그렇지 못한 것은 중지시킴으로서 균형을 얻을 수 있는 것이다[然後品藻玄黃, 擒振金玉, 獻可替否, 以裁厥中]"고 하였다.

14 역주 : 『한서』 권57상, 「사마상여전(司馬相如傳)」에, 황제가 상서(尙書)에게 필찰(筆札)을 주도록 하였다고 한 내용에 대한 안사고(顔師古)의 주에, 찰(札)은 목간의 얇고 작은 것이다. 당시에는 대부분 종이를 사용하지 않았기 때문에 '찰'을 주어 글을 쓰게 한 것이라고 하였다.

15 역주 : 『논어』 「선진(先進)」편에, "공자께서 이르기를, 언어로는 재아와 자공이로다"라고 하였다. 언어는 외교(外交)사령(辭令)에 능한 것을 의미한다. 도(道)란 언어를 가리킨다.

16 역주 : 두 문장 모두 『문선(文選)』 권45에 실려 있다. 「서례(序例)」편 주(注)에도 보인

한 성제(漢成帝)의 분노를 막기 위해 난간을 부러뜨리고,[17] 장강(張綱)이 수레를 감추어 두고 충직한 말을 상주(上奏)한 일 등이다.[18](釋 : 이하 분명히 누락된 문장이 있다. 대개 이 두 구절에서는 충언(忠言)으로 칭찬할만한 것이므로 마땅히 이와 관련 있는 문장이 있어야 한다. 그 다음에는 다시 '다른 예로는' 등과 같은 글자로 이어져야 한다) 진복(秦宓)이 오(吳)나라의 객(客)에 응대한 말,[19] 왕융

다.

17 『한서』 권67, 「주운전」에, 주운의 자는 유(游)이다. 성제(成帝) 때 주운이 상소를 올려 알현을 청하였다. 공경이 있는 앞에서 주운이 말하기를, '신은 원컨대 상방(尙方)에게 검을 내려 영신(佞臣) 1인을 참하여 나머지를 엄숙하게 하기를 바랍니다'라고 하였다. 황제가 묻기를 '누구인가'라고 하자 대답하여 말하기를, '안창후(安昌侯) 장우(張禹)입니다'라고 하자 황제가 크게 노하여 어사로 하여금 주운을 하옥하게 하였다. 그러나 주운은 궁전의 난간을 붙잡고 직언하였고 난간이 부러졌다. 좌장군(左將軍) 신경기(辛慶忌)가 면관을 무릅쓰고 머리를 조아리며 논쟁하여 황제의 뜻이 풀어졌다. 후일 난간을 고치려할 때 성제가 말하기를, '난간을 바꾸지 말고 수리만 하라. 직언을 하는 신하를 기리는 정표로 삼으리라'고 하였다.

18 『후한서』 권56, 「장호전(張晧傳)」에, 아들 강(綱)의 자는 문기(文紀)이고 어사(御史)를 지냈다. 순제(順帝) 한안(漢安) 원년(142) 여덟 명의 사신을 골라 보내 풍속을 순시하도록 하였다. 나머지 사람들이 황제의 명을 받고 떠났지만, 장강은 가지 않고 낙양 도정(都亭)에 수레를 숨겨놓고 말하기를, '승냥이와 이리[豺狼]가 길을 막고 있는데 무엇 때문에 여우와 이리[狐狸]를 책문(責問)하는가'라고 하였다. 마침내 대장군(大將軍) 양기(梁冀)와 하남윤(河南尹) 양불의(梁不疑)를 탄핵하는 상소를 올렸다. 상소문이 조정에 올라가자 경사(京師)가 두려워 떨었다고 하였다.

19 『삼국지』 권38, 「촉지」「진복전」에, 진복의 자는 자칙(子敕)이다. 좌중랑장(左中郎將), 장수교위(長水校尉)에 임명되었다. 오 나라가 사자 장온(張溫)을 보냈을 때, 백관들은 모두 가서 전송했다. 진복이 도착하자, 장온이 질문했다. '그대는 학문을 했습니까?' 진복이 말했다. '5척 동자조차도 모두 학문을 하거늘, 하필 저에게 묻습니까?' 장온이 또 질문했다. '하늘에는 머리가 있습니까?' 진복이 말했다. '있습니다. 서쪽에 있습니다. 『시(詩)』에서 말하기를 네 머리를 돌려 서쪽을 보라고 했으니, 이 문구(文句)로부터 유추하면 머리는 서쪽에 있습니다.' 장온이 말했다. '하늘에는 귀가 있습니까?' 진복이 말했다. '하늘은 높은 곳에 있으면서 낮은 곳의 소리를 듣습니다. 『시』에서 말하기를 학은 구고(九皐)에서 울고, 소리는 하늘에서 듣는다고 했습니다. 만일 귀가 없다면 어떻게 듣겠습니까?' 장온이 말했다. '하늘에는 발이 있습니까?' 진복이 말했다. '있습니다. 『시』에서 말하기를, 하늘의 걸음은 어렵구나, 너는 이렇게 할 수 없다고 했습니다. 만일 발이 없다면 어떻게 걷겠습니까?' 장온이 말했다. '하늘에는 성이 있습니까?' 진복이 말했다. '있습니다.' 장온이 말했다. '성이 무엇입니까?' 진복이 말했다. '성은 유(劉)입니다.' 장온이 말했다. '어떻게 그것을 아십니까?' 진복이 대답했다. '천자의 성이 유(劉)입니다. 때문에 이것으로써 아는 것입니다.' 장온이 말

(王融)이 북위(北魏)의 사자(使者)에게 한 답변[20] 등 이런 소소한 변론들은 어찌 언급할 가치가 있겠는가?(두 구절은 오의 객에게 응대한 말과 북위의 사자에게 한 답변만을 가리킨다) 그러므로 대대로 좋은 말들을 골라 사서에 싣고 있지만 한(漢)(양한 이후를 말한다) 이후부터는 볼만한 것이 없다.(釋 : 이상을 묶어, 사서에 기재된 말에 비록 구어(口語)가 간혹 실려 있다고 해도 문장의 장엄(莊嚴)함이나 화합에 주는 영향 또한 크지 않았다고 했다)

逮漢 · 魏已降, 周 · 隋而往, 世皆尙文, 時無專對. 運籌畵策, 自具於章表; 獻可替否, 總歸於筆札. 宰我 · 子貢之道不行, 蘇秦 · 張儀之業遂廢矣.(釋 : 數語總挈, 自漢及隋, 變口陳爲筆達矣) 假有忠言切諫, 「答戲」·「解嘲」, 其可稱者, 若朱雲折檻以抗憤, 張綱埋輪而獻直.(此下必有闕文. 蓋此二句所謂忠言可稱者, 宜有繳句, 而其下又宜有'他如'等字轉接也) 秦宓之酬吳客. 王融之答虜使, 此(一作'比')之小辯, 曾何足云.(二句單繳酬吳答虜也) 是以歷選載言,(一多'而'字) 布諸方冊, 自漢已下,(謂兩漢之後) 無足觀焉.(釋 : 束上. 言雖或間載口語, 而莊諧遞降, 亦且無多)

했다. '해는 동쪽에서 떠오릅니까?' 진복이 말했다. '동쪽에서 떠오르지만 서쪽으로 사라집니다.' 물음에 대한 답이 마치 울림처럼 질문을 따라 나왔다. 그리하여 장온은 진복을 크게 존경하게 되었다.

20 『남제서(南齊書)』 권47, 「왕융전」에, 왕융의 자는 원장(元長)이다. 황제가 그에게 빈객의 접대를 맡는 주객(主客)으로 삼아 북위의 사자 방경고(房景高)와 송변(宋弁)을 접대하게 했다. 송변은 왕융의 나이가 젊은 것을 보고 묻기를, '주객은 나이가 얼마나 되었습니까'라고 하니 왕융이 대답하길, '오십 세 나이를 오래 전에 반을 넘었지요'라고 했다. 후일, 황제는 북위가 보낸 말[馬]이 약속한 내용과 달랐으므로 왕융을 사신으로 보내어 묻기를, '진(秦)의 서쪽인 기주(冀州)의 북쪽은 실제로 뛰어나게 빠른 말들이 많습니다. 바친 양마(良馬)들이 느려터진 말과도 비교가 되지 않을 정도입니다. 믿음의 맹서를 하고는 그것을 불시에 위배(違背)하니 그 훌륭한 말들이 다시는 이어지지 않을 것입니까?'라고 하니 송변이 대답하길, '우리가 보낸 말이 그대들의 지리환경에 적응이 안 되는 것 같군요'라고 하자, 왕융이 대답하길, '주(周) 목왕(穆王)의 준마(駿馬)의 족적이 천하에 두루 퍼져 있는데, 만약에 그러한 준마의 특성이 지리환경이 다르다고 변한다면, 조보(造父)의 수레가 달리다가 뒤집어지겠구려' 하자 송변이 대답할 수 없었다고 했다. 역주 : 『남사(南史)』 권21, 「왕융전」에도 같은 내용이 보인다.

20-3

전국(戰國)시대 이전을 살펴보면 사서에 기재한 말들은 모두 읊고 낭송할 수 있는 것들이었다. 필삭(筆削)에 의해 그렇게 된 것일 뿐만 아니라, 당시의 언어가 소박하면서도 아름다웠던 데서 말미암은 것이다. 어떻게 조사하여 밝힐 수 있겠는가? 예컨대 "순화성은 빛나고 큰데[鶉賁]"[21], "구욕새여!![鸜鵒]"[22] 같은 것은 어린아이들이 부르는 노래이고, "산목(山木)"[23] · "보거(輔車)"[24]는 당시 민간에서 쓰던 속담이며, "파복기갑(皤腹棄甲)"[25]은 성을 쌓는 백성들의 노래이고, "원전시모(原田是謀)"[26]는 많은 사

21 『좌전』 희공(僖公) 5년(B.C. 655), 동요(童謠)에 이르기를, '일진에 병(丙)이 든 날 새벽녘에, 용미성(龍尾星)은 간 곳 없네. 군복이 고르게 빛나는데, 괵(虢)나라의 깃발을 빼앗으리. 순화성(鶉火星)은 빛나고 큰데[鶉之賁賁], 천책성(天策星)은 빛을 잃도다. 순화성이 정남(正南)에 이르러 군사를 일으키면 괵(虢)나라 군주는 도망하리라'고 했다. 역주 : 진 헌공(晉獻公)이 괵나라를 정벌하며 그 성공 여부를 묻자 복언(卜偃)이 동요로써 그 길흉을 대신한 것이다.

22 『좌전』 소공(昭公) 25년(B.C. 517)에, 주 문왕과 무왕 때 동요에 이르기를, '구욕새[鸜鵒]가 오니 군주는 나라밖으로 나가 욕을 보시리. 구욕새 날개 칠 때 군주 들판에 계시어 말 보내드릴 것일세. 구욕새 뛰어다니니, 군주 간후(乾侯)에 머물며 바지와 짧은 솜저고리를 달라고 하네. 구욕새 둥지를 트니 길은 더욱 멀어지네. 조보(稠父)[魯昭公]님 고생 중에 돌아가시고 송보(宋父)[魯定公]님 보위에 올라 교만을 부리네. 구욕새여! 구욕새여! 나가는 임금 노래 부르고 가셔도 다시 오실 땐 곡을 하시리'라고 했다. 역주 : 구욕새는 속명이 팔가(八哥)인데 옛날에는 상서롭지 못한 새로 알려졌다.

23 『좌전』 은공(隱公) 11년(B.C. 712), 주(周)의 속담에 이르기를, '산에 나무가 있어서 공장(工匠)이 그것을 헤아려 쓸 바를 정하고, 손님이 예를 갖추면 주인은 그에 합당한 예로써 손님을 맞는다'라고 했다.

24 『좌전』 희공(僖公) 5년에, 속담에, "보거(輔車)는 서로 의지하고[輔車相依], 입술이 없으면 이가 시리다[脣亡齒寒]는 의미는 우(虞)나라와 괵(虢)나라의 관계를 두고 하는 말"이라고 했다. 역주 : 보거(輔車)란 수레 위의 양편에 짐이 떨어지지 않게 세운 나무와 수레의 몸체는 서로 의지한다는 자의(字意)이지만, 여기서는 광대뼈와 잇몸이 서로 의지한다는 의미를 갖는다.

25 『좌전』 선공(宣公) 2년(B.C. 607)에, "(성을 쌓는 사람들이 노래를 부르며 이르기를) 눈알이 툭 솟아 있고, 배는 불룩 나왔는데[皤服], 갑옷을 버리고 돌아왔다네[棄甲]. 수염 많은 털보가 갑옷을 버리고 돌아왔다네"라고 하였다. 역주 : 초(楚)와 정(鄭)이

람들이 이야기하던 것이다. 이들은 모두 천하고 보잘 것 없는 사람들이 읊거나 불렀던 것인데도 오히려 이렇듯 온화(溫和)한데, 하물며 관복을 입고 조당(朝堂)에 서 있는 사인(士人)들이 그 위에 고대의 지식을 광범하게 구비함에야 더 말할 것이 있겠는가! 따라서 당시 사람들이 사용하던 말을 사관(史官)들이 사서에 기록하면서 비록 윤색(潤色)을 검토한 바가 있었겠지만[27] 결국 그 대강(大綱)을 잃지 않았다는 것을 알 수 있다.(釋 : 이 구절에서는 비록 『좌전』의 문장만을 인용하고 있지만 오히려 전체적으로 첫 부분의 내용을 증거하면서, 후세의 사서에 싣고 있는 구어 형식을 이용하여 모두 그럴듯하게 꾸민 것이라 했다)

尋夫戰國已前, 其(一脫'其'字)言皆可諷詠, 非但筆削所致, 良由(舊訛'用')體質素美. 何以覈諸? 至如"鶉賁"·"鸜鵒", 童竪之謠也. "山木"·"輔車", 時俗之諺也. "皤腹棄甲", 城者之謳也."原田是謀", 輿人之誦也. 斯皆芻詞鄙句, 猶能溫潤若此, 况乎束帶立朝之士, 加以多聞博古之識(舊作'說')者哉! 則知時人出言, 史官入記, 雖有討論潤色, 終不失其(一無'其'字)梗概者也.(釋 : 此節雖專擧『左』文, 却是統證首幅, 用以形起後史所載口語, 皆有倚飾也)

송(宋)을 공격하여 전쟁하던 중에 송의 장군 화원(華元)이 자신의 전차를 몰던 양짐(羊斟)을 정에게 팔아넘긴 것을 성을 쌓는 사람들이 화원을 풍자하여 노래한 것이다.

26 『좌전』 희공(僖公) 28년(B.C. 632)에, 여러 사람들이 부르는 노래 소리에 이르기를, '들판의 전지(田地)[原田]에는 풀이 무성한데 묵은 것을 뽑아 버리고 새로운 것을 꾀하리라[是謀]'고 했다. 역주 : 진(晉)과 초(楚)가 성복(城濮)에서의 싸움을 앞두고 진 문공(晉文公)이 망설일 때 여러 사람들이 그 결단을 촉구하며 이야기했던 것을 가리킨다.

27 역주 : 『논어』 「헌문(憲問)」편에, 공자께서 말씀하시기를, '명(命)을 만들 때 비심(裨諶)이 초안을 작성하면 세숙(世叔)이 검토하고[討論], 행인(行人)인 자우(子羽)가 수식(修飾)하고, 동리(東里)의 자산(子産)이 문채(文采)를 더하여 아름답게 하였느니라[潤色]'고 하였다.

20-4

『춘추』 삼전(三傳)의 문장은 이미 『상서』를 그대로 따르지 않았고, 양한(兩漢)의 말 또한 대부분 『전국책(戰國策)』과 달랐다. 이를 통해 민간의 풍속이 점차 바뀌었음을 충분히 증험(證驗)할 수 있고, 시대분위기가 달라졌음을 알 수 있다. 그런데도 후세의 작자들은 모두 멀리 내다보는 식견이 없고, 당시의 구어(口語)를 기록함에 있어서 사실에 근거하여 쓸 수 있는 사람이 아주 드물었으며, 옛사람들을 그대로 따라 하면서 자신들이 고사(古史)에 조예가 깊다는 것을 보여주려 했다. 그리하여 좌구명을 좋아하는 사람은 지나치게 『좌전』을 모방하고, 사마천을 좋아하는 사람은 오로지 『사기』를 모방하였다. 때문에 주(周)·진(秦)의 언사(言辭)가 위(魏)·진(晉)의 시기에 보이고, 초(楚)·한(漢)의 응대(應對)에 사용되던 말들이 송(宋)·제(齊)의 시기에 유행하였다. 거짓으로 혼돈(混沌)을 좋게 꾸미니[28] 도리어 진실하고 자연스러운 맛을 잃었으며, 지금과 옛날이 이 때문에 불순(不純)하게 되고, 진위(眞僞)가 이로 말미암아 어지럽게 되었다. 때문에 배소기(裵少期)(배송지(裴松之 : 372-451)의 자는 원래 세기(世期)인데, 당 태종[李

28 『장자(莊子)』「천지(天地)」편에, 자공(子貢)이 초나라를 유람하다가 진(晉)으로 돌아갈 때 한수(漢水)의 남쪽을 지나가게 되었다. 그때 한 노인을 만나니 그 노인은 밭이랑을 일구기 위해 굴을 파서 우물로 들어가 물동이를 안고 물을 퍼다 붓는다. 그런데 애써 힘들임이 매우 많지만 그 공이 적었다. 그래서 자공이 물었다. '여기 기계가 있는데 그것은 나무를 파서 기계를 만든 것으로 뒤쪽은 무겁고 앞쪽은 가벼워 물을 끌어당기는 것이 물이 흐르듯 하여 그 이름이 용두레라고 합니다.' 그 밭이랑을 일구던 노인이 버럭 성을 내다가 웃으며 말하기를, '내가 우리 선생님에게 들으니 기계란 것이 있으면 반드시 꾀를 부리는 일이 생기고, 꾀를 부리는 일이 있으면 반드시 꾀를 내는 마음이 생기며, …… 나는 그것을 부끄럽게 여겨 사용하지 않는 것입니다.' 자공이 노나라로 돌아와 그러한 사실을 공자에게 고하였다. 공자가 말하기를, '그는 혼돈씨(混沌氏)의 술(術)을 거짓으로 좋게 꾸미는 자이다[彼假修混沌氏之術也]. 그 하나는 알고 그 둘을 모르며, 그 안만 다스리고 그 밖을 다스리지 못한다'라고 했다. 按 : '혼(渾)'은 '혼(混)'과 통한다. 역주 : 거짓으로 상고(上古)시대의 질박함을 꾸미는 것을 의미한다.

世民]을 피휘(避諱)하여 소기(少期)라 하였다)는 손성(孫盛)이 조조(曹操)가 평시에 하던 말을 기재한 것을 비판하면서 오히려 춘추시기 부차(夫差)가 멸망하던 때에 하던 말을 썼다.[29] 비록 언어는 『춘추』와 비슷하지만 사정은 오히려 완전히 달랐다.(釋 : 이 구절에서는 바로 후일의 사서에 실린 말들은 모두 옛 용어들을 빌려 꾸며진 것이라고 하였다)

夫『三傳』之說, 旣不習(作'襲')於『尙書』. 兩漢之詞, 又多違於『戰策』. 足以驗氓俗之遞改, 知歲時之不同. 而後來作者, 通無遠識, 記其當世口語, 罕能從實而書; 方復追效昔人, 示其稽古. 是以好丘明者, 則偏摸(與'摹'同. 一作'模')『左傳』. 愛子長者, 則全學史公. 用使周·秦言辭見於魏·晉之代, 楚·漢應對行乎宋·齊之日. 而僞修混沌, 失彼天然, 今古以之不純, 眞僞由其相亂. 故裴少期,(松之字世期, 唐諱'世'作'少') 譏孫盛錄曹公平素之語, 而全作夫差亡滅之詞. 雖言似『春秋』, 而事殊乖越者矣.(釋 : 此節正遞到後史載言, 皆藉古詞飾成)

29 『삼국지』 권1, 「위지」 「무제기」 주(注), 손성(孫盛)의 『위씨춘추(魏氏春秋)』에, "조조가 여러 장수들에게 대답하여 말하기를, '유비(劉備)는 뛰어난 인물이다. 앞으로 나에게 근심거리가 될 것이다[將生憂寡人]'고 했는데, 신(臣) 배송지가 생각하기에 손성이 책을 쓰면서 대부분 『좌전』을 이용하여 옛 문장을 바꾸었으니 후세의 학자들이 장차 어찌 취하여 믿겠는가? 또한 위 무제 조조가 바야흐로 천하통치의 뜻을 내면서 오왕 부차의 죽음을 앞 둔 말을 사용하고 있으니 특히 그 유(類)가 아니다"라고 했다. 역주 : 『좌전』 애공(哀公) 20년(B.C. 475)에, 월(越)이 오를 포위하자 오왕 부차가 한 말이 '(구천(勾踐)은) 나를 살려두어 치죄하려 하고 있어서 내가 결코 편히 죽을 수 없는 처지이다[將生憂寡人]'고 했는데 과연 얼마 되지 않아 월이 오를 멸하고 부차는 자살하였다고 하여 의미가 잘못 사용되고 있음을 유지기가 비판하고 있다는 것을 알 수 있다.

20-5

그러나 서진(西晉)이 장안(長安)과 낙양(洛陽)을 지키지 못하고 제위[龜鼎][30]를 남쪽으로 옮기자 강좌(江左)는 예악(禮樂)의 고장이 되었고, 금릉(金陵)은 실로 도서(圖書)가 모여드는 지방이 되었다. 때문에 동진(東晉)의 풍속은 여전히 언어에 옛날 전아(典雅)한 규범을 보존하고 있었으며, 말은 정묘한 운(韻)을 좋아하였다. 비록 혼란이 끊임없이 반복되는 급박한 시기임에도 불구하고 경적(經籍)을 잃지 않았다.(原注 : 예컨대 『양사(梁史)』에서 양 고조(高祖)가 포위된 속에서 소정덕(蕭正德)을 보고 말하기를, '슬퍼서 흐느껴 운들 무슨 수가 있겠는가[啜其泣矣, 何嗟及矣]'[31]라 하고, 상동왕(相東王)[梁元帝]이 세자 소방(蕭方) 등이 죽임을 당했다는 말을 듣고 둘째아들 방저(方諸)에게 말하기를 '만일 조금이라도 잃는 것이 없다면 제왕의 업은 어떻게 세우겠는가[不有其廢, 君何以興?]'[32] 라고 한 것이 모두 경전을 인용한 것이다) 그러므로 사신(史臣)들은 문장을 수식할 때 큰 힘을 들이지 않았다.(釋 : 여기서 남북이 전환되어 이하 북조의 경우를 설명한다)

然自(舊多'晉'字)咸·洛不守, 龜鼎南遷, 江左爲禮樂之鄉, 金陵實圖書之府, 故其俗猶能語存規檢, 言喜風流, 顚沛造次, 不忘經籍.(原注 : 若梁史載高祖在圍中, 見蕭正德而之曰 : '啜其泣矣, 何嗟及矣.' 湘東王聞世子方等見殺, 謂其次子方諸曰, '不有其廢, 君何以興?' 皆其類也) 而史臣修飾, 無所費功.(釋 : 此處南北轉側)

30 역주 : 고대에 있어서 구(龜)와 정(鼎)은 제위(帝位)를 상징하였다. 『후한서』 권78, 「환자열전(宦者列傳)」논(論)에, "마침내 구정(龜鼎)을 옮겼다"라고 했고, 이에 대한 이현(李賢)의 주(注)에, "구정(龜鼎)은 나라의 수기(守器)로서 제위(帝位)에 비유된다"라고 했다.

31 역주 : 이 구절은 『시경』 「왕풍(王風)」 "중곡유퇴(中谷有蓷)"에서 인용한 것이다.

32 역주 : 『좌전』 희공(僖公) 10년(B.C. 650) 조의 기록에서 인용한 구절이다.

20-6

그러나 중국(中國)[33](중원(中原)지방 즉 북조(北朝)를 가리킴)의 경우는 그렇지 않았다. 무엇 때문인가? 당시에 고대 선왕(先王)의 옛 땅이 모두 만맥(蠻貊)이 거주하는 지역으로 변했으며, 머리를 풀고 오른쪽 섶을 왼쪽 섶 위에 여미는 옷을 입은 야만의 풍속이[被髮左衽][34] 신주(神州)를 가득 채웠다.[35] 그 가운데서 구지(駒支)와 같은 말재주나(『좌전』 양공(襄公) 14년(B.C. 559), 주(注)가 「탐색(探賾)」편에 보인다) 담자(郯子)(『좌전』 소공(昭公) 17년(B.C. 525), 주(注)가 「서지(書志)」편에 보인다)와 같은 학식을 때에 따라 만나게 되지만 그렇게 많지는 않았다. 언란(彦鸞)[崔鴻]이 십육국사(十六國史)를 편찬하고,[36] 위수(魏收)와 우홍(牛弘)이 각각 『위서(魏書)』와 『주사(周史)』[37]를 편

33 『담원(談苑)』에, 옹희(雍熙 : 984-987) 연간에 『구경(九經)』을 교감하였는데, 두호(杜鎬)가 정관(貞觀)의 칙(勅)을 서술하며 말하기를, 경적(經籍)의 내용이 서로 틀리고 어그러진 것은 오호(五胡)의 난으로 말미암아 학문을 갖춘 선비들이 대부분 강남으로 옮겨갔기 때문에 '중국'의 경술(經術)이 차츰 약해졌다고 했다. 按 : 당나라 초기에는 중원(中原)을 중국(中國)이라 불렀는데 이것이 하나의 증거이다. 그러나 그러한 칭호는 한과 위나라 사이에 시작되었다. 『세설신어』 「식감(識鑒)」편에, (조조가 배잠(裴潛)에게 유비의 재능을 묻자) 대답하기를, "유비가 중국에 거한다면 세상을 어지럽힐 수는 있어도 통치할 수는 없을 것입니다"라고 했고, 또 『세설신어』 「용지(容止)」편 주(注) 『위략(魏略)』에, "위 명제(明帝)가 오(吳)의 투항자를 잡아 강동(江東)에서 중국의 명사로 알려진 사람이 누구인지 물었다"라고 하는 것이 모두 그 증거이다.

34 역주 : 『논어』 「헌문(憲問)」편에 나오는 말이다.

35 역주 : 이 구절은 유준(劉峻), 「변명론(辨命論)」(『문선』 권54 所收)에, 진(晉)이 쇠약해지고 난 후 천하가 혼란하자 야만인 융적이 그 틈을 타 재빨리 군사를 동원, 화북일대를 장악하고 다섯 큰 도시를 점령하였다. 그리하여 선왕(先王)의 옛 땅에 거주하고[居先王之桑梓], 중국에서 황제라는 이름을 내걸었다. 그리고 삼황(三皇)처럼 민중을 쟁탈하고 오제(五帝)와 같이 강토를 차지하였다. 부족이 번성하여 중국의 천하에 충만하게 되었다[充仞神州]고 한 문장에서 인용한 것이다.

36 역주 : 『위서(魏書)』 권67, 「최광전(崔光傳)」에, 최광의 아들 홍(鴻)은 자가 언란(彦鸞)이고, 어려서부터 독서를 좋아하여 경사(經史)에 두루 밝았다. …… 정광(正光) 원년(520)에 고조(高祖)·세종(世宗)의 『기거주(起居注)』를 편찬하였다. …… 최홍은 막 성년이 되었을 때부터 사서의 저술에 뜻이 있었다. 진(晉)과 위(魏) 이전의 역사에 대하여는 모두 저술이 있었음으로 다시 편찬할 필요가 없었다. 유연(劉淵)·석륵(石勒)·

찬하면서 이적(夷狄)의 말[夷音]을 피하려고 그것들을 반드시 중국의 말[華語]로 바꿨는데, 이는 양유(楊由)가 새소리를 알아듣고,[38] 개(介)의 갈로(葛盧)가 소의 울음소리를 알아듣는 것[39]과 마찬가지로 그럴 수도 있었다. 그러나 그 속에는 쓸데없이 덧붙여진 문채(文彩)와 헛되이 더해진 풍물도 있어서, 『시(詩)』와 『서(書)』를 인용하고 『사기』와 『한서』를 본받았다. 따라서 마침내 저거(沮渠)(북량(北涼 : 397-439))와 걸복(乞伏)(서진(西秦 : 385-431))정권은 유교의 바른 의리[儒雅]가 한 무제(漢武帝)의 원봉(元封 : B.C. 110-105) 연간에 비교할 만 하였고 탁발(拓跋)(원위(元魏 : 386-534))과, 우문(宇文)(북주(北周 : 556-581))왕조의 제왕의 조령(詔令)[德音]은 정시(正始 : 240-249)(위 문제(魏文帝)의 연호이다)[40] 연간과 같다고 했지만, 겉만 화려할 뿐 진실을 잃고 있다는 점에서 그 잘못이 이보다 더 클 수는 없었다.(釋 : 이 구절부터는 북조의 여러 사서들이 자신들의 언어를 버리고 옛 문장으로 꾸밈에 따라 진실을 대부분 잃고 있음을 강조하였는데, 이 「언어」편이 주로 다루는 것이다)

모용준(慕容儁) · 부건(苻健) · 풍발(馮跋) 등이 모두 세태의 변고 때문에 한 지역을 차지하고 제왕을 참칭하면서 각기 국사가 있었지만 통일된 저작이 없었다. 최홍이 이에 『십육국춘추』 100권을 편찬하였다. 과거의 기록에 의거하였지만 첨삭과 포폄을 더하였다고 했다.

37 역주 : 우홍(545-610)의 『주사(周史)』는 완성되지 못하였고, 당의 영호덕분(令狐德棻)에 의해 현행 『주서(周書)』로 완성되었다.

38 『후한서』 권82상, 「방술전(方術傳)」 상에, 양유(楊由)는 성도(成都) 사람이다. 군(郡)의 문학연(文學掾)으로 있을 때, 큰 새가 창고의 다락 위에 모여들었다. 태수 염범(廉范)이 양유에게 그 이유를 묻자 대답하길, '점을 쳐보니 군내(郡內)에 작은 병사(兵事)가 있을 것입니다'라고 하였다. 按 : 곽연년(郭延年)의 『사통평석(史通評釋)』에, 양유가 새를 이용하여 점을 친 것이지 새소리를 알아들었던 것이 아니다. 새소리를 알아들었던 일은 익부(益部)의 양선(楊宣)의 일이라고 했는데 내가 생각하기에 너무 꽉 막힌 이야기이다. 대개 새점[禽占]의 술(術)은 새소리를 가지고 점을 치지 않는 경우가 없다. 범엽의 『후한서』는 '모였다[集]'고 하면서 '울었다[鳴]'는 글자를 생략하였다. '청(聽)'자는 방해가 되지 않는다.

39 『좌전』 희공(僖公) 29년(B.C. 631)에, 개(介)의 군주 갈로가 내조하여 소의 울음소리를 듣고 말하기를, '이는 살아 있는 세 마리의 소로써 모두 희생(犧牲)으로 쓰일 것이다. 그 소리가 이를 말해준다'라고 했는데, 그 사실을 물어보니 과연 그러했다.

40 역주 : '정시(正始)'는 명제(明帝)의 뒤를 이은 제왕 방(齊王芳)의 연호이다. 따라서 포기룡이 위 문제의 연호라고 한 것도 잘못이다.

其於中國(中原也. 謂北朝)則不然. 何者? 於斯時也, 先王桑梓, 翦爲蠻貊, 被髮左衽, 充牣神州. 其中辯若駒支,(襄十四. 注見「探賾」篇) 學如郯子,(昭十七. 注見「書志」篇) 有時而遇, 不可多得. 而彦鸞(崔鴻)修僞國諸史, 收(魏收)·弘(牛弘)撰『魏』·『周』二(舊脫'二'字)書, 必諱(舊作'謂')彼夷音, 變成華語; 等楊由之聽雀, 如介葛之聞牛, 斯亦可矣. 而於其間, 則有妄益文彩, 虛加風物, 援引『詩』·『書』, 憲章『史』·『漢』. 遂使沮渠(北涼)·乞伏,(西秦) 儒雅比於元封,(漢武元) 拓跋(元魏)·宇文,(北周) 德音同於正始.(魏文元) 華而失實, 過莫大焉.(釋 : 自此節起, 側注北朝諸史, 掩其國語, 文以古辭, 失實較多, 乃是篇情所主)

20-7

다만 왕소(王劭)와 송효왕(宋孝王)이 사서를 저술하면서 북위(北魏)와 북제(北齊) 당시의 사실을 서술하였는데,(○왕소의 『제지(齊志)』와 송효왕의 『관동풍속전(關東風俗傳)』을 말한다)[41] 고상하고 정직한 언사(言詞)와 충실하고 공정한 문필(文筆)로 직서(直書)의 원칙을 보존하려 힘써 방언과 그 시대의 말들이 이로 말미암아 모두 드러나게 되었다. 그러나 오늘날의 학자들은 모두 이 두 사람을 비난하면서 말이 대부분 더럽고 이야기가 천박하여 풍속을 해친다고 하였다. 무릇 언어 본래의 모습이 이와 같았는데도 오히려 잘못을 사신(史臣)에게 미루었다. 마치 거울에 비친 모모(嫫姆)[42]의

41 역주 : 왕소와 송효왕에 대하여는 「보주(補注)」편 주)21, 「서지(書志)」편 주)50 참조.

42 역주 : 『열녀전(列女傳)』(『태평어람(太平御覽)』 권135 引)에, "황제(黃帝)의 비(妃)를 모모(嫫姆)라고 했는데, 네 비(妃)의 반열 중 아래였으며 얼굴이 못생겼지만 가장 현명하였다"라고 했다.

못생긴 모습의 죄를 거울에 뒤집어씌우는 것과 같다.(釋 : 이 구절은 아래 구절과 함께 시론(時論)을 비판하고 있는데 모두 북사(北史)를 들어 말하였다)

唯王 · 宋著書, 敍元 · 高時事,(一作'也'. ○王劭『齊志』· 宋孝王『關東風俗傳』) 抗詞正筆, 務存直道, 方言世語, 由此畢彰. 而今之學者, 皆尤二子以言多滓穢, 語傷淺俗. 夫本質如此, 而推過史臣, 猶鑑(當有'形'字)者見嫫姆多媸, 而歸罪於明鏡也.(釋 : 此與下節箴貶時論, 皆貼北史說)

20-8

또한 세상의 평론가들은 모두 북조(北朝)의 수많은 사서들 중 『주사(周史)』[43]를 잘 씌어진 것이라 했는데, 생각건대 언어를 기재한 문체가 대부분 고전(古典)과 같았기 때문이었다. 무릇 헛된 말로 쓸데없이 꾸밈으로써 실제 사실을 모두 버리고 있는데도 세상의 여론들은 곧 양사(良史) · 직필(直筆)이라 칭하면서 그것을 모범으로 삼았다.(原注 : 예컨대 주 태조(周太祖)[宇文泰]는 실명(實名)을 흑달(黑獺)이라 하였고 북위(北魏)는 본래 색두(索頭)라고 하였으므로, 당시 동요(童謠)에서 이르기를 "여우는 여우가 아니고 납비는 담비가 아니라네. 불타버린 배나무에 있던 개는 끈을 끊어버렸네"라고 하였으며, "너구리의 머리는 둥글고 강물에서 노는 개가 너의 동산을 파괴하는구나"라고 하였다. 또한 서위(西魏)의 황제가 조서를 내려 북제(北齊)의 신무제(神武帝)[高歡]를 욕하였는데 그 죄상이 스무 가지를 헤아렸다. 이와 같은 내용을 누락해서는 안 된다. 그런데 『주사(周史)』에서는 이러한 내용은 바르지 않다고 하여 생략하고 기재하지 않았다. 왕군무(王

43 역주 : 우홍(牛弘)이 편찬하였으나 완성하지 못했던 『주사(周史)』를 가리킨다. 당대(唐代) 영호덕분(令狐德棻)이 편찬한 『주서(周書)』는 대부분 우홍의 책을 참고하였다. 자세한 내용은 「잡설(雜說)」 하(下)편 참조.

君懋)[王劭]가 편찬한 기록에 의지하여 비로소 후세사람들에게 알려졌다. 이러한 사실들은 『북제서(北齊書)』에 전하지 않는다.[44] 따라서 매몰(埋沒)된 것 또한 많을 것이다)

이와 같다면 동호(董狐)·남사(南史)[45]를 어디에서나 찾을 수 있을 것이며, 모두가 반고(班固)·화교(華嶠)[46]와 어깨를 나란히 할 수 있을 것이다.(釋: 앞 구절에서는 왕소와 송효왕이 사실대로 기록했기 때문에 비난을 받았다고 했고, 이 구절에서는 『주사(周史)』가 진실을 잃었기 때문에 칭찬을 받았다고 하였다. 시정(時情)의 본질을 미워하고 꾸미는 것을 좋아함이 이와 같았다)

又世之議者, 咸以北朝衆作, 『周史』爲工. 蓋賞其記言之體, 多同於古故也. 夫以枉飾虛言, 都捐實事, 便號以良直, 師其模楷,(原注: 如周太祖實名黑獺, 魏本索頭, 故當時有童謠曰: "狐非狐, 貉非貉, 燋梨狗子嚙斷索." 又曰: "獾獾頭團, 河中狗子破爾菀." 又西帝下詔罵齊神武, 數其罪二十. 諸如此事, 難可棄遺. 而『周史』以爲其事非雅, 略而不載. 賴君懋編錄, 故得權聞於後. 其事不傳於『北齊』, 因而埋沒者, 蓋亦多矣) 是則(舊誤'以')董狐·南史, 擧目可求; 班固·華嶠, 比肩皆是者矣.(釋: 上節謂王·宋記言得實則罪之, 本節謂『周史』記言失眞則賞之, 時情惡質好華, 類如此也)

20-9

근래에 돈황(敦煌) 사람 장태소(張太素),[47] 중산(中山) 사람 낭여령(郎餘

---

44 역주: 북주 태조 우문태의 자(字)가 흑달이라는 것은 『북사』 권9, 「주본기(周本紀)」 「태조문제기(太祖文帝紀)」에 보이고, 동요는 『북사』 권5, 「위본기(魏本紀)」에 보인다.

45 역주: 이 둘은 모두 춘추시대 진(晉)의 태사(太史)로써 양사(良史)와 직필(直筆)을 상징하는 사가들이다.

46 역주: 화교(?-293)에 대한 유지기의 평가는 매우 긍정적이다. 「서례(序例)」편에서, (화교의 『후한서』 '서(序)'는 대부분 반고의 『한서』 '서'와 비슷하며) 화교의 언사는 간략하면서도 꾸밈이 없었고, 서술이 온화하고 우아하여 그가 지닌 생각의 중요한 뜻을 느낄 수 있다. 역시 반고에 버금간다고 했다.

令)[48]이 모두 저술로서 칭찬을 받고 있었고 스스로도 사재(史才)를 지니고 있다고 여겼다. 낭여령은 『효덕전(孝德傳)』을, 장태소는 『수후략(隋後略)』을 저술하였는데, 당대 사람들의 말을 편찬하면서 모두 옛날의 언사(言辭)를 모방하여 썼다. 만약 언사를 선택하면서 옛날 것을 모방할 수 있는 것은 쓰고, 그대로 따라 쓰기 어려운 것은 소홀히 하고 취하지 않았다면, 그들이 버린 것을 짐작하여 일일이 다 적을 수 있겠는가?(釋 : 이 구절에서는 근래의 저술 중 현재의 언어를 버리고 옛날 문구를 모방하고 있는 것을 예로 들어 당시 세상에서 숭상하는 바를 어기기가 어려움을 말하고 있다)

近有敦煌張太素 · 中山郎餘令, 並稱述者, 自負史才. 郎著『孝德傳』, 張著『隋後略』. 凡所撰今(訛作'人')語, 皆依仿旧辭. 若選言可以效古而書, 其難(此二字一本'雜'字)類者, 則忽而不取, 料其所棄, 可勝紀哉?(釋 : 此擧近時著述, 棄今語仿舊詞者以例之, 見時尙之難反)

47 『구당서』 권68, 「장공근전(張公謹傳)」에, 아들 태소(太素)는 (고종) 용삭(龍朔 : 661-663) 연간에 동대사인(東臺舍人)으로서 국사 편찬을 겸하였고, 백 여편의 저서를 썼다고 했다.(역주 : 구체적으로 『후위서(後魏書)』 100권, 『수서(隋書)』 30권을 편찬하였다고 했고, 『구당서예문지』와 『신당서경적지』에 모두 『위서(魏書) 100권, 『수서(隋書)』 32권, 『북제서(北齊書)』 20권, 『돈황장씨가전(敦煌張氏家傳)』 20권, 『수후락(隋後略)』 10권이 보이지만, 모두 전하지 않는다) 『통지략(通志略)』에, 장태소는 『북제서(北齊書)』 20권, 『수서(隋書)』 32권, 『수후락(隋後略)』 10권, 『돈황장씨가전(敦煌張氏家傳)』 20권이 있다고 했다. 또 「사관건치(史官建置)」편에도 보인다.

48 『구당서』 권189하, 「유학전(儒學傳)」 하에, 낭여령은 곽왕(霍王) 원궤(元軌)의 부참군사(府參軍事)를 지냈고, 부(父) 지년(知年)을 따라 마찬가지로 왕우(王友)를 지냈다. 원궤는 매번 말하기를, '낭가(郎家)의 두 현명한 이가 모두 부(府)에 들어와 있으니, 뜻밖에 작은 언덕이 송백(松柏)으로 수풀을 이룬 셈이다. 낭여령은 양(梁) 원제(元帝)의 『효덕전(孝德傳)』을 이어서 다시 『효자후전(孝子後傳)』 30권을 편찬하였다. 저작좌랑이 되었다고 했다. 역주 : 이하 본문의 『효덕전』이란 『효자후전』을 가리킨다.

20-10

대개 강미(江芈)가 상신(商臣)을 욕하면서 말하기를 "이 천한 놈아[役夫], 군왕께서는 너를 폐하고 직(職)을 태자로 세우려 한다"(『좌전』 문공(文公) 원년)[49]고 하였다. 한(漢)나라 왕은 노하여 역이기(麗食其)에게 말하기를 "썩은 선비 놈[豎儒]이 하마터면 공사(公事)를 망칠 뻔하였구나"(『사기』 권55, 「유후세가(留侯世家)」)[50]라고 하였다. 단고(單固)는 양강(楊康)에게 말하기를, "상놈[老奴], 너는 죽어 마땅하다"라고 하였다.[51] 약광(樂廣)은 위개(衛玠)를

49 역주 : 『좌전』 문공(文公) 원년(B.C. 626)에, 초나라 군주[成王]가 상신(商臣)으로 태자를 삼으려고 영윤(令尹) 자상(子上)에게 상의했다. …… 상신을 태자로 세운 뒤, 군주는 다시 왕자 직(職)을 태자로 세우고 태자 상신을 내치고자 하였다. 상신은 그런 소문을 들었으나 확실히 살필 수가 없어서 스승 반숭(潘崇)에게 고하기를, '어떻게 하면 그것을 살필 수가 있겠습니까'라고 하니, 반숭이 말하기를, '고모이신 강미(江芈)에게 음식을 대접하시되, 공경하는 태도를 취하지 마십시오'라고 했다. 상신이 그 말에 따라 행동했다. 그러자 강미가 노하여 말하기를, '이 천한 놈아[役夫]. 군주께서는 너를 죽이고 직(職)을 태자로 세우고자 하심이 마땅하구나'라고 하였다.

50 역주 : 『사기』 권55, 「유후세가」에, 한(漢) 3년, 항우가 급히 형양(滎陽)을 포위하자, 한왕(漢王)[劉邦]이 두려워하고 걱정하며 역이기(酈食其)와 함께 초의 세력을 약화시키려 하였다. (역이기는 그에 대한 대책을 건의하였고, 한왕이 승인하였다.) 역이기가 떠나기 전 장량이 마침 외지에서 돌아와 한왕을 알현하였다. (한왕이 역이기의 건의를 장량에게 모두 말했는데 장량이 그 부당함을 조목조목 설명하자) 한왕이 입 안의 음식을 뱉고는 꾸짖기를, '어린 썩은 선비 놈[豎儒]이 하마터면 공사(公事)를 그르치게 할 뻔하였구나!'라고 하였다고 했다.

51 『삼국지』 권28, 「위지 · 왕릉전(王凌傳)」의 배송지주, 『위략(魏略)』에, 산양(山陽) 사람 단고의 자는 공하(恭夏)이고 기량을 갖추고 있었다. 연주자사(兗州刺史) 영호우(令狐愚)가 벽소하여 별가(別駕)로 삼아 종사(從事) 양강(楊康)과 함께 그의 심복이 되었다. 후일 영호우와 왕릉이 사마의(司馬懿)를 견재하기 위하여 함께 모의를 하였지만, 양강과 단고 모두 그 계략을 알았다. 양강이 낙양에 이르러 그 사실을 폭로하였다. 태부(太傅) 사마의가 왕릉을 취조하여 자살하게 하였다. 단고가 태부를 보았을 때 태부가 묻기를, '경은 그러한 사실을 알고 있었는가? 영호우가 관련되었는가?'고 물었지만 단고는 몰랐다고 했다. (그러나 양강의 고백으로 단고가 붙잡혔다.) 양강과 단고는 서로 비난하였는데, 이에 양강을 욕하며 말하기를, '바보 같은 놈아, 이미 모시던 사람을 배반한 터에 다시 우리 집안을 멸하려 하니 너는 살아남을 수 있을 것 같으냐!'라고 하였다. 처음, 양강이 그 일을 자백할 때에는 그 대가로 승진하기를 바랐

보고 감탄하기를 "어느 집에서 이런 아이[寧馨兒]를 낳았소!"라고 하였다.[52] 이러한 것은 모두 거만스럽게 남을 업신여기고 제 스스로만 높은 체 하는 언어로서 민간에서 유행하던 통속적이고 야비한 말들이었다. 만일 입으로 전달하거나 글자로 써서 사람들이 외우게 되는 경우, 세상 사람들은 모두 앞의 두 문구(즉 '천한 놈[役夫]'·'썩은 선비 놈[竪儒]')는 청아(淸雅)함을 잃지 않았고 뒤의 두 문구(즉 '상놈[老奴]'·'이런 아이[寧馨]')는 남다르게 어리석고 소박하다고 이야기할 것인데, 이는 무엇 때문인가? 원래 초(楚)나라와 한(漢)은 현재로부터 멀리 떨어진 시대이니 사실은 이미 옛날 일이 되었고, 위(魏)와 진(晉)은 연대가 가까우니 당시의 말이 지금과 비슷하다. (사람들은) 이미 옛날 일이 된 것은 그 문장이 청아하다고 말하고, 지금과 비슷한 말에 대하여는 질박하다고 놀란다. 무릇 천지는 유구하지만 풍속은 항상된 것이 없으니, 후세사람이 지금 이 시대를 보는 것은 역시 우리가 오늘날 옛날을 보는 것과 같다. 그런데도 글을 쓰는 사람들은 오늘날의 언어를 쓰기 두려워하고 고대의 언어를 따르는데 용감하니 참으로 이상한 일이 아닌가? 만약 언어를 기재함에 『오경(五經)』에 부합해야 하고 『삼사(三史)』에 의거해야 한다면, 이는 춘추시대의 풍속이 천지에 함께 남아 천년을 경과하여도 한결같다고 여기는 것이니, 어찌 시

지만 후일 역시 침형을 받았다. 형을 받는 자리에서 단고는 또 양상을 욕하면서 말하기를, '상놈아, 너는 죽어 마땅하다', '무슨 면목으로 죽겠는가!'라고 하였다.

52 『진서(晉書)』 권43, 「악광전(樂廣傳)」에, 광의 자는 언보(彦輔)이고 왕연(王衍)과 함께 마음이 세상사(世上事) 밖에 있었다. 때문에 천하의 풍류를 말하는 사람은 왕연과 악광 두 사람을 으뜸이라 여겼다. 『진서』 권36, 「위개전(衛玠傳)」에, 개의 자는 숙보(叔寶)이고, 풍채가 남다르게 빼어났다. 따라서 당시 사람들이 '훌륭한 장인과 훌륭한 사위[婦公冰淸, 女壻玉潤]'이라 하였다. 按 : 두 열전에는 모두 '이런 아이[寧馨兒]'라는 말이 없다. 그 말은 현재 『진서』 권43, 「왕연전(王衍傳)」에 보이는데, 즉 왕연은 어릴 적부터 산도(山濤)를 그대로 따라 하였다. 산도가 탄식하며 왕연을 쳐다보며 말하기를, '어떤 노부인(老婦人)이 이런 아이를 낳았는가' 하였지만, 『사통』이 잘못 인용한 것 같다. 「통아(通雅)」에, '영형(寧馨)'은 호어사(呼語詞)로서 지금은 '능형(能亨)'이라 발음하거나 '나향(那向)'이라고도 한다. 역주 : 이상의 문제와 관련한 자세한 논의는 張振珮, 『史通箋注』, p.199 주)4 참조.

대의 변천에 따라 질박함과 문아함이 자주 변한다는 것을 징험할 수 있겠는가?(釋 : 이 구절은 당시 세태의 병폐를 지적하면서 그것이 오래된 것을 뽐내고 가까운 것을 업신여김에 따라 마침내 거짓을 취하고 진실을 버리는데서 비롯되었다고 하였다. 이는 천지에 고금을 없애려 하는 것이니 어찌 잘못된 것이 아니겠는가!)

蓋江芊罵商臣曰 : "呼! 役夫, 宜君王廢汝而立職."(『左傳』文元) 漢王怒酈生曰 : "豎儒, 几敗乃公事."(『史記』「留侯世家」) 單固謂楊康曰 : "老奴, 汝死自其分." 樂廣嘆衛玠曰 : "誰家生得寧馨兒!" 斯並當時侮嫚之詞, 流俗鄙俚之說. 必播以唇吻, 傳諸諷誦; 而世人皆以爲上之二言(役夫 · 豎儒)不失清雅, 而下之兩句(老奴 · 寧馨)殊爲魯朴者, 何哉? 蓋楚 · 漢世隔, 事已成古; 魏 · 晉年近, 言猶類今. 已古者卽謂其文, 猶今者乃驚其質. 夫天地長久,(二字一本倒) 風俗無恒, 後之視今, 亦猶今之視昔. 而作者皆怯書今語, 勇效昔言, 不其惑乎! 苟記言(一作'事')則約附『五經』, 載語則依憑『三史』, 是春秋之俗, 戰國之風, 亘(一作'與')兩儀而並存, 經千載其(一作'而')如一, 奚以今來古往, 質文之屢變者哉?(釋 : 此節推出時情坐病, 由於矜遠謾近, 遂至取贋遺眞, 是欲使天地無古今矣, 豈不謬哉!)

20-11

대개 선정(善政)을 하는 사람은 사람을 가려서 다스리지 않았다. 때문에 풍속의 정밀함과 거칢에 관계없이 모두가 교화되었다. 역사서술에 아주 능한 사람은 사실을 가리지 않고 쓴다. 때문에 그 말이 아름답고 추함에 관계없이 모두 후세에 전해졌다. 만일 내용이 모두 그릇된 것이 아니고 언어가 분명히 진실에 가까운 것이라면 거의 옛사람들에게 다가설 수 있는 것이니, 어찌 그들의 찌꺼기만을 얻는데 그치고 말겠는가?(釋 : 마

지막 구절에서는 정중하게 바른 도리를 말하였다)

蓋善爲政者, 不擇人而理, 故俗無精粗, 咸被其化. 工爲史者, 不選事而書, 故言無美惡, 盡傳於後. 若事皆不謬, 言必近眞, 庶幾可與古人同居, 何止得其糟粕而已.(釋 : 末節正告之)

按 : 원(元)나라 사람이 유산(遺山)의 사고(史稿)를 모아 『금원사(金源史)』를 편찬하면서 특별히 『국어해(國語解)』 1책을 수록하고 이르기를, 이 책에는 고인(古人)들의 바탕[質]을 숭상하는 풍조가 있다고 하면서, 문식(文飾)으로 보아서는 안 된다고 하였다. 이는 정말 유지기의 뜻을 제대로 얻은 것이다. 유지기가 탁발(拓跋)·육혼(六渾)·흑달(黑獺) 등의 사서에 대하여 여러 차례 자신들만의 언어[國語]를 남기지 않아 본래의 모습[本色]을 덮고 가린 것을 안타깝게 여긴 것이 이 편에서 시작되었다.(元人採遺山史稿撰『金源史』, 特載『國語解』一冊, 謂其有古人尙質之風, 不可文也. 其得子玄氏之意者歟! 子玄於拓跋·六渾·黑獺諸史, 屢惜其遺落國語, 掩覆本色, 自此篇始)

배송지(裴松之)가, "기언체의 경우는 마치 자기 자신이 말을 하는 것처럼 기록해야 한다. 문사(文辭)만 번지르르하고 내용이 없는 것은 군자가 취하지 않는 바"라고 한 말은 대개 이하 여러 편(篇)을 개괄한다고 할 수 있다.(裴松之有言 : 凡記言之體, 當使若出其口. 辭勝而無實, 君子所不取也. 此語可概此下諸篇)

『몽계필담(夢溪筆談)』에는 경력(慶曆 : 1041-1048) 연간의 하북(河北)지방의 홍수를 기재하고 있는데, 공무(公務)로 조정에 온 관리에게 인종(仁宗)이 "수재(水災)가 어떠한가" 물었다. 대답하길, "산이 무너지고 능(陵)이 쓸려갈 정도입니다"라고 했다. 다시 묻기를, "백성은 어떠한가?"라고 하니 대답하길, "부모상을 당한 듯 합니다"라고 했다. 황제가 듣고 아무 말도 하지 않았다. 관리가 물러나자 황제는 관련 부서[閤門]에 조서를 내려, "이제부터 무신(武臣)들이 상주할 경우 반드시 사실 그대로 솔직하게 말하도록 하라"고 했다. 이러한 내용을 읽으면서 실소(失笑)조차도 느끼지 못했다. 황숙림(黃叔琳)의 『사통훈고보(史通訓故補)』에 이르기를, "믿을만한 사서[信史]의 책무는 사실 그대로를 기록하는데 있다. 언어(言語)가 실제 사실(事實)을 따르는 것이 수사(修史)의 법칙이다"라고 하였다.(『夢溪筆談』載慶曆中河北大水, 有公事使臣到闕, 仁宗召問水災如何? 對曰 : "懷山襄陵." 又問百姓如何? 對曰 : "如喪考妣." 上默然. 旣退, 詔閤門 : 今後武臣奏事, 並須直說. 讀此因觸及之, 不覺失笑. 北平云 : 信史務在紀實. 語從其實, 史法也)

「부사(浮詞)」 제21

「부사(浮詞)」편에서는 지나치거나 헛되이 꾸민 말[浮詞]의 사용에 관한 문제를 설명하고 있다. 유지기는 사서편찬에 있어서 사실의 서술과 관련하여 기본적으로 문장의 발단을 말하는 용어들이나 사실을 도와 문장을 끊어주는 용어들의 사용은 불가피하다고 인식하였다. 즉 사서편찬에 있어서 필요한 음절을 문장에 보충할 수밖에 없음으로 허사(虛詞)의 사용이 제한적으로 사용되는 것을 긍정하였던 것이다. 따라서 『좌전』과 『사기』에서 각각 진 영공(晉靈公)・사마안(司馬安)・진 문공(晉文公)・질도(郅都) 등에 대한 사실을 서술하면서 사실의 논술을 돕기 위한 말로서 사용된 것이 이러한 부사(浮詞)에 해당한다고 평가하였다. 그러나 특히 사실과 관련하여 포폄을 표기할 경우 그로 인해 곧 득실(得失)이 모두 짤막한 말에 담겨지고 시비(是非)가 한 구절에서 말미암게 됨으로 부사(浮詞)의 구사에 더욱 신중해야 한다고 주장하였다. 그런데도 근대의 작자들은 번잡하고 풍부한 것을 추구하는데 빠져 곧 어떤 때에는 발어사(發語詞)를 잘못 적용하고 있으며, 어미사(語尾詞)도 합당하게 쓰지 못하고 있기 때문에 후세의 독자들이 내용 전체를 신뢰하기 어렵다고 했다. 그 예로 『사기』의 기록 중 무휼(無恤)이 가장 어질었다[賢]는 평가와 한신(韓信)에 대한 어질다[賢]는 평가야말로 실제와는 전혀 다르고, 『한서』 「혹리전」에 실린 엄연년(嚴延年)에 대한 평가를 고대 자공(子貢)이나 염유(冉有)에 비교한 것 같은 것도 그 대표적인 문제라는 것이다. 그리고 예전의 기록들은 문장이 비록 따로 흐트러져 있음에도 서로 얽혀 있음이 더욱 긴밀하였지만, 지금은 내용이 모순되고 어떤 것은 전후 행구(行句)의 문장인데도 서로 어그러져 틀리기도 한다고 하면서, 『북제서(北齊書)』의 위수(魏收) 평가와 『주서(周書)』의 문제(文帝) 우문태(宇文泰) 평가 등의 모순을 예로 들었다. 모두 쓸데없이 문장을 꾸밈에 따라 객관성도 떨어지고 번잡함도 늘어난다는 비판이었다. 아울러 사람들이 편리한대로 지워버리거나 제 마음대로 꾸미는 폐단이 근대에 와서 더욱 많아지고 있음과 확실한 근거 없이 표현을 과장하는 일, 마음 속에 자신의 애증(愛憎)을 지니고 있음에 따라 사용하는 말이 일정하지 않은 것 등 경솔하게 붓을 대고 자기 뜻대로 포폄을 가하는 것을 모두 비판하였다.

21-1

무릇 사람의 말이 나와[1] 지루하지 않고 막힘없이 흘러가려면 반드시 발어사(發語詞)[徐音](음(音)이 말의 앞에 놓이기 때문에 마땅히 '천천히[徐]'라고 해야 한다. 구본(舊本)에는 '여음(餘音)'이라 하였는데, 잘못이다)[2]와 어미사(語尾詞)[足句]

---

1 역주 : 『역(易)』 「계사(繫辭)上」에, "언행(言行)은 군자(君子)의 추기(樞機)이고, 그 추기를 발(發)하는 것에 영욕(榮辱)이 달려 있다. 언행은 군자가 천지를 움직이는 수단이니 신중하지 않겠는가!"라고 하였다.

2 역주 : 포기룡이 말한 '서음(徐音)'이라고 한 용례(用例)를 찾기 어렵고, 문장의 의미가 부연되어 나온 말[餘音]의 의미가 있으므로 기윤(紀昀)의 『사통삭번(史通削繁)』의 견

를 시작과 끝으로 해야 한다. 그리하여 이(伊)·유(惟)·부(夫)·개(蓋)는 말의 발단에 놓여진 발어사이고,(서음(徐音)이다) 언(焉)·재(哉)·의(矣)·혜(兮)는 단구(斷句)에 사용된 조사(助辭)이다.[3](족구(足句)이다) 그것들을 버리고서는 말이 완전할 수 없으며 그것들을 덧붙여야 문장이나 구절이 완성될 수 있다. 사서에서 사실을 서술하는 경우에도 때로는 이와 비슷하다. 그러므로 진 영공(晉靈公)이 무거운 세금을 부과하여 거두어 들여 담벼락을 화려하게 장식하였다는데 대해 서술하면서 우선 "군주의 도리를 잃고[不君]"(『좌전』 선공(宣公) 2년)[4]라는 말로 칭술(稱述)하였고, 사마안(司馬安)이 벼슬을 하면서 네 차례나 9경(九卿)에 이르렀다는데 대해 서술하면서 우선 "재치 있게 관직생활을 하였다[巧宦]"는 말로 표시하였다.[5] 이것이 바로 이른바 사실을 서술하는 발어사(發語詞)이다. 그리고 진 문공(晉文公) 중이(重耳)가 원(原)나라를 치면서 신의를 표시한데 대해 기록하면서[6] 뒤이어

해에 따라 여음(餘音)이라 하는 것이 옳다고 하였다. 趙呂甫, 『史通新校注』, p.381 주)2 참조.

3 按 : 이 네 글자는 『문심조룡(文心雕龍)』 「장구(章句)」편에 나온다. 그 원문에 이르기를, "이(伊)·유(惟)·부(夫)·개(蓋) 등은 구(句)의 발단에 놓여진 조사(助辭)이고, 언(焉)·재(哉)·의(矣)·혜(兮) 등은 구절의 끝에 사용된 보통의 조사이다"라고 했다.

4 역주 : 『좌전』 선공 2년(B.C. 607)에, 진 영공(晉靈公)이 군주의 도리를 잃고[不君] 세금을 무겁게 걷어 궁실의 담벼락까지 화려한 채색으로 장식하고, 높은 망대 위에서 지나가는 백성들에게 탄궁(彈弓)을 쏘고는 사람들이 피하는 모습을 구경하였다고 했다. 두예의 주(注)에, '불군(不君)'이란 군주의 도리를 잃는 것이라 했다.

5 『사기』 권120, 「급암전(汲黯傳)」에, 급암의 조카인 사마안은 젊어서 급암처럼 태자세마(太子洗馬)가 되었다. 사마안은 아주 재치가 있어서 관직생활에 능했다. 관직은 네 차례나 9경(九卿)의 대열에 올랐다. 按 : 열전의 문장에 '아주 재치가 있다[深巧]'는 구절과 '관직생활에 능했다[善宦]'은 따로 읽어야 한다. 그러나 반악(潘岳)의 「한거부서(閒居賦序)」에서 구절을 파하여 '교환(巧宦)'이란 제목을 만들고 난 후 이를 그대로 사용하였다.

6 역주 : 『좌전』 희공(僖公) 25년(B.C. 635)에, 겨울에 진 문공(晉文公)이 원(原)을 포위하면서 3일 먹을 군량만을 가지고 가라고 명하였다. 3일이 되어도 원 사람들이 항복하지 않자 진 문공은 철군(撤軍)하라는 명을 내렸다. 그때 원에 들어가 있던 첩자가 나와 말하기를, '원에서 장차 항복하려 한다'라고 하니, 군리(軍吏)가 '저들의 항복을 기다리소서'라고 하였다. 진 문공이, '신의는 나라를 다스리는 보배로서 백성의 생명을 지키는 것이다. 원 땅을 얻고 신의를 잃으면 무엇으로 백성의 생명을 지키겠는

성복(城濮)의 싸움에서 "한번 싸워 패자(覇者)가 되었으니 바로 진 문공의 문덕[文]으로 백성들을 교화한 결과였다"(『좌전』 희공(僖公) 27년)[7]고 말하였고, 흉노(匈奴)사람들이 질도(郅都)를 매우 두려워하여 질도를 본뜬 목각 인형을 만들어 기마병들로 하여금 쏘게 하였지만 하나도 명중하지 못했다고 기록하고 이어서 그들이 질도를 이처럼 두려워하였다고 말했다.(『사기』 권122, 「혹리전(酷吏傳)」)[8] 이러한 것이 이른바 사실의 논술을 돕는 말이다.(이는 구(句)의 조사(助辭)와 같다. 釋 : 이상에서는 말의 앞과 뒤에 붙여진 글[발어사 · 어미사]의 경우는 실재 번거롭게 덧붙여진 것은 아니라고 말하고 있다)

夫人樞機之發, 亹亹不窮, 必有徐音(音在語前, 故當言徐. 舊作'餘音', 誤) 足句, 爲其始末. 是以伊 · 惟 · 夫 · 蓋, 發語之端也.(徐音也) 焉 · 哉 · 矣 · 兮, 斷句之助也.(足句也) 去之則言語不足, 加之則章句獲全. 而史之敍事, 亦有時類此.(釋 : 首借文句起止助字, 引出史之浮詞, 蓋用詩家比興體也) 故將述晉靈公厚斂雕墻, 則且以不君爲稱.(宣二) 欲云司馬安四至九卿, 而先以

가. 잃는 것이 더욱 많을 것이다'라고 하고서 곧 30리를 물러났는데, 그때 원이 항복하였다고 하였다.

7 역주 : 『좌전』 희공(僖公) 27년(B.C. 633)에, 진 문공은 처음 귀국했을 때부터 백성들을 교화하였는데, 교화한지 2년 만에 진 문공이 이들을 동원하여 출정하려고 하자 대부 호언(狐偃)[子犯]이 만류하였다. …… 이에 진 문공은 원(原)나라를 공격하면서 1사(舍 : 30리)를 물러서면서 신의의 본보기를 보여주었다. 그러자 백성들이 물자를 교역하면서 많은 이득을 구하지 않고 약속한 말을 그대로 지켰다. 진 문공이 이제 동원이 가능할 것으로 생각하고 호언에게 물었다. …… 이에 진 문공은 군사훈련을 대대적으로 거행하여 예(禮)를 보이고 집질(執秩)을 설치하여 관작(官爵)의 등급을 바로잡으니 백성들이 상사(上司)의 명(命)을 따라 의심하지 않았다. 그런 뒤에 이들을 사용하여 곡(穀)에 주둔한 초(楚)나라의 수병(戍兵)을 축출하고 송(宋)나라 포위를 풀었다. 그리고 성복(城濮)의 싸움으로 패업(霸業)을 이루었으니 이는 진 문공이 문덕(文德)으로 백성을 교화한 결과였다고 하였다.

8 역주 : 『사기』 권122, 「혹리열전」에, 질도는 양(楊) 땅 사람이다. 그는 낭(郎)의 신분으로 한 문제(文帝)를 섬겼다. 한 경제(景帝) 때에는 중랑장(中郎將)이 되어 단호히 직간을 하였으며, 조정에서는 대신들을 면전에서 훈책하였다. …… 흉노들은 평소 질도의 기개를 들어 알고 있었다. 그가 변경을 지키러 오자 흉노들은 군대를 이끌고 그곳에서 철수하여 질도가 죽을 때까지 감히 안문(雁門)에 접근하지 못하였다. 그들은 질도를 본뜬 목각 인형을 만들어 기마병이 달리면서 그것을 쏘도록 하였으나 아무도 그것을 맞추지 못할 만큼 질도를 두려워하였다고 했다.

巧宦標目. 所謂說事之端也.(此猶語端) 又書重耳伐原示信, 而續以一戰而霸, 文之敎也.(僖二十七) 載匈奴爲偶人象郅都, 令馳射莫能中, 則云其見憚如此.(『史記』「酷吏傳」) 所謂論事之助也.(此猶句助. **釋** : 二層所引, 似於語前語後各有浮出之文, 而實非有泛溢也)

21-2

옛날 공자가 경전(經典)을 산정(刪訂)하였는데 그 의의는 포폄(褒貶)에 있었고, 해와 달처럼 명백한 것이니 삭제하거나 고칠 수 없는 권위를 지녀야 한다.[9] 그런데도 사전(史傳)에 기재된 것은 사실을 널리 기록한 것을 귀하게 여길 뿐이다. 본래의 사실을 서술하는 것 외에도 때때로 비난하거나 칭찬을 하게 되면 이것으로 인해 곧 득실(得失)이 짤막한 말에 담겨지고 시비(是非)가 한 구절에서 말미암게 되니 어찌 쉽게 말할 수 있으며, 신중하지 않을 수 있겠는가![10] (**釋** : 이 구절은 이하 문단을 총괄한다) 그러나 근대의 작자들은 번잡하고 풍부한 것을 추구하는데 빠져 곧 어떤 때에는 발어사(發語詞)를 잘못 적용하고 있으며 어미사(語尾詞)도 합당하게 쓰

9 역주 : 두예(杜預), 「춘추좌씨전서(春秋左氏傳序)」(『문선』 권45)에, "공자는 노나라 사관(史官)이 책(策)에 기록한 성문(成文)에 의거하여 그 진위(眞僞)를 살피고, 그 전례(典禮)를 기록하여 위로는 주공(周公)이 남긴 법제를 따르고, 아래로는 장래의 법을 분명히 하였다. …… 좌구명(左丘明)은 공자에게 『춘추』 경을 전해 받고 경(經)은 삭제할 수 없는 글[不刊之書]이라고 여겼다"라고 했다.

10 역주 : 『문심조룡』 「사전(史傳)」편에, "『춘추』에서 공자는 자신의 판단을 증거하기 위해서 역사에서의 성패를 다루었으며, 국가의 존망을 입증하여 선악의 규범을 분명히 하였다. 한 글자에 나타난 공자의 칭찬은 높은 지위에 있는 사람의 권위보다 더 가치가 있었고, 비난은 사형보다 가혹하였다. 그러면서도 심원한 내용은 은미함 속에 감춰 있고, 그 문장은 함축에 뛰어나 간결하다"라고 하였다.

지 못하고 있기 때문에 후세의 독자들이 믿기 어렵다. 『사기』의 「세가(世家)」 중에 이런 문구가 있다. "조앙(趙鞅)[趙簡子]의 여러 아들 중에 무휼(無恤)이 가장 어질다"[11]고 하였다. 대개 어진 사람에 대해 말하는 경우 당연히 인자하여 남의 딱한 사정을 잘 알아줌[仁恕]을 우선시하고 예를 두터이 하여 사양함[禮讓]을 입신(立身)의 근본으로 삼아야 한다. 무휼의 경우 이웃나라와 거짓으로 회맹을 한다고 하고 음흉하게 죽이려고 계책을 꾸며 친누이로 하여금 비녀를 갈아 자살까지 하게 하였다.[12] 이것은 도리어 교활하고 잔인하며 과도한 욕심으로 친족도 돌아보지 않으니, 포악한 고래[鯨鯢][13]와 같고 개 · 돼지만도 못한 자인데(『사통』은 대부분의 언행이 더러운 구절을 꺼려했다) 어찌 '어질다[賢]'[14]고 칭할 수 있겠는가? 또한 『한서』에서 "소하(蕭何)는 한신(韓信)이 어질다고 알고 있다"[15]고 하였다. 생

11 역주 : 『사기』 권43, 「조세가(趙世家)」에 보이는 말이다.

12 『사기』 권43, 「조세가(趙世家)」에, 조간자(趙簡子)가 모든 아들을 불러 대화를 나눴는데 무휼이 가장 현명하여 태자로 삼았다. 바로 양자(襄子)이다. 양자의 누이는 이전에 대왕(代王)의 부인이었다. 간자를 장례지내고 아직 상복도 벗기 전에 양자는 북쪽의 하옥산(夏屋山)에 올라 대왕(代王)을 초대하였다. 요리사에게 놋쇠로 만든 국자를 들고 대왕에게 음식을 권하게 하고 술을 따를 때에 은밀히 낙(雒)이라는 백정을 시켜 국자로 대왕을 쳐서 죽였다. 그리고 군대를 일으켜 대나라를 평정하였다. 그의 누이가 이 소식을 듣고 울며 하늘을 부르짖다가 비녀를 뾰족하게 갈아 자살하였다. 대나라 사람들이 이를 가엾게 여겨 그녀가 자살한 곳을 마계지산(摩笄之山)이라 불렀다.

13 역주 : 『좌전』 선공(宣公) 12년(B.C. 597)에, "옛날의 현명한 왕은 불경(不敬)한 무리를 정벌하여 그 우두머리[鯨鯢]를 죽여 무덤을 높이 쌓아 대중에게 보여 큰 치욕을 받게 하였다. 이것으로 구경거리를 삼아 부정과 불의를 징계하였다"라고 하였다. 우두머리[鯨鯢]는 본래 대어(大漁)를 가리키는 말인데, 두예는 주(注)에서 소국(小國)을 집어삼키는 불의한 사람을 비유한 말이라고 하였다.

14 역주 : 고대에 있어서 '어질다[賢]'는 의미는 후세와 같은 뜻으로 사용되지 않고 어느 한 분야에 뛰어날 경우 일반적으로 쓰이던 말이었기 때문에, 유지기가 자신의 시대에 사용하던 '어질다'는 의미로 무휼을 평가한 것이 지닌 문제점을 지적하기도 한다. 趙呂甫, 『史通新校注』, p.383 주)27 참조.

15 항우가 패공(沛公)을 촉한(蜀漢)에 봉했다. 『위숙자집(魏叔子集)』 「웅양급자설(熊養及子說)」에 이르기를, 한 고조가 촉한으로 가지 않으려 했다. 소하(蕭何)가 말하길, '신은 대왕께서 한중(漢中)의 왕이 되어 그 백성을 잘 다스려 현인(賢人)의 업을 쌓길 원합니다'라고 했다. 장량(張良)이 한(韓)으로부터 오고, 한신(韓信) · 진평(陳平) 등이

각하건대 어진 사람의 처세술은 이익에 부합되든 위험할 때이든 관계없이 한결같아야 한다. 빈천(貧賤) 때문에 곤궁하여 뜻을 잃지 않으며, 부귀 때문에 너무 기뻐서 절도를 잃지 않는다.[16] 『역전(易傳)』에 이르기를 "진퇴(進退)와 존망(存亡)을 명백히 알 수 있는 사람은 오직 성인뿐이다"[17]라고 하였다. 예컨대 회음후(淮陰侯) 한신(韓信)은 처음에 빈천하게 살면서 자신의 일에 힘쓰지 않고 행동에도 규범이 없었다. 후에 부귀영화를 누리게 되자 자만에 빠져 재앙을 불러와 스스로 군주를 배반하여 이름이 죄인들의 무리 속에 나열되었다.[18] 자신을 스스로 돌아보면서 재앙을 막아낸다는 말을 듣지 못하였으니 자기 분수에 만족하는 마음이 어디에 있겠는가? 그가 좋은 장수라고 칭찬하기 위하여 그에게 재략(才略)이 있다는 것으로 칭찬해도 될 것인데, 반드시 '어질다'는 말로써 그를 표방하니 어찌 잘못된 것이 아니겠는가?(釋 : 이 두 가지 사실로서 이전의 정확하게 평가하지 못한 증거로 말하고 있다. 그러나 집요하게 '어질다[賢]'는 글자에 매달리고 있어서 부사(浮詞)와 동떨어진 것 같다) 또 말하기를(『한서』 권90, 「혹리전(酷吏傳)」), "엄연년(嚴延年)은 날래고 사나울 뿐만 아니라 민첩하여서 가령 자공(子貢)이나 염유(冉有)같이 정사(政事)에 능통한 사람들과도 비교할 수 있다"라고 하면서 「혹리(酷吏)」라는 편명을 가진 열전에 기재하고 있는데, '도백(屠伯)'[19]이라 불려지는 사람을 공자 문하(門下)의 뛰어난 사람들과 비교하

초로부터 갔다. 따라서 이르기를, '백성을 잘 다스려 현인의 업을 쌓았다'라고 한 것이다. 按 : 이상의 말은 『한서』 권39, 「소하전(蕭何傳)」에 보인다. 장량이 먼저 만나고 진평이 후에 이르렀는데 위빙숙(魏冰叔)이 이를 뭉뚱그려 말한 것이다. 한중에 이르렀을 때 분명 한신 한 사람이었다. 그러나 소하가 현인의 업을 이야기한 것은 오히려 넓은 의미의 말이었다. 『사통』에서 실제 한신(韓信)만을 가리킨 것은 다른 뜻을 견강부회한 것으로써 의미만을 집어낸 것에 그치는 것은 아니었다.

16 이는 『예기』 「유행(儒行)」의 문장이다. 정현(鄭玄)의 주에, '운확(隕穫)'이란 곤궁하여 뜻을 잃은 모습이고, '충굴(充詘)'이란 너무 기뻐서 절도를 잃은 모습이라 했다.

17 역주 : 『역』 「건괘(乾卦)」 "문언(文言)"에, "진퇴와 존망을 분명히 알아서 그 바른 처신을 잃지 않는 자는 오직 성인뿐이다"라고 하였다.

18 역주 : 『한서』 권34, 「한신전(韓信傳)」 참조.

19 『한서』 권90, 「혹리전(酷吏傳)」에, (엄연년은) 송사(訟事)와 관련한 문장에 능하여 상

고 있지만 어찌 동류(同類)라고 하겠는가? 하물며 춘추(春秋)시대부터 한나라에 이르기까지 많은 세월이 흘렀는데 반드시 말과 모습[貌]을 가지고 사람을 이야기한다면, 옛날 사람이 한 말을 들은 바도 없고 그 모습을 보지도 못한 상태인데 어찌 그들의 재능이 서로 같아 조금의 차이도 없다는 것을 알고 그들을 서로 비교할 수 있다고 하겠는가?(釋 : 위의 한 가지 사실은 말을 맺는 것이 합당하지 못하게 사용된 증거이고, 사용한 말 역시 치기(稚氣)를 지니고 있으니 옛 것을 모방하는 것이 어찌 웃는 얼굴 사이에 있다고 하겠는가? ○두 구절이 비록 이전의 문장을 증명하는 것이지만 실제로는 삭제할 수 있다)

昔尼父裁經, 義在褒貶, 明如日月, 持(舊作'特')用不刊. 而史傳所書, 貴乎博錄而已. 至於本事之外, 時寄抑揚, 此乃得失禀於片言, 是非由於一句, 談何容易, 可不愼歟!(釋 : 此段領下) 但近代作者, 溺於煩富, 則有發言失中,(去聲. ○謂語前) 加字不愜,(一作'快', 非. ○謂語後) 遂令後之覽者, 難以取信.(釋 : 以發言, 加字二句分挈下文) 蓋『史記』世家有云 : "趙鞅諸子, 無恤最賢." 夫賢者當以仁恕爲先, 禮讓居本. 至如僞會鄰國, 進計行戕, 俾同氣女兄, 摩笄引決, 此則詐而安忍, 貪而無親, 鯨鯢是儔, 犬豕不若,(『史通』每多礙眼醜句) 焉得謂之賢哉! 又『漢書』云 : "蕭何知韓信賢." 案賢者處世, 夷險若一, 不隕獲於貧賤, 不充詘於富貴. 『易(誤作'又')傳』曰 : "知進退存亡者, 其唯聖人乎!" 如淮陰初在仄微, 墮業無行, 後居榮貴, 滿盈速禍; 躬爲逆上,(一作'臣') 名隸惡徒. 周身之防靡聞, 知足之情安在? 美其善將, 呼爲才略則可矣, 必以賢爲目, 不其謬乎?(釋 : 以此二事爲語前失中之證. 然執論'賢'字滯甚, 且與浮詞不倫) 又云(『漢書』 「酷吏傳」)"嚴延年精悍敏捷, 雖子貢 · 冉有通於政事, 不能絶也." 夫以編名「酷吏」, 列號"屠伯", 而輒比孔門達者, 豈其倫哉? 且以春秋至漢, 多歷年所, 必言貌取人, 耳目不接, 又焉知其才術相類, 錙銖無爽, 而云不能絶乎?(釋 : 以此一事爲語後不愜之證, 而所言亦帶稚氣, 擬古豈在笑貌間哉! ○二節雖以證前, 其實可削)

주하여 사형을 논함에 민첩하기가 신과 같았고 유혈이 여러 마을에 걸쳤다. 하남에서는 엄연년을 짐승 잡는 도장인 도백(屠伯)이라 불렀다.

21-3

대개 예전에는 사실을 기록할 때 혹 앞의 경문(經文)에서 이후에 발생하게 될 사건을 복선으로 설명하기도 하고 혹은 뒤의 전문(傳文)에서 결론을 내리기도 한다. 경(經)과 전(傳)의 문장이 비록 따로 흐트러져 있지만 서로 얽혀 있음이 더욱 긴밀하다.[20](釋 : 이상의 구절로 위의 문장을 끝내고 아래 문장을 시작한다) 오늘날의 사실기록은 그렇지 못하다. 어떤 것은 다른 권(卷)이나 편(篇)에 있으므로 서로 모순되고, 어떤 것은 전후로 이어진 행구(行句)의 문장인데도 곧 서로 어긋나 맞지 않는다. 그러므로 『북제서(北齊書)』에서 위수(魏收)에 대해 논하면서 어떤 부분에서는 그가 올바르게 사실 그대로 기록하였다고 하고, 어떤 부분에서는 그가 마음이 바르지 않다고 하는 등 세 곳에서 하는 말이 각기 다르다.(原注 : 이백약(李百藥 : 565-648)은 『북제서(北齊書)』 「서(序)」에서 위수(魏收)에 대해 논의하면서 "그의 자손에게 영혼이 있다면 위수의 고견에 동의하지 않을까 두렵다"라고 했고, 「위수전(魏收傳)」에서 또 말하기를 "사마상여(司馬相如)의 제자, 공자의 문도(門徒)가 충분히 될 수 있다. 그러나 하고자 하는 바가 사실을 기록하는데 있었으며 사람들의 사사로운 비밀을 들추는 것을 좋아하였다"라고 하였으며, 「이주창전(爾朱暢傳)」에서 또 말하기를 "위수는 이주창의 뇌물을 받고 그의 부친 이주영(爾朱榮)의 열전(列傳)을 쓸 때 그의 악한 행위를 많이 줄여 기록하였다"라고 하였다. 이렇게 세 부분의 말이 각기 다르다.[21] 按 : 『북제서(北齊書)』에는 이주창의 이름이 두 자 즉 문창(文暢)이고 금(金)

---

20 역주 : 두예의 『춘추좌씨전집해』 「서(序)」(『문선』 권45 所收)에, 좌구명은 공자에게서 『춘추』 경을 전해 받고, 경문(經文)은 삭제할 수 없는 글[不刊之書]이라 여겼기 때문에 전문(傳文)에서 혹은 경문보다 먼저 그와 관계 있는 사건으로 시작하기도 하고[張本], 혹은 뒤에 경문의 의의를 말해 마치기도 하였으며[終言], 혹은 경문에 의거하여 그 이치를 밝혀 말하고, 혹은 경문이 다르더라도 그 뜻이 같은 것끼리 맞추었다. 경문의 뜻에 따라 설명하는 것이야말로 체례가 중시하는 바였다.

21 역주 : 『북제서』 권37, 「위수전」 교감기(校勘記)(一)에, 이 권(卷)은 원래 빠져 있었는데, 송본(宋本) · 삼조본(三朝本) · 남본(南本) 등 본의 권말(卷末)에 송나라 사람의 교

을 받았다는 말이 그의 동생 「문략전(文略傳)」에 보이는데 내용도 마찬가지로 다르다) 『주서(周書)』에서 문제(文帝) 우문태(宇文泰)를 평하면서, "마음이 너그럽고 어질다"라고 하거나 "살육을 좋아한다"라고 하였으니 두 논조가 같지 않다.(原注 : 영호덕분(令狐德棻 : 583-666)은 『주서(周書)』 권38, 「원위전(元偉傳)」에서 문제(文帝)가 북위 원씨(元氏)의 족속들을 죽이지 않았을 때 "태조(太祖)는 천성이 너그럽고 인자하며 무슨 일이든지 시기하는 성격이 아니다"라고 하였고, 권2, 「문제기(文帝紀)」 하에서는 또 "강릉(江陵)을 쳐서 이겼는데 온 성의 사람들이 모두 그에게서 피해를 입거나 죽음을 당하였다. 여여족(茹茹族)을 공격하였는데 거의 모든 종족사람들이 죽음을 당했다. 비록 그 사실이 비록 권도(權道)에서 나온 것이라 하지만 오히려 덕으로 하는 교화와 어긋난다"라고 하였다. 이것이 바로 두 논조가 다르다는 것이다. 按 : 본래의 주(注) 구절에 '복(復)'자가 탈루되어 대부분 말이 되지 않아 이제 『주서(周書)』에 근거하여 개정(改正)하였다. 따라서 문집 내의 문장의 주어(注語)를 더욱 알아감에 있어서 만약 때로 통하지 않는 부분이 있다면 그것은 모두 제멋대로 뒤섞임으로 조성된 것이지 본래 그러하였던 것은 아니다) 비단 말에도 기준이 없을 뿐 아니라 내용에서도 주저하며 망설인다.[22] 사람의 성품은 하나인데 사서의 평가는 여러 가지이다. 더욱이 난잡한 소리를 하길 좋아하면서 성실하고 정직한 도리를 추구하지 않아 말이 자꾸 반복되므로, 읽는 사람들이 헷갈리고 혼란스럽다.(釋 : 이 구절에서는 이백약(李百藥)과 영호덕분(令狐德棻)이 쓸데없이 문장을 꾸민 것을 예로 들고 있다)

蓋古之記事也, 或先經張本, 或後傳終言, 分布雖疏, 錯綜逾密.(釋 : 此五句束上起下) 今之記事也則不然. 或隔卷異篇, 遽相矛盾; 或連行接句, 頓成乖角. 是以『齊史』之論魏收, 良直邪曲, 三說各異.(原注 : "李百藥『齊書序』論魏收云, 若使子孫有靈, 竊恐未挹高論. 至『收傳. 論』又云 : 足以入相如之室, 游尼父之

어(校語)에 위수전과 『북사』 권56, 「위수전」의 내용이 같지만 세가(世家)가 서술되어 있지 않고 또 논찬(論贊)이 없어서 정사(正史)가 아니란 의심이 든다고 하였다.

22 『사기』 권107, 「위기무안후열전(魏其武安侯列傳)」에 부록된 「관부전(灌夫傳)」에, 무안후가 어사대부 한안국(韓安國)을 불러 노하여 말하길, '나는 그대[長儒]와 함께 늙은 이를 대적하려 하는데 어찌하여 주저하며 망설인단 말이요[首鼠兩端]?'라고 하였다.

門. 但志存實錄, 好抵陰私. 子『爾朱暢傳』又云 : 收受暢財賄, 故爲榮傳多減其惡. 是謂三說各異. **按** : 『北齊書』, 暢雙名文暢, 受金語在其弟文略傳, 文亦不同) 『周書』之評太祖, 寬仁好殺, 二理不同.(**原注** : 令狐德棻周書元偉傳稱文帝不害諸元, 則云 "太祖天縱寬仁, 性罕猜忌." 於『本紀論』又云 : "渚宮制胜, 闔城"戮, 茹茹歸命, 盡种誅夷. 雖事出權道, 而用乖於德教." 是二理不同. **按** : 本注句複字脫, 多不成語, 今據『周書』改正. 因此益悟集內篇文注語, 時苦不通, 皆竄亂所致, 非其質也) 非惟言無准的, 固亦事成首鼠者矣. 夫人有一言,(一無'言'字. **按** : 此句當作'人惟一格') 而史辭再三; 良以好發蕪音, 不求讜理, 而言之反覆, 觀者惑焉.(**釋** : 此節擧百藥, 德棻之浮飾)

21-4

새로운 왕조의 군주에게도 미덕(美德)과 악행(惡行)이 여지없이 드러나 은하수처럼 밝으니 변하거나 막는다고[靡沮] 고칠 수 있는 것이 아니다. ('미저(靡沮)'는 혹 '마열(磨涅)'이라 쓰고 있지만 모두 온당한 곳은 아니다. 이 두 문구는 결국 생략해도 된다)[23] 그런데도 오히려 사람들이 편리한대로 지워버리

23 역주 : 원문의 '미저(靡沮)'를 '창저(倉沮)' 즉 글자를 처음 만든 창힐(倉頡)과 저송(沮誦)이 와전된 것으로 보고 '창힐과 저송이라 할지라도 고칠 수 있는 것이 아니다'라고 해석해야 한다는 견해도 있다. 程千帆, 『史通箋記』, p.109 참조. 그러나 이 '미저(靡沮)'의 의미는 『문심조룡』 「논설(論說)」편의 찬왈(贊曰)에 보이는, "음양의 미묘함이라도 변할 수 없고, 귀신조차도 도망갈 곳이 없다[陰陽莫貳, 鬼神靡遯], (귀곡자(鬼谷子)의) 비겸(飛鉗) 기술을 운용하여 말을 교묘하게 하니 그대의 논변이 호흡하는 일순(一瞬)간에 반드시 상대방을 문득 말리기도 하고, 또 때로는 떨쳐 일어나게 한다[說爾飛鉗, 呼吸沮勸]"에서 인용한 것으로 보기도 하였다. 趙呂甫, 『史通新校注』, p.385 주)52 참조. 그 외에도 『논어』 「양화(陽貨)」편에, 공자가 말씀하기를, '갈아도 얇아지지 않는다면 견고하다고 말할 수 있지 않겠느냐? 검게 물들여도 검어지지 않는다면 희다고 할 수 있지 않겠느냐[不曰堅乎, 磨而不磷. 不曰白乎, 涅而不緇]'라는 말을 인용하여 '마열(磨涅)'이라고 해야 한다는 陳漢章의 『史通補釋』의 주장을 찬성

거나 고의(故意)로 꾸미고 있다. 근대의 사서 중에 이러한 폐단이 특별히 많다. 예컨대 『위서(魏書)』에서 도무제(道武帝)가 새 이름[鳥名]을 관직명으로 쓰고 있는데 대하여 서술하면서 "순박한 것을 숭상하면서 멀리 소호씨(少皞氏)를 따라 배웠다"라고 하고,[24] 도무제가 변방의 부족과 혼인을 체결한데 대해 서술하면서 곧 "변방의 백성을 불러 위로하고 한 고조(漢高祖)를 앙모(仰慕)하며 따랐다"[25]고 했다. 그 외의 논설 대부분이 이와 유사하였다. 살펴보건대 북위(北魏)는 중국의 변경지방에서 처음 일어났으며 고대시기의 전적(典籍)에 관한 지식이 매우 적었다. 변방의 부족과 혼인을 맺는 것은 그저 진(秦)과 진(晉)이 대대로 통혼한 것과 같을 따름이다. 그러니 새 이름을 관직명으로 처음 쓴 것이 어찌 담자(郯子)의 말과 관계되겠는가?[26] 머리를 풀어헤친 변방 오랑캐[髦頭][27]와 혼인한 것이 어떻게 누경(婁敬)의 화친을 위한 혼인정책[奉春之策]을 빌린 것이라 하겠는가?[28] 호언(豪言)의 지나친 말이 끝이 없으니 얼마나 후안무치(厚顔無恥)한

하는 견해도 있다. 張振珮, 『史通箋注』, pp.207-208 주)1 참조

24 『위서(魏書)』 권114, 「관씨지(官氏志)」에, 천사(天賜) 원년(404)에 고대의 순박한 바탕을 본받기 위해 관직의 명칭을 제정할 때마다 모두 먼 고대의 하늘 높이 나는 새의 뜻에 맞추었다. 제조(諸曹)의 관리를 오리[鳧鴨]이라 불렀는데 이는 재빨리 날아다닌다는 뜻을 취한 것이다. 규찰(糾察)을 담당하는 후관(候官)은 백로(白鷺)라 불렀는데 이는 긴 목으로 멀리 바라볼 수 있다는 뜻을 취한 것이다. 그 외의 여러 관직의 뜻도 모두 이와 비슷하다. 按 : 등국(登國 : 386-396)은 도무제의 초기 연호인데 이를 가지고 이후까지를 개괄하고 있다. 소호(少皞)에 관한 사실은 「서지(書志)」편을 보라.

25 『위서』 권24, 「최현백전(崔玄伯傳)」에, 도무제(道武帝) 즉 태조(太祖)가 현백을 불러 『한서』를 강의하게 한 적이 있었다. 누경(婁敬)이 한 고조에게 노원공주(魯元公主)를 흉노에게 시집가도록 설득하는 부분에 이르자 잘한 일이라고 오래도록 감탄하였다. 따라서 여러 공주들이 모두 주변 부용국(附庸國)의 군주들에게 낮춰 시집을 갔다.

26 역주 : 『좌전』 소공(昭公) 17년(B.C. 525) 참조. 「서지(書志)」편 주)122에 자세한 내용이 보인다.

27 『진서(晉書)』 권11, 「천문지(天文志)」 상, 묘(昴)별자리 칠성(七星)은 하늘의 이목(耳目)이다. 또 모두(髦頭)는 호성(胡星)을 가리킨다. 『위서(魏書)』 권105, 「천상지(天象志)」 3에, 황시(皇始) 원년 6월에 별자리 모두(髦頭)에 혜성이 나타났다. 그 해 가을, 도무제가 기(冀) 지방의 땅을 열었다.

28 『한서』 권43, 「유경전(劉敬傳)」에, "한 고조가 말하기를, '본래 진(秦)의 땅에 도읍을 정하라고 말한 사람은 누경(婁敬)이다. '루(婁)'는 이제 '유(劉)'로 한다'라고 하고, 유

가? 또한 『주사(周史)』에 의하면 원행공(元行恭)이 북제(北齊)가 멸망한 다음 귀국하게 되었는데 유신(庾信)이 그에게 시를 써주면서 이르기를, "괵(虢)나라가 멸망하자 아름다운 옥이 돌아오고, 북제(北齊)가 탕평되자 보정(寶鼎)이 돌아왔도다"라고 말하였고,[29] 진(陳)의 주홍정(周弘正)이 북주(北周)에 사신으로 왔을 때 빈관(賓館)에서 위형(韋夐)에게 시를 써주면서 말하기를, "덕성(德星)이 아직 움직이고 있지 않으니 진인(眞人)의 수레가 어떻게 올 수 있겠는가?"라고 하였다.[30] 원행공과 위형 두 사람이 유신(庾信)과 주홍정에게 이 정도로 중시되었던 것이다. 무릇 문장이 뜻의 표현에 해를 주게 된 것은 예로부터 그러했지만, 비슷한 표현이 실제와 꼭 맞지 않은 것은 그 유래가 이미 오래되었다. 만일 유신과 주홍정이 지은

씨 성을 하사하고 낭중(郎中)으로 삼고 봉춘군(奉春君)이라 불렀다. 흉노의 묵특(冒頓)이 여러 차례 북쪽 변방을 괴롭혔다. 유경이 말하기를, '폐하께서 큰 공주를 묵특에게 시집을 보내고 물건을 후히 뇌물로 주면 그는 한의 공주를 시집보낼 때는 이렇게 후한 물건을 보낸다는 것을 알 것입니다. 그리하면 만이(蠻夷)들은 반드시 사모하여 알씨(閼氏)로 사모할 것입니다. 그리하여 아들을 낳으면 틀림없이 태자가 될 것이고 선우(單于)를 이을 것입니다', '어찌 외손이 감히 할아버지[大父]에게 대등(對等)한 예를 하겠다는 말을 듣겠습니까?'"라고 했다.

29 『주서(周書)』 권38, 「원위전(元偉傳)」에, 원위의 자는 유도(猷道)이다. 사주(使主)가 되어 북제에 조빙(朝聘)하러 갔다. 그 해 가을 북주의 고조가 북제를 직접 공격하자 원위는 북제에 의해 인질로 잡히게 되었다. 북제가 망하자 비로소 풀려났다. 원위의 성품은 허정(虛靜)을 좋아하였고 정사의 여가에도 책을 놓은 적이 없다. 처음 업(鄴)으로부터 돌아왔을 때 유신(庾信)이 그에게 시를 써주었다 등. 按 : '유도(猷道)'를 『사통(史通)』에서 행공(行恭)이라 하였는데, 어찌 우홍(牛弘)이 편찬한 이미 없어진 『주서(周書)』에 본래부터 그러했겠는가? 역주 : 이는 유지기가 잘못 인용한 것으로 원행공은 당연히 원위로 고쳐야 한다. 자세한 논의는 張振珮, 『史通箋注』, p.209 주)7 참조.

30 『주서(周書)』 권31, 「위형(韋夐)」에, 위형의 자는 경원(敬遠)이다. 뜻이 간략하고 소박한 것을 좋아하여 거주하는 집이 강이 휘돌아 가는 정원이 있는 곳이었다. 명제가 그를 소요공(逍遙公)이라 불렀다. 남조의 진(陳)이 상서(尙書) 주홍정(周弘正)이 사신으로 와 위형을 만나려 했다. 후에 위형을 빈관으로 청하여 주홍정은 그에게 시를 써주었다. 按 : 『세설신어』 「덕행」편에, 진태구(陳太丘 : 陳寔)가 순랑릉(荀朗陵 : 荀淑)을 방문할 때 (가난하고 검소하여 노복이 없었음으로 맏아들) 원방(元方 : 陳紀)에게 수레를 몰게 하였다. 이때에 태사(太史)가 상주하기를, '진인(眞人)들이 동쪽으로 몰려갔습니다'라고 하였는데, 주홍정의 시(詩)에 진인이 탄 수레[眞車]라는 용어는 바로 이것이다.

시문이 모두 사실대로 기록한 것이라면 그들의 포폄이 한 사람에게만 그치지 않았을 것이므로 마땅히 그들의 결론을 모두 모아 기재해야 하는데 어찌 이 네 구절만을 수록하였겠는가?(釋 : 이 구절은 위수(魏收)와 우홍(牛弘 : 545-610)이 확실한 근거 없이 사실을 꾸민 것을 예로 들었다) 만일 평가[題目][31]가 일정하지 않고 앞뒤가 모순된다면 이백약(李百藥) · 영호덕분(令狐德棻)이 바로 그러하다.(原注 : 『북제서(北齊書)』는 이백약이 편찬한 것이고, 『주서(周書)』는 영호덕분이 편찬한 것이다) 마음속에 자신의 애증(愛憎)을 지니고 있으면 사용하는 말이 일정하지 않은데, 바로 위수와 우홍이 그러하다.(原注 : 『위서(魏書)』는 위수가 편찬한 것이고 『주사(周史)』에 기재된 원행공 등의 사실은 원래 우홍이 편찬한 것이다) 이렇게 모두 판단과 결정이 고명(高明)하지 못하고 지혜와 식견이 빈틈없이 세밀하지 못하여, 오히려 경솔하게 붓을 대고 자기 뜻대로 포폄을 가하였다. 때문에 임시 변통으로 꾸려 나감이 비록 적당한 것처럼 보이지만, 누락된 흔적이 더 분명하게 드러나 모르는 사람들로 하여금 의혹을 가지게 하고, 식견이 있는 사람들에게 비난을 받았다.(釋 : 여기서 두 구절의 문장을 종합하여 정문(正文)의 쓸데없는 꾸밈을 배척하였다)

亦有開國承家, 美惡昭露, 皎如星漢, 非靡沮所移.('靡沮'或作'磨涅', 俱未穩. 此二句竟可省去) 而輕事塵點, 曲加粉飾. 求諸近史, 此纇(卽'累'字, 或作'類', 後多有之, 仿此)尤多. 如『魏書』稱登國以鳥名官, 則云"好尙淳樸, 遠師少皞"; 述道武結婚蕃落, 則曰"招携荒服, 追慕漢高". 自餘所說, 多類於此. 案魏氏始興邊朔, 少識典 · 墳; 作儷蠻夷, 抑惟秦 · 晉. 而鳥官創置, 豈關郯子之言? 髦頭而偶, 奚假奉春之策? 奢言無限, 何其(舊作'甚')厚顔! 又『周史』稱元行恭因齊滅得回, 庾信贈其詩曰 : "虢亡垂棘反,(一作'滅', 誤) 齊平宝鼎歸." 陳周弘正來聘, 在館贈韋敻詩曰, 德星猶未動, 眞(一作'直',

---

31 역주 : 여기서 '제목(題目)'이라 함은 「제목(題目)」편의 의미와는 달리 역사적 인물과 사실에 대한 평가를 개괄하는 의미로 쓰였다. 趙呂甫, 『史通新校注』, pp.386-387 주)67 참조.

誤)車詎肯來?"其爲信 · 弘正所重如此. 夫文以害意, 自古而然, 擬非其倫, 由來尙矣. 必以庾 · 周所作, 皆爲實錄, 則其所褒貶, 非止一人, 咸宜取其指歸, 何止采其四句而已?(釋 : 此節擧魏收 · 牛弘之浮飾) 若乃題目不定, 首尾相違, 則百藥 · 德棻是也.(原注 : 『齊史』, 李百藥所撰. 『周史』, 令狐德棻所撰) 心挾愛憎, 詞多出沒, 則魏收, 牛弘是也.(原注 : 『魏書』, 魏收所撰. 『周史』載元行恭等, 此本牛弘所撰也) 斯皆鑒裁非遠, 智識不周, 而輕弄筆端, 肆情高下. 故彌縫雖洽, 而厥迹更彰, 取惑無知, 見嗤有識.(釋 : 此總繳二節之文, 乃斥浮正文也)

21-5

무릇 말을 적게 하는 사람은 한마디 말로도 두루 빠짐이 없고, 재주가 많은 사람은 몇 구절을 써야만 바야흐로 그 뜻이 분명해진다. 살펴보건대 『좌전』에 나오는 강현(絳縣)의 노인이 갑자(甲子)를 논의한 사실은 조맹(趙孟)에 대한 기록 속에 숨겨져 있고,[32] 반고의 『한서』에 서술된 초(楚)의 노인이 공승(龔勝)에게 곡한 사실에서는 그 이름을 적지 않아 알 수 없다.[33] 이 같은 한 가지 사실을 가지고 다른 비슷한 사례를 유추할 수 있다. 혜강(嵇康) · 황보밀(皇甫謐)이 『고사전(高士傳)』을 편찬하면서 두 노인을 갈라 전(傳)을 설정하고, 『좌전』과 『한서』의 기록을 모두 인용하였는데 그 전론(傳論)에서 이르기를, "두 노인은 자기의 덕행을 감추어 자신을 보호하였으며, 명예와 이익을 추구하지 않고 어지러운 세상을 피함으로 그 피해를 멀리하고, 비천한 일에 종사하는 사람으로 살아가는 것에 만

32 역주 : 『좌전』 양공(襄公) 30년 조에 실려 있는 내용인데, 「이체(二體)」편의 주)7 참조.
33 역주 : 『한서』 권72, 「양공전(兩龔傳)」 참조.

족하였다"라고 하였다.[34] 무릇 옛 책의 함의(含義)를 헤아려보아서 새로운 말을 더하여 보태니 이는 조식(曹植)이 읊은 「삼량시(三良詩)」[35]와 안연년(顔延年)이 지은 「추호행(秋胡行)」[36]과 같은 것이다. 두 작품에 각각 "묘를 직접 대하니 눈물이 나고", "규방(閨房)에서 깊은 밤에 오래도록 한탄하노라"라는 문장이 있는데 비록 말이 원래의 전(傳)보다 많지만 원래의 사실과 조금도 다르지 않다. 오리의 다리가 비록 짧지만 그것을 늘리면 오히려 슬퍼할 것이다.[37] 사서의 문장이 비록 간단하지만 그것을 더하게 되면 반대로 번잡하게 된다. 옛 현인의 문장을 증감(增減)하는 것이 어찌 쉬운 일이겠는가?(釋 : 여기서는 『고사전(高士傳)』의 논(論)이 쓸데없이 문장을 꾸미고 있음을 논하고 있는데 이는 「부사(浮詞)」편 끝의 여파(餘波)로서 정사(正史)와는 무관하므로 역시 불필요하게 언급한 것 같다)

夫詞寡者出一言而已周, 才蕪者資數句而方浹. 案『左傳』稱絳父論甲子, 隱言於趙孟; 班『書』述楚老哭龔生, 莫識其名氏. 苟擧斯一事, 則觸類可知. 至嵇康·皇甫謐撰『高士記』, 各(一作'名')爲二叟立傳, 全採左·

34 강부(絳父)는 즉 강현(絳縣)의 노인을 말한다. 「이체(二體)」편을 보라. 『한서』 권72, 「양공전(兩龔傳)」에, 두 공씨는 모두 초나라 사람이다. 공승(龔勝)의 자는 군빈(君賓)이고, 공사(龔舍)의 자는 군천(君倩)이다. 세상은 그들을 초의 두 공씨라고 불렀다. 왕망(王莽)이 나라를 찬탈하고 사자(使者)를 보내 새서(璽書)를 받들어 즉시 제위에 올랐다. 공승은 이후 다시는 음식을 입에 대지 않고 죽었다. 한 노인이 와서 조문을 하며 깊이 슬프게 곡을 하고 말하기를, '오호라! 훈초는 향이 있어 스스로를 불태우고, 기름은 밝히기 위해 스스로를 녹인다[薰以香自燒, 膏以明自銷]'고 하고 가버렸는데 아무도 그가 누구인지 몰랐다. 按 : 혜강(嵇康)·황보밀(皇甫謐)이 「이수전(二叟傳)」을 지었는데 모두 『좌전』과 『한서』의 말을 채용하고 있다.

35 『문선(文選)』 권21, 「영사(詠史)」에, 조식의 삼량시에 이르기를, "눈물을 참고 그대의 묘에 올라, 묘혈에 이르러 하늘을 바라보고 탄식하노라"고 했다.

36 『송서』 권73, 「안연지전(顔延之傳)」에, 안연지의 자는 연년(延年)이다. 홀로 교야(郊野)에서 술을 마시고 즐기며 다른 사람을 의식하지 않았다. 按 : 「추호행(秋胡行)」에는 "세모(歲暮)인데도 추호자(秋胡子)가 돌아오지 않은 빈 방에 드는구나[歲暮臨空房]"라는 구절은 규방의 탄식을 말한다. 이에 관한 상세한 내용은 「품조(品藻)」편을 보라.

37 『장자(莊子)』 「병무(騈拇)」편에, "오리의 다리가 짧다하여 늘려주면 곧 좋아하지 않을 것이요, 학의 다리가 비록 길지만 짧게 끊으면 슬퍼할 것이다"라고 했다.

班之錄, 而其傳論(一誤作'詞')云: "二叟隱德容身, 不求名利, 避遠亂害, 安於賤役." 夫探揣古意, 而廣足(原音: 子愈反)新言, 此猶子建之咏三良, 延年之歌秋婦. 至於臨穴泪下, 閨中長嘆, 雖語多(贏也)本傳, 而事無異說. 蓋鳧脛雖短, 續之則悲; 史文雖約, 增之反累. 加減前哲, 豈容易哉! (釋: 此以「高士傳」論爲浮詞, 是篇尾餘波, 無關正史, 亦似贅及)

21-6

옛날 공자는 (『춘추』를 산정(刪定)하면서) 요[唐] · 순[虞]부터 주(周)에 이르기까지 부사(浮詞)를 잘라내고 그 중 중요한 부분만을 모았다. 때문에 제왕(帝王)의 도(道)가 매우 분명해졌다. 아! 성인(聖人)이 살던 시기와는 점점 멀어지는데 사적(史籍)은 갈수록 더 많아지니 그 중의 시비(是非)와 득실(得失)을 누가 바르게 고칠 수 있겠는가? 만약 잘못을 고칠 수 있는 재능을 지닌 사람이 있다 해도 신용을 얻지 못하면 사람들이 그의 의견을 모두 버릴 것이다. 이것은 바로 진(秦)의 대부 요조(繞朝)가 "진나라에 인재가 없다고 말해서는 안 된다. 다만 나의 계책이 지금 쓰이지 않고 있을 뿐이다"라고 말한 것과 같다.(이 말은 『좌전』 문공(文公) 13년(B.C. 614)에 보인다. 釋: 결론에 자신의 처지를 담았다)

昔夫子斷唐 · 虞以下迄於周, 翦截浮詞, 撮其機要, 故帝王之道, 坦然明白. 嗟乎! 自去聖日遠, 史籍逾多, 得失是非, 孰能刊定? 假有才堪釐革, 而以人廢言, 此繞朝所謂"勿謂秦無人, 吾謀適不用"者也.(語見『左傳』文十三. 釋: 結處自寓)

按: '부사(浮詞)'의 '헛되이[浮]'라고 하는 것은 '지나친 말'이요, '헛되이 꾸민 말'이다. 그러나 먼저 발어사(發語詞)[徐音]와 어미사(語尾詞)[足句]를 중요한 위치에 놓는 것이 가장 이치에 맞고 원만한 것이다. 그러나 편(篇) 중에 드러내어 밝히고자 한 비판은 맞거나 틀리는 것이 반반이다. 예컨대 권(卷)을 달리하여 행(行)을 이어 기록하면서도 다른 내용을 받아들이지 않거나, 『제서(齊書)』에서 위수(魏收)를 평가하면서 세 가지 관점이 각각 달랐다거나, 『주서(周書)』에서 태조를 평가하면서 어질다고 하면서 또 사람 죽이기를 좋아한다고 각각 다른 평가를 한 것은 잘못이 스스로 모순된 말을 하거나 헛되이 꾸민데 있다. 또한 말하기를, 사람들이 편리한 대로 지워버리거나 제 마음대로 꾸미고 근거 없이 아무렇게나 쓰면서 삼황(三皇) 중 수인(遂人) 씨의 사객(詞客)에 가탁하지만, 그 잘못은 곧 지나치거나 헛되이 꾸민 말에 있다. 이들은 모두 본받은 만한 말이다. 유독 앞에서 논한 '칭현(稱賢)'이나 '황고(況古)'와 뒤에서 논한 『고사전(高士傳)』의 찬(贊)은 그 잘못이 융통성이 없고 사정에 어두운데 있다. 만약 이러한 지나치고 꾸민 말들을 깎아내어 없앨 수 있다면 순수한 비단처럼 좋은 문장이 될 것이다. 『사통』 중의 이 같은 모습은 당연히 구별하여 보아야 한다.(浮之云者, 溢辭也, 歧辭也, 而先之以徐音足句, 最爲理致周圓. 但篇中所摘, 離合參半. 如云隔卷連行, 不容殊趣, 而有若三論二評, 失則歧浮矣. 又云輕塵曲紛, 無取雜施, 而假以遂皇詞客, 失則溢矣浮矣. 皆法言也. 獨其前比之論稱賢・論況古, 後此之論「高士傳」贊, 其失則滯而閒, 刊而去之, 乃純錦也. 『史通』此等, 故應分別觀之)

주로 지적하여 비판한 것은 여전히 북조(北朝)의 사서들이었으며, 이 편의 앞뒤가 모두 같은 논조였다.(批摘所主, 仍在北書, 通前後篇一氣)

「서사(敍事)」 제22

'서(序)'가 한 장(章)이고, '상간(尙簡)'·'용회(用晦)'·'망식(妄飾)'이 세 장(章)이다. ○제목 아래 주(注)와 행(行)은 본래 약간의 차이가 있다.[序一章, 尙簡·用晦·妄飾三章. ○題下注與行本小異]

사서편찬에 있어서 사실의 서술은 가장 기본적인 작업이면서 아울러 사서의 가치를 결정짓는 중요한 기준이 된다. 유지기는 이러한 서사(敍事)와 관련하여 매우 분명하게 '상간(尙簡)'과 '용회(用晦)'라는 원칙을 준수할 것과 '망식(妄飾)'을 경계할 것을 강조하였다. 특히 유지기가 일관되게 강조하고 있는 역사서술의 기본적인 원칙은 '간단하고 요령이 있는[簡要]' 서술이었다. 글자는 줄이면서도 표현하고자 하는 사실은 풍부하게 하는 것이다. 따라서 그는 문장이 간단하면서도 사실이 풍부하게 담겨져 있는 것을 가장 훌륭한 저작이라 여겼다. 그러나 『사기』와 『한서』 이후 문장은 날로 더욱 번거롭고 복잡하여져 '간요'와는 거리가 멀어지게 되었다고 지적하였다. 유지기는 역대 사서의 서사(敍事)를 종합적으로 살피면서 서사(敍事)의 체재는 네 가지 종류로 구별할 수 있다고 했다. 첫째는 인물의 재능과 품행을 직접 기록하되 구체적인 설명을 적지 않는 것이고, 둘째는 인물의 사적만을 서술하고 그 사적을 통해 인물의 품행을 보여준다는 것이다. 셋째는 언어에 근거하여 이해하는 것으로써 책 중 다른 인물의 말을 통하여 특정한 인물의 품행과 사적을 드러내는 것이다. 넷째는 논찬(論贊)을 통해 저절로 명백하게 하는 것으로 인물의 사적과 품행을 본기와 열전에 쓰지 않고 사신(史臣)의 논찬을 통해 표명하는 것이다. 서술의 '간요'함을 위하여 재능과 품행・사적・언어・논찬 등이 모두 상호 꼭 필요한 것이 아니기 때문에 이 중 한 가지를 사용하여 번거롭고 중복되는 것을 피해야 한다고 했다. 아울러 사서를 간략하게 하기 위하여 문구를 생략하거나 글자를 생략하는 방법이 있다고 했다. 용회(用晦)의 의미를 유지기는, "자잘한 것을 생략하고도 커다란 사실을 보존할 수 있고 중요한 것을 들어 중요하지 않은 것을 명백히 할 수 있으며, 한 마디 말로 크고 작은 사실을 모두 개괄할 수 있고 몇 마디 말로도 크든 적든 하나라도 빠뜨리지 않을 수 있는 이러한 것들이 모두 은근히 뜻이 숨겨져 있음을 운용하는 방법"이라고 정의하였다. 따라서 그는 곧 "글자를 줄이고 문장을 요약하면 사실은 글귀 밖에서 넘쳐난다"라고 하였던 것이다. 가능한 한마디 말로 하여금 여러 가지 의미를 담게 해야 하며 글자로 표현하지 않은 숨은 뜻과 운(韻)에서 나타나지 않은 숨은 소리가 있어야 한다는 것이다.

유지기는 이상의 '간요(簡要)'와 '용회(用晦)'의 서술원칙이 지켜지지 않으면서 후세의 사서들은 문학적 기교를 부리는데 힘을 쓰고, 사서가 지녀야 할 실사구시적 서술을 경시하는 '망식(妄飾)'의 풍조가 일어났다고 비판하였다. 사관(史官)이 사서를 편찬하면서 고대의 문장과 같게 하려 옛 글자에 가탁하여 오늘날의 말로 바꿈에 따라 문장의 윤색(潤色)이 남용되기 시작하였고, 사적이나 인물의 경우에도 비슷한 옛 유형에 비유함에 따라 사실과 다른 모순이 발생한다고 지적하고, 그에 따라 사서 속의 말들이 헛되이 수식만을 더하여 경솔하게 화려한 말을 써서 묘사하게 되어 문체가 부(賦)나 송(頌)과 같고 말은 배우(俳優)의 대사와 같이 변하여 사서로서의 가치가 의심된다고 크게 우려하였다.

22-1

대개 좋은 사서는 사실의 서술[敍事][1]을 가장 중시한다. 사람의 공과(功過)를 적거나 선악(善惡)을 기록하는 경우, 문채(文彩)가 있으면서도 화려한 대로 흐르지 않고,[2] 질박하면서도 조야(粗野)하지 않으면[3] 사람들로 하여금 그 속의 풍부한 뜻을 맛보게 하고 그 속의 좋은 말을 가슴에 품게 되며, 두 번 세 번 읽어도 피로함을 잊고 백 번을 읽어도 싫증을 느끼지 않는다. 작자가 성인이 아니라면 누가 이렇게 해낼 수 있겠는가?[4](**釋**: 서사(敍事)의 대의(大意)로부터 시작하여 '작자(作者)가 성인'이라는 말을 제시하며 이하 『상서』와 『춘추』를 말하고 있다) 옛날 성인(聖人)의 술작(述作)을 말하자면 위로는 『상서』 「요전(堯典)」으로부터 아래로는 『춘추』의 노 애공(哀公) 14년(B.C. 481) 획린(獲麟)에 이른다.[5] 이는 언사(言辭)를 교묘히 연결하고 사물을

---

1 역주 : 『문심조룡』 「뇌비(誄碑)」편에, (채옹(蔡邕)의 비문을 칭찬하면서) 그는 서사(敍事)에 있어서 사려 깊으면서도 간결하고 핵심이 있으며, 그의 문채는 정아하면서도 윤택하니, 그 윤택한 언어는 부드럽게 흘러 끊임없이 이어지고, 교묘한 의도는 차례차례 나타나 우뚝 선다고 하였다.

2 역주 : 『문심조룡』 「주계(奏啓)」편에, 문채(文彩)를 사용하되 지나치지 않도록 하는 것[文而不侈], 이러한 것들이 계(啓)의 작성에서 요구되는 핵심사항들이라고 했고, 양웅(揚雄)의 『법언(法言)』 「군자(君子)」편에, 문장이 화려하지만 별 쓸모가 없는 것[文麗用寡]이 사마상여(司馬相如)의 문장들이라고 했다.

3 역주 : 『논어』 「옹야(雍也)」편에, 실질[質]이 문식[文]을 이기면 조야(粗野)하게 되고, 문식이 실질을 이기면 사(史)가 된다[質勝文則野, 文勝質則史]. 문식과 실질이 함께 빛나면 군자라고 했다.

4 역주 : 『예기』 「악기(樂記)」편에, 예(禮)를 제정하고 악(樂)을 지을 수 있는 사람을 성인[聖]이라 하고, 성인이 제정한 것을 계승하여 상세히 풀어서 설명하는 사람을 현인[明]이라 한다. 명성(明聖)이란 예악을 제정하고 상세히 풀어서 설명하는 사람을 이르는 말이라고 했다. 『문심조룡』 「징성(徵聖)」편에, 창작하는 것을 성(聖)이라 하고, 이를 계승하고 상세히 풀어서 설명하는 것을 명(明)이라고 했다.

5 역주 : 『좌전』 애공(哀公) 14년에, 노나라의 서쪽 지역 대야(大野)에서 수렵행사가 있었다. 이때 숙손씨(叔孫氏)의 수레를 모는 자서상(子鉏商)이 기린 한 마리를 잡았다. 그는 상서롭지 못하다고 여겨 이를 우인(虞人)에게 주었다. 이때 공자가 이를 자세히 보고는 크게 놀라며 '이것은 기린이다'라고 말했다. 두예(杜預)의 주(注)에 『춘추』

비교하여 포폄하는 『춘추』의 가르침이요, 멀리 옛날의 제왕에 대한 고사에 통달하는 『상서』의 뜻이다.[6] 자하(子夏)는 "『상서(尙書)』는 역사적 사실을 논의하는데 그 빛나는 모양이 해나 달과 같다"[7]고 말하였다. 양웅(揚雄)은 "사실을 이야기한 것으로 『상서』보다 분명한 것이 없으며, 도리를 말한 것으로는 『춘추』만큼 분명한 것이 없다"[8]고 하였다. 그런즉 『상서』의 함의(含義)는 심오하여 훈(訓)과 고(誥)(어느 책에는 '고(詁)'라고 잘못 썼다)[9]에는 매우 깊은 뜻을 체현하였으며, 『춘추』는 미언대의를 드러나게 하고, 숨겨져 있는 대의(大義)를 분명히 하며,[10] 완곡하면서도 조리가 있다[11]는 것을 말해주고 있다. 비록 그것들의 방법은 다르지만 각기 훌륭한 점을 가지고 있으니, 확실히 만고(萬古)의 본보기이며 저술(著述)중의 으뜸으로서 후세 사람들의 귀감이라고 해야 할 것이다. 후에 와서 사마천의 『사기』나 반고의 『한서』는 성인들을 계승하여 지었으니 그들에 버금가는 저작이다. 그러므로 세상의 학자들은 모두 우선 『오경(五經)』을

는 획린(獲麟)까지를 적고 있는데, …… 여기서 16년까지는 모두 노나라 사기(史記)의 문장이다. 제자들이 공자의 사망[卒]까지를 남기고 싶어서 공자가 편찬한 경문을 이어서 기록하였다고 했다.

6 역주 : 이는 『예기』 「경해(經解)」편에 나오는 문장인데, 멀리 옛날의 제왕에 대한 고사에 통달하는 것[疏通知遠] 즉 『서경』의 가르침과, 언사를 교묘히 연결하고 사물을 비교하여 포폄하는 것[屬辭比事] 즉 『춘추』의 가르침을 말한다.

7 역주 : 『상서대전(尙書大傳)』 「약설(略說)」에 보이는 문장으로 『공총자(孔叢子)』 「논서(論書)」편과 「한시외전(韓詩外傳)」에도 보인다. 趙呂甫, 『史通新校注』, p.393 주)8 참조.

8 역주 : 『법언(法言)』 「과견(寡見)」편에 나오는 문장이다.

9 역주 : 이에 대한 자세한 논의는 程千帆, 『史通箋記』, pp.111-112 참조.

10 『좌전』 두예(杜預)의 '서(序)'에, 『춘추』는 미언대의를 드러나게 하고, 숨겨져 있는 대의(大義)를 분명히 하며 뜻이 비슷한 것을 가려 편찬하였는데, 모두 예로부터 있었던 체례에 근거하여 대의를 밝혔고 행한 사실에 근거하여 포폄을 바르게 했다고 하였다. **按** : 『사통(史通)』은 두예의 '서'에 근거하였고, 『역』 「계사(繫辭)」 하(下)의 문장을 인용한 것은 아니다.

11 역주 : 『좌전』 성공(成公) 14년(B.C. 577)에, "『춘추』의 표현은, 문사(文辭)는 간략하되 뜻은 드러내고[微而顯], 사실을 서술하되 뜻은 은미(隱微)하게 하고[志而晦], 완곡하게 기록하되 장법(章法)[法則]을 이루고[婉而成章], 사실을 다 기록하되 왜곡(歪曲)하지 않고[盡而不汙], 악을 징계하고 선을 권장한다[懲惡而勸善]는 것이니 성인(聖人)이 아니면 누가 이렇게 편수(編修)할 수 있었겠는가"라고 하였다.

말하고 나서 그 다음에 『삼사(三史)』[12]를 말하곤 하는데 경서와 사서의 명목은 여기서부터 갈라지는 것이다.(釋 : 이 구절에서는 『상서』와 『춘추』를 서사(敍事)의 조법(祖法), 『사기』와 『한서』를 사서체례[史體]의 종법(宗法)이라 했다)

夫史之稱美者, 以敍事爲先. 至若書功過, 記善惡, 文而不麗, 質而非野, 使人味其滋旨, 懷其德音, 三復忘疲, 百遍無, 自非作者曰聖, 其孰能與於此乎?(釋 : 從敍事大意寬出, 提出'作者曰聖', 起下『尚書』·『春秋』) 昔聖人之述作也, 上自「堯典」, 下終獲麟, 是爲屬詞比事之言,(『春秋』) 疏通知遠之旨.(『尚書』) 子夏曰, "『書』之論事也, 昭昭然若日月之代明." 揚雄有云 : "說事者莫辨乎『書』, 說理者莫辨乎『春秋』." 然則意指(舊作'複', 誤)深奧, 誥(一訛'話')訓成義,(『尚書』) 微顯闡幽, 婉而成章,(『春秋』) 雖殊途異轍, 亦各有差(舊訛作'美')焉. 諒以師範億載, 規模萬古, 爲述者之冠冕, 實後來之龜鏡.(一作'鑑') 旣而馬遷『史記』, 班固『漢書』, 繼聖而作, 抑其次也. 故世之學者, 皆先曰『五經』, 次云『三史』.(一有'故'字) 經史之目, 於此分焉.(釋 : 此節推『尚書』·『春秋』爲敍事祖法, 擧馬·班二家爲史體宗法)

22-2

나는 일찍이 "경서는 태양과 같고 사서는 별과 같다"라고 말한 적이 있다. 밝은 태양의 빛이 비추면 별은 곧 빛을 잃게 되고, 석양(夕陽)이 지면 별은 곧 밝은 빛을 낸다. 때문에 『사기』나 『한서』의 문장을 보면 『상

---

12 역주 : 「채찬(採撰)」편의 삼지(三志)에 대한 주(注) 참조. "삼지(三志)" 즉 삼사(三史)는 『오경』과의 대비를 위해 중요한 의미를 갖지만, 그것이 『사기』·『한서』·『동관한기』를 지칭하는 것인지 혹은 『진승(晉乘)』·『초도올(楚檮杌)』·『노춘추(魯春秋)』 등을 가리키는 것인지는 분명치 않다.

서』나 『춘추』시대의 서술에 대하여 언어는 천박하고 속되며, 자질구레하고 보잘것없는 사실을 다루고 있으니,('언어는' 이후 여기까지의 문장은 없애도 된다) 날개를 아래로 늘어뜨린 채 날아오르지 못하고,[13] 음조가 고르지 못한 피리가 소리를 제대로 내지 못하는 것과 같다.[14](태양의 빛이 비추면 별이 빛을 잃게 되는 것과 같다) 전국시대 이후에 와서 성인의 시대와 점점 멀리 떨어지게 된 다음에야 비로소 예리함을 드러내고, 뜻이 크고 기개가 있어 어디에도 매이지 않게 되었다.(태양이 지고 나면 별이 빛나는 것과 같다) 사람의 재능에는 차별이 있고 그 차이는 아주 크다는 것을 알기 때문에 그들의 우열을 비교하려면 어찌 같은 시대에 놓고 할 수 있겠는가? 한나라 이후부터 거의 천년동안 사서를 저술하는 사람들이 계속 출현하여 일가(一家)에 그치지 않고 있다. 그러나 그 중 훌륭한 것을 골라내자면 대개 몇 되지 않는다. 무릇 사마천과 반고의 저서는 이미 『오경(五經)』의 전통에 어긋나는 죄인이지만 진(晉)·송(宋) 이래 나온 사서들은 『삼사(三史)』보다도 못하다. 예컨대 왕패(王覇)의 구별처럼 순수한 것과 난잡한 것의 차이가 현저하니,[15] 인재를 얻기 힘들기가 이토록 심한 것인가!(釋 : 위에서 이야기한 뜻에 영향을 받아 『상서』와 『춘추』로부터 『사기』와 『한서』로 다시 후일의 사서에 영향을 주고 있음을 설명하고 있다)

嘗試言之曰, 經猶日也, 史猶星也. 夫杲日流景, 則列星寢耀; 桑榆既夕, 而辰象粲然. 故『史』·『漢』之文, 當乎『尚書』·『春秋』之世也; 則其

13 역주 : 『문심조룡』 「재략(才略)」편에, 이우(李尤)의 사부(辭賦)와 명문(銘文)은 대작을 염두에 둔 작품이기는 하나 재능과 역량이 모자라 날개를 아래로 늘어뜨린 채 날아오르지 못한 모습의 것들이다[李尤賦銘, 志慕鴻裁, 而才力沈膇, 垂翼不飛]라고 하였다.

14 역주 : 『예기』 「악기(樂記)」편에, 이 다섯 가지 음(宮·商·角·徵·羽)이 어지럽지 않을 때는 무너지거나 깨지는 소리가 없다[五者不亂則無怗懘之音矣]라고 하였고, 약(籥)은 대나무로 만든 구멍이 셋 혹은 여섯이 있는 피리를 가리킨다.

15 역주 : 『순자(荀子)』 「왕패(王覇)」편에, "때문에 이르기를, 도의가 완전하면 왕자(王者)가 되고, 잡박하면 패자(覇者)가 되며 전혀 없으면 멸망한다[故曰, 粹而王, 駁而覇, 無一焉而亡]"고 하였다. 유가(儒家)에서는 일반적으로 인과 덕으로써 천하를 통치하는 것을 왕업(王業)이라 하고, 무력으로써 천하를 통치하는 것을 패업(霸業)이라 하여 엄격하게 구별하였다.

言淺俗, 涉乎委巷,('其言'八字亦可芟) 垂翅不擧, 瀎籥無聞.(如杲日星寢也) 逮於戰國已降, 去聖彌遠, 然後能露其鋒穎, 倜儻不羈.(如旣夕星粲也) 故知人才有殊, 相去若是, 校其優劣, 詎可同年? 自漢已降, 幾將千載, 作者相繼, 非復一家, 求其善者, 蓋亦(一有'無'字)幾矣. 夫班·馬執簡, 旣『五經』之罪人,(二字過當) 而『晉』·『宋』殺青, 又(一脫'又'字)『三史』之不若. 譬夫王霸有別, 粹駁相懸, 才難不其甚乎!(釋 : 蒙上意, 從二經跌落二史, 以迨於後史之遞降)

22-3

그렇지만 사람들의 저술은 비록 같은 사람에게서 나온 것이라 하더라도 그 중에는 좋고 나쁨이 고르지 않고, 정교하고 조잡한 정도가 서로 같지 않다. 예컨대 『사기』의 「소진(蘇秦)」·「장의(張儀)」·「채택(蔡澤)」 등의 열전이 그 중에서는 좋은 것이며, 「삼황본기(三皇本紀)」·「오제본기(五帝本紀)」와[16] 「일자(日者)」·「태창공(太倉公)」·「귀책(龜策)」과 같은 열전들은 확실히 취할만한 것이 없다.[17] 또한 『한서』의 제기(帝紀)와 「진승(陳勝)」·「항우(項羽)」 등의 열전들이 그 가운데서 가장 심하다. 그리고 「회남왕(淮南王)」·「사마상여(司馬相如)」·「동방삭(東方朔)」 등의 열전들은 또 어찌 말할만한 가치가 있겠는가.(그 중 대부분이 문장을 화려하게 꾸몄기 때문이라 했지만 견해가 역시 지나치게 편벽하다) 대개 그림을 그리는데 있어서 흰

---

16 역주 : 「삼황본기(三皇本紀)」는 유지기와 동시대의 사마정(司馬貞)이 보완한 것이고, 「오제본기」는 사마천이 지은 것이기 때문에 정확하게 말하자면 한 사람에게서 나온 저술이 아니다. 「삼황본기」가 아니라 「삼왕세가(三王世家)」라 하더라도 이 역시 저소손(褚少孫)이 보완한 것으로 알려져 있어 마찬가지이다.

17 역주 : 이들에 대하여는 「고금정사(古今正史)」편에도 자세하게 언급되어 있다.

바탕이 있고 난 뒤에 채색을 하여야 아름답게 되고,[18] 제왕이 있는 수도는 반드시 산수(山水)의 도움을 받아야 웅장하게 되는 격이다. 때문에 언어가 훌륭하지 못하면 그 사서도 졸렬하고, 사적(事迹)이 훌륭하면 역사 저작 또한 정교하게 된다. 만약 한 시대에 별다른 전문(傳聞)과 기이한 사실이 발생하지 않으면 영웅호걸이 출현하지 않고 어질고 뛰어난 인재가 나타나지 않아, 사정은 자잘하게 번거롭고 인물은 평범하며 일상적인 이치의 테두리에서 벗어나지 못하게 되어, 오히려 사신(史臣)에게 역사저술에서 양사(良史)와 직필(直筆)의 원칙을 드러낼 것과 은미(隱微)하고 완곡(婉曲)한 재능을 펼칠 것을 요구할 것이니 대개 이 역시 곤란한 것이다.(釋 : 이 구절은 다음의 논의로 넘어가기 위해 곧 『사기』와 『한서』의 예가 보여주는 대개 문장의 모습이 다른 것은 모두 사실의 모습이 같지 않기 때문이므로, 강제로 같게 한다는 것은 불가능하다고 했다) 때문에 양웅(揚雄)이 말하기를, "(『상서』 중의) 「우서(虞書)」·「하서(夏書)」의 내용은 깊고 크며, 「상서(商書)」의 내용은 끝없이 넓고 아득하며, 「주서(周書)」의 내용은 엄숙하고, 주 이후의 글들은 초췌하다"[19]고 하였다. 좌구명(左丘明)의 사실 기록을 보면, 제 환공(齊桓公)·진 문공(晉文公)이 서로 이어서 패자(霸者)라 칭하고, 진(晉)·초(楚)가 교대로 제후의 맹주가 되던 시기에 곧 글귀를 꾸며서 바르고 고상한 문장을 이루고 있다.[20] 그러나 주(周)나라 왕실이 크게 쇠퇴하게 되면서 역사적 사실은 더욱 문란해지니 「춘추」 중의 아름다운 언사(言辭)는 곧 자취

---

18 역주 : 『논어』 「팔일(八佾)」편에, 자하가, 『시경』에 '방긋 웃는 웃음에 입술이 더욱 곱고, 아름다운 눈동자에 눈매도 더욱 고우니, 마치 흰 바탕에 채색을 한 것 같구나' 하고 말한 것은 무슨 뜻입니까?' 하니 공자께서, '그림을 그리는데 있어서 흰 바탕이 있은 뒤에 채색을 하여 아름답게 됨을 말하는 것이니라' 하였다. 이에 자하는 또 '덕(德)을 갖춘 후에 예(禮)가 따른다는 말씀입니까' 운운하였다

19 양웅(揚雄)의 『법언(法言)』 「문신(問神)」편에 나오는 문장이다. 역주 : '주 이후'란 진(秦)을 가리킨다고도 하고,(張振珮, 『史通箋注』, p.216 주4) 참조), 『상서』의 「문후지명(文侯之命)」·「진서(秦誓)」편 등을 가리킨다고도 하였다.(趙呂甫, 『史通新校注』, p.396 주)41 참조.

20 역주 : 제 환공과 진 문공의 패자(霸者)에 관한 내용은 『맹자』 「양혜왕(梁惠王)」 상에 보이고, 진(晉)·초(楚)에 관한 내용은 『좌전』 양공(襄公) 27년(B.C. 546) 조에 자세하다.

를 감추었다. 사마천의 서사(敍事)를 보면, 주(周)나라 이전에는 말이 잘 갖추어지지 않았고 글은 꼼꼼하지 못하여 다시는 체통을 이루지 못하고 있다. 그러나 진(秦)·한(漢) 이후부터 조리가 갖추어져 있고 문채(文彩)가 발휘되어 칭찬할 만한 것이 있었다. 예컨대 순열(荀悅)의 『한기(漢紀)』같은 것은 그 재능이 전한(前漢)의 열 명의 황제에게서 모두 표현되고,[21] 진수(陳壽)의 『삼국지(三國志)』「위서(魏書)」는 좋은 곳이 다만 앞부분의 세 황제에게만 있을 뿐이다.[22] 같은 종류를 찾아내어 덧붙여 설명한다면, 다른 사서들도 모두 이와 비슷할 것이다.(釋 : 이 구절에서는 다시 위의 뜻과 관련하여 당시의 잡박한 것을 비판하면서 다만 사실로서 서사(敍事)하는 것이 좋다고 하였다)

然(作'然而'用)則人之著述, 雖同自一手, 其間則有善惡不均, 精粗非類. 若「史記」之(舊無'之'字, 據下『漢書』偶句, 當有'之')「蘇」·「張」·「蔡澤」等傳, 是其美者. 至於「三·五本紀」·「日者」·「太倉公」·「龜策傳」, 固無所取焉. 又「漢書」之帝紀, 「陳」·「項」諸篇, 是其最也. 至於「淮南王」·「司馬相如」·「東方朔傳」, 又安足道哉!(其中多靡文故, 然見亦過僻) 豈繪事以丹素成妍, 帝京以山水爲助. 故言媸者其史亦拙, 事美者其書亦工. 必時乏異聞, 世無奇事, 英雄不作, 賢俊不生, 區區碌碌, 抑惟恒理; 而責史臣顯其良直之體, 申其微婉之才, 蓋亦難矣.(釋 : 此節轉局起議, 就『史』·『漢』拈示, 大抵文貌有殊, 都因事狀非一, 强欲同之, 不能也) 故揚子有云 : "虞·夏之書, 渾渾爾; 商書, 灝灝爾; 周書, 噩噩爾; 下周者, 其書憔悴乎?"觀丘明之記事也, 當桓·文作霸, 晉·楚更盟, 則能飾波詞句, 成其文雅. 及王室大壞, 事益縱橫, 則「春秋」美辭, 幾乎翳矣. 觀子長之敍事也, 自周已往, 言所不該, 其文闊略, 無復體統. 洎(一作'自')秦·漢已下, 條貫有倫, 則煥炳可

21 역주 : 한 고조부터 애제(哀帝)까지 10명의 황제를 가리킨다.

22 역주 : 『한기』의 열 명의 황제[十帝]는 전·후한 각각 10여 명의 황제를 상징적으로 말하는 것이지만, 혹 『한기』가 12세(世) 11기(紀)를 담고 있는데 「고후기(高后紀)」를 뺀 숫자를 말하는 의미라고도 볼 수 있다. 『삼국지』「위서」의 삼조[三祖]란 무제(武帝 : 曹操)·문제(文帝 : 曹丕)·명제(明帝 : 曹叡)를 가리킨다.

觀, 有足稱者. 至若荀悅『漢紀』, 其才盡於十帝; 陳壽「魏書」, 其美窮於三祖. 觸類而長, 他皆若斯.(釋 : 此再申透上意, 以見時當駁雜, 只好就事敍事)

22-4

무릇 보물을 제대로 알아보는 사람은 아주 적으며, 작가의 작품이 갖는 진정한 가치를 정확하게 이해[知音]하는 사람 역시 많지 않다.[23] 근래에 배자야(裴子野)가 『송략(宋略)』을,[24] 왕소(王劭)가 『제지(齊志)』를 편찬하였는데[25] 이 두 사람은 모두 서사(敍事)에 능하여 옛사람보다 못하지 않았다. 그러나 세상 사람들의 평론은 모두 남들을 따라 배자야를 칭찬하고 왕소를 헐뜯었다. 무릇 강남(江南)은 전아(典雅)한 문사(文辭)를 좋아하였기 때문에 배자야의 문필이 특히 정교하였고, 중원(中原)의 사적이 복잡하고 혼란스러웠으므로 왕소의 문장이 늘 거칠고 야비하였다. 뿐만 아니라 배자야[幾原]는 쓸데없는 말로 꾸미는 것에 힘쓰고, 왕소[君懋]는 실록(實錄)[26]을 중요시하였다. 이것이 그들에 대한 칭찬과 미워함이 다르게 된

23 역주 : 『문심조룡』 「지음(知音)」편에, 한 작가의 작품이 갖는 진정한 가치를 정확하게 이해하는 일은 정말 어렵다. 작품의 본질을 정확히 파악하는 일은 어려운 것이고 그런 일을 확실하게 할 수 있는 사람을 만나기는 더욱 어려운 것이다. 작품에 대한 진정한 이해력을 갖춘 사람을 만나는 것은 천년에 한 번 있을까 말까 한 일이다. …… 위(魏)나라 사람은 야광주(夜光珠)를 보고도 괴석(怪石) 정도로 여겼고, 송(宋)나라 사람은 연(燕)나라의 돌덩어리를 보옥(寶玉)으로 보았다. 구체적인 사물들은 식별이 용이함에도 불구하고 그와 같은 착오가 발생하는데, 판별하기가 매우 까다로운 예술작품의 진정한 가치에 대해서야 그 누가 감히 손쉽게 분별할 수 있다고 하겠는가? 라고 했다.

24 역주 : 『남사(南史)』 권33, 「배송지전(裴松之傳)」 부록 「배자야전」 참조.

25 역주 : 『수서(隋書)』 권69, 「왕소전(王劭傳)」 참조.

26 역주 : '실록'에 대하여는 『한서』 권62, 「사마천전」 논찬(論贊)에, "사마천의 문장은

까닭이다. 가령 좌구명이 다시 나타나고 사마천이 다시 살아나서 북제(北齊)의 하육혼(賀六渾)[27] 즉 고환(高歡 : 496-547)의 언사와 사니간(士尼干)[28](마땅히 '후니우(侯尼于)'로 해야 한다) 즉 고양(高洋 : 529-559)의 역사적 사실을 기록한다고 해도 아마 붓을 거두고 기록하지 않을 것이고 그들의 훌륭한 말을 발휘할 수도 없을 것이다. 그런데도 어떻게 오늘날의 작자를 고대의 작자와 서로 비교하여 그들의 득실을 한마디로 논할 수 있겠는가?(釋 : 이 구절에서는 앞의 견해와 관련하여 이후 시대를 말하고 있다. 세상 사람들은 꾸미는 것을 기교라 여기고 소박한 바탕을 비루한 것이라 하지만 사서는 분명히 실록을 귀중하게 여기고 쓸데없는 단어를 숭상하지 않는다는 점을 모른다고 했다. 북조에 편중하여 설명하면서 세 가지 논의를 제기했다)

夫識寶者稀, 知音蓋寡. 近有裴子野『宋略』, 王劭『齊志』, 此二家者, 幷長於敍事, 無愧古人. 而世人(一作之')議者皆雷同, 譽裴而共詆王氏. 夫江左事雅, 裴筆所以專工; 中原迹穢, 王文由其屢鄙. 且幾原.(子野) 務飾虛辭, 君懋(王劭)志存實錄, 此美惡所以爲異也. 設使丘明重出, 子長再生, 記言於賀六渾之朝, 書事於士尼干(當作侯尼于)之代, 將恐輟毫栖牘, 無所施其德音. 而作者安可以今方古, 一概而論得失?(釋 : 此節蒙上說下, 才透指意. 世人以飾爲工, 以質爲陋, 不知史固貴實錄, 不尙虛詞也. 側注北朝挈起三論)

웅변이지만 화려하지 않고, 질박하지만 촌스럽지 않다. 그 문장은 곧고 그 사실은 핵심적이며 쓸데없이 칭송하는 법이 없고, 악을 숨겨주지 않는다. 그런 까닭에 실록(實錄)이라 일컫는 것이다"라고 하였다.

27 『북제서(北齊書)』 권1, 「신무기(神武紀)」 上에, 성은 고(高), 이름은 환(歡)이며, 자는 하육혼, 발해(渤海)의 수(蓨) 사람이다. 대대로 모용씨(慕容氏)에게서 벼슬하다가 모용씨가 패하자 북위에 귀항하였다. 신무제는 이미 여러 대에 걸쳐 북변에 거주하였으므로 그 풍속에 익수해져서 선비(鮮卑)와 같게 되었다고 했다.

28 황숙림(黃叔琳)의 『사통훈고보(史通訓故補)』에는 사우니(士于尼)라 하였다. 이 책의 주(注)에, 『북사(北史)』 권7, 「제본기(齊本紀)」 中에, 북제의 현조(顯祖) 문선제(文宣帝)의 휘는 양(洋)이고 자는 자진(子進)이다. 무명태후(武明太后)가 문선제를 잉태하고 있을 때 붉은 빛이 방을 비추었고 곧 출산하였다. 그리하여 이름을 후니우(侯尼于)라 지었는데 선비족의 말로 '유상자(有相子)'이다. 사우니(士于尼)는 마땅히 '후니우(侯尼于)'로 해야 한다.

22-5

서사(敍事)의 체례(體例)로 말하면 그 종류가 매우 많으며 짤막한 편폭(篇幅)에 상세히 열거하여 논의할 수 있는 문제가 아니다.[29] 이제 다시 그것들을 비슷한 것끼리 구분하여 세 편으로 설정하고 아래에 열거하기로 한다.(구본(舊本)에는 다음 행(行)에 '우서사편서(右敍事篇序)' 다섯 글자가 있었는데 이는 유지기가 쓴 것이 아니므로 이제 삭제하였다. 다음의 세 조항 또한 이를 따랐다)

夫敍事之體, 其流甚多, 非復片言所能覼縷; 今輒區分類聚, 定爲三篇, 列之於下.(舊本次行有'右敍事篇序'五字, 非劉氏自署也, 今削之. 後三條仿此)

按 : 이 장(章)은 「서사」편의 서언(序言)에 해당한다. 논설은 먼 옛날부터 근래에까지 미치고, 배경은 심원하고 광활하다. 그 주요한 의미는 시대의 변천에 따라 문풍(文風) 역시 변화해야 한다는 것이다. 사마천(司馬遷)과 반고(班固)는 『상서』와 『춘추』 두 경전을 그대로 따르지 않았기 때문에 『사기』와 『한서』가 신사(信史)가 되었다. 후세의 작자들은 사실에 근거하여 사실을 서술함으로 헛되이 겉만 번지르르하기보다는 진실하기를 바랐다. 차라리 오늘날의 진실한 것을 믿을지언정 고대의 꾸며진 거짓 사실을 믿지 않았다. 근거 없는 의론들은 그것이 칭찬하는 것이든 남을 헐뜯는 것이든 모두 따를 가치가 없는 것이다. 뒤의 세 장(章)을 모두 포괄하고 북조의 네 가지 사서를 자세히 살펴 기록하였다.(此一章「敍事」之敍也. 遠遠說來, 純取寬境. 大指言時風遞降, 則文亦隨之. 馬·班不襲二經, 正是各成信史. 後有作者, 就事敍事, 寧實無虛, 寧今而眞, 無古而贋. 彼浮議之爲譽爲詆, 不足徇矣. 苞籠後

---

29 '라(覼)'는 '라(羅)'와 뜻이 통한다. 좌사(左思)의 「오도부(吳都賦)」에, "자세한 정황을 곡진하게 할 수 없음을 탄식하노라"고 했고, 『진서(晉書)』 권47, 「부함전(傅咸傳)」에, 부함은 상소를 통해, "신이 이전에 그의 잘못을 다 이야기하지 않은 이유는 해결(解結)의 핵주(劾奏)를 통하여 저의 소원을 희망하기 때문입니다"라고 했다. 『금호자고(金壺字考)』에는 라루(覼縷)를 '차례[次序]'라고 하였다.

三, 注射北四)

22-6

무릇 국사(國史) 중에 우수한 것은 서사(敍事)에 뛰어나며, 서사에 뛰어난 것은 간단하고 요령이 있음을 위주로 하니, 간단함이 갖는 시대적 의미는 매우 크다.(釋 : 본 장(章)은 서사(敍事)는 간단한 것을 숭상한다는 점을 말하였다. 처음부터 분명하게 제시하고 있다) 자고 이래 사서를 편찬하는 사람들이 저작을 시작하면서,[30] 『상서(尙書)』를 발단으로 하여 사실의 간단한 기록에 힘썼으며, 『춘추』는 체례를 바꾸어 서술에 있어서 문장을 줄이는 것을 귀하게 여겼다. 이것은 대개 시대의 풍조가 후박(厚薄)에 있어서 다르고, 전후의 풍격(風格)이 서로 다른데서 말미암은 것이다. 그러나 문장이 간략하고 사실이 풍부한 것이 저작 가운데 특히 훌륭한 것들이다.(釋 : 『상서』와 『춘추』 두 경서는 간체(簡體)를 표방한 근원이다) 그러나 양한(兩漢)시대부터 삼국시대에 이르기까지 국사(國史)의 문장은 날로 번잡해졌다. 진(晉) 이후에 오게 되면 이러한 문제점이 더욱 많아졌다. 만약 그 쓸데없는 글귀를 찾아내고 번거로운 말들을 뽑아낸다면 한 행(行) 안에 반드시 몇 글자는 잘못 더해졌을 것이며, 한 편(篇)에는 항상 몇 행(行)의 필묵을 낭비하였을 것이다. 무릇 떼지어 날아다니는 모기 같은 작은 벌레도 한데 모여 울면 그 소리가 우레와 같을 수 있고, 가벼운 물건도 많이 모이면 수레의 축을 부러뜨릴 수 있는데,[31] 하물며 문장을 절도 있게 줄이지

---

30 『광운(廣韻)』에, 저울[衡]을 만드는 것은 저울의 추[權]로부터 비롯되고, 수레[車]를 만드는 것은 가마[輿]로부터 비롯된다고 했다.

31 『한서』 권53, 「경십삼왕전(景十三王傳)」의 「중산정왕전(中山靖王傳)」에, 많은 사람이

않고 언사에 제한이 없다면 여러 수레에 실을 정도로 그 분량이 많다고 한들 칭찬할 만 것이 있겠는가?(釋 : 근래의 사서들은 간단하지 않은 문제가 많다고 했다. ○이상은 이 장의 총론에 해당한다)

夫國史之美者, 以敍事爲工; 而敍事之工者, 以簡要(一無'要'字)爲主. 簡之時義大矣哉!(釋 : 本章言敍事尙簡也. 起便提明) 歷觀自古, 作者權輿, 『尙書』發蹤, 所載務於寡事. 『春秋』變體, 其言貴於省文. 斯蓋澆淳殊致, 前後異迹. 然則(作'然而'用)文約而事豐, 此述作之尤美者也.(釋 : 以二經標簡體之大源) 始自兩漢, 迄乎三國, 國史之文, 日傷煩富. 逮晉已降, 流宕逾遠.(舊多'必'字) 尋其冗句, 摘其煩詞, 一行之間, 必謬增數字, 尺紙之內, 恒(一作'必')虛費數行. 夫聚蚊成雷, 群輕折軸, 況於章句不節, 言詞(一多'言旣'二字)莫限, 載之兼兩, 曷足道哉?(釋 : 以近史當不簡之流宕. ○以上通章總冒)

22-7

서사(敍事)의 체재는 네 가지 종류로 구별할 수 있다. 즉 (인물의) 재능과 품행을 직접 기록하는 것, 사적만을 기록하는 것, 언어를 통해 알 수 있게 하는 것, 논찬(論贊)을 빌어 (저자의 견해를) 저절로 드러나게 하는 것 등이다.(釋 : 서사(敍事)의 체재를 네 가지로만 구별하고, 네 구절로 그 대강을 제시하였다) 예컨대 『고문상서(古文尙書)』에서 요임금[帝堯]의 덕을 서술하면서 "진실로 공손하고 능력이 있으며 겸양의 미덕을 갖추었다"(「요전(堯

아첨하면 산도 물에 띄울 수 있고, 모기소리도 모이면 우레처럼 된다고 했다. 『전국책(戰國策)』「위책(魏策)(一)」에, 장의(張儀)가 위(魏)에 말하길, 새 털 같은 가벼운 물건도 많이 쌓이면 배가 가라앉고, 가벼운 것이 많이 쌓이면 수레의 축이 부러질 수도 있으며, 많은 사람이 떠들면 쇠도 녹인다고 했다.

典)」)[32]고 표현하고 있으며, 『춘추좌전』에서는 자태숙(子太叔)의 모습을 서술하면서, "용모가 수려(秀麗)하고 문채가 뛰어났다"(양공(襄公) 31년)[33]고 표현하고 있다. 기록한 바가 이와 같으며 다른 논조가 더 없으니, 이것이 이른바 '인물의 재능과 품행을 직접 기록하는 것'이다.(釋 : 첫 번째로 구절이 바뀐다) 또한 예컨대 『좌전』에 신생(申生)이 여희(驪姬)의 모함에 걸려 목매달아 죽은 내용을 기록하고,(희공(僖公) 4년)[34] 반고의 『한서』에서 기신(紀信)이 항우(項羽)에게 포위되었을 때 한 고조(高祖)를 대신하여 죽은 것을 기록하고 있다.(『한서』 「고조본기」)[35] 이런 경우에는 그들의 절개와 지조가 어떠하다고 말하지 않았지만 그들의 충효가 저절로 드러나니 이것이 이른바 '인물의 사적만을 기록하는 것'이다.(釋 : 두 번째로 구절이 바뀐다) 또 예컨대 『상서』에서 주 무왕(武王)이 상 주왕(紂王)의 죄상을 낱낱이 따지면서 맹세하며 이르기를, "충성스럽고 어진 사람을 불태워 죽이고, 임신부의 배를 가르고 살을 베어 죽였다"[36]고 기록하고, 『좌전』에서 수

32 역주 : 「요전」의 첫머리에, 옛 요임금에 대하여 살펴보면 이름은 방훈(放勳)이라 하였다. 공손하고 밝고 의젓하고 신중하여 평온하게 느끼게 하였다. 진실로 공손하고 능력이 있으며 겸양의 미덕을 갖추어 그 빛이 사방에 미치어 위로 하늘, 아래로는 땅이 감동하였다고 했다.

33 역주 : 『좌전』 양공 31년(B.C. 542)에, 자산(子産)은 정사를 돌보면서 현능한 인재를 선발하여 부렸다. 풍간자(馮簡子)는 국가대사에 결단을 내리는 데 능했고, 자태숙(子太叔)은 모습이 수려한데다 문채가 뛰어났다고 했다.

34 역주 : 희공 4년(B.C. 656)에, 진(晉) 헌공(獻公)이 여희를 아내로 맞이하고 아들을 낳았는데, 그 아들을 태자로 세우기 위해 당시 태자였던 신생을 모함하였다. 독약을 푼 음식을 헌공에게 바친 뒤 그 책임을 태자 신생에게 뒤집어씌우고 결국 목매어 죽도록 한 사건을 말한다.

35 역주 : 『한서』 권1상, 「고조본기」 상에, (한초지전(漢楚之戰) 중) 하(夏) 4월 항우가 한(漢)의 형양(滎陽)을 포위하자 한왕(漢王) 유방이 강화(講和)를 청하여 형양 이서(以西)를 한의 영토로 하기로 하였다. 이때 아부(亞父)가 항우에게 급히 형양을 공격할 것을 권하자 한왕이 근심하였다. 진평(陳平)이 이간을 하여 항우가 아부를 의심하게 하자 크게 화를 내고 떠났지만 발병하여 죽었다. 5월에, 포위를 뚫고 탈출하기 위해 기신(紀信)이 한왕으로 위장하여 그의 수레를 타고 거짓 항복하는 사이, 한왕은 탈출에 성공하고 기신은 항우에게 잡혀 죽음을 당했다.

36 역주 : 『상서』 「태서(泰誓)」 상에, 봄에 맹진(孟津)에 크게 모였다. 무왕은 말씀하셨다. '아! 우리의 우방과 나의 일을 보는 모든 관원들이여! 나의 맹세를 분명히 들을 지어

회(隋會)가 초(楚)에 대해 논술하면서 한 말에, "잡목과 대로 만든 투박한 짐수레와 다해진 옷[蓽輅藍縷]으로 산림을 개척하기 위해 고생하였다."[37] 고 기록하고 있다. 이들 문장에서는 재능과 품행 그리고 사적에 대해 전혀 말하지 않았지만 인물의 말을 통하여 사적도 나타나고 있으니 이른바 '언어에 근거하여 이해하는 것'이다.(釋: 세 번째로 구절이 바뀐다) 또한 예컨대 『사기』「위청전(衛青傳)」끝의 '태사공왈(太史公曰)'에 "소건(蘇建)은 그전에 대장군이 어진 사람들을 천거하지 않고 예의로서 선비들을 대해주지 않는다고 질책하였다"[38]고 하였으며, 『한서』「효문제기(孝文帝紀)」끝의 반고의 찬왈(贊曰)에, "오왕(吳王)이 병을 핑계로 천자를 배알하지 않으니 문제(文帝)가 그에게 지팡이를 주었다"[39]고 하였다. 이것은 다 본기

다. 하늘과 땅은 만물의 부모이며 사람은 만물의 영장이다. 진실로 총명하면 천자가 될 수 있고, 천자는 민(民)의 부모가 된다. 이제 상왕(商王) 수(受: 즉 紂)는 위로 하늘을 공경하지 않고 아래로는 민(民)에게 재난을 내리게 했다. 그는 술에 빠지고 여색(女色)에 혹하여 감히 포학한 짓을 행하고 있다. 죄인을 벌함에 가족에게까지 미치고, 벼슬을 줌에 있어서 후손에까지 미쳤다. 궁실과 누대와 연못과 사치한 옷으로 그대들 만백성을 잔학하게 해쳤다. 충신과 어진 사람들을 불태워 죽이고 아이를 밴 부인의 배를 가르고 살을 베어 죽였다. 하늘은 진노하여 나의 돌아가신 아버님 문왕(文王)에게 명하시어 삼가 천벌을 내리도록 하셨으나 큰 공훈을 완전히 이루지는 못하시었다'라고 했다.

37 『좌전』 선공(宣公) 12년에, 진(晉)의 대부 난무자(欒武子)가 말하기를, '초나라는 용(庸)나라를 공격하여 이긴 이후 군사를 단속하여 거듭 훈계하지 않는 날이 없습니다. 선조가 잡목과 대로 만든 투박한 짐수레와 다 헤진 옷으로 산림을 개척한 일화를 가지고 백성들을 기르쳤습니다'라고 했다. 按: 이는 난서(欒書: 欒武子)의 말이지, 사회(士會: 隨會)의 말이 아니다. 두 사람은 모두 무자(武子)라 칭했기 때문에 틀린 것이다. 또 『좌전』 소공(昭公) 12년에도 우윤(右尹) 자혁(子革)의 말에도 '필로(篳路)' 구절이 있다. 모두 말이지 사적을 쓴 것은 아니다.

38 『사기』 권111, 「위장군표기열전(衛將軍驃騎列傳)」의 '태사공왈'에, 대장군이 감히 사대부를 가까이하고 어진 사람을 골라 초빙하는 것은 군주의 권한을 침범하는 것으로 신하는 국법을 받들고 직책을 준수하면 그 뿐이라고 했다. 按: 이 말은 모두 소건(蘇建)의 입에서 나온 말이다. 태사공이 이를 옮겨다 찬(贊)으로 쓴 것이다. 사실을 들고 있지만 열전의 문장에는 생략된 것이기에 유지기가 이를 인용한 것이다.

39 『한서』 권4, 「문제기(文帝紀)」 찬(贊)에, 효문황제(孝文皇帝)가 스스로 검소하고 백성들의 부담을 줄이고, 남월을 회유하고 흉노와 화친하였다고 했고, 또 오왕(吳王)이 병을 핑계로 천자를 배알하지 않으니 문제(文帝)가 그에게 지팡이를 주었으며 오로지 덕화에 힘썼다고 했다. 按: 이 몇 가지 사실은 모두 『사기』의 본기 중의 정문(正

와 열전에 기록하지 않고 사신(史臣)의 논찬(論贊)을 통해 별도로 이러한 내용을 말한 것이니 바로 이것이 이른바 '논찬을 통하여 저절로 명백하게 하는 것'이다. 그런 즉 재능과 품행 · 사적 · 언어 · 논찬 등 이 네 가지는 모두 상호 꼭 필요한 것은 아니다. 만약 이 네 가지를 모두 겸하여 쓰려고 한다면 거기에 소비되는 필묵은 더욱 많게 될 것이다.(原注 : 근래에 사서들은 기전(紀傳)에서 사람이 상중(喪中)에 있을 때 슬퍼하면서 상심한 정도를 서술하는 경우 즉 우선 말하기를 "성품이 지극하고 효심이 순수하다[至性純孝]"고 하고, 사람이 밤을 새어가며 책을 읽는 것을 서술하는 경우 즉 우선 말하기를 "독실한 뜻으로 학문을 좋아한다[篤志好學]"고 하며, 사람이 적진에 돌격하면서 자신을 돌아보지 않는 것을 서술할 경우 즉 우선 말하기를 "무예가 뛰어나다[武藝絶倫]"고 한다. 그리고 사람이 붓을 쥐고 편(篇)을 짓는데 대해 서술하는 경우 우선 말하기를 "문장이 민첩하다[文章敏速]"고 말한다. 이러한 것이 바로 이미 그의 재능과 품행을 서술하고 또 그의 사적을 드러내는 것이다. 예컨대 『곡량전(穀梁傳)』 희공(僖公) 19년(B.C. 641)에 이르기를, "여희는 술과 고기에 독약을 넣었다. 진(晉) 헌공(獻公)이 사냥에서 돌아오자 여희가 말하기를 '세자는 이미 제사를 지냈기에 제사 때 사용한 술과 고기로서 당신에게 복을 축원하려 합니다'라고 하였다. 헌공이 막 먹으려고 할 때 여희가 꿇어앉으며 말하기를 '식품이 밖에서 들어온 것이니 시험해보지 않을 수 없습니다'라고 하고는 술을 땅에 쏟아버리니 흙이 부풀어 올랐고, 고기를 개에게 주니 개가 죽었다. 여희는 마루에서 내려와 통곡하며 말하기를 '하늘아! 하늘아! 나라는 그대의 나라인데 그대는 어찌하여 늦게 군주를 위하고 있는가?'라고 하였다." 또한 『예기(禮記)』 「단궁(檀弓)」 하편에서 말하기를, "송나라 양문(陽門)의 개부(介夫)가 죽자 자한(子旱)이 들어와 매우 비통하게 울었다. 진나라에서 송나라에 정탐하러 파견했던 사람이 돌아와 진후(晉侯)에게 보고하기를 '양문의 개부가 죽었으며 자한은 매우 비통하게 울고 있지만 백성들이 즐거워하고 있으니 아마 공격할 수 없을 것 같다'라고 하였다" 이것이 바로 이미 사적을 기록하였는데 또 말을 기록하는 것이다. 그리고 근래의 여러 사서들에서는

文)인데 반고는 이를 취하여 찬(贊)으로 하였다. 다시 이를 운용하여 문장을 줄이는 방법으로 썼던 것이다. 때문에 유지기가 이를 인용한 것이다.

사람의 사적에 대하여 좋든 나쁘든 모두 기전(紀傳) 중에 상세히 기록하였는데 뒤에 또 논찬(論贊)으로써 앞에서 말한 사실을 다시 서술하고 있다. 이것이 바로 재능과 품행, 사적을 이미 기전에서 기록하였는데 논찬에서 또 기록하는 것이다. **按**: 이 주(注)가 구본(舊本)에는 틀린 곳이 많아 이제 『곡량전』·『예기』의 내용을 참조하여 바르게 고쳤다) 그러나 예로부터 내려오는 경사(經史)들은 대개 이러한 문제를 가지고 있다.(이상의 내용[九字]이 어떤 책에는 주(注)에 들어가 있다. **原注**: 『공양전(公羊傳)』·『곡량전(穀梁傳)』·『예기(禮記)』·『신서(新序)』·『설원(說苑)』·『전국책(戰國策)』·『초한춘추(楚漢春秋)』·『사기(史記)』부터 황가(皇家)[唐]에서 편찬한 『오대사(五代史)』[40]에 이르기까지 모두 이런 문제가 있다) 이러한 문제를 갖지 않은 경우는 대개 열 가운데 하나 둘도 없다.(**原注**: 오직 좌구명(左丘明)·배자야(裴子野)·왕소(王劭)만이 이러한 결함이 없다.[41] **釋**: 네 가지 종류의 서사가 지닌 간단하거나 번잡하거나 혹은 이롭거나 폐단이 많은 사례에 대한 대충의 논의는 여기에서 그친다)

蓋敍事之體, 其別有四: 有直紀其才行者, 有唯書其事迹者, 有因言語而可知者, 有假讚論而自見者.(**釋**: 敍事之體, 四別盡之. 四句提綱) 至如『古文尙書』稱帝堯之德, 標以"允恭克讓";『春秋左傳』言子太叔之狀, 目以"美秀而文".(襄三十一) 所稱如此, 更無他說, 所謂直紀其才行者.(**釋**: 第一繳句) 又如『左氏』載申生爲驪姬所譖, 自縊而亡;(僖四) 班史稱紀信爲項籍所圍, 代君而死.(『漢』「高紀」) 此則不言其節操, 而忠孝自彰, 所謂唯書其事迹者.(**釋**: 第二繳句) 又如『尙書』稱武王之罪紂也, 其誓曰: "焚炙忠良, 刳剔孕婦."『左傳』紀隨會之論楚也, 其詞曰: "華輅(『傳』作'路')藍縷,

---

40 역주: 『오대사(五代史)』란 당초(唐初)에 편찬된 『양서(梁書)』·『진서(陳書)』·『북제서(北齊書)』·『주서(周書)』·『수서(隋書)』의 다섯 정사(正史)를 가리킨다. 이들에 대하여는 「서지(書志)」편·「고금정사(古今正史)」편 등 참조. 『오대사』에 『수서』를 제외하고 『진서(晉書)』를 포함하고 있지만 이는 잘못된 것이다. 趙呂甫, 『史通新校注』, p.404 주)26.

41 역주: 『좌전』과 배자야(469-530)의 『송략(宋略)』, 그리고 수대(隋代) 왕소의 『제지(齊志)』 등에 대한 유지기의 평가는 매우 긍정적이다.

以啓山林.”('其誓曰', '其詞曰', 是言語二字點眼處) 此則才行事迹, 莫不闕如, 而言有關涉, 事便顯露, 所謂因言語而可知者.(釋 : 第三繳句) 又如『史記』「衛青傳」後, 太史公曰 : “蘇建嘗責大將軍不薦賢待士.” 『漢書』「孝文紀」末, 其讚曰 : “吳王詐病不朝, 賜以几杖.”('太史公曰', '讚曰', 是'讚論'二字點眼處) 此則傳之與紀,('傳紀'二字舊倒) 並所不書, 而史臣發言, 別出其事, 所謂假贊論而自見者.(釋 : 第四繳句) 然則才行 · 事迹 · 言語 · 讚論, 凡此四者, 皆不相須.(用一省三) 若兼而畢書, 則其費尤廣.(原注 : 近史紀傳欲言人居哀毁損, 則先云至性純孝; 欲言人晝夜觀書, 則先云篤志好學 : 欲言人赴敵不顧, 則先云武藝絶倫 : 欲言人下筆成篇, 則先云文章敏速. 此則旣述才行, 又彰事迹也. 如『穀梁傳』云 : 驪姬以酖爲酒, 藥脯以毒. 獻公田來, 驪姬曰 : “世子已祀, 故致福於君.” 君將食, 驪姬跪曰 : “食自外來者, 不可不試也.” 覆酒於地, 而地墳; 以脯與犬, 犬斃. 驪姬下堂而啼呼曰 : “天乎! 天乎! 國, 子之國也, 子何遲乎爲君!” 又『禮記』云 : 陽門之介夫死, 司城子罕入而哭之哀. 晉人之覘宋者反報於晉侯曰 : “陽門之介夫死, 而子罕哭之哀, 而民說, 殆不可伐也.” 此則旣書事迹, 又載言語也. 又近代諸史, 人有行事, 美惡皆已具其紀傳中, 續以讚論, 重述前事. 此則才行事迹, 紀傳已書, 讚論又載也. 按 : 此注舊本多訛, 今照『傳』·『記』改正) 但自古經史, 通多此類.(此九字一本混入注中. 原注 : 『公』·『梁』·『禮』·『新序』·『說苑』·『戰國策』·『楚漢春秋』·『史記』, 迄於皇家所撰『五代史』皆有之) 能獲免者, 蓋十無一二.(原注 : 唯左丘明 · 裴子野 · 王劭無此也. 釋 : 四別所擧簡煩利病, 疏論止此)

22-8

또한 서사(敍事)를 간략하게 하는 방법으로 두 가지 부류가 있다. 하나는 문구[句]를 생략하는 것이고, 다른 하나는 글자[字]를 생략하는 것이다. (釋 : 사별(四別)에 이어 이류(二流)를 열거하고 있다) 예컨대 『좌전』에 송나라 화우(華耦)가 노나라에 와서 맹(盟)을 맺으면서 그의 선인(先人)이 송나라에 죄를 지었다고 말하니 노인(魯人)들이 그가 아주 민첩하다고 했다. 무릇 우둔한 사람이 민첩하다고 칭찬한 것은(原注 : 노인(魯人)이란 우둔한 사람을 말한다. 『예기(禮記)』 중에서 이미 이를 주해(注解)하였다) 현명한 사람들에게 비웃음거리가 되었으니 이것이 바로 문장을 생략하는 것이다.[42] 『춘추경(春秋經)』에서 말하기를 "송나라에 다섯 개의 운석(隕石)이 떨어졌다"[43]고 하였다. 대개 하늘에서 떨어지는 소리를 듣고 표명한 것이 운(隕)이고, 떨어진 것을 보니 돌(石)이라는 것이며, 떨어진 수가 다섯(五)이라는 것이다.[44] 한 글자를 덧붙이면 너무 상세하고, 한 글자를 줄이면 너무 간략하므로, 상세하고 간략한 가운데 가장 합당한 점을 찾아 합리적으로 간단하게 요약하는 것을 '글자를 생략한다'라고 한다.(釋 : 이상은 바로 생략한 경우를 모은 것이다) 그리고 이와 반대되는 것이 예컨대 『공양전(公羊傳)』(『곡량전(穀梁傳)』이라고 해야 한다)에서 극극(郤克)은 애꾸눈이고, 계손행보(季孫行父)

42 『좌전』 문공(文公) 15년(B.C. 612)에, 송(宋)의 대부 화우(華耦)가 노나라로 와 맹(盟)을 맺었다. 노 문공이 그를 위해 연회를 베풀려고 하자 사양하며 말하기를, '군주의 선신(先臣) 화독(華督)은 송 상공(殤公)에게 죄를 지어 그 이름이 각 제후국의 사서에 기록되어 있습니다. 신은 그의 제사를 지내고 있으니 조인의 후손으로 감히 군주를 욕되게 하겠습니까?'라고 하였다. 노인(魯人)들이 모두 그의 응답이 매우 민첩하다고 생각했다. 두예(杜預)의 주(注)에, 다른 이유 없이 조상의 잘못을 들추는 것을 불민(不敏)하다고 했는데, 노인(魯人)들이 민첩하다고 한 것은 군자가 해서는 안 되는 일이기 때문이다. 按 : '노(魯)'자의 뜻을 유지기는 "『예기』 중에도 이러한 주(注)가 있다"라고 했지만, 대 · 소 『대기(戴記)』에 모두 이 말이 없다. 다만 공안국(孔安國)의 『소(疏)』에 그러한 글이 있다. 즉 '노인(魯人)이란 우둔한 사람이다'라고 했다.

43 **역주** : 『좌전』 희공(僖公) 16년(B.C. 644)의 경문(經文)에, 봄 주력(周曆) 정월 무신 삭(朔), 송나라에 운석(隕石) 다섯 개가 떨어졌다고 한 기록을 인용한 것이다.

44 **역주** : 이러한 해석은 두예(杜預)의 주(注)를 그대로 인용한 것이다. 그 외 『곡량전』 희공 16년 조에는 정월 초하루 무신(戊申)일에 운석이 송나라에 다섯 개가 떨어졌다. 떨어졌다는 것을 먼저하고 돌을 뒤에 한 것은 무슨 뜻인가? 떨어진 뒤에 돌이 되었기 때문이라고 했고, 『공양전』 희공 16년 조에서는 해석하기를, 왜 먼저 운(隕)을 말하고 뒤에 석(石)을 말했는가? 운석(隕石)이란 전해 듣고 기록하거나 그 돌이 떨어지는 소리를 들은 것인데, 보이는 것은 돌[石]이고 살필 수 있는 것은 다섯 개였다는 뜻이다. …… 외국의 괴이한 일은 기록하지 않는 것인데 여기에서는 왜 기록했는가? 천자의 후예에게 기이한 일이 있어서 기록한 것이라고 했다.

는 대머리이며, 손량부(孫良夫)는 절름발이라고 말했다. 제(齊)나라에서는 절름발이가 절름발이를 맞이하고 대머리가 대머리를 맞이하며 외눈이 외눈을 맞이한다.[45] 대개 '절름발이' 이하의 문장을 없애고 다만 "각기 같은 부류의 사람들로 맞이한다"라고 해야 할 것이다. 만일 내용들을 거듭 서술하려면 특별히 글자를 많이 쓰게 되는데 이것을 번거로운 문구[煩句]라고 한다. 『한서』 「장창전(張昌傳)」에 말하기를, "나이가 많은 늙은이에게는 입 속에 이빨이 없다[年老, 口中無齒]"[46]고 했다. 대개 이 문장에서 '연(年)'자와 '구중(口中)'을 없애도 괜찮다. 이 여섯 글자로 된 문장에서 세 글자는 쓸데없이 덧붙여진 것이니 이것을 번거로운 글자[煩字]라고 한다.(釋 : 이상은 반대로 번잡한 경우를 모은 것이다) 그러한 즉 문구를 생략하는 것은 쉽지만, 글자를 생략하는 것은 어려우니 이 점에 대해 깊이 인식해야 비로소 역사서술에 대해 논의할 수 있다. 진실로 문구가 모두 군더더기이고 글자가 다 중복된다면 사서의 번거롭고 복잡한 것은 오로지 여기에서 말미암은 것이다.(釋 : 이류(二流)가 열거한 생략하고 번잡함의 이병(利病)에 대한 설명은 여기에서 그친다. ○정문(正文)은 여기까지이다)

又敍事之省, 其流有二焉 : 一曰省句, 二曰省字.(釋 : 續從四別列出二流) 如(一無'如'字)『左傳』宋華耦來盟, 稱其先人得罪於宋, 魯人以爲敏. 夫以鈍者稱敏,(原注 : 魯人, 謂鈍人也. 『禮記』中已有注解) 則明賢達所嗤, 此爲省句也. 『春秋經』曰 : "隕石於宋五."(僖十六) 夫聞之隕, 視之石, 數之五. 加

45 『곡량전』 성공(成公) 원년(B.C. 590)에, "노나라의 계손행보(季孫行父)는 대머리였고, 진(晉)의 극극(郤克)은 애꾸눈이었으며, 위(衛)의 손양부(孫良夫)는 절름발이었다. 같은 시기에 제(齊)에 조빙을 하게 되었다"라고 했다. 『공양전』 성공(成公) 2년에, "그 손님들이 어떤 이는 절름발이이고 어떤 이는 애꾸눈인데 이에 제나라에서는 절름발이는 절름발이가 영접하고, 애꾸눈은 애꾸눈이 영접하였다"라고 했다. 按 : 『사통(史通)』에서 인용한 것은 『곡량전』이지 『공양전』이 아니다. 잘못 쓴 것이다.

46 『한서』 권42, 「장창전(張蒼傳)」에, "장창은 상(相)을 그만둔 후 입 속에 치아가 하나도 없어서 우유를 마셨다"라고 했다. 按 : 구절 첫머리에 '연노(年老)' 두 글자가 없다. 다시 살펴보건대, 이 열전은 『사기』의 내용을 그대로 기록하고 있는데, 『사기』에는 '노(老)'자는 있지만 '연(年)'자가 없다. 어찌 당나라 초의 사본(寫本)인 『한서』에 이 두 글자가 있을 수 있는가?

以一字太詳, 減其一字太略, 求諸折中, 簡要合理, 此爲省字也.(釋 : 已上正徵省) 其有(一無'有'字)反於是者, 若『公羊』(當作'穀梁')'稱郤(傳作'郤')克眇, 季孫行父禿, 孫良夫跛, 齊使跛者逆.(『穀梁』作'御', 下同) 跛者, 禿者逆禿者, 眇者逆眇者. 蓋宜除"跛者"已下句,(舊作'字', 誤) 但云"各以其類逆".(舊多'者'字) 必事加再述, 則於文殊費, 此爲煩句也. 『漢書』「張蒼傳」云 : "年老, 口中無齒." 蓋於此一句之內去'年'及'口中'可矣. 夫此六文成句, 而三字妄加, 此爲煩字也.(釋 : 以上反徵煩) 然則省句爲易, 省字爲難, 洞識此心, 始可言(一有'於'字)史矣. 苟句盡余剩, 字皆重複, 史之煩蕪, 職由於此.(釋 : 二流所擧省煩利病, 疏論止此. ○正文已竟)

22-9

대개 큰 물고기를 낚는 사람은 숱한 낚시 줄을 드리우지만 물고기를 잡아서는 한 개의 통발에 넣어두고, 날아가는 새를 잡는 사람은 숱한 그물을 쳐놓지만 새를 잡는 것은 다만 한 개의 그물구멍이다.[47] 무릇 사실을 서술하는 사람이 어떤 때에는 쓸데없는 말을 헛되이 덧붙이거나 한가한 이야기를 널리 보태곤 하지만, 그 중에서 꼭 필요한 말만 취한다면 다만 말 한 마디와 문장 한 구절에 불과할 것이다. 만약 사냥꾼이나 낚시꾼처럼 새나 물고기를 잡은 다음 이미 가지고 있던 낚시 줄과 그물을 거둔다면 단지 통발 한 개와 그물구멍 하나만을 남기면 될 것이다. 그러

47 어환(魚豢)의 『전략(典略)』에, 새를 잡는 것은 그물 중 한 구멍이지만 그렇다고 한 구멍의 그물만을 펼치면 결국 새는 잡을 수 없다고 했다. 『사통(史通)』에서는 이 문장을 그대로 인용한 것이지만 너무 좁은 의미로 쓴 잘못 때문에 원문의 좋은 비유만 못해졌다. 按 : 어환의 이 말은 본래 『회남자(淮南子)』 「설산훈(說山訓)」에 나온다.

면 모든 늘여놓은 것들을 거두고 먼지와 때를 완전히 걷어낼 수 있을 것이다. 꽃은 졌어도 과실(果實)은 존재하며, 찌끼는 제거했어도 즙물은 남아 있게 마련이다. 아! 줄일 수 있다면 다시 줄일 것이고, 심오하게 할 수 있다면 다시 그렇게 해야 한다. 윤편(輪扁)은 도끼를 미묘하게 사용하는 방법을 말로 할 수 없었으며,[48] 이지(伊摯)는 솥이 내는 변화무쌍한 맛을 말로 할 수 없었던 것이다.[49](釋 : 비유를 설정하여 결론으로 내린 말이 너무 구차하다. 황숙림(黃叔琳)의 『사통훈고보(史通訓故補)』에 이르기를, 이는 곧 마치 수레를 밀고 길을 가는 사람이 (누군가가) 발을 길에 펼치고 있어서 조금의 틈도 없다면 갈 수 없는 것과 같다. ○이 문장은 마땅히 '간략함을 숭상한다[尙簡]'고 해야 하고, 다음 문장은 마땅히 '은근히 뜻을 감춤[用晦]'이라 해야 한다. 구본(舊本)이 내세운 '간요하게 하여 숨기고 드러나지 않게 한다[簡要隱晦]'는 말은 옳지 않다)

蓋餌巨魚者, 垂其千鈞, 而得之在於一筌; 捕高鳥者, 張其萬且, 而獲之由於一目. 夫敍事者, 或虛益散辭, 廣加閑說, 必取其所要, 不過一言一句耳. 苟能同夫獵者·漁者, 旣執而(此三字恐有訛脫文, 當是廣置之義)罝釣必收, 其所留者唯一筌一目而已. 則庶幾騈枝(王注云 : 諸本作'胼胝', 誤)盡去, 而塵垢都捐,(一作'隕') 華逝而實存, 滓去而瀋在矣. 嗟乎! 能損之又損, 而玄之又玄, 輪扁所不能語斤, 伊摯所不能言鼎也.(釋 : 說喩結所言太窄. 北平云 : 如行地者, 碾足之外, 不留寸土, 尙可以行乎? ○此章當云'尙簡', 下章當云'用晦'也. 舊本

---

48 『장자(莊子)』「천도(天道)」편에, (제의 환공(桓公) 때 수레 만드는 직공인 윤편(輪扁)이 환공과의 대화 중에 말하기를) '수레를 깎을 때 천천히 깎으면 헐렁해서 꽉 끼이지 못합니다. 또 급히 깎으면 너무 조여서 들어가지 못합니다. 그러므로 늦지도 않게 너무 급하지도 않게 손을 놀려야 하지만 그것은 손으로 익혀 마음으로 짐작할 뿐 입으로는 표현할 수 없습니다'라고 하였다. **按** : 문장은 영(郢)나라 사람이 도끼[斤]를 운용하는 것을 함께 말하고 있기 때문에 도끼를 말할 수 없다고 하였다. 윤편(輪扁)에 관한 이야기는 본래 『문심조룡』「신사(神思)」편에 나오는 성어(成語)이다.

49 『사기』 권3, 「은본기(殷本紀)」에, 이윤(伊尹)은 이름이 아형(阿衡)이라고 했고, 『사기색은(史記索隱)』에는 『손자병서(孫子兵書)』를 인용하여 이윤은 이름이 지(摯)라고 했다. 공안국(孔安國) 역시 이지(伊摯)라고 했다. 『여씨춘추(呂氏春秋)』「본미(本味)」편에, 이윤이 성탕(成湯)에게 맛에 대하여 말하길, 솥 안의 변화무쌍함은 정묘하고 미세하여 입으로 전할 수 없고, 뜻으로 비유할 수도 없다고 했다.

標'簡要隱晦', 非是)

按 : 이 장(章)에서는 서사(敍事)는 간약(簡約)을 숭상해야 한다고 말했다. 서사 체재의 네 가지 종류[四別]와 서사의 생략과 관련한 두 가지 종류[二流]는 간약(簡約)의 방법을 증거하는 것으로 간약함에서 시작하여 은미함의 단계로 들어가는 것으로, 『사통』 전체 내용의 종지(宗旨)이며 서사에 있어서 오직 하나 뿐인 방법이기도 하다. 이를 실천하는 것은 매우 어렵다. 때문에 이를 분명하게 알고 있는 사람들은 모두 삼가 두려워하는 것이다.(右一章言敍事尙簡也. 四別二流, 指證簡法, 得間入微, 是『史通』全提之正令, 是敍事不二之法門. 行之維艱, 識法者懼)

『공양전』·『곡량전』·『단궁(檀弓)』 등은 (각기 다른 예를 들어) 반복하여 설명함으로써 해석을 구하였다. 이들은 원래 사부(史部)의 저작이 아니었다. 유지기는 다만 그들의 말을 예시로 하여 사람들에게 문제의 핵심이 어디에 있는가를 설명하고자 했을 뿐이었다. 문장의 뜻을 제대로 모르면서 유지기를 비판해서는 안 된다.(高·赤·「檀弓」, 複調取致, 原非史部家言, 劉公特拈句示的耳, 勿以不知文詬之)

옛 사람을 논의하고 그 말들을 살피는데 있어서 가장 중요한 것은 자신을 그 당시 그 상황에 처하게 하는 것이다. 유지기가 당시 보았던 여러 근대의 사서 예컨대 하법성(何法盛)·장영서(臧榮緖)의 양진(兩晉)과 남북조 8조(朝)에 관한 내용의 태반이 모두 대구(對句)를 써서 쓴 화려한 문장들로서 자조(自嘲)함으로써 세상을 떠들썩하게 하는 저작들이었다. 펼쳐보면 매우 화려하고 아름답지만 겉만 번지르르하고 내용이 없는 언사(言辭)는 오히려 진정 중요한 것들을 방해하였다. 유지기는 이에 격분하여 그러한 것들을 좁고 자질구레한 방법에 구속된 것으로 인식하였는데, "구부러진 것을 바로잡으려다 정도를 지나치다"라고 한 말이 있듯이 독자들이 그렇게 유지기를 양해하면 될 것이다.(論古考言, 貴設身處地. 劉公時所覩諸近史, 如何·臧之兩晉, 南北之八朝, 其所載記, 太半皆騈章儷句, 嘲己譁世之篇, 展卷

爛然, 浮文妨要. 公有激於此, 束之窄僿之途, 所謂矯枉者直必過, 讀者諒之而已)

22-10

무릇 말을 꾸미면 글[文]이 되고, 글을 모으면 문구[句]가 되며, 문구가 모여 장(章)을 이루고, 그 장이 모여 편(篇)(어떤 판본에는 '편목(篇目)'이라 했다)을 이룬다.[50] 편목(篇目)으로 나뉘면 곧 일가지언(一家之言)을 갖추게 되는 것이다.(釋 : 이 문장에서는 서사(敍事)의 은근히 뜻을 숨기는 방법[用晦]을 이야기하면서 먼저 폭넓게 이야기를 시작하였다) 옛날 행인(行人)[51]은 국경을 벗어나면 문장으로 된 명령[詞命]을 근본으로 삼았고, 대부가 외교적인 응대(應對)를 할 경우 말과 글을 위주로 하였다.[52] 하물며 글을 장구(章句)로 배열하여 서적으로 간행하면서 어찌 있는 힘껏 다듬지 않고 독자들에게 전할 수 있겠는가?(이상은 문단의 시작이다) 성현(聖賢)들이 술작(述作)하면서부

---

50 역주 : 『문심조룡』「장구(章句)」편에, 무릇 인간이 쓰는 글[立言]은, 글자[字]를 이용하여 문구[句]를 만들고, 문구가 모여 장(章)이 되고, 장이 모여 편(篇)을 이룬다. 완성된 한 편의 글이 광채를 발하는 것은 각 장에 결함이 없는데서 비롯되고, 각 장이 명백하고 세밀한 것은 각 문구에 결함이 없는데서 비롯된다. 각 문구가 청신하고 힘이 있는 것은 각 글자의 사용에 어지러움이 없기 때문이라고 했다.

51 역주 : 「언어(言語)」편 주)8 참조.

52 『좌전』 양공(襄公) 25년(B.C. 548)에, "중니(仲尼)가 말하기를, 『지(志)』에 이런 말이 있다. 즉 '말[言]로써 뜻을 완성시키고, 글[文]로써 말을 완성시킨다'라고 했다. 말을 하지 않으면 누가 그 뜻을 알 것인가? 또한 말만 하고 글로 남기지 않는다면 어찌 그 말을 멀리 전할 수 있겠는가? 때문에 사령(辭令)에 신중해야 할 것이다"라고 했다. 역주 : 『한서예문지』「시부략(詩賦略)」총설에, 옛날에는 제후·경·대부가 이웃 나라와 교섭함에는 미언(微言)으로써 서로 느끼고, 읍양(揖讓)할 때에는 반드시 시(詩)를 일컬어 그것으로써 뜻을 비유하였다. 대개 그것으로써 현명하고 어리석음을 분별하고 왕성하고 쇠퇴함을 보았다. 그러므로 공자가 말하기를, '『시(詩)』를 배우지 않으면 그것으로써 말할 것이 없다'라고 하였다.

터 이들을 경전(經典)이라 불렀으니, 문구들은 모두 「소(韶)」나 「하(夏)」의 음악과 같고,[53] 글자들은 모두 아름다운 옥과 같으며, 한 마디 한 마디 다정한 이야기는[54] 아름답고 성대하게 가득하다.[55] 예컨대 푸른 바다를 헤엄치는 사람은 그것이 넓고 아득함에 놀라게 되고, 태산에 오른 사람은 다만 그것이 높고 험준하다고 감탄할 것이다. 만약 그 가운데서 가장 두드러진 부분만을 취해야 한다면 오히려 무엇을 우선으로 해야 할지 모르게 된다. 그러나 장구(章句) 중의 말은 명백하게 드러난 것도 있고 은근히 뜻이 숨겨져 있는 것도 있다. 명백하게 드러난 것은 풍부한 표현을 통해 한 가지 내용을 반복해서 자세히 설명하고 있어서 도리를 이미 문장 속에 모두 담고 있으며, 은근히 뜻이 숨겨져 있는 것은 글자를 생략하고 문장이 요약되어 내용이 문장 밖에 있다. 이렇듯 은근히 숨겨져 있는 것과 명백히 드러난 것은 우열이 같지 않으며, 분명하게 알 수 있다.[56] 자잘한 것을 생략하고도 커다란 사실을 보존할 수 있고, 중요한 것

---

53 역주 : 사마상여(司馬相如), 「봉선문(封禪文)」(『문선』 권48 所收)에, 소하(韶夏)를 계승하고, 그 시호(諡號)를 숭상하는 것으로 대략 말할 수 있는 자는 72명의 국군(國君)이 있다고 했고, 이선(李善)의 주에, 문영(文穎)이 이르기를, 소(韶)는 밝다는 것이고, 하(夏)는 크다는 것을 의미한다고 했다. 또 소(韶)와 하(夏)는 고대 악곡명(樂曲名)으로서, 『예기』 「악기(樂記)」에는 소(韶)는 잇는다는 뜻이고, 하(夏)는 크다는 뜻이라 했는데, 정현(鄭玄)의 주에, '소'는 순(舜)의 악명(樂名)이고, '하'는 우(禹)의 악명이라고 했다.

54 역주 : 『시경』 「진풍(秦風)」 "소융(小戎)"에, '점잖은 님의 모습[厭厭良人], 한마디 한마디 얘기한 다정한 그 말씀 (들을 길이 없어라)[秩秩德音]'이라고 하였다.

55 역주 : 『논어』 「태백(泰伯)」편에, 공자께서 말씀하기를, '사지(師摯)가 처음 악관(樂官) 벼슬을 할 때 관저(關雎)의 마지막 장(章)의 음악소리는 아름답고 성대하게 가득하도다[洋洋乎盈耳哉]'고 하였다.

56 역주 : 『문심조룡』 「징성(徵聖)」편에, 성인의 관찰력은 해와 달처럼 세상을 널리 비추니, 그것이 절정에 달하면 능히 사물의 본질을 파악할 수 있게 된다. 그러므로 성인이 완성한 문장은 하나의 모범을 이루고 그의 사상은 객관적 사물과도 서로 일치될 수 있다. 어떤 경우에는 간결한 언어로써 자신이 뜻하는 바를 나타내고, 어떤 경우에는 풍부한 표현으로써 감정을 개괄적으로 나타내며, 어떤 경우에는 명백한 이치로써 사물의 핵심을 세우고, 어떤 경우에는 함축적인 의미로써 복합적인 의미효과를 내포하기도 한다. 『춘추』에서는 하나의 글자로써 포폄을 동시에 나타내었고, 『예기』에서는 가벼운 상복(喪服)을 예로 들어 무거운 상복과 관련한 사항을 포괄하기도

을 들어 중요하지 않은 것을 명백히 할 수 있으며, 한 마디 말로 크고 작은 사실을 모두 개괄할 수 있고, 몇 마디 말로도 크든 적든 하나라도 빠뜨리지 않을 수 있는 이러한 것들이 모두 은근히 뜻이 숨겨져 있음을 운용하는 방법이다.(釋 : 은근히 뜻이 숨겨져 있는 방법을 제기함으로 문장을 시작하였다)

夫飾言者爲文, 編文者爲句; 句積而章立, 章積而篇(一多'目'字)成. 篇目旣分, 而一家之言備矣.(釋 : 本章言敍事用晦也, 先泛然說起) 古者行人出境, 以詞令爲宗; 大夫應對, 以言文爲主. 況乎列以章句, 刊之竹帛, 安可不勵精雕飾, 傳諸諷誦者哉?(釋 : 已上是開勢) 自聖賢述作, 是曰經典, 句皆韶·夏, 言盡琳瑯, 秩秩德音, 洋洋盈耳. 譬夫游滄海者, 徒驚其浩曠; 登太山者, 但嗟其峻極.(釋 : 此層亦是挑剔之文) 必摘以尤最, 不知何者爲先. 然章句之言, 有顯有晦.(釋 : 此方點出章旨, 又將'顯'字剔'晦'字. 晦之云者, 意到而筆不到也) 顯也者, 繁詞縟說, 理盡於篇中; 晦也者, 省字約文, 事溢於句外. 然則晦之將顯, 優劣不同, 較可知矣.(釋 : 測注在晦一邊) 夫能略小存大, 擧重明輕, 一言而巨細咸該, 片語而洪纖靡漏, 此皆用晦之道也.(釋 : 正提用晦作起筆)

하였다. 『시경』 「빈풍(豳風)」에서는 여리 개의 구(句)가 모여 한 장(章)을 이루고 여러 장들이 이어져 한 편(篇)의 작품을 이루며, 『예기』 「유행(儒行)」편에서는 한 가지 내용을 반복해서 자세히 설명하고 있는데 그 표현이 매우 풍부하다[縟說以繁辭]. 이것들은 상세하고도 빠짐없는 문장으로써 풍부한 감정을 포괄한 경우이다. 문자는 결단력 있게 써야 하는 것이기에 『역경』에서는 쾌괘(夬卦)로써 그러한 결단을 표시하고 있으며, 문장이란 선명하게 서야 하는 것이기에 『역경』에서는 이괘(離卦)로써 그와 같은 명약관화함을 나타내고 있다. 『역경』에 나오는 괘들은 사물의 네 가지 현상을 표시하는데, 그것들의 의미는 깊고 정밀하며 복잡하게 얽혀 있어 분명하지가 않으며, 『춘추』에는 사실의 기록에서 요구되는 다섯 가지 조항이 있는데, 그 표현이 완곡하고 함축적이어서 의미가 드러나지 않는다[微辭以婉晦]. 이것들은 함축적인 의미로써 복합적인 의미 효과를 내포한 경우이다. 그러므로 우리는 풍부함과 간결함은 그 면모가 서로 다르고, 숨김과 드러냄은 그 전달방법이 서로 다르며[隱顯異術], 압축과 확대는 그때 그때의 필요에 따라야 하고, 다양한 임기응변으로 서로 다른 상황 속에서 거기에 적용해야 한다는 것을 알게 된다고 했다.

22-11

고대의 문장에서는 근거 없이 꾸민 말을 없애려 힘썼다. 「우서(虞書)」에 "요(堯)임금이 죽자 백성들이 자기 부모를 여윈 듯 슬퍼하였다"[57]고 하였고,(덕이 성하고 그것을 백성들이 떠받들었음이 모두 보인다) 「하서(夏書)」에 "계(啓)가 엉엉 울고 있지만 나는 그를 돌보지 않았다"[58]고 하였으며,(나라를 염려하여 집안일을 잊고 있음이 모두 보인다) 「주서(周書)」에 "앞 선 군사들이 창을 거꾸로 들고", "흐르는 피에 쇠몽둥이가 떠다니고"[59]라 하였다.(주(紂)의 포학함과 백성의 분노가 모두 보인다) 「우서(虞書)」에 이르기를 "네 가지 형벌을 가하자 천하만민이 모두 감복하였다"[60]고 하였다.(흉덕(兇德)과 공심(公心)이 모두 보인다) 이들 문장은 모두 성글고 생략된 것 같지만 그

---

57 역주 : 『상서』 「순전(舜典)」에, 28년 째 되던 해, 요임금이 사망하였다. 백성들은 마치 부모를 여윈 듯 슬퍼하였고, 3년 간 천하에서는 음악소리가 끊어져 조용했다고 하였다.

58 역주 : 『상서』 「익직(益稷)」에, 우(禹)는 말하였다. '저는 이를 교훈으로 삼아 도산(塗山)으로 장가를 갔습니다만 신일(辛日) · 임일(壬日) · 계일(癸日) · 갑일(甲日)을 함께 지냈을 뿐이며, 아들인 계(啓)가 우는 것도 저는 돌보지 않으면서 물을 다스리는 큰 일만을 꾀하였습니다'라고 했다.

59 역주 : 『상서』 「무성(武成)」에, 무오(戊午)날에 군사는 맹진(孟津)을 건너 계해(癸亥)에 상의 근교인 목야(牧野)에 진을 치고 천명을 기다렸다. 갑자(甲子) 날 이른 새벽에 상왕 수(受) 즉 주(紂)는 숲을 이룬 듯한 그의 군대를 이끌고 나타나 목야에서 싸웠으나 그들은 우리 군사들을 대적하지 못하였다. 앞선 군사들이 창을 거꾸로 들고 자기편인 뒤쪽을 향해 공격하는 듯 달아나니 흐르는 피에 쇠몽둥이가 떠다닐 정도였다. 한 번 갑옷을 입어 천하가 크게 안정되었다고 했다.

60 역주 : 『상서』 「순전(舜典)」에, 법으로 일정한 형벌을 내리시고, 유형(流刑)으로 오형(五刑)을 너그러이 하셨다. 채찍으로 관(官)에서 내리는 형벌을 삼으시고, 종아리 치는 것을 교화의 형벌로 삼으시고, 벌금으로 체형(體刑)을 대신하기도 했다. 과실과 재난으로 지은 죄는 사(赦)해 주었으나, 끝까지 지은 죄를 회개하지 않을 때는 사형에 처하였다. 삼가 하라! 삼가 하라! 오직 형벌을 긍휼하게 여길 것이니라. 그리고 공공(共公)을 유주(幽州)로 유배보내시고, 환도(驩도)를 숭산(嵩山)에 귀양살이 보내셨다. 삼묘(三苗)를 삼위산(三危山)으로 축출하시고, 곤(鯀)을 우산(羽山)에서 참하셨다. 이와 같이 네 가지 형벌을 가하자 천하만민이 모두 감복하였다고 했다.

내용은 실로 두루 풍부하다. 때문에 그것을 읽는 사람은 처음에는 그것이 쉬운 것을 의심하지만, 직접 쓰고자 하는 사람은 바야흐로 그것이 어렵다는 것을 깨닫게 된다. 물론 보잘것없는 재주로 질책[斥非][61]할 수 있는 것은 아니다.[62](釋 : 이 구절은 『상서』의 내용 중에 '은근히 뜻이 숨겨져 있는 것'을 예로 들고 있다) 그 후 좌구명은 『춘추경(春秋經)』을 얻게 되자 공자를 본보기로 삼았다. 『춘추경』은 몇 글자로서 깊은 뜻을 포함하고, 『좌전』은 한 구절의 말로서 뜻을 분명하게 하니,[63] 비록 글의 번거로움과 간단함에서 서로 같지 않지만 은근히 뜻을 감춘다는 점에서는 다르지 않다. 때문에 기강을 세워 나라의 풍속을 이야기하므로 사회(士會)가 정치를 맡자 진(晉)나라의 도적들이 진(秦)나라로 도망갔으며,[64](좋은 정치임을 알 수 있다) 형(邢)나라 사람들이 편안하게 이주하였고, 위(衛)나라 사람들은 자기 나라가 망한 것조차 잊게 되었다고 했다.[65] 인사(人事)에 대해 성실하고 간

61 역주 : 포기룡(浦起龍)은 옛 판본에 '척비(斥非)'라고 하였지만 문장이 순조롭지 않아 『장자』의 구절을 인용하여 당연히 '척고(斥苦)'라고 해야 한다고 주장했다. 그러나 척(斥)은 가리킨다는 의미로서 즉 잘못을 지적한다는 질책의 의미가 되려면 '척비'라고 하는 것이 옳다는 주장에 따라 본 역주에서도 질책의 의미인 '척비(斥非)'라고 고쳤다. 程千帆, 『史通箋記』, p.120 참조

62 『장자(莊子)』 일편(逸篇)에, 상여를 메고 갈 때 부르는 노래[紼謳] 즉 만가(挽歌) 소리는 반드시 고통스러움에서 비롯된다고 했고, 사마표(司馬彪)의 주(注)에 상여를 메고 부르는 노래에 힘이 고르지 않으면 점차 소리가 줄어든다고 했다. 按 : 본문은 대개 힘을 다해 구하려 한다는 의미이다.

63 역주 : 두예(杜預), 『춘추경전집해(春秋經傳集解)』 서(序)에, 춘추는 비록 한 글자로써 칭찬하고 깎아 내렸다고 하더라도 모두 몇 구절의 말이 이루어져서, 8괘의 효(爻)가 이리저리 어울려 64효가 되는 이치와 같지 않다. 진실로 전(傳)에 의지하여 그것으로써 판단한다고 했다. 유지기는 이 문장의 뜻을 인용하여 『춘추』 경(經)과 『좌전(左傳)』의 번간(繁簡)의 구별을 밝히고자 하였다. 程千帆, 『史通箋記』, p.120.

64 『좌전』 선공(宣公) 16년(B.C. 593)에, "진(晉)의 경공(景公)이 주(周) 정왕(定王)에게 사회(士會)에게 상줄 것을 청하였다. 경공이 예복과 관을 사회에게 내려 중군(中軍)을 거느릴 것을 명하고 또한 태부(太傅)로 삼았다. 이에 진(晉)의 도적들이 모두 진(秦)으로 달아났다"라고 했다.

65 『좌전』 민공(閔公) 2년(B.C. 660), "노 희공(僖公) 원년(B.C. 659)에 제 환공이 형(邢)나라 사람들을 이의(夷儀)로 이주시켰다. 2년(B.C. 658)에는 위(衛)나라를 초구(楚丘)에 세워 제후국으로 봉했다. 이로 인해 형나라 사람들은 이주한 곳에서의 생활을 마치

곡하게 이야기한 것으로 곧 여인들이 남궁장만(南宮長萬)에게 술을 먹인 다음 물소 가죽에 그를 싸서 송나라에 이르렀을 때 손과 다리가 모두 드러났다고 했고,(용감하고 번민함을 알 수 있다) 사당의 서까래를 당겨서 대들보를 진동시켰고, 군사들의 대다수가 추위에 떨고 있었으므로 초(楚)왕이 순시하면서 3군(三軍)을 위로하니 그 군사들이 다 솜옷을 입은 것처럼 따뜻해졌다고 했다.[66] 이들은 모두 통속적인 말이지만 담겨진 뜻은 오히려

자기 나라로 돌아가는 것처럼 생각했고, 위나라 사람들은 자기 나라가 망했다는 사실조차 잊었다"라고 했다. 역주 : 노 희공 때의 사실을 그 보다 빠른 노 민공 때 기록하고 있는 것에 대하여는, 제소남(齊召南), 『좌전주소고증(左傳注疏考證)』에, 『좌전』에는 소급하여 서술하는 경우[追敍]와 미리 서술하는 경우[預敍]가 있는데 이와 같은 것은 곧 미리 서술하는 경우라고 했다. 양백준(楊伯峻) 편저, 『춘추좌전주(春秋左傳注)』, 中華書局, 1981, p.273.

66 『좌전』 장공(莊公) 12년(B.C. 682), 송만(宋萬 : 남궁장만)이 송 민공(閔公)을 몽택(蒙澤)에서 시해하고 진(陳)으로 달아났다. 송나라 사람들이 진(陳)에 뇌물을 주고 송만의 송환을 청했다. 진나라 사람들이 이를 받아들여 여인으로 하여금 송만을 술에 취하게 한 뒤 무소 가죽으로 싸서 둘둘 말아 송으로 보냈다. 송만이 송에 이르렀을 때 그의 손발이 가죽 밖으로 모두 삐져나왔다. 송나라 사람이 그를 죽인 뒤 소금에 절여 젓갈을 담갔다. 또 『좌전』 선공(宣公) 12년(B.C. 597)에, 초의 장왕(莊王)이 송의 부용국이었던 소(蕭)를 쳤다. 초나라 대부 신공(申公) 무신(巫臣)이 초 장왕에게 말하기를, '군사들이 추위에 떨고 있습니다'라고 하자 장왕이 3군을 순시하며 병사들을 격려하였다. 이에 3군의 병사들이 모두 솜옷을 입은 듯 감격해하며 추위를 잊었다고 했다. 按 : 본문에 보면 '즉유(則有)' 이하 어느 판본에는 "여인으로 하여금 송만을 술에 취하게 한 뒤 무소 가죽으로 싸서 둘둘 말아 송으로 보냈다. 송만이 송에 이르렀을 때 그의 손발이 가죽 밖으로 모두 삐져나왔다", "사당의 서까래를 당겨 지붕의 기와를 들썩이게 만들고[援廟桷, 動於甍]", "'군사들이 추위에 떨고 있습니다'라고 하자 초 장왕이 3군을 순시하며 병사들을 격려하였다. 이에 3군의 병사들이 모두 솜옷을 입은 듯 감격해하며 추위를 잊었다"라고 했다. 어느 판본에는 "사당의 서까래를 당겨 지붕의 기와를 들썩이게 만들고[援廟桷, 動於甍]"이라는 여섯 글자를 삭제하고 "송나라 사람들이 죽여서 젓갈을 담고 소(蕭)가 멸망하였다[宋人醢之蕭潰]"는 여섯 글자를 넣었다. 다시 자세히 살펴보니 이 두 판본이 모두 틀렸다. 무엇 때문인가? 문장의 말은 은근한 뜻을 사용한 것으로써 인용한 것이 모두 구절을 함축하는 방법이다. 이 조문이 지향하는 바는 다만 "손발이 보였다[手足見]", "솜옷을 입은 듯[如挾纊]" 이 두 구절이다. 그리고 대부분은 필요 없는 글자들로서 전체적으로 은근한 뜻을 나타내는 것과 어긋난다. 이것이 첫 번째 한 가지 잘못이다. 『사통(史通)』이라는 책은 순전히 우체(偶體)를 사용하여 이 조항은 "도적이 달아났다[盜奔]", "형나라 사람들이 옮겨갔다[邢遷]"과 서로 짝하는 것이고 "서까래를 당겨[援桷]"는 체례와 맞지 않는다. 이를 고쳐 "소(蕭)가 멸망하고[蕭潰]"라고 하였으니 또한 뜻도 이에

심원하고, 글은 천박하지만 의의는 깊으며,[67] 비록 말한 내용은 이미 끝을 맺고 있지만 담겨진 뜻이 모두 표현되지는 않았다. 읽는 사람으로 하여금 겉만 보고도 그 속에 담겨져 있는 뜻을 명백히 알 수 있게 하며, 겉가죽을 만져보고도 그 속의 뼈를 가려낼 수 있는 것처럼, 문장에서 한 가지 사실을 보고도 문장에 기록되지 않은 그 밖의 더 많은 사실을 돌이켜볼 수 있다. 뜻을 숨긴다는 시대적 의의가 크지 않을 수 있겠는가!(釋 : 이 구절은 『좌전』으로부터 은근히 뜻을 감추는 방법을 지적하고 있다) 사마천과 반고의 두 사서에 이르러 비록 『오경(五經)』에 비해 손색이 많지만 만약 그 중에서 장점을 찾는다면 역시 때때로 이와 같은 말들을 만나게 된다. 예컨대 한 고조는 소하(蕭何)가 도망했다는 말을 듣고 양손을 잃은 것처럼 여겼고,[68](얼마나 신뢰하였는지 알 수 있다) 한나라 군사들이 패하자 휴수(睢水)의 물이 흐름을 멈추었으며,[69](패한 모습을 알 수 있다) 동중서(董仲舒)가 말을 타고 3년이 지나도록 암수를 몰랐고,[70](자기 일에만 전념했음을 알 수 있다) 적공(翟公)의 문에 참새를 잡는 그물을 펼쳐도 될 정도였다[71](두텁지 못

속하지 않는다. 이것이 두 번째 잘못이다. 다시 살펴보니, "서까래를 당겨[援桷]"는 『좌전』 양공(襄公) 28년에 보인다. 이 여섯 글자는 아마도 "무소 가죽[犀革]"에 대한 내용이 다른 판본에 잘못 삭제되고 나머지 구절이 후세 사람들에 의해 끼워져 들어간 것으로 잘못 전하여 쓴 것이기 때문에 이런 오류를 범한 것이다. 이미 잘못 간행되었지만 다른 판본의 원문도 오른 편에 배열하였다. 어려운 것은 "3군의 병사들이 모두 솜옷을 입은 듯 감격해하며 추위를 잊었다[三軍之士, 皆如挾纊]"의 여덟 글자를 너무 끊어놓은 것이 아닌가? 당연히 "형(邢)나라 사람들이 편안하게 이주하였고, 위(衛)나라 사람들은 자기 나라가 망한 것조차 잊게 되었다[邢遷如歸, 衛國忘亡]" 여덟 글자를 붙인 것처럼 해야 하지 않는가?

67 역주 : 두예, 『춘추경전집해』 서(序)에, 공자가 지은 『춘추』의 글에는 과거를 밝히고 미래를 생각하게 하는 뜻이 보인다. 말이 고상하면 뜻이 원대하고[言高則旨遠], 글이 간략하면 의미가 미약해진다[辭約則義微]. 이것은 이치의 당연함이다. 본뜻을 감추려는 의도가 아니라 성인이 두루 자신을 지킬 방책을 갖춘 것이라고 했다.

68 역주 : 『사기』 권92, 「회음후전(淮陰侯傳)」 참조.

69 역주 : 『사기』 권9, 「항우본기(項羽本紀)」 참조.

70 왕유검(王惟儉), 『사통훈고(史通訓故)』에 추자(鄒子)를 인용하여, 동중서(董仲舒)는 부지런히 학문에 전념하여 3년 동안 정원을 찾지 않았고 말을 타도 암수를 몰랐다고 했다. 按 : 『사기』와 『한서』에는 다만 '정원을 찾지 않았다[不窺園]'라는 구절만 보인다.

한 인심을 알 수 있다)고 하는 것들이 바로 그 사례이다.(釋 : 이 구절은 『사기』와 『한서』에서 '은근히 뜻이 숨겨져 있는 것'을 지적하고 있지만, 전체 문장은 싣지 않았다)

昔古(猶云'古昔')文義, 務却浮詞. 「虞書」云 : "帝乃殂落, 百姓如喪考妣."(德盛, 民戴皆見) 「夏書」云 : "啓呱呱而泣, 予不子."(憂國, 忘家皆見) 「周書」稱"前徒例戈", "血流漂杵".(紂虐, 民憤皆見) 「虞書」云 : "四罪而天下威服."(凶德, 公心皆見) 此皆文如闊略, 而語實周贍. 故覽之者初疑其易, 而爲之者.(一無'者'字) 方覺其難, 固非雕蟲小技所能斥苦(舊作'斥非', 于文不順, 當是'斥苦'之訛)其說也.(釋 : 此節從『尙書』指出晦法) 旣而丘明受(舊作'授')經, 師範尼父. 夫『經』以數字包義, 而『傳』以一句成言, 雖繁約有殊, 而隱晦無異. 故其綱紀而言邦俗也, 則有士會爲政, 晉國之盜奔秦.(政善可知) 邢遷如歸, 衛國忘亡.(安集可知) 其款曲而言事也, 則有(此下諸本多訛, 詳注在後)犀革裹之, 比及宋, 手足皆見;(勇悶可知) 三軍之士, 皆如挾纊.(感悅可知) 斯皆言近而旨遠, 辭餞而義深; 雖發語已殫, 而舍意未盡. 使夫讀者望表而知里, 捫毛而辨骨, 睹一事於句中, 反三隅於字外. 晦之時義, 不亦大哉!(釋 : 此節從『左傳』指出晦法) 洎班 · 馬二史, 雖多謝『五經』, 必求其所長, 亦時値斯語. 至若高祖亡蕭何, 如失左右手;(『史記』「淮陰侯傳」. ○倚任可知) 漢兵敗績, 睢水爲之不流;(『史記』「項羽本紀」. ○敗形可知) 董生乘馬, 三年不知牝牡;(事業可知) 翟公之門, 可張雀羅,(涼態可知) 則其例也.(釋 : 此節從『史』·『漢』指出晦法, 正文扣住)

71 『한서』 권50, 「정당시전(鄭當時傳)」에, 급암(汲黯)과 정당시 두 사람이 폐하여지자 빈객이 뚝 떨어졌다. 이전에 하규(下邽)의 책공(翟公)이 정위(廷尉)가 되자 빈객이 문전을 가득 메웠다. 벼슬이 폐하여지자 문밖에 참새를 잡는 그물을 펼쳐도 될 정도였다[可設雀羅]. 다시 정위가 되자 객들이 가고자 했다. 책공이 그 문에 크게 글을 써 이르기를, '생사를 겪어봐야 교유의 진심을 알 수 있고, 빈부를 겪어봐야 교유의 태도를 알 수 있고, 귀천을 겪어보면 교유의 정이 어떠한지가 절로 드러난다'라고 했다.

22-12

이후 역사서술의 원칙은 날로 쇠퇴하여, 작자들의 번잡하고 중첩된 구절은 구름이 피어오르고 샘물이 솟는 것처럼 많았다. 그들이 글을 쓸 때 대부분 단자(單字)를 사용하지 않고 대구(對句)로 하여 글자 수를 늘렸다. 그리하여 장단(長短)을 운율에 맞추고 대구가 서로 맞게 했다. 따라서 한 마디로 표현할 수 있는 것도 걸핏하면 두 마디로 하고, 세 구절로 문장을 이룰 수 있는 것도 반드시 네 구절로 나누었다. 문장이 산만하고 중첩되었으나 재단(裁斷)할 줄 몰랐다. 그러므로 왕침(王沈 : ?-266)[處道]은 배송지(裴松之 : 372-451)[少期][72]에게 질책을 받았고,[73](原注 : 『위서(魏書)』「등애왕전(鄧哀王傳)」에서 말하기를, '용(容)·모(貌)·자(姿)가 아름다워 무리들과 달랐으므로 특별히 남다른 총애를 받았다'라고 하였다. 배송지는 말하기를, '한 가지 의미의 말을 세 글자로 나누었으니 서사(敍事)에서 하나의 병폐'라고 하였다) 온자승(溫子升 : 495-547)[74]은 왕소(王劭)[君懋]에게서 비난을 받았던 것이(原注 : 왕소(王劭)는

---

72 역주 : 배송지의 자는 원래 세기(世期)인데 유지기는 당 태종 이세민(李世民)을 피휘하여 소기(少期)라고 썼다.

73 『진서(晉書)』 권39, 「왕침전(王沈傳)」에, 왕침의 자는 처도(處道)이다. 저작을 맡아 순기(荀顗)·완적(阮籍)과 함께 『위서(魏書)』를 편찬하였다. 시휘(時諱)가 많아 진수(陳壽)처럼 사실을 그대로 기록하는 것과 달랐다. 按 : 본 문장의 구절 밑에 원주(原注)가 있는데 본래 배송지(裴松之)의 왕침의 책[(魏書)]에 대한 평가를 인용한 것이다. 그런데 망녕된 뜻으로 배송지가 『삼국지』를 주석한 것으로 고쳐 '처도(處道)'를 '승조(承祚 : 陳壽)'로 고치고 아울러 주(注) 속에 『위서(魏書)』를 「위지(魏志)」로 고쳤다. 그리고 또 "무리들과 달랐다[有殊於衆]"는 구절을 없앰에 따라 "한 가지 의미를 세 글자로 나누었다[一類分三]"는 문장이 덧붙여 있지 않았고, 앞부분이 모두 없어졌다. 누차 옳게 바로잡으면서 일이 많음을 꺼리지 않았다.

74 『위서(魏書)』 권85, 「문원전(文苑傳)」에, 온자승의 자는 붕거(鵬擧)이다. 영희(永熙) 연간에 산기상시(散騎常侍)가 되었다. 제음왕(濟陰王) 휘업(暉業)이 일찍이 말하기를, 강남의 문인(文人)은 안연지(顔延之)·사령운(謝靈運)·심약(沈約)·임방(任昉)이 있는데, '나 자승은 족히 안연지를 능가하고 사령운을 깔아뭉갤 수 있으며, 심약과 임방의 능력을 모두 지니고 있다'라고 했다. 송유도(宋游道)가 그의 문필을 35권으로 묶었다.

『제지(齊志)』에서 말하기를, "당시의 여론들은 형소(邢卲)[75]가 북위(北魏)의 역사를 편찬하는 일을 책임질 수 없다는데 대해 유감을 표시하였으며, 한탄하고 원망한 온자승(溫子升)도 역시 이와 같아서 그가 편찬한 『영안기(永安記)』는 대부분 잡다한 글로 이루어져 있다"라고 하였다) 모두 이유가 없었던 것은 아니다.(釋 : 이 구절에서는 후일 사서가 간단하게 하는 것이 불가능함을 모두 이야기하고 있으니 다시 어디에서 은근히 뜻을 숨긴다는 말을 하겠는가? 이제 여러 사서를 모아 읽어보니 여덟 왕조의 쇠퇴를 탄식함이 믿을 만하다)

自玆已降, 史道陵夷, 作者蕪音累句, 雲蒸泉湧. 其爲文(一作'史')也, 大抵編字不隻, 捶句皆雙, 修短取均, 奇偶相配. 故應以一言蔽之(舊脫'之'字)者, 輒足爲二言; 應以三句成文者, 必分爲四句. 彌漫重沓, 不知所裁. 是以處道(舊本作'承祚', 誤)受責於少期,(原注 : 『魏書』「鄧哀王傳」曰 : 容貌姿美, 有殊於衆, 故特見寵異. 裴松之曰 : 一類之言而分以爲三, 亦敍屬之一病也) 子昇取譏於君懋,(原注 : 王劭『齊志』曰, 時議恨邢子才不得掌興魏之書, 悵快溫子昇, 亦若此而撰『永安記』, 率是支言. ○'支言', 舊訛'六言') 非不幸也.(釋 : 此節撤盡後史簡且不能, 更何處說起用晦耶? 今試取諸史讀之, 信有八代之衰之歎也)

22-13

대개 사서를 편찬하는 사람들의 말이 비록 간략하지만 사리는 모두 중요하다. 때문에 소략하면서도 남겨진 것이 있어서는 안 되고, 문장을 아껴 쓰면서도 빠진 것이 없어야 한다. 예를 들면 기습하기 위한 병사를

75 역주 : 형소의 자는 자재(子才)이고, 북제(北齊)의 문학자이다. 『영안기』 3권을 편찬하였는데, 이는 북위 효장제(孝莊帝) 영안(永安 : 528-530) 연간의 낙양의 혼란상을 기록한 것이다. 그의 열전이 『북사(北史)』 권43에 있다.

부리는 사람이 일당백으로 준비해야 적과의 싸움에서 승리할 수 있는 공을 거둘 수 있는 것과 같다. 만약 뛰어난 재능이 없다면 생각이 민첩하지 못하여 많은 글자를 쓰고 나서야 서사(敍事)가 비로소 두루 미치게 되는 것이니 마치 철전(鐵錢)을 파는 사람이 두 매(枚)를 한 매로 나누고 나서야 비로소 사고파는 교역의 가격에 맞는 것과 같다.[76] 그런 즉 『사기』·『한서』이전의 사서들은 저렇듯 간단명료하고, 『국(國)』·『진(晉)』(原注 : 『국(國)』은 『삼국지(三國志)』, 『진(晉)』은 『진서(晉書)』를 말한다) 이후의 사서들은 이렇듯 번잡하고 자질구레하다. 반드시 그들의 아름다움과 추함을 확정하고, 그들의 좋고 나쁨을 가려내어야 한다.(이하 빠진 문구(文句)가 있는 듯하다) 무릇 고대의 사서를 읽는 사람들은 그 장구(章句)를 분명히 하여(어떤 책에는 '펼쳐본다[閱]'로 되어 있다) 모두 반복하여 읊을 수 있지만,('감춘다[晦]'에 대하여 말하는 것이기 때문에 반드시 '드러남[明]'을 구해야 한다. 따라서 '분명히 한다[明]'자가 더 낫다) 근대의 사서를 보는 사람들은 그 글자와 단어를 좋아하여 다만 서사(敍事)의 의미만을 알려고 한다. 이처럼 어느 것이 귀하고 어느 것이 천한지는 말하지 않아도 알 수 있어서 자세하게 살펴볼 필요도 없이 그 도리가 저절로 드러난다.(釋 : 결론에서 영탄지법(詠歎之法)에 대하여 길게 말하고 있다. ○구본(舊本)에는 두 장(章)에서 '간요(簡要)'를 주로 다루면서 뜻이 통할 수 있다고 하고, '은회(隱晦)'는 사리에 맞지 않는다고 했다. 서사(敍事)가 바로 분명하게 드러남을 귀하게 여긴다는 것인데, 드러나는 것에 반대되는 것은 과연 어떻게 말해야 하는가? 또 '은회(隱晦)'가 어찌 문장가들이 좋아하는 단어로 '간요(簡要)'와 대조하여 거론할 수 있는가? 분명 망녕되이 채워진 부분이기 때문에 이를 삭제하였다)

蓋作者言雖簡略, 理皆要害, 故能疏而不遺, 儉而無闕. 譬如用奇兵

---

76 역주 : 『남사(南史)』 권25, 「도개전(到漑傳)」에, 후에 건안태수(建安太守)가 되었을 때 임방(任昉)이 시를 지어 보냈는데 이삼(二衫)을 구한다는 문단에 이르기를, '철전(鐵錢) 두 매(枚)를 한 매로 하고, 백대(百代)에 명(名)과 실(實)을 바꾸며, 은혜는 때에 맞춰 베풀어야 하니, 서늘한 가을까지 기다리지 마시오'라고 한 문장에서 인용하였다.

者, 持一當百, 能全克敵之功也. 若才乏儁穎, 思多昏滯, 費詞旣甚, 敍事纔周; 亦猶售鐵錢者, 以兩當一, 方成貿遷之價也.(釋 : 此節雙綰雙收) 然則『史』·『漢』已前, 省要如彼; 『國』·『晉』已降,(原注 : 『國』謂『三國志』, 『晉』謂『晉書』也) 煩碎如此. 必定其姸媸, 甄其善惡.(此下似有脫句) 夫讀古史者, 明(一作'閱')其章句, 皆可詠歌;(對晦而言, 故須求明也. '明'字勝) 觀近史者, 悅(一作'得')其緖言, 直求事意而已.(意無餘蓄, 惟言句可悅耳. '悅'字勝) 是則一貴一賤, 不言可知, 無假榷揚, 而其理自見矣.(釋 : 結是長言詠歎之法. ○舊本二章裝柄'簡要', 義猶可通, '隱晦'直無理矣. 敍事正貴明顯, 而顧反之, 果何說乎? 且隱晦豈文家美詞, 而與簡要對擧乎? 決是妄塡, 故削之)

按 : 이 장(章)은 서사(敍事)에 있어서 은근히 그 뜻을 감추는[用晦] 것에 대하여 말하였다. 은근히 그 뜻을 감춘다는 도리는 말로 표현하기가 더욱 어렵다. 간요(簡要)함이란 글자 사용은 줄이면서도 표현하고자 하는 사실은 풍부하게 하는 것이다. 은근히 그 뜻을 감춘다는 것은 문자로 드러나는 것 이외의 정신을 전한다는 것이다. 글자를 줄인다고 하더라도 여전히 최소한의 글자는 남아 있게 마련이지만, 정신이 은근히 깃들어 있는 경우 정신으로 전해지는 것이기 때문에 말로 설명할 수 없는 것이 된다. 서사(敍事)의 정도가 이에 이르는 것을 어찌 다시 『오경(五經)』·『삼사(三史)』 이후의 사서에서 기대할 수 있겠는가? 때문에 다만 앞에서 열거한 『상서』·『좌전』·『사기』·『한서』의 몇 가지 사례가 마침 이 장(章)의 용회(用晦)의 뜻에 맞는다. 이후의 저술은 용회(用晦)의 뜻과 약간의 거리가 있다. 무엇인가? 예컨대 대부분 단자(單字)를 사용하지 않고 대구(對句)로 하여 글자 수를 늘렸다고 말한 것이나, 왕침[處道]과 온자승(溫子昇)이 질책과 비난을 받게 된 것, 각종 주석(注釋)이 단지 번생(煩省)의 각도에서만 비교되는 것 등으로써 이들은 앞 장(章)의 뒤에 옮겨놓아도 괜찮다. 여기서는 반대로 사례를 집어 서로 살펴봄으로 파악의 기준이 조금 느슨하였다. 그로 말미암아 마찬가지로 용회(用晦)의 도리가 정묘(精妙)하고 은미

(隱微)한 단계로 들어갈수록 더욱 그에 맞는 문자를 찾을 수가 없다. 때문에 '말로 표현하기가 더욱 어렵다'라고 하는 것이다.(右一章言敍事用晦也. 用晦之道, 尤難言之. 簡者詞約事豊, 晦者神餘象表. 詞約者猶有詞在, 神餘者唯以神行, 幾幾無言可說矣. 敍事至此, 豈復望之『五經』·『三史』後哉? 故止得前幅擧似如『尙書』·『左傳』·『史』·『漢』數條, 愜合章旨, 向後著語, 便歹坐一鍼. 何也? 如所云不隻皆雙, 及處道·子昇受責取譏, 諸注祇從煩省比量, 移置前章背面亦得. 此則反拈互勘, 取道稍鬆, 亦彌見晦法入微, 無文對擧也. 故曰尤難言之)

22-14

옛날 문장이 지어지게 되자 사물에 비유하여 완곡하게 말하는 것[比興][77]이 생겨났다. 새나 짐승으로서 어질고 어리석음을 비유하고, 초목으로서 남녀를 비유하는 등 시인이나 소객(騷客)들[78]에게 이러한 말이 갖추

77 역주 : 『문심조룡』「비흥(比興)」편에, 비(比)란 부(附)이고, 흥(興)이란 기(起)이다. 사물의 이치를 연결한다는 것은 비유를 사용하여 사물을 설명한다는 의미이고, 사물에 의탁하여 어떤 정서를 불러일으킨다는 것은 모종의 의미를 아주 은근하게 내포하고 있는 사물에 감정을 맡긴다는 뜻이다. …… 비(比)란 격분의 감정을 품은 채로 잘못을 지적하는 것이고, 흥(興)이란 완곡한 비유를 사용하여 그것에다 숨겨진 의도를 의탁하는 것이다. …… 사물에 의탁해서 어떤 의도를 비유적으로 드러내는 흥에 대해 자세히 살펴보면, 말의 사용을 완곡하게 하여 그 스스로 어떤 구조를 이루게 하는 것으로써, 그것이 예로 드는 명칭과 사물은 비교적 작지만, 그 함의는 비교적 크다. …… 비라는 것은 사물을 묘사하여 비유하는 것으로써 자신의 의도를 명백하고도 정확하게 설명하는 것이라고 했다. 육의(六義)와 관련한 비흥(比興)은 「재언(載言)」편 주(注) 참조.

78 역주 : 『시경』의 작자와 『초사(楚辭)』의 작자 굴원(屈原)을 가리킨다. 『문심조룡』「비흥」편에, 초나라 양왕(襄王)이 굴원에 관한 중상모략의 말들을 모두 사실로 믿어버리게 되니, 굴원은 진심으로 나라를 사랑했으나 추방을 당하고 말았다. 그러한 사정과 관련해서 그는 『시경』의 정신을 계승하여 「이소(離騷)」를 지었는데, 거기에 나오는 풍유의 수법들은 비(比)와 흥(興)을 함께 사용한 것들이라고 했다. 왕일(王逸)의 『초사장구(楚辭章句)』·『이소경(離騷經)』 서(序)에, 시가(詩歌)의 취흥(取興)에 의거하여

어져 있었다.(釋 : 이 장(章)에서는 서사(敍事)와 망식(妄飾)을 논하면서 옛 이름을 빌려 오늘의 칭호를 꾸미는 것을 일러 기원이 비흥(比興)으로부터 비롯되었다고 시작하고 있다) 중대(中代)에 이르러 그 체례가 조금 달라졌는데, 혹은 사람을 비교하면서 반드시 옛날 비슷한 인물에 비유하거나, 혹은 사실을 서술하면서 대부분 고대의 사실에 비유하였다. 한(漢)나라가 천하에 군림하고 있을 때 군주를 실제 황제라고 칭하였으니 사리에 있어서 상(商)·주(周) 시대에 칭하던 왕(王)과 달랐고, 황제의 아들을 왕(王)으로 봉했지만 명칭 역시 과거 노(魯)나 위(衛)와 같지 않았다. 그런데도 사가(史家)들은 오히려 황제의 가문을 왕실(王室)이라 칭하고, 조정의 대신을 왕신(王臣)이라 칭하고 있다. 왕후(王侯)를 봉하면서 반석(盤石)과 같은 부류의 말을 덧붙이고[79] 제후를 임명하면서 황하가 변하여 허리띠[衣帶]처럼 좁아질 때까지 후손에게 전하라는 서언(誓言)을 거듭 강조하고 있다.[80] 사관(史官)이 사서를 편찬하면서 그러한 고대의 문장과 같게 하려 옛 글자에 가탁하여 오늘날의 말로 바꾸고 있다. 문장의 윤색(潤色)을 남용하게 된 것은 이로부터 발생하였다.(釋 : 이 구절에서는 옛 것을 빌려 꾸미는 것이 한초(漢初)에 비롯된 이후 사서 역시 이를 따르고 있다고 했다)

昔文章既作, 比興由生; 鳥獸以媲賢愚, 草木以方男女; 詩人騷客, 言之備矣.(釋 : 本章論敍事妄飾, 謂假古名以飾今稱也. 首原比體所由興, 作開局) 洎乎中代, 其體稍殊, 或擬(記作'儗')人必以其倫, 或述事多比於古. 當漢氏之臨

선조(善鳥)·향초(香草)를 충정(忠貞)에, 악금(惡禽)·취물(臭物)을 참영(讒佞)에 각각 비유하고, 미인(美人)·복비(宓妃)·일녀(佚女)·용(龍)·봉(鳳)·표풍(飄風) 등을 각기 군신·군자·소인 등에 비유하였다고 했다. 程千帆, 『史通箋記』, p.123 참조.

79 역주 : 『사기』 권10, 「효문본기(孝文本紀)」에, (중위(中尉) 송창(宋昌)의 진언(進言)을 인용하여) 고조께서 자제를 왕으로 봉함에 땅의 경계를 개의 어금니와 같이 들쭉날쭉하게 하여 서로 돕고, 서로 견제하도록 하였는데, 이것이 이른바 한의 종묘사직을 반석처럼 굳건히 하는 것이라 했다.

80 역주 : 『사기』 권18, 「고조공신후자연표(高祖功臣侯者年表)」에, 작위를 내릴 때는 '황하(黃河)가 변하여 허리띠처럼 좁아질 때까지, 태산(泰山)이 변하여 숫돌처럼 작아질 때까지 나라를 길이 태평하게 하여 후손에게 전하라'고 서약하였다고 했다.

天下也, 君實稱帝, 理異殷·周; 子乃封王, 名非魯·衛. 而作者猶謂帝家爲王室, 公輔爲王臣. 盤(亦作'磐')石加建侯之言, 帶河申俾侯之誓.(著作'稱') 而史臣撰錄, 亦同彼文章, 假托古詞, 翻易今語. 潤色之濫, 萌於此矣.(釋 : 此節說到假古爲飾, 自漢初始, 而史亦因之)

22-15

근고(近古)에 이르러 이러한 풍조는 더욱 성하였다. 제자(諸子)의 단서(短書)[81]나 잡가(雜家)의 소설에서는 역적들을 논하며 '문정(問鼎)'[82]이라 하고, 큰 도적을 부를 경우 약소국을 병탄하는 불의한 자[長鯨][83]라 칭했다. 나라가 처음으로 세워졌을 때를 모두 '초매(草昧)'[84]라 하였고, 제왕(帝王)이 장차 등극하기 위한 기반을 닦는 경우를 반드시 '용비(龍飛)'[85]라고 칭

81 역주 : 「보주(補注)」편 주)28 참조. 일반적으로 경서(經書)에 기재되어 있지 않은 일반적인 사실을 다룬 책으로 유자들이 귀한 것으로 여기지 않았다고 했다.

82 초나라 장왕(莊王)이 천하를 빼앗으려는 야심을 품고 주나라 정왕(定王)에게 천자의 지위를 상징하는 구정(九鼎)의 무게를 물었다는 고사(故事)에서 비롯된 말로 정권을 탈취하려는 야심을 말함. 역주 : 『좌전』 선공(宣公) 3년(B.C. 606) 조 참조.

83 역주 : 『좌전』 선공(宣公) 12년(B.C. 597)에, 옛날 영명한 왕이 불경스런 무리를 토벌하고 약소국을 병탄하는 불의한 자[鯨鯢]를 죽인 뒤 그 시체 위에 흙을 덮어 경관(京觀)을 만든 것이오. 이는 경관을 사람들의 웃음거리가 되는 '커다란 치욕[大戮]'으로 삼아 음특(淫慝)을 징계하고자 한 것이오라 하였다.

84 역주 : 『수서(隋書)』 권2, 「고조기(高祖紀)」 하에, "(개황(開皇) 17년(597) 하(夏) 4월에) 처음 제위(帝位)에 올라 백관을 임용할 때, 처음으로 국가 통치의 계획을 준비하는 날에[登庸納揆之時, 草昧經綸之日] …… 운운" 하였다. '초매'의 본래 의미는 천지가 처음 열리던 시기의 혼돈상태를 말하였고, 후에는 난세를 지칭하기도 했지만, 대개는 사물이 처음 만들어지는 시기를 의미한다.

85 역주 : 『삼국지』 권7, 「위지」 「장홍전(臧洪傳)」에, 이전 한 고조는 거야(鉅野)에서 팽월(彭越)을 취하였고, 광무제는 녹림(綠林)을 근거하여 기반을 처음으로 세웠다. 마침내 용이 나르는 것처럼 칭제하고 나라를 중흥하여[龍飛中興] 제왕의 대업을 성취하였

했다. 이러한 것들은 모두 풍유(諷諭)의 의미를 어느 정도 띠고 있으며 지적하여 질책하는 말이 아니니, 자유(子游)와 자하(子夏)가 더 수식할 수 없었던 『춘추』에서의 글자 하나 하나에 깃들어 있던 포폄(褒貶)의 말이나,[86] 남사(南史)와 동호(董狐)가 역사적 사실을 기록하면서 은회(隱晦)하지 않은 뜻과는 다르다.[87](釋 : 이 구절은 앞의 말을 잇는 것으로 여러 명칭이 비록 수식을 하고 있지만 그런대로 적절하다는 것이다. 잡서(雜書)의 경우라면 국전(國典)과는 아무 관련이 없다) 예컨대 위수(魏收 : 506-572)의 『위서(魏書)』와 오균(吳均 : 469-520)[88]의 『제춘추(齊春秋)』는 일세(一世)를 포괄하고 어떤 것은 일가(一家)를 망라하였으므로 당연히 고치거나 지워버릴 수 없는[不刊][89] 사리에 합당하여 본보기가 될만한 말[格言]과 지극히 공정한 바른 이야기를 널리 펼칠 수 있었다. 그러나 위수는 남조 유송(劉宋)이 북위(北魏)에 조공을 바치는 것을 칭하면서 도리어 "소·양·돼지 등 온갖 희생들을 바쳤다"[90]고 하였고, 오균(吳均)은 황제가 정월 초하루 날 정전(正殿)에 나와 조견(朝見)하는 모습을 서술하면서[91] 반드시 "만국(萬國)을 조회한다"[92]고 하였다. 무릇

다고 했다.

86 역주 : 『사기』 권7, 「공자세가」에, 공자는 『춘추』를 지을 때 결단코 기록할 것은 기록하고 삭제할 것은 삭제하였기 때문에 자하(子夏)와 같은 제자들도 한마디 거들 수가 없었다고 했다.

87 역주 : 남사는 춘추시대 제(齊)의 사관으로서 그의 직필(直筆)에 대하여는 『좌전』 양공(襄公) 25년(B.C. 548) 조 참조. 동호는 진(晉)의 사관으로 양사(良史)로 알려져 있다. 그에 대하여는 『좌전』 선공(宣公) 2년(B.C. 607) 조 참조.

88 역주 : 『남사』 권72, 「문학전(文學傳)」에 열전이 보인다.

89 역주 : 『문심조룡』 「종경(宗經)」편에, 경(經)이란 영구불변의 근본도리를 설명한 것이어서 고치거나 지워버릴 수 없는 큰 가르침이다[經也者, 恒久之至道, 不刊之鴻敎也]고 했다.

90 『위서(魏書)』 권4하, 「세조본기(世祖本紀)」 하에, 태무제(太武帝) 태평진군(太平眞君) 11년(450) 황제가 직접 남벌(南伐)에 나섰다. 유의륭(劉義隆)이 사신을 보내 소·양·돼지 등 온갖 희생들을 바치고 특산물을 공물로 보냈다고 했다. 按 : 『좌전』 애공(哀公) 7년(B.C. 488) 증(鄫)에서의 회(會)에서 한 말을 사용하고 있다. 또 「잡설(雜說)」 중편에 "불리가 쳐들어왔다[佛狸入寇]"에 대한 주(注)에도 보인다.

91 역주 : 『진서(晉書)』 권21, 「예지(禮志)」 하에 보면 정월 초하루 황제를 조견하는 모습이 구체적으로 묘사되어 있다. 오균의 『제춘추(齊春秋)』가 전하지 않음으로 보다 상

옛날 오(吳)가 노(魯)에게서 부세를 거두고, 우(禹)가 도산(途山)에서 제후들과 회합할 때 계산하였던 지나간 사실을 가지고[93] 오늘의 이야기로 사용하였다. 문장에만 쓰여진다면(사책(史冊)의 문장과 관계없는) 괜찮겠지만, 사서에 사용하는 것은 옳지 않다.(釋 : 이 구절에서는 내용을 바꾸어 위수(魏收)와 오균(吳均)이 국사 편수(編修)의 임무를 맡아 자기 멋대로 과장되게 꾸민 것을 망녕된 것이라고 하였다)

降及近古, 彌見其甚. 至如諸子短書, 雜家小說, 論逆臣則呼爲問鼎, 稱巨寇則目以長鯨. 邦國初基, 皆云草昧; 帝王兆迹, 必號龍飛. 斯並理兼諷諭, 言非指斥, 異乎游·夏措詞, 南·董顯書之義也.(釋 : 此承前言. 諸名雖飾, 猶皆切當, 況是雜書, 無關國典也) 如魏收『代(元魏初國號代)史』, 吳均『齊(北齊)錄』, 或牢籠一世, 或苞擧一家, 自可申不刊之誥言, 弘至公之正說. 而收稱劉氏納貢, 則曰"來獻百牢"; 均敍元日臨軒, 必云"朝會萬國". 夫以吳徵魯賦, 禹計涂山, 持彼往事, 用爲今說, 置於文章(不關史冊之文)則可, 施於簡冊(謂史)則否矣.(一脫'矣'字. 釋 : 此折轉言. 若收·均任修國史, 恣行誇飾則妄矣)

세한 내용을 확인할 수는 없지만, 왕조에 따라 약간의 변화가 있기는 해도 그 내락적인 모습은 확인할 수 있다. 程千帆, 『史通箋記』, p.124 참조.

92 按 : 『위서(魏書)』 권3, 「태종기(太宗紀)」에, 태종 신서(神瑞) 2년(415) 봄 정월, 부국(附國)의 대거수(大渠帥) 가운데 새 해에 처음으로 황제를 알현하는 자에게 비단과 금, 모직물을 차등 있게 지급하였다. 이 문장은 북제(北齊)의 사실을 말한다. 『북제서(北齊書)』에는 "정월 초하루 날 만국을 조회한다"는 뚜렷한 문장이 없다. 마땅히 신료(臣僚)들의 축하 상주문[表]에 나오는 말일 것이다. 안타깝게도 오균(吳均)의 『제록(齊錄)』 즉 『제춘추』에는 보이지 않는다.

93 역주 : 『좌전』 애공(哀公) 7년(B.C. 488)에, 노나라가 오(吳)의 요구대로 백뢰(百牢)를 베풀어준 사실이 있고, 아울러 '우왕이 도산(塗山)에서 제후들과 회합할 때 옥백(玉帛)을 들고 모인 나라가 1만개 나라였소. 지금의 제후국은 겨우 수십 개 나라에 불과하오. 이는 대국이 소국을 돌보지 않고, 소국은 사대(事大)하지 않았기 때문이오'라고 하였다.

22-16

또한 비슷한 유형의 옛 인물에 비유하기도 한다. 예컨대 동진(東晉) 왕은(王隱)의 『진서(晉書)』에서는 제갈량이 사마의(司馬懿)에게 도전하면서 조구(曹咎)의 이득을 얻기 바랐다고 했고,[94] 북위(北魏) 최홍(崔鴻)의 『십육국춘추』에서는 모용충(慕容沖)이 부견(苻堅)의 총애를 받은 것은 용양(龍陽)의 자태가 있기 때문이라고 했다.[95](외설(猥褻)의 사례를 인용하였다) 이러한 사실은 예나 지금이나 서로 부합(符合)하니 정확하게 말한 것이다. 그러나 수(隋) 노사도(盧思道)[96]는 형소(邢卲)가 아이를 잃고도 통곡하지 않은 것은 동문오(東門吳) 이래 없던 일이라 했고,[97] 당(唐) 이백약(李百藥 : 565-648)은

---

94 『삼국지』「위지」 배송지주(裴松之注)의 『진양추(晉陽秋)』에, 제갈량이 미(郿)를 공격하여 위수(渭水)의 남쪽에 주둔하였다. 제갈량이 싸움을 걸면서 고조[司馬懿]에게 여자들이 사용하는 두건[巾幗]을 보내 화를 돋우어 예전 조구(曹咎)가 얻었던 이익을 얻길 바랐다고 했다. 『사기』 권7, 「항우본기(項羽本紀)」에, 항왕(項王) 즉 항우가 대사마(大司馬) 조구(曹咎)에게 말하기를, '성고(成皐)를 잘 지키면서 한(漢)이 싸움을 걸어오더라도 삼가 전투를 하지 마라'고 했다. 과연 한이 여러 차례 초나라 군사에게 싸움을 걸어왔다. 초나라 군사들이 나아가지 않으며 사람을 시켜 모욕을 주었다. 이에 대사마 조구가 노하여 병사를 거느리고 사수(汜水)를 건넜다. 반쯤 건넜을 때 한이 공격하여 초나라 군대를 크게 깨뜨렸다. 조구가 스스로 목을 베어 죽었다고 했다. 역주 : 이러한 『진양추』의 내용은 『세설신어』「방정(方正)」편 주에도 보인다.

95 『진서(晉書)』 권114, 「재기(載記) · 부견(苻堅)」 하에, 부견이 연(燕)을 멸했다. 모용충(慕容沖)의 누이 청하공주(淸河公主)는 나이가 14세로 인물이 뛰어나 부견이 처로 받아들였고, 총애를 받았다. 모용충은 나이가 12세였는데 역시 용양(龍陽)의 자태를 지녔다고 하여 부견에게 사랑을 받았다. 누이와 동생이 함께 총애를 받았다고 하여 장안(長安)에서는 노래하기를, '한 마리 암컷과 또 한 마리 숫컷이 함께 대궐[紫宮]에 날아들었다'라고 했다. 『전국책(戰國策)』「위책(魏策)」에, 위왕(魏王)과 용양군(龍陽君)이 함께 배를 타고 낚시를 하면서 왕께서 침석(枕席)을 떨치고 멀리한다고 했다. 역주 : 용양(龍陽)이란 원래 지명이었지만, 후일 남자로써 군주의 총애를 받는 사람을 칭하는 용어가 되었다.

96 역주 : 노사도는 북제 · 북주 · 수에 걸쳐 벼슬을 하였고, 형사(邢劭)에게서 사사(師事) 받은 바 있다. 문집 30권과 『지기전(知己傳)』 1권을 지었다. 「잡술(雜述)」편에서는 이 책을 소록(小錄)으로 분류하였다. 물론 현재 전하지 않는다. 『지기전』의 내용에 대한 논의는 張振珮, 『史通箋注』, p.232 주)5 참조. 『수서』 권57에 열전이 수록되어 있다.

왕림(王琳)이 사람들의 마음을 깊이 얻었음으로 비록 이장군(李將軍)이 부하들을 성실하고 친절하게 잘 이끌었다고 하더라도 이보다 더하지는 못하였을 것이라 했다.[98] 이는 곧 고사(古事)를 헛되이 인용하고 평범한 소리를 내어 억지로 곡을 연주하면서 구차하게 그 학식을 뽐내는 꼴이니, 사리를 따져 살핀다면 합당한 것이 못된다.(이 역시 꼭 맞는 것은 아니다. 釋 : 이 구절과 다음 구절은 각기 다른 내용으로 여기서 내용이 갈라진다. ○여기서는 여러 곳에서 왕은(王隱)과 최홍(崔鴻)의 경우는 괜찮지만 노사도(盧思道)와 이백약(李百藥)의 경우는 지나치게 문장을 꾸민다고 비교하였다)

亦有方以類聚, 譬諸昔人. 如王隱稱諸葛亮挑戰, 冀(一作'眞')獲曹咎之利; 崔鴻稱慕容冲見幸, 爲有龍陽之姿.(扯事猥褻) 其事相符, 言之讜矣. 而盧思道稱邢邵喪子不慟, 自東門吳已來, 未之有也; 李百藥稱王琳雅得人心, 雖李將軍恂恂善誘, 無以加也. 斯則虛引古事, 妄足庸音, 苟矜其學, 必辨而非當者矣.(此亦未允. 釋 : 此與下節皆兩層轉折. ○此言諸所比擬, 王·

97 『북제서(北齊書)』 권36, 「형소전(邢邵傳)」에, "형소의 자는 자재(子才)이다. 외동아들 서(恕)를 키우고 있었는데 사랑이 특별히 깊었다. 연주(兗州)에 있을 때 아들 서(恕)가 병을 앓아 이를 걱정하여 안색이 많이 상했다. 아들이 죽자 슬퍼하는 마음이 비록 애절하였지만 다시는 곡(哭)을 하지 않았다. 그 정조(情操)는 고상하고, 사리에 통달하여 세속에 매이지 않았으니 이는 동문오(東門吳) 이래 아직 없었다"라고 했다. 『전국책(戰國策)』 「진책(秦策)」에, 양(梁)나라에 동문오(東門吳)라는 사람이 있었는데 그의 아들이 죽었는데도 근심하지 않았다. 일고 지내는 사람이 말하기를, 그대의 아들은 그렇게 사랑하던 아들이었는데 죽었는데도 근심하지 않으니 어찌된 일이냐고 물으니 동문오가 대답하길, 나는 일찍이 아들이 없었고 아들이 없었을 때에는 근심이 없었다. 지금은 자식이 없었을 때와 같으니 어찌 근심이 있겠는가?"라고 했다.

98 『북제서(北齊書)』 권32, 「왕림전(王琳傳)」에, 왕림의 자는 자형(子珩)이다. 수양(壽陽)에 주둔하고 있을 때 재물을 가볍게 여기고 병사를 아껴 장수들과 병졸의 마음을 얻었다. 그가 전란 끝에 죽음을 당하자 당시의 일반 백성들이 모두 한숨을 쉬며 흐느껴 울지 않는 사람이 없었다. 그의 정성과 믿음으로 사람을 감동시킴을 보니, 비록 이장군[李廣]이 부하들을 성실하고 친절하게 잘 이끌었다고 하더라도 이보다 더하지는 못하였을 것이라 했다. 이장군에 대한 사실은 『사기』에 실려 있다. 곽연년(郭延年)의 『사통평석(史通評釋)』에, "형소(邢邵)가 아들의 사망에도 슬퍼하지 않았던 것이 어찌 동문오(東門吳)와 다르겠는가? 왕림(王琳)이 천명을 모아 장례를 치렀는데 이광(李廣)은 그뿐만이 아니었으니 어찌 고사(故事)를 헛되이 인용하였겠는가?"라고 했다.

崔爲得, 若盧 · 李則過飾矣)

22-17

옛날 『예기(禮記)』「단궁(檀弓)」에서는 사물의 기원에 대하여 잘 말하고 있다.[99] 이전 사람들이 만든 전례(前例)에 구애되지 않고 새로운 예(禮)의 전례(典例)를 처음으로 만들어 이전의 사서에 기록된 것을 후세의 사가들이 증거로 취하게 했다. 그러므로 한(漢)나라 초기에 군사가 죽으면 관을 만들어주는 제도를 만든 것을 사마천이 기록하였고,[100] 노나라 사람들이 상례(喪禮)중에 머리를 묶기 시작한 것을 좌구명(左丘明)이 기록하였다.[101]

---

99 역주 : 『양서(梁書)』 권51, 「처사전(處士傳)」 하윤(何胤)의 열전에, 왕과(王果)가 놀라 말하기를, '고금에 이러한 예(例)를 들은 적이 없다'라고 하니 하윤이 말하기를 '「단궁(檀弓)」 두 권은 모두 사물의 시작을 말하고 있으니 어찌 예(例)가 필요하겠는가?'라고 하였다. 『예기(禮記)』「단궁」편은 공자의 재전(再傳) 제자들에 의해 작성된 것으로 주로 진한(秦漢) 이전의 상례(喪禮)와 관련한 내용이 많다. 첫 편에 기재된 내용이 춘추시대 노나라 사람 단궁의 사적(事迹)이므로 편명을 「단궁」이라 한 것이다. 『예기』에서는 예(禮)의 변화를 모두 '시(始)'라고 표현하였다. 이에 대한 자세한 논의가 『곤학기문(困學紀聞)』 권20, 「잡식(雜識)」에 보인다. 程千帆, 『史通箋記』, pp.125-126 참조.

100 『한서』 권1하, 「고제본기(高帝本紀)」 하, 8년 11월에, 사졸 가운데 종군하다가 죽은 사람에게 관을 만들어 주도록 하였다. 자신의 현(縣)으로 돌아가면 현은 수의(壽衣)와 관(棺)을 비롯한 장례도구들을 지급하도록 하였다. 주(注)에, 응소(應劭)가 이르기를, '혜(槥)는 작은 관(棺)이다'라고 했고, 곽연년의 『사통평석(史通評釋)』에, '『사통』에서는 예(轊)라고 쓰고 있는데 예는 차축(車軸)을 의미한다'라고 했다. 또 살펴보니 『사기』에는 이러한 사실이 없다. 당연히 '한(漢)나라 초기에 군사가 죽으면 관을 만들어 주는 제도를 만든 것을 반고(班固)가 기록하고 있으며'라고 고쳐야 한다. 역주 : 유지기가 참고한 『사기』가 오늘날 전하는 『사기』와 다른 내용일 수도 있다는 점에 유의하기도 한다. 張振珮, 『史通箋注』, p.234 주)2 참조.

101 『좌전』 양공(襄公) 4년(B.C. 569), 겨울 10월, 주(邾)나라와 거(莒)나라가 증(鄫)나라를 쳤다. 장흘(臧紇)이 증나라를 구원하기 위해 군사를 동원하였지만 호태(狐駘)에서 패하였다. 노나라 사람들이 전쟁에서 죽은 사람들의 시신을 맞이하러 가면서 모두 좌

부교(浮橋)를 건설할 수 있다는 것을 두예(杜預)가 『모시(毛詩)』에서 증명하였고,[102] 남자가 비녀를 사용했다는 것을 유백문(劉伯文)이 멀리 『예기』「내칙(內則)」의 내용을 증거로 한 것이[103] 바로 이러한 사례들이다. 살펴보건대 배경인(裴景仁)의 『진기(秦記)』[104]에서 부견(苻堅)이 막 밥을 먹으려는데 소반을 매만지며 꾸짖었다고 했으며, 왕소(王劭)의 『제지(齊志)』에는 낙간(洛干)(어떤 책에는 ('낙간' 앞에) '수흘(受紇)' 두 글자가 있고, 어떤 책에는 '수

(髽) 즉 삼끈으로 아무렇게 묶은 상투를 하였다. 노나라에서는 이때부터 상을 당하면 좌(髽)를 하는 풍습이 처음 생겼다. 두예(杜預)의 주(注)에, "좌(髽)는 삼베로 머리를 묶는 것을 말한다. 상을 당해도 대부분 흉복(凶服)을 마련할 수 없기 때문이다"라고 했다. 『예기』「단궁(檀弓)」의 정현(鄭玄)의 주(注)에, 머리싸개를 벗고 상투를 다시 트는 것을 좌(髽)라 한다. 머리싸개[纚]는 까만 천으로 싸는 것이다. 상투를 튼다는 의미의 계(紒)는 음이 계(計)이다. **按**: 『좌전』에서는 남녀를 합하여 말한 것이고, 「단궁」에서는 부인의 조문을 말한 것이다.

102 『진서(晉書)』 권34, 「두예전(杜預傳)」에, 두예의 자는 원개(元凱)이고 두릉(杜陵) 사람이다. 두예는 황하를 건너는 맹진(孟津) 나루의 물살이 세고 높아 위험하여 부평진(富平津)에 다리를 놓을 것을 청하였다. 비판하는 사람들은 은·주의 도읍이었을 때도 역대 성현들이 다리를 만들지 않았던 것은 분명 세울 수 없는 까닭이 있었기 때문이라 여겼다. 두예가 말하기를, '배를 이어 부교를 만들었으니[造舟爲梁]라는 『시경』「대아(大雅)」「문왕지십(文王之什)」'대명(大明)'에 실린 말은 곧 다리를 일컫는 말'이라고 했는데, 다리가 완성되자 황제가 백관들을 거느리고 축하의 자리에 참석하여 잔을 들어 두예에게 권하였다고 했다.

103 『위서(魏書)』 권55, 「유방전(劉芳傳)」에, 유방의 자는 백문(伯文이고 팽성(彭城) 사람이다. 북으로 옮겨가 통직상시(通直常侍)가 되었다. 남조의 왕숙(王肅)이 도망왔을 때 고조가 화림(華林)에서 연회를 열었다. 왕숙이 말하기를, 옛날에는 부인들에게만 비녀가 있었고 남자에게는 없었다. 「상복(喪服)」에 남자는 관을 쓰고 여자는 비녀를 꽂았다고 했다. 유방이 말하기를, 『예기』에는 남녀 모두가 비녀를 사용하였다. 다만 관(冠)을 높이기 위해 비녀의 이름으로 사용했던 것이다. 남자에게 비녀가 없었던 것은 아니다. 『예기』「내칙(內則)」에 이르기를, 아들이 부모를 섬길 적에 첫 닭이 울면 머리를 빗고서 검은 비단으로 머리를 싸서 상투를 틀고, 비녀를 꽂고 술을 붙이고, 앞머리의 먼지를 턴 뒤에 관을 쓴다[櫛纚笄總]라고 한 말은 남자에게도 비녀가 있었다는 분명한 증거이다. 왕숙이 그렇다고 여겼다. 당시 사람들은 유방을 경전의 뜻에 밝다고 하여 그를 유석경(劉石經)이라 불렀다. **按**: 백문(伯文)이 『북사(北史)』 권42, 「유방전(劉芳傳)」에는 백지(伯支)라고 되어 있다.

104 **역주**: 배경인은 남조 유송(劉宋) 사람이다. 『수서경적지』「사부(史部)」 "패사(覇史)"에, 『진기(秦記)』 11권, 송 전중장군(殿中將軍) 배경인이 편찬하였고, 양(梁) 옹주주부(雍州主簿) 석혜명(席惠明)이 주(注)를 달았다고 했다. 배경인의 『진기』는 「고금정사(古今正史)」편에도 언급되어 있다.

(受)'자가 있다)이 은혜에 감동되어 "탈모(脫帽)하고 사례했다"라고 서술하고 있다. 언란(彦鸞)[崔鴻]이 새로 『십육국춘추(十六國春秋)』를 편찬하고, 중규(重規)[李百藥]가 옛 기록을 정리하여 『북제서(北齊書)』를 지으면서, 곧 "소반을 매만지며[撫盤]"를 "밥상을 밀어내며[推案]"로 바꾸고[105] "탈모(脫帽)"를 "면관(免冠)"이라 고쳤다[106] 무릇 근세(近世) 이래로 모두 밥상을 사용하지 않았고,[107] 호인(胡人)들의 풍속에는 갓과 면류관[冠冕]을 쓰지 않았는데, 배경인과 왕소의 말이 고대 사서의 내용과 같지 않았기 때문에 평소에 하던 말로 고쳤다. 이렇게 한다면 후세의 학자(學者)들로 하여금 어떻게 각 시대의 풍속이 같지 않고, 고금(古今)간에 차이가 있다는 것을 살피게 하겠는가?[108](釋 : 이는 사물에 관한 제도를 말한 것인데 두 층면으로 나뉜다. 관을 만들어 주던 제도나 상례 중에 머리를 묶는 것 등은 모두 증거가 있다고 했고, 소반이나 모자 등은 옛 것을 빌려 꾸밀 필요가 없다는 것이다)

昔『禮記』「檀弓」, 工言物始. 夫自我作故, 首創新儀, 前史所刊, 後

---

105 按 : 배경인(裴景仁)의 『진기(秦記)』와 최홍(崔鴻)의 『십육국사(十六國史)』는 모두 살필 길이 없다. 『진서(晉書)』「재기(載記)」에, 부견(苻堅)이 요장(姚萇)을 토벌할 때 요장의 군사들이 갈증으로 죽는 사람이 있었다. 마침 비가 내려 요장의 진영에는 3척이나 내렸고 영외에는 1촌 남짓 내렸을 뿐이었다. 요장의 군대의 사기가 크게 올랐다. 부견이 식사를 하다가 밥상을 밀어내며[去案] 화를 내어 말하기를, '하늘이 어찌 적군의 병영을 적신단 말인가!'라고 했다.

106 『북제서(北齊書)』 권27, 「만사보전(万俟普傳)」에, (만사보의) 아들 락(洛)은 자가 수락간(受洛干)이었다. ……(천평(天平) 연간에 영군장군(領軍將軍)이 되어, 여러 장군들과 독고여원(獨孤如願)을 금용(金墉)에서 포위하고, 또 하음(河陰)의) 전투에서 모두 공을 세웠다. 고조(高祖)가 (그의 부(父) 만사보가 지위가 높고 나이가 많아 특별히 예를 받들어 대우하였고 일찍이) 친히 부축하여 말 타는 것을 도운 적이 있었다. 이에 락(洛)은 관을 벗고[免冠] 머리를 조아려 말하기를 '원컨대 사력을 다하여 깊은 은혜에 보답할 것입니다'라고 하였다. 按 : 『북사(北史)』에도 같은 기록이 있지만, 왕소(王劭)의 『제지(齊志)』에는 살필 길이 없다.

107 역주 : 바닥에 앉아 생활하던 한대(漢代)에는 밥상을 사용하였고, 위진 이후 침상과 탁자를 사용하면서 밥상 대신 소반을 사용하였다고 했다. 자세한 내용은 程千帆, 『史通箋記』, pp.126-127 참조.

108 역주 : 이처럼 유지기는 고금의 의례가 차이를 보이는 점에 대하여 매우 해박한 지식을 지니고 있었다. 『구당서』 권102, 「유자현전(劉子玄傳)」에 보이는 소위 "의관승마의(衣冠乘馬議)"가 그 한 예이다.

來取證. 是以漢初立轄,(當作楬) 子長(當作孟堅)所書; 魯始爲髽, 丘明是記. 河橋可作, 元凱取驗於毛『詩』; 男子有笄, 伯支遠徵於『內則』. 卽其事也. 案裴景仁『秦記』稱苻(『世說』注引『裴記』, 本作'符')堅方食, 撫盤而詬; 王劭『齊志』述(一有'受紱'二字, 一有'受'字)洛干感恩, 脫帽而謝. 及彦鸞(崔鴻)撰以新史, 重規(李百藥)刪其舊錄, 乃易"撫盤"以"推案", 變"脫帽"爲"免冠". 夫近世通無案食, 胡俗不施冠冕; 直以事不類古, 改從雅言, 欲令(一脫'令'字)學者何以考時俗之不同, 察古今之有異?(釋 : 此以制物言, 亦兩層轉折. 若楬 · 髽等皆有徵, 若盤 · 帽等則不必假古爲飾矣)

22-18

또한 만이(蠻夷)가 제(帝)라 칭하며 나라를 세우고 중국[神州]에 가득했던 오호십육국의 시대 이후 풍속이 화하(華夏)와 다르고 언어는 대부분 추잡하고 비루하였다[醜俗](어떤 책에는 '매우 비루하였다[孔俗]'고 썼다). 예컨대 '익건(翼犍)'은 소성제(昭成帝)의 원래 이름이고, '흑달(黑獺)'은 북주 문제(文帝)의 본명인데, 위수(魏收)는 다른 칭호로 고쳤고, 영호덕분(令狐德棻)은 빼버리고 싣지 않았다.[109] 대개 방강(尨降) · 괴외(蒯聵)는 자(字)로 쓰기에는 추한 것이며, 중이(重耳) · 흑전(黑臀)은 이름으로 쓰기에는 비루한 것이지만,[110] 이들 고대의 이름은 『삼사(三史)』[111]에 열거되어 있고 『오경(五

109 『위서(魏書)』 권1, 「서기(序紀)」에, 소성제(昭成帝)는 휘가 십익건(什翼犍)이라고 했고, 『주서(周書)』 권1, 「문제기(文帝紀)」 상에, 문제(文帝), 우문씨(宇文氏)는 휘가 태(泰), 자가 흑달(黑獺)이라고 했다. 역주 : 십익건은 북위 도무제(道武帝) 탁발규(拓跋珪)의 조부로써 후일 시호를 고조(高祖) 소성제(昭成帝)라 추증되었다. 그리고 영호덕분은 『주서』에서 본명이었던 흑달을 자(字)로 바꾸어 놓았고 유지기는 이를 지적한 것이다.

110 구주(舊注)에, 방강(尨降)은 팔개(八凱) 중의 한 사람이다.(역주 : 『좌전』 문공(文公) 18

經)』에 전하지만 후에 와서 그것들에 대해 논의하여 고쳤다는 말을 듣지 못했다. 하물며 "제구(齊丘)의 송아지"에 대하여는 참어(讖語)로 분명하게 기록하였다.(原注 : 두대경(杜臺卿)의 『제기(齊記)』에 참어를 기록하면서 말하기를, "선두의 소가 서산 골짜기로 나가 송아지를 맞이하고 제구로 올라갔다"라고 했다)[112] "강변의 개"는 민요에서 기록하고 있다.(原注 : 왕소(王劭)의 『제지(齊志)』에서 민요를 기록하면서 말하기를 "오소리의 머리는 둥근데 강물 속의 개머리는 둥글지 않구나"고 하였다)[113] 밝기가 해와 달과 같아서 덮어두거나 감추기가 어려우니 이렇게 모두를 쓰지 않으면 어떻게 후세사람들에게 보여주겠는가?(釋 : 이 구절에서는 문식(文飾)을 해서는 안 되는 것들 예컨대 건(犍)·달(獺)·요(謠)·참(讖) 등 여러 명칭들로서, 문식할 수 없으면 피휘해야 하는데도 마찬가지로 문식하고 있다) 또한 성씨도 원래 복성(複姓)인데 생략하여 단성(單姓)으로 되어 있다.[114] 어떤 경우에는 "만뉴(萬紐)"를 없애고 "우(于)" 자만을 남겨두고,[115]

년(B.C. 609)에 보인다) 괴외(蒯聵)는 위(衛) 장공(衛莊)의 이름이다. 「자객전(刺客傳)」에도 조(趙)나라 사람 괴외(蒯聵)가 있다.(역주 : 『좌전』 정공(定公) 14년(B.C. 496)에 보인다) 중이(重耳)는 진(晉) 문공(文公)의 이름이다. 성공(成公)이 태어날 때 그 어머니가 꿈에 신을 만났는데 까만색으로 그림을 그리며 말하기를, '진(晉)나라를 셋으로 하니 비환(畀驩)의 후손이다'라고 하였으므로 이름을 흑둔(黑臀)이라 하였다고 했다. 역주 : 외(聵)는 애꾸눈을 말하고, 흑둔이란 신체 일부의 이상한 특징을 이름으로 하였다고 하여 유지기가 후하거나 비루하다고 비판한 것이다. 그 외 이에 관한 자세한 논의는 程千帆, 『史通箋記』, pp.128-129 참조.

111 역주 : 『사기』·『한서』·『동관한기(東觀漢記)』를 가리킨다.

112 역주 : 이 참위는 십익건(什翼犍)을 가리킨다. 두대경(杜臺卿)은 북제(北齊)의 사가로서 『제기(齊記)』 20권을 편찬하였다. 『수서(隋書)』 권58에 열전이 있다.

113 역주 : 이 참위는 흑달(黑獺) 즉 우문태를 가리킨다. 왕소의 『제지』는 「보주(補注)」편 주)21 참조.

114 『통감석례(通鑑釋例)』에, 북위의 군신(群臣)들은 대(代) 북방 출신들로써 모두 복성(複姓)을 가지고 있었다. 효문제(孝文帝)가 낙양(洛陽)으로 천도하고 단성(單姓)으로 고쳤다. 사서에서는 그 번거로움을 염려하여 모두 후에 고쳐진 단성으로 기록하였다. 이제 살펴보니, 북조의 여러 사서 역시 모두 고치지는 않았다. 복성을 홑 글자 성[單姓]으로 바꾸게 된 사실에 대한 문장은 『위서(魏書)』 권113, 「관씨지(官氏志)」에 있다.

115 『주서(周書)』에, 당근(唐瑾)은 위(魏)에 사환(仕宦)하여 표기장군(驃騎將軍)·개부(開府)에 이르렀다. 북주 문제(文帝)가 감탄하고 남다르게 대하여 만뉴우씨(萬紐于氏)라 사성(賜姓)하였다. 『화악송비(華岳頌碑)』에는 '만뉴우근(萬紐于瑾)'이라 적고 있다. 『위

어떤 경우에는 다만 "적(狄)" 자만 남겨두고 "사(厙)" 자를 없애고 있다.[116] 예로부터 전해지는 것을 두루 살펴보아도 이러한 사례를 듣기 힘들다. (釋 : 이는 휘(諱)를 가지고 비슷한 예를 모아 이야기한 것이고, 비록 문사(文士)들이 해야 할 일이 아니었으나 당시 사서를 쓰는 사람은 분명 번거로워 고치려고 하는 습관이 있었다)

又自雜種稱制, 充牣神州, 事異諸華, 言多醜俗.(一作'孔醜') 至如翼犍,(舊有'魏'字) 道武原(舊作'所', 非)諱; 黑獺, 周文本名. 而伯起革(一訛'草')以他語, 德棻闕而不載.(考二史, 皆不諱) 蓋厖降, 蒯聵, 字之媸也; 重耳・黑臀, 名之鄙也. 舊皆列(一訛'例')以『三史』, 傳諸『五經』, 未聞後進談講, 别加刊定. 況齊丘(注語甚明, 舊訛'愁山')之(或訛'定')犢, 彰於載讖;(原注 : 杜臺卿『齊記』載讖云 : "首牛入西谷, 逆犢上齊丘"也) 河邊之狗, 著於謠詠.(原注 : 王劭『齊志』載謠云 : "獾獾頭團圝, 河中狗子破爾菀"也)明如日月, 難爲蓋藏, 此而不書, 何以示後?(釋 : 此節乃推到無可飾者, 如犍・獺・謠・讖等諸名色, 不能飾而諱之, 亦飾也) 亦有氏姓本複, 減省從單, 或去'萬紐'而留'于'(舊訛'去方紉而留于', 又訛'去萬而留千'), 或止存'狄'而除'厙'.(如作'存扶而除乞'亦可, 舊作'存扶而除厚', 非) 求諸自古, 罕聞茲例.(釋 : 此因諱而類及之. 此雖非文士爲政, 然當時操史筆者, 固有憚煩從改之習也)

서(魏書)』 권113, 「관씨지(官氏志)」에, 물뉴우씨(勿忸于氏), 후에 우씨(于氏)로 고쳤다고 했고, 『통지(通志)』 「씨족략(氏族略)」에, 물뉴우는 아마도 만뉴우와 같은 성이라고 했다. 내가 살펴보니, '물뉴(勿忸)'는 그 밖의 근거가 없지만 '만뉴(萬紐)'는 근거가 있다. 따라서 『위서』 「관씨지」가 잘못된 것이 아닌가 한다. 또 만(万)을 만(萬)으로 고치고 있다. 『북사(北史)』 권82, 「유림전(儒林傳)」 하에, 번심(樊深)의 사성(賜姓)도 마찬가지로써 역시 전해 쓴 사람의 잘못이다.

116 예전에는 "부(扶)자만 놓아두고 후(厚)자를 없앴다"라고 하였다. 按 : 『위서』 「관씨지(官氏志)」에는 후(厚)자 뒤에 부(扶)자가 붙은 씨(氏)가 없다. 그러나 걸부씨(乞扶氏)를 부씨(扶氏)로 고쳤다는 것은 보인다. 따라서 "후(厚)자를 없앴다"는 것은 당연히 "걸(乞) 자를 없앴다"라고 해야 한다. 그러나 걸(乞)과 후(厚)자는 소리와 모습이 모두 구분되는 것이라 글자를 잘못 쓴 것은 아니다. 다시 「관씨지」를 살펴보니 고적씨(厙狄氏)가 후에 적씨(狄氏)로 바뀌었다. 고(厙)와 후(厚), 적(狄)과 부(扶)자는 모습이 서로 비슷하여 혹 그럴 수 있다. 또 북제(北齊)의 신하였던 즉 사적회락(厙狄迴洛・사적성(厙狄盛) 같은 사람은 엄호(广)자 머리 위의 점을 떼어버리면 후(厚)자의 머리와 같게 된다. 『광운(廣韻)』에, 사(厙)는 '시야절(始夜切)'이고, 『성원(姓苑)』에 있다고 했다.

22-19

옛날 공자가 말하기를 "문채[文]가 본바탕[質]을 이기면 곧 사(史)이다"[117]라고 하였다. 때문에 사서편찬에 종사하려면 반드시 문채의 도움을 받아야 함을 알 수 있다. 『오경(五經)』이후 『삼사(三史)』에 이르기까지 그 서술이 문채를 바탕으로 하고 있는 사실은 이야기할 만 하다. 그러나 현재의 사서는 이와 다르다. 이들 사서 속의 말들은 혹은 헛되이 수식만을 더하여 경솔하게 화려한 말을 써서 묘사하고, 혹은 문체가 부(賦)나 송(頌)과 같고 말은 배우(俳優)의 대사와 같다. 문채[文]가 문채 같지 않고, 사서[史]가 사서 같지 않아, 마치 구자공주(龜茲公主)가 궁전을 건축할 때 한(漢)의 양식을 뒤섞는 바람에[118] 마치 백조를 조각하려다가 성공하지 못하고 오히려 오리를 만든 꼴이 되었다.[119](釋 : 마지막으로 사서의 경우도 문

---

117 역주 : 『논어』 「옹야(雍也)」편에, 본바탕[質]이 문채[文]를 이기면 비루하고, 문채가 본바탕을 이기면 사(史)가 된다[質勝文則野, 文勝質則史]. 문체와 본바탕이 고루 어울린 뒤에야 군자인 것이라고 했다. 사(史)는 문서를 맡은 사람을 가리키며 견문이 많아 일에는 익숙하나 성실성이 혹 부족하여 언사가 화려하다고 하였다.

118 역주 : 『한서』 권96하, 「서역전(西域傳)」 하에, 구자공주(龜茲公主)가 여러 차례 장안에 조하(朝賀)를 왔다. 공주는 한(漢)의 의복과 각종 제도를 좋아하여 귀국 후 궁실을 만들고 금도(禁道)를 만들어 지키게 하면서, 출입시 전호(傳呼)하고 북을 두드리게 하여 한의 의식(儀式)과 같게 하였다. 외국의 호인(胡人)들이 모두 이르기를, '당나귀[驢] 같지만 당나귀가 아니고, 말[馬] 같지만 말이 아니며, 마치 구자왕은 노새[騾]같다'는 문장을 인용한 것이다. 구자공주란 구자왕의 부인인데 당시 한 선제(漢宣帝)가 하사한 칭호이다. 따라서 유지기가 본문에서 오손(烏孫)이라 칭한 것은 구자공주를 잘못 표기한 것이다.

119 역주 : 이 말은 『후한서』 권23, 「마원전(馬援傳)」에 보인다. 즉 (마원이 남을 비판하길 좋아하는 조카 마엄(馬嚴)과 마돈(馬敦)을 타이르며, 충후(忠厚)하고 근신(謹愼)하며 겸허하면서 절검(節儉)하였던 인물인) "용백고(龍伯高)를 본받으려다 그렇지 못하더라도 근신하면서도 엄숙한 사람이 될 수 있는데 이는 사람들이 말하는 고라니를 그리려다 물오리를 그린 격이란 말과 같다"에서 인용한 말로써 원래의 의미는 유지기가 인용한 것처럼 실패하여 우스꽝스런 모습이 아니라 최소한의 좋은 모습은 갖출 수 있다는 의미로 사용되었다.

채를 숭상했지만 헛되이 사용되어서는 안 된다고 하였다)

昔夫子有云:“文勝質則史.” 故知史之爲務, 必藉於文. 自『五經』已降,『三史』而往, 以文敍事, 可得言焉. 而今之所作,(一多‘者’字) 有異於是. 其立言也, 或虛加練飾, 輕事雕彩; 或體兼賦頌, 詞類俳優. 文非文, 史非史, 譬夫烏孫造室, 雜以漢儀, 而刻鵠不成, 反類於鶩者也.(釋: 結言史亦尙文, 但虛設不可耳)

按: 이 장(章)은 서사(敍事)에 있어서 멋대로 쓸데없는 말을 꾸며대는 것[妄飾]을 논하였다. 전체적인 뜻이 모두 북위(北魏)·북제(北齊)·북주(北周)의 사서에 보이는 망식(妄飾)으로 귀결되는데, 그 요지를 상세히 살펴보면 다음과 같다. 하나는 사령(詞令)의 표현에는 그의 적용범위가 있게 마련이니 제멋대로 바꾸어서는 안 된다는 것이고, 하나는 복식과 문물제도를 말할 때 통칭이 있는 경우 그것을 고칠 필요가 없다는 것이고, 하나는 명호(名號)의 전파를 말할 경우 요언(謠諺)의 형식으로 표현된 참언의 경우는 숨길 필요가 없다는 것이다. 쟁론의 초점은 왜 말을 멋대로 꾸며대는가[借]와 왜 사실대로 기록해야 하는가[直]에 있었지, 비속(卑俗)함을 따르거나 전아(典雅)함을 미워했던 것은 아니었다. 「언어(言語)」편의 의미와 서로 같았다. 논자(論者)들이 이 점을 자세하게 살피지 않고, (지방의 성(省)과 경사(京師)간의 문서왕래를 담당하던) 제당관(提塘官)의 저보(邸報)와 대간(臺諫)의 탄핵하는 문장들도 모두 국사(國史)의 행열에 속할 수 있다고 여기고 있으니, 이를 어찌 정확하다고 이르겠는가?(右一章論敍事妄飾也, 通旨歸結在此爲元·高·宇文而作, 歷詳厥指: 一言詞令之出, 幅員不可欺; 一言服物之制, 通稱不必變; 一言名號之傳, 謠讖不容掩. 所爭在借與直, 非貪俗惡典也. 與「言語」篇同意. 論者不審, 幾疑提塘邸抄, 彈詞賓白, 亦可班之國史矣, 豈謂是哉!)

『사통통석』 권7

「품조(品藻)」 제23

이른바 품조(品藻)란 역사적 인물의 품류(品類)와 고하(高下)를 감별하는 것을 말한다. 유지기는 기본적으로 사물은 종류에 따라 서로 구분되고 무리에 따라 서로 모이게 마련이듯, 사서(史書)에서는 『사기』 이래 열전을 만들면서부터 처음으로 인물을 품류에 따라 구분하였다고 인식하였다. 이러한 품류의 구분은 유지기가 결론에서 밝힌, “무릇 인물에 대한 품평과 감별(鑑別)을 드러내고 인물의 품행에 대한 고하(高下)를 구분하여, 소인들과 군자들로 하여금 각기 좋고 나쁨을 기준으로 모아 상지(上智)와 중등(中等)의 등급으로 구별하여 차례대로 서술할 수 있다면, 권선징악이 장래의 영원한 감계(鑑戒)가 될 것이고, 탁(濁)을 물리치고 청(淸)을 일게 함이 성하여 불후(不朽)할 것”이라는 주장에서 보듯 권선징악이라는 감계적 작용을 위한 것이었다.[1] 이러한 기준으로 보았을 때 기왕의 사

1 역주 : 그런 점에서 이 「품조(品藻)」편의 기본 주제를, 사서 중에 가장 적합한 부분에 배열하는 범위 안에서 인물을 평가하는 문제와 도덕의 도식 속에서 공적에 따라 그 평가에 상응하는 인물의 등급을 정하는 문제 두 가지로 구분하여 분석한 견해가 있

서들은 적지 않은 문제를 지니고 있었다고 지적하였다. 즉 기전체 사서의 경우 합전(合傳) 혹은 유전(類傳)의 형식으로 역사적 인물에 대한 품류의 구분을 시도하기는 하였지만 그 구분의 기준이 모호하거나 합당하지 않는 경우가 많았다고 비판하고, 이는 모두 사관(史官)의 책임이라 단언하였다. 그 중 『사기』의 경우 한비자(韓非子)와 노자(老子)를 한 편에 수록한 것과 『삼국지』에서 원소(袁紹)와 동탁(董卓)을 함께 수록한 것을 지적하였고, 특히 『한서』「고금인표(古今人表)」의 경우 세 품급, 아홉 등급의 구분에도 불구하고 상지(上智)와 하우(下愚)로의 구분이 합당치 않은 사례를 구체적으로 열거하였다. 이외에도 『송서(宋書)』·『남제서(南齊書)』·『수서(隋書)』 등과 유향(劉向)의 『열녀전(列女傳)』, 혜강(嵇康)의 『고사전(高士傳)』에서의 구분 또한 합당치 않다고 지적하였다.

23-1

대체로 듣건대 사물은 종류에 따라 서로 구분되고 무리에 따라 서로 모이게 마련이니,[2] 향기가 나는 풀과 고약한 냄새가 나는 풀을 함께 담아 놓아서는 안 되며, 올빼미와 봉황의 일종인 난새[鸞]가 함께 날수는 없는 것이다.[3] 예를 들어 상신(商臣)[4]이나 묵특(冒頓)[5]으로 말하자면 하나는

다. 高柄翊/李成珪 역, 「劉知幾의 史通과 史評理論」, 閔斗基 編, 『中國의 歷史認識』 下, 創作과批評社, 1985, pp.570-573 참조.

2 역주 : 『역(易)』「계사(繫辭)」 상(上)에 보이는 말이다.

3 역주 : 유준(劉峻)의 「변명론(辨命論)」(『문선(文選)』 권54, 所收)에 나오는 말이다.

4 초(楚) 성왕(成王)의 태자이다. 성왕은 후에 마음이 변하여 상신의 이복동생 직(職)을 태자로 세우려고 했다. 상신이 태자궁을 지키는 위사(衛士)들을 거느리고 왕궁을 포위하자 왕이 목을 매 죽자 드디어 자립하여 왕이 되었다. 『좌전』 문공(文公) 원년(B.C. 626)에 보인다. 역주 : 상신은 바로 초의 목왕(穆王 : B.C. 625-614)으로서 즉위 후 강국(江國)·육국(六國)·요국(蓼國) 등 세 나라를 멸망시켰다.

남만(南蠻)이고 하나는 북적(北狄)으로서 서로 만리나 멀리 떨어져 있다. 이윤(伊尹)[6]과 곽광(霍光)[7]의 경우 한 사람은 은(殷), 한 사람은 한(漢)나라 사람으로서 서로 천년의 차이가 난다. 그러나 세상 사람들이 패역(悖逆)을 이야기할 때에는 곧 상신과 묵특을 거론하고, 충성과 순종을 논할 때에는 곧 이윤과 곽광을 말하는데 무엇 때문인가? 대개 그들의 행적이 그에 부합(符合)하기 때문에 비록 지역이 서로 떨어져 있고 시대적으로 서로 차이가 많이 나지만 함께 예로 들고 있는 것이다. 어찌하여 반드시 어깨를 나란히 붙이고[差肩] 다리를 맞닿게 해야[接武][8] 비슷한 부류라고 칭할 수 있겠는가?(釋: 이 편의 첫머리에서 품조(品藻)가 합당하다면 비록 시대와 지역이 다르더라도 사람들은 비슷한 부류로 거론할 수 있다고 하였다)

蓋聞方以類聚, 物以群分; 薰蕕不同器, 梟鸞不比翼. 若乃商臣·冒頓, 南蠻·北狄, 萬里之殊也; 伊尹·霍光, 殷年·漢日, 千載之隔也. 而

---

5 묵특은 흉노 두만(頭曼)의 태자이다. 두만이 후비(後妃) 알씨(閼氏)의 아들을 사랑하여 태자로 세우려하자 묵특이 두만을 활로 쏘아 죽이고 스스로 선우(單于)의 지위에 올랐다. 이러한 사실이 『사기』 권110, 「흉노전」에 보인다. **按**: 이 두 반역의 사례를 연이어 거론한 내용이 송 명제(明帝)의 조서에 보인다. **역주**: 『송서(宋書)』 권8, 「명제기(明帝紀)」에 보인다.

6 **역주**: 이윤(伊尹)은 은(殷) 탕왕(湯王) 때의 대신으로서, 탕이 하(夏)의 걸(桀)을 멸하고 상을 건국할 때 공신으로서 탕의 사후에도 정치의 중추를 맡아보았다.

7 『한서』 권68, 「곽광전」에, 자는 자맹(子孟)이고, 대사마(大司馬)·대장군(大將軍)을 지냈다. 소제(昭帝)가 죽고 후사가 없자, 황태후(皇太后)의 조서를 받아 창읍왕(昌邑王) 하(賀)를 맞이하였다. 창읍왕이 즉위하고 나서 그 행위가 음란하자 곽광이 근심하고 고민하였다. 전연년(田延年)이 말하기를, '이윤(伊尹)은 은의 상(相)이 되어 태갑(太甲)을 폐하고 종묘를 안정시켜 후세 사람들이 그 충성을 칭찬했습니다. 장군께서 능히 그렇게 하신다면 마찬가지로 한(漢)의 이윤(伊尹)이 되시는 것입니다' 하니 곽광이 즉시 태후에게 말하여 조서를 내려 하(賀)를 창읍으로 돌려보냈고, 효선황제(孝宣皇帝)가 즉위하였다고 했다. 『진서(晉書)』 권2, 「경제기(景帝紀)」에, 이윤(伊尹)은 태갑(太甲)을 쫓아내어 은을 편안하게 하였고, 곽광은 창읍(昌邑)을 폐함으로써 한을 안정시켰다고 했다.

8 **역주**: 차견(差肩)은 어깨를 나란히 붙인다는 뜻으로 주로 지역이 비슷하다는 의미로서 사용되고, 접무(接武)는 시대가 가까운 것을 의미한다. 각각 『관자(管子)』 「경중갑(輕重甲)」·『예기(禮記)』 「곡례(曲禮)」 상·『문심조룡』 「물색(物色)」편·『여씨춘추(呂氏春秋)』 「관세(觀世)」편 등에 그 용례(用例)가 보인다.

世之稱悖逆則云商·冒，論忠順則曰伊·霍者，何哉？蓋厥迹相符，則雖隔越爲偶，奚必差肩接(一作'步')武，方稱連類者乎?(釋：篇首言品藻果允，雖時地不相及，而人可類擧也)

23-2

사씨(史氏)의 경우, 사마천과 반고가 열전을 만들면서부터 처음으로 인물을 품류(品類)에 따라 구분하였다. 그러나 그 중 어떤 것은 연대가 너무 짧아, 어떤 것은 인물이 너무 적고 드물어 반드시 서로 같은 부류를 찾으려고 해도 많이 얻을 수 없었다. 때문에 한비자(韓非子)와 노자(老子)를 한 편(篇)에 수록하였고,[9] 동탁(董卓)과 원소(袁紹)를 따로 수록하지 않았다.[10] 어찌 한비자와 노자가 모두 저술하는 사람이고 책이름에 모두 '자(子)'를 사용하였고(『한비자』·『노자』), 원소와 동탁의 경우는 모두 한 시대의 영웅으로서 그 생애가 모두 한말(漢末)에 해당하기 때문이 아니겠는

---

9 역주 : 『사기』 권63에는 노자·장자·신불해(申不害)·한비자 등을 함께 수록하였다. 태사공왈(太史公曰)에, "노자가 귀히 여긴 도는 허무한 것이며, 자연에 순응하여 무위 속에서도 각종 변화에 적응하는 것이다. …… 장자는 노자의 도덕을 확대하여 자유분방하게 의론하였는데, 그 요지는 자연으로 귀결된다. …… 한비자는 법률에 의거하여 세상사를 재단하고, 시비를 분명히 하였으나 너무나 가혹하고 은덕이 적다. 이들의 학설은 모두 도덕에 근원을 두고 있지만, 그 중 노자가 가장 심원하다"라고 했다.

10 역주 : 『삼국지』 권6, 「위지」에 동탁과 원소 그리고 원술(袁術)·유표(劉表) 등이 함께 수록되어 있다. 권말(卷末) 진수(陳壽)의 평(評)에, 동탁은 사람이 비뚤어져 계통이 없고 잔인하고 포학하여 비정했으니, 문자로 역사를 기록한 이래 이와 같은 자는 아마 없었을 것이다. 원술은 사치스럽고 방자하고 음탕하였으므로 자신의 일신이 다할 때까지 영화를 지킬 수 없었던 것은 자업자득이다. 원소와 유표는 …… 모두 겉으로는 관대했지만, 속으로는 질시하고 모략을 좋아하였으며, 결단력이 없고 …… 운운하였다. 이렇게 함께 수록한 것은 이들의 성격이 유사해서라기보다는 각기 한말 군웅(群雄) 주의 한 사람으로 평가되기 때문일 것이다.

가? 이러한 기준으로 합전(合傳)하였다면 그러한 동류(同類)로의 분류는 조략(粗略)한 것이다. 또한 어떤 것은 한 편(篇) 속에 품류(品類)가 너무 많아 마땅히 구별해야 하는데도 오히려 동류(同類)인지를 판정할 수가 없고 그 품류의 차이를 표명할 수도 없게 되어,[11] 난초와 쑥이 서로 뒤섞이고 붉은색과 자주색이 구분되지 않았다.[12] 이것은 누구의 잘못인가? 대개 사관(史官)의 책임이다.(釋 : 이 구절은 전체의 첫머리에 해당한다)

史氏自遷 · 固作傳, 始以品彙相從. 然其中或以年世迫促, 或以人物寡鮮, 求其具體必同, 不可多得. 是以韓非 · 老子, 共在一篇; 董卓 · 袁紹, 無聞二錄. 豈非韓 · 老俱稱述者, 書有子名;(『韓非子』 · 『老子』) 袁 · 董並曰英雄, 生當漢末. 用此爲斷, 粗得其倫. 亦有厥類衆夥, 宜爲流別, 而不能定其同科, 申其異品, 用使蘭艾相雜, 朱紫不分, 是誰之過歟? 蓋史官之責也.(釋 : 此節總冒)

11 역주 : 이 구절의 견해는 『삼국지』 권10, 「위지」 「순욱순유가후전(荀彧荀攸賈詡傳)」의 평(評)에 대한 배송지(裴松之) 주(注)의 내용을 따른 것이다. 즉 진수(陳壽)는 평하기를, "순욱은 인품이 정아하고 수려하며, 학식이 통달하고 아정하여 왕을 보필할 수 있는 풍모를 지니고 있었다. 그는 기민하게 헤아리고 먼저 식별하는 능력은 있었으나 그의 뜻을 충분히 살리지는 못했다. 순유와 가후는 거의 잘못된 계획을 세우는 적이 없었다. 이 두 사람은 권모에 빈틈이 없었고, 변화에 따르는 융통성이 있었으니, 장량과 진평에 버금간다고 할 수 있다"라고 했다. 이에 대하여 배송지는 예컨대 장량(張良)과 진평(陳平)이 동류는 아니지만 한(漢)의 모신(謀臣)이란 점에서 합전이 용인될 수 있지만, 순유와 가후의 경우에는 위인됨이나 그 바탕이 다르니 진수가 이들을 동류로 평가함은 그 구별의 기준이 잘못되었다고 하였다. 유지기의 평가는 배송지의 견해에 근거를 두고 있다. 程千帆, 『史通箋記』, p.131 참조.

12 역주 : 난초와 쑥은 향이 나는 풀과 악취가 나는 풀을 대비시킨 것으로 문학적으로는 주로 군자와 소인, 귀천 등을 비유할 때 사용하였고, 붉은색과 자주색의 대비는 정사(正邪) · 시비(是非) · 우열(優劣) 등을 비유할 때 사용되었다. 굴원(屈原), 『이소경(離騷經)』(『문선(文選)』 권32 所收)과 『논어』 「양화(陽貨)」편 참조.

23-3

반고의 『한서(漢書)』 「고금인표(古今人表)」는 위로 억년(億年)을 포괄하고, 옆으로는 백가(百家)들을 통관(通貫)하여 세 품급으로 나누고 아홉 등급으로 배열하였다.[13] 그 말은 매우 고명(高明)하고, 그 의의는 매우 합당하다. 그런데 편중(篇中)에 열거된 내용이 어찌 서문의 분류와는 다른 것인가? 예컨대 공자 문도(門徒) 가운데 뛰어난 사람인 안회(顏回)는 도를 거의 터득한 사람이었으므로[14] 기타 다른 사람들과 등차(等差)를 나누기가 곤란하다. 지금 「고금인표」에서는 염백우(冉伯牛)를 앞에 증삼(曾參)을 뒤에 배열하였으며, 염중궁(冉仲弓)의 등급을 올리고 염유(冉有)를 아래로 내려 배열하였다.(原注 : 백우와 중궁은 모두 제2등이고, 증삼 · 염유는 제3등이다) 이치에 맞기를 구한다면 이 같은 도리는 없다. 또한 초왕(楚王)(초 무왕(武王)의 아들 문왕(文王))이 등(鄧)나라를 지나갈 적에 삼생(三甥)(담생(聃甥) · 추생(騅甥), 양생(養甥))이 등나라 제후에게 그를 죽이자고 청하였지만 허락하지 않았고 결국에는 등나라를 멸망시켰다.(장공(莊公) 6년)[15] 「고금인표」에는

---

13 『한서』 권20, 「고금인표(古今人表)」 서(序)에, 함께 선(善)을 행할 수는 있어도 악(惡)을 행할 수 없는 경우 상지(上智)라 하고, 함께 악을 행할 수는 있어도 선을 행할 수 없는 경우 하우(下愚)라고 하며, 함께 선을 행할 수도 악을 행할 수도 있는 경우 중인(中人)이라 한다. 이에 따라 (경전(經傳)을 조사하여 고금의 경중(輕重) · 현우(賢愚)의 인물들을) 아홉 등급의 차례를 배열하였다.

14 역주 : 『주역』 「계사(繫辭)」 하(下)에, 공자께서 말씀하기를, '안회는 거의 도를 터득하였다. 올바르지 않은 것이 있으면 알지 않은 적이 없었고, 알고 나서는 다시 저지르지 않았다. 역[復卦 · 初九爻]에 이르기를, 멀리 가지 않고 돌아오면 후회하는 일에 이르지 않을 것이니, 크게 길하다'라고 하였다. 그런데도 「고금인표」에는 안회를 염백우 · 염중궁과 함께 제2등에 분류하였다.

15 역주 : 『좌전』 장공(莊公) 6년(B.C. 688)에, 초 문왕(楚文王)이 신(申)을 정벌할 때 등(鄧)나라를 통과하였다. 이때 등나라 군주가 자신의 생질(甥姪)이라 하여 머무르게 하고는 대접하였다. 그때 추생(騅甥) · 담생(聃甥) · 양생(養甥) 등이 초의 군주를 죽이고자 요청하였지만 등나라 군주는 허락하지 않았다. 세 사람의 생질은 말하기를, '등나라를 멸망시킬 자는 반드시 이 사람입니다. …… 그러나 군주는 따르지 않았다. 싸움을

등나라 제후의 등급을 하우지상(下愚之上)(原注 : 즉 제7등)에 배열하였다. 대체로 남이 나에게 미안한 일을 한다고 해서 내가 남에게 미안한 일을 할 수 없는 법이다.[16] 좋은 일을 하고도 나쁜 평가를 받으며 이렇게 비난을 받아서야 어떻게 다른 사람에게 좋은 일을 하도록 권고하겠는가? 만일 작은 문제 때문에 참지 못하고 큰 일을 그르쳐 권한 행사를 잘못했다고 한다면 그에 대한 죄를 주어야 하지만, 삼생(三甥)은 사정이 발생하기 전에 기회를 잡아 결단하자고 하였으니 높은 식견을 보였음으로 자연히 높은 등급[上等]에 배열해야 하는데도 어찌하여 단지 등나라 제후와 비교하여 한 등급 위인 중지하(中之下)에 배열할 수 있겠는가?(原注 : 삼생(三甥)은 모두 제6등이었다) 또한 진 문공(晉文公)의 신하들을 배열하면서[17] 주지교(舟之僑)를 제일 위에, 양처보(陽處父)를 그 다음에, 사회(士會)를 그 아래에 배열하였고(原注 : 주지교는 제3등, 양처보는 제4등, 사회는 제5등에 배열하였다) 연(燕) 태자 단(丹)의 빈객(賓客)들을 배열하면서 고점리(高漸離)는 제일 위에, 형가(荊軻)는 그 다음에, 진무양(秦舞陽)은 끝에 배열하였다.[18](原注 : 고점리는 제4등, 형가는 제5등, 진무양은 제6등에 배열하였다. ○이들에 대한 상세한 사

끝내고 돌아오는 해에 초의 군주가 등나라를 정벌하였고, 노나라 장공 16년에 초나라는 다시 등나라를 정벌하여 그 나라를 멸망시켰다고 하였다.

16 역주 : 『삼국지』 권1, 「위서」 「무제기」 주(注)에 인용된 손성(孫盛), 『잡기(雜記)』에, "내가 남에게 미안한 일을 할지언정[寧我負人], 남이 내게 미안한 일을 하지 못하게 한다[無人負我]"고 한 말의 의미를 유지기는 반대로 사용하고 있다.

17 『좌전』 희공(僖公) 27-8년(B.C. 633-632)에, 진 문공(晉文公)은 군제를 삼군(三軍)으로 개편하고 위주(魏犨)를 장군으로 삼았다. 조(曹)나라를 포위하였다가 위주가 가슴에 상처를 입자 주지교(舟之僑)를 대신 장군으로 삼았다. 성복(城濮)의 전투에서 주지교가 멋대로 돌아가자 진 문공은 그를 죽여 시체를 백성들에게 돌려 순복(順服)하게 하였다. 『좌전』 문공(文公) 5년(B.C. 622)에, 진(晉)의 양처보(陽處父)가 위(衛)나라에 빙문하고 돌아올 때 영영(甯嬴)이 수행하다가 온(溫) 땅에 이르러 되돌아갔다. 그의 처가 그 이유를 묻자, 대답하기를, '양처보의 품성이 너무 강경하오. 하늘의 품성은 비록 강경한 편이지만 사계절의 순서를 어기지는 않소. 그러니 하물며 인사(人事)에 있어서야 말할 것이 있겠소? (화를 입을까 염려되어) 그의 곁을 떠나는 것이오'라고 하였다. 사회(士會)는 「서사(敍事)」편 "용회(用晦)"조에 보인다.

18 역주 : 이들은 모두 『사기』 권86, 「자객열전(刺客列傳)」에 차례대로 수록되어 있다. 모두 진시황의 암살을 도모하다 실패하였고, 수년 뒤 진(秦)은 연나라를 멸망하였다.

실은 『사기』 「자객열전」에 있다) 이것은 모두 시비가 뒤섞여 분명하지 못하고, 선과 악이 복잡하게 뒤섞여 어떤 경우 기와[瓴甋]를 귀하게 여기면서 아름다운 옥(玉)을 천하게 여기거나,[19] 혹은 느린 말[駑駘]을 타고 채찍질하면서 준마[騏驥]를 버리는[20] 경우가 있으니 이러한 것으로 후세사람들의 귀감을 삼는다면 누구를 속일 수 있겠는가?(釋 : 이 구절에서는 오로지 『한서』 「고금인표」를 규명(糾明)하고 있다)

案班『書 · 古今人表』, 仰包億載, 旁貫百家, 分之以三科, 定之以九等. 其言甚高, 其義甚愜. 及至篇中所列, 奚不類於其敍哉! 若孔門達者, 顔稱殆庶, 至於他子, 難爲等衰.(通'差') 今乃先伯牛而後曾參, 進仲弓而退冉有,(原注 : 伯牛 · 仲弓並在第二等, 曾參 · 冉有並在第三等)求諸折中, 厥理無聞. 又楚王(楚武王子文王)過鄧, 三甥(聃甥 · 騅甥 · 養甥) 請(一作'欲')殺之, 鄧侯不許, 卒亡鄧國.(莊六) 今定鄧侯入下愚之上,(原注 : 卽第七等) 夫寧人負我, 爲善獲戾, 持此致尤, 將何勸善? 如謂小不忍, 亂大謀, 失於用權, 故加其罪. 是則三甥見幾而作, 決在未萌, 自當高立標格, 置諸云漢, 何碍止與鄧侯鄰伍, 列在中庸下流而已哉?(原注 : 三甥皆在第六等) 又其敍晉文之臣佐也, 舟之僑爲上, 陽處父次之, 士會爲下 : (原注 : 舟之僑在第三等, 陽處父在第四等, 士會在第五等) 其述燕丹(一脫'丹'字)之賓客也, 高漸離居首, 荊軻亞之, 秦舞陽居末.(原注 : 高漸離在第四等, 荊軻在第五等, 秦舞陽在第六等. ○事詳『史記 · 刺客傳』). 斯並是非瞀亂, 善惡紛拏, 或珍瓴甋而賤騏驥, 或策駑駘而舍騏驥. 以玆爲監, 欲誰欺乎?(釋 : 此節專糾『漢書』 「古今人表」)

---

19 역주 : 『이아(爾雅)』 「석관(釋官)」에 나오는 문장이다.

20 역주 : 『초사(楚辭)』 「구변(九辨)」에 나오는 문장이다.

23-4

또한 강충(江充)과 식부궁(息夫躬)은 남을 헐뜯고 모함하는 말로써 군왕을 의혹에 빠지게 하여 그 화(禍)가 태자에게 미치게 하였으며, 충실하고 어진 신하에게까지 해독을 끼치게 했다.[21] 그들의 간특함과 흉악함을 따진다면 석현(石顯)[22]보다 훨씬 심하였다. 그런데도 반고(班固)는 그들을 서술하면서 「영행전(佞幸傳)」에 배열하지 않았다. 양왕손(楊王孫)은 벌거벗은 채로 장사를 지내어 예의(禮儀)에 어그러진 행동을 한 극단적인 면을 지닌 무리이다.[23] 그의 일생을 살펴보니 그 일 이외의 다른 사실이 없는데도, 그를 오히려 주운(朱雲)과 같이 배열하여 열전(列傳)의 첫머리에 두었으니[24] 어찌 더럽지 않겠는가?(釋 : 「고금인표」로부터 열전의 분합(分合)에 이르기까지를 말하면서 반고의 『한서』를 중계로 하여, 이하 모두 열전류에 관한 이야기이다)

又江充·息夫躬讒陷惑上, 使禍延儲後, 毒及忠良. 論其奸凶, 過於石顯遠矣. 而固敍之, 不列佞幸. 楊王孫裸葬悖禮, 狂狷之徒; 考其一生, 更無他事, 而與朱雲同列,(一有'仍'字) 冠之傳首, 不其穢歟?(釋 : 因「古今人表」及到列傳分合, 就班書作轉遞. 已下皆言傳類也)

---

21 강충(?-B.C. 91)은 무제(武帝) 때 무고(巫蠱)를 만들어 태자를 죽였고, 식부궁은 애제(哀帝) 때 동평왕(東平王) 운(雲)의 변고를 알려 거짓 책략을 소삭하였다. 按 : 『한서』 권45에 이 두 사람은 괴통(蒯通)·오피(伍被)와 같은 열전에 수록되었다.

22 『한서』 권72, 「영행전(佞幸傳)」에, 석현은 어려서 법에 연좌되어 부형(腐刑)을 당했다. 원제(元帝)가 정사를 위임하였다. 사람됨이 교묘한 지혜를 지니고 매사에 밝았고 능히 군주의 작은 뜻도 찾아낼 수 있었다. 안으로는 남을 해치려는 마음이 많아 궤변으로 다른 사람을 중상모략하였다고 했다.

23 『한서』 권67, 「양왕손전」에, 효무제 때 사람으로서 황노(黃老)의 술(術)을 배웠다. 병이 위중하여 임종에 이르러 자식에게 발가벗겨 포대로 시신을 싸서 7척(尺) 깊이의 땅에 묻을 때 시신을 싼 포대를 벗겨 직접 흙에 닿도록 장사를 치르게 명하였다고 했다. 역주 : 이 같은 양왕손의 의도는 당시 후장(厚葬)에 대한 폐단을 바로 잡기 위함이었다. 趙呂甫, 『史通新校注』, p.437 주)47 참조.

24 역주 : 『한서』 권67에는 양왕손을 필두로 호건(胡建)·주운(朱雲)·매복(梅福)·운창(云敞) 등 다섯 사람이 함께 배열되어 있다.

23-5

만일 (정사(正史) 이외의) 별록(別錄)이나 잡전(雜傳)중에서 찾아 살펴본다면 이러한 오류(誤謬)는 실로 매우 많을 것이다. 유향(劉向)의 『열녀전(列女傳)』에 기재된 노(魯)나라 추호(秋胡)의 처(妻)는 그 사적(事迹)의 시말을 자세히 살펴보면, 칭찬할만한 재능과 품행이 조금도 없으며 줄곧 남편을 원망하다가 강에 몸을 던져 죽었다.[25] 고야자(古冶子)처럼 죽음을 가벼이 여겼고,[26] 절개를 지켜 죽은 조아(曹娥)[27]와는 달랐다. 이렇게 흉험(凶險)하

---

25 『열녀전』에, 순결한 부녀자로는 노(魯)나라의 추호자(秋胡子)의 처가 있다. 시집온 지 닷새만에 진(陳)나라에 벼슬을 위해 떠났다가 5년 만에 돌아왔다. 아직 집에 도착하기 전, 길가에서 뽕잎을 따던 부녀자를 보게 되었다. 추호자가 반가운 마음에 수레에서 내려 말하기를, '힘써 농사를 짓는 것은 풍년을 만나는 것만 못하고, 힘들여 뽕잎을 따보아야 나라의 경(卿)을 만나는 것만 못하다. 나에게 금이 있으니 부인에게 주고자 하오'라고 하였으나 받기를 원치 않았다. 집에 이르러 모친이 부인을 불렀는데 보니 뽕잎을 따던 그 여인이었다. 부인이 말하기를, '그대가 부모를 떠나 벼슬길에 나섰다가 5년 만에 돌아왔으면 당연히 한시바삐 집으로 돌아와야 하거늘, 오늘 보니 길가의 부인에게 희롱을 거는 것은 어머니를 잊은 행동으로 불효이다. 여색(女色)을 좋아하고 음탕한 것은 불의(不義)이니 첩은 차마 볼 수 없다'라고 하고는 바로 물에 뛰어들어 죽었다고 했다. 按 : 부현(傅玄)의 시(詩)에, "그 남편의 행동이 바르지 못하였지만[彼夫旣不淑], 이 부인 역시 너무 강직하였네[此婦亦太剛]"라는 말이 딱 들어맞는다. 유지기(劉知幾)가 특히 공평함을 잃었다.

26 『안자춘추(晏子春秋)』에, 공손서(公孫棲)·전개강(田開疆)·고야자(古冶子)는 경공(景公)을 섬겼는데 용감하였지만 무례(無禮)하였다. 안자(晏子)가 공에게 말하여 복숭아 두 개를 보내게 하였다. 공손서와 전개강이 말하기를, '나는 용감함이 고야자만 못하고, 공(功) 또한 미치지 못합니다. 그런데도 복숭아를 양보하지 않는다면 곧 탐하는 것이 됩니다. 그런데도 죽지 않는다면 용기가 없는 것이 됩니다'라고 하며 모두 복숭아를 돌려주고 의기가 맞아 죽었다. 고야자가 말하기를, '두 사람이 죽었으니 내가 홀로 살아남는 것은 불인(不仁)한 것이다'라고 하고 역시 목숨을 끊었다. 역주 : 고야자는 춘추시대 제(齊)나라 때 경공(景公)을 섬겼던 역사(力士)였다. 이들에 관한 자세한 이야기가 『안자춘추』 권2, "간하(諫下)"에 실려 있다.

27 『후한서』 권84, 「열녀전」에, 효녀 조아(曹娥)는 상우(上虞) 사람이다. 아버지 우(盱)는 무축(巫祝)이었다. 5월 5일 현(縣)의 강에서는 물결을 거슬러 올라가 파사신(婆娑神)을 맞이하려다 물에 빠져 죽었으나 시신을 찾지 못하였다. 열네 살이었던 조아는 강둑에서 슬피 울기를 17일 만에 강에 몸을 던져 죽었다. (남조 유송(劉宋) 원가(元嘉)

고 고집스런 여자(두 번 그 잘못을 말했다)가 오히려 절개가 굳은 사람들과 함께 배열되어 있으니 실제와 어긋난다.(釋 : 『열녀전』의 한 사례이다) 또한 혜강(嵇康)의 『고사전(高士傳)』[28]같은 경우 광범위한 인물들을 기재하고 있는데도 유독 안회(顔回) · 거원(蘧瑗)[29]만은 보이지 않는다. 대체로 두 사람은 비록 유술(儒術)을 즐거움으로 삼고 입사(入仕)의 영광을 버렸으며, 가난함에도 만족하고 자신의 뜻을 지켰지만, 명분과 예교(禮教)에 구애되어 유속(流俗)을 면할 수 없었다.(주공(周公)과 공자의 뜻을 경박하게 헤아렸다) 바로 동중서(董仲舒 : B.C. 179-104), 양웅(揚雄 : B.C. 53-18)과 같은 사람들도 역시 공자 문중의 네 교과[四科][30]를 연구하고 유가(儒家)의 육경(六經) 혹은 육예(六藝)를 섭렵하여 공자 문중의 교의(教義)와 노나라의 유풍(儒風)을 받아들였다.(역시 예법(禮法)을 설명하였다) 따라서 안회 · 거원과는 어떻게 다른가 하는 것을 오히려 명확히 구별하여 기록하였다. 안회 · 거원을 버리고 양웅 · 동중서를 높일 수 있지만, 이를 가리켜 "둘과 다섯만 알 뿐 이 둘을

원년(424)에) 현장(縣長) 도상(度尚)이 비석을 세웠다. 주(注), 『회계전록(會稽典錄)』에 이르기를, 도상(度尚)의 제자 한단순(邯鄲淳)이 비문을 지었다. 후에 채옹(蔡邕)이 여덟 자의 제문(題文)을 달기를 "절묘(絶妙)하구나, 외손 제구여[黃絹幼婦, 外孫虀臼]"라고 했다. 『진서(晉書)』 권94, 「은일전(隱逸傳)」에, 하통(夏統)이 말하기를, '조아의 덕(德)은 양(梁) · 송(宋)보다 뛰어나 사람들이 「하녀(河女)」라는 글을 지어 노래 불렀다'라고 했다.

28 역주 : 혜강(B.C. 223-262)의 『성현고사전(聖賢高士傳)』을 말한다.

29 역주 : 춘추시대 위(衛)의 대부로써 상(相)을 지낸 적이 있다. 자는 백옥(伯玉)이다. 『회남자(淮南子)』 「원도훈(原道訓)」에, 50세까지 살았는데, 회고하여 49년의 잘못을 알았다고 하여 매우 반성을 중요시했던 인물로 알려져 있다. 『논어』 「위영공(魏靈公)」편에, 공자께서 말씀하시길 '곧은 사람이로다 사어(史魚)는! 나라에 도가 있어도 화살처럼 곧았고, 나라에 도가 없어도 화살같이 곧았도다. 군자로다 거백옥은! 나라에 도가 있으면 벼슬을 했고, 나라에 도가 없으면 덕을 거두어 숨길 수 있었도다'라고 하였다.

30 역주 : 네 교과란 『논어』 「선진(先進)」편에, (공자께서 말씀하시기를) '덕행(德行)으로 뛰어났던 자는 안연(顔淵) · 민자건(閔子騫) · 염백우(冉伯牛) · 중궁(仲弓)이고, 언어(言語)로는 재아(宰我)와 자공(子貢), 정사(政事)로는 염유(冉有)와 계로(季路), 문학(文學)으로는 자유(子游)와 자하(子夏)가 뛰어났느니라' 하여, 덕행 · 언어 · 정사 · 문학 등이 중요한 교과였음을 말해 주고 있다. 『후한서』 권35, 「정현전(鄭玄傳)」에도 언급되고 있다.

곱하면 열이 되는 것을 모른다"[31]고 하는 것이다.(釋 : 『고사전(高士傳)』에 보이는 사례이다. ○이상의 두 책은 국사(國史)가 아니지만 대체로 비슷한 부류로 언급하였다)

若乃旁求別錄, 側窺雜傳, 諸如此謬, 其累實多. 案劉向『列女傳』載魯之秋胡妻者, 尋其始末, 了無才行可稱, 直以怨懟厥夫, 投川而死. 輕生同於古冶, 殉節異於曹娥, 此乃凶險之頑人, 强梁之悍婦,(兩言罪過) 輒與貞烈爲伍, 有乖其實者焉.(『列女傳』一則)又嵇康『高士傳』, 其所載者廣矣, 而顔回·蘧瑗, 獨不見書. 蓋以二子雖樂道遺榮, 安貧守志, 而拘忌名教, 未免流俗也.(揣薄周·孔者之意) 正如董仲舒·揚子雲, 亦鉆仰四科, 馳驅六籍, 漸孔門之教義, 服魯國之儒風,(亦是誦述禮法者) 與此何殊, 而並可甄錄. 夫回·瑗可棄, 而揚·董獲升, 可謂識二五而不知十者(一本誤作'百'字)也.(釋 : 『高士傳』一則. ○已上二書非國史, 蓋類而及之)

23-6

근대에 이르러 사관(史官)들이 쓴 글에서도 그러한 잘못을 찾으면 마

31 『양서(梁書)』 권50, 「문학전」 하의 「유준전(劉峻傳)」에, 유준(자, 孝標 : 462-521)이 「변명론(辨命論)」을 지었다. 그에 말하기를, 사람의 곤액(困厄)과 현달(顯達)은 명운(命運)에 의해 결정되는 것이 아니라는 이야기에 대하여 여섯 가지 분명치 않은 것이 있다. 얼굴이 잘 생기고 피부가 윤택하거나 입이 삐뚤어지고 코가 큰 것은 그 모습이 서로 다름이다. 조수라는 벌레는 아침에 태어나 저녁에 죽고 거북이나 학(고라니)은 천년이나 살지만, 이는 다만 수명의 다름일 뿐이다. 듣고 말하는 것이 울림처럼 바로 돌아오는 경우와 지혜가 어리석어 숙맥을 구분 못하는 것은 정신이 다르기 때문이다. 사람들은 모두 이 세 가지 즉 형이(形異)·연수(年殊)·신변(神辨)이 대자연의 창조와 화육(化育)에 의해 결정된다는 것을 알면서도 영예와 치욕의 한계는 오로지 사람에 의해 비롯된다고 말하는데 이를 둘과 다섯만 알 뿐 이 둘을 곱하면 열이 되는 것을 모른다는 것과 같은데 그것이 분명치 않은 첫 번째라고 했다.

찬가지로 왕왕 있다. 예컨대 양찬(陽瓚)[32]은 변성(邊城)에서 힘껏 싸우다가 적들에게 항거하여 목숨을 바쳤으니 유송(劉宋)시대에 있어서 혹 유강조(劉康祖)나 복천여(卜天與)[33]와 같은 부류라고 할 수 있지 않겠는가? 그러나 심약(沈約)은 끝내 그를 따로 (열전을 두어) 표방(標榜)하지 않고 다만 「색로전(索虜傳)」 속에 부쳐 편집하였다. 기승진(紀僧珍)(『남제서(南齊書)』와 『남사(南史)』에서는 모두 기승진(紀僧眞)이라 하였다)[34]은 절개와 덕행을 힘써 닦아 시종 허물이 없었는데도 소자현(蕭子顯)은 오히려 그를 여러 소인들과 함께 뒤섞어 '은행(恩幸)'으로 여기고 「행신전(幸臣傳)」에 배열하였다. 왕규(王頍)[35]의 문장은 칭찬할 만한 것이 없지만 무예는 잘하였기 때문에 직접

32 『송서(宋書)』 권95, 「색로전(索虜傳)」에, 영초(永初) 3년(422) 노(虜)가 힘을 다해 활대성(滑臺城)을 공격하였다. 성의 동북(東北)지역이 붕괴하자 왕경도(王景度)가 성밖으로 달아났다. 경도의 사마(司馬) 양찬(陽瓚)이 굳게 지키고 움직이지 않았다. 공격에 무너졌지만 절의를 지켜 항복하지 않았고 포로가 되어 죽임을 당했다고 했다.

33 『송서』 권50, 「유강조전」에, 문제(文帝)가 크게 북벌을 단행했을 때 강조의 군대가 허(許)·낙(洛) 지역에 나아갔다. 고인진(高仁眞)과 위무(尉武)에서 대치하여 하루 밤낮을 크게 싸웠으나 목에 화살을 맞고 죽었다. 북위[虜]가 강조의 목을 팽성(彭城)에 돌려보게 했는데 얼굴이 마치 살아 있는 것과 같았다고 했다. 『송서』 권99, 「원흉전(元凶傳)」에, 원흉 유소(劉劭)는 문제의 장자(長子)이다. 원가(元嘉) 30년(453)에 유소는 장초지(張超之)를 거느리고 직접 문제를 시해하였다. 유소가 합전(合殿)의 중합(中閤)에 들어갔을 때 문제를 호위하던 복천여가 유소를 공격하였지만 동당(東堂)에서 피살되었다. 역주 : 『송서』 권91, 「효의전(孝義傳)」에 복천여의 열전이 보인다.

34 『남제서(南齊書)』 권56, 「행신전(幸臣傳)」에, 기승진(紀僧眞 : 444-498)은 어릴 적 소사화(蕭思話)와 그의 아들 혜개(惠開)를 수행하였다. 혜개가 익주(益州)에서 파직되어 뜻을 얻지 못하였지만, 승진은 더욱 성실하고 신중하게 그를 섬겼다. 혜개가 가만히 승진에게 말하기를, 나의 집안의 자제 중에는 특별한 재주를 가진 자가 없지만, 정치는 '휘(諱)'가 있을 뿐이라고 하였다. 승진이 이 말을 기억하고 태조 소도성을 섬기기를 청하였다. 태조가 신정(新亭)에 주둔하였을 때 적(賊)들이 동문(東門)으로 갑자기 쳐들어왔다. 승진과 좌우의 병사들이 막아 싸웠다. 적이 물러가고 남대어사(南臺御史)에 임명되었다. 승진의 용모와 언변이 우아하여 사인(士人)의 풍모가 있었다. **按** : 진(眞)을 진(珍)으로 표기한 이름은 잘못된 것이다. '휘(諱)'란 소도성(蕭道成)을 가리킨다.

35 『수서(隋書)』 권76, 「문학전(文學傳)」에, 왕규의 자는 경문(景文)이다. 경전에 능통하고 병법(兵法)에도 밝았다. 더욱이 종횡(縱橫)에도 뜻이 있었다. 수 문제의 아들 한왕(漢王) 양(諒)의 부자의참군(府諮議參軍)에 제수되었다. 한왕 양은 다른 뜻을 품고 있었다. 문제가 죽자 거병하여 반란을 일으켰는데 대부분 왕규의 계략이었다. 양소(楊

번왕부(藩王府)에 가서 반란에 우선적으로 참여하였다. 수사(隋史)를 편찬하는 사람이 만일 그를 효감(梟感)(原注 : 수(隋)왕조에서는 모두 양현감(楊玄感)[36]을 효감(梟感)이라고 칭하였다)과 함께 배열할 수 없다면 당연히 「양량전(楊諒傳)」에 부록 해야 하는데도 대뜸 문학가들과 함께 묶어 선량한 선비[吉士]들의 대오로 배열하였다.(原注 : 『수서(隋書)』에서는 왕규를 「문원전(文苑傳)」에 배열하였다)[37] 이와 같이 편찬해서야 어찌 분류가 합당하겠는가?(釋 : 이 구절에서는 국사를 예로 들면서 심약(沈約) · 소자현(蕭子顯) · 영호덕분(令狐德棻)이 편찬한 정사의 품류(品類) 분배가 합당하지 못함을 지적하고 있다)

爰及近代, 史臣所書, 求其乖失, 亦往往而有. 借如陽瓚效節邊城, 捐軀死敵, 當有宋之代, 抑劉 · 卜之徒歟?(原注 : 劉謂劉康祖 · 卜謂卜天與) 而沈氏竟不別加標榜, 唯寄編於『索虜』篇內. 紀僧珍(『南齊書』及『南史』並作'僧眞') 砥節礪行, 終始無瑕, 而蕭氏乃與群小混書, 都以恩幸爲目. 王頍文章不足, 武藝居多, 躬詣戚藩, 首階逆亂. 撰隋史者如不能與梟感並列,(原注 : 隋世皆以楊玄感爲梟感) 卽宜附出『楊諒傳』中, 輒與詞人共編, 吉士爲伍.(原注 : 『隋書』列王頍在『文苑傳』也) 凡斯纂錄, 豈其類乎?(釋 : 此節收歸國史, 謂沈 · 蕭 · 令狐諸書, 類多分配未當也)

素)가 호택(蒿澤)에 이르자 왕규가 아들에게 말하기를, '시기(時機)가 매우 좋지 않다'라고 하고는 자살하였다. 또 『수서』 권45, 「서인양전(庶人諒傳)」에, 고조의 어린 아들 한왕 양의 자는 덕장(德章)이다. 병주총관(幷州總管)으로 출임되었다. 양은 자신이 천하의 정병(精兵)이 있는 곳에 거주하고 있다고 여겨 다른 의도를 가지고 있었다. 반란을 일으키자, 왕규가 말하기를, 왕께서 거느리는 장리(將吏)의 가속(家屬)이 모두 관서(關西)에 살고 있으니 마땅히 진군하여 경사(京師)를 직접 점거하는 것이 좋다. 소위 번개가 빨라 미처 귀를 막을 틈이 없는 것처럼 하라는 것이다. 양소(楊素)가 호택(蒿澤)을 습격하자 한왕 양은 군대를 돌리고자 하였다. 왕규가 간하였지만 따르지 않았다. 한왕은 더 이상 도망갈 곳이 없자 항복하였다. 일반 백성으로 제명되어 속적(屬籍)에서 제외되었다.

36 역주 : 양현감(?-613)은 수나라의 반신(叛臣)으로서 그의 반란을 평정하고 나서 그의 성(姓)을 어미를 잡아먹는다는 새[鳥] 이름을 따 효(梟)로 바꾸었다. 『수서』 권70에 열전이 있다. 그의 부(父)가 양소(楊素)이다.

37 역주 : 금본(今本) 『수서』에는 「문학전(文學傳)」이라 하였다.

23-7

공자는 말하기를 "용모를 보고 사람을 취함에 있어서 나는 자우(子羽)에게 잘못을 범하였고, 말하는 것을 듣고 사람을 취함에 있어서 나는 재여(宰我)에게 잘못을 범하였다"[38]고 하였다. 후한 광무제(光武帝)는 방맹(龐萌)[39]을 신임함으로 잘못을 범하였고, 조조(曹操)는 장막(張邈)[40]에게 속았는데, 그 내용이 사서에 기재되어 있기 때문에 선과 악을 분명하게 볼 수 있다. 따라서 허소(許劭)와 곽태(郭泰)[41]의 깊은 통찰이나, 배해(裴楷)와 왕융(王戎)[42]의 정묘(精妙)한 관찰에 의거하지 않아도 되었다. 그러나 사가

38 역주 : 『한비자』 「현학(顯學)」편과 『사기』 권67, 「중니제자열전」에 보이는 문장이다. 재여(宰予)와 관련한 이야기는 『논어』 「공야장(公冶長)」편에도 보인다. 즉 공자께서 말씀하기를, '전에는 내가 사람을 볼 때 그 말만 듣고 그 사람의 행실을 믿었지만, 이제 나는 사람을 볼 때 그 말을 듣고 그 사람의 행실까지 살피게 되었으니 이는 내가 재여에게서 고치게 되었노라'고 하였다.

39 「재문(載文)」편의 주)35 참조.

40 『삼국지』 권7, 「위지」 「장막전(張邈傳)」에, 장막은 자가 맹탁(孟卓)이다. 태조[曹操]와 원소(袁紹)는 모두 장막의 친구였다. 원소가 맹주가 되어 태조에게 장막을 죽이라고 하였지만, 태조가 듣지 않았다. 말하기를 장막은 친한 벗이라고 하였다. 장막은 태조가 결국은 원소를 위하여 자신을 공격할 것을 두려워하여 마음이 불안하였다. 태조는 진궁(陳宮) 등과 반란을 공모하였는데, 진궁이 장막에게 말하기를 지금은 천하를 마음대로 다스릴 유일한 기회라고 하자 장막이 이를 따랐다. 드디어 그 무리를 끌고 여포(呂布)를 맞이하여 복양(濮陽)을 점거하였다. 2년 후 부하에게 살해되었다. 평(評)에 말하기를, 옛날 광무제(光武帝)는 방맹(龐萌)에게 기만당했으며, 가까이는 조조[魏祖]도 장막에게 화를 입었다. 다른 사람을 아는 것은 철인(哲人)이라야 가능하고, 황제도 이러한 어려움이 있다고 했다.

41 『후한서』 권68, 「곽태전」에, 곽태(128-169)의 자는 임종(林宗)이고 태원(太原) 사람이다. 성품이 분명하고 사람을 평가할 줄 알아 사류(士類)를 품평하기를 좋아하였다. 『후한서』 권68, 「허소전」에, 허소(150-195)의 자는 자장(子將)이고 여남(汝南) 사람이다. 어려서부터 명절(名節)에 뛰어났고 인륜(人倫)을 좋아하여 상식(常識)한 바가 많다. 때문에 천하에 빼어난 인재를 말하는 사람들은 모두 허소와 곽태를 칭찬한다. 역주 : 두 사람 모두 인물평가에 일가견을 가지고 있었고, 특히 허소의 월단평(月旦評)이 유명하고 조조를, '치세의 간적(姦賊), 난세의 영웅(英雄)'이라 평한 인물이다.

42 『진서(晉書)』 권35, 「배수전(裴秀傳)」 부록 「배해전(裴楷傳)」에, 배수의 종제(從弟) 배해는 자가 숙칙(淑則)이다. 총명하고 민첩함이 남달랐다. 어려서 왕융(王戎)과 함께

(史家)들이 여러 사서[簡牘]를 남겼는데도 오히려 선과 악을 구분할 수 없게 하였다. 때문에 "누구의 잘못인가?"라고 한다면 사관(史官)의 책임인 것이다.(釋 : 이 구절에서는 작자의 인물에 대한 평가[識鑒]가 이전의 저작과 관계 있음을 추론하였다) 무릇 인물에 대한 품평과 감별(鑑別)을 드러내고 인물의 품행에 대한 고하(高下)를 구분하여, 소인들과 군자들로 하여금 각기 좋고 나쁨을 기준으로 모아 상지(上智)와 중등(中等)의 등급으로 구별하여 차례대로 서술할 수 있다면, 권선징악이 장래의 영원한 감계(鑑戒)가 될 것이고, 탁(濁)을 물리치고 청(淸)을 일게 함이 성하여 불후(不朽)할 것이다.

子曰 : "以貌取人, 失之子羽; 以言取人, 失之宰我." 光武則受誤於龐萌, 曹公則見欺於張邈. 事(一無'事'字) 列在方書,(句有脫字) 惟善與惡, 昭然可見. 不假許 · 郭之深鑒, 裴 · 王之妙察, 而作者存諸簡牘, 不能使善惡區分, 故曰誰之過歟? 史官之責也.(釋 : 此節推到作者識鑒應前作綴) 夫能申藻鏡,(一多'區'字) 別流品, 使小人君子臭味得朋, 上智中庸等差有敍, 則懲惡勸善, 永肅將來, 激濁揚淸, 鬱爲不朽者矣.

按 : 반고의 『한서』 「고금인표」는 노련한 사람의 평판(評判)으로는 단지 한 마디로 "없어도 그만"이라 말하면 될 것이다. 반고가 평론하여 열거하고자 한 인물은 그 수가 헤아릴 수 없이 많아 모두를 나열하기는 매우 어려울 것이다. 「품조」편은 직접 사서를 평론한 것이 아니라 곧바로 사람[人物]을 평가한 것이다. 사람을 품평(品評)하고 감별(鑑別)하면서 저울에 달아 한 치의 오차도 없고, 거울에 비친 그대로처럼 공평하고 분명하게 하기란 역시 매우 어렵다. 한 가지를 드러내고 백 가지를 누락시키면서

유명했다. 이부랑(吏部郞)이 결원되었을 때 문제(文帝)가 적당한 사람을 묻자 종회(鍾會)가 대답하기를 '배해는 청통(淸通)하고, 왕융은 간요(簡要)하니 모두 선발할만 합니다'라고 하였다. 또 『진서』 권43, 「왕융전」에, 왕융의 자는 준충(濬沖)이다. 기색과 자태가 빼어났다. 배해가 가리켜 말하기를, 왕융의 눈빛이 빛나는 모양은 마치 암하지전(巖下之電)과 같았다고 했다.

무엇을 드러내고 무엇을 방치해 둘 것인가 하는 기준을 파악하기도 매우 어렵다 나는 「품조」편이 조심하지 않는 사이에 자신을 곤경에 빠뜨리게 할 까 걱정된다.(班史人表, 老手判之, 只銷一語, 曰不作可耳. 他所論列, 亦恐更僕未易盡也. 「品藻」非直論史, 直論人矣. 論人者衡懸鑑照, 平明蓋難, 一挂百漏, 拈放何主, 愚恐是篇輕犯棘叢)

「고사전(高士傳)」에 관한 구절은 안회(顔回) · 거원(蘧瑗)을 반드시 수록해야 한다는 것이 아니고, 양웅(揚雄)과 동중서(董仲舒)를 함부로 수록한 것을 비난한 것이다. 『사통』에는 이 같은 행문(行文) 방식이 매우 많다. 주해(注解)하는 사람들이 오독(誤讀)하여서는 안 된다.(『高士傳』一節, 非欲其攀載顔 · 蘧, 乃譏其冒收揚 · 董也. 『史通』此類文法甚多, 解者勿誤)

「직서(直書)」 제24

이른바 '직서(直書)'라는 것은 곧 사관(史官)이 역사적 인물이나 사건에 대하여 사실에 의거하여 기록하고 허위로 꾸미거나 나쁜 것을 숨기지 않는 것을 말한다. 유지기는 사서에서 권선징악(勸善懲惡)을 위해 사실대로 기록하는 것을 귀하게 여겼다. 유지기의 생각은 "사가(史家)가 힘써야 할 것은 권면(勸勉)과 경계(警戒)를 펼침으로써 좋은 풍속과 교화를 수립하는 것이다. 만일 적신역자(賊臣逆子)와 음군난주(淫君亂主)가 있을 경우 그들의 사정을 사실대로 쓰면서 그들의 잘못을 숨기지 않는다면, 더러운 사적은 곧 하루아침에 밝혀지게 되고 추악한 명성이 곧 천년동안 전해지게 된다"라고 하는 말에 잘 나타나 있다. 그러나 사가가 사실대로 바르게 서술할 수 있는 시대에 직서(直書)하면 괜찮지만, 그렇게 할 수 없는 시기라면 그러한 시도는 곧 자신의 희생을 가져올 수도 있는 위험에 처하게 된다고 했다. 따라서 동호(董狐)의 경우를 제외하고는 춘추시기 제나라의 태사(太史)와 한의 사마천, 삼국 오(吳)의 위소(韋昭), 북위의 최호(崔浩) 등이 직서와 관련하여 죽음을 당하거나 당시의 비웃음을 받는 어려움에 처한 사례를 들어 그 어려움을 강조하였다. 사신(史臣)들이 강인하게 굽히지 않는 모습을 펼치지 못한다고 질책하고 자신을 돌보지 않는 절개를 격려하지만, 사실을 사실그대로 서술하는 일이 얼마나 어려운 일인가를 거듭 강조하였다. 물론 그러한 어려움을 피해 장엄(張儼)이 『묵기(嘿記)』를 사적으로 보관하고 손성(孫盛)이 『진양추(晉陽秋)』를 몰래 저술함으로써 화(禍)를 피하고 자신을 보전한 경우가 있기는 하지만, 그래도 여전히 직필의 사서를 남기는 일은 쉽지 않다고 지적하였다. 이외에도 유지기는 사가의 직필이 갖는 당위성과 함께 그렇지 못할 경우 사료 자체로의 문제점을 특히 『삼국지』를 사례로 들어 비판하였고, 사가로써 비록 자신의 몸을 보전하는 데는 부족함이 있더라도 두려운 기색 없이 사실에 의거한 기록을 남긴 남사(南史)와 동호(董狐) 그리고 위소(韋昭)와 최호(崔浩)·습착치(習鑿齒) 등을 칭송하였다.

24-1

무릇 사람은 태어나면서부터 오상(五常)[1]이 있고, 사인(士人)에게는 백 가지 품행이 있으며,[2] 간사함과 정의로움은 구별이 있고 곡직(曲直)은 서

1 역주: 『한서』 권23, 「형법지(刑法志)」에, 무릇 사람은 천지의 형상을 닮아서 오상(五常)의 본성을 지니고 있다. 총명(聰明)·정수(精粹)함이 생명을 가진 모든 존재 중에 가장 영활(靈活)하다고 했다. 안사고(顔師古)의 주(注)에 '오상'이란 인(仁)·의(義)·예(禮)·지(智)·신(信)을 가리킨다고 했다.

2 역주: 『세설신어』 「현원(賢媛)」편에, 허윤(許允)이 부인에게는 네 가지 덕이 있다는데 그대는 그 중에서 몇 가지나 갖추고 있소라고 말하자, 부인이 말하길, 소첩에게 부족한 것은 용모뿐입니다. 그러나 사인(士人)에게는 백 가지 품행이 있다는데 당신은 몇 가지나 갖추고 있습니까 하였다. 허윤이 모두 갖추었다고 하자, 부인이 말하길, 대저 백 가지 품행은 덕을 첫째로 칩니다. 당신은 색(色)만 좋아하고 덕은 좋아하지 않는데 어찌 모두를 갖추었다고 하십니까 라고 하였고 허윤은 부끄러운 기색을 띠었다고 했다.

로 같지가 않다. 간사하고 바르지 못함[邪曲]은 사람들이 천시하는 바이지만 소인들이 따르는 도리이다. 마음이 바르고 곧음[正直]은 사람들이 귀하게 여기는 바이며 바로 군자의 덕(德)이다. 그러나 세상의 많은 사람들이 사(邪)를 따르고 정(正)을 버리고, 군자의 길을 걷지 아니하고 오히려 소인의 길을 따르고 있으니 이는 무엇 때문인가? 속담에 이르기를 "곧음[直]은 활의 줄[弦]과 같아 위험에 내던져지고, 구부러짐[曲]이 갈구리[鉤]와 같은데도 오히려 제후에 봉해졌다"[3]고 하였다. 그러므로 사람들은 차라리 권세에 순종하여 자신을 보호할지언정 거역하여 피해를 받으려고 하지 않는다.(釋 : 보편적으로 사실 그대로를 펼치지 않는다는 말로 시작하였다) 하물며 사가(史家)가 힘써야 할 것은 권면(勸勉)과 경계(警戒)를 펼침으로써 좋은 풍속과 교화(敎化)를 수립하는 것이다. 만일 적신역자(賊臣逆子)와 음군난주(淫君亂主)가 있을 경우 그들의 사정을 사실대로 쓰면서 그들의 잘못을 숨기지 않는다면, 더러운 사적은 하루아침에 밝혀지게 되고 추악한 명성이 천년동안 전해지게 된다. (사실대로 적는) 말이 이와 같은 것이니 참으로 두려운 것이로다!(釋 : 이 구절은 역사를 편찬하는 사람들이 사실을 그대로 드러내는 것을 높임으로써 악인(惡人)들을 두렵게 한다고 하였고, 다음의 문장을 불러왔다)

夫人稟五常, 士兼百行, 邪正有別, 曲直不同. 若邪曲者, 人之所賤, 而小人之道也; 正直者, 人之所貴, 而君子之德也. 然世多趨邪而棄正, 不踐君子之迹, 而行由(一本'由'作'曲', 又多'自陷'二字)小人者, 何哉? 語曰: "直如弦, 死道邊: 曲如鉤, 反封侯." 故寧順從以保吉, 不違忤以受害也.(釋 : 泛從直道不伸說起) 況史之爲務, 申以勸誡, 樹之風聲. 其有賊臣逆子, 淫君亂主, 苟直書其事, 不掩其瑕, 則穢迹彰於一朝, 惡名被於千載.

---

3 『악부집(樂府集)』 곽무천(郭茂倩) 주(注)에, 『후한서』 「오행지(五行志)」에 기록되길 순제(順帝) 말기의 경사(京師)에서 불려지던 동요(童謠)라고 했다. 역주 : '곧음[直]은 활의 줄[弦]과 같아'는 당시 이고(李固) 등을 가리키며, '구부러짐[曲]이 갈구리[鉤]와 같은데도'는 양기(梁冀)와 호광(胡廣) 등을 가리킨다.

(一作'古') 言之若是, 吁可畏乎!(釋 : 此貼到作史者直道彰, 則爲惡者懼矣. 振起下文)

24-2

무릇 사실대로 직서(直書)할 수 있는 시대에 사실대로 바르게 기록하면 괜찮지만, 그렇게 할 수 없는 시기에 직서하면 곧 위험에 처하게 된다.[4] 예컨대 동호(董狐)[5]는 감추거나 숨기지 않는 기재원칙[書法]을 견지하였으며 조돈(趙盾)은 이 원칙 때문에 굴욕을 받았으나, 피차간에 미워함이 없었고 행동에도 두려워함이 없었으므로 동호는 바르고 곧은 사가로서 고금(古今)에 이름을 날릴 수 있게 되었다. 제(齊)나라의 태사(太史)는 최저(崔杼)가 군주를 시해(弑害)한 것을 기록하였고,[6] 사마천은 한(漢)나라 잘못을 서술하였으며,[7] 위소(韋昭 : 204-273)는 오(吳)에서 사실대로 바르게

4 양웅(揚雄), 「해조(解嘲)」(『문선(文選)』 권45 所收)에 나오는 말이다.

5 『좌전』 선공(宣公) 2년(B.C. 607)에, 진(晉) 조천(趙穿)이 진 영공(靈公)을 도원(桃園)에서 공격하여 죽였다. 조돈(趙盾)이 외국으로 달아나다가 미처 산을 넘지 못하고 있다가 이 소식을 듣고 다시 돌아왔다. 이를 두고 태사(太史) 동호가 '조돈이 그의 군주를 시해했다'라고 기록하여 조정에 공표하였다. 소돈[宣子]이 말하기를, '오호라! 내가 조국을 그리워하다가 오히려 스스로 우환을 자초했네'라고 한 것이 바로 나를 두고 한 말이구나 하였다. 이를 두고 공자(孔子)가 말하기를, '동호는 옛날의 양사(良史)이다. 역사서술의 원칙[書法]대로 기록하여 사실을 숨기지 않았기 때문이다. 조선자(趙宣子)는 옛날의 좋은 대부(大夫)이다. 사관의 서법을 인정하여 악명을 받아들였기 때문이다. 애석하구나! 국경을 넘었더라면 악명을 면했을 터인데'라고 하였다.

6 제(齊)나라 최저가 제 장공(莊公)을 시해하고 환심을 사고자 진(晉)에 알리자, 태사(太史)가 '최저가 그의 군주를 시해하였다'라고 기록하였다. 이에 최저가 태사를 죽였다. 태사의 아우 중 두 사람이 계속해 이같이 기록하다가 연이어 죽음을 당했다. 태사의 또 다른 아우가 또 그렇게 기록하자 최저는 더 이상 죽일 수 없었다. 나라 밖에 있던 제나라 사관 남사씨(南史氏)가 태사의 형제들이 모두 죽었다는 소식을 듣고 죽간을 가지고 갔다가 이미 사실대로 기록되었다는 말을 듣고는 곧 돌아왔다고 했다.

기록하였고,[8] 최호(崔浩 : ?-450)는 북위(北魏)에서 꺼리는 것을 범(犯)하였으므로,[9] 이들은 혹 죽음을 당함으로써 당시에 비웃음을 받거나, 혹 수많은 책이 파기되어 후세에 전해지지 않았다. 무릇 세상사가 이와 같은데 사신(史臣)들이 강인하게 굽히지 않는 모습을 펼치지 못한다고 질책하고, 자신을 돌보지 않는 절개를 격려하지만 대체로 역시 어려운 일이다. 그러므로 장엄(張儼)은 발분(發憤)하여 『묵기(嘿記)』를 써서 사적(私的)으로 보존하였으며,[10] 손성(孫盛)은 마음에 불평함이 있어서 후일 요동(遼東)에서 발견된 『진양추(晉陽秋)』를 몰래 저술하였다.[11] 이렇게 함으로써 화를 피

7 『후한서』 권60하, 「채옹전(蔡邕傳)」에, 왕윤(王允)이 말하기를, 무제가 사마천을 죽이지 않았기 때문에 비방의 책이 후세에 유행하게 되었다고 했다. 장회(章懷)의 주(注)에, 대체로 사관들은 사실을 기록할 때에 선악 모두를 반드시 기록한다. 사마천의 『사기』를 예로 들고 있지만 한 왕조의 좋지 않은 일을 기록하는 것을 모두 비방이라 여겼던 것이지 홀로 무제만을 가리키는 것은 아니라고 했다. 역주 : 예컨대, 소하(蕭何)와 한신(韓信) 등의 열전에 보이는 한 고조 유방의 시기(猜忌), 「영행열전(佞幸列傳)」에 보이는 문제(文帝)의 위선(僞善), 「장석지열전(張釋之列傳)」에 보이는 경제(景帝)의 각박함과 「여태후본기」에 보이는 궁정 내부의 추악한 정치음모, 「봉선서」에 보이는 무제가 방사(方士)들의 농단에 빠지는 내용 등을 서술한 것이 그 예라고 하였다. 趙呂甫, 『史通新校注』, p.448 주)15 참조.

8 「본기(本紀)」편 위요(韋曜 : 본명 韋昭, 자는 弘嗣)의 『오사(吳史)』 주(注)를 참조.

9 『위서(魏書)』 권35, 「최호전」에, 그의 자는 백연(伯淵)이고, 청하(淸河) 사람이다. 경사(經史)를 두루 열람하였고, 천문 · 음양 · 백가지언(百家之言) 등에 모두 밝았다. 작위가 동군공(東郡公)에 이르고 태상경(太常卿)에 임명되었다. 신가(神䴥) 2년(429) 조칙에 의해 국사(國史)를 편찬하였다고 했다. 『북사(北史)』 권21, 「최호전」에, 저작영사(著作領史) 민감(閔堪) · 극표(郄標)가 최호에게 아부하여 석비(石碑)를 세우고 국사를 새겨 직필을 널리 알리자고 하였다. 최호가 북위 초기의 사실을 모두 기록하였지만 바르지 않았다. 그리고 비석이 사람의 왕래가 많은 거리에 세워져 있어서 북인들이 보고 크게 원망하였고, 이에 따라 경목제(景穆帝)에게 없는 사실까지 꾸며 고함에 따라 황제가 노하여 최호를 주살했다고 하였다.

10 장엄에 대하여는 「재문(載文)」편 주(注)를 참조. 『수서경적지』 「자부(子部)」 "잡저(雜著)"에, 『묵기』 3권은 오(吳) 대홍려(大鴻臚) 장엄이 편찬하였다고 했다.

11 『진서(晉書)』 권82, 「손성전」에, 손성이 편찬한 『진양추(晉陽秋)』는 문장이 곧고 도리에 맞았다. 환온(桓溫)이 이를 보고 화를 내어 손성의 아들에게 말하기를, '방두(枋頭)는 본래 실리(失利)하였음에도 어찌 그대 부친께서 말한 바처럼 그렇게 될 수 있겠는가? 이 사서가 그대로 세상에 유행하면 군주의 집안일을 건드리게 되는 바가 될 것'이라고 하자, 여러 아들이 이를 고치려 하였다. 손성이 자기 생각대로 쓴 책 두 권을 모용준(慕容儁)에게 보냈다. 태원(太元) 연간(376-391)에 효무제가 널리 다양

하여 두 사람 모두 자신을 보전(保全)할 수 있었다. 이러한 사실들은 충분히 세상행로가 매우 험하다는 것을 증명하고, 실록(實錄)을 만나기 어렵다는 것을 알게 한다.(釋 : 이 구절에서는 옛 도리가 멀어짐으로써 사실대로 기록하지 않음이 실로 많음을 강조하고, 작자들이 두려워 시비를 가리지 않고 남을 그대로 따르고 있음을 문장 전체를 통해 바로 개탄하였다)

夫爲於可爲之時則從, 爲於不可爲之財則凶. 如董狐之書法不隱, 趙盾之爲法受惡. 彼我無忤, 行之不疑, 然後能成其良直, 擅名今古. 至若齊史之書崔弑, 馬遷之述漢非, 韋昭仗正於吳朝, 崔浩犯諱於魏國, 或身膏斧鉞, 取笑(一有'於'字, 下同)當時; 或書塡坑窖, 無聞後代. 夫世事如此, 而責史臣不能申其强項之風, 勵其匪躬之節, 蓋亦難矣. 是以張儼發憤, 私存『嘿記』之文; 孫盛不平, 竊撰遼東之本. 以玆避禍, 幸獲兩(舊作'而', 誤)全. 足(舊作'是', 誤)以驗世途之多隘, 知實錄之難遇耳.(釋 : 此節彰言古道旣遠, 醜正實多, 作者畏避詭隨, 爲通篇正慨)

24-3

그리하여 예전의 사서(史書)들을 두루 살펴 사실대로 기록한 언사(言詞)로서 효험을 증거한다면, 비록 옛 사람들이 남긴 다듬지 않은 자료에는 진실과 거짓이 어지럽게 섞여 있지만 모래를 헤치고 금을 일듯이 고르면 때로 보물 같은 귀한 자료를 얻을 수 있다. 살펴보건대 진(晉)나라[金行][12]에는 사서를 편찬하는 사람들이 특별히 많았다.[13] 선제(宣帝)[司馬懿]와

한 내용들을 구하면서 비로소 요동에서 이를 얻을 수 있었다. 이 책을 다른 책들과 비교하여 살펴보니 많은 부분에서 서로 달랐다. 따라서 두 판본이 유행하게 되었다고 했다.

경제(景帝)[司馬師]가 진(晉)의 개국을 시도하면서 조씨(曹氏)와 사마씨(司馬氏)가 권력을 놓고 분쟁할 때, 사마씨는 위수(渭水) 주변에서 진을 치고 촉의 군사와 대치하다가 제갈량[武侯]에게 굴욕을 당한 사실이 있고,[14] 위(魏)의 고귀향공(高貴鄕公) 조모(曹髦)는 능운대(陵雲臺)에서 동복(僮僕) 수백 명을 거느리고 사마소(司馬昭)를 토벌하러 나섰다가 오히려 성제(成濟)에게 상처를 입고 죽음을 당한 일이 있다.[15] 이러한 사실에 대해 진수(陳壽)와 왕은(王隱)은 모두 입을 다물고 말하지 않았으며, 육기(陸機)와 우예(虞預)도 붓을 놓고 쓰지 않았다. 습착치(習鑿齒)에 이르러서야 비로소 "죽은 제갈량이 살아 있는 사마중달(司馬仲達)을 달아나게 했다"라고 기록하고, 또 "창을 빼들고 황제를 찔러 죽였다"라고 밝혔다.[16] 대대로 많은 거짓

12 「단한(斷限)」편의 주)18 참조.

13 역주 : 당대(唐代)에 『진서(晉書)』가 편찬되기 전 18가(家)에 달하는 진(晉)에 관한 사서가 있다고 했다. 자세한 내용은 「고금정사(古今正史)」편 주)16 참조.

14 『삼국지』 권35, 「촉지」 「제갈량전」에, 제갈량이 무공(武功)의 오장원(五丈原)을 점거하고 사마선왕(司馬宣王) 즉 사마의(司馬懿)와 위남(渭南)에서 대치하다가, 그 해 군중에서 죽었다. 배송지의 주(注) 『한진춘추(漢晉春秋)』에, 양의(楊儀) 등이 군대를 정돈하고 출병하자 백성들이 달려나와 선왕에게 알리자 선왕이 추격하였다. 강유(姜維)가 양의에게 명령을 내려 깃발을 되돌려 세우고 북소리를 울려 마치 선왕에게 공격하는 것처럼 하였다. 이에 선왕이 물러나고 감히 공격하지 못하였다. 양의가 다시 군진(軍陣)을 결집하여 떠났다. 백성들이 이를 노래하여 '죽은 공명이 살아 있는 중달(仲達)을 쫓았다'라고 하였다.

15 『삼국지』 권4, 「위지」 「삼소제기(三少帝紀)」의 배송지 주(注) 『한진춘추』에, 고귀향공(高貴鄕公 : 帝)이 왕경(王經) 등에게 말하기를, 사마소(司馬昭)가 다른 마음을 품고 있다는 것은 길가는 사람들도 알고 있는 바이다. 마땅히 군대를 거느리고 토벌해야 할 것이다 하니 왕경이 말하기를 숙위(宿衛)가 비고 군사가 적고 약하여 그 화(禍)가 어떻게 위태로울지 예측할 수 없다고 하자, 황제가 가슴에 품고 있던 판령(版令)을 땅에 내던지며 말하기를, 행동에 옮길 것이라 했다. 가충(賈充)이 거역하고 황제를 공격하자 황제는 스스로 검을 사용하였다. 태자사인(太子舍人) 성제(成濟)가 사정이 급하게 되었으니 어찌해야 하느냐고 물었다. 가충이 말하길 너희들을 기른 것은 바로 오늘을 위함이라고 하자, 성제가 앞에서 칼로 황제를 찌르니 칼날이 등으로 나왔다고 했다. 또 『위씨춘추(魏氏春秋)』에 말하기를, 황제가 스스로 용종복야(冗從僕射) 이소(李昭) 등을 거느리고 능운대(陵雲臺)로 내려가 갑옷과 무기 등 병기와 병사를 주고 토벌을 나섰다고 했다. 또 살펴보니, '창을 빼들고 황제를 찔러 죽였다'는 사실은 이미 주(注)에도 보인다. 이는 간보(干寶)의 『진기(晉紀)』에 나오는 말이지 습착치(習鑿齒)의 책[『漢晉春秋』]에 나오는 말이 아니다.

기록들은 하루아침에 눈 녹듯이 사라지게 되었다. 이 사람의 사실 기록을 살펴보면 대체로 근고(近古)의 직필(直筆)하던 유풍(遺風)에 가까운 것이 아니겠는가?(釋 : 이 구절은 실로 진(晉) 초기의 사실을 골라 사람들이 대부분 왜곡하거나 꺼렸던 사실이 습착치 · 간보에 의해 밝혀졌다고 했다) 다음으로 송효왕(宋孝王)[17]의 『관동풍속전(關東風俗傳)』과 왕소(王劭)의 『제지(齊志)』가 당시의 사정을 서술하면서 마찬가지로 상세하고도 진실한 기록을 위해 힘썼다. 당시 하삭(河朔)(북위[元魏]를 가리킨다)을 살펴보니 왕공(王公)의 위세가 여전하였고, 업성(鄴城)(북제[高齊]를 가리킨다)에서도 장상(將相)의 옛날 위세[薪構]가 여전히 남아 있었다. 그러나 송효왕과 왕소 두 사람은 그들 권력자들이 꺼리는 사정을 기록하면서도 두려워하는 기색이 없었다. 이른바 "강해도 뱉지 아니하여[剛亦不吐][18] 라는 말이 바로 이들을 두고 하는 말이 아닌가?(釋 : 이 구절은 허운(虛運)을 이용하여 권력자들이 득실거림에도 두 사람이 세상에 아부하지 아니함을 말하였다. ○이상의 두 구절은 모두 사실을 그대로 적는다는 것이 실천하기 어렵다는 것에 대하여 말하였다)

然則歷考前史, 徵諸直詞, 雖古人糟粕, 眞僞相亂, 而披沙揀金, 有時獲寶. 案金行(晉)在歷, 史氏尤多. 當宣(懿) · 景(師)開基之始, 曹 · 馬搆紛之際, 或列營渭曲, 見屈武侯, 或發仗雲台, 取傷成濟. 陳壽 · 王隱咸杜口而無言, 陸機 · 虞預各栖毫而靡述. 至習鑿齒, 乃申以死葛走(舊有'生'字)達之說,(疑脫'干令升亦斥以'六字) 抽戈犯蹕之言. 歷代厚誣, 一朝如(一作

16 역주 : 우예의 『진서(晉書)』는 이미 없어져 살필 길이 없고, 육기의 경우 다른 판본에는 모두 간보(干寶)라고 되어 있다. 배송지가 인용한 간보의 『진기(晉紀)』에 "창을 빼들고 황제를 찔러 죽였다"라고 기록하였던 것이지 『한진춘추』의 기록은 아니다. 따라서 간보의 『진기』에 보이는 기록을 습착치의 『한진춘추』의 기록이라고 한 것은 유지기의 잘못이다.

17 역주 : 북조 제(齊) · 주(周)에서 활약한 인물이다. 「서지(書志)」편 주)50 참조.

18 역주 : 『시경』 「대아」 "증민(烝民)"에 나오는 구절이다. 즉, "사람들이 말하되, 부드러우면 삼키고 강하면 뱉는다하나니, 증산보(中山甫)는 부드러워도 삼키지 아니하며 강해도 뱉지 아니하여 (홀아비와 과부를 업신여기지 아니하며, 강포한 자를 두려워하지 않도다)" 하였다. 포악함을 두려워하지 않는다는 의미이다.

'始')雪. 考斯人之書事, 蓋近古之遺直歟?(釋 : 此節實拈晉初事, 人多曲諱, 得習于而一彰也) 次有齊孝王『風俗傳』· 王劭『齊志』, 其敍述當時, 亦務在審實. 案於時河朔.(謂元魏) 王公, 箕裘未隕; 鄴城(謂高齊)將相, 薪構仍存. 而二子書其所諱, 曾無憚色. 剛亦不吐, 其斯人(一本'人'字作'之謂'二字)歟?(釋 : 此節用虛運, 見貴胄方多, 二子不阿其上世也. ○已上二節, 總對直道難行發意)

24-4

대개 열사(烈士)는 명예를 위해 목숨을 버리고 장부(壯夫)는 기개를 중하게 여기기 때문에 차라리 난초가 되어 꺾이고 옥이 되어 부서질지언정,[19] (쓸모없는) 기와조각으로 (구차하게) 오래 남고자해서는 안 된다.[20] 예컨대 남사(南史)와 동호(董狐)같은 사람은 정기(正氣)를 견지하고 사실대로 기록하면서 권력을 피하지 않았으며, 위소(韋昭)나 최호(崔浩)는 거리낌없이 붓을 들어 기록하면서 아첨하지 않았다. 비록 자신의 몸을 보전(保全)하는 데는 부족함이 있었지만 명예와 공적을 남겼으니, 오늘날에 이르기까지도 사람들로부터 칭송을 받는 것이다. 왕침(王沈)의 『위서(魏書)』[21]처럼 사실을 왜곡한 덕으로 높은 지위를 얻거나, 동통(董統)의 『연

---

19 역주 : 『세설신어』「언어(言語)」편에, 모현(毛玄)이 자신의 재기를 자부하여 늘 말하길, 차라리 난초가 되어 꺾이고 옥이 되어 부서질지언정[蘭摧玉折], 들쑥[蕭]이 되어 무성하고 약쑥[艾]이 되어 번성하지는 않겠다고 한 말에서 인용한 것이다.

20 역주 : 『북제서(北齊書)』 권41, 「원경안전(元景安傳)」에, 대장부는 차라리 옥이 되어 부서질지언정 (쓸모 없는) 기와조각으로 오래도록 (구차하게) 잔존해서는[瓦礫長存] 안 된다고 한 구절을 인용한 것이다.

21 역주 : 왕침(?-266)은 서진의 사가로서 『위서(魏書)』를 편찬하였다. 『수서경적지』「사부(史部)」 "정사(正史)"에는 『위서』 48권을 진의 사공(司空) 왕침이 편찬하였다고 했고, 『사통(史通)』「고금정사(古今正史)」편에서는 시중(侍中) 위탄(韋誕) · 응거(應璩),

사(燕史)』[22]처럼 아첨으로 부귀영화를 도둑질한 것에 비한다면, 하늘[三光]과 땅[九泉]의 차이로 비유를 들더라도 그 높고 낮은 차이를 밝힐 수 없다.[23](釋 : 끝에서는 크게 탄식함으로 평소 지니고 있던 뜻을 담았다)

蓋烈士徇名, 壯夫重氣, 寧爲蘭摧玉折, 不作瓦礫長存. 若南·董之仗氣直書, 不避强御; 韋·崔之肆情奮筆, 無所阿容. 雖周身之防有所不足, 而遺芳餘烈, 人到於今稱之. 與夫王沈『魏書』. 假回邪以竊位, 董統『燕史』, 持諂媚以偸榮, 貫三光而洞九泉, 曾未足喩其高下也.(釋 : 末乃浩然唱歎, 自寄素懷)

按 : 이 편과 「오시(忤時)」편은 같은 뜻을 담고 있다. 사필(史筆)을 이리저리 돌려가며 직서(直書)할 수 있는 사람을 드러내어 칭찬한다는 것이 융통성이 없다는 것은 아니다. 유지기는 작자를 칭찬함으로써 바로 당시의 구체적인 정황을 반영하였다. 그의 글에는 형(形)과 신(神)이 모두 갖추어져 있다. 독자들이 만약 문구 외에 그의 신운(神韻)을 파악할 수 있을 때 비로소 진정으로 문장의 정수를 얻었다고 하겠다. 이는 마치 맹인이 쟁반소리를 듣고 그것을 태양[日]이라고 여기고, 초[燭]를 만져보고 태양을

대장군종사중랑(大將軍從事中郎) 완적(阮籍), 사예교위(司隷校尉) 부현(傅玄) 등과 함께 황제의 명을 받아 위사(魏史)를 편정(編定)하였으나 그 후 왕침이 홀로 작업을 하여 『위서』 44권을 완성하였다고 했다. 시휘(時諱)가 많아 실록으로서 평가를 받지 못하였다.

22 외편(外篇) 「고금정사(古今正史)」편에, 후연(後燕) 건흥(建興) 원년(386) 동통(董統)이 조서를 받아 처음으로 『후서(後書)』 30권을 지었다고 했다. 按 : 이 책은 『수서경적지』와 『당서예문지』 등에 모두 실려 있지 않다. 그 후 범형(范亨) 등이 여러 연(燕)나라의 사서를 모아 한 책으로 만들자 동통의 책은 없어지게 되었다. 범형의 책은 앞의 두 지(志)에 모두 실려 있다.

23 역주 : 반악(潘岳), 『서도부(西都賦)』(『문선』 권10 所收)에, "(소상국(蕭相國)[蕭何]의 뜻은) 위로 삼광(三光)을 관통하고, (초 패왕(楚霸王)[項羽]의 생각은) 암둔하기가 구중지하[九泉]와 같다. 이 같은 비유를 들더라도 그 고하의 차이를 밝힐 수 없다"라고 하였다. 삼광이란 일(日)·월(月)·성(星)을 가리키며, 구천이란 구중 지하를 가리킨다. 현우(賢愚)의 차이를 비유할 때 쓰이는 말이다. 張振珮, 『史通箋注』, p.256 주)7 참조.

그런 것이라 여기는[扣盤捫燭][24] 식견이 좁은 사람들에게 태양이 어떤 모양인지를 말하기 어려운 것과 같다.(此篇與「忤時」同旨, 低迴史筆, 表襮直材, 非粘論也. 其以矜作手, 正以概時情也. 文有形有神, 讀者神遇句外, 是爲得之. 彼扣盤捫燭者, 難與說日也)

24 역주 : 이는 송대(宋代) 소식(蘇軾)의 「일유(日喩)」에 나오는 문장이다. 태어나면서부터 눈이 보이지 않는 사람은 태양에 대하여 아는 바가 없다. 볼 수 있는 사람들에게 물으니 어떤 사람은 태양의 모습이 구리로 만든 쟁반 같다고 하면서 두드려 소리를 듣게 하였고, 후일 소경은 종소리를 듣자 그것을 태양이라고 여겼다. 어떤 사람은 태양의 빛은 등촉과 같다고 하면서 등촉을 매만져 형체를 알게 하였다. 후일 소경은 대나무 피리를 태양이라 여겼다는 고사(故事)에서 비롯된 것이다.

「곡필(曲筆)」 제25

곡필(曲筆)은 직서(直書)와는 반대로 역사적 사실을 왜곡하고 날조하는 것을 모두 포함한다. 다양한 이유를 빌미로 행하여지는 곡필에 대하여 유지기는 매우 엄격한 비판의 자세를 가지고 있었다. 사실을 기록할 때마다 아무 근거 없는 것에 의존한다든지, 다른 사람의 좋은 점을 거짓으로 써주고 그것을 그 사람에게 베푸는 사적인 은혜로 삼는다든지 혹은 타인의 과오를 모함하여 기록함으로써 자신의 원한을 갚는데 이용하는 모든 것 즉 은혜와 원망·뇌물 등으로 인한 곡필을 유지기는 강하게 비판하였다. 왜냐하면 사서의 작용은 공과(功過)를 기재하여 선한 것을 표창하고 악한 것을 미워하는 것으로 하루 아침의 득실(得失)이 천년간의 영욕(榮辱)을 결정하도록 사서가 사실을 바르게 기록해야 하기 때문이다. 유지기는 이상과 관련하여 특히 『후한서』와 『삼국지』 두 사서에 등장하는 곡필의 다양한 사례를 열거하여 비판하였다. 그 외에 곡필이 계속되는 원인에 대하여도 분석하고 이에 대한 군주의 책임을 언급하고 있지만, 다른 한 편 역사를 기록하면서 내외(內外)를 구별하고, 잘못은 덮어두고 잘한 것은 크게 드러내는 것을 『춘추』의 의(義)로서 긍정하고, 사관(史官)들이 자기 군주나 부모와 관계되는 사실과 관련하여 피휘(避諱)하는 것을 인정함으로써 예교(禮敎)로부터 자유로울 수 없는 인식의 한계를 보이고 있다.

25-1

시초(始初)에 사람 사이의 도의적인 질서[人倫]가 있고 나서 비로소 집[家]·나라[國]가 있게 되었다.[1] 아비는 아비답고 자식은 자식다우며 군주는 군주답고 신하는 신하답게,[2] 친소(親疎)관계가 갈라지고 등급과 차례에 구별이 있었다. 대체로 "자식은 아비를 위하여 그 잘못을 숨기나니 그 가운데 품덕(品德)의 정직함이 있다"[3]고 했다. 이는 『논어』가 받들어 따르던 도리였다. 역사를 기록하면서 내외(內外)를 구별하고, 잘못은 덮어두고 잘한 것은 크게 드러내는 것은[4] 『춘추』의 원칙[義]이었다. 이로부터 사람들은 모두 구전(舊典)의 문장을 따랐다. 사씨(史氏)들이 자기 군주나 부모와 관계되는 사실에 대해서는 그 표현에 있어서 반드시 숨기거

1 역주 : 가(家)는 경대부(卿大夫), 국(國)은 제후를 의미하며, 전체적으로는 『예기』「대학(大學)」편의 수신·제국·치국·평천하에 보이는 봉건사회(封建社會)를 가리키는 의미로도 사용된다.

2 역주 : 『논어』「안연(顏淵)」편에 나오는 말이다.

3 역주 : 『논어』「자로(子路)」편에 나오는 말이다.

4 역주 : 『공양전(公羊傳)』 은공(隱公) 10년(B.C. 713)에, 노나라 안에서는 대악(大惡)을 숨기는 것인데 여기에서 그것이 너무 지나쳤다고 하는 이유는 무엇인가? 『춘추』에서는 국내의 일은 기록하고 국외의 일은 간략하게 하며 국외의 대악(大惡)은 기록하고 소악(小惡)은 기록하지 않으며, 국내의 대악은 숨겨주고 소악은 기록하였다고 했다. 또 성공(成公) 15년(B.C. 576)에, 『춘추』에서는 노나라를 안으로 여기고 이적(夷狄)들을 외국으로 여겼다. 왕자(王者)는 천하를 하나로 하고자 하는데 왜 국내와 국외의 언사(言辭)로 구분하였는가? 가까운 곳에서부터 시작하는 것을 말한 것이라고 했다.

나 회피하는 바가 많았다.[5] 비록 바른 도리[直道]로는 부족하였지만 (유교에서 말하는) 명분(名分)의 가르침[名教]은 보존할 수 있었다.(釋 : 처음 군주와 부모를 위해 피휘(避諱)하는 것이 왜곡인 것 같지만 곧은 것이라 하였다. 여기에서는 '곡(曲)'이라는 글자를 반대의 의미로 제기하였다) 그 중에는 문장을 제 멋대로 쓰면서 잘못을 가리거나 그럴듯하게 꾸미기도 했다. 예컨대 왕은(王隱)과 우예(虞預)는 서로 헐뜯거나 욕하고 업신여겼고,[6] 배자야(裴子野 : 469-530)와 심약(沈約 : 441-513)은 얽힌 한을 풀고 서로 용서하였다.[7] (사실에 대한) 취사선택이 주관적인 억측에 따르거나, 징벌과 포상이 (아무 근거 없이) 자신의 붓끝에서만 나오도록 한다면,[8] 이는 작자의 못난 행위이고, 인륜(人倫)이 미워하는 바이다.(釋 : 이 구절과 다음 구절에서 두 가지 종류의 곡필을 예로 들고 있다. ○이러한 것이 자기만의 사적인 의견으로써의 왜곡인 것이다) 마찬가지로 사실을 기록할 때마다 아무 근거 없는 것에 의존하고 말은 대부분 쓸데없는 것이 있다. 혹은 다른 사람의 좋은 점을 거짓으로 써주고 그것을 그 사람에게 베푸는 사적인 은혜로 삼기도 하며, 혹은 타인의 과오를 모함하여 기록함으로써 자신의 원한을 갚는데 이용한다. 예컨대

---

5 역주 : 『공양전』 민공(閔公) 원년(B.C. 661)에, 『춘추』에서는 존자(尊者)를 위해서 숨겨주고, 친자(親者)를 위해서 숨겨주고, 현자(賢者)를 위해서 숨겨주는 것이라고 했다.

6 『진서(晉書)』 권82, 「왕은전(王隱傳)」에, 대흥(大興)초 왕은에게 진사(晉史)를 편찬하도록 명하였다. 당시 저작랑 우예(虞預)가 사적으로 『진서(晉書)』를 편찬하고 있었지만 동남지방에서 출생하여 성장했기 때문에 조정의 일을 잘 몰랐다. 여러 차례 왕은을 방문하고 그의 저서를 빌려다가 몰래 베꼈다. 그 후 더욱 왕은을 노골적으로 미워하였다. 결국 왕은은 우예의 비방으로 파면되어 귀향하였다.

7 『남사(南史)』 권33, 「배송지(裴松之傳)」에, 배자야의 증조는 배송지이다. 제(齊) 영명(永明 : 483-493) 말에 심약이 편찬한 『송서(宋書)』에 말하기를, 배송지 이후에 배씨 가문에는 이렇다할 인재가 없다고 하였다. 배자야가 다시 『송략(宋略)』 20권을 편찬하였는데 사실의 서술과 평론이 모두 아주 좋았다. 그 중에 평론하길, 송(宋) 효무제(孝武帝)가 회남태수(淮南太守) 심박(沈璞)을 죽인 것은 반역을 토벌하는 군대의 동원에 따르지 않았기 때문이라고 썼다. 이에 심약이 두려워 맨발로 달려가 배자야에게 사죄하고 피차간의 구원(仇怨)을 버리고 서로 양해하기를 청하였다.

8 역주 : 『상서』 「홍범(洪範)」편에, "오직 인군(人君)만이 복을 내릴 수 있고, 오직 인군만이 벌할 수 있으며[惟辟作福, 惟辟作威]"라고 했다.

왕침(王沈 : ?-266)의 『위록(魏錄)』에서는 견후(甄后)를 폄하하여 비판하는 조서를 지나치게 많이 서술하였고,[9] 육기(陸機 : 261-303)의 『진사(晉史)』에서는 사마의(司馬懿)가 제갈량의 진공을 막았던 사실을 과장하였다.[10] 반고(班固)는 뇌물을 받고서야 비로소 기록하여 주었고, 진수(陳壽)는 남에게 쌀을 빌리고 나서야 열전(列傳)에 기록해 주었다.[11] 이러한 것은 역사기록[記言]의 간적(奸賊)이며 사서찬술[載筆]의 흉인(凶人)이니, 비록 그들을 처단하여 시체를 시장이나 조정에 내걸거나,[12] 이들을 내던져 승냥이나 호랑이에게 먹히게 하더라도 괜찮을 것이다.[13](**釋** : 이상의 내용은 은혜와 원망·뇌물 등으로 인한 곡필을 말한다. ○그 말이 분격(憤激)한 것은 위수(魏收)에 대한 뜻이기도 하다)

---

9 『진서(晉書)』 권39, 「왕침전(王沈傳)」에, 고귀향공(高貴鄕公)이 문제(文帝 : 司馬昭)를 공격하기 위해 왕침을 불러 그 사실을 말하였다. 이에 왕침이 문제에게 달려가 고자질하였다. 군주에게 불충(不忠)하였기 때문에 많은 사람들이 그를 비난하였다. **按** : 왕침이 편찬한 『위서(魏書)』는 이미 없어져 견후와 관련한 사실의 서술을 살필 방법이 없다. 곽연년(郭延年)의 『사통평석(史通評釋)』에, 왕침은 위나라에 불충(不忠)하였기 때문에 위 문제의 황후인 견후에 대한 폄하와 관련한 사실을 지나치게 많이 서술한 것은 조위(曹魏)의 추한 면을 널리 알리기 위함이었다고 했다.

10 육기의 『진삼조기(晉三祖紀)』는 「본기(本紀)」편에 보인다. **按** : 『진서(晉書)』 권1, 「선제기(宣帝紀)」에, 위(魏) 태화(太和) 5년(231)과 청룡(青龍) 2년(234)에 사마의가 두 차례 촉 승상 제갈량의 공격을 막아내었다고 했다. **역주** : 육기에 대하여는 「본기」편 주)54 참조.

11 반고(班固)가 금(金)을 뇌물로 받고, 진수(陳壽)가 쌀을 요구하였다는 사실은 「사관건치(史官建置)」편의 류규(柳虬)에 대한 주(注)에 보인다. 『곤학기문(困學紀聞)』에는 반고가 금을 받은 사실이 상세하지 않다고 했다. 내가 생각하기에, 『진서(晉書)』 권82, 「진수전」에 정이(丁廙)의 아들에게 열전을 만들어주는 대가로 천곡(千斛)의 쌀을 요구하였는데 주지 않자 결국 입전(立傳)하지 않았다고 했다. 그러나 이 사실을 기록하면서 '혹 말하기를[或云]'이라 하였는데, '혹(或)'이란 의심이 간다는 뜻이니 아마도 사실을 그대로 믿을 수 없다는 의미일 것이다. **역주** : 이러한 기록은 진수에 대한 모함에 불과하며 진실과는 거리가 멀다고 지적하였다. 왕명성(王鳴盛), 『십칠사상각(十七史商榷)』 권39, "진수사개실록(陳壽史皆實錄)"에서 구체적으로 설명하였다. 그 외 진수의 곡필(曲筆)에 대한 문제와 관련한 자세한 설명은 程千帆, 『史通箋記』, pp.134-137 참조.

12 **역주** : 『논어』 「헌문(憲問)」편에 나오는 말이다.

13 **역주** : 『시경』 「소아(小雅)」 "항백(巷伯)"에 나오는 말이다.

肇有人倫, 是稱家國. 父父子子, 君君臣臣, 親疏旣辨, 等差有別. 蓋 "子爲父隱, 直在其中", 『論語』之順也; 略外別內, 掩惡揚善, 『春秋』之義也. 自玆已降, 率由舊章. 史氏有事涉君親, 必言多隱諱, 雖直道不足, 而名教存焉.(釋 : 首用諱尊諱親, 似曲而直者, 翻起此處曲字) 其有舞詞弄禮, 飾非文過, 若王隱 · 虞預毁辱相凌, 子野 · 休文釋紛相謝.(一作'射', 誤) 用舍由乎臆說, 威福行乎筆端, 斯乃作者之醜行, 人倫所同疾也.(釋 : 此與下節標出二種曲筆. ○此種偏私意見之曲也) 亦有事每憑虛, 詞多烏有 : 或假人之美, 藉爲私惠; 或誣人之惡, 持報己仇. 若王沈『魏錄』濫述貶甄之詔, 陸機『晉史』虛張拒葛之鋒, 班固受金而始書, 陳壽借米而方傳. 此又記言之奸賊, 載筆之凶人, 雖肆諸市朝, 投畀豺虎可也.(釋 : 此種恩仇賄賂之曲也. ○其言憤激, 意已對著魏收)

25-2

그러한 즉 사실을 왜곡한 사서는 시대마다 있었다. 가령 모든 사람이 이미 분명히 알고 있는 사실이라면 여기서는 거론하지 않는다.(이전 사람들이 말해온 것들을 이른다) 그러나 어떤 사실들은 옛 사람들에 의해 살펴진 적이 없어서 후세 사람들이 모르는 것이 있다. 따라서 이제 대략 다른 의견들을 모아 처음으로 밝히고자 한다.(釋 : 위에서는 두 가지 예를 첫 부분에 제기하였고, 이 몇 마디로 다음 문장과 연결하였다) 살펴보건대 『후한서』 「갱시전(更始傳)」에서는 갱시제가 나약하여 처음 즉위하여 제위에 앉아 군신(群臣)들의 조회를 받으면서 부끄러워 땀을 흘리고 손으로 자리를 비비기만 할 뿐 감히 머리를 쳐들고 보지 못했다고 적고 있다.[14] 무릇 성공(聖公)[갱시제(更始帝) 유현(劉玄)]은 신분이 미천할 때 협객과 교유하여 원수를 갚고 녹림(綠林)에 피난하여 호걸로 불려졌는데, 어찌 귀한 제왕[人主]이 되었으면서 오히려 이러한 모습이었겠는가? 작자는 사실을 왜곡하고 당시의 집권자에게 아첨하기 위해 광무제(光武帝)의 훌륭함만을 기록하였다. 아첨하는 말로서 군주의 비위를 맞추어 백승(伯升)의 원한을 씻어주었다.[15] 뿐만 아니라 후한(後漢)의 사서는 동관(東觀)에서 나오지만 혹 명제(明帝)가 찬정(撰定)하기도 하고[16] 혹은 마황후(馬皇后)가 줄이거나 삭제하기도 하였다.[17] 한나라[炎祚]는 오랜 통치기간 동안 사서[簡書]를 고치지 않았기 때문에 후일 다른 왕조에서 후한의 역사를 소급하여 편찬하면서 전한 내용이 허위(虛僞)로 기록된 것들이었다.(釋 : 이 구절은 『후한서』가 갱시제(更始帝)를 왜곡하여 비난한 사실을 말하고 있다) 진수(陳壽)의 『삼국지』「촉지」「후주

---

14 역주 : 『후한서』「갱시전」이란 『후한서』 권11, 「유현전(劉玄傳)」을 가리킨다. 유지기는 「유현전」을 인용하면서, "갱시제가 나약하여 처음 즉위하였을 때 제위에 앉아 군신(群臣)들의 조회를 받으면서 부끄러워 땀을 흘리고 손으로 자리를 비비기만 할 뿐 감히 머리를 쳐들고 보지 못했다[刮席不敢視]"라고 하였는데, 현행본 『후한서』에는 "손을 들어 말을 하지 못하였다[擧手不能言]"고 하여 유지기가 다른 판본을 인용하였을 가능성도 있다. 張振珮, 『史通箋注』, p.261 주)2 참조.

15 『후한서』 권14, 「종실사왕삼후열전(宗室四王三侯列傳)」에, 제무왕(齊武王) 연(縯)의 자는 백승(伯升)이고, 광무제의 장형(長兄)이다. 왕망(王莽)이 한을 찬탈하자 군사들이 일어났다. 백승의 부서(部署) 빈객들은 자칭 주천도부(柱天都部)라고 불렀다. 성공(聖公) 즉 갱시제(更始帝)가 즉위하여 백승을 대사도(大司徒)에 임명하였다. 백승이 원(宛)을 함락하고, 광무제가 왕심(王尋) · 왕읍(王邑)을 격파하자 형제의 위명(威名)이 더욱 크게 떨쳤다. 갱시제와 신하들이 음모를 꾸며 백승을 죽이기로 하고 결국 살해하였다고 했다.

16 『후한서』 권42, 「광무십왕열전(光武十王列傳)」의 「동평헌왕창전(東平憲王蒼傳)」에, 현종(顯宗) 영평(永平) 15년(72)에 동평(東平)으로 황제의 행차가 갔을 때 황제가 지은 「광무본기(光武本紀)」를 창(蒼)에게 보여주었다. 창이 이를 보고 「광무수명중흥송(光武受命中興頌)」을 지어 올리니 황제가 매우 좋아하였다. 按 : 현종은 명제(明帝 : 재위 57-75)의 묘호(廟號)이다.

17 『후한서』 권10상, 「황후기(皇后紀)」 상에, 현종(顯宗) 명덕마황후(明德馬皇后)는 복파장군(伏波將軍) 마원(馬援)의 작은 딸이다. 숙종(肅宗)이 즉위하자 황태후(皇太后)로 받들었다. 스스로 『현종기거주(顯宗起居注)』를 지으면서 오빠 마방(馬防)이 의약(醫藥)을 맡았던 사실을 삭제하였다. 그리고는 말하기를, "나는 후세 사람들이 선제(先帝)께서 여러 차례 후궁(后宮)의 가속(家屬)의 사정을 친히 챙겼다는 소문이 나는 것을 원하지 않아 적지 않은 것"이라고 했다.

전(後主傳)」에, "촉(蜀)에는 사관(史官)의 직무가 없기 때문에 재난과 상서(祥瑞)에 관한 기록이 없다"라고 하였다.[18] 살펴보건대, "황기(黃氣)가 자귀(秭歸)에 출현하고",[19] "까마귀 떼가 강물에 떨어졌으며",[20] "성도(成都)에 경성(景星) 즉 덕성(德星)이 출현했다",[21] "익주(益州)에는 재상(宰相)의 기운이 없다"[22]고 하였다. 만일 사관(史官)이 기록하지 않았다면 이러한 사실이 어떻게 책에 씌어질 수 있겠는가? 진수(陳壽)의 아버지가 머리를 깎이는 곤형(髡刑)의 치욕을 당하였기 때문에 비방의 말을 덧붙인 것이다.[23] (釋 : 이 구절은 『삼국지』 「촉지」에서 제갈량을 왜곡하여 평가하였다는 사실을 헤아린 것이다)

然則史之不直, 代有其書, 苟其事已彰, 則今無所取.(謂前人說過) 其有往賢之所未察, 來者之所不知, 今略廣異聞, 用標先覺.(釋 : 上二種標作提頭, 此數語挈下) 案『後漢書』「更始傳」稱其懦弱也, 其初卽位, 南面立, 朝

---

18 『삼국지』 권33, 「촉지」 「후주전」의 평(評)에, 촉에는 사관(史官)을 두지 않아 기록하는 관원이 없었기 때문에 행한 정사(政事)가 많이 유실되었으며, 재이(災異)가 기록되지 않았다고 했다.

19 『삼국지』 권32, 「촉지」 「선주전(先主傳)」에, 장무(章武) 2년(222)에 선주의 군대가 자귀(秭歸)로 돌아가 효정(猇亭)에 주둔하였다. 그 해 여름 6월에 황기(黃氣)가 자귀 10여리 떨어진 곳에서 보였는데, 그 넓이가 수십장(數十丈)이나 되었다.

20 『삼국지』 권33, 「촉지」 「후주전」(배송지) 주(注) 『한진춘추(漢晉春秋)』에, 강양(江陽)에는 까마귀가 서식하고 있었다. 장강 이남으로부터 강을 건너 북으로 날아오다 미처 도착하지 못하고 물에 떨어져 죽는 까마귀가 천여마리나 되었다고 했다.

21 『삼국지』 권33, 「촉지」 「후주전」에, 경요(景耀) 원년(258)에 사관(史官)이 말하기를 경성(景星)이 나타났다. 그리하여 대사(大赦)를 단행하고 개원(改元)하였다고 했다.

22 『삼국지』 권44, 「촉지」 「비의전(費禕傳)」에 연희(延熙) 14년(241) 여름 성도(成都)에서 기운을 바라보던 사람이 말하기를 도읍에 재상의 기운이 없다고 했다.

23 『진서(晉書)』 권82, 「진수전」에, 진수의 아버지는 마속(馬謖)의 참군(參軍)이었다. 마속이 제갈량에 의해 죽음을 당하자 진수의 아버지 역시 연좌되어 머리를 깎는 형벌에 처해졌다. 진수가 제갈량의 열전을 쓰면서 평하기를, 제갈량은 용병(用兵)의 지략이 그의 장점이 아니어서 적에 대응하여 승리를 이끌 수 있는 재능이 없었다고 하였는데, 논자들은 이를 진수가 과소평가한 것이라 하였다. 역주 : 진수가 개인적인 원한 때문에 제갈량을 과소평가하였다는 문제에 대하여는 그러한 평가가 부당하다는 견해들이 많이 제시되었다. 이에 대하여는 程千帆, 『史通箋記』, pp.135-137, 趙呂甫, 『史通新校注』, p.462 주)30 각각 참조.

群臣, 羞愧流汗, 刮席不敢視. 夫以聖公身在微賤, 已能結客報仇, 避難綠林, 名爲豪杰. 安有貴爲人主, 而反至於斯者乎? 將作者曲筆阿時, 獨成光武之美; 諛言媚主, 用雪伯升之怨也. 且中興之史, 出自東觀, 或明皇(卽明帝)所定, 或馬后攸刊; 而炎祚靈長, 簡書莫改, 遂使他姓追撰, 空傳僞錄者矣.(釋 : 此揣『後漢』之曲詆更始也) 陳氏『國志』「劉後主傳」云 : "蜀無史職, 故災祥靡聞." 案黃氣見於秭歸, 群烏墮於江水; 成都言有景星出, 益州言無宰相氣; 若史官不置, 此事從何(一作'何從')而書?(一多'之'字) 蓋由父辱受髡, 故加玆謗議者也.(釋 : 此揣『蜀志』之曲議諸葛也)

25-3

옛날에 제후들이 서로 다투었지만 승부가 일정하지는 않았다. 그러나 사관(史官)이 기록하는데 있어서 상대방 제후에게 칭찬할만한 사실이 있으면 반드시 기록하고, 자기 나라에 잘못이 있어도 숨기지 않았다. 근고(近古)에 이르러서는 지극히 공정한 마음으로 기록하였다는 것을 듣지 못하였다. 국(國)과 가(家)에서야 당연히 우리는 좋고 상대방은 나쁘다고 할 것이다. 위수(魏收)는 원씨(元氏)[拓跋氏]가 변방의 후예이기 때문에 화하(華夏)로부터 멸시를 받았으므로, 스스로를 높이기 위하여 상건(桑乾)(북위[元魏]가 개국한 곳이다)을 희성(姬姓)의 주(周)왕조, 유성(劉姓)의 한(漢)왕조에 비교하였다. 남조(南朝)[建業]를 왜곡하고 폄하하기 위하여 그들을 만맥(蠻貊)의 나라라고 하였다. 만약 국가 간에 서로 원수처럼 적대하고 전쟁을 하면서 원한이 맺히게 되면 성토(聲討)하는 격문을 쓰면서 상대방을 무고(誣告)할 수는 있겠지만,[24] 사서에 기록할 경우 망녕된 말을 해서는 안 된다. 진실로 이러한 뜻을 통달하지 못한다면 어찌 사(史)를 말할 수 있겠는가?(釋 : 앞의 범엽(范曄)과 진수(陳壽)의 왜곡은 모두 의도를 나타내고자 한 것이다. 여기서는 위수(魏收)의 과장과 축소의 왜곡을 분명히 비판하기 위함인데, 문장으로 분명하게 쓰지 않았을 뿐이다) 무릇 역사편찬에 있어서 사실을 왜곡하거나 거짓으로 꾸미는 경우가 많지는 않지만, 그들이 위배(違背)한 죄를 말하자면 그 잘못이 적지 않다. 위수(魏收)의 『위서(魏書)』에는 우언(寓言)이 번잡하게 거의 절반을 넘으니 확실히 창힐(倉頡) 이래 그 같은 사서는 드물게 보인다. 그런데도 이백약(李百藥)의 『북제서(北齊書)』에서는 오히려 "실록(實錄)"이라 칭하고 있으니[25] 무엇 때문인가? 대개 중규(重規)(이백약의 자(字))의 아버지가 생전에 낮은 지위에 있었을 때 위수[伯起]가 그에게 "공보(公輔)"라는 자(字)를 취하게 하였는데, 자는 위수에게서 비롯된 것이다.[26] 그러한 사실은 원탄(元歎)[27]과 비슷하다. 은덕을 입은 바 있어 그것

24 역주 : 『문심조룡』 「격이(檄移)」편에, "격(檄)이라는 말의 의미는 교(皦) 즉 밝으로 들추어내어 아주 분명히 한다는 뜻이다. …… 한 장의 격문 앞에 백 척의 전차도 짧은 문서 앞에 꺾이고, 한 장 격문의 위력 아래 만장(萬丈)의 성벽도 함락된다. ……(진림(陳琳)의 「위원소격상주(爲袁紹檄豫洲)」는 그 기세가 장엄하고 강직하였다. ……(일부 구절에서는) 사사로운 일을 너무 지나치게 나타냈고, …… 실제의 잔학(殘虐)을 넘어서 무고(誣告)이나, 조조의 죄를 묘사함에 있어서 그 강력한 언어는 뼈를 들추어낼 만큼 그렇게 완강한 것이었다. …… 이(移)라는 말의 뜻은 역(易)이니, 습관을 바꾸어 풍습을 변화시키는 것, 즉 명령을 내려 백성들을 따르도록 하는 것이다. …… 격문(檄文)과 이문(移文)은 모두 문무 두 방면에 사용되었음을 알 수 있다. 전란 때에 격문은 역적의 무리에게 사용되었고, 이문은 민중을 귀순시키는데 사용되었다"라고 하였다.

25 이 말은 「부사(浮詞)」편의 원주(原注)에 보인다.

26 『북사(北史)』 권72, 「이덕림전(李德林傳)」에, 이백약의 부(父) 덕림은 어릴 적 고아가 되어 자(字)가 없었다. 위수(魏收)가 말하기를 "그대는 학식과 도량이 반드시 공보(公輔)에 이를 터이니 나는 이를 그대의 자(字)로 했으면 하오"라고 했다. 왕유검(王惟儉)의 『사통훈고(史通訓故)』에, 『좌전』에 '위(魏)는 크다는 뜻[大名]을 지니고 있다'라고 했기 때문에 이렇게 말한 것이다. 按 : '대명(大名)'이라는 구절은 『좌전』 민공(閔公) 원년(B.C. 661)에 보인다.

27 『삼국지』 권52, 「오지」 「고옹전(顧雍傳)」에, 옹의 자는 원탄(元歎)이다. 채백개(蔡伯喈)가 일찍이 원망을 피해 오(吳)에 피난을 와서 고옹으로부터 거문고와 글을 배웠다. 배송지의 주(注)에, 「강표전(江表傳)」에 채백개가 말하기를, '경은 반드시 유명해질 것이니 이제 나의 이름을 그대와 같게 쓰려 하오'라고 했다. 때문에 고옹과 채백개의 이름이 같았다. 또 『오록(吳錄)』에 말하기를, '채백개가 탄식을 한 것을 말하였

을 갚기 위해 근거 없이 헛된 찬미로 보답하였던 것이다. 그렇다면 틀림없이 소공(昭公)이 예(禮)를 안다고 말하더라도,[28] 나는 믿지 않을 것이다. (釋 : 이 부분을 더하여 여전히 위수를 비판하였다. 그 말은 이백약의 곡필은 본의가 아니라고 하였다) 옛말에 이르기를, "역적(逆賊)이라는 것을 분명히 하고 난 연후에야 비로소 적(敵)을 정복할 수 있다"[29]고 하였다. 예컨대 왕소(王劭)는 그렇듯 직언(直言)을 하면서도 굴복하지 않았으니 옛 사람들과 함께 거론할 수 있지만, 위수(魏收)의 기록은 한 쪽에 치우쳐 있어서 정직(正直)의 원칙에는 부끄러운 점이 있다고 하겠다.[30] 무릇 그 죄를 분명하게 드러내지 않고,(왕소가 편찬한 여러 사서에 사실을 지적하지 않았다는 것을 말한다) 경솔하게 마음대로 죽인다면 이것이 곧 이른바 "군사를 일으켜 상대방을 토벌해도 명분이 없으면 이기기 어렵다"[31]는 격이다. 이러한 논의가 생기게 된 원인을 살펴보면 대체로 왕소[君懋]의 역사기록은 거리끼는 것을 숨기는 일이 없었음으로 당시의 사람들의 원망을 받았다. 그러나 어떤 경우에는 사관의 손을 빌려 사적으로 받은 치욕을 보복한 것도 있다. 그렇지 않으면 어찌 곧은 사람을 싫어하고 바른 사람을 미워하여[32] 그

기 때문에 그것을 자(字)로 하였다'라고 했다.

28 역주 : 『논어』 「술이(述而)」편에, 진(陳)의 사패(司敗)가 노나라 소공(昭公)이 예(禮)를 아느냐고 물었다. 이에 공자는 '예를 안다'라고 했다. 공자께서 물러나자 (진의 사패가) 무마기(巫馬期)에게 읍(揖)의 예를 취하며 말하기를, '나는 군자는 절대 편당(偏黨)하지 않는다고 들었는데 군자께서도 역시 편당하시는 것입니까? 군주가 오나라에서 아내를 맞아왔으니 동성(同姓)이 되는데도 오맹자(吳孟子)라고 이르고 있지 않습니까? 그런 군주가 예를 안다면 누가 예를 모르겠습니까'라고 하였다. 무마기가 그 이야기를 말씀드렸더니 공자께서 말하기를, '나는 행복하도다. 진실로 과오가 있으면 남이 반드시 알려주느니'라고 한 말에서 인용한 것이다.

29 역주 : 『한서』 권1상, 「고제기(高帝紀)」 상에, 한 고조와 항우가 대립시 신성(新城)의 삼노(三老) 동공(董公)이 한 고조에게 한 말에 나오는 문장이다.

30 역주 : 이 같은 평가는 『수서(隋書)』 권69, 「왕소전(王劭傳)」 찬왈(贊曰)에 보이는 것이므로 위수가 아니라 위징(魏徵)이라 해야 맞다. 張振珮, 『史通箋注』, pp.264-265 주)10 참조.

31 역주 : 이 말 역시 앞의 주(注) 『한서』 권1상, 「고제기」 상에 보이는 동공(董公)의 말이다.

32 이 말은 『좌전』 소공(昭公) 28년(B.C. 514)에 보인다. 역주 : (사마숙유(司馬叔游)가 기

심함이 마치 도적이 주인을 미워하는[33] 것과 같은 지경에까지 이르겠는가!(釋 : 다시 한 번 계속하여 거듭 위수를 비난하였던 것이지 왕소를 찬양한 것은 아니다. 위수의 『위서』는 유지기가 매우 미워하였기 때문에 거듭 배척하였다. 『위서』를 비난한 내용은 여기까지이다. ○'무릇 역사편찬에 있어서 사실을 왜곡하거나'부터 여기까지 어떤 판본에는 줄여서 「감식(鑒識)」편의 '탄사의(彈射矣)' 하에 인용하였다)

古者諸侯並爭, 勝負無恒, 而他善必稱, 已惡不諱. 逮乎近古,(一作'世') 無聞至公, 國自稱(一作'謂')爲我長, 家相謂爲彼短. 而魏收以元氏出於邊裔, 見侮諸華, 遂高自標擧, 比桑乾(元魏開國處)於姬 · 漢之國; 曲加排抑, 同建鄴於蛮貊之邦. 夫以敵國相仇, 交兵結怨, 載諸移檄, 用可致誣, 列諸緗素,(謂史) 難爲妄說. 苟未達此義, 安可言於史邪?(釋 : 前范 · 陳二曲, 皆意想出之, 此乃顯刺魏收誇抑之曲, 其文未了) 夫史之曲筆誣書,(句) 不過一二,(句) 語其罪負,(一作'負罪') 爲失已多. 而魏收雜以寓言, 殆將過半, 固以(王本作'知')倉頡已降, 罕見其流, 而李氏『齊書』稱爲實錄者, 何也? 蓋以重規(李百藥字)亡考未達, 伯起以公輔相加, 字出大名,(一誤作'若') 事同元歎, 旣無德不報, 故(舊多'以'字)虛美相酬. 然必謂昭公知禮, 吾不信也.(釋 : 加此一層, 仍是刺魏. 其言百藥曲推, 非本意所屬) 語曰 : "明其爲賊, 敵乃可服." 如王劭之抗詞不撓, 可以方駕古人. 而魏收持論激揚, 稱其有慚正直. 夫不彰其罪,(謂於劭所著諸史, 無所指實) 而輕肆其誅, 此所謂兵起無名, 難爲制勝者. 尋此論之作, 蓋由君懋書法不隱, 取咎當時. 或有假手史臣, 以復私門

영(祈盈)에게 말하기를) "정(鄭)나라 책에 '곧은 사람을 싫어하고 바른 사람을 미워하니, 세상에는 실로 그런 무리가 많다'는 말이 있습니다. 이 세상에는 무도한 사람이 많습니다. 그들을 체포하다 그대가 화를 면치 못할까 두렵습니다"라고 한데서 인용한 것이다.

33 『공자가어』 「관주(觀周)」편에, 도적은 주인을 미워하고 백성은 윗사람을 미워한다. 군자는 위를 범해서는 안 됨을 안다. 때문에 자신을 낮추는 것이다. 『좌전』 성공(成公) 15년(B.C. 576)에도 보인다. 역주 : 그 기록에 "일찍이 백종(伯宗)이 조정에 들어갈 때마다 그의 아내가 반드시 그를 경계하여 말하기를, '도적은 주인을 미워하고, 백성은 윗사람을 미워합니다. 당신은 곧은 말을 하길 좋아하니 반드시 재난을 당할 것입니다'"고 하였다.

之恥. 不然, 何惡直醜正, 盜憎主人之甚乎!(釋 : 再加一層, 亦是刺魏, 非讚劭也. 收書劉之所深惡, 故重斥之. 刺魏之文, 至此方了. ○自'夫史之曲筆'至此, 一本錯簡在「鑒識」篇'彈射矣'之下)

25-4

대개 눈서리가 내려서야 비로소 푸른 소나무의 지조(志操)가 드러나며,[34] 국가가 동란으로 위기에 처하고 망할 즈음에야 바야흐로 충신의 절개가 검증된다. 예컨대 한말(漢末)의 동승(董承)과 경기(耿紀),[35] 진(晉)나라 초기의 제갈탄(諸葛誕)과 관구검(毌丘儉),[36] 남제(南齊)가 흥할 때의 유병

34 역주 : 『장자』「양왕(讓王)」편에, 추위가 닥치고 눈서리가 내려서야 비로소 소나무와 잣나무가 [추위를 견디며 푸른 잎으로] 무성함을 안다고 했다.

35 『삼국지』 권33, 「촉지」「선주전(先主傳)」에, 선주[劉備]가 조조와 함께 허(許)로 돌아왔다. 그때 헌제(獻帝)의 장인 거기장군(車騎將軍) 동승이 헌제가 준 허리띠에 쓴 밀조(密詔)를 받아 조조를 죽이려고 할 때 선주는 동승 등과 함께 모반을 꾀하였다. 『삼국지』 권1, 「위무기(魏武紀)」에, 유비가 익주로 가기 전에 가만히 동승 등과 모반을 꾀하여 거병하고 패(沛)에 주둔하였다. 5년, 동승 등의 음모가 새어나가 죽음을 당했나. 按 : 경기(耿紀)가 허(許)를 공격하여 군영을 불태웠다. 이 기록은 「인습(因習)」편에 보인다. 또 『삼국지』 권1, 「위무기」의 배송지주(注)에, 『삼보결록(三輔決錄)』에 이르기를, 경기의 자는 계행(季行)으로 승상(丞相)의 연속(掾屬)이 되었다. 또 『헌제춘추(獻帝春秋)』에는 이르기를 경기를 붙잡아 참수하려 하자 경기가 위왕(魏王)의 이름을 외치며 가로대, '내가 스스로 살아갈 방도를 생각 않고 마침내 여러 사람과 잘못을 한 것을 후회할 뿐'이라 했다. 역주 : 경기의 열전은 『후한서』 권19, 「경엄전(耿弇傳)에 부록(附錄)되어 있다.

36 제갈탄은 「인습(因習)」편에 보인다. 『진서(晉書)』 권2, 「경제기(景帝紀)」에, 정원(正元) 2년(255), 위(魏) 진동대장군(鎭東大將軍) 관구검, 양주자사(揚州刺史) 문흠(文欽)이 거병하여 반란을 일으켜 태후의 영(令)이라 속여 격문을 군국(郡國)에 보내고, 서문(西門) 밖에서 단(壇)을 만들어 맹서하자 군대의 수가 6만이나 되었고 회수(淮水)를 건너 서쪽으로 향했다. 경제가 이를 정벌하였다. 관구검은 문흠이 패하였다는 소식을 듣고 어둠을 틈타 안풍진(安風津)으로 숨었다가 도위(都尉)가 추격하여 죽였다. 『삼

(劉秉)과 원찬(袁粲),[37] 북주(北周)가 장차 망할 즈음의 왕겸(王慊)과 위지형(尉遲逈)[38] 등으로 말하자면 이들은 모두 가문이 망하는 것을 꺼리지 않고 나라를 위해 목숨을 바치면서 죽음을 두려워하지 않았다. 그런데도 역대의 사서에서는 모두 그들이 반역을 하였다고 적고 있으니[39] 장차 어떻게 명교(名敎)를 크게 선양하며, 군주를 받드는 사람들을 격려하겠는가! 옛날 사서의 사실 기록은 적신(賊臣)과 역자(逆子)들을 두렵게 하였다. 그러나 지금의 사실기록은 충신(忠臣)과 뜻있는 선비를 부끄럽게 하고 있다. 만약 남사(南史)와 동호(董狐)의 영혼이 살아 있다면 반드시 구천(九泉) 지하에서 이를 갈며 분노할 것이다!(釋 : 이 구절에서는 여러 사서의 왜곡을 열거하고, 이전 왕조 말기의 충의(忠義)가 대부분 억울한 누명을 받았다고 했다)

蓋霜雪交下, 始見貞松之操; 國家喪亂, 方驗忠臣之節. 若漢末之董承 · 耿紀,(曲在魏) 晉初之諸葛 · 毌(一作'毋', 音貫)丘,(曲在晉) 齊興而有劉秉

국지』 권28, 「위지」 「제갈탄전」과 「관구검전」에, 탄은 자가 공휴(公休)이고, 검은 자가 중공(仲恭)이다. 관구검은 양주(揚州)의 도독(都督)이었지만 반란을 일으켰다가 죽음을 당했다. 제갈탄이 불안해하였을 때 조정에서는 눈치를 채고 그를 사공(司空)에 임명하고자 불렀다. 제갈탄은 더욱 두려워 드디어 반란을 일으켰다. 按 : 왕응린(王應麟)이 말하기를, 관구검과 제갈탄 등에게는 천년이 지나도 생기(生氣)가 있었다. 때문에 정초(鄭樵)는 『진사(晉史)』가 진(晉)에 유리한 말을 하고 있다고 했다. 또 살펴보니, 『통지략(通志略)』에 관구(毌丘)는 읍(邑)을 씨(氏)로 하였다고 했지만 그 음이 관(貫)이라는 내용은 없다.

37 『송서(宋書)』 권89, 「원찬전(袁粲傳)」에, 찬의 자는 경천(景倩)이고, 제왕(齊王 : 蕭道成) · 유병(劉秉) 등과 국정을 장악하였다. 순제(順帝)가 즉위하고 석두(石頭)로 옮길 것을 명하였다. 그때 제왕(齊王)의 공(功)이 높았으므로 천명(天命)이 돌아갔다. 원찬이 비밀리에 반역의 마음이 있었는데 유병은 송(宋)의 종실로써 원찬과 서로 결탁하였다. 태후의 영이라 속이고 제왕을 공격하게 하였지만 사실이 누설되었고 제왕이 군주(軍主) 대승정(戴僧靜)으로 하여금 석두를 공격하게 하였다. 승정이 솔선하여 몰래 나아가자 원찬의 아들 최(最)가 다른 사람이 있음을 눈치채고 몸으로 원찬을 막아섰지만 승정이 바로 참하였다. 부자(父子)가 함께 죽음을 당했다. 그 후 다시 유병을 주살하였는데, 유병에 관한 사실은 『송서』 권51, 「종실전」에 있다.

38 「인습(因習)」편에도 보인다.

39 역주 : 이상에서 언급한 동승이하 위지형 등을 『삼국지』 · 『진서(晉書)』 · 『송서(宋書)』 · 『수서』 등에서는 그들의 사적을 기술하면서 모두 반역이라 칭하였음을 지적한 것이다.

(一訛作'康')·袁粲,(曲在齊) 周滅而有王謙·尉迥,(曲在隋) 斯皆破家殉國, 視死猶生. 而歷代諸史, 皆書之曰逆, 將何以激揚名教, 以勸事君者乎! 古之書事也, 令賊臣逆子懼; 今之書事也, 使忠臣義士羞. 若使南·董有靈, 必切齒於九泉之下矣.(釋: 此節羅擧諸史之曲, 凡前朝末造之忠義, 率多受枉也)

25-5

양(梁)·진(陳) 이후부터 수(隋)·북주(北周) 까지 각 왕조의 사서들은[40] 모두 정관(貞觀: 627-649) 연간에 여러 사람들에 의해 편찬된 것으로써, 근고(近古)의 경우 사실을 이해하기 쉽고, 온갖 사정의 진위[情僞][41]를 구할 수 있다. 조정의 높은 대신들의 선조(先祖)들은 반드시 전(傳)이 있는데, 그들에 관한 사적을 살펴보면 모두 자손들이 만든 것들이다. 따라서 민간을 방문하여 노인들에게 물어보면 사서에 기록된 사실과 같지 않고, 말 대부분이 실제와 어그러진다. 옛날 전진(前秦) 사람으로 죽지 않은 이가 있어서 부생(苻生)이 받았던 모함을 밝힐 수 있었고,[42] 촉(蜀)의 노인이

---

40 역주: 요사렴(姚思廉)의 『양서(梁書)』·『진서(陳書)』, 이백약(李百藥)의 『북제서(北齊書)』, 영호덕분(令狐德棻)의 『주서(周書)』 등을 가리킨다.

41 역주: 『역경』 「계사(繫辭)하」에, 성인은 『역』의 상(象)을 세워 마음의 모든 것을 표현했으며, 괘(卦)를 만들어 온갖 사정의 진위를 판단하였다[設卦以盡情僞]고 했다.

42 이 기록은 상세히 살필 길이 없다. 역주: 부생은 전진(前秦)을 건국한 부건(苻健)의 아들로서 제위에 올라 잔인하게 신하들과 자손들을 살해하였다고 『진서(晉書)』 권112, 「재기(載記)」에 기록된 인물이다. 그러나 『낙양가람기(洛陽伽藍記)』 권2에는 진(晉) 무제(武帝) 때의 은사(隱士)라고 알려진 조일(趙逸)의 회고를 통해 부생이 살해된 것은 제위에 오른 부견(苻堅)에 의한 모함이라고 기록하고 있다. 이외에도 조일은 죽고 난 뒤 사람에 대한 평가가 살아생전과 다르게 평가되는 문제를 신랄하게 지적하고 있어서, 유지기의 당초(唐初) 수사(修史)의 곡필에 대한 평가가 이에 근거한다고 여기기도 한다. 程千帆, 『史通箋記』, p.138 참조.

아직 살아 있어서 제갈량이 많은 누명을 받았음을 알게 되었다.[43] 이는 예로부터 사람들이 탄식하는 바이니 어찌 오늘날에만 있는 것이겠는가! (釋 : 이 구절은 당시 황제의 명으로 직전 왕조의 정사를 편찬하는 경우가 아닌데도 여전히 귀족·권세가의 눈치를 봄으로써 왜곡을 면치 못하고 있다고 했다)

自梁·陳已降, 隋·周而往, 諸史皆貞觀年中羣公所撰, 近古易悉, 情僞可求. 至如朝廷貴臣, 必父祖有傳, 考其行事, 皆子孫所爲, 而訪彼流俗, 詢諸故老, 事有不同, 言多爽實. 昔秦人不死, 驗苻生之厚誣; 蜀老猶存, 知葛亮之多枉. 斯則自古所嘆, 豈獨於今哉!(釋 : 此節脫到當時勅修前史, 仍不免瞻徇貴胄之曲也)

25-6

사서의 작용은 공과(功過)를 기재하여 선한 것을 표창하고 악한 것을 미워하는 것으로 하루아침의 득실(得失)이 천년간의 영욕(榮辱)을 결정한다. 가령 사서편찬에 있어서 이러한 원칙을 위배한다면 어찌 사관으로서의 직분(職分)을 다 한다고 할 수 있겠는가. 그러나 예로부터 다만 직필(直筆)때문에 죽임을 당했다는 말은 들었어도, 사실을 왜곡하였기 때문에 죄를 얻었다는 말은 듣지 못했다. 그러므로 은후(隱侯)(沈約)의 『송서(宋書)』는 망녕된 사실이 많고,[44] 소무(蕭武)(梁武帝)는 알면서도 탓하지 않았

43 상세히 살필 길이 없다. 按 : 『곤학기문(困學紀聞)』에 이르기를, 촉의 노인이 아직 살아 있을 때 제갈량에 대한 왜곡된 사실이 많이 있었다는 것과 그에 관한 사적(事迹) 중 없어진 것이 많았다는 것을 알게 되었다. 그러나 촉의 노인에 관한 사실은 왕응린(王應麟) 역시 자세히 살피지 않았다. 역주 : 『위서(魏書)』 권43, 「모수지전(毛脩之傳)」에 촉중(蜀中)의 장로(長老)의 말을 빌려 이상의 내용을 언급하고 있다. 이와 관련한 보다 구체적인 언급은 趙呂甫, 『史通新校注』, pp.466-467 주)69 참조.

으며,[45] 위수(魏收)[伯起]의 『위서(魏書)』는 공평하지 않았지만 북제(北齊) 선제(宣帝)는 열람하고서도 질책하지 않았다.[46] 때문에 사관(史官)으로 하여금 애증(愛憎)이 자기에게서 말미암고, 몸을 높이고 낮추는 일이 자기 마음에서 비롯되도록 하였으니, 나아가서는 조정의 법규[公憲]을 두려워하지 않고, 물러나서는 가문에 부끄럽지 않기 위하여 사실을 그대로 기록[實錄]하려는 것이 어찌 어렵지 않겠는가? 오호라! 이 역시 나라를 다스리는 군주가 마땅히 징계하고 고쳐야 할 것이로다.(釋 : 편말(篇末)에서 공(功)과 죄(罪)가 공평함을 잃고, 권면함과 징계함이 거꾸로 되었다고 결론지었는데, 이는 근본을 살핀 깊이 있는 말로서 앞의 「직서(直書)」편에서 은충(隱衷)함을 개탄한 것보다 더욱 투철하였다)

蓋史之爲用也, 記功司過, 彰善癉惡, 得失一朝, 榮辱千載. 苟違斯法, 豈曰能官. 但古來唯聞以直筆見誅, 不聞以曲詞獲罪. 是以隱侯(沈約)『宋書』多妄, 蕭武(梁武)知而勿尤; 伯起『魏史』不平, 齊宣覽而無遺. 故令史臣得愛憎由己, 高下在心, 進不憚於公憲, 退無愧於私室, 欲求實錄, 不亦難乎? 嗚呼! 此亦有國家者所宜懲革也.(釋 : 篇末歸到功罪失平, 勸懲倒置, 斯爲探本深言, 益透前篇寄慨隱衷)

按 : 한유(韓愈)가 말한 '사람이 화(禍)를 부르고 하늘이 재앙(災殃)을 내린

---

44 역주 : 심약의 『송서』는 서원(徐爰)의 구본(舊本)을 이용하여 책을 완성하였기 때문에 진(晉) · 송(宋) 교체시기에는 서원이 송을 위하여 피휘하였고, 송(宋) · 제(齊) 교체기에는 제를 위해 피휘한 경우가 많았다. 따라서 유지기가 망녕된 사실이 많다고 평가한 것이다. 張振珮, 『史通箋注』, p.268 주)4 참조.

45 역주 : 포기룡은 소무(蕭武)를 양 무제라고 보았지만, 『남사』 권72, 「문학전」 「왕지심전(王智深傳)」에 보이는 제 무제(齊武帝)가 심약의 『송서』 내용에 대한 피휘의 요구에 대한 기록을 인용하여 양 무제가 아니라 제 무제를 가리킨다는 견해도 있다. 趙呂甫, 『史通新校注』, p.467 주)74 참조.

46 역주 : 『북제서』 권37, 「위수전」에, 위수의 사서가 직필이 아니라는 평가가 있음에도 위수의 재주를 중히 여기고 죄를 가하지 않았다고 했다. 그럼에도 예사(穢史)라는 평가가 끊이지 않았지만 당시의 실권자 양음(楊愔)과 고덕정(高德正)의 비호 아래 아무도 이 일을 중론하지 못하였다고 했다.

다'는 말에는 경계하는 마음이 적지 않았고, 그는 곡필을 일삼아 역사를 모함하는 것을 두려워하였다. 평론자가 의도적으로 유지기를 배척한 것은 온 힘을 다하여 사서의 기재를 견지하려는 까닭이다. 옛날 사람들은 이미 떠나갔으니 무엇을 믿고 진위를 판단하겠는가. 사서를 편찬하는 사람들이 한유의 이 말을 읽고 두려움이 없도록 할 수 있었다.(昌黎(韓愈)人禍天殃之說, 戒心不小, 懼曲也. 評者有意斥劉, 因而悉力怙史. 夫古人往矣, 信不何憑, 秉史筆者讀之, 能勿知懼)

성공(聖公)[劉玄]이 '자리를 비비기만 할 뿐'이라는 문단은 종전의 말들과 함께 마땅히 「제기(帝紀)」에 열거하여 시대가 서로 이어나가도록 해야 한다. 유지기의 이 말은 진실로 많은 사람들과 구별된다. 그러나 그는 '성패지간(成敗之間)'과 '대흥지회(代興之會)'의 각도로부터 인물을 품평하였지만 그의 회의(懷疑)는 여전히 존재하였다.(聖公刮席一段, 與曩言宜列帝紀相因. 其言誠別, 然論人於成敗之間, 代興之會, 疑案正自可存)

『사통』이 왕소(王劭)의 책을 칭찬함으로써 결과적으로 여러 사람이 싫어하는 바를 범하였는데도 오히려 여전히 고치지 않았던 것은 무엇 때문인가? 제구(齊丘)의 참언과 설색(齧索)의 요언(謠言)은 이와 유사한 책에서 능히 볼 수 있다. 이를 추론하여 알 수 있는 것은 번지르르한 말에 가까운 것은 많고 허물을 숨기는 곳은 매우 적다는 것이다. 이 점이 유지기를 매우 분노하게 하였다. 『수서(隋書)』 「왕소전(王劭傳)」처럼 그의 저서를 폄훼하고 그 모함하는 말만을 표방하였으니, 이것이 과연 진실로 왕소의 일생과 위인됨을 정확하게 표현한 것이겠는가? 왕소가 즉 훌륭한 사인(士人)이라고 할 수 없다면 어떻게 사서에 그에 대한 미워하는 말이 없을 수 있겠는가? 이안평(李安平)이 최호(崔浩)가 주살된 것을 서술하면서 그가 지은 저서를 일러 '비이부전(備而不典)'이라고 비난하였다. '비(備)'란 감추거나 속이지 않는다는 것이요, '부전(不典)'이란 꾸밈이 없다는 말이다. 이와 같은 말들은 역시 미워하는 말이었다. 유지기가 사조(史曹)에 임직(任職)하면서 자신의 뜻대로 사서를 편찬하였다. 때문에 당시의 유속(流

俗)과 맞지 않았고 이에 격분하여 입언(立言)하였다. 왕소(王劭)[君懋]를 언급할 때는 칭찬을 하였지만 위수(魏收)[伯起]를 언급할 때는 크게 비판하였다. 위수는 특히 문장을 꾸미는데 능했던 자이다. 비판을 한 것이 바로 문장을 꾸밈에 있었다면 칭찬을 하였다는 것은 문장을 꾸미지 않았음에 있었다. 「하상지가(河上之歌)」에서 말한 '동병상련(同病相憐)'이라는 것이 이러한 의미일 것이다.(『史通』歸美王劭書, 果於犯衆忌而不去口, 何耶? 蓋觀齊丘之識, 翳索之謠, 類於其書見之, 推此而知近膩辭夥, 匿瑕地尠, 召怒深矣. 彼『隋書』一傳, 懸詆其著書, 而獨榜其詔語, 果盡生平耶? 劭卽未云佳士, 史亦豈無憎詞. 李安平敍崔浩被誅, 呰其所著曰'備而不典', 備者弗隱也, 不典者無飾也, 率是道也, 亦憎詞也. 知幾之在史曹, 徑情載筆, 以此忤時, 激而爲言. 言及君懋則進之, 及伯起則揮之. 伯起者, 尤工爲飾者也. 所揮在飾, 卽所進在無飾. 「河上之歌」曰 : '同病相憐', 此之謂與?)

「감식(鑒識)」 제26

「감식」편은 역대 사서에 대한 평가와 식별(識別)과 관련한 문제를 다루고 있다. 따라서 이 편에서 다루는 문제는 유지기가 사가로써 갖추어야 할 삼장(三長: 才·學·識) 중 사식(史識)과 밀접한 관계가 있다. 사물의 감별에 대한 어려움을 유지기는 "사물에는 일정한 기준이 있지만 감별에는 오히려 정해진 인식이 없기 때문에, 평가를 진실에 합당하게 한다는 것은 천년에 비루소 한 번 있을까 할 정도로 어렵다"라고 하면서 특히 사서(史書)의 경우 이러한 감식능력을 갖추지 못한다면, 사서가 지닌 이해(利害)를 가릴 수 없음은 물론 그 속의 선악을 분명히 할 수도 없다고 하였다. 유지기는 이 같은 전제를 가지고 과거 사가들의 사서에 대한 잘못된 감식을 비판하고 그를 통해 사서편찬과 사서의 가치를 인식하는 문제가 지닌 중요성을 강조하였다. 따라서 『좌전』과 『공양전』·『곡량전』을 비교하여 『좌전』의 우수함을 강조하였고, 『사기』와 『한서』의 우열론, 그리고 진사(晉史)에 대한 평가 등에 대하여도 적극적인 자기 견해를 주장하였는데, 특히 문(文)·사(史)의 구분을 엄격히 하지 않는 사서에 대한 평가를 망녕된 비평이라 강하게 비판하였다. 유지기는 결론적으로 사람이 버려지거나 불러 쓰임을 받게 되는 것은 때[時]에 달려 있고, 곤궁해지거나 높은 지위에 오르는 것은 명(命)에 달려 있는 것과 마찬가지로 사서의 경우도 시운(時運)에 의해 비로소 그 가치를 인정받을 수 있다고 했다. 이러한 견해는 그의 유심론적 한계라는 지적을 받기도 하였다.[1]

26-1

무릇 사람의 식견에는 막힘 없이 잘 통하는 것과 꽉 막힌 것이 있고, 정신에는 어두운 것과 분명한 것이 있다. 같은 사물에 대한 폄훼와 찬양이 이 때문에 다르고, 좋아하는 것과 미워하는 것이 이로 말미암아 각기 다르다. 대개 삼왕(三王)이 비방을 받았지만 노중연(魯仲連)에 의해 사실이 정확히 밝혀졌고,[2] 오패(五覇)의 이름이 세상에 크게 떨쳤지만 공자를 만나게 되면서 폄하되었다.[3] 이는 곧 사물에는 일정한 기준이 있지만 감별

1 역주 : 張振珮, 『史通箋注』, p.269 참조.

2 『문선(文選)』 권42, 조식(曹植) 「여양덕조서(與楊德祖書)」에, 옛날 전국시대 제(齊)의 변사(辯士)였던 전파(田巴)가 직문지하(稷門之下)에서 오제(五帝)를 폄훼하고, 삼왕(三王)의 죄를 주장하여 하루아침에 수많은 사람들을 설복하게 했지만, 노중연의 한 마디에 종신토록 입을 닫고 말을 못하였다고 했다. 이선(李善)의 주(注)에 이러한 이야기가 『노연자(魯連子)』에 보인다고 했다. 역주 : '삼왕'이란 우(禹) · 탕(湯) · 문왕(文王)을 가리킨다. 『사기』 권83, 「노중련열전」에, 제나라 사람으로 기위(奇偉)하고 뛰어난 획책(劃策)을 좋아하였다고 했다. 『한서예문지』 「제자략(諸子略)」 "유가(儒家)"에 『노중련자(魯仲連子)』 14편(篇)을 지었다고 했지만, 전하지 않는다.

3 『한서』 권56, 「동중서전(董仲舒傳)」에, 공자의 문하(門下)에서는 어린 아이들도 오백(五伯)을 칭하는 것을 부끄럽게 여겼는데, 그 이유는 남을 속이기를 먼저하고 인의(仁誼)를 뒤로하였기 때문이라고 했다. 역주 : 「동중서전」의 이 문장은 『순자(荀子)』 「중니(仲尼)」편의 문장을 그대로 인용한 것이다. 그리고 '오백' 즉 '오패'란 제 환공(齊桓公) · 진 문공(晉文公) · 진 목공(秦穆公) · 송 양공(宋襄公) · 초 장왕(楚莊王) 등을 지

에는 오히려 정해진 인식이 없기 때문에, 평가를 진실에 합당하게 한다는 것은 천년에 비로소 한 번 있을까 할 정도임을 말하는 것이다.(釋 : 이 편에서는 옛 사실을 평가함이 명확하지 않은 잘못을 논하고, 먼저 명확한 평가를 만나는 것이 어렵다는 분위기를 말하고 있다) 하물며 문헌이 되어 전하는 사전(史傳)이 많고도 넓은데, 만약 학자들이 잡란(雜亂)한 것을 탐구하고 숨은 것을 찾으며, 깊은 것을 찾아내고 먼 것을 파악하지 못한다면,[4] 어떻게 그것들의 이해(利害)를 가릴 것이며 그 속의 선과 악을 분명히 할 수 있겠는가?(釋 : 사람에 대한 평가로부터 갈라져 사서에 대한 평가로 옮겨갔다)

夫人識有通塞, 神有晦明, 毁譽以之不同, 愛憎由其各異. 蓋三王之受謗也, 値魯連而獲申; 五霸之擅名也, 逢孔宣而見詆. 斯則物有恒準, 而鑒無定識, 欲求銓覈得中, 其唯千載一遇乎!(釋 : 篇意論鑒古不明之失, 首以明者難遇領局) 況史傳爲文, 淵浩(一作'源')廣博, 學者苟不能探賾索隱, 致遠鉤深, 烏(一作'焉')足以辯其利害, 明其善惡.(釋 : 從鑒人擘歸鑒史)

26-2

『좌전(左傳)』은 『춘추(春秋)』의 전(傳) 가운데 가장 뛰어난 것이지만, 한(漢)·위(魏) 두 시대에는 끝까지 학관(學官)이 두어지지 않았기 때문에[5] 유

칭하지만, 때로는 '목공'과 '양공' 대신 오왕(吳王) 부차(夫差)와 월왕(越王) 구천(勾踐)을 칭하기도 한다. '오패'에 대한 부정적 평가와 관련한 『맹자』와 『논어』「헌문(憲問)」편 등의 예문은 張振珮, 『史通箋注』, p.270 주)2 참조.

4 역주 : 『주역』「계사(繫辭)」 상에, 기물을 이루어 천하의 이로움을 삼음은 성인(聖人)보다 더 큼이 없고, 잡란(雜亂)한 것을 탐구하고 숨은 것을 찾으며, 깊은 것을 찾아내고 먼 것을 파악하여[探賾索隱, 鉤深致遠] 천하의 길흉을 정하며, 천하의 힘써야 할 일을 이룸은 시(蓍)·구(龜)보다 더 큼이 없다고 했다.

5 『수서경적지』「경부(經部)」 "춘추"에, 『좌전』은 한대(漢代)에 처음으로 장창(張蒼)의

자(儒者)들은 모두 『좌전』을 경시하고 『공양전(公羊傳)』·『곡량전(穀梁傳)』 두 전(傳)을 높이 받들었다.[6] 무릇 좌구명(左丘明)은 노나라의 사관(史官)으로서 공자에게서 『춘추』 경(經)을 받았는데, 시대를 논하자면 공자와 같은 시대에 살았으며,[7] 재덕(才德)을 논하자면 공자와 마찬가지로 (교언(巧言)·영색(令色)·과공(過恭) 등을) 부끄럽게 여겼다.[8] 그러나 공양고(公羊高)와 곡량적(穀梁赤)은 공자의 제자를 스승으로 삼고 지위가 높은 문인(門人)들을 따르고 있었지만, 재식(才識)이 근본적으로 다르고 생존 연대 또한 서로 멀리 떨어져 있었으니, 어찌 전하는 설(說)을 싣고 있는 두 『전(傳)』을 직접 전해준 『좌전』과 비교할 수 있겠는가?[9] 더구나 두 『전』의 경우 그 이치가 괴팍하고 편파적인 데가 있고, 말들이 대부분 비루하고 속되기 때문에 『좌전』과 서로 비교하여 같은 시기의 것이라 할 수 없다. 그러므로 『좌씨고맹(左氏膏肓)』과 『공양묵수(公羊墨守)』가 낡아빠진 유생의 망녕된 저술이며,[10] '매병가(賣餠家)'와 '태관주(太官廚)'는[11] 확실히 지혜를 갖

집에서 나왔지만 본래 전(傳)이 없었다. 문제(文帝) 때 가의(賈誼)가 훈고하였고, 그 후 유흠(劉歆)이 학관(學官)을 세우고자 하였지만 유생들이 응하지 않았다. 건무(建武 : 25-55) 연간에 한흠(韓歆)·진원(陳元)이 다시 주장하자 이봉(李封)을 『좌씨』박사에 임명하였지만 그가 죽자 박사관을 없앴다. 진(晉)에 이르러 두예(杜預)가 『경전집해(經傳集解)』를 지었는데 크게 유행하였다. 따라서 하휴(何休)와 범녕(范甯)이 각각 주(注)를 단 『공양전』과 『곡량전』이 차츰 쇠하였다.

6 역주 : 「고금정사(古今正史)」편 『춘추』 관련 내용 참조.

7 역주 : 『한서예문지』 「육예략」 "춘추" 참조

8 역주 : 『논어』 「공야장(公冶長)」편에, 공자께서 말씀하기를, '말을 잘하고 얼굴빛을 좋게 하고 공손을 지나치게 함을 옛날 좌구명이 부끄럽게 여겼는데, 나 또한 이를 부끄러워하노라. 원망을 감추고 그 사람과 사귐을 좌구명이 부끄럽게 여겼는데, 나 또한 이를 부끄러워하노라'고 했다.

9 역주 : 이러한 유지기의 견해는 『한서』 권36, 「초원왕(楚元王傳)」에 부록된 「유흠전(劉歆傳)」에 보이는 유흠의 견해에서 비롯된 것이다. 즉 "유흠은 좌구명의 호오(好惡)는 성인(聖人)과 같았으며, 직접 공자를 보았고, 공양고(公羊高)와 곡량적(穀梁赤)은 70제자 이후였다. 전해들은 것과 직접 본 것은 그 상략(詳略)이 같지 않았다"라고 했다. 그 외 공양고과 곡량적에 대하여는 程千帆, 『史通箋記』, p.139 참조.

10 『후한서』 권79하, 「유림전(儒林傳)」에, 하휴(何休 : 129-182)의 자는 소공(邵公)이고 임성(任城) 사람이다. 태부(태부(太傅) 진번(陳蕃)이 벽소(辟召)하여 정사에 참여시켰다. 『공양해고(公羊解詁)』를 짓고, 다시 『공양묵수(公羊墨守)』·『좌씨고맹(左氏膏肓)』·

춘 사인(士人)들의 고명한 평가임을 알 수 있다.(釋 : 이 구절은 『좌전』이 무시되어 알려지지 않게 된 것이 오래됨으로 말미암아 높은 식견을 가진 사람이 적었다고 하였다)

觀『左氏』之書, 爲傳之最, 而時經漢·魏, 竟不列於學官, 儒者皆折此一家, 而盛推二『傳』. 夫以丘明躬爲魯史, 受經仲尼, 語世則並生, 論才則同恥.(一作'體', 非) 彼二家者, 師孔氏之弟子, 預達者之門人, 才識本殊, 年代又隔, 安得持彼傳說, 比茲親受者乎! 加以二『傳』理有乖僻, 言多鄙野, 方諸『左氏』, 不可同年. 故知『膏肓』·『墨守』, 乃腐儒之妄述; 賣餠·太官, 誠智士之明鑒也.(釋 : 此節以左傳言, 其抑沒之久, 由於明鑒者少也)

26-3

『사기(史記)』와 『한서(漢書)』가 계속 만들어짐으로써 전후가 서로 이어졌다. 왕충(王充 : 27-100)의 『논형(論衡)』에서는[12] 반고의 『한서』를 첫째로,

---

곡량폐질(穀梁廢疾)』 등을 지었다. 『후한서』 권35, 「정현전(鄭玄傳)」에, 정현은 은거하여 집에 있으면서 경학 수업을 닦아 『공양묵수』의 뜻을 밝히고, 『좌씨고맹』의 정곡을 찌르고, 『곡량폐질』의 뜻을 세웠다. 하휴가 감탄하여 말하기를, '정현[康成]이 나의 집에 들어와 나의 창[矛]을 가지고 나를 토벌하는구나!'라고 하였다.

11 『삼국지』 권23, 「위지」 「배잠전(裴潛傳)」 배송지 주(注)의 『위략(魏略)』에, 엄간(嚴幹)은 『공양춘추』에 밝았다. 당시 종요(鍾繇)가 『좌씨』를 좋아하였는데 『좌씨』를 일러 태관주(太官廚)라 하였고, 『공양전』을 매병가(賣餠家)라고 하였다. 여러 차례 엄간과 모임을 갖고 두 전(傳)의 장점과 단점을 분명하게 분석하고자 하였다. 역주 : 태관(太官)은 진한(秦漢)시대에 궁정의 선식(膳食)을 담당하던 기구였다.

12 『후한서』 권49, 「왕충전(王充傳)」에, 충의 자는 중임(仲任)이고, 반표(班彪)를 스승으로 받들었다. 『논형』 85편을 지었다고 했다. 주(注)에, 원산송(袁山松)이 말하기를, 왕충이 『논형』을 지었지만 중원 땅에 전하지 않았다. 채옹(蔡邕)이 오(吳) 땅에 들어가 비로소 이를 얻었다. 항상 감추어두고 이야기 거리로 삼았다.

사마천의 『사기』를 둘째로 여겼고,[13] 장보(張輔)의 논의에서는[14] 또한 반고의 『한서』를 열등한 것으로, 사마천의 『사기』를 우수한 것으로 평가하였다.(原注 : 왕충은 반표(班彪)의 경우 문의(文義)가 두루 갖추어져 있고, 사실의 기록이 상세하고 풍부하여 보는 사람들이 그것을 첫째로 삼고 태사공을 둘째로 한다고 하였다. 장보는 「명사우열론(名士優劣論)」에서, "사람들은 사마천과 반고의 재주의 우열을 논하면서 대부분 반고가 더 낫다고 한다. 내가 생각하기에, 사마천은 3,000년간의 사실을 서술하면서 50만 자를 썼고 반고는 200년간의 사실을 기록하면서 80만 자를 썼다. 번거로움과 생략에서 겨룰 바가 아니니 반고가 사마천보다 못하다는 것은 분명하다"라고 하였다) 그러나 이 두 책이 비록 서로 장·단점이 있고, 득실과 관련한 평가가 서로 엇갈려 나타나지만, 대체로 풍격이 서로 같으므로 비슷한 부류라고 할 수 있다.(釋 : 이하부터는 반고와 사마천에 대하여 말하고 있다. ○먼저 대등하게 논하고 있다) 장안(張晏)은 사마천이 죽은 후 「귀책열전(龜策列傳)」과 「일자열전(日者列傳)」이 없어져 저선생(褚先生)이 없어진 편장(篇章)을 보완하였지만 그 언사가 비루(鄙陋)하여 사마천의 본의(本意)

13 역주 : 『논형』 「초기(超奇)」편에 나오는 말이다.

14 『진서(晉書)』 권60, 「장보전(張輔傳)」에, 보의 자는 세위(世偉)이고 어사중승(御史中丞)을 지냈다. 반고와 사마천을 논하였다고 했는데 살펴보니 논한 것이 다섯 가지가 되지만 문장이 번거로워 수록하지 않았다. 역주 : 「장보전」에 기재된 관련 내용을 모두 보면, "반고와 사마천을 논하며 이르기를, 사마천의 저술은 언사가 간약(簡約)하고 사실은 상세하여 3천년간의 사실을 서술하는데 단지 50만 자를 썼고, 반고는 2백년[원문에는 3백년]간의 사실을 서술하는데 80만 자나 썼다. 양자 사이의 번간(繁簡)이 달랐다. 이것이 반고가 사마천보다 못한 첫 번째 점이다. 양사(良史)는 사실을 서술하면서 착한 일로서 권면(勸勉)을 장려하는데 족하게 하고, 악한 일로서 감계(監誡)에 족하게 하였다. 이는 인도(人道)의 상례(常例)였다. 어느 쪽도 아닌 소소한 사실은 취하지 않았다. 그런데도 반고는 이를 모두 기록하였다. 사마천보다 못한 두 번째 점이다. 조조(晁錯)를 폄훼하여 충신의 도를 상하게 한 것이 사마천보다 못한 세 번째 점이다. 사마천이 이미 역사서술의 선하(先河)를 열었고 반고는 또한 이를 따라 행하였으므로 서술의 난이(難易)가 더욱 달랐다. 또 사마천은 소진(蘇秦)·장의(張儀)·범수(范睢)·채택(蔡澤) 등의 열전을 썼는데 언사가 유창하고 기운이 넘쳐 역시 사마천의 비범한 재능을 증명하기에 족했다. 때문에 변사(辯士)를 서술함에 문장이 화려하고, 역사적 사실을 서술함에 정확하게 살피고 명분을 바르게 언어는 순하게 하였다. 이러한 것이 곧 사마천이 양사(良史)로 칭해지는 까닭이다"라고 했다.

가 아니라고 말하였다.[15] 사마천이 편찬한 「오제본기(五帝本紀)」와 70열전(七十列傳)를 살펴보면, 우순(虞舜)이 곤경을 만나 드디어 우물 벽 곁에 난 구멍 속에 피하였다가 구멍을 파고 나왔으며,[16] 공자[宣尼]가 죽은 후 문인(門人)들이 곧 유약(有若)을 스승으로 받들었다고 했다.[17](이 두 가지 사실은 「암혹(暗惑)」편에서도 논하였다) 이 말의 비루함은 또한 저선생(褚先生)이 보완한 것보다 더 심하였으니, 어찌 저선생만을 책망하고 온통 사마천만을 숭상할 수 있겠는가.(釋 : 여기서 사마천을 논한 것은 평가에 대하여 언급한 것으로 장보의 견해를 반박하는 것이지 사마천을 비판하는 것은 아니다) 유궤사(劉軌思)[18]는 한대(漢代)의 사서들을 평가하면서 반고의 재능을 중시하면서도 『한서』의 본기(本紀)에 소제(少帝)를 배열하지 않고[19] 오히려 「여후본기」[20]

15 『사기』 권130, 「태사공자서」배인(裴駰)주(注) 『사기집해(史記集解)』에 인용된 『한서음의(漢書音義)』에, '10편(篇)은 목록만 있을 뿐 내용이 없다'. 장안(張晏)이 말하기를, '사마천이 죽은 후 「경제기(景帝紀)」·「무제기(武帝紀)」·「한흥이래장상연표(漢興以來將相年表)」·「예서(禮書)」·「악서(樂書)」·「율서(律書)」·「삼왕세가(三王世家)」·「일자열전(日者列傳)」·「귀책열전(龜策列傳)」·「근괴열전(靳蒯列傳)」 등이 없어졌다. 원제(元帝)와 성제(成帝) 연간 사이에 저선생(褚先生)이 빠진 것을 보완하였는데, 「일자열전」·「귀책열전」은 언사(言辭)가 비루(鄙陋)하여 사마천의 본의(本意)가 아니다'라고 했다. 역주 : 장안은 삼국시대 위(魏)나라 사람으로 자는 자박(子博)이고, 『한서음석(漢書音釋)』 40권을 지었다.

16 역주 : 『사기』 권1, 「오제본기」에, (순의 아버지) 고수(瞽叟)는 여전히 순(舜)을 죽이려고 했는데, 하루는 순에게 창고에 올라가서 벽토를 바르게 하고 아래서 불을 질러 창고를 대워비렸다. 그리나 순은 두 개의 삿갓으로 자신을 보호하며 창고에서 뛰어내려 도망쳐서 죽음을 면하였다. 그 뒤 고수는 또 순에게 우물을 파게 하였다. 순은 우물을 깊이 파면서 밖으로 나올 수 있는 비밀 구멍을 함께 팠다. 순이 우물 깊이 파들어 가자 고수와 (순의 이복동생) 상(象)은 함께 흙을 퍼부어 우물을 메워버렸고, 순은 몰래 파놓은 구멍을 통해서 밖으로 도망을 갔다고 했다.

17 역주 : 『사기』 권67, 「중니제자열전(仲尼弟子列傳)」에, (유약(有若)은 공자보다 43년 연하이다.) 공자가 죽은 후 제자들은 사모함을 그치지 않았다. 그래서 유약의 모습이 공자와 비슷하여 제자들은 그를 스승으로 세우고서 공자를 섬길 때처럼 하였다고 했다.

18 『북제서(北齊書)』 권44, 「유림전(儒林傳)」에, 유궤사의 『시경』에 대한 언급은 매우 정치(精緻)하였다. 따라서 그의 향곡(鄉曲)은 대부분 『시경』을 언급한 것이었다. 북제의 선통(宣統) 연간에 국자박사(國子博士)를 지냈다고 했다. 按 : 열전에는 논사(論史)의 문장이 실려 있지 않다.

를 두고 있음을 비난하였다. 살펴보건대 소제(少帝) 유홍(劉弘)은 유씨의 후손이 아닌데 남몰래 한나라 후궁(後宮)에서 키웠다. 당시 나라에는 군주가 없었고 여씨(呂氏)가 황제의 권력을 행사하였기 때문에 여후(呂后)의 연월[歲月]을 이용하여 본기의 편년으로 삼았다. 그러나 여후[野雞][21]의 언행과 사적은 바로 「외척전(外戚傳)」에서 상세히 서술하고 있다.[22] 비유컨대 주나라 성왕(成王)이 아직 어리므로 사서에서 주공(周公)의 섭정을 편년으로 삼은 것과 같다.[23] 주 여왕(厲王)이 체(彘) 땅으로 달아났으니 역법은 (주공(周公)과 소공(召公)의) 공화(共和)를 편년의 기준으로 삼았다.[24] 그러나 주공과 소공은 각기 「세가(世家)」에 전(傳)이 있다.(이 문구는 틀림없이 잘못된 것이다. 자세히 살펴보면 이 문구는 당연히 "각기 「세가」가 있다"로 써야 한다) 반고는 과거의 예(例)를 받들어 따랐으니 일의 원칙에 매우 합당하다. 마음 깊은 곳에서 고심하여 표현한 것이 어찌 오히려 졸렬한 안목을 가진 사람들로부터 비웃음을 받아야 하겠는가![25](釋 : 여기서는 반고를 논하면서

19 역주 : 소제(少帝)란 혜제(惠帝)의 아들 소제 공(恭 : 제위 B.C. 188-184)과 소제 홍(弘 : B.C. 184-180)을 가리킨다.

20 역주 : 『한서』 권3, 「고후기(高后紀)」를 말한다.

21 『사기』 권28, 「봉선서(封禪書)」에, 꿩[野雞]이 밤중에 울었다. 주(注)에, 여순(如淳)이 말하기를 야계(野雞)란 꿩[雉]이다. 여후(呂后)의 이름이 치(雉)였기 때문에 피휘(避諱)하여 '야계'라 하였다고 했다.

22 역주 : 『한서』 권3, 「고후기(高后紀)」에는 여태후가 황제의 권력을 행사한[稱制] 8년간의 사실이 편년으로 수록되었고, 그 외의 사실은 『한서』 권97상, 「외척전」 상에 수록되었다.

23 역주 : 『사기』 권4, 「주본기(周本紀)」에, 성왕(成王)의 나이가 어리고 주나라가 천하를 평정하지 얼마 안 되었으므로 주공은 제후들이 주를 배반할까 두려워 마침내 섭정하여 국사를 주관하였다. …… 주공이 정무를 집행한 지 7년, 성왕이 성장하자 주공은 국정을 성왕에게 돌려주고 물러났다고 했다.

24 역주 : 『사기』 권4, 「주본기」에, "(여왕(厲王)이 체(彘)로 달아나고) 소공(召公)과 주공(周公)[주공 단(旦)의 아들]이 함께 정무를 관리한 것을 공화(共和)라고 한다. 공화 14년 여왕(厲王)이 체에서 세상을 떠났다. 태자 정(靜)이 소공의 집에서 장성하자 소공과 주공이 그를 왕으로 옹립하니 그가 선왕(宣王)이다"라고 하였다.

25 이 구절은 육기(陸機)의 『문부(文賦)』(『문선』 권17 所收)에 보인다. 역주 : 즉 "마음 깊은 곳에서 고심하여 표현한 것이라 하더라도 혹 졸렬한 안목을 가진 사람들로부터 비웃음을 받기도 한다[雖濬發於巧心, 或受嗤於拙目]"라고 하였다.

마찬가지로 평가에 대하여 말한 것으로 유궤사(劉軌思)를 비판하였던 것이지 반고(班固)를 칭찬한 것은 아니다. ○이상은 『사기』와 『한서』를 함께 다룬 큰 구절이다)

逮『史』·『漢』繼作, 踵武相承. 王充著書, 旣甲班而乙馬; 張輔持論, 又劣固而優遷.(原注: 王充謂彪文義浹備, 紀事詳贍, 觀者以爲甲, 以太史公爲乙也. 張輔『名士優劣論』曰: "世人稱司馬遷·班固之才優劣, 多以班爲勝. 余以爲史遷敍三千年事, 五十萬言, 班固敍二百年事, 八十萬言. 煩省不敵, 固之不如遷必矣.") 然此二書, 雖互有修短, 遞聞(一作'有')得失, 而大抵同風, 可爲連類.(釋: 自此已下, 以班·馬言. ○先列平論) 張晏云: 遷歿後, 亡『龜策』·『日者傳』, 褚先生補其所(一無'所'字)缺, 言詞鄙陋, 非遷本意. 案遷所撰『五帝本紀』·七十列傳, 稱虞舜見陋, 遂匿空而出; 宣尼旣殂, 門人推奉有若.(此二事又於『暗惑』篇論之) 其言之鄙, 又甚於玆, 安得獨罪褚生, 而全宗馬氏也?(釋: 一條論馬, 對鑒者立說, 是駁張, 非抑馬也) 劉軌思商榷漢史, 雅重班才; 惟譏其本紀不列少帝, 而輒編高后. 案弘非劉氏, 而竊養漢宮. 時天下無主,(一作'君') 呂宗稱制, 故借其歲月, 寄以編年. 而野雞行事, 自具『外戚』. 譬夫成(周成王)爲孺子, 史刊攝政(一作'正')之年; 厲亡流彘, 曆紀共和之日. 而周·召二公, 各世家有傳.(句必有誤, 詳此句當云'各有世家') 班氏式遵曩例, 殊合事宜, 豈謂雖濬發於巧心, 反受嗤於拙目也.(釋: 一條論班, 亦對鑒者立說, 是駁劉, 非揚班也. ○右通史·漢爲一大節)

26-4

유상(劉祥)은 『송서(宋書)』 「서록(序錄)」을 지으면서,[26] 여러 진사(晉史)들

26 『남제서(南齊書)』 권36, 「유상전(劉祥傳)」에, 유상의 자는 현징(顯徵)이다. 성정(性情)이 강직하고 막힌 것이 없었다. 송대(宋代)에 평민으로부터 파릉왕(巴陵王)의 정서행

을 일일이 평론하였는데, 그 대략을 말하기를, "하법성(何法盛)의 『진중흥서(晉中興書)』는 난잡하고(풀이 성한 모양) 기백이 적으며, 왕은(王隱)의 『진서(晉書)』와 서광(徐廣 : 352-425)[27]의 『진기(晉紀)』는 고루함에 빠져 문장의 기교가 없었다"라고 하였다. 무릇 사서의 서사(敍事)는 웅변이지만 화려하지 않고, 질박하지만 촌스럽지 않아야 하고, 그 문장은 곧고 그 사실은 정확하기만 하면[28] 괜찮은 셈이다. 만약에 반드시 공융(孔融 : 153-208)[29]의 특이한 기질을 포함한 문장과 같아야 하고, 유정(劉楨)[公幹]처럼 세속에서

참군(征西行參軍)이 되었다. 『송서(宋書)』(역주 : 이 책은 남제(南齊) 무제(武帝) 영명(永明) 원년에 편찬한 책이지만 현재 전하지 않는다. 「서록」 역시 일문(佚文)이 전할 뿐이다)를 편찬하면서 송·제의 선양(禪讓)을 비판하였다. 황제가 듣고 불문에 부쳤다. 후에 광주(廣州)로 옮겼다. 按 : 후주(後周)에도 역시 유상(劉祥)이 있었는데, 자가 휴징(休徵)이었다. 평상시 자(字)를 사용하였다. 유번(劉璠)의 아들이었다. 『양전(梁典)』을 편찬하였지만 이와는 아무 관계가 없다. 곽연년(郭延年)이 『사통평석(史通評釋)』에서 잘못 인용하였지만, 왕유검(王惟儉)이 『사통훈고(史通訓故)』에서 바로 잡았다.

27 「육가(六家)」편의 "좌전가(左傳家)"에 보이는 서고(徐賈)의 주(注)에 보인다.

28 역주 : 이상은 『한서』 권62, 「사마천전」 찬(贊)에 보이는 문장을 인용한 것이다. 반고는 사마천을 평가하면서, "그러나 유향(劉向)·양웅(揚雄)으로부터 모든 책에서 다 사마천을 칭송하여 그가 훌륭한 역사가로서의 재능이 있다고 하고, 그가 사건의 경과를 잘 서술하는 데에 탄복하였다. 사마천의 문장은 웅변이지만 화려하지 않고, 질박하지만 촌스럽지 않다[辨而不華, 質而不俚]. 그 문장은 곧고 그 사실은 정확하며[其文直, 其事覈], 공연히 찬양하는 법이 없고 악을 숨겨주지 않는다. 그런 까닭에 실록(實錄)이라 일컫는 것이다"라고 하였다.

29 『후한서』 권70, 「공융전」에, 공융의 자는 문거(文擧)이고 노(魯)나라 사람이다. 북해상(北海相)을 지냈다고 했다. 『삼국지』 권21, 「위지」 「유정전(劉禎傳)」에, 동평(東平) 사람 유정의 자는 공간(公幹)이라고 했다. 위 문제(魏文帝)의 『전론(典論)』에, 오늘날의 문인 중에 노나라 사람 공문거(孔文擧)는 타고난 기품이 훌륭하고 뛰어났지만 때로는 이(理)가 문사(文詞)만 못하였다고 했고, 또 일체의 문장(文章)에는 공통성이 있지만 문체(文體)에는 특수성이 있다고 했다. 위 문제의 「여오질서(與吳質書)」에, 공간(公幹) 즉 유정(劉禎)은 기상이 빼어났지만 굳세지는 않았다고 했다. 역주 : 『문심조룡』 「풍골(風骨)」편에, 위 문제(魏文帝)는 『전론(典論)』 「논문(論文)」에서 말하기를, 문장은 작가의 풍격(風格)으로 좌지우지된다. 풍격의 맑음과 흐림은 그 기질로부터 연유되는 것이어서 억지로 구한다고 해서 얻어지는 것이 아니라고 했고, 이어서 공융에 대한 논평에서는 타고난 기품이 훌륭하고 뛰어났다고 했고, …… 유정(劉禎)에 대한 논평에서는 그 역시 아주 뛰어난 풍격을 지니고 있다고 했다. 유정 역시 공융은 아주 뛰어나 그는 비범한 풍격을 갖추고 있어서 그 문장의 미묘함은 평범한 사람들이 도저히 따라잡을 방법이 없을 정도라고 했다.

벗어난 기상을 지닌 문장,[30] 양웅(揚雄 : B.C. 3-A.D. 18)의 아름다운 바탕을 포함한 문장,[31] 사마상여(司馬相如 : B.C. 179-118)의 문채가 휘날리는 사부(詞賦),[32]등은 화려한 사조(詞藻)를 골라 모으고 아름다운 문장들로 꾸민 것들인데, 이들을 '실록(實錄)'이라고 칭하려 한다면 그것이 가능하겠는가? 이러한 관점으로 사서를 비판하고 꾸짖는 것은 망녕된 비평을 가하는 것임을 알 수 있다.(釋 : 이 구절에서는 여러 진사(晉史)를 거론하고 있는데, 역시 감식(鑒識)과 관련하여 유상(劉祥)을 비판한 것이지 여러 사서의 우열을 논한 것은 아니다. ○어떤 판본에는 이 아래에 전편(前篇)의 '부사(夫史)'단락이 들어가 있는데, 아마 잘못일 것이다)

劉祥撰『宋書』「序(一脫'序'字)錄」, 歷說(一作'序')諸家晉史, 其略云 : "法盛『中興』, 荒莊(草盛貌. 一作'拙')少氣, 王隱 · 徐廣, 淪溺罕華."夫史之敍事也, 當辯而不華, 質而不俚; 其文直, 其事核, 若斯而已可也.(一作'矣') 必令同文擧之含異,(疑當作'未異') 等公幹之有逸, 如子雲之含章, 類長卿之飛藻; 此乃綺揚繡合, 雕章縟彩, 欲稱實錄, 其可得乎? 以此詆訶, 知其妄施彈射矣.(釋 : 此節列諸晉史, 亦對鑒者說, 亦是駁劉, 非優劣諸史也. ○一本此下入前篇'夫史'一段, 恐非)

---

30 역주 : 유정[公幹]의 열전은 『삼국지』 권21, 「위지」 「왕찬전(王粲傳)」에 부록 되어 있다. 조비(曹丕), 「여오질서(與吳質書)」(『문선』 권42 所收)에, "유정[公幹]이 세속을 벗어난 기상을 지니고 있었지만, 강건함이 부족하였다[公幹有逸氣, 但未遒耳]"고 하였다.

31 『한서』 권87상, 「양웅전」 상에, 양웅의 자는 자운(子雲)이고 촉군(蜀郡) 사람이다. 외부의 사물에 동요하지 않는 깊은 생각을 하길 좋아하였다. 그 전에 촉(蜀)에는 사마상여가 있었는데 그가 지은 부(賦)가 매우 스케일이 크고 고왔다. 양웅이 항상 이를 본받았다고 했다.

32 사마상여의 자는 장경(長卿)이다. 상여가 부(賦)를 연주하면 천자도 크게 기뻐하였는데 그 뛰어난 가락이 속세를 떠나 천지간을 유람하는 듯 하였다고 했다. 역주 : 『한서』 권57, 「사마상여전」에 나오는 문장이다.

26-5

무릇 사람이 버려지거나 불러 쓰임을 받게 되는 것은 때[時]에 달려 있고, 곤궁해지거나 높은 지위에 오르는 것은 명(命)에 달려 있다.[33] 사서의 작용도 이와 마찬가지이다. 고문(古文)으로 쓰여진 『상서(尙書)』는 『육경(六經)』의 으뜸이고, 『춘추좌전(春秋左傳)』은 세 『전(傳)』 가운데 가장 뛰어났지만, 진(秦)으로부터 진(晉)에 이르기까지 500여년 동안 이 두 책은 모두 감추어져 세상에 유행되지 않았다. 매색(梅賾)이 고문(古文)으로 된 『상서(尙書)』 사본을 조정에 바치고,[34] 두예(杜預 : 222-284)[35]가 『춘추좌씨경전집해(春秋左氏經傳集解)』를 지은 다음에야 일시에 중시되고 이후 오래도록 크게 명성을 떨치게 되었다. 노자(老子)의 『도덕경(道德經)』은 주(周)나라 때 쓰여졌고, 『장자(莊子)』는 전국시대 초(楚)나라 때 완성되었지만, 한 문제(漢文帝) · 경제(景帝) 때 와서야 비로소 세상에 전해지게 되었고, 혜강(嵇康)과 완적(阮籍)을 만난 다음에야 귀하게 여겨졌다.[36] 이 같은 부류를 어

---

33 역주 : 이강(李康)의 「운명론(運命論)」(『문선』 권53 所收)에는, "치란(治亂)은 운(運)에 의해 결정되고, 곤궁해지거나 높은 지위에 오르는 것[窮達]은 명(命)에 의해 결정되고, 귀천은 때[時]에 의해 결정된다"라고 하였다.

34 『수서경적지』 「경부(經部)」 "상서(尙書)"에, 공안국(孔安國)이 고문(古文)으로 그 편제(篇第)를 정리하여 58편으로 만들었다. 진대(晉代)에 비부(秘府)에 보존되어 있다가 영가(永嘉)의 난 때 없어졌다. 동진(東晉)에 이르러 예장내사(豫章內史) 매색(梅賾)이 처음으로 공안국이 전(傳)한 『고문상서』를 얻어 바쳤다. 여기에는 「순전(舜典)」편이 빠져 있었다. 제(齊) 건무(建武 : 494-497) 연간에 오(吳) 지방 사람인 요방흥(姚方興)이 대항(大桁)의 저자거리에서 그 책을 얻어 바쳤는데 28편이 많았다. 그리하여 국학에 처음으로 배열하였다. 按 : 『세설신어』 「방정(方正)」편에, 매이(梅頤)는 예장태수(豫章太守)를 지냈다고 했다. 자는 중진(仲眞)이라 했는데, 주(注)에 인용된 『진제공찬(晉諸公讚)』에 보이는 사람이 비슷하다. '색(賾)'과 '이(頤)' 중 누가 맞는지는 모른다고 했다.

35 두예가 지은 『춘추좌씨경전집해』에 대하여는 이미 앞에 그 대략이 보인다. 『진서(晉書)』 권34, 「두예전」에, 다시 여러 사람들의 보제(譜第)를 참고하여 이를 『석례(釋例)』라고 하였고, 또한 『맹회도(盟會圖)』 · 『춘추장력(春秋長曆)』 등을 지어 일가지학(一家之學)을 갖추었다고 했다.

36 『한서』 권87하, 「양웅전」 하에, 옛날 노담(老聃)이 허무(虛無)의 논리로 두 편(篇)을

찌 다 쓸 수 있겠는가! 때문에 "버려지거나 불러 쓰임을 받게 되는 것은 때[時]에 달려 있고, 사람이 곤궁해지거나 높은 지위에 오르는가 하는 것은 명(命)에 달려 있다"라고 한 것이다. 만약에 당시 보물을 제대로 볼 줄 아는 사람이 없고 세상에 알아주는 사람이 아무도 없었다면, 예컨대 『논형(論衡)』이 채옹(蔡邕)을 만나지 못하고,[37] 『태현(太玄)』이 장형(張衡)[38]을 만나지 못하였다면 틀림없이 연기나 불꽃처럼 사라지거나 진흙이 비에 씻기듯 없어졌을 터이니, 어찌 죽어서도 불후(不朽)할 것이며, 후세에까지 이름을 날릴 수 있단 말인가?(釋 : 끝 구절은 여전히 '감식(鑒識)'을 통해 감개(感慨)함을 만나기 어렵다고 하여 전체 편(篇)을 총괄하였다)

夫人廢興, 時也 : 窮達, 命也. 而書之爲用, 亦復如是. 蓋『尙書』古文, 『六(一作'七')經』之冠冕也; 『春秋左氏』, 三『傳』之雄霸也. 而自秦至晉, 年逾五百, 其書隱沒, 不行於世. 旣而梅氏寫獻,(一作'狀') 杜侯訓釋, 然後見重一時, 擅名千古. 若乃(一無'若乃'二字, 一止有'乃'字)『老經』撰於周日, 『莊子』成於楚年, 遭文 · 景而始傳, 値嵇 · 阮而方貴. 若斯流者, 可勝紀哉! 故曰"廢興, 時也; 窮達, 命也." 適使時無識宝, 世缺知音, 若『論衡』之未遇伯喈, 『太玄』之不逢平子, 逝將烟盡火滅, 泥沈雨絶, 安有歿而不朽, 揚名於後世者乎!(釋 : 末節仍以鑒識難遇感慨, 攝全篇)

按 : 「곡필」편은 은원(恩怨)과 폐흥(廢興)을 말하였고, 「감식」편은 명암(明

지었는데, 후세 이를 좋아하는 사람들은 『오경』보다 뛰어나다고 여겼다. 한의 문제(文帝)와 경제(景帝) 그리고 사마천이 모두 이러한 말을 하였다고 했다. 『진서(晉書)』 권49, 「혜강전(嵇康傳)」과 「완적전(阮籍傳)」에, 혜강이 노장(老莊)을 좋아하여 『양생론(養生論)』을 지었고, 완적은 『달장론(達莊論)』을 지었다고 했다. 按 : 한초(漢初) 황(黃) · 노(老)를 이야기한 사람으로는 먼저 교서(膠西)의 개공(蓋公)이 있었고, 진대(晉代)에 와서 현학의 풍조가 더욱 심해져 하안(何晏) · 왕필(王弼)에서 시작하여 상수(向秀)와 곽상(郭象)이 그 부류였는데, 『사통』에서는 문제 · 경제 · 혜강 · 완적을 차례로 언급함으로써 요약하였다.

37 역주 : 앞의 『논형』에 대한 주)12 참조.

38 장형의 자는 평자(平子)이다. 상세한 주(注)는 「자서(自敍)」편 참조.

暗)과 이동(異同)을 말하고 있다. 「곡필」편은 사서에 사람들을 어떻게 기록해야 하는가를 다루었고, 「감식」편은 사람들이 사서(史書)를 어떻게 감별하고 평가하는가를 다루고 있다. 이 두 편은 근본적으로 한 마디도 서로 섞인 것이 없고, 200자를 순서를 잘못하여 어느 편(篇)에 기재하더라도[39] 이 기준으로 판단할 수 있다.(「曲筆」以恩怨廢興言, 「鑒識」以明暗異同言. 「曲筆」是史之書人, 「鑒識」是人之辨史. 兩篇本無一語相混, 錯簡二百字, 持此判之)

---

39 역주 : 어떤 판본에 "무릇 사람이 버려지거나 불러 쓰임을 받게 되는 것은 때[時]에 달려 있고" 이하 200자가 「곡필」편에 기재되어 있음을 지적한 것이다.

「탐색(探賾)」 제27

이른바 탐색(探賾)이란 본래 깊이 감추어진 도리를 찾아내는 것을 의미한다.[1] 유지기는 이 편에서 사서를 편찬한 사람의 깊은 의도를 통해 사서를 평가해야 한다고 했다. 왜냐하면 고인(古人)들이 사서를 편찬할 때 사료를 버리고 취하는 데 있어서나 시비의 판단에 있어서 나름의 시대적, 정치적 서술배경을 지니고 있음에도 불구하고 후세 사람들은 작자의 의도와 관계없이 자기 마음대로 그 의도를 살핌으로써 세상 사람들의 이목을 잘못 인도하는 커다란 오류를 범하기 때문이라고 했다. 아울러 옛 저작의 결점에 대하여도 그 과오를 지적하고 비판하지 못하고 그 잘못을 더 꾸밀 뿐만 아니라 결국에는 그것을 더욱 확대하여 억

1 역주 : 『주역(周易)』 「계사전(繫辭傳)」 상(上)에, 물건을 구비하여 씀을 지극히 하며 기물을 이루어 천하의 이로움을 삼음은 성인(聖人)보다 더 큼이 없고, 깊이 감추어진 도리를 찾아내고[探賾索隱], 깊은 것을 찾아내고 먼 것을 이루어 천하의 길흉을 정하며 천하의 힘써야 할 일을 이룸은 시책(蓍策)과 귀갑(龜甲)보다 더 큼이 없다고 했다. 포기룡은 안문(按文)에서 "탐색(探賾)이라는 것은 번잡하고 어지러운 중론(衆論)을 판별하여 바르게 고친다"는 의미로 보았다.

지를 부리는 경우가 많다고 개탄하였다. 이러한 관점에서 『춘추』 저작의 시점에 대한 후세 유자(儒者)들의 인식과 손성(孫盛)의 『좌전』과 『한기(漢紀)에 대한 평가, 갈홍(葛洪)의 『사기』 「백이열전」과 「항우본기」에 대한 평가, 이덕림(李德林)의 『삼국지』 저술태도에 대한 평가 등이 모두 작자의 의도와 다르다고 주장하였다. 따라서 유지기는 "여러 사람들의 각기 다른 관점들을 살피고 작자의 본의를 헤아려 보면, 어떤 것은 자신의 생각에서 나온 것인데도 탐색(探賾)이라는 헛된 명분을 내세우거나, 어떤 것은 사실과 맞지 않게 질책과 찬양을 덧붙이면서 걸핏하면 자신의 이동(異同)을 드러낸다. 그러나 세속에 젖은 고리타분한 유생[腐儒]들과 후세의 식견이 천박한 학자들은 그들의 고집스런 편견[狂狷]에 젖어서 잘못을 저지르면서도, 스스로 남이 보지 못한 바를 보거나 남이 듣지 못하는 것을 들은 것처럼 여기고 그러한 이야기를 항상 입에 올리며 이야깃거리로 삼았다. 다만 지혜로운 사람만이 미혹되지 않고 의심을 품는 바가 없었다"라고 결론짓고 있다.

27-1

고대의 '술(述)'[2]이라고 하는 것이 어찌 부질없이 이전의 것을 그대로 전하기만 하였겠는가? 혹 사료의 취사(取捨)가 갖는 의의를 분명히 하기가 어렵고, 혹은 시비에 대한 평가가 혼란스럽게 섞여 있었기 때문이다. 이 때문에 『상서(尙書)』 중에 「전(典)」과 「고(誥)」를 모아 편찬하였고, 공

2 역주 : 고대인들은 '술(述)'과 '작(作)'을 구분하였다. '술'이란 이전의 말을 그대로 서술한다는 의미이고, '작'이란 자신만의 새로운 뜻을 만든다는 것을 의미한다. 『논어』 「술이(述而)」편의 "옛 것을 서술하되 새것을 만들어내지는 않는다[述而不作]"는 것도 결국 그러한 의미이다.

자(宣父)가 그 부류를 분별하였으며,[3] 『시경』은 「풍(風)」과 「아(雅)」를 배열하였고 복상(卜商)은 그 뜻을 헤아려 통하게 하였다.[4] 무릇 예전의 철인(哲人)들이 저술한 것도 후세의 사람들이 읽으면서 작자의 의도(意圖)를 잃게 되면 이를 전수(傳授)하기가 어렵다. 그런데도 혹자는 아무런 근거 없이 억지로 둘러맞추거나 자기 마음대로 경솔하게 본래의 의미를 살피니, 이는 작자의 깊은 의도와 어긋나며, 세상 사람들의 이목(耳目)[5]을 잘못 인도하는 것이니 그가 범한 오류가 어찌 심하지 않겠는가?(**釋**: 첫 구절에서는 술(述)이 가리키는 득실을 드러내고 있어서 「탐색」편의 대의가 보인다)

古之述者, 豈徒然哉! 或以取舍難明, 或以是非相亂. 由是『書』編典浩, 宣父辨其流; 『詩』列風雅, 卜商通其義. 夫前哲所作, 後來是觀, 苟失其指歸, 則難以傳授. 而或有妄生穿鑿, 輕究本源, 是乖作者之深旨, 誤生人之後學, 其爲謬也, 不亦甚乎!(**釋**: 首節標出述指之得失, 見「探賾」大意)

---

3 역주 : 공안국(孔安國)의 『상서(尙書)』 서(序)에, 나의 조상 공자께서는 주나라 말기에 태어나 사적(史籍)의 번문(煩文)을 보고 후세의 독자들이 문장의 뜻을 하나로 이해하지 못할 것을 염려하여 『예(禮)』·『악(樂)』을 수정(修定)하여 예부터 내려온 문장의 함의를 명확하게 하였다. 『시(詩)』의 편목을 300편으로 산삭(刪削)하고, 사적(史籍)의 기재에 의거하여 『춘추』를 저술하였다. 『역(易)』의 도리를 도와 '팔색(八索)'을 폐기하고, 직방(職方)을 천술(闡述)하고 '구구(九丘)'를 없앴다. 삼분(三墳)·오전(五典)의 문장을 정리하였는데 시대범위를 당우(唐虞) 이후 주나라까지로 하였다. 번잡하고 혼란한 부분을 없애고 허황하고 쓸모 없는 문사(文辭)들을 없애거나 줄여서 그 중 강령은 제시하고 정의(精義)와 요점을 추림으로써 세상에 전해져 사람에게 충분히 모범이 될만한 가르침을 남겼다. 전(典)·모(謨)·훈(訓)·고(誥)·서(誓)·명(命) 등의 문장이 모두 100편이었다. 가장 근본적인 도리를 세상에 널리 알리는 것으로 군주에게 모범이 될만한 것들을 제공하였다. 제왕의 제도에 분명하게 인용하여 시행할 수 있어서 3천의 제자가 그 도의(道義)를 모두 받아들였다고 했다. 이외에 『사기』 권47, 「공자세가」에 비슷한 내용이 보인다.

4 역주 : 복상은 공자의 제자로서, 자(字)는 자하(子夏)이다. 『한서예문지』 「육예략(六藝略)」 "시(詩)"에, 옛날에는 시(詩)를 채집하는 관리가 있어, 왕자(王者)가 풍속을 보고 득실을 알아 그것에 의해 살피고 바로잡은 까닭이다. …… 또 모공(毛公)의 학(學)이 있었으니 스스로 자하(子夏)에게 전수받은 것이라 했다. 하간헌왕(河間獻王)이 이를 좋아하였지만 아직 학관에 세워지지 못하였다고 했다.

5 역주 : 본문에는 '후학(後學)'으로 되어 있지만 '이목(耳目)'으로 고쳐야 한다는 견해에 따랐다. 程千帆, 『史通箋記』, p.141 참조.

27-2

옛날 공자가 노나라 역사를 쓸 때 학자들은 모두 기린(麒麟)의 출현에 감동하여 지었다고 생각했다.[6] 자사(子思)의 말을 살펴보니, "나의 조부[공자]가 진(陳)나라와 채(蔡)나라에 있을 때 어려운 일을 당하자 「춘추」를 짓기 시작하였다"[7]고 했다. 조상[聿修]의 덕을 서술하여 자손[詒厥]에게 전하기 위하여[8] 사실 그대로를 기록하길 추구하였기 때문에 잘못되기는 어려웠을 것이다. 이는 미언대의(微言大義)를 곡절하게 포함하고 있는 『춘추』였기 때문에[9] 진(陳)나라와 채(蔡)나라에서 곤경을 당하자 쓰기 시작

6 역주 : 두예(杜預), 『춘추좌씨전집해』 서(序)(『문선』 권45 所收)에, 기린이나 봉황 등 다섯 영물(靈物)은 어진 천자가 출현할 기쁨을 알리는 상서로움이다. 이제 기린의 출현은 그 때가 아니므로 그의 응대 또한 헛된 것이며 그가 돌아갈 바를 잃은 것이다. 이것이 성인(聖人)이 느끼는 것들이었다. 기린을 잡았다는 한 구절에서 붓을 놓은 것은 감동한 바 있어 붓을 잡았다가 차분히 그 끝을 맺은 것이 당연한 것이다. …… 그러므로 나는 공자가 기린이 나타난 사실에 감동하여 『춘추』를 지었다고 생각한다. 『춘추』를 지을 생각이 기린이 잡힌 데서 일어났으니, 글이 마음을 일으킨 것에서 그치는 일은 그 사실을 얻는 것이 된다고 했다. 비슷한 내용이 『사기』 권47, 「공자세가」에도 보인다.

7 『공총자(孔叢子)』 「거위(巨衛)」편에, 송(宋) 악삭(樂朔)이 자사(子思)를 포위하였다가 풀어주었다. 자사가 말하기를, 주나라 문왕(文王)은 유리(牖里)에 갇혀서 『주역(周易)』을 지었고, 조부께서는 진(陳)과 채(蔡)에서 어려움을 당했을 때 『춘추』를 지었다. 내가 지금 송에 갇혀 있었으니 저작이 없을 소냐? 이에 『중용(中庸)』 49편을 지었다고 했다. 按 : 「태사공자서(太史公自序)」와 『공양전(公羊傳)』의 첫머리의 주(注)에 모두 이 말을 존중하였다. 또 살펴보니, 『공총자』를 선유(先儒)들은 대부분 위작(僞作)이라 여겼고 그 잡스러움을 비판하였다. 책에는 공자와 자사의 문답(問答)이 있다. 고사손(高似孫)의 『자략(子略)』에는 노 무공(魯繆公)의 나이를 추산하여 그 조손(祖孫)의 세대와 서로 미치지 않음을 증명하였다. 그리고 요봉(堯峯) 왕씨(汪氏)가 다시 『한서』 「공광전(孔光傳)」에 근거하여 그 세보(世譜)가 자손의 손에서 나온 것이라 하여 다른 책의 억측으로 비교해서는 안 된다고 하였다. 두 관점이 있으므로 모두 기록하여 참고로 했다.

8 역주 : '율수(聿修)'와 '이궐(詒厥)' 모두 『시경』 「대아(大雅)」에 보이는데 각각 조상과 자손의 의미로 사용되었다. 程千帆, 史通箋記』, pp.141-142 참조.

9 역주 : 『좌전』 성공(成公) 14년(B.C. 577)에, 춘추의 기사(記事)는 문자는 은미하지만 뜻만큼은 분명하고[隱而顯], 기록하되 흐릿하게 감추며[志而晦], 표현이 완곡하면서도

하였고,[10] 사냥에서 기린을 잡았다는 소식을 듣고 상심하여 쓰기를 그만두었다는 뜻이다.[11] 이를 전하는 유자(儒者)들은 단지 하나만 알고 둘은 몰랐다. 공자가 기린이 나타났다는 말을 듣고 소매를 돌려 눈물을 닦으면서 "나의 도가 다하였구나!"[12]라고 말한 다음 비로소 붓을 움직여 『춘추』를 짓고 '오시(五始)'[13]를 추론하고 '삼반(三叛)'의 명칭을 확정하였다고 여겼다.[14] 이것이 어찌 홀로 배우면서 다른 사람과 토론함이 없어 고루

조리가 있고[婉而成章], 곡진하면서도 비루하지 않으며[盡而不汚], 악을 징계하고 선을 권한다[懲惡而勸善]. 성인이 아니고서야 누가 능히 이를 편수(編修)할 수 있겠는가라고 하였다.

10 『여씨춘추(呂氏春秋)』「임수(任數)」편에, 공자가 진(陳)·채(蔡) 사이에서 어려움에 처했을 때, 7일 동안이나 쌀밥을 먹지 못했다. 안회(顔回)가 쌀을 구해와 불을 때 밥을 지었다. 공자가 바라보니 안회가 솥 안의 쌀을 긁어먹는 것을 보고, 짐짓 못 본체 누었다가 일어나 앉으며 말하기를, 방금 꿈에 선군(先君)을 만났는데 음식을 깨끗이 한 연후에 선군(先君)에게 제사를 지내야겠다고 하니, 안회가 대답하길 불티가 솥에 들어갔다고 음식을 버리는 것은 상서롭지 않음으로 자기가 꺼내어 먹었다고 했다. 이에 공자가 탄식하며, 믿을 바는 눈이지만 눈으로 본 것 역시 믿을 바가 못 되며, 아는 것은 어렵지 않으나 사람을 아는 것은 정말 어렵다고 했다. 按 : 『사통(史通)』에서는 분명 이 사실을 인용한 것이다. '매(莓)'자는 분명 잘못이다.

11 역주 : 『춘추』 애공(哀公) 14년(B.C. 481)에, 봄에 서쪽지역에서 사냥하여 기린[麟]을 잡았다고 했다. 이에 대한 두예(杜預)의 주(注)에, 기린은 인수(仁獸)로서 성왕(聖王)의 가서(嘉瑞)를 상징한다. 그러나 당시 현명한 군주가 없어 나타났다가 잡히게 된 것이다. 공자는 주나라의 도(道)가 일어나지 않음에 상심하고, 상서로운 징조의 감응이 없음을 안타깝게 여겨 노나라의 『춘추』를 편수(編修)함으로 중흥의 가르침을 나타내었고, 기린이 잡혔다는 구절에서 쓰기를 그만두었다고 했다.

12 역주 : 『공양전(公羊傳)』 애공(哀公) 14년에, 경신(庚申) 봄에 서쪽지방에서 사냥하여 기린을 잡았다. 왜 이를 기록한 것인가? 괴이한 일이라 기록했다. …… 기린이란 어진 짐승이다. 중국에 왕자(王者)가 있게 되면 이르게 되고, 왕자가 없게 되면 이르지 않는 짐승이다. …… 공자가 말하기를 '누구를 위하여 왔는가? 누구를 위하여 왔는가?' 소매를 돌려서 얼굴을 닦고, 흐르는 눈물을 앞깃으로 닦았다. …… 서쪽의 사냥에서 기린이 잡히자 공자가 '나의 도가 다하였구나'라고 말했다.

13 역주 : '오시'란 공양가(公羊家)가 『춘추』를 서술할 때 사용하는 일종의 기준으로써 예컨대, 『좌전』 은공(隱公) 원년(B.C. 722)의 『경(經)』에 '춘(春), 왕(王) 정월(正月)'의 표기와 관련하여 '원(元)'은 기(氣)의 시작이고, '춘(春)'은 사시(四時)의 시작이며, '왕(王)'은 수명(受命)의 시작, '정월(正月)'은 정교(政敎)의 시작, '공즉위(公卽位)'는 일국(一國)의 시작 등과 관련이 있음으로 이들 원년·춘·왕·정월·공즉위 등을 '오시'라고 한다.

14 역주 : 『좌전』 소공(昭公) 31년(B.C. 511)에, (제표(齊豹)는 위(衛)나라의 사구(司寇)로서

하고 견문이 적기 때문에 이루어진 결과가 아니겠는가?(釋 : 이 구절은 『춘추』가 처음 지어졌을 때를 논하면서 조부[孔子]가 손자[子夏]에게 전한 말이기 때문에 바르다고 하였다. 그리고 다른 이야기들이 지닌 잘못을 깊이 살펴 이하 여러 조항의 표준으로 하였다)

其夫子之刊(一作'作')魯史, 學者以爲感麟而作. 案子思有言 : 吾祖厄於陳·蔡, 始作『春秋』.(此四字舊脫, 今補) 夫以彼聿修, 傳諸詒厥, 欲求實錄, 難爲爽誤. 是(一訛'事')則義包微婉, 因攫莓('莓'一作'苺', 皆誤, 當作'煤')而創詞; 時逢西狩, 乃泣麟而絶筆. 傳者('傳者'集内凡三見, 並作'儒者', 當由書傭訛'傳'作'儒'故) 徒知其一, 而未知其二; 以爲自反袂拭面, 稱吾道窮, 然後追論五始, 定名三叛. 此豈非獨學無友, 孤陋寡聞之所致耶?(釋 : (此節論『春秋』始作, 當以祖孫傳語爲正. 探知他說之非, 作諸條標準)

27-3

손성(孫盛 : 302-373)[15]은 『좌씨춘추(左氏春秋)』가 오(吳)와 초(楚)에 대해서는 간략하게 썼고, 순열(荀悅 : 148-209)[16]의 『한기(漢紀)』는 흉노(匈奴)에 대한 서술이 간단했던 것은 대개 이적(夷狄)을 천시(賤視)하고 화하(華夏)를 귀하게 여겼기 때문이라고 했다.[17] 춘추시대를 살펴보면 여러 제후국들이 서

세습대부였지만 하는 짓이 의롭지 않았다.) 이로 인해 『춘추』는 제표를 '도(盜)'라 기록하고, 3명의 반역자[三叛](庶其·牟夷·黑肱)의 이름을 밝힌 것이다. 이로써 그 불의를 징계하고 악행과 무례를 매섭게 꾸짖었으니 이는 훌륭한 기록이라 할 만하다고 했다.

15 역주 : 동진(東晉)의 사가로서 『위씨춘추(魏氏春秋)』·『진양추(晉陽秋)』 등을 편찬하였다. 『진서(晉書)』 권82에 열전이 있다.

16 역주 : 후한의 학자로 헌제(獻帝)의 명으로 편년체 사서인 『한기(漢紀)』를 편찬하였다. 『후한서』 권62에 열전이 있다.

로 대치하고 육로[關]와 수로[梁]가 막혀 있어서 사관(史官)들의 기록이 모든 사실을 상세하게 포함하기가 매우 어려웠다.(『춘추』의 전(傳)은 본래 간략하지 않았지만 이는 단지 시세(時勢)에 의거하여 판단한 것이다) 그러나 한(漢)나라 때에는 사정이 달랐다. 천하가 통일되어 사마천은 각 지역을 다니면서 직접 예로부터 전해지는 유문(遺文)들을 수집하였으며,[18] 또한 각 주군(州郡)에서 조정에 올려지는 문서들과 통계자료들[上計]이 모두 먼저 태사공(太史公)에게 모이기 때문에 자료들을 이처럼 갖출 수 있었던 것이다.[19] 하물며 당시 오(吳)와 초(楚)는 남쪽에 치우쳐 있었고 지리적으로 중원(中原)과는 강과 산으로 막혀 있어서 노나라와는 거리가 아주 멀리 떨어져 있었으니, 좌구명(左丘明)이 기록한 바가 어찌 모든 사실을 다 갖출 수 있었겠는가! 뿐만 아니라 만약 만이(蠻夷)의 기록을 반드시 간략하게 하였다면 예컨대 구지(駒支)가 진(晉)나라에서 소집한 회의에 참석한 일이나,[20]

17 역주 : 『공양전(公羊傳)』 성공(成公) 15년(B.C. 576)에, 『춘추』에서는 노나라를 안으로 여기고 모든 제후국들을 외국으로 여기며[內其國而外諸夏], 모든 제후국들을 안으로 여기고 이적들을 외국으로 여겼다[內諸夏而外夷狄]. 왕자(王者)는 천하를 하나로 하고자 하는데 어찌하여 국내와 국외의 언사(言辭)로 구분하였는가? 가까운 곳에서 시작하는 것을 말한 것이라고 했다.

18 역주 : 서경잡기(西京雜記)』 권하(下)에, 태사공(太史公) 사마담(司馬談)은 대를 이어 태사(太史)가 되었고, 그의 아들 사마천은 13세에 수레를 타고 천하를 다니면서 옛 제후들의 사기(史記)를 구하였다고 했다. 주동윤(朱東潤), 『태사공연보정증(太史公年譜訂證)』에서는 13세의 나이에 할 수 있는 일이 아니라고 했다. 趙呂甫, 『史通新校注』, p.487, 주)22 참조.

19 『사기』 권130, 「태사공자서(太史公自序)」에, 백년 동안의 천하의 유문(遺文)과 고사(古事)가 태사공에게 모두 모였다. 태사공을 부자가 계속 맡아 사관의 직을 수행하였다고 했다. 『수서경적지』에, 한의 황제가 처음으로 태사공을 두자 천하의 보고서[計書]가 모두 먼저 태사에게 그리고 그 부본(副本)이 승상에게 올려졌다고 했다. 按 : 『수서경적지』의 기록은 위홍(衛弘)의 『한의주(漢儀注)』에 근거한 것인데 지금은 『사기』의 여순(如淳)의 주(注)에 보이고, 그 이야기는 「사관건치(史官建置)」편에 상세하다. 또 『주례(周禮)』 「소재(小宰)」의 소(疏)에, 한의 조집사(朝集使)를 상계리(上計吏)라 부르는데 일 년 동안의 보고문서 및 공장(功狀)을 올린다고 했다.

20 『좌전』 양공(襄公) 14년(B.C. 559)에, 상(向) 땅에서 회동[會]할 적에 강융(姜戎)인 구지(駒之)를 체포하려 하였다. 범선자(范宣子)가 직접 조정에 불러다 놓고 꾸짖기를, '내일 맹회(盟會)에 그대는 참석할 필요가 없소'라고 하자 대답하길, '지금 진(秦)나라의

장적(長狄)의 머리가 노나라의 자구(子駒)의 문(門) 주변에 매몰된 사실,[21] 갈로(葛盧)가 소의 울음소리를 구별하였던 일,[22] 담자(郯子)가 새의 이름으로 관직명을 정한 원인을 알았던 일[23] 등의 경우에서 보듯, 이러한 사실들은 모두 변방의 아주 작은 나라에 거주하는 사람들로서 지위가 아주 낮았던 사람들이었는데 오히려 그들의 자질구레한 사실까지 수록하여 사서에 적고 있으니, 어찌 세력이 강한 중원의 국가들과 동맹을 맺고 그 세력이 종주(宗周)를 압박하며, 중원의 국가[諸華]들과 패권을 다투면서 강대한 진(晉)나라를 위협하고 업신여기던 오와 초나라의 기록을 내버려둘 수 있었겠는가.(『좌전』에는 초나라 사실이 너무 많았기 때문에 여기에서 바로 말하고 있다) 또한 순열은 『한기(漢紀)』를 편찬하면서 반고의 『한서』를 베껴썼는데 사실을 취함에 있어서 중국과 그 외 지역을 모두 아우르면서 만이(蠻夷)와 화하(華夏)를 고르게 정리하고 있기 때문에, 오랑캐 땅에 대해서만 간략한 것이 아니라 한 왕실에 대한 기록이 지나치게 상세할 뿐이다. 손성(孫盛)은 이미 좌구명이 오(吳)와 초(楚)의 사실을 배척하였을 것이란 의구심 때문에 결국 순열이 흉노를 천시하였다고 터무니없이 말하고

관원 중에는 실제로 잘못을 저지른 자가 있기 때문에 제후들이 두 마음을 품고 있는 것인데, 오히려 그 죄책을 우리 융인들에게 돌리는 것입니까?', '저희들은 설령 맹회에 참여자지 못할지라도 결코 답답해 할 일이 없습니다' 하고는 『시경』「소아(小雅)」 "청승(靑蠅)"에 나오는 구절을 읊으며 물러갔다.

21 『좌전』 문공(文公) 10년(B.C. 617)에, 겨울 10월 적인(狄人)을 함(鹹)에서 격파하고 장적(長狄)의 군주인 교여(僑如)를 포로로 잡았다. 이어 부보종생(富父終甥)이 그의 목을 잡고 창으로 찔러 죽인 뒤 그의 머리를 자구(子駒)의 문 아래에 묻었다. 이어 성문의 명칭을 선백(宣伯)의 이름을 따서 불렀다.

22 역주 : 『좌전』 희공(僖公) 29년(B.C. 631)에, 겨울에 개(介)나라의 군주 갈로(葛盧)가 찾아온 것은, 전에 와서 희공을 만나지 못했으므로 다시 찾아온 것이다. 그를 예(禮)로써 대하여 잔치를 베풀고 선물도 주었다. 개나라의 군주 갈로가 소 울음소리를 듣고 말하기를, "이 소는 세 마리의 새끼를 낳아서 모두 제사의 희생(犧牲)으로 쓰였습니다. 그 소리가 그것을 말해줍니다"라고 하였다. 그 진위를 확인해보니 과연 그러하였다고 했다.

23 역주 : 『좌전』 소공(昭公) 17년(B.C. 525)에, "나의 선조인 소호지(少皞摯)께서 임금이 되시니 봉조(鳳鳥)가 날아왔다. 그러므로 새를 수호신으로 삼아 조사(鳥師)가 되어 새의 이름으로 관명을 삼으셨던 것"이라고 했다.

있으니, 평범한 소리를 내어 억지로 곡을 연주한다고 할만하다.(釋 : 이 조항은 손성이 말한 화이(華夷)에 대한 기록이 상세하거나 간략하였다는 내용을 좌구명과 순열의 말을 증거로 하여 모두 그렇지 않다고 하였다)

孫盛稱『左氏春秋』書吳 · 楚則略, 荀悅『漢紀』述匈奴則簡, 蓋所以賤夷狄而(一無'而'字)貴諸夏也. 案春秋之時, 諸國錯峙, 關梁不通, 史官所書, 罕能周悉.(傳本不略, 此但據時勢折之耳) 異乎炎漢之世, 四海一家, 馬遷乘傳(舊多'以'字)求自古遺文, 而州郡上計, 皆先集太史, 若斯之備也. 況彼吳 · 楚者, 僻居南裔, 地隔江山, 去彼魯邦, 尤爲迂闊, 丘明所錄, 安能備諸? 且必以蠻夷而固略也, 若駒支預於晉會, 長狄埋於魯門, 葛盧之辨牛鳴, 郯子之知鳥職, 斯皆邊隅小國, 人品最微, 猶復收其瑣事, 見於方冊. 安有主盟上國, 勢迫宗周, 爭長諸華, 威陵(一作'凌')强晉, 而可遺之者哉?(『傳』書楚事甚多, 正辯在此) 又荀氏著書, 抄撮班史; 其取事也, 中外一槪, 夷夏皆均; 非是獨簡(一作'略')胡鄕, 而偏詳漢室. 盛旣疑丘明之擯吳 · 楚, 遂誣仲豫之抑匈奴, 可謂强奏庸音, 持爲足曲者也.(釋 : 此一條探孫盛所論華夷詳略, 取證左荀之說, 都爲未的)

27-4

명월(明月)처럼 밝은 구슬이라도 하자(瑕疵)가 없을 수 없고, 야광벽(夜光璧)이라 할지라도 흠이 없을 수 없다. 그러므로 작자의 저서에도 결점이 있을 수 있다. 그런데도 후세 사람들은 그러한 과오를 지적하여 비판하지 못하고 오히려 그 잘못을 더 꾸밀 뿐만 아니라, 결국에는 그것을 더욱 확대하여 억지를 부리는 사람 역시 많다. 갈홍(葛洪 : 283-343)은 말하기를, "사마천은 발분(發憤)하여 『사기』 130편을 저작하면서 「백이열전(伯夷

列傳)」을 열전의 제일 첫머리에 두고 착한 사람이 보답을 받지 못했다고 여겼다. 그리고 항우(項羽)를 「본기(本紀)」에 배열하여 높은 지위에 있었다고 하여 덕(德)을 지닌 사람은 아니라는 것을 표명하였다"[24]고 했다. 역사의 기술(記述)을 살펴보면, 사적(事迹)이 있는 사람은 곧 기록하였지만 사적이 없는 경우 기록하지 않았다. 살펴보니 사마천이 고금(古今)을 넘나들며 찾아낸 사적은 상하 수천 년에 걸쳐 있는데, 춘추 이전의 남겨진 사적으로 얻은 것은 겨우 수양산(首陽山)의 백이(伯夷)와 숙제(叔齊) 두 사람뿐이다. 만일 백이와 숙제가 진(秦)에서 태어나 한(漢)나라 때 죽었는데도 사마천이 이들의 사적을 열전의 제일 첫머리에 배열하였다면, 이를 어떤 의도가 있었을 것이라 말했을 것이다.(이같이 말한 것은 혹 발분(發憤) 때문이라고 할 수도 있다) 그러나 『사기』는 현재의 입장에서 그 연대의 선후를 살펴 순서에 따라 편찬하는 것은 당연한 이치이거늘 여기에 무슨 이상한 뜻이 들어 있겠는가? 만일 사마천이 백이(伯夷)가 착한 사람인데도 보답을 받지 못했음을 나타내기 위해 그를 열전의 첫머리에 배치하였다고 한다면, 예컨대 오자서(伍子胥 : ?-B.C. 584)[25] · 대부 문종(文種)[26] · 맹자(孟子 : B.C. 372?-289) · 묵적(墨翟)[27] · 가의(賈誼 : B.C. 201-169) · 굴원(屈原 : B.C. 343-277)[28] 등은 인의(仁義)를 행하였는데도 오히려 누구에게도 중용되지 않았고, 혹은 군주에게 충성을 다하였음에도 죽임을 당하였는데 어찌하여 이들을 품류(品類)에 따라 하나로 편제하지 않고 그 편목을 달리하여 각기 나누어 다른 권(卷)으로 하였겠는가? 또한 사마천의 이 같은 잘못은 매우 많이 보인다. 무릇 진승(陳勝)을 세가(世家)에 배열한 것이 근거가 없

24 역주 : 갈홍, 『서경잡기(西京雜記)』 권4에 나오는 말이다.

25 역주 : 『사기』 권66, 「오자서열전」 참조.

26 역주 : 월왕 구천(勾踐)의 신하로 오를 격파하는데 공이 있지만 후일 모함을 받아 자살하였다. 『사기』 권41, 「월왕구천세가」에 그 행적이 보인다.

27 『사기』 권74, 「맹자순경열전(孟子荀卿列傳)」의 부록에, 묵적은 송(宋)의 대부로서 수성(守城)과 방어의 전술에 능하였으며, 비용 절감을 주장하였다. 어떤 사람은 그를 공자와 같은 시대의 사람이라고 하고, 어떤 이는 공자보다 뒤에 살았다고 했다.

28 역주 : 『사기』 권84, 「굴원가생열전(屈原賈生列傳)」 참조.

다고 한다면[29] 항우를 본기(本紀)에 배열한 것이 무슨 이유가 있겠는가.[30] 만일 그가 부형(腐刑)을 받았기 때문에 한 무제(漢武帝)를 원망하였고 그에 따라 책의 범례를 어기었으며 마음속에 격동하는 것이 있었다고 말한다면, 황노(黃老)를 중시하고 『육경(六經)』을 경시했으며, 간사한 무리를 내세우고 처사(處士)를 물리친[31] 이 잘못은 또 무엇을 위한 것인가?(이같이 말한 것은 궁형을 당했기 때문이라는 것이다. 어찌 「항우본기」가 원한 때문에 풍자를 한 것이라 하겠는가. 釋 : 이 구절은 갈홍(葛洪)이 착한 사람을 드러내고 지위가 높은 사람을 멸시한 내용을 찾아 이로써 백이(伯夷)와 항우(項羽)를 각각 「열전」과 「본기」에 배열한 것으로 억측한 것 역시 정확하지 않은 것이라 말하고 있다)

蓋明月之珠不能無瑕, 夜光之壁不能無纇. 故作者著書, 或有病累. 而後生不能詆訶其過, 又更文飾其非, 遂推而廣之, 强爲其說者, 蓋亦多矣. 如葛洪有云 : "司馬遷發憤作『史記』百三十篇, 伯夷居列傳之首, 以爲善而無報也; 項羽列於本紀, 以爲居高位者非關有德也." 案史之於(一作'所')一書也, 有其事則記, 無其事則闕. 尋(一作'馬')遷之馳騖今古, 上下數千載, 春秋已往, 得其遺事者, 蓋唯首陽之(一作'山')二子而已. 然適使夷·齊生於秦代,(一作'氏') 死於漢日, 而乃升之傳首, 庸謂有情.(言如此或可發憤之故) 今者考其先後, 隨而編次, 斯則理之恒(一作'常')也, 烏可怪乎? 必謂子長以善而無報, 推爲傳目, 若伍子胥·大夫种·孟軻·墨翟·賈誼·屈原之徒, 或行仁而不遇, 或盡忠而受戮; 何不求其品類, 簡(一

29 역주 : 「세가(世家)」편 주)10 참조.

30 역주 : 「본기(本紀)」편 주)8 참조.

31 『한서』 권62, 「사마천전(司馬遷傳)」의 찬(贊)에 나오는 말이다. 또 『후한서』 권40상, 「반표전(班彪傳)」에, 반표가 「논략(論略)」을 지어 사마천의 『사기』를 논하면서 먼저 황·노를 숭상하고, 오경(五經)을 가볍게 여겼다고 했다. 역주 : 반고의 사마천에 대한 논찬(論贊)을 정리하면, (사마천의) 시비판단은 성인(聖人)과 사뭇 달라서 대도(大道)를 논할 경우 황로(黃老)를 앞세우고 육경(六經)을 뒤로 돌렸으며, 유협(游俠)을 서술할 경우에 처사(處士)를 물리치고 간사한 무리를 앞세웠으며, 화식(貨殖)을 말할 경우에 세리(勢利)를 숭상하고 비천함을 수치로 여겼으니 이것은 그 책의 폐단이라고 하였다.

作'同')在一科, 而乃異其篇目, 各分爲卷.(一作'分爲數卷也') 又遷之紕繆, 其流甚多. 夫陳勝之爲世家, 旣云無據; 項羽之稱本紀, 何必有憑. 必謂遭彼腐刑, 怨刺孝武, 故書違(一訛作'爲')凡例, 志存激切. 若先黃·老而後『六經』, 進奸雄而退處士, 此之乖剌, 復何爲乎?(言此等乃爲被刑而發耳, 若「項紀」豈關怨刺乎? **釋**: 此一條探葛洪以表善人, 蔑高位, 臆揣夷羽之位置, 說亦未的也)

27-5

수(隋)의 내사(內史) 이덕림(李德林: 531-591)은 저서에서 논하기를, "진수(陳壽)는 촉(蜀)나라 출신으로서 『삼국지』를 편찬하였기 때문에 촉을 두둔하고 위(魏)를 폄하하였다"[32]고 했다. 이 같은 관점은 국사(國史)에 실려 후세사람들의 본보기가 될만한 말이 되었다. 조조(曹操)가 새로운 왕조를 열기 위하여 모후(母后)를 살해하고 군주를 핍박하여 가두는 등[33] 그가

---

32 『수서(隋書)』 권42, 「이덕림전」에, "『북제서(北齊書)』에서 북제의 원년(元年)에 관한 일을 논하던 중 말하기를, 후한 헌제(獻帝)가 죽자 유비(劉備)가 스스로 황제라 하였다. 진수는 촉인(蜀人)이었기 때문에 위(魏)를 한의 적(賊)으로 여겼으니 어찌 촉주(蜀主)가 제위에 오르지도 않았는데 위(魏) 무제(武帝)의 수명(受命)을 언급하겠는가"라고 했다. 역주: 이덕림은 북제·북주·수 세 왕조에 사환(仕宦)하였던 사가로서 아들 이백약(李百藥)과 함께 『북제서(北齊書)』를 편찬하였다.

33 『후한서』 권10하, 「황후기(皇后紀)」 하에, 헌제(獻帝)가 허(許)로 천도한 이후 숙위병들은 모두 조조와 한 패이거나 인척들이었다. 어느 날 조조가 일 때문에 궁전에 들어와 헌제를 만나니 헌제가 마음속의 분을 이기지 못하고 말하기를, (나에게 잘 대해주지 않을 것이면) "은혜를 내려 나를 폐(廢)하길 바라오"라고 했다. 이에 조조가 놀랐고, 후일 황제를 위협하여 복(伏)황후를 폐하게 하고, 상서령(尙書令) 화흠(華歆)이 병사를 거느리고 궁중으로 들어가 황후를 붙잡아 끌고 나왔다. 그때 헌제가 외전(外殿)에 있었는데 복황후는 머리를 풀어헤치고 맨발로 울며 지나가면서 이별의 말을 하기를, "나를 살릴 수 있겠는가" 하니, 헌제가 말하기를 "나 역시 내 생명이 언제 끝날지 모른다오"라고 하였다.

저지른 죄는 전상(田常)[34]보다 백 배나 더하며, 불러온 화(禍)가 왕망(王莽 : B.C. 45-A.D. 23)[35]보다 천 배나 더하였다. 문제(文帝)[曹丕]는 전쟁을 수행함에 무략(武略)이 없고 치국(治國)에 있어서는 사치를 좋아하였으며, 현신(賢臣)과 양민(良民)을 잔인하게 살해하고 형제들을 멀리하거나 미워하였다. 그러나 진수의 평가는 모두 사실과는 어긋나게 그러한 악행에 대하여 포폄을 가하지 않았다.[36](위(魏)를 폄하한 적이 없다) 촉의 선주(先主)[劉備 : 162-223]는 한나라의 종실(宗室)로서 도의(道義)에 순응하여 일어나 평탄하던 아니면 험난하던 간에 굽힘이 없었고 시종 아무런 흠이 없었다. 그를 제왕과 비교한다면 하(夏)나라의 소강(少康)[37]이나 한나라 광무제(光武帝)에 비교할 수 있고,(종실(宗室)임을 말한 것이다) 제후와 비교하자면 진 목공(秦穆公)이나 초 장왕(楚莊王)과 같은 패주(霸主)에 비교할 수 있다.(공(功)의 빛남을 말한 것이다) 그런데도 진수의 평가는 그들의 장점을 폄하하고 그들의 단점을 공격하는 것이었다.[38](마찬가지로 촉을 두둔하는 것 같지 않다) 이같

34 역주 : 춘추시대 제(齊)의 재상으로 간공(簡公)을 살해하고, 평공(平公)을 옹립하여 실권을 장악하였던 인물이다. 『사기』 권46, 「전경중완세가(田敬仲完世家)」 참조.

35 역주 : 전한 말 원제(元帝) 왕황후(王皇后)의 일족으로 평제(平帝) 사후 유영(劉嬰)을 제위에 올려 섭정을 하다가 선양(禪讓)의 형식을 밟아 신(新)을 건국하고 스스로 제위에 올랐던 인물이다. 『한서』 권99, 「왕망전」 참조.

36 역주 : 『삼국지』 권2, 「위서」 「문제기(文帝紀)」 진수의 평왈(評曰)에, "문제(文帝)는 천부적으로 문학적 소질이 있었으니, 붓을 대면 문장이 되었고 견식이 넓고 기억력이 강하였으며, 다방면으로 재능을 갖추었다. 만일 여기에 넓은 도량이 더해지고, 공정한 성의(誠意)로써 자신을 독려하고 정도의 존립에 힘쓰며, 널리 어질고 덕망 있는 마음을 베풀 수 있었다면 옛날의 현명한 군왕과의 차이가 그리 멀었겠는가!"라고 하였다. 진수의 평에는 유지기의 평가와는 달리 문제(文帝)가 지닌 문제점을 은유적으로 표현하고 있다.

37 역주 : 『좌전』 양공(襄公) 4년(B.C. 569)에 하나라의 중흥(中興)군주인 소강(少康)의 선대(先代)에 관한 사적(事迹)과 그의 등장에 관한 사실이 기록되어 있다.

38 역주 : 『삼국지』 권32, 「촉서」 「선주전(先主傳)」 진수의 평왈(評曰)에, "선주[劉備]는 포부가 크고, 의지가 강하고 성정(性情)이 너그러웠으며, 인물을 알아보고 선비를 예우했다. 그는 한 고조의 풍모를 갖고 있었으며, 영웅적 기량을 지녔다. 그가 모든 국가와 태자를 보좌하는 일을 제갈량에게 부탁하면서도 마음으로 의심이 없었던 것은 확실히 군신(君臣)의 지극한 공심(公心)이며, 고금을 통해 가장 훌륭한 모범이었다. 선주는 임기응변의 재간과 책략이 위(魏) 무제(武帝)[曹操]에 미치지 못했기 때문에

이 말한다면 사마씨(司馬氏)의 진(晉)왕조[典午][39]가 계승한 위를 정통의 국가로 삼고, 촉을 중원정권의 질투와 미움을 받은 참위(僭僞)정권으로 삼는 것이다. 그리하여 그는 조위(曹魏)를 훌륭하다고 왜곡하고, 유비의 촉(蜀)을 터무니없이 비난하였던 것이다. 어찌 조씨(曹氏)를 등지고 유씨(劉氏)에게 편향(偏向)되었으며, 위를 멀리하고 촉을 가까이하였다고 할 수 있겠는가?(이 아래에 옛날에는 주(注)가 있어서 진수(陳壽)의 「상제갈량집표(上諸葛亮集表)」가 인용되어 있었지만, 특별히 취할만한 뜻이 없어 삭제하였다)[40] 진수에게는 그런 문장이 없는데도 이덕림이 오히려 이러한 이야기를 하고 있으니 아무런 근거 없는 잘못된 논조가 아니겠는가?(釋 : 이 조항은 이덕림(李德林)이 논한 진수의 『삼국지』에 관한 이야기가 특히 정확하지 않음을 살피고 있다)

隋內史李德林著論, 稱陳壽蜀人, 其撰『國志』, 黨蜀而抑魏. 刊之國史, 以爲格言. 案曹公之創工業也, 賊殺母后, 幽逼主上, 罪百田常, 禍千王莽; 文帝臨戎不武, 爲國好奢, 忍害賢良, 疏忌骨肉. 而壽評皆依違其事, 無所措言.(是未嘗抑魏者) 劉主地(謂門地)居漢宗, 仗順而起, 夷險不撓, 終始無瑕. 方諸帝王, 可比少康·光武;(以宗室言) 譬以侯伯, 宜輩秦繆·楚莊.(以功烈言) 而壽評抑其所長, 攻其所短.(亦不似黨蜀者) 是則(壽之意)以魏爲正朔之國, 典午攸承; 蜀乃僭僞之君, 中朝所嫉. 故曲稱曹美, 而虛說劉非, 安有背曹而向劉, 疏魏而親蜀也?(此下舊有注, 引陳壽「上諸葛集表」語, 殊無取義, 去之) 夫無其文而有其說, 不亦憑虛亡是者耶?(釋 : 此一條探李德

국토 또한 협소했다. 그러나 좌절해도 굴복하지 않았으며 끝까지 위의 부하가 되지 않았다. 아마도 위 무제의 도량이 자신을 분명 받아들이지 못할 것으로 추측하여 그러했을 것이다. 이는 단지 그와 이익을 다투려는 것뿐만이 아니고 화(禍)를 피하기 위함이기도 하였다"라고 했다. 전체적으로는 긍정적인 평가이지만, 유지기는 위 무제와의 비교를 부정적인 시각으로 보았던 것 같다.

39 역주 : 사마씨의 진(晉)을 가리키는 전오(典午)에 대한 기록은 『삼국지』 권42, 「촉서」 「초주전(譙周傳)」에 보인다.

40 역주 : 포기룡이 삭제한 원주(原注)에, "진수는 「상서제갈량집(上書諸葛亮集)」에 이르기를, 폐하께서는 고대 성인의 업적을 계승하고 마음이 크고 넓어 꺼리는 것이 없기 때문에 만약 책에 비방하는 말이 있더라도 저는 그대로 두고 고치지 않겠습니다"라고 하였다.

林論陳志之說, 殊爲不確)

27-6

습착치(習鑿齒 : ?-384)는 『한진춘추(漢晉春秋)』를 편찬하면서 조위(曹魏)를 참위(僭僞)국가로 삼았다. 이는 대개 참위와 정통의 길을 정한 것이고, 순역(順逆)의 이치를 밝힌 것이었다. 그러나 단도란(檀道鸞)은 습착치가 이 책을 지을 때가 바로 동진(東晉)의 환씨(桓氏)가 집정하던 시기였기 때문에,[41] 이 책을 편찬함으로써 환온(桓溫)이 불충(不忠)하여 진(晉)을 섬기지 않고 제위(帝位)를 넘보는 것[瞻烏]을 끊고, 천하를 차지하려는 것[逐鹿]을 방지하고자 했다고 여겼다.[42] 고대의 학식이 풍부한 선비들은 문장을 통해 군주를 풍자한 것이 많다. 예컨대 제왕(齊王) 경(冏)은 덕망을 잃었기

41 『진서(晉書)』 권82, 「습착치전」에, 그때 환온(桓溫)이 불순한 뜻을 가지고 있었다. 습착치는 군(郡)에 있으면서 『한진춘추(漢晉春秋)』를 지어 그러한 욕심을 제지하였다. 삼국시대의 위(魏)를 찬역(簒逆)으로 여겼다. 진(晉)나라 문제(文帝)가 촉을 평정하고 나서 한(漢)이 망하고 진(晉)이 흥한 것으로 여겼다. 按 : 그 상세한 내용은 이미 「논찬(論贊)」편에 보인다. 그러나 이러한 내용은 모두 『진서(晉書)』에 있다. 지금 유지기가 이를 단도란(檀道鸞)의 말로 여기고 있지만 「잡설(雜說)」편에는 또 『신진서(新晉書)』에서 조(曹)·간(干)·손(孫)·단(檀)의 설을 취하지 않았다고 했지만, 그렇다고 완전히 인용하지 않은 것도 아니다. 역주 : 단도란이 지은 책은 『속진양추(續晉陽秋)』로서 이미 전하지 않는다. 「서례(序例)」편 주)24 참조.

42 『후한서』 권68, 「곽태전(郭太傳)」에, 건녕(建寧) 원년(168)에 태부(太傅) 진번(陳蕃)과 대장군 두무(竇武)가 환관에게 죽음을 당했다. 곽태가 교외에서 곡을 하며, '현인이 죽었으니 나라가 위망(危亡)할 것', '바라보니 까마귀가 날지 않으려 하는구나[瞻烏爰止]. 어느 누구의 지붕에 내려앉을지 모르겠노라'고 하였다. 『사기』 권92, 「회음후열전(淮陰侯列傳)」에, 괴통(蒯通)이 말하기를 진(秦)이 사슴[鹿]을 잃으니 천하가 모두 뒤를 쫓고 있지만[秦失其鹿, 天下共逐之], 키가 크고 빠른 발을 가진 자가 먼저 얻게 될 것이라 했다. 역주 : 곽태는 본래의 이름이 곽태(郭泰)이지만, 『후한서』를 지은 범엽이 자신의 아버지 범태(范泰)를 피휘하여 곽태(郭太)라 한 것이다.

때문에 육기(陸機)가 「호사부(豪士賦)」를 지었고,[43] 가후(賈后)[44]는 음란하고 무도(無道)하였기 때문에 장화(張華 : 232-300)가 「여사잠(女士箴)」[45]을 바쳤다. 이러한 것은 모두 단편의 짧은 문장으로 누구나 쉽게 쓸 수 있는 것이다. 그런데 어찌 삼국의 정통(正統)을 바꾸거나 오행(五行)의 정삭(正朔)을 고친 사서[『한진춘추』]로 편찬하여 천년 뒤에까지 세상에 전하게 할 수 있으며 이러한 논의를 빌려 당시 사람들을 권계(勸戒)할 수 있겠는가. 이것이 어찌 힘을 들이고도 오히려 공(功)이 없고, 광범하면서도 아무런 요점이 없으니 반표(班彪 : 3-54)의 「왕명론(王命論)」[46]과 또 무엇이 다르겠는가? (「왕명론」 역시 한 편(篇)에 그치는 짧은 문장으로 습착치의 『한진춘추』처럼 분량이 큰 책이 아니다) 사람의 정리(情理)로서 살펴보더라도 사리가 부당하다.(釋 : 이 조항은 단도란(檀道鸞)이 논한 습착치의 『한진춘추』에 관한 평가 역시 잘못되었음을 밝히고 있다)

習鑿齒之撰『漢晉春秋』, 以魏爲僞國者, 此蓋定邪正之途, 明順逆之理耳. 而檀道鸞稱其當桓氏執政, 故撰此書, 欲以絶彼瞻烏, 防兹逐鹿. 歷觀古之學士, 爲文以諷其上者多矣. 若齊冏(一作'趙')失德『豪士』於焉作賦; 賈后無道, 『女史』由其(一作'之')獻箴. 斯皆短什小篇, 可率爾(此二字一作'俯'字)而就也.(借諷之作, 祗有短篇, 從無巨帙) 安有變三國之體統, 改五行之正朔, 勒成一史, 傳諸千載, 而藉以權濟物議,(此六字舊作'藉其權以濟物') 取誡當時. 豈非勞而無功, 博而非要, 與夫班彪『王命』, 一何異乎?(「王命論」亦止一篇, 非如習書大部也) 求之人情, 理不當爾.(理不當然也. 或訛'爾'作'耳', 非. 釋 : 此一條探檀論習書, 其說亦非)

---

43 『진서(晉書)』 권54, 「육기전」에, 제왕(齊王) 경(冏)이 자신의 공을 뽐내면서 작위를 받으면서 양보하지 않았다. 유기가 이를 미워하여 「호사부(豪士賦)」를 지어 이를 풍자하였다.

44 역주 : 서진(西晉) 혜제(惠帝)의 황후로서 음란하고 방자(放恣)하였다고 알려져 있다. 『진서(晉書)』 권31, 「후비전(后妃傳)」 상에 열전이 있다.

45 「재문(載文)」편에 보인다.

46 역주 : 반표의 「왕명론」에 관한 언급은 『후한서』 권40상, 「반표전」과 『한서』 권100, 「서전(敍傳)」에 보이고, 전문(全文)은 『문선』 권52에 실려 있다.

27-7

이경(二京)[47]이 크게 어지러워지면서 5호(五胡)가 각기 나라를 세우고 황제를 칭하였다. 최홍(崔鴻)이 참위국(僭僞國)의 사서들을 모아 『십육국춘추(十六國春秋)』를 편찬하였는데 그 속에 열거된 것은 16개 나라뿐이었다.[48] 위수(魏收)가 말하기를, "최홍은 대대로 강남에서 벼슬을 하였으므로 그의 책에 사마씨(司馬氏)[晉]와 유씨(劉氏)[宋]·소씨(蕭氏)[齊]의 기록들을 수록하지 않았고, 또 식견을 지닌 학자들의 비난이 두려워 감히 세상에 널리 알리지 못하였다"라고 하였다.(이상은 모두 위수의 말로써, 최홍의 열전에 보인다) 살펴보건대 당시 중원에는 천하를 다스리는 군주가 없었고 천하가 큰 혼란 중에 있었기 때문에 저 멀리 떨어진 동남(東南)지방에서 차례대로 국가를 세웠다. 공자[素王]가 세상에 다시 나타나고 (양사(良史)로 알려진) 남사(南史)가 다시 살아난다 해도 결국 다른 의견을 세워 최홍의 논의가 잘못되었다고 할 수는 없을 것이다. 어찌 『십육국춘추』에 남조의 기록이 없다고 하여 그 죄를 오히려 최홍[彦鸞]에게 돌릴 수 있겠는가? 또 만약 최홍의 조상이 오(吳) 땅에서 벼슬을 하였기 때문에[49] 강남 정권을

---

47 역주 : 장안(長安)과 낙양(洛陽)을 가리키지만, 서진(西晉)의 정국을 의미한다.

48 『위서(魏書)』 권67, 「최광전(崔光傳)」에, 아들 홍(鴻)의 자는 언란(彦鸞)이라 했다.(앞의 「표력(表曆)」편에 보인다) 효창(孝昌) 연간 초에 급사황문시랑(給事黃門侍郎)을 지냈다. 약관의 나이에 벌써 저술에 뜻을 두었다. 유연(劉淵)·석륵(石勒) 등이 혼란을 틈타 일정한 지역에 참위 정권을 세웠으므로 각기 사서가 있었지만 통일된 것이 없었다. 이에 『십육국춘추(十六國春秋)』를 편찬하여 100권으로 완성하였다고 했다. 또 상세한 내용이 뒷부분의 「고금정사(古今正史)」편에 보인다.

49 按 : 『위서(魏書)』 권67, 「최광전(崔光傳)」에, 백부(伯父) 광(光)은 이름이 효백(孝伯)이고, 자는 장인(長仁)으로서 동청하(東淸河) 사람이다. 조부 광(曠) 때에 모용덕(慕容德)을 따라 남으로 내려와 황하를 건너 청주(靑州)의 시수(時水)에 거주하였다. 모용씨가 멸망하자 남조 유송(劉宋) 문제(文帝) 유의륭(劉義隆)을 섬겨 낙릉태수(樂陵太守)가 되었다. 부(父) 영연(靈延)은 유준(劉駿)의 용양장군(龍驤將軍)·장광태수(長廣太守)가 되었다고 했다. 이러한 사실을 볼 때 최홍(崔鴻)의 선대(先代)가 남조에서 벼슬을 한 것은 분명 근거가 있는 것이다. 그러나 『사통』에서 언급한 '모용씨에게 처음으로

사사로운 편견으로 두둔하였다고 한다면, 그의 조상이 (남연의 도읍인) 광고(廣固)지방에 옮겨 거주하면서 모용씨(慕容氏) 휘하에서 사환(仕宦)하였는데 그렇다면 무엇 때문에 남연(南燕)정권을 편찬하면서 여러 호족(胡族)들과 함께 열거하였겠는가! 애증(愛憎)의 도리가 어찌 이와 같을 수 있겠는가! 또한 최홍의 『십육국춘추』의 대강[紀綱]을 보니 모두 진(晉)을 중심으로 기록하고 있는데, 이는 반고(班固)의 『한서(漢書)』에 오광(吳廣 : ?-B.C. 209)과 항우(項羽 : B.C. 232-202)를 기재하면서 반드시 한나라의 연대를 표기하고,[50] 진수(陳壽)의 『삼국지(三國志)』에 손씨(孫氏)[吳]와 유씨(劉氏)[蜀]를 기재하면서 모두 위(魏)를 중심으로 한 것과 같다. 그런데도 어찌 『십육국춘추』에서 단지 남조의 사실을 빼버리고 그 기록을 취하지 않았다고만 말할 수 있겠는가? 그러나 위수[伯起] 자신이 북위의 역사를 편찬하면서 남조를 「도이전(島夷傳)」에 열거하여 중원(中原)의 사서로 하여금 강남(江南)을 추숭(推崇)할 수 없도록 하기 위해 최홍의 의도를 왜곡하여 논함으로써 북위의 부끄러움을 느슨하게 하려했던 것이다. 또한 동진(東晉)과 송(宋)·제(齊)의 사서가 수록하고 있는 분량을 살펴보면 거의 300편(篇)이나 되지만, 북조 참위국[僞邦]의 사서는 겨우 100권을 채울 정도이다. 만약 위수로 하여금 최홍의 잘못을 바로잡게 하면서 남과 북의 사서를 섞어 편찬한다면 4분의 3이 남조의 사실이 될 것이다. 단지 책이 두껍고 얇은 차이나 사서의 많고 적음이 같지 않은 것뿐만 아니라 동진과 남조의 국사(國史)에는 모두 모름지기 본기(本紀)와 열전(列傳)의 구분이 있었지만, 이 또한 체통(體統)이 불순(不純)하여 순서에 따라 배열하기가 어려웠다. 위수(魏收)의 거짓과 망녕을 어찌 말로 다할 수 있겠는가!(**釋** : 이 조항에

사환(仕宦)하였다'는 기록이 열전에는 보이지 않는다. 그 의미는 조부 광(曠)이 모용덕을 따라 남으로 내려오면서 이름이 사적(仕籍)에 있었기 때문에 열전에는 혹 어떤 관직에 있었다는 것을 빠뜨린 것일 수 있다. 최씨는 청하(淸河)에서 대대로 망족(望族)을 지냈으므로 과거 연(燕)의 경내에 거주하였다. 유지기(劉知幾)의 말은 반드시 근거가 없는 것은 아닐 것이다.

50 역주 : 『한서』 권31, 「진승항적전(陳勝項籍傳)」 참조.

서는 위수(魏收)가 최홍(崔鴻)을 평가한 내용이 모두 사심을 가지고 만들어낸 말로써 가장 망녕된 것임을 밝히고 있다. ○이 조항의 설명은 여기까지이다)

自二京板蕩, 五胡稱制, 崔鴻鳩諸僞史, 聚成『春秋』, 其所列者, 十有六家而已. 魏收云 : 鴻世仕江左, 故不錄司馬 · 劉 · 蕭之書; 又恐識者尤之, 未敢出行於外.(以上並收語, 見鴻本傳) 案於時中原乏主, 海內橫流, 逖彼東南, 更(平)爲正朔. 適使素王再出, 南史重生, 終不能別有異同, 忤非其議. 安得以僞(或作'魏')書無錄, 而猶罪歸彦鸞者乎? 且必以崔氏祖宦(一作'官')吳朝, 故情私南國; 必如是, 則其先徙居廣固, 委質慕容, 何得書彼南燕, 而與群胡並列! 愛憎之道, 豈若是邪? 且觀鴻書之紀綱, 皆以晉爲主, 亦猶班『書』之載吳 · 項, 必系漢年; 陳『志』之述孫 · 劉, 皆宗魏世. 何止獨遺其事, 不取其書而已哉! 但伯起躬爲『魏史』, 傳列『島夷』, 不欲使中國著書, 推崇江表, 所以輒假言崔志, 用紓魏羞.(追出訶鴻心曲) 且東晉之書, 宋 · 齊(一脫字四字)之史, 考其所載, 幾三百篇, 而僞邦墳籍, 僅盈百卷. 若使收矯鴻之失, 南北混書, 斯則四分有三, 事歸江外. 非唯肥瘠非類, 衆寡不均; 兼以東南國史, 皆須紀傳區別, 玆又體統不純, 難爲編次者矣. 收之矯妄, 其可盡言乎!(釋 : 此一條探出收之議鴻, 全是私心造言, 尤爲最妄者. ○條探盡此)

27-8

그리하여 여러 사람들의 각기 다른 관점들을 살피고 작자의 본의를 헤아려 보면, 어떤 것은 자신의 생각에서 나온 것인데도 탐색(探賾)이라는 헛된 명분을 내세우거나,(여기서 '탐색'이라 함은 논사(論史)와 관련하여 말하는 것이다) 어떤 것은 사실과 맞지 않게 질책과 찬양을 덧붙이면서 걸핏하면 자신의 이동(異同)을 드러낸다. 그러나 세속에 젖은 고리타분한 유생[腐儒]들과 후세의 식견이 천박한 학자들은 그들의 고집스런 편견[狂狷][51]에 젖어서 잘못을 저지르면서도, 스스로 남이 보지 못한 바를 보거나 남이 듣지 못하는 것을 들은 것처럼 여기고 그러한 이야기를 항상 입에 올리며 이야깃거리로 삼았다. 다만 지혜로운 사람만이 미혹되지 않고 의심을 품는 바가 없었다.(釋 : 후세 사람들에게 이설(異說)에 미혹되지 말라고 했다)

於是考衆家之異說, 參作者之本意, 或出自胸怀, 枉申探賾;(此云探賾, 貼論史者說) 或妄加向背, 輒有異同. 而流俗腐儒, 後來末學, 習其狂狷, 成其詿誤, 自謂見所未見, 聞所未岡, 銘諸舌端, 以爲口實. 唯智者不惑, 無所疑焉.(釋 : 告後人無惑異說也)

按 : 이 편 역시 사서 그 자체를 논한 것이 아니라 사서에 대한 평론을 논한 것이다. 『역전(易傳)』에 이르기를, "성인은 눈에 보이지 않는 숨은 도리를 통찰하고, 그것을 눈에 보이는 모습으로 나타내기 위하여 형상화하였다[聖人有以見天下之賾, 而擬之其形容]"[52]고 했다. 자서(字書)[53]에 이르기를, '색(賾)'은 '적(嘖)'과 통한다고 했다. 그러면 탐색(探賾)이라는 것은 번잡하고 어지러운 중론(衆論)을 판별하여 바르게 고친다는 것이다. 곽연년(郭延年)은 『사통평석(史通評釋)』에서 "손성(孫盛)과 갈홍(葛洪)의 잘못은 우활(迂闊)함에 있지만 그래도 괜찮다. 이덕림(李德林)의 잘못은 무함(誣陷)에 있

51 역주 : 『논어』「자로(子路)」편에, "공자께서 말씀하시기를, 중행(中行)의 선비를 얻어 함께 하지 못한다면, 반드시 광자(狂者)나 견자(狷者)와 함께 할 것이다. 광자는 진취적이고, 견자는 (옳지 않는 것을) 하지 않는 바가 있다"라고 했다. 주희는 주(注)에서, 광자는 뜻은 지극히 높으나 행동이 말을 가리우지 못하는 것이요, 견자는 지식은 미치지 못하나 지킴[행동]은 유여(有餘)하였다고 했다. 유지기는 본문에서 광견(狂狷)의 의미를 축자적(逐字的)으로 이해하여 자신의 주장을 강하게 하는 측면만을 강조하였다.

52 역주 : 『역』「계사(繫辭)」상(上)에 보인다.

53 역주 : 한자의 형체를 해석하는 것을 주로 하며 아울러 음의(音義)를 살피는 책을 가리킨다. 『사고전서총목(四庫全書總目)』에는 소학류(小學類)를 훈고(訓詁) · 자서(字書) · 운서(韻書) 등 3종으로 분류하였다.

고, 단도란(檀道鸞)의 잘못은 지나치게 파고든 데 있으며, 위수(魏收)의 잘못은 성급한데 있으니 어떻게 유지기의 공격을 피할 수 있겠는가.(此篇亦非論史, 是論論史者. 『易傳』曰 : 聖人有以見天下之賾, 而擬之其形容. 字書云 : 賾通'嘖'. 然則探賾者, 探衆論之嘖有煩言, 而辯正之也. 郭『評』云 : 孫 · 葛失之迂, 猶可言也; 李失之誣, 檀失之鑿, 魏收失之悍, 其能追於子玄之掊擊乎?)

나는 일찍이 「백이열전(伯夷列傳)」이 열전의 첫머리에 두어지게 된 것은 『사기』 70열전의 총서(總序)라고 보아야 한다고 논한 바 있다. 열전은 본기(本紀)나 세가(世家)와 비교할 수 없다. 사람에게는 세상에 알려진 것과 알려지지 아니한 것이 있음으로 그와 관련한 사실은 분명한 서술을 기다려야 한다. 사마천[龍門]은 자신의 생각을 첫 편에 기탁(寄托)하면서 전술(傳述)한 바는 백이(伯夷)였지만 (그의 사적은) 공자에게 부탁(附托)되어 드러나게 하였다. 갈홍[자, 稚川]의 견해는 편협하고 유지기[居巢][54]의 이야기는 주관적이다. 모두 그 요긴한 곳을 제대로 파악하지 못한 것 같다.(愚嘗論伯夷之爲傳首也, 當作七十列傳總序觀. 傳非本紀 · 世家之比, 人兼顯晦, 事待表章. 龍門寄意於首篇, 所傳在伯夷, 所附託乃在孔子也. 稚川之見偏, 居巢之說臆, 似皆未得其肯)

54 역주 : 『신당서』 권132, 「유지기전」에, "유지기는 일찍이 말하기를, '내가 만일 수봉(受封)한다면 반드시 거소(居巢)를 호(號)로 하여 사도(司徒)의 옛 봉읍(封邑)을 계승할 것이다'라고 하였다. 후일 과연 거소현자(居巢縣子)에 봉해졌다"라고 하였다.

『사통통석』 권8

「모의(摸擬)」 제28

유지기는 사서를 편찬함에 있어서 예전의 지혜롭고 사리에 밝은 사람들을 본받는 것[摸擬]은 훌륭한 사서를 남기는데 있어서 매우 필요한 것이지만, 옛 것을 모방하면서도 그에 합당하게 하지 못하는 것이 가장 큰 결점이 될 수 있다는 인식을 전제로 모의(摸擬)의 체례(體例)를 두 가지로 구분하였다. 하나는 형식[貌]은 같지만 실질[心]이 다른 것이고, 다른 하나는 형식은 다르지만 실질이 같은 경우이다. 전자의 경우는 마치 "그림 속에 사물을 그대로 그린 것이나, 틀에 넣어 찍어낸 주물(鑄物)과 같이 똑같이 흉내내는 것"을 의미하고, 이러한 것을 유지기는 모의(摸擬)의 하(下)라고 보았고, 후자의 경우를 모의(摸擬)의 상(上)으로 보았다. 왜냐하면 모의는 단순히 옛 사람들의 서법(書法)이나 글자를 모방하는 것이 아니라 "도덕이나 학술에 있어서 같은 것을 취하고, 의리(義理)가 서로 같게 하는데 있기" 때문이다. 따라서 그는 "형식은 같지만 실질이 다른" 여섯 가지 사례를 들고 그 원인을 "세상이 달라지면 사정도 달라지고, 사정이 달라지면 그에 대한 대비도 달라야 한다[世異則事異, 事異則備異.]"는 이치를 제대로 따르지 않고 "옛사람들의 문장을 배열하고 오늘의 사정(事情)을 서술하길 좋아하면서 자만하기를 『오경(五經)』이 다시 살아나고 『삼사(三史)』가 거듭 출현하였다고 말하고 있지만, 대부분 그들의 무식함을 보여줄 뿐"이라고 강하게 비판하였다. 그러나 이에 반해 유지기는 『좌전』을 모범으로 한 일곱 가지 사례를 들어 "형식은 다르지만 실질이 같은" 경우를 긍정적으로 보았고, 아울러 진대(晉代) 이후의 사람들이 모두 형식은 같지만 실질이 다른 것을 좋아하고, 형식은 다르지만 실질이 같은 것을 좋아하지 않았던 원인을 감식(鑒識)이 밝지 못하여 야기된 것이라 하여 사가들에게 있어서 사식(史識)의 중요성을 다시 한 번 일깨우고 있다.

28-1

무릇 저술하는 사람들이 서로 본받는 것은 예로부터 그러했다. 때문에 열어구(列御寇)[1]는 이(理)를 설명하면서 이수(李叟)[老子]에 근거하였고,[2]

---

1 역주 : 열어구(列御寇)는 주(周)나라 때 도가(道家) 사상가였다. 『한서예문지』「제자략(諸子略)」 "도가(道家)"에 『열자(列子)』 8편, 이름은 어구(圄寇), 장자보다 선배라고 장사가 일컬었다고 했다. 이(圄)와 이(御)는 음이 통한다. 『여씨춘추』「불이(不二)」편에, 열자는 허(虛)를 귀하게 여긴다고 했고, 『장자』「달생(達生)」편과 『여씨춘추』「심기(審己)」편에는 열자가 관윤자(關尹子)에게 묻는 장면이 보인다. 그러나 열자는 『사기』에 열전이 보이지 않고 그 존재 자체가 불분명하다. 따라서 고사손(高似孫)은 『위략(緯略)』에서 열자를 가공의 인물로 의심하고 있다. 『열자』 8편은 현재 전하지 않고, 현재 전하는 『열자』(8편)는 위서로서, 마서륜(馬敍倫)은 「열자위서고(列子僞書考)」에서 20증(證)을 들어 그 책이 위서라고 단정하였다. 위진시대 이래 호사가(好事家)들이 각종 자료들을 취하여 『열자』 8편을 만들었다고 했다. 기술한 내용한 『회남자(淮南子)』·이아(爾雅)』·『산해경(山海經)』 등과 중복된 것이 많다.

2 역주 : 조지(趙至), 「여혜무제서(與嵇茂齊書)」(『문선』 권43 所收)에, 예전에 이수(李叟)가 진(秦)에 들어와 함곡관(函谷關)에 이르러 탄식하였고, 양홍(梁鴻)이 장차 월(越) 땅으로 떠날 즈음에 북망산에 올라 노래를 길게 불렀다고 하였다. 이수(李叟)는 노자 혹은 노담(老聃)이고, 노자는 또 이이(李耳)라고도 칭한다. '수(叟)'란 노인이란 의

양웅(揚雄 : B.C. 53-A.D. 18)은 『태현(太玄)』을 쓰면서 모두 공자를 그대로 따랐다.[3] 부랑(符朗)의 『부자(符子)』는 장자(莊子)와 같은 내용을 적었고,[4] 범엽(范曄 : 398-445)은 가의(賈誼)를 참작하였다.[5] 하물며 사신(史臣)이 역사를 기록함에 있어서 그 언사는 정말 크고 넓어야 하거늘, 만일 예전의 지혜롭고 사리에 밝은 사람들을 본받지 않는다면 어떻게 후세 사람들에게 훌륭한 사서를 남겨줄 수 있겠는가?(釋 : 이 편에서 말하는 "모의(摸擬)"란 옛 것을 본받는다는 뜻이다. 시작하면서 여러 예를 들고 있다) 대체로 모의(摸擬)의 체례(體例)는 두 가지 방법이 있다. 하나는 겉모습[貌]은 같지만 마음[心]이 다

미이다.

3 역주 : 『한서』 권87, 「양웅전(揚雄傳)」에, 양웅의 자는 자운(子雲)이다. 촉군(蜀郡) 성도(成都) 사람이다. …… 애제(哀帝) 때 동현(董賢) 등이 정권을 장악하고 있을 때 양웅이 『태현』을 쓰면서 스스로 권력에 아부하지 않고 깨끗하게 자신을 지킬 수 있었다고 했다. 찬왈(贊曰)에, 양웅은 권력자에게 아부하여 높은 지위를 추구하지 않고 옛것을 좋아하고 도를 즐겼다. 그리고 문장을 통해 이름이 후세에 전해지기를 바랐다. 그리고 경(經) 가운데 가장 큰 것은 『역(易)』이라 여기고 그것을 본받아 『태현(太玄)』을 짓고, 전(傳)으로 가장 큰 것은 『논어』라 여기고 『법언(法言)』을 지었으며, 사편(史篇)으로 가장 좋은 것이 『창힐(倉頡)』이라 여기고 『훈찬(訓纂)』을 지었고, 잠(箴)으로 가장 좋은 것이 『우잠(虞箴)』이라 여기고 『주잠(州箴)』을 지었으며 운운하였다. 『역』과 공자와의 관계에 대하여는 『사기』 권47, 「공자세가」에, 공자는 만년에 『역』을 좋아하여 「단(彖)」·「계(繫)」·「상(象)」·「설괘(說卦)」·「문언(文言)」 편을 정리하였다. 그는 죽간을 꿴 가죽끈이 세 번이나 끊어질 만큼 『역』을 수 없이 읽었다. 공자는, 만약 나에게 몇 년의 시간을 더 준다면 나는 『역』에 대하여는 그 문사(文辭)와 의리(義理)에 모두 통달할 수 있을 것이라 하였다.

4 『진서(晉書)』 권114, 「재기(載記)」 「부견전(苻堅傳)」 하에, 부랑(苻朗)의 자는 원달(元達)이고, 부견(338-385)의 종형(從兄)의 아들이다. 어릴 적부터 원대한 뜻을 품고 일시적인 영광에 달갑게 여기지 않았다. 『부자(苻子)』를 지었는데 『노자』와 『장자』류의 책이었다. 『수서경적지』 「자부(子部)」 "도가(道家)"에, 『부자(符子)』 20권, 동진(東晉) 원외랑(員外郎) 부랑(符郎)이 편찬하였다. 『도덕경(道德經)』·『장자』·『열자(列子)』류라고 했다. 按 : '부(苻)'자를 『수서경적지』에는 '부(符)'라고 했다. 또 『송서』의 「지(志)」와 『세설신어』의 주(注)에 모두 부진(苻秦)의 사실을 인용하면서 '죽(竹)'변으로 하였다. '부(符)'와 '부(苻)'자에 대한 논변(論辯)은 「고금정사(古今正史)」편에 보인다.

5 『남사(南史)』 권33, 「범엽전」, 「여제생질서(與諸甥姪書)」에, 『후한서』 「순리전(循吏傳)」 이하 여러 열전의 서론(序論)은 필세(筆勢)가 자유자재였음으로 실로 천하의 기작(奇作)이었다. 그 중 합당한 것은 왕왕 가의(賈誼 : B.C. 200-168)가 지은 「과진론(過秦論)」에 밑지지 않았다고 했다.

른 것이고,[6] 다른 하나는 겉모습은 다르지만 마음이 같은 경우이다.(釋: 겉모습이란 형식과 같고, 마음이란 실질과 같다. 두 구절이 각기 제시되었기 때문에 아래에서는 두 경우를 설명한다. 역주: 이하 겉모습[貌]은 '형식'으로, 마음[心]은 '실질'로 번역하였다)

夫述者相效, 自古而然. 故列御寇之言理也, 則憑李叟; 揚子云之草『玄』也, 全師孔公. 符朗(『晉書』作'苻朗')則比迹於莊周, 范曄則參蹤於賈誼. 況史臣注記, 其言浩博, 若不仰範前哲, 何以貽厥後來?(釋: 篇言摸擬者, 師古之義也. 開局渾擧) 蓋摸擬之體, 厥途有二: 一曰貌同而心異, 二曰貌異而心同.(釋: 貌猶文也, 心猶實也. 二句分提, 下作兩扇應之)

28-2

무엇 때문에 이렇게 말하는가? 대체로 옛날 각 제후국에서 관리를 임명하면서 경(卿)과 대부(大夫)의 구별을 두었다. 반드시 국사(國史)에 기록해야 하는 경우에 경을 대부라고 칭하였는데 이는 『춘추(春秋)』의 체례(體例)였다.[7] 진(秦)이 천하를 평정하였을 때 그 영토는 은(殷)·주(周)에 비해 넓었으며, 제후가 제왕이 되었고 재보(宰輔)를 승상(丞相)이라 부르게 되었다. 초주(譙周)는 『고사고(古史考)』를 편찬하면서 사마천의 『사기』를 배척하고 공자의 『춘추』를 그대로 모방하였다.[8] 그 책에서는 이사(李斯)가 기

6 「낙빈왕문(駱賓王文)」에, 유(類)는 같은데 실질이 다른 것은 소위 "용준귀이송수벌(龍蹲歸而宋樹伐)"이요, 실질이 다르면서도 소리가 같은 것은 소위 "어형출이오석명(魚形出而吳石鳴)"이라고 했다. 살펴보니, '사걸(四桀)'은 유지기와 같은 시기이거나 조금 앞선 시기이다. 유지기가 그 말뜻을 모방한 것 같다.

7 역주: 이에 대한 자세한 논의는 程千帆, 『史通箋記』, p.145 참조.

8 『삼국지』 권42, 「초주전」에, 초주의 자는 윤남(允南)이고, 지위가 구경(九卿)에 버금

시(棄市)의 형벌을 받은 것을 서술하면서, "진(秦)이 그 대부(大夫) 이사를 죽였다"라고 하였다.[9] 제후의 대부 명칭을 천자의 승상(丞相)에게 붙인 것은 이로써 『춘추』의 뜻을 모방하려 한 것으로 이른바 '형식은 같지만 실질이 다른 것'이라고 하는 것이다.(釋 : 대부라고 모방하여 쓴 것이 첫째 본보기이다)

何以言之? 蓋古者列國命官, 卿與大夫爲別. 必於國史所記, 則卿亦呼爲大夫, 此『春秋』之例也. 當秦有天下, 地廣殷·周, 變諸侯爲帝王, 目宰輔爲丞相. 而譙周撰『古史考』,(一脫'考'字) 思欲擯抑馬『記』, 師仿孔『經』. 其書李斯之棄市也, 乃云"秦殺(集內'殺'多作'煞')其大夫李斯". 夫(一脫此三字)以諸侯之大夫名天子之丞相, 以此而擬『春秋』, 所謂貌同而心異也.(釋 : 擬書大夫, 第一則)

28-3

춘추시대에는 제후국들이 매우 많았으며, 『춘추』에서는 다른 국가에

갔지만 정사(政事)에는 간여하지 않았다. 『법훈(法訓)』·『오경론(五經論)』·『고사고(古史考)』 등에 속하는 백여 편을 찬정(撰定)하였다. 역주 : 『진서(晉書)』 권82, 「사마표전(司馬彪傳)」에, 처음 초주는 사마천이 『사기』를 지으면서 주(周)와 진(秦) 이전의 사실을 기록하면서 때로는 속어(俗語)와 백가(百家)의 말을 채용하였기 때문에 오로지 경전에 근거한 것이 아니었다고 여겼다. 이에 초주는 『고사고』 25편을 지어 모두 경전에 근거하여 사마천의 잘못을 바로잡았다고 했다. 『고사고』의 원문은 이미 전하지 않는다. 현재 청대 장종원(章宗源)의 집본[平津館叢書本]이 있지만 불완전하며, 대부분이 마숙(馬驌)의 『역사(繹史)』에 인용된 것이다. 이 책은 원고(遠古)의 전설을 모아놓은 일종의 총서로서 비록 책명을 '고(考)'라고 하였지만, 실제로는 치밀한 고증이 따르지 못했다.

9 역주 : 『고사고』의 원문에는 이러한 기록이 보이지 않고, 『사기』 권87, 「이사열전」에 함양(咸陽)에서 기시된 사실이 보인다.

대해 쓸 때마다 모두 그 나라의 국호를 분명히 밝혔는데, 노나라를 지칭할 때만은 직접 '우리[我]'라고 했다. 예컨대 진(晉)[金行][10]이 천하에 군림하면서 온 세상이 하나가 되어 군주는 주객(主客)의 구별이 없었고, 신하들은 피차(彼此)의 차이가 없었다. 그런데도 간보(干寶)는 『진기(晉紀)』[11]를 편찬하면서 천자를 장사지내는 일을 언급할 경우에는 반드시 "우리 모 황제의 장사를 지냈다"라고 하였다. 당시 다른 군주가 없었는데도 어찌하여 '우리[我]'라는 말이 있을 수 있겠는가? 이렇게 『춘추』를 모방한 것 역시 이른바 '형식은 같지만 실질이 다른 것'이라고 하는 것이다.(釋 : "우리[我]라는 칭호를 모방한 것이 둘째 본보기이다)

當春秋之世, 列國甚多, 每書他邦, 皆顯其號, 至於魯國, 直云我而已. 如金行握紀, 海內大同, 君靡客主之殊, 臣無彼此之異, 而干寶撰『晉紀』, 至於天子之葬, 必云"葬我某皇帝". 且(或作'但', 疑當作'旹')無二君, 何我之有? 以此而擬『春秋』, 又所謂貌同而心異也.(釋 : 擬稱我, 第二則)

28-4

적인(狄人)이 형(邢)과 위(衛) 두 나라를 멸망시켰으니 군주가 죽고 도성

---

10 역주 : 본문의 '금행(金行)'은 유준(劉峻), 「변명론(辨命論)」(『문선』 권54 所收)에 보이는데, 이선(李善)의 주(注)에 '금행'은 진(晉)을 가리킨다고 했다.

11 역주 : 이 책은 현재 전하지 않지만 그 중 「진기총론(晉紀總論)」이 『문선』 권49에 보인다. 간보는 서진(西晉)의 제기(帝紀)를 편찬하고 그 흥망성쇠에 대한 기록을 위하여 가의(賈誼)의 「과진론(過秦論)」의 체례를 본받고 『시경』의 풍교(風教)의 뜻을 모방하여 이 편(篇)을 지었다. 간보의 수사(修史)가 『좌전』에 의거했다는 사실은 「이체(二體)」편 · 「재언(載言)」편 · 「서례(序例)」편 등에 언급되어 있다. 그리고 「진기총론」(『문선』 권49 所收)의 이선(李善)의 주(注), 『세설신어』 「현원(賢媛)」편 주에도 진(晉)의 사적을 '우리[我]'라고 표기한 사례를 적고 있다. 程千帆, 『史通箋記』, p.145 참조.

(都城)의 백성들이 도살(屠殺)되었다.[12] 제 환공(齊桓公)이 패주(覇主)로서 힘을 행사하여 망한 나라를 일으켜 세우고 끊어진 제사를 다시 계승하게 하였다.[13] 『좌전(左傳)』에, "형(邢)나라 사람들은 이주한 곳에서의 생활을 마치 자기 나라로 돌아가는 것처럼 생각했고, 위(衛)나라 사람들은 자기 나라가 망했다는 사실조차 잊었다"[14]라고 하였다. 이는 상하가 서로 평안하게 지내며 옛날의 전장제도(典章制度)를 잃지 않았다는 것을 말한다. 예컨대 삼국시대 오(吳)의 손호(孫晧 : 243-284)가 포학(暴虐)하여 사람들이 편안하게 살지 못하였는데, 서진(西晉)의 군대가 오를 토벌하자 오나라 사람들은 모두 빨리 망하길 바랐다. 간보는 『진기(晉紀)』에, "오(吳)가 멸망한 후 강남사람들은 자기 나라가 망했다는 사실조차 잊었다"[15]고 하였다. 어찌 강남의 백성들이 진(晉)[典午][16]의 선정(善政)에 안주(安住)하던 것을 손호[歸命]가 망하기 전과 같은 것으로 여겼겠는가?[17] 이렇게 『좌전』을

12 역주 : 『좌전』 민공(閔公) 원년(B.C. 661)에, "적인(狄人)이 형(邢)을 정벌하자 제인(齊人)이 형을 구원하였다"라고 했고, 이어 민공 2년에, "적인이 위(衛)를 정벌하였다. …… 희공(僖公) 원년(B.C. 659)에 제 환공(齊桓公)은 형나라 사람들을 이의(夷儀)로 옮겼다"라고 하였다.

13 역주 : 『논어』 「요왈(堯曰)」편에, (주나라 무왕이) 망한 나라를 일으켜 세우고 끊어진 제사를 다시 계승하게 하고[興亡繼絶], 일민(逸民)을 등용하자 천하의 민심이 그에게로 돌아갔다고 했다.

14 역주 : 『좌전』 민공(閔公) 2년(B.C. 660)의 기록 마지막 단락에 보인다. 「서사(敍事)」편에도 보인다.

15 按 : 『좌전』 민공(閔公) 2년에, 위(衛)나라 사람들은 자기 나라가 망했다는 사실을 잊고 제(齊) 환공(桓公)이 위나라를 존립하게 한 것을 칭찬하였다고 했다. 이제 진(晉)이 오(吳)나라를 멸망하니 존망의 나라에 있어서 그 도리가 다른 것인데, 간보(干寶)가 위(衛)의 경우를 그대로 인용하였기 때문에 유지기가 『사통』에서 반박하였다.

16 역주 : 본문에 보이는 '전오(典午)'는 사마씨의 진(晉)을 가리킨다. 『삼국지』 권42, 「촉지」 「초주전(譙周傳)」에, 함희(咸熙) 2년(265) 여름에 파군(巴郡)의 문립(文立)이 낙양으로부터 촉으로 돌아와서 초주를 방문했다. 초주는 대화 중에 서판(書板)에 다음과 같은 글을 써서 문립에게 보여주었다. 즉 '전오(典午)'는 '갑자기 월유(月酉)에 죽는다'는 것이었다. '전오'란 사마(司馬)를 뜻하고, '월유'는 8월을 의미한다. 8월에 이르러 문왕(文王)[司馬昭]이 과연 죽었다고 했다.

17 『삼국지』 권48, 「오지」 「삼사주전(三嗣主傳)」의 「손호전(孫晧傳)」에, 후주(後主) 손호가 진(晉)에 항복하고 일족이 모두 경사(京師)로 옮겼다.(진 무제 함녕(咸寧) 6년(280))

모방한 것 역시 이른바 '형식은 같지만 실질이 다른 것'이라고 하는 것이다.(釋 : "자기 나라가 망했다는 사실조차 잊었다"는 내용을 모방하여 그대로 따라 한 것이 셋째 본보기이다)

狄滅二國, 君死城屠; 齊桓行霸, 興亡繼絶. 『左傳』云 : "邢遷如歸, 衛國忘亡." 言上下安堵, 不失舊物也. 如孫皓暴虐, 人不聊生, 晉師是討, 後予相怨. 而干寶『晉紀』云 : "吳國旣滅, 江外忘亡". 豈江外安(一作'被') 典午之善政, 同歸命之未滅乎? 以此而擬『左氏』, 又所謂貌同而心異也.(釋 : 擬襲忘亡, 第三則)

28-5

춘추시대 각 제후국들은 모두 하나라의 정삭(正朔)을 사용하였다.[18] 노(魯)나라에서는 주(周) 천자의 예악(禮樂)을 받들었기 때문에 홀로 주나라의 정삭(正朔)을 사용하였다. 『춘추』에서 "원년(元年), 춘(春), 왕정월(王正月)"[19]이라 쓰고 있는데, 연(年)은 노나라 군주의 연(年), 월(月)은 주나라

조서(詔書)에 이르기를, 손호가 더 이상 어쩔 도리가 없어 항복하였으니 그에게 귀명후(歸命侯)라는 칭호를 내리겠다고 했다.

18 역주 : 『사기』 권26, 「역서(曆書)」에, "하(夏)는 1월[正月], 은(殷)은 12월, 주(周)는 11월을 각각 세수(歲首)로 하였다"라고했다. 이후 진(秦)과 한초(漢初)에는 모두 하의 10월을 정월(正月)로 하였다가 한 문제 때 비로소 하정(夏正)을 다시 사용하였고, 이후 역대 왕조에서도 계속 사용되었다. 고염무(顧炎武), 『일지록(日知錄)』 권4, "삼정(三正)"에 이에 관한 고증이 자세하다. 程千帆, 『史通箋記』, p.146 참조.

19 『좌전』 은공(隱公) 원년(B.C. 722)의 경(經)에, 원년 봄[春] 주력(周曆) 왕 정월이라 했다. 按 : 두예(杜預)의 주(注)에는 주(周)를 하(夏) · 은(殷)과 구별하기 위함이라고 하였지만, 오해는 여기서 시작하였다. 내가 일찍이 이 문제를 논하였다. 『춘추』에서 정월을 왕자(王者)에 연계한 것은 노나라를 천자와 구별하기 위함이지 주(周)를 하(夏)의 영(令)과 구별하기 위함이 아니다. 이는 제후국의 사법(史法)이었다. 이제 『사통』

군주의 월(月)을 가리킨다.(原注 : 『죽서기년(竹書紀年)』을 살펴보면 이러한 뜻이 비로소 분명하게 보인다. 그런데도 예로부터 『춘추』를 해설하는 사람들은 모두 터무니없이 해석하고 있다)[20] 예컨대 조씨(曹氏)[魏]나 사마씨(司馬氏)[晉]는 천명을 받아 스스로 제왕이 되었기 때문에, 제후로써 천자를 보호하고, 천자의 역법을 따르는 것이 아니었는데도, 손성(孫盛)의 『위씨춘추(魏氏春秋)』[21]와 『진양추(晉陽秋)』에서는 매 해의 첫 달[年首]을 기록할 경우 반드시 "모년(某年), 춘(春), 제(帝)정월(正月)"[22]이라 하였다. 이미 연대를 제기(帝紀)에 편입하고 있으면서 월(月)의 위에 다시 제명(帝名)을 나열하고 있는데, 이렇게 『춘추』를 모방한 것 역시 이른바 '형식은 같지만 실질이 다른 것'이라고 하는 것이다.[23](釋 : 『춘추』의 왕의 정삭(正朔)을 모방한 것이 넷째 본보기이다)

春秋諸國, 皆用夏正.(原音 : 征) 魯以行(一作'用')天子禮樂, 故獨用周家正朔. 至如書"元年春王正月"者, 年則魯君之年, 月則周王之月.(原注 :

에서 이를 서술한 것은 뜻이 개인적인 위안을 더하기 위함이다. 소위 먼저 내 마음을 얻기 위함이다.

20 역주 : 이에 관한 자세한 논의는 程千帆, 『史通箋記』, p.146 참조.

21 역주 : 『삼국지』 권1, 「위서」 「무제기(武帝紀)」에 조조가 유비에 대하여 평하며 인걸(人傑)로서 후환이 될 것이라 한 부분에 대한 배송지의 주(注)에 비슷한 내용의 손성의 『위씨춘추』를 인용하고 나서, 자신의 의견을 개진하면서 말하기를[臣松之以爲], 대체로 손성의 사서 편찬은 대부분 『좌전』을 인용하여 구문(舊文)을 바꾸어 사용하였다고 지적하고 따라서 후세의 학자들이 믿고 취하기가 어렵다고 평가하였다. 예컨대 위(魏) 무제(武帝) 조조의 천하 제패(制覇)의 뜻을 오왕(吳王) 부차(夫差)와 관련하여 설명하고 있다는 점을 문제로 지적하였다.

22 按 : 손성의 『위씨춘추』와 『진양추』에는 이 내용을 찾아볼 수가 없다. 오늘날 전하는 왕통(王通)의 『원경(元經)』은 진(晉) 혜제(惠帝) 태희(太熙) 원년(290)부터 매년 세수(歲首)에는 반드시 '제정월(帝正月)'이라고 쓰고 있다. 『사통』은 여전히 이를 비판하고 있지 않다. 내가[浦起龍] 전에 말하기를 그 책이 의탁(依托)하는 바가 맞는지 여부를 말하였는데 이는 믿을 만하다.

23 역주 : 유지기는 손성의 『위씨춘추(魏氏春秋)』에 대한 평가에서도 앞의 「제목(題目)」 편에서, 비록 옛 것을 살펴야 한다는 의의를 갖추었지만, 시대에 순응해야 한다는 뜻에는 아직 이르지 못하였다[雖得稽古之宜, 未達從時之義].라고 하였고, 『삼국지』 권1, 「무제기」 배송지의 주(注)에도 손성의 책이 『좌전』을 인용하여 구문(舊文)을 고치기는 했지만 역시 문제가 있었다고 평가한 내용이 보인다. 程千帆, 『史通箋記』, p.148 참조.

考『竹書紀年』始達此義. 而自古說『春秋』者, 皆妄爲解釋也) 如曹·馬受命, 躬爲帝王, 非是以諸侯守藩, 行天子班曆. 而孫盛『魏』·『晉』二『陽秋』, 每書年首, 必云"某年春帝正月". 夫年旣編帝紀, 而月又列帝名. 以此而擬『春秋』, 又所謂貌同而心異也.(釋 : 擬仿王正, 第四則)

28-6

"오시(五始)"[24]로부터 만들어진 것이 곧 『춘추(春秋)』 경(經)이며, 『삼전(三傳)』이 함께 나타나 『춘추』 경의 뜻을 나름대로 해석하고 있다.[25] 예컨대 『공양전(公羊傳)』에서는 여러 차례 "어찌하여 이렇게 썼는가? 어떤 사실을 기록하기 위함이다"[26]라고 말하고 있다. 이는 먼저 『춘추』 경(經)의

24 역주 : '오시'란 공양가(公羊家)가 『춘추』를 서술할 때 사용하는 일종의 기준으로써 예컨대, 『좌전』 은공(隱公) 원년(元年)의 『경(經)』에 '춘, 왕(王) 정월(正月)'의 표기와 관련하여 '원(元)'은 기(氣)의 시작이고, '춘(春)'은 사시(四時)의 시작이며, '왕(王)'은 수명(受命)의 시작, '정월(正月)'은 정교(政教)의 시작, '공즉위(公卽位)'는 일국(一國)의 시작 등과 관련이 있음으로 이들 원년·춘·왕·정월·공즉위 등을 '오시'라고 한다. 이상의 내용은 『한서』 권64하, 「왕포전(王褒傳)」의 '오시'와 관련한 내용에 대한 장안(張晏)과 안사고(顔師古)의 주(注)에 보인다. 「표력(表曆)」편·「탐색(探賾)」편 주(注) 참조.

25 역주 : '삼전'이란 『좌전』·『곡량전』·『공양전』을 말한다. 양사훈(楊士勛), 『춘추곡량전집해(春秋穀梁傳集解)』 서(序)에, 무릇 전(傳)이란 경(經)을 통하게 하는 것으로 주인을 삼으며, 경은 반드시 합당한 것으로 이치를 삼는 것이다. 대저 지극히 합당한 것은 둘이 없다. 세 사람의 전이 비록 말이 다르나 어찌 그 막힌 것들을 버리고 선(善)을 가려서 따르지 않겠는가. 좌씨는 고우면서도 풍부하지만 그 잃는 것이 무당[巫]같고, 곡량씨는 맑으면서도 완만하여 그 잃는 것이 짧고, 공양씨는 말 잘하면서도 재단(裁斷)하여 그 잃는 것이 속되다. 만약 능히 풍부하면서도 무당같지 않고, 맑으면서도 그 잃는 것이 짧지 않고, 재단하여도 속되지 않게 되면 그 도에 깊어진 것이다. 그러므로 군자는 춘추(春秋)에 자신을 다할 따름이라고 했다.

26 역주 : 『공양전(公羊傳)』 은공(隱公) 3년(B.C. 720)에, 3년인 신유(辛酉)년 봄, 왕력(王曆)으로 2월 기사(己巳)일에 일식(日蝕)이 있었다. 어찌하여 이렇게 썼는가? 이변(異變)

말을 인용하고 이어서 그 말을 해석하면서 필세(筆勢)가 그렇게 한 것이지 사서(史書)의 체례는 아니다. 예컨대 양(梁)나라 오균(吳均 : 469-520)의 『제춘추(齊春秋)』[27]에서도 재난(災難)과 이변(異變)을 기록할 때마다 "어찌하여 이렇게 썼는가? 이변(異變)을 기록하기 위함이다"라고 말하였다. 무릇 사실에 대한 다른 논의가 없고 말은 자기가 한 말인데도 오히려 자문자답하고 있으니, 어찌 이것이 사실을 서술하는 도리이겠는가? 이렇게 『공양전』을 모방한 것 역시 이른바 '형식은 같지만 실질이 다른 것'이라고 하는 것이다.(釋 : "어찌하여 이렇게 썼는가"라는 구절을 모방한 것이 다섯째 본보기이다. ○논의(論議)를 만드는 문장으로 한 번 쓸 수는 있지만 사서를 편찬하는 방법일 뿐이지 체례는 아니다)

五始所作, 是曰『春秋』; 『三傳』並興, 各釋經義. 如『公羊傳』屢云 : "何以書? 記某(舊作'其')事也." 此則先引『經』語, 而繼以釋辭, 勢使之然, 非史體也. 如吳均『齊春秋』, 每書災變, 亦曰 : "何以書? 記異也." 夫事無他議, 言從己出, 輒自問而自答者, 豈是敍事之理者邪? 以此而擬『公羊』, 又所謂貌同而心異也.(釋 : 擬用何以書句,第五則. ○作議論之文, 可一用之, 史法則非體)

28-7

뿐만 아니라 『사기』와 『한서』는 모두 「열전」의 첫머리에서 인물의 이름[名]과 자(字)를 적었다. 「열전」 속에서 인물의 자(字)를 불러야 하는 경

을 기록하기 위함이다[何以書, 記異也]고 했다.

27 역주 : 이 책에 대하여는 「편차(編次)」편과 「고금정사(古今正史)」편에 자세한 언급이 있다. 유지기의 평가는 낮은 편이다.

우에는 이미 열전의 첫머리에서 밝혔기 때문에 다시 설명하지 않았다.[28] 예컨대 『한서』 「이릉전(李陵傳)」에서 농서(隴西) 사람 임립정(任立政)이 흉노에게 가서 이릉을 돌아오도록 부른 것을 기록하면서, "이릉이 입정의 자(字)를 부르면서 말하기를, '소공(少公), 돌아가기는 쉽네!'라고 했다".[29] 무릇 앞부분에서 입정의 자(字)를 말하지 않고서 여기서 곧 "입정의 자를 부르면서 '소공, …… '"이라고 말한 것을 통해 (앞부분에 자(字)가) 생략되었음을 알 수 있다. 영호덕분(令弧德棻 : 583-666)의 『주서(周書)』 「이수목전(伊水穆傳)」의 첫머리에서 말하기를, "이수목의 자(字)는 노간(奴干)이다"라고 하고, 뒤에 태조(太祖)가 "자를 부르며 말하기를, '노간(奴干)은 의동(儀同)이 되어 나를 마주하게 될 것이다'"고 하였다.[30] 앞에서 그의 자를 썼는데도 다시 뒤에서 거듭 자를 말하고 있으니, 어찌 이것이 사실의 서술을 간단하게 하고 글자의 중복을 없애는 것이라 하겠는가. 이렇게 『한서』를 모방한 것 역시 이른바 '형식은 같지만 실질이 다른 것'이라고 하는 것이다.(釋 : 자(字)로써 그 사람을 부르는 것을 모방한 것이 여섯째 본보기이다. 내가 보기에 이는 무방하다. ○이하 총평이다)

---

28 역주 : 포기룡은 구작(舊作)에 "전수불상(傳首已詳)"으로 되어 있었지만 이 중 '이(已)'자를 '불(不)'자로 바꾸어야 한다고 했지만, 이 문장의 의미를 "「열전」 속에서 인물의 자(字)를 불러야 하는 경우에는 이미 열전의 첫머리에서 밝혔기 때문에 다시 설명하지 않았다"라고 해석하기 위해서는 '이(已)'자가 합당하다고 여겨진다.

29 『한서』 권54, 「이릉전(李陵傳)」에, 소제(昭帝)가 즉위하고, 대장군 곽광(霍光)과 좌장군(左將軍) 상관걸(上官桀)은 평소 이릉과 사이가 좋았다. 따라서 이릉의 친구인 농서(隴西) 임립정을 흉노에 보내 돌아오도록 권유하게 했다. 입정이 말하기를, '아! 소경(少卿; 이릉의 자), 얼마나 고생이 많은가! 곽광(자, 子孟)과 상관걸(자, 少叔)이 그대에게 안부를 전하라네', '그대를 고향으로 돌아오라고 하네'라고 하자, 이릉이 입정의 자를 부르며, '소공(少公), 돌아가는 것은 쉽지만, 다시 욕을 당할까 두렵네. 어찌하면 좋은가!'라고 하였다.

30 『주서(周書)』 권29, 「이루목전(伊婁穆傳)」에, 목의 자는 노간(奴干)이다. 20세 약관에 태조[宇文泰]에게 깊은 신임을 받았다. 내전에 들어가 사실을 고한 적이 있는데 태조는 바라보며 매우 기뻐하면서 이루목의 자(字)를 직접 부르며 말하기를, 운운(云云)하였다. 그리하여 거기대장군(車騎大將軍)·의동삼사(儀同三司)에 임명하였다. 按 : 여기서 말한 '이루목의 자(字)를 직접 불렀다'라고 한 것은 즉 사가가 이름을 직접 칭하지 않는다는 뜻으로, 자를 거듭 말해서는 안 되기 때문이다.

且『史』·『漢』每於列傳首書人名字, 至傳內有呼字處, 則於傳首不(據文義刊正, 舊作'已', 非)詳. 如『漢書』「李陵傳」稱隴西任立政,(此下當有'至匈奴招陵'五字, 脫簡也) "陵字立政曰, '少公, 歸易耳.' 夫上下不言立政之字, 而輒言'字立政曰少公'者, 此省文, 從可知也. 至令狐德棻『周書』於『伊婁穆傳』首云"伊婁穆字奴干", 旣而續云太祖"字之曰, '奴干作儀同面向我也.'"夫上書其字, 而下復曰字, 豈是事從簡易, 文去重復者邪? 以此而擬『漢書』, 又所謂貌同而心異也.(釋 : 擬字呼其人, 第六則. 愚謂此似無妨. ○以下總評)

28-8

옛날 『공자가어(孔子家語)』에 말하기를, "창오(蒼梧) 사람이 아름다운 아내를 맞이하였는데 그 여자를 자기의 형에게 양보하였다. 비록 양보하기는 하였지만 양보의 도리에 맞지 않는다"[31]고 했다. 또한 양웅(揚雄)의 『법언(法言)』에 말하기를, "어떤 사인(士人)이 자칭 성은 공(孔)이요, 자는 중니(仲尼)라고 한다면 그를 공자라고 말할 수 있겠는가 라고 하자, 겉으로는 맞지만, 실질은 아니다"[32]고 했다. 앞에서 말한 이들처럼 고대의 저

31 按 : 이 사실의 속본(俗本)을 『사통』은 사승(謝承)의 『공자가어(孔子家語)』에서 운운(云云)하였다고 했다. 사승은 삼국시대 오(吳)나라 사람이지만, 『삼국지』 「오지(吳志)」에는 열전이 없다. 『수서경적지』·『구당서경적지』 등에는 단지 사승의 『후한서(後漢書)』만 있고 따로 『공자가어』라는 책이 없다. 베낀 고본(古本) 『사통』을 자세히 살펴보니 원래는 '사승' 두 글자가 없었다. 이제 『공자가어』를 검토해보니 이 문장이 권4, 「육본(六本)」편에 있었다. '창오라는 사람[蒼梧人]'을 『공자가어』에서는 '창오라는 예쁜 이[蒼梧嬈]'라 하였다.

32 양웅(揚雄), 『법언(法言)』 「오자(吾子)」편에 보인다. 역주 : 그 본문에, 어떤 사람이 말하기를, 만약 어떤 이가 자칭 성은 공(孔)이요, 자는 중니(仲尼)라고 하면서 공자의

작을 모방한 것이 창오가 아내를 양보하였다거나, 성은 공이고 자는 중니라는 내용이라 하겠는가? 그러므로 옛 사람들이 말하기를, "세상이 달라지면 사정도 달라지고, 사정이 달라지면 그에 대한 대비도 달라야 한다"라고 하였던 것이다. 반드시 선왕(先王)의 도로써 오늘날의 백성들을 다스려야 한다는 것이 한비자(韓非子)가 「오두(五蠹)」편을 쓰면서 송나라 사람들의 '노력하지 않고 요행만을 바란다(守株待兎)'는 고사(故事)를 서술한 이유인 것이다.[33] 세상의 저술하는 사람들은 한껏 기이한 것을 추구하면서 옛사람들의 문장을 배열하고 오늘의 사정(事情)을 서술하길 좋아하면서 자만하기를 『오경(五經)』이 다시 살아나고 『삼사(三史)』가 거듭 출현하였다고 말하고 있지만, 대부분 그들의 무식함을 보여줄 뿐이다.(釋 : "형식은 같지만 실질이 다른 것"에 대한 총평은 여기까지이다)

昔(一本誤多'謝承'二字)『家語』有云 : "蒼梧人娶妻而美, 以讓其兄, 雖(一多'則'字, 一多'其'字)爲讓, 非讓道也." 又揚子『法言』曰 : "士(一脫'士'字)有姓孔字仲尼", 其文是也, 其質非也. 如向之諸子, 所擬古作, 其殆蒼梧之讓, 姓孔(一有'而'字)字仲尼者歟? 蓋語曰 : 世異則事異, 事異則備異. 必以先

가문에 들어와 그의 당옥(堂屋)에 올라 그의 책상에 기대앉아 그의 의상을 입고 있다면 그를 공자라고 말할 수 있겠는가 라고 하자, 대답하기를, 그는 겉으로는 맞지만, 실질은 아니라고 하자 그럼 실질이란 것은 무엇입니까 라고 묻자, 대답하길, 본질은 양(羊)인데 호랑이 가죽을 쓰고 있는 것과 같아 풀을 보면 좋아하고 이리를 보면 전율을 느끼기 때문에, 자신이 호랑이 가죽을 덮어쓰고 호랑이 흉내를 내고 있다는 사실을 잊어버린다고 했다.

33 역주 : 『한비자(韓非子)』 「오두(五蠹)」편에, "송나라 사람으로 밭을 경작하는 사람이 있었다. 밭 가운데 나무 그루터기가 있어 토끼가 달려와서 그 그루터기에 부딪쳐 목이 부러져 죽었기 때문에, 그 자는 쟁기를 버리고, 그 그루터기를 지켜보면서 다시 토끼를 잡으려고 했는데 토끼는 두 번 다시 잡히지 않았으며, 그 자는 송나라 사람들의 웃음거리가 되었다. 지금 만약 선왕(先王)의 정치를 가지고 현대의 백성을 통치하려고 하는 것은 모두가 그루터기를 행여나 하고 지켜보고 있는 것과 다를 것이 없는 것이다. …… 문왕(文王)은 인의(仁義)의 정치를 행하여서 천하의 왕이 되었는데 언왕(偃王)은 같은 인의의 정치를 행하여 그 나라를 상실한 것이다. 이 사실은 인의는 고대에는 필요했지만 오늘날에는 필요 없다는 것을 말해 주고 있는 것이다. 그러므로 '세상이 달라지면 사정도 달라지며, 사정이 달라지면 그에 대한 대비[備]도 달라진다'라고 하는 것이다"라고 하였다.

王之道, 持今世之人,(一作'民') 此韓子所以著「五蠹」之篇, 稱宋人有守株之說也. 世之述者, 銳志於(恐'矜'字之訛)奇, 喜編次古文, 撰敍今事, 而(一無'而'字)巍然自謂『五經』再生, 『三史』重出, 多見其無識者矣.(釋 : 總評貌同而心異, 至此束)

28-9

다만 견식이 밝은 사람은 그렇지 않다. 무엇 때문인가? 그들의 모방은 그림 속에 사물을 그대로 그린 것이나, 틀에 넣어 찍어낸 주물(鑄物)과 같이 똑같이 흉내내는 것을 말하는 것이 아니다. 모방을 하는 이유는 도덕이나 학술에 있어서 같은 것을 취하고, 의리(義理)가 서로 같게 하는데 있다. 공자 같은 사람은 지위가 낮은 일개 필부(匹夫)로서 제후국을 바삐 돌아다니면서 아무에게도 중용되지 않았지만 오히려 요(堯) · 순(舜) · 문왕(文王) · 무왕(武王)을 본받아 그들의 가르침을 밝혔으니, 어찌 제왕[九五][34]의 높은 지위에 있거나, 군주라는 존경받는 자리에 있고 난 연후에야 비로소 그들과 동류가 된다고 말할 수 있겠는가?(釋 : 이 문단에서는 "형식은 다르지만 실질이 같다"는 뜻을 총평하였다)

惟夫明識之士則不然. 何則? 其所擬者非如圖畫之寫眞, 鎔鑄之象物, 以此而似也.(一作'彼') 其所以爲似者, 取其道術相會, 義理玄(一作'互')同, 若斯而已. 亦猶孔父賤爲匹夫, 栖皇(舊作'惶')放逐, 而能祖述堯 · 舜, 憲章文 · 武, 亦何必居九五之位, 處南面之尊, 然後謂之連類者哉!(釋 : 此段

---

34 역주 : 본문에 보이는 '구오(九五)'는 『역』「건(乾)」괘(卦)에, 구오(九五), 나는 용(龍)이 하늘에 있으니, 대인(大人)을 만남이 이롭다고 하였다. 따라서 '구오'란 왕자(王者)로서의 부귀한 자리를 가리킨다. 程千帆, 『史通箋記』, p.149 참조.

總挈貌異心同意)

28-10

대체로 좌구명이 편찬한 『좌전(左傳)』은 사실에 대한 기록이 가장 뛰어나다. 진(晉)나라 이후 『좌전』을 받들어 본받고자 하는 사람이 많았지만 무턱대고 남의 것을 모방하는 것과 같아서 그 추함을 더 보태어 줄뿐이었다.[35] 그러나 우연히 제대로 본받은 것을 찾으려 한다면 이야기할만한 것도 있다.(釋 : 또 하나의 작은 결론으로 '형식은 다르지만 실질은 같다'는 경우 일곱 본보기를 모두 『좌전』을 모범으로 하였다) 군부(君父)가 살해된 것을 신자(臣子)가 인용하기에는 치욕적인 일이기 때문에 원칙적으로는 마땅히 간략하게 언급하고 차마 직설적으로 말하지 못한다.[36] 때문에 『좌전』에는 환공(桓公)이 제(齊)나라에서 살해된 것을 서술하면서 단지 "팽생(彭生)이 환공(桓公)과 함께 수레에 올랐는데 공이 수레 안에서 죽었다"[37]라고 적

35 역주 : 『장자(莊子)』 「천운(天運)」편에, 서시(西施)가 가슴을 앓아 이맛살을 찌푸리고 있었더니 그 마을의 추녀가 그녀를 보고 아름답다고 여겨 집으로 돌아오자 역시 가슴에 손을 얹고 이맛살을 찌푸렸다. 마을의 부자가 그를 보고는 문을 굳게 잠근 채 밖에 나가지 않게 되고 가난한 사람들은 이를 보고 처자를 거느리고 떠나가 버렸다. 그 추녀는 서시가 이맛살을 찌푸리면 아름다워지는 까닭을 알지 못하였다고 했다.

36 역주 : 『공양전』 은공(隱公) 11년(B.C. 712)에, 겨울 11월 임진(壬辰)일에 은공이 죽었다[薨]. 왜 장례를 쓰지 않았는가? 감추고 드러내지 않았기 때문이다. 왜 그런가? 시해되었기 때문이다. 시해되었다면 왜 장례를 기록하지 않았는가? 『춘추』에서는 군주가 적(賊)에게 시해되었는데도 그들을 토벌하지 않으면 장례를 기록하지 않았는데 이는 신자(臣子)가 없기 때문이다. …… 은공이 죽었는데[薨] 왜 장지를 기록하지 않았는가? 차마 말하지 못한 것이다. 은공은 어찌하여 정월(正月)이 없는 것인가? 은공이 장차 환공(桓公)에게 군주의 자리를 물려주려 했기 때문에 그 정월이 없는 것이라 했다.

37 역주 : 『좌전』 환공(桓公) 18년(B.C. 694)에, 여름 4월 10일, 제(齊) 양공(襄公)이 노 환공

고 있다. 간보(干寶)의 『진기(晉紀)』에는 진 민제(晉愍帝)가 평양(平陽)에서 죽은 것을 서술하면서 단지 "진(晉)나라 사람들이 이 같은 상황을 목격하고 대부분이 울었으며 적(賊)이 두려워했다. 황제가 죽었다[崩]"[38]라고 적고 있다. 이와 같이 『좌전』을 모방하는 것이 이른바 '형식은 다르지만 실질은 같다'라고 하는 것이다.(釋 : 『좌전』의 차마 그대로 기록하지 못하는 방법을 본받고 있음이 첫째 본보기이다)

蓋『左氏』爲書, 敍事之最. 自晉已降, 景慕者多, 有類效顰, 彌益其醜. 然求諸偶中, 亦可言焉.(釋 : 又一小挈. 從所列貌異心同凡七則, 皆以左氏爲式) 蓋君父見害, 臣子所恥, 義當略說, 不忍斥言. 故『左傳』敍桓公在齊遇害, 而云"彭生乘公, 公(舊脫一'公'字)薨於車".(桓十八) 如干寶『晉紀』敍愍帝歿於平陽, 而云 : "晉人見者多哭, 賊懼, 帝崩."以此而擬『左氏』,(舊多'又'字) 所謂貌異而心同也.(釋 : 師左氏不忍斥書之法, 第一則)

28-11

무릇 한 가지 사건을 일시(一時)에 모두 기록할 수 없는 경우, 먼저 사건의 시작을 거론하고 뒤에 다시 그 결말을 상세히 기록하면, 앞뒤가 서로 배합되어 같은 사건을 나누어 기록할 수 있다. 예컨대 『좌전』 성공(成公) 7년(B.C. 584)에 정(鄭)나라가 초(楚)의 종의(鍾儀)를 포로로 잡아 진(晉)나

을 초청해 주연을 베푼 뒤 힘이 센 제나라 공자 팽생(彭生)을 시켜 노 환공을 수레에 태워 보내게 했다. 이때 노 환공이 수레 속에서 늑골이 부러진 채 죽었다[薨]고 했다. 두예의 주(注)에는 팽생이 죽였다고 했다.

38 역주 : 간보의 『진기』는 현재 전하지 않는다. 『진서(晉書)』 권5, 「효민제기(孝愍帝紀)」에, 건흥(建興) 5년(317) 12월 무술(戊戌)에 황제가 시해되어 평양(平陽)에서 붕어(崩御)했다. 그때 나이 18세였다고 기록하여 시해되었음을 분명히 하고 있다.

라에 바쳤는데,[39] 성공 9년(B.C. 582)에 진나라가 종의를 석방하여 초(楚)나라로 돌려보내면서 진과 초의 화해를 요구하였다[40]고 한 것이 바로 이 부류에 속한다. 배자야(裴子野)의 『송략(宋略)』에는 색로(索虜) 즉 북위(北魏)의 군대가 강남에 이르자 태자 유소(劉劭)는 무사들을 동원하여 서담지(徐湛之)와 강담(江湛)[41]을 배척하였는데, 서담지와 강담은 이 일로 해서 유소와 틈이 벌어졌다. 그러한 일이 있은 지 3년 후에 강담은 유소[元兇]에게 살해되었다고 서술하고 있다. 이와 같이 『좌전』을 모방한 것 역시 이른바 '형식은 다르지만 실질은 같다'라고 하는 것이다.(釋 : 『좌전』의 사건의

39 역주 : 『좌전』 성공(成公) 7년에, 가을 초나라 자중(子重)이 정(鄭)나라를 공격하고 범(氾) 땅에 진을 쳤다. 이에 제후들의 군대가 정나라를 구원했다. 이때 정나라 대부 공중(共仲)과 후우(侯羽)가 초나라 군사를 공격했다. 이에 초나라 운공(鄖公) 종의(鍾儀)를 생포하여 진(晉)나라에 바쳤다고 했다.

40 역주 : 『좌전』 성공 9년에, 이때 진(晉) 경공(景公)이 군부(軍府)를 시찰하다가 우연히 운공(鄖公) 종의(鍾儀)를 발견하고는 물었다. …… (범문자(范文子)가 말하기를) 그 초나라 포로는 군자입니다. …… 군주는 어찌하여 그를 본국으로 돌려보내 그로 하여금 진(晉)·초(楚) 두 나라 간의 화친을 도모하도록 하지 않는 것입니까 라고 하자, 진 경공이 이를 좇아 곧 종의를 후하게 대접한 뒤 초나라로 돌려보내 양국의 화친을 도모하게 하였다고 했다.

41 『남사(南史)』 권36, 「강담전(江湛傳)」에, 송(宋) 강이(江夷)의 아들 강담의 자는 휘심(徽深)이고 영박사(領博士)로 있다가 이부상서(吏部尚書)가 되었다. 집이 몹시 가난하여 의복과 양식에 여분이 없었다. 북위의 태무제(太武帝)가 군대를 거느리고 조보(爪步)에 이르자 강담으로 군대를 거느리게 하였다. 북위가 사자(使者)를 보내어 구혼(求婚)하자 황제[宋文帝]는 태자 유소(劉劭)이하 신하들을 모아 회의를 하였는데 대부분이 모두 구혼을 허락하자고 했다. 다만 강담이 구혼을 허락하는 것이 아무런 도움이 안 된다고 하자, 유소가 노하여 '어찌 허락하여 마땅한 일에 반대하는가'라고 말과 안색이 심히 못마땅한 모습이었다. 회의가 끝난 후 모두 밖으로 나오자 유소가 병사로 하여금 강담을 없애려 하여 자칫 위험한 지경에 처하기도 하였다. 후일 유소가 궁중에 난입하여 문제(文帝)를 시해하려 할 때 강담은 당직 중이었는데 창에 기댄 채 죽음을 당했지만 자세를 조금도 굽히지 않았다. 『송서(宋書)』 권53, 「강이전(江夷傳)」에는 '휘심(徽深)'을 '휘연(徽淵)'으로, '북위 태무제'를 '색로(索虜)'라고 하였다. 다시 살펴보니, 강담의 열전과 서담지의 열전에 모두 그들이 배척을 받았다는 문장이 없다. 비록 배자야(裴子野)의 『송략(宋略)』의 기록을 찾아볼 수는 없지만, 당시의 사실을 살펴보면 『사통』에 쓸데없이 끼인 문장[衍文]임을 알 수 있다. 역주 : 강담에 관하여는 『위서(魏書)』 권97, 「도이유유전(島夷劉裕傳)」에도 보인다. 앞에서 포기룡이 언급한 '쓸데없이 끼인 문장[衍文]'에 대한 자세한 논의는 張振珮, 『史通箋注』, pp.299-300 주)2 참조.

전후를 드러나지 않게 연결하는 방법을 본받고 있음이 둘째 본보기이다)

夫當時所記或未盡, 則先擧其始, 後詳其末, 前後相會, 隔越取同. 若『左氏』成七年, 鄭獲楚鐘儀以獻晉, 至九年, 晉歸鐘儀於楚以求平, 其類是也. 至裴子野『宋略』敍索虜臨江, 太子劭使力士排徐湛(二字疑衍) · 江湛僵仆, 於是始與劭有隙. 其後三年, 有(舊衍'徐'字)江湛(舊無'湛'字)爲元凶所殺事. 以此而擬『左氏』, 亦(一作'又')所謂貌異而心同也.(釋 : 師左氏書事前後伏應之法, 第二則)

28-12

무릇 이름[姓名]을 열거하면서 자(字)를 함께 쓰는 경우는 드물다. 만약 이름과 자를 전후에서 번갈아 사용하면 독자들은 자연스럽게 알게 된다. 예컨대 『좌전』에 앞에서 양짐(羊斟)이라 부르고 뒤에서는 숙장(叔牂)이라 부르거나,[42] 앞에서는 자산(子產)이라 부르고 뒤에서 국교(國僑)라고 칭한 것이 바로 이 부류에 속한다.[43] 배자야(裴子野)의 『송략(宋略)』에서도 마찬

42 『좌전』 선공(宣公) 2년(B.C. 607)에, 정(鄭)나라 공자(公子) 귀생(歸生)이 초(楚)나라의 명을 받고 송(宋)나라를 공격하자 송의 화원(華元)이 이를 막았다. 교전이 이루어지기 직전 화원은 양(羊)을 잡아 군사들을 먹였다. 그러나 화원의 전차(戰車)를 모는 양짐(羊斟)에게는 주지 않았다. 싸움이 벌어지자 양짐은 화원에게 말했다. 어젯밤 양은 당신이 나눠주었지만 오늘의 전차는 내가 모는 것이라 하고는 정나라 진영으로 달려들어갔다. 이 때문에 송나라 군사가 패하였다. 화원이 도망쳐 송으로 돌아왔다. 숙장(叔牂)을 보았는데, 숙장에게 묻기를, '당신의 말[馬] 때문에 그렇게 된 것이오'라고 하니 대답하길, '말이 아니고 사람 때문이오'라고 하였다. 역주 : 두예의 주(注)에 '숙장(叔牂)은 곧 양짐(羊斟)이다'라고 했다. 이와 관련한 자세한 논의는 程千帆, 『史通箋記』, pp.151-152 참조.

43 『좌전』 양공(襄公) 24년(B.C. 549)에, '자산(子產)은 정백(鄭伯)의 상(相)이 되어 진(晉)나라에 갔다'라고 하고 그 아래 문장에서 '교(僑)는 문공(文公)이 맹주가 되었다는 소

가지로 그렇게 하였다. 어찌하여 그러한가? 앞에서 환현(桓玄)이라 쓰고 뒤에서는 경도(敬道)라 부르거나,[44] 뒤에서 은철(殷鐵)이라 서술하면서 앞에서 경인(景仁)이라 칭하고 있다.[45] 이같이 『좌전』을 모방한 것 역시 이른바 '형식은 다르지만 실질은 같다'라고 하는 것이다.(釋 : 『좌전』의 이름과 자를 번갈아 쓰는 방법을 본받고 있음이 셋째 본보기이다)

凡列姓名, 罕兼其字; 苟前後互擧, 則觀者自知. 如『左傳』上言羊斟, 則下曰叔牂;(一作'子臧', 一止作'臧', 並誤) 前稱子産, 則次見國(當作'曰')僑, 其類是也. 至裴子野『宋略』亦然. 何者? 上書桓玄, 則下云(舊誤作'有')敬道; 後敍殷鐵, 則先著景仁. 以此而擬『左氏』, 又所謂貌異而心同也.(釋 : 師左氏書人名字互見之法, 第三則)

식을 들었다'라고 했는데 『좌전』 중에는 이와 비슷한 경우가 많다. 다만 교(僑) 혹은 공손교(公孫僑)라고 칭할 뿐 국교(國僑)라고 칭하지는 않았다. 왕백후(王伯厚)가 일찍이 이를 바로 잡으려 한 적이 있다. 나는 '국(國)'자를 당연히 '왈(曰)'자로 해야 한다고 의심하였기 때문에 '다음 문장에서는 숙장이라 했다[下曰叔牂]'는 구절로 배열하였다. 역주 : 이상에서 포기룡은 자산이 '국교'라고 불려지지 않았다고 하였지만, 『문심조룡』 「재략(才略)」편과 염약거(閻若璩)평주(評注), 『곤학기문(困學紀聞)』 등에 국교라는 칭호가 보이기 때문에 유지기의 인용이 틀린 것은 아니다. 張振珮, 『史通箋注』, p.300 주)2 참조.

44 按 : 『진서(晉書)』 권99, 「환현전(桓玄傳)」에 현의 자(字)가 경도(敬道)라고 했지만 열전에서 그렇게 논한 서법(書法)에는 명확한 증거가 아직 없고, 『송략(宋略)』에도 보이지 않는다. 따라서 『진서』와 『송서』 두 사서에서 환현과 관련 있는 인물 예컨대 유도규(劉道規)·하무기(何無忌)·위영지(魏詠之)·단빙지(檀憑之)·제갈장민(諸葛長民) 등 10여 인의 열전을 두루 살펴보아도 모두 이러한 말이 없다. 대체로 사가(史家)들이 자구(字句)를 바꿀 때에는 구문(舊文)에 그치지 않는다. 여기서는 즉 『사통』의 기록을 사실이라 해도 괜찮을 것이다.

45 『송서(宋書)』 권69, 「유담전(劉湛傳)」에, 유담과 은경인(殷景仁)은 평소 사이가 좋았다. 함께 당시 중용(重用)되면서 점차 시기하고 미워하는 틈이 생기게 되었다. 유담과 한 패거리였던 유경문(劉敬文)의 부(父) 성(成)이 이러한 분위기를 모르고 은경인에게 찾아가 군직(郡職)을 원하였다. 경문이 급히 유담에게 가서 사죄하며 말하기를, 아버지께서 노망이 들어 은철(殷鐵; 은경인의 자)에게 찾아가 벼슬을 구하려 했습니다'고 하였다. 『남사(南史)』 권33, 「범태전(范泰傳)」에, 범태가 죽고 개부(開府)로 추증할 것을 의론하였다. 은경인이 말하기를, '범태는 평소 위망(威望)이 그리 높지 않았으니 불가하다'라고 했다. 왕홍(王弘)이 관을 어루만지며 곡을 하길, '그대께서 평생 은철(殷鐵)을 중히 여겼는데 이제 이런 보답을 받는구려'라고 하였다.

28-13

『좌전』이나 『논어』(갑자기 『논어』가 더해진 것은 고문(古文)을 참조하는 부분이기 때문이다)에서 사람들 사이의 문답(問答)에 대하여 적는 경우 만약 장문의 말이나 문장이 필요하지 않다면 단지 상대방에 대한 대답만을 적고 있다.[46] 즉 계속되는 대화를 쓰는 경우, "대답하기를[對曰]", "묻기를[問曰]"과 같은 글자들은 쓰지 않았다. 예컨대 배자야(裴子野)의 『송략(宋略)』에서는 "이효백(李孝伯)이 장창(張暢)에게 묻기를, '그대의 성(姓)은 무엇입니까?'라고 하니, '성은 장(張)입니다', '장장사(張長史)이신가?'라고 적고 있다.[47] 이렇게 『좌전』이나 『논어』를 모방한 것 역시 이른바 '형식은 다르지만 실질은 같다'라고 하는 것이다.(釋 : 『좌전』과 『논어』의 서로 대화하는 경우 '말하기를[曰]'이라는 글자를 생략한 방법을 본받고 있음이 넷째 본보기이다)

『左氏』與『論語』,(忽添『論語』, 是古文慘錯處) 有敍人酬對, 苟非煩詞積句,

46 역주 : 『좌전』 선공(宣公) 12년(B.C. 597)에, 당시 소(蕭)나라 대부 선무사(還無社)는 평소 초나라 대부 신숙전(申叔展)을 알고 지냈다. 이에 초나라 대부 사마묘(司馬卯)에게 부탁하여 신숙전을 큰 소리로 부르게 했다. 그러자 신숙전이 선무사를 찾아와 물었다. '술 담그는데 쓰는 효소인 맥국(麥麴)이 있소?', '없소.', '산국궁(山鞠窮)은 있소?', '없소.', '하어복질(河魚腹疾)은 어떻게 치료할 것이요?'라고 하는 대화에는 그 중간에 '왈(曰)'이라고만 적고 있다. 그리고 『논어』 「양화(陽貨)」편에는 양화와 공자의 대화를 적으면서, 공자가 말하기를, '그 보배로운 재능을 품속에 품고 있으면서 나라를 어지럽게 버려 두는 것은 인(仁)하다 할 수 있겠소?', '그렇다고 할 수 없소이다.', '시간[日月]은 지나가고, 세월은 우리들을 기다려 주지 않소이다.'라고 하는 대화에도 그 중간에 '왈'이라고만 적고 있다. 유월(俞樾), 『고서의의거례(古書疑義擧例)』 권2, 「양인지사이성왈자례(兩人之辭而省曰字例)」에서 이러한 사례를 언급하였다. 程千帆, 『史通箋記』, p.152 참조.

47 이는 북위 태무제가 남침을 할 때 그의 상서(尙書) 이효백(李孝伯)과 장창(張暢)이 성(城)에 이르러 서로 묻는 말이다.(역주 : 『북사(北史)』 권33, 「이효백전(李孝伯傳)」 참조) 按 : 『송서(宋書)』 권46, 「장소전(張邵傳)」에 부록된 「장창전(張暢傳)」에는 성(姓)을 묻는 말이 없고, 『남사(南史)』 권32, 「장소전」에는 또 '효백왈(孝伯曰)'이라는 구절이 더하여져 있어서 모두 『송략(宋略)』과 조금 다르다. 장창의 자는 소미(少微)이다.

但是往復唯諾而已, 則連續而說, 去其“對曰”·“問曰”等字. 如裴子野『宋略』云 : 李孝伯問張暢, “卿何姓?”曰“姓張.”,“張長史乎?” 以此而擬『左氏』·『論語』, 又所謂貌異而心同也.(釋 : 師『左氏』·『論語』敍應對省‘曰’字之法, 第四則)

28-14

착한 사람과 군자(君子)들에 관한 공업(功業)이 기록되지 않았더라도 사람들의 대화 속에 그들의 좋은 점이 부수적으로 밝혀지는 경우가 있다. 예컨대 『좌전』에서 초 무왕(楚武王)이 수(隨)나라를 토벌하려고 하자 웅솔(熊率)이 또 비유하여 말하기를, “계량(季梁)이 건재하니 우리에게 무슨 도움이 될 것인가!”[48]라고 한 것과 소방등(蕭方等 : 528-549)[49]의 『삼십국춘추(三十國春秋)』에 조정에서 모용준(慕容儁)이 죽었다는 말을 듣고 말하기를, “이제 비로소 중원을 장악할 수 있을 것입니다”라고 하니, 환온(桓溫)이 말하기를 “모용각(慕容恪)이 건재하니 더 우려할 때입니다”[50]라고 한 것

48 역주 : 『좌전』 환공(桓公) 6년(B.C. 706) 춘(春) 기록 참조. 초나라 대부 웅솔차비(熊率且比)의 말을 빌려 수(隨)나라 현신(賢臣)이었던 계량(季梁)이 있는 한 수나라를 공략하는 것은 어렵다고 한 것으로, 실제로 계략의 건의에 따라 수후(隨侯)가 정치를 바로 하려는 노력을 기울인 결과 초나라가 감히 수를 침공하지 못했다고 적고 있다.

49 「칭위(稱謂)」편 주)12 참조.

50 『진서(晉書)』 권111, 「재기(載記)」「모용위전(慕容暐傳)」에, 각(恪)의 자는 현공(玄恭)으로 모용황(慕容皝)의 넷째 아들이었다. 황이 임종시에 모용준(慕容儁)에게 말하기를, ‘각(恪)은 지혜와 용기를 모두 갖추었으니 너는 그에게 중요한 일을 맡길 것이라 하였다. 준(儁)이 제위에 계승하여 각을 태원왕(太原王)에 봉하였다. 처음 건업(建業)에서 모용준이 죽었다는 소식을 듣고 말하기를, ‘중원(中原)을 이제는 다시 회복할 수 있겠구나’라고 하였다. 이에 환온이 말하기를, ‘모용각이 건재하니 더 우려할 때입니다’라고 하였다. 역주 : 『삼십국춘추』는 현재 전하지 않지만, 이상 『진서』의 내용

이다. 이렇게 『좌전』을 모방한 것 역시 이른바 '형식은 다르지만 실질은 같다'라고 하는 것이다.(釋 : 『좌전』의 직접 그 사실을 서술하지 않고도 좋은 점을 분명하게 드러내는 방법을 본받고 있음이 다섯째 본보기이다)

善人君子,(四字通泛, 恐有誤) 功業不書, 見於應對, 附彰其美. 如『左傳』稱楚武王欲伐隨,(舊誤作'隋') 熊率且比曰 : "季梁在, 何益!".(桓六) 至蕭方等(一脫'等'字)『三十國春秋』說朝廷聞慕容儁死, 曰 : "中原可圖矣!", 桓溫曰 : "慕容恪在, 其憂方大!", 以此而擬『左氏』, 又所謂貌異而心同也.(釋 : 師左氏彰美不待實敍之法, 第五則)

28-15

무릇 어떤 사실을 서술하면서 반드시 그 근본적인 문제를 먼저 설명하였지,[51] 그 전후를 보완하면서 거꾸로 회고하여 서술하는 방법을 취하지 않았다. 예컨대 『좌전』에 숙첩(叔輒)이 일식(日蝕)이 있다는 말을 듣고 곡(哭)을 하니 소자(昭子)가 말하기를, "자숙(子叔)이 장차 죽으려는가?"라고 하였는데, 가을 8월에 자숙이 죽었다고 한 사실,(소공(昭公) 21년)[52] 왕소

은 『삼십국춘추』의 내용을 인용한 것이라 볼 수 있다.

51 역주 : 『진서(晉書)』 권75, 「순숭전(荀崧傳)」에, (순숭이 원제(元帝)에게 올린 상소(上疏)의 내용에) 당시 좌구명(左丘明)과 자하(子夏)가 무릎을 맞대고 학습하여 정성스럽게 살피지 않은 것이 없었다. 공자 사후에 미언(微言)이 사라지려 할 때 좌구명이 물러나 공자에에서 학습하였던 바를 찬술하여 『춘추』에 대한 전(傳)을 편찬하였다. 그의 책은 예(禮)를 잘 다루고 있으며 화려하고 아름다운 사구(辭句)가 많으며, 사정의 본말(本末)을 잘 설명하고[張本繼末] 경전의 뜻을 잘 밝혔다. 확실히 매우 기위(奇偉)한 것이 많았다. 학자들이 모두 좋아하였다고 했다.

52 역주 : 『좌전』 소공(昭公) 21년(B.C. 521)에, 가을 7월 초하루 임오일(壬午日)에 일식이 있었다. …… 이때 숙첩(叔輒)이 일식에 대하여 곡(哭)했다. 그러자 노(魯)나라 대부 소자(昭子)가 말했다. '자숙(子叔)[숙첩]은 곧 죽을 것이다. 일식에는 곡하는 것이 아

(王劭)의 『제지(齊志)』에 장백덕(張伯德)이 꿈에서 산 위에 실처럼 긴 것이 걸려 있는 것을 보았는데 점치는 사람이 말하기를, "앞으로 유주(幽州)의 고을 수령이 되려는가?"라고 하였는데, 7월에 유주자사(幽州刺史)로 임명되었다[53]고 한 것이 그것이다. 이렇게 『좌전』을 모방하는 것 역시 이른바 '형식은 다르지만 실질은 같다'라고 하는 것이다.(釋 : 『좌전』의 앞선 징후를 쓰고 나중에 살피는 방법을 본받고 있음이 여섯째 본보기이다)

夫將敍其事, 必預張其本, 彌縫混說, 無取睠(與眷'通, 回顧之義)言. 如『左傳』稱叔輒聞日蝕而哭, 昭子曰 : "子(一脫'子')叔其將死乎?" 秋八月, 叔輒卒.(昭二十一) 至王劭『齊志』稱張伯德夢山上挂絲, 占者曰 : "其爲幽州乎?" 秋七月, 拜爲幽州刺史. 以此而擬『左氏』, 又所謂貌異而心同也.(釋 : 師左氏書預兆後省之法, 第六則)

28-16

대체로 문장이 비록 생략되었더라도 도리가 매우 밝게 드러나는 것이 『좌전』의 문체(文體)다. 예컨대 진(晉)나라 군사가 필(邲)땅에서 패배함에, (그 대장인 순림부(荀林父)가 어찌할 바를 모르고 군중에서 북을 치며 말하기를) "강을 먼저 건너는 사람에게 상을 주겠다"라고 했다. (이 상황을 『좌전』에서는) "중군(中軍)과 하군(下軍)의 군사들이 다투어 배에 오름에 (먼저 오른 자들이 혼란으로 배가 뒤집힐 것을 두려워하여 배에 오르고

니다'라고 하였다. '8월에 숙첩이 죽었다[卒]'고 했다.

53 『북제서(北齊書)』 권25, 「장량전(張亮傳)」에, 장량의 자는 백덕(伯德)이고, 태중대부(太中大夫)에 임명되었다. 설숙(薛琡)이 장량의 꿈을 꾸었다고 운운(云云)하였는데, 마찬가지로 왕소(王劭)의 『제지(齊志)』에 기록된 백덕 자신이 꿈을 꾸었다는 것과 조금 다르다. 역주 : 왕소에 대하여는 「육가(六家)」편 상서가(尙書家)의 주)20 참조.

자 배의 난간을 잡은 자들의 손가락을 끊으니) 배 안에 잘려진 손가락이 두 손으로 움켜질 정도로 많았다"(선공(宣公) 12년)[54]고 묘사하였다. 여기서 "배의 난간을 잡고 오르는 자들 때문에 배가 흔들리자 미리 오른 자들이 그들의 손가락을 칼로 끊었다"라고 말하지 않고, 다만 "배 안에 잘려진 손가락이 두 손으로 움켜질 정도로 많았다"라고만 하였을 뿐인데도 독자는 당시의 정황을 알아차릴 수 있는 것이다. 『좌전』의 이러한 방식을 모방한 왕소(王劭)가 지은 『제지(齊志)』에는 고계식(高季式)이 한릉(韓陵)에서 적군을 물리치고 이를 추격하여 북으로 내쫓았다는 내용을 기술하면서 "한 밤중이 되어서야 병영으로 돌아왔는데 창에 묻은 피가 옷소매를 가득 적셨다"[55]라고 서술하고 있다. 고계식이 창을 휘두르며 적진 속으로 깊이 들어가 수많은 적군을 찔러 죽였다고 표현하지 않고 단지 "창에 묻은 피가 옷소매를 가득 적셨다"라고 말하고 있지만 독자들은 역시 그 뜻을 알 수 있는 것이다. 이같이 『좌전』을 모방한 것 역시 이른바 '형식은 다르지만 실질은 같다'라고 하는 것이다.(釋:『좌전』의 사실을 기록함에 있어서 짤막한 말로서 전체 내용을 알게 하는 방법을 본받고 있음이 일곱째 본보기이다. 그 뜻이 대략 「용회(用晦)」편과 같다. ○이하 두 경우를 합쳐 논하였다)

蓋文雖缺略, 理甚昭著, 此丘明之體也. 至如敍晉敗於邲, 先濟者賞, 而云:"上(當作'中')軍·下軍爭舟, 舟中之指可掬."(宣十二) 夫不言攀舟(恐

54 역주:『좌전』 선공(宣公) 12년(B.C. 597)에 보이는 문장으로써 초(楚)가 정(鄭)나라를 정벌하자 진(晉)의 군대가 정을 구원하기 위해 삼군(三軍)으로 나누어 황하를 건너던 도중 초나라 군대의 공격을 받은 상황에서 벌어지는 광경을 묘사한 문장이다. 공격에 대비하지 않았던 진(晉)나라 군대의 당황한 모습을 묘사하였다.

55 『북제서(北齊書)』 권1, 「신무제기(神武帝紀)」 상에, 이주조(尒朱兆) 등이 업(鄴)에 모여 원수(洹水) 양안(兩岸)에 진을 쳤다. 신무제(神武帝; 高歡)는 한릉(韓陵)에서 원진(圓陣)을 치고 이주조와 전투를 벌려 크게 승리하였다. 고계식(高季式)이 일곱 필의 말로 도망가는 이주조를 뒤쫓아 야마강(野馬岡)을 지나 이주조와 마주치게 되었다. 고앙(高昂)이 멀리서 이를 쳐다보며 고계식을 보지 못한 채 울며 말하기를, '나의 동생이 죽음을 면치 못하겠구나'라고 하였다. 밤이 깊어 고계식이 돌아왔는데 온 소매가 피에 젖어 있었다고 했다. 역주:『북제서』의 이러한 기록은 현재 전하지 않는 왕소의 『제지(齊志)』의 기록을 인용하였을 것이다.

脫'擾'字)亂, 以刃斷指, 而但曰"舟指可掬", 則讀者自睹其事矣. 至王劭『齊志』述高季式破敵於韓陵, 追奔逐北, 而云"夜半方歸, 槊血滿袖." 夫不言奮槊深入, 擊刺甚多, 而但稱"槊血滿袖", 則聞者亦知其義矣. 以此而擬『左氏』, 又所謂貌異而心同也.(釋 : 師左氏敍事片言蔽全形之法, 第七則. 意略與用晦篇同. ○已下合論兩扇)

28-17

대체로 (삼국의) 위(魏)나라 이전의 사가들은 대부분 『삼사(三史)』를 본받았고, 진(晉)나라 이후에는 『오경(五經)』을 따라하는 것을 좋아했다. 사서(史書)의 문장은 의미가 깊지 않으므로 모방하기 쉽고, 경서(經書)의 문장은 의미가 깊어 모방하기 어려웠으므로, 어렵거나 쉽거나 하는 구별이 있게 되었고 그 때문에 득실 역시 달랐다. 대체로 "형식은 다르지만 실질은 같다"는 것은 모방(摸擬)의 상(上)이고, 형식은 같지만 실질이 다른 것은 모방의 하(下)이다. 그러나 사람들은 모두 형식은 같지만 실질이 다른 것을 좋아하고, 형식은 다르지만 실질이 같은 것을 좋아하지 않으니 무엇 때문인가? 대개 감식(鑒識)이 밝지 못하면 좋아하는 것이 대부분 괴팍하여 사이비(似而非) 사서(史書)를 좋아하고, 진정한 사서를 싫어하였다. 이는 자장(子張)이 노나라 제후를 비난하면서 섭공(葉公)이 용(龍)을 좋아하는 것[56]에 비유한 것을 말한다. 원산송(袁山松 : ?-401)[57]이 말하기를 "사

---

56 『장자(莊子)』의 일편(逸篇)에, 자장(子張)은 노나라 애공(哀公)이 예를 차리지 않자 떠나려 하며 말하기를, 군주께서는 사(士)를 좋아하는 것은 마치 섭공(葉公) 자고(子高)가 용(龍)을 좋아하는 것과 비슷하다. 섭공은 온 집과 방에 글을 새기며 '용'자를 썼다. 이때 천룡(天龍)이 내려와 머리를 창에 대고 꼬리를 당(堂)에 끌어당겨 드리우니 섭공이 이를 보고 당황하여 넋을 잃었다. 이는 섭공이 용을 좋아하지 않았기 때문이

서의 결점에도 다섯 가지가 있다. 번잡하고 정돈되지 않은 것이 첫 번째 결점이고, 속되고 바르지 못한 것이 두 번째 결점이며, 진실을 기록하지 못하는 것이 세 번째 결점이고, 상벌이 공정하지 않은 것이 네 번째 결점이며, 꾸밈이 질박함을 이기지 못하는 것이 다섯 번째 어려움이다"라고 하였다. 무릇 옛 것을 모방하면서도 그에 합당하게 하지 못하는 것이 가장 큰 결점인데 어찌하여 유독 이 조항만이 빠졌는가? 오호라! 사마천 이후 모두 이러한 뜻을 제대로 보지 못한 것 같다. 후세의 지혜가 밝아 사리에 통달한 사인들이 이를 거울로 삼기 바란다.(釋 : 마지막 부분에서 사람들이 옛 정신을 배우고 본받음에 있어서 형식만 같아서는 안 된다는 것을 결론으로 하였다)

大抵作者, 自魏已前, 多效『三史』, 從晉已降, 喜學『五經』. 夫史才文淺而易摸, 經文意深而難擬, 旣難易有別, 故得失亦殊. 蓋貌異而心同者, 摸擬之上也 : 貌同而心異者, 摸擬之下也. 然人皆好貌同而心異, 不尙貌異而心同者, 何哉? 蓋鑒識不明, 嗜愛多僻, 悅夫似史而憎夫眞史, 此子張之所以致譏於魯矣, 有葉公好龍之喩也. 袁山松云 : "書之爲難也有五 : 煩而不整, 一難也; 俗而不典, 二難也; 書不實錄, 三難也; 賞罰不中, 四難也; 文不勝質, 五難也." 夫擬古而不類, 此乃難之極者, 何爲獨闕其目乎? 嗚呼! 自子長以還, 似皆未睹斯義. 後來明達, 其鑒之哉!(釋 : 結到敎人學古神似, 毋貌似, 以爲歸宿)

按 : 이 편의 앞에서는 서법(書法)을 논하고, 뒤에서는 필법(筆法)을 논하였

다. 용을 좋아하는 것 같았지만 실제로는 그렇지 않았던 것이다. 按 : 왕응린(王應麟)이 말하기를, 『장자』 일편(逸篇)의 열 중 아홉은 사마표(司馬彪)가 주(注)를 달았다. 당대(唐代)까지지는 남아 있었지만 지금은 없어졌다. 『후한서』·『문선』·『세설신어』 주(注)·『예문류취(藝文類聚)』·『태평어람(太平御覽)』 등에 간혹 보인다. 역주 : 자장과 관련한 같은 내용이 『신서(新序)』 「잡사(雜事)」편에 조금 더 자세하게 실려 있다.

57 역주 : 『진서(晉書)』 권83, 「원괴전(袁瓌傳)」에 부록된 열전에는, 박학하고 문장에 능하였으며, 『후한서(後漢書)』 100편을 저술하였다고 했다. 이상에 인용된 문장이 그의 열전에는 보이지 않는다.

다. 육조(六朝)의 저술은 대체로 모방[摸擬]하여 쓰여졌다. 유지기는 당시의 그같은 모방풍조에 근거하여 그것을 형(形)·신(神) 둘로 나누어 분석하여 뛰어남과 평범함이 즉시 판별되게 하였다. 형식은 같은데 실질이 다르거나, 실질은 같은데 형식이 다른 경우, 옛 것을 따라하는 것이 합당한 것인지 또는 그렇지 못한 것인지 그 비방(秘方)이 모두 여기에 있었다. 나는 『좌전』 중 가신(賈辛)이 그의 현(縣)으로 갔다는 문단을 읽으면서 한유(韓愈)와 유종원(柳宗元)의 '증행(贈行)' 문체(文體)를 깨달을 수 있었다. 그리고 원계강(薳啓疆)이 초 영왕(楚靈王)을 대응한 사실을 읽으며 구양수(歐陽修)와 소식(蘇軾)의 '논사(論事)'의 비결을 알 수 있었다. 이러한 것 역시 형식은 다른데 실질이 같은 것이라고 하겠는가? 육조시대에 한대(漢代)를 모방함은 단지 형식만 같을 뿐이었다.(此篇所論, 前論書法, 後論筆法也. 六朝著述, 率趨摸擬. 子玄就彼風尙, 析出形神兩途, 頓使仙凡立判. 貌同心異, 貌異心同, 學古合離, 秘方盡此. 愚於左氏讀賈辛適縣, 悟韓,柳贈行體 : 讀薳啓疆對楚靈, 識歐,蘇論事訣. 亦所謂貌異心同者乎? 若六朝之擬漢, 貌同而已)

『좌전』에는 한 사람의 명봉(名封)·자시(字諡) 등이 전문(傳文)에 섞여 출현하였으므로 독자들이 이를 매우 힘들어하였다. 반드시 앞에서는 양짐(羊斟)이라 부르고 뒤에서는 숙장(叔牂)이라 부르거나, 앞에서는 자산(子産)이라 부르고 뒤에서 교(僑)라고 칭한 것을 그대로 따라 하는 것이 나는 옳다고 보지 않는다.(左氏敍一人名封, 字諡, 傳中錯出, 讀者苦之, 必斟牂·産僑之爲擬, 竊爲非是)

「서사(書事)」 제29

앞서 「서사(敍事)」편에서는 주로 역사적 사실을 기록하는데 있어서 언어와 문장을 어떻게 처리할 것인지에 대하여 설명하면서 '상간(尙簡)'과 '용회(用晦)'라는 원칙을 준수할 것과 '망식(妄飾)'을 경계할 것을 강조하였고, 이 「서사(書事)」편에서는 어떠한 내용의 사료를 수집하여 서술에 이용할 것인가 하는 문제를 집중적으로 다루고 있다. 유지기는 먼저 순열(荀悅)이 제시한 전적(典籍)을 쓸 때 준수해야 할 원칙 다섯 가지 원칙[五志]을 인용함으로써 사료를 수집하는 기준을 개괄하였다. 오지(五志)란 첫째 도의(道義)를 꿰뚫어야 하고, 둘째 지켜야 할 법도(法度)를 널리 드러내야 하며, 셋째 예로부터 오늘에 이르는 변화에 통해야 하고, 넷째 공훈(功勳)을 기록해야 하며, 다섯째 어질고 능력 있는 사람을 드러내어 밝혀야 한다는 것이다. 간보(干寶)는 이 오지를 구체적으로, "나라의 도성(都城)이나 교야(郊野)의 강역을 분획(分劃)하는 말[體國經野之言], 용병(用兵)과 정벌(征伐)에 관한 권모(權謀), 충신·열사·효녀·정부(貞婦)의 절개, 조정의 각종 문서와 조령(詔令) 그리고 사신(使臣)으로 나가 혼자서 결정하여 처리한 내용, 재능과 기예(技藝)가 특히 남다른 경우" 등과 같은 사료들을 지칭한다고 했다.

유지기는 이상의 순열과 간보의 의견에 기초하여 삼과(三科)를 더하였다. 즉 첫째 연혁을 서술해야 하고, 둘째 죄악을 분명하게 밝혀야 하고, 셋째 괴이(怪異)한 것을 드러내 밝혀야 한다는 것인데, 구체적으로는 연혁의 서술과 관련하여 예의(禮儀)의 취사(取舍)와 사리에 따라 정한 규범의 성쇠[升降] 등은 기록해야 하고, 죄악을 분명하게 밝히는 것과 관련하여 군신(君臣)의 사벽(邪僻)과 국가의 상란(喪亂) 등은 기록해야 하며, 괴이한 것을 드러내 밝히는 것과 관련하여서는 유형・무형의 감응 그리고 화복의 발생과 관련한 징조 등을 기록해야 한다는 것이다. 이상의 여덟 가지 원칙은 결국 사서에 기재하는 모든 역사적 사실들을 기본적으로 포괄하면서 전체적으로 "공과(功過)를 기록하여 착한 사람은 표창(表彰)하고 악한 사람은 징계하는"사서로서의 의의를 갖추는 것이었다. 이 외에 유지기는 근대시기 사서의 서사(書事)에는 네 가지 번잡함이 있다고 하였다. 첫째는 상서(祥瑞)의 출현을 빈번하게 기록하지만 그 진위(眞僞)를 분간하지 않고 시비를 가리지 않았다는 것이고, 둘째는 군신(君臣)의 조회 같은 일상적인 도리를 사서에 기록함으로써 낭비를 초래한다는 것이며, 셋째는 백관의 이동이나 임면(任免)과 관련하여 중요하지 않은 관리의 직위를 사서에 일일이 기록하는 것이고, 넷째는 인물에 대한 세계(世系)의 전승은 그의 읍리(邑里)만을 기록하면 되는데, 보잘 것 없는 직계 존・비속의 이름과 지위를 빠짐없이 일일이 적는 것 등이라 했다. 따라서 유지기는 이상의 여덟 가지 원칙과 네 가지 번잡함과 관련하여 "사실을 기록하는 체재는 간단하면서도 상세해야 하고, 성글면서도 누락되지 않아야 한다. 만일 번잡함에도 불구하고 쓸데없는 것까지도 모두 취한다거나 생략한다면서 대부분을 버리는 것은, 절충의 원칙을 저버린 것이며 균형의 도리를 잃은 것"이라 결론짓고, 사가들에게 그 속에 담긴 득실을 알 수 있도록 노력할 것을 당부하였다.

29-1

옛날 순열(荀悅 : 148-209)이 말하기를, "전적(典籍)을 쓸 때에는 다섯 가지 준수해야 할 원칙[五志]이 있으니, 첫째 도의(道義)를 꿰뚫어야 하고, 둘째 지켜야 할 법도(法度)를 널리 드러내야 하며, 셋째 예로부터 오늘에 이르는 변화에 통해야 하고, 넷째 공훈(功勳)을 기록해야 하며, 다섯째 어질고 능력 있는 사람을 드러내어 밝혀야 한다"[1]고 했다. 간보(干寶)가 이 오지(五志)에 대하여 해석하기를, "나라의 도성(都城)이나 교야(郊野)의 강역을 분획(分劃)하는 말[體國經野之言],[2] 용병(用兵)과 정벌(征伐)에 관한 권모(權謀), 충신 · 열사 · 효녀 · 정부(貞婦)의 절개, 조정의 각종 문서와 조령(詔令) 그리고 사신(使臣)으로 나가 혼자서 결정하여 처리한 내용,[3] 재능과 기예(技藝)가 특히 남다른 경우 등은 기재해야 한다"[4](간보의 해석을 반드시 오지(五志)의 구분에 붙일 필요는 없다)고 했다. 그리하여 이 두 사람이 논의한 바를 받아들이고, 오지(五志)에서 취해야 할 바를 밝히면 대체로 사서의 기언(記言)과 서사(書事)가 망라하고 포함해야 할 내용을 대략 알 수 있다.(釋 : 첫머리에 구지(舊志)에서 사가의 사실을 서술하는 문체를 논한 것을 인용하여 반드시 중대한 관계가 있는 것은 써야 한다고 했다) 반드시 남김없이 모두 적어야 한다고 하지만 그렇지 못한 부분이 있게 마련이다. 따라서 이제 세 가지

---

1 순열(荀悅), 『한기(漢紀)』 「고조황제기(高祖皇帝紀)」 권1에 보이는 문장이다.

2 역주 : 이 말은 『주례(周禮)』 「천관총재(天官冢宰)」 第一에 보인다.

3 역주 : 『논어』 「자로(子路)」편에, 공자께서 말씀하기를, 『시경』의 시 300편을 다 외우되 정사를 맡겼을 때에 제대로 해내지 못하고, 사방에 사신(使臣)으로 나가 혼자서 일을 처리하지 못한다면[使於四方, 不能專對], 비록 (시를) 많이 외우고 있다한들 어디에 쓰겠는가?라고 하였다.

4 역주 : 간보는 서진(西晉) 말에서 동진 초에 걸쳐 활약했던 사가로서 『진기(晉紀)』 · 『수신기(搜神記)』 · 『춘추좌씨의외전(春秋左氏義外傳)』 · 『춘추좌씨함전의(春秋左氏函傳義)』 등 저작이 있지만, 『수신기』를 제외하고는 모두 전하지 않는다. 이상에 보이는 문장이 『진서(晉書)』 권82, 「간보전」에는 보이지 않는다.

[三科]를 다시 추가하여 앞에서 말한 조목을 보충한다. 첫째 연혁을 서술해야 하고, 둘째 죄악을 분명하게 밝혀야 하고, 셋째 괴이(怪異)한 것을 드러내 밝혀야 한다. 어떠한 것들인가? 예의(禮儀)의 취사(取舍)와 사리에 따라 정한 규범의 성쇠[升降] 등은 기록해야 하고, 군신(君臣)의 사벽(邪僻)과 국가의 상란(喪亂) 등은 기록해야 하며, 유형·무형의 감응 그리고 화복의 발생과 관련한 징조 등은 기록해야 한다.(삼과(三科)로서 오지(五志)를 보완한다. 마찬가지로 다음 문장과 관련시킬 필요는 없다) 이 삼과(三科)의 내용을 오지(五志)에 더한다면 사서에 기재해야 할 내용에 거의 누락되는 것이 없을 것이다. 사서의 필삭(筆削)에 어찌하여 이를 따르는 이가 없는가.[5](釋: 이 구절에서는 특별히 서사(書事)의 방법을 넓히고 있다. ○이상 두 구절은 모두 당연히 기록해야 하는 바를 말하고 있는데, 대체로 번거롭게 뒤섞인 기록을 반대하는 것으로 첫 구절을 끊었다)

昔荀悅有云, "立典有五志焉: 一曰達道義, 二曰彰法式, 三曰通古今, 四曰著功勳, 五曰表賢能". 干寶之釋五志也, "體國經野之言則書之, 用兵征伐之權則書之, 忠臣·烈士·孝子·貞婦之節則書之, 文誥專對之辭則書之, 才力技藝殊異則書之".(干寶釋語, 不必與五志分貼) 於是採二家之所議, 徵五志之所取, 蓋記言之所網羅, 書事之所總括, 粗得於茲矣.(釋: 首引舊志論史家書事之體, 必其重大有關係乃書之也) 然必謂故無遺恨, 猶恐未盡者乎? 今更廣以三科, 用增前目: 一曰敍沿革, 二曰明罪惡, 三曰旌怪異. 何者? 禮儀用舍, 節文升降則書之; 君臣邪僻, 國家喪亂則書之; 幽明感應, 禍福萌兆則書之.(三科, 以補五志也, 亦不與後文關貼) 於是以此三科, 參諸五志, 則史氏所載, 庶幾無闕. 求諸筆削, 何莫由斯?(釋: 此節特廣書事之途. ○已上二節, 皆言所當書者, 大致與煩猥反對, 是爲首截)

---

5 역주: 『논어』 「옹야(雍也)」편에, 공자가 말씀하길, '누구인들 밖을 나갈 적에 문을 경유하지 않고 나갈 수 있겠는가? 그런데 어찌하여 이 도(道)를 따르는 이가 없는가. [何莫由斯道也]'라고 하였다.

29-2

그러나 예로부터 저작자들에게 결함이 없는 경우는 극히 드물다. 만일 기록에 남긴 것이 법도에 맞지 않는다면 후세 사람들에게 무엇을 보일 것인가?[6](釋 : 대강을 세 구절(句節)로 나누었다) 반고(班固)는 사마천(司馬遷)을 비난하기를, "(그의 시비판단은 성인과 사뭇 달라서) 대도(大道)를 논하면서 황제(黃帝)와 노자(老子)를 앞세우고 육경(六經)을 뒤로 돌렸으며, 유협(游俠)을 서술하면서 처사(處士)를 물리치고 간사한 무리를 앞세웠으며, 화식(貨殖)을 말하면서 권세와 재물을 숭상하고 빈천(貧賤)함을 수치로 여겼으니, 이것이 그 책의 폐단이다"[7]고 하였다. 부현(傅玄 : 217-278)은 또 반고를 폄하하기를, "국가의 전장제도(典章制度)를 논하면서 군주의 잘못을 꾸며 가리고 충신을 깎아 내렸으며, 세상의 풍조와 교화를 서술하면서 남의 비위를 맞추는 사람을 귀하게 여기고 충직하고 절개를 지닌 사람을 경시하였고, 당면한 문제를 서술하면서 시부(詩賦)나 문장을 중시하고 사실을 소홀히 하였다. 이것이 그의 잘못된 점이다"[8](사마천을 비난하고 반고를 폄하하면서 성어(成語)를 인용함으로써 사서저작이 가장 쉽게 반박을 불러오는 것임을 보여주고 있지만, 그것에 얽매여 볼 필요는 없다)고 하였다. 반고와 사마천의 사서를 살펴보면 모두 각기 장점을 가지고 스스로 일가(一家)를

---

6 역주 : 『좌전』 장공(莊公) 23년(B.C. 671)에, "기록에 남긴 것이 법도에 맞지 않으면, 후손들이 그 기록을 어떻게 보겠습니까[書而不法, 後嗣何觀]"이라 하였다.

7 「탐색(探賾)」편 참조. 이곳에는 한 구절을 더 인용하였다. 역주 : 『한서』 권62, 「사마천전(司馬遷傳)」의 논찬(論贊)에 보이는 글이다.

8 『진서(晉書)』 권47, 「부현전」에, 부현의 자는 휴혁(休奕)으로 어사중승(御史中丞)·태복(太僕)을 지냈다. 경국(經國)·구류(九流) 및 삼사(三史)의 고사(故事)에 관한 글을 쓰고, 그 득실을 평단(評斷)하여 각각 비슷한 것끼리 나누어 책명을 『부자(傅子)』라고 하였는데, 내(內)·외(外)·중(中)편이 있었다. 역주 : 부현은 위(魏)로부터 서진(西晉)에 이르는 시기에 활약한 사가로서, 왕심(王沈)·손해(孫該) 등과 함께 『위서(魏書)』를 편찬하였고, 위에 보이는 『부자(傅子)』라는 일종의 평론집을 지었다. 부현의 『한서』에 대한 이 같은 평은 집본(輯本) 『의림(意林)』 권5에 수록된 『부자』의 내용이다.

이루고 있는데도 오히려 각각 공격을 받아 서로의 허물을 드러내고 있다. 비록 자신의 생각이 정확하다고 여기면서 다른 사람의 정교하지 못함을 비웃고 있지만, 정작 자기 자신의 어리석음은 잊고 있다.[9] 지혜가 뛰어난 사람도 오히려 이러한데 하물며 지혜가 평범하고 용렬한 사람이야 더 말할 나위가 있겠는가? 가령 이전의 철인(哲人)의 지시를 따라[指蹤][10] 후세사람들이 잘못한 바를 바로잡으려 한다면, 왕침(王沈 : ?-266)[11] · 손성(孫盛 : 303-373)[12] · 위수(魏收 : 506-572)[13] · 영호덕분(令狐德棻 : 583-666)[14]과 같은 사람들은 천하의 정치[王業]를 논하면서 패역(悖逆)을 두둔하고 충의(忠義)를 모함하였고, 국가를 서술하면서 정통이며 도의(道義)에 맞는 나라는 깎아 내리고 찬탈하여 얻은 정권을 칭찬하였고, 풍속을 서술하면서 이적(夷狄)을 숭상하고 화하(華夏)를 천시하였다.(이러한 말은 여러 편(篇)에 산견(散見)된다) 이는 다만 그 대략이라 하겠다. 만일 좀 더 그 사례를 수집하여 모든 잘못을 찾아낸다면 그 수가 이루 헤아릴 수 없이 많을 것이니 어찌 그것을 다 밝혀낼 수 있겠는가! 공자가 말씀하기를 "재여(宰予)에게 무슨 말로 꾸지람을 하리오?"[15]라고 하였듯이 이들 몇 사람에게도 그대

---

9 이 구절은 육기(陸機)의 「호사부(豪士賦)」 서(序)(『문선』 권46 所收)에 보인다.

10 『사기』 권53, 「소상국세가(蕭相國世家)」에, "무릇 사냥에서 짐승이나 토끼를 쫓아가 죽이는 것은 사냥개이지만, 개의 줄을 놓아 짐승이 있는 곳을 지시하는 것은[發蹤指示] 사람"이라고 했다.

11 역주 : 서진(西晉)의 사가로서 자는 처도(處道)이다. 『위서(魏書)』 44권을 지었다. 『진서(晉書)』 권39에 열전이 있다.

12 역주 : 서진에서 동진시대에 걸쳐 활약했던 사가로서 자는 안국(安國)이다. 『위씨춘추(魏氏春秋)』 · 『진양추(晉陽秋)』 등을 지었다. 자세한 내용은 「육가(六家)」편 주)55 참조

13 역주 : 위수의 자는 백기(伯起)로서 북위시대의 사가이다. 현재 통용되는 『위서(魏書)』를 편찬하였다. 『북사(北史)』 권56에 열전이 있다.

14 역주 : 당초(唐初)의 사가로서 『주서(周書)』를 지었고, 현재 통용되는 『진서(晉書)』의 편찬에도 참여하였다. 『구당서(舊唐書)』 권73에 열전이 있다.

15 역주 : 『논어』 「공야장(公冶長)」편에, 어느 날 재여(宰予)가 낮잠을 잤다. 공자께서 말씀하시기를, '썩은 나무에는 조각을 할 수 없으며, 썩은 흙으로 쌓은 담장은 흙 손질을 할 수 없으니, 여(予)에게 무슨 말로 꾸지람을 하리오'라고 하여 공자가 재여의 게으름을 깊이 꾸짖은 사실을 인용하였다.

로 적용할 수 있을 것이다.(釋 : 이 구절은 두 단락 모두 사리에 어긋나는 곳으로부터 서사(書事)의 잘못을 논하고 있다)

但自(一無'自'字)古作者, 鮮能無病. 苟書而不法, 則何以示後?(釋 : 總提中截三節) 蓋班固之譏司馬遷也, "論大道則先黃 · 老而後『六經』, 序游俠則退處士而進奸雄, 述貨殖則崇勢利而羞賤貧. 此其所蔽也."又傅玄之貶班固也, "論國體則飾主闕而折忠臣, 敍世教則貴取容而賤直節, 述時務則謹辭章而略事實. 此其所失也."(譏馬貶班, 引用成語, 以見作史最易招駁. 勿粘看) 尋班 · 馬二史, 咸擅一家, 而各自彈射, 遞相瘡痏. 夫雖自卜者審, 而自見爲難, 可謂笑他人之未工, 忘己事之已拙. 上智猶其若此, 而況庸庸者哉!(節中作頓挫) 苟目(或訛作'自')前哲之指蹤, 校從來之所失, 若王沈 · 孫盛之伍, 伯起 · 德棻之流論王業則黨悖逆而誣忠義, 敍國家則抑正順而褒篡奪, 述風俗則矜夷狄而陋華夏.(其說散見諸篇之中) 此其大較也. 必伸以糾摘, 窮其負累, 雖擢發而數, 庸可盡邪! 子曰 : "於予何誅?"於此(一無'此'字)數家見之矣.(釋 : .此節兩層, 皆從事理乖違處論書事之失)

29-3

또 듣자니 공자[宣尼]는 괴이한 일[怪] · 힘쓰는 일[力] · 난동을 부리는 일[亂] · 귀신을 섬기는 일[神]에 관하여는 말하지 않았다.[16] 귀신을 받들어 섬기고 복을 구하는 것은 묵자(墨子)가 믿는 바이다.[17] 그러므로 성인은

16 역주 : 『논어』 「술이(述而)」편에 보이는 말이다. 본문의 '선니(宣尼)'는 공자를 가리킨다. 『한서』 권12, 「평제기(平帝紀)」에, 주공(周公)의 후손 공손상여(公孫相如)를 포노후(褒魯侯)에 봉하고, 공자의 후손 공균(孔均)을 포성후(褒成侯)에 봉해 공자의 제사를 받들도록 하였다. 공자에게 시호를 내려 포성선니공(褒成宣尼公)이라 불렀다고 했다.

이러한 일들에 대하여는 있는 듯 없는 듯 하였다.(있는 듯 없는 듯 하는 것이 가장 원활(圓活)한 것이다) 이와 관련하여 예컨대 유융씨(有戎氏)의 딸인 간적(簡狄)이 제비의 알을 삼키고 은나라의 시조 설(契)을 낳았고,[18] 용시(龍漦)가 열리자 주나라가 멸망하였고,[19] 악귀(惡鬼)가 대문을 허물자 진후(晉侯)에게 화가 미쳤고,[20] 귀신이 사단(社壇) 곁에서 모의를 꾀하니 조(曹)나라가 멸망하였고,[21] 대강(大江)의 사자(使者)가 진시황에게 옥벽(玉璧)을 건네

17 역주 : 『묵자(墨子)』 「명귀(明鬼)」편 참조. 『한서예문지』 「제자략(諸子略)」 "묵가"에, 묵가는 대체로 주나라 문왕(文王)을 제사지내는 사당[淸廟]의 관리[守]에서 연원하였다. …… 묵자는 검약을 귀히 여기고, …… 삼로(三老) · 오경(五更)이라 일컬어지는 유덕(有德)한 노인을 봉양하고, …… 자기의 아버지를 높여 제사를 지냈다. 그래서 묵자는 귀신을 높이고 공경할 것을 주장한 것이라고 하였다.

18 정씨(鄭氏)의 「상송보(商頌譜)」에, 유융씨(有娀氏)의 딸이 이름을 간적(簡狄)이라 했는데, 제비[鳦] 알을 삼키고 설(契)을 낳았다. 『사기』 권3, 「은본기(殷本紀)」에, 간적은 제곡(帝嚳)의 둘째 부인이라 했다. 『이아(爾雅)』 「석조(釋鳥)」에, 연(燕)은 제비라고 했다.

19 『외전(外傳)』 「정어(鄭語)」에, 주(周) 선왕(宣王) 때 동요에 '산 뽕나무로 만든 활과, 기(箕)나무로 만든 화살주머니가 주를 망하게 하리라'는 노래가 있었다. 당시 이 활과 화살주머니를 파는 부부가 있었다. 옛날 하나라가 쇠하자 포(褒)가 두 용(龍)으로 신화(神化)하였다. 왕이 용의 타액을 받아서 보관하면 길하다는 점을 믿고 상자에 넣어 땅를 파고 보관하였다. 후일 은과 주에서는 이를 감히 파내지 못하였는데, 여왕(厲王)이 이를 파냈다. 그러자 타액이 뜰에 흘렀다. 그때 어린 계집 종이 자라로 변한 타액과 마주쳐 어린아이를 잉태하였고 아이를 낳자 버렸다. 활과 화살주머니를 팔던 부부가 버려진 아이를 거두어 포(褒)로 달아나 키웠다. 이 아이가 포사(褒姒) 즉 후일 유왕(幽王)의 포후(褒后)였다. 『사기』 권4, 「주본기」에도 보인다. 역주 : 『외전(外傳)』은 『국어(國語)』이다.

20 『좌전』 성공(成公) 10년(B.C. 581), 진후(晉侯)의 꿈에 덩치 큰 귀신[大厲]이 나타나 머리를 풀어헤쳐 땅에 닿을 정도였는데 주먹으로 가슴을 치고 발을 구르면서 말하기를, '네가 죄없는 나의 손자를 죽이는 불의한 짓을 했다. 나는 이미 상제(上帝)에게 청하여 네게 복수하는 것을 허락받았다'라고 하고, 궁문[大門]과 침문(寢門)을 부수고 쳐들어갔다. 진후가 두려워 내실로 들어가자 방문을 다시 부수었다. 진후가 놀라 깨어나 상전(桑田)의 무당을 불렀는데, 무당의 말이 꿈과 같았다. 진후가 말하기를, '이 꿈이 어떠하오'라고 하자 '새로 나는 보리를 먹지 못할 것입니다'라고 하였다.

21 『좌전』 애공(哀公) 7년(B.C. 488)에, 당초에 조(曹)나라 사람이 어느 날 꿈을 꾸었는데 꿈속에서 많은 군자들이 조나라 종묘의 담장[社宮]에 모여 조나라 멸망의 문제를 모의하였다. 이때 조나라의 개국조인 조숙(曹叔) 진탁(振鐸)이 나타나 군자들에게 공손강(公孫彊)이 나올 때까지 기다릴 것을 청하였다. 이에 꿈을 꾼 사람이 다음 날 아침 곧바로 조숙 진탁이 말한 공손강을 찾아 나섰지만 조나라에는 그런 사람이 없었다.

주었고,[22] 노인이 이교(圯橋) 위에서 병서(兵書)를 한나라 재상 장량(張良)에게 주었다[23]는 등등의 사실이 있다. 이러한 사실들은 모두 군국(軍國)의 대사(大事)와 관계되고 흥망의 이치와 관련이 있으니 있는 사실을 기록하여 징조의 영험을 드러내는 것은 괜찮다.(중간에 내용이 갑자기 바뀐다) 그러나 왕은(王隱)[24] · 하법성(何法盛)[25]과 같은 사람들이 편찬한 진(晉)의 사서(史書)에는 오히려 주현(州縣)이나 향리의 보잘것없는 사실들이나 항간에 떠도는 자잘한 이야기들 (국가대사인 군국(軍國)이나 흥망과 아무 관계가 없는 사실들)만을 모아 편찬하면서 제목을 「귀신전(鬼神傳)」 혹은 「귀신록(鬼神錄)」이라고 하였는데,[26] 수록된 내용들은 중요한 사실들이 아니었고 그 말 또한 법도에 맞지 않았다. 『삼사(三史)』[27]에 쓰여진 내용이나 『오경(五經)』에 기재된 것과는 달랐다.(釋 : 이 구절의 두 단락은 사물의 이상한 효험(效

이에 그는 아들에게 경계하여 말하기를, '내가 죽은 뒤 공손강이라는 사람이 집정한다는 소식을 듣게 되면 너는 반드시 조나라를 떠나도록 해라'고 하였다. 백양(伯陽)이 즉위하자 그는 새 사냥[田弋]을 매우 좋아했다. 이때 조나라의 신분이 낮은 소리(小吏) 공손강 또한 새 사냥을 좋아했다. 새 사냥에 대한 기예를 이야기하자 그를 좋아하게 되었다. 이에 그에게 정사를 문의하고는 그를 더욱 총애하였고 정사를 주관하게 하였다. 꿈을 꾼 사람의 아들이 이 소식을 듣자 곧바로 조나라를 떠났다. 8년, 송(宋)이 조(曹)를 멸했다.

22 「서지(書志)」편의 주)65 참조. 다시 살펴보니, 이전의 주에는 '정객(鄭客)'이라 했는데, 악자(樂資)의 『춘추후전(春秋後傳)』에는 '정용(鄭容)'이라 하였다.

23 이 사실이 『사기』 권55, 「유후세가(留侯世家)」에 실려 있다. 배인(裴駰)의 주(注)에, 서광(徐廣)이 말하기를, '이(圯)는 교(橋)이다. '이'는 음이 '이(怡)'라고 했다. 이기(李奇)는 상비(上邳) · 하비(下邳) 사람들은 교(橋)를 이(圯)라 한다고 했다. 按 : '이교(圯橋) 두 글자를 함께 붙여 사용하는 것이 틀린 것 같지만 이후 「잡설(雜說)」편에도 '여강(廬江)에서는 다리(橋)를 이(圯)라 했다[廬江目橋爲圯]'는 문장이 있는데, 이 부분은 잘못 살펴진 것이 아니라 특히 풍속을 따라 통용되던 것임을 알게 되었다.

24 역주 : 동진(東晉)의 사가로써 부(父)의 업(業)을 이어 『진서(晉書)』를 편찬하였다. 『진서(晉書)』 권82에 열전이 있다.

25 역주 : 남조 유송(劉宋)시대 사람으로 『진중흥서(晉中興書)』를 편찬하였다.

26 역주 : 전대흔(錢大昕), 『십가재양신여록(十駕齋養新餘錄)』 권중(中), 「하법성서(何法盛書)」에, 왕은의 『진서(晉書)』에는 「귀신전(鬼神傳)」이, 하법성의 『진중흥서(晉中興書)』에는 「귀신록(鬼神錄)」이 각각 있었다고 했다.

27 역주 : 여기서 말하는 '삼사'란 앞에서 언급한 『사기』 · 『좌전』 · 『국어』를 가리킨다.

驗)을 가지고 서사(書事)의 득실을 논하였다)

抑又聞之, 怪力亂神, 宣尼不語; 而事鬼求福, 墨生所信. 故聖人於其間, 若存若亡而已.(若存若亡, 最圓活) 若存若亡, 最圓活. 若呑燕卵而商生, 啓龍漦而周滅, 厲壞門以禍晉, 鬼謀社而亡曹, 江使返璧於秦皇, 圯橋授書於漢相, 此則事關軍國, 理涉興亡, 有而書之, 以彰靈驗, 可也.(節中頓挫) 而王隱 · 何法盛之徒所撰晉史, 乃專訪州閭細事, 委巷瑣言,(非關軍國興亡者) 聚而編之, 目爲鬼神傳錄, 其事非要, 其言不經. 異乎『三史』之所書, 『五經』之所載也.(釋 : 此節兩層, 從物異徵驗邊論書事之得失)

29-4

범엽(范曄 : 398-445)이 많은 책들을 널리 수집하여 『후한서(後漢書)』를 편찬하였는데 자못 기묘(奇妙)하였다.[28] 「방술전(方術傳)」과 여러 「만이전(蠻夷傳)」에는 왕교(王喬) · 좌자(左慈)[29] · 늠군(廩君)[30] · 반호(槃瓠)[31] 등을 채록

28 역주 : 『송서(宋書)』 권69, 「범엽전(范曄傳)」에, (「옥중여제생질서(獄中與諸甥姪書)」의 내용에) "나는 전론(傳論)을 두루 읽었는데 모두 깊은 의미가 있으며, 기왕에 평가와 체득을 한 바이므로 말의 사용을 절약했다. 다만 「순리열전(循吏列傳)」 이하 「육이열전(六夷列傳)」의 서론은 필치가 분망하여 실로 천하의 기작(奇作)이다. 그 중 가장 좋은 것은 「과진론(過秦論)」과 비교해도 떨어지지 않는다. 일찍이 나의 책과 반고의 『한서』를 비교해 보았는데 조금도 손색이 없었다"라고 하거나 또 "찬(贊)은 당연히 내 문장의 정화(精華)로써 거의 한 글자도 헛되이 쓰인 것이 없고 기이한 변화가 무궁하여 서로 다른 체례를 포함하고 있으나, 나 자신도 그것을 아직 어떻게 칭해야 할지를 모르겠다. 이 책이 간행되면 반드시 그 마음을 알아주는 사람이 있을 것이다. …… 자고로 체제가 크고 구상이 정묘하기가 이만한 책이 없었다"라고 자신의 『후한서』를 자평(自評)하였다.

29 「채찬(採撰)」편 주)30 참조.

30 『후한서』 권86, 「남만서남이전(南蠻西南夷傳)」에, 파군(巴郡)과 남군(南郡)의 만(蠻)은 본래 다섯 성(姓)이 있었지만 군장(君長)이 없었다. 이에 함께 각기 흙으로 만든 배를

(採錄)하고 있는데 이들과 관련한 내용들은 현실에 맞지 않는 황당한 말과 이치에 어긋나는 사실들로 이루어져 있다. 아름다운 옥에 생긴 흠이며, 희고 맑은 옥에 생긴 티라고 할 수 있다. 안타깝구나! 이러한 것들이 없었더라면 좋았을 것을.(중간에 내용이 갑자기 바뀐다) 또한 위진(魏晉) 이래 저술의 종류가 많아졌는데, 『어림(語林)』[32] · 『소림(笑林)』[33] · 『세설신어(世說新語)』[34] · 『속설(俗說)』[35] 같은 것들은 모두 조롱하는 자질구레한 말들이나 사람들이 하찮게 여기는 기이한 사실들을 수록하기 좋아하였다. 비록 식견이 있는 사람들에게는 비난을 받았지만 무지한 사람들에게는 크게 환영을 받았다. 이러한 풍조가 유행하자 국사(國史)도 대부분 그것을 닮아갔다. 예컨대 왕사(王思)가 성격이 조급하여 파리를 쫓는데도 달아나지 않자 붓을 땅바닥에 던지고 짓밟아 못쓰게 만들었다거나,[36] 필탁(畢卓)이 술독에 빠져 말하기를, "왼손에 게의 집게발[螯]을 쥐고 오른손에는 술잔을 쥐고 일생을 살았으면 좋겠다"[37]고 말한 것이나, 유옹(劉邕)이 채찍으

타고 물에 들어가 능히 뜨는 사람이 있다면 그를 군장으로 삼기로 약속하였다. 나머지 성(姓)은 모두 물에 빠지고 오직 무상(務相)만이 홀로 떴다. 약속대로 모두 그를 군주로 세웠다. 바로 늠군(廩君)이었다. 늠군이 죽자 그 넋은 대대로 백호(白虎)가 되었다고 했다.

31 「단한(斷限)」편 주)33 참조.

32 『수서경적지』「자부(子部)」"소설(小說)"에, 『어림』 10권, 동진(東晉)의 처사(處士) 배계(裴啓)가 편찬하였다고 했다.

33 「인습(因習)」편 주)44 참조.

34 임천왕(臨川王) 유의경(劉義慶)이 편찬하였다. 「육가(六家)」편 '『상서(尙書)』가' 주)24 참조.

35 『수서경적지』「자부」"소설"에, 『속설』 3권, 심약(沈約)이 편찬하였다고 했다.

36 『삼국지』 권15, 「위지」「양습전(梁習傳)」 배송지의 주(注) 『위략(魏略)』에, 왕사(王思)는 성격이 급하여 매번 붓을 들고 글을 쓸 때 파리들이 붓끝에 달려들면 쫓아버리지만 다시 붙곤 하였다. 왕사는 크게 화를 내며 일어나 파리를 쫓았지만 할 수 없게 되자 붓을 땅바닥에 던지고는 밟아 못쓰게 하였다고 했다.

37 『진서(晉書)』 권49, 「필탁전(畢卓傳)」에, 필탁의 자는 무세(茂世)이다. 일찍이 사람들에게 말하기를, 술 수백 곡(斛)을 배에 가득 싣고, 사계절 감미로운 안주를 배 두 머리에 저장하고, 오른손에 술잔을 들고, 왼손에는 게의 집게발을 들고 술 가득 실은 배에서 한 평생을 보냈으면 좋겠다고 하였다.

로 이졸(吏卒)들을 때리고 채찍으로 상하여 엉킨 그들의 상처를 뜯어먹었다든지,[38] 주령석(朱齡石)이 외삼촌을 놀리면서 그의 머리에 붙어 있던 혹을 베었다[39]는 등의 이러한 사실들은 난잡하고 더러운 것이었고, 언사(言辭)는 추잡하고 야비한 것이었는데도 역대의 정사(正史)[40]에서는 그러한 내용을 고상하고 바른 말로 삼았다. 읽는 사람으로 하여금 얼굴에 웃음을 띠게 하고, 듣는 사람들로 하여금 손뼉을 치게 할 뿐이니 진실로 공과(功過)를 기록하여 착한 사람은 표창(表彰)하고 악한 사람은 징계하는 사서의 의의와는 달랐다.(釋 : 이 구절은 두 가지 층면이 있는데 황당한 이야기들로 서사(書事)의 득실을 논하고 있는데 나는 이러한 것들을 모으는 것은 그렇게 방해가 되지 않는다고 생각된다. ○이상의 세 구절은 모두 중간에 내용이 바뀌었다)

范曄博採衆書, 裁成漢典; 觀其所取, 頗有奇工. 至於「方術」篇及諸蠻夷傳, 乃錄王喬·左慈·廩君·槃(亦作'盤')瓠, 言唯迂誕, 事多詭越. 可謂美玉之瑕, 白圭之玷. 惜哉! 無是可也.(節中頓挫) 又自魏·晉已降, 著述多門, 『語林』·『笑林』·『世說』·『俗說』, 皆喜載調(一作'啁')謔小辯,

---

38 『송서(宋書)』 권42, 「유목지전(劉穆之傳)」에, 목지의 손자 옹(邕)은 상처부스럼을 먹길 좋아하였다. 맛이 마치 전복같다고 여겼다. 일찍이 맹영휴(孟靈休)에게 간 적이 있었는데, 영휴의 상처부스럼이 상위에 떨어져 있었는데 유옹이 이를 집어먹자 영휴가 크게 놀랐다. 유옹이 대답하기를 내 본성이 좋아하는 것이라 하였다. 영휴의 상처부스럼이 아직 떨어지지 않은 것이 있어 이를 모두 떼어 옹에게 주어 먹게 하였다. 온 상처에 피가 흘렀다. 남강국(南康國)에는 관리가 200여 명 있었는데 죄의 유무를 막론하고 서로 돌아가며 채찍질을 하고, 그로 인해 난 상처부스럼을 늘 유옹에게 보내 먹도록 하였다고 했다.

39 『남사(南史)』 권16, 「주령석전(朱齡石傳)」에, 주령석의 자는 백아(伯兒)이다. 어릴 적에 무예를 좋아하였지만 방자하고 제멋대로였다. 외삼촌 회남사람 장씨(蔣氏)는 재주가 떨어지는 사람이었다. 영석이 외삼촌으로 하여금 침대에 누운채로 보고되는 사정을 듣게 하고 종이를 네모로 일촌(一寸)씩 잘라 외삼촌의 베개에 부쳐놓고 칼을 던져 맞추었다. 거리가 8-9척이나 떨어져 있었지만 백발백중이었다. 장씨가 영석을 두려워하여 끝내 그러한 짓을 말리지 못하였다. 외삼촌의 머리에 큰 혹이 있었는데, 영석은 외삼촌이 잠든 틈을 타 몰래 칼로 베었고 장씨는 즉사하였다. 按 : 혹을 베었다[傷贅]는 말은 혹을 갈랐다[割瘤]는 말이다.

40 역주 : 『수서경적지』 「사부(史部)」 "정사(正史)"에, 이로부터 세상의 저술은 모두 반고와 사마천을 모방하여 그것을 '정사(正史)'라고 하였다고 했다.

嗤鄙異聞,(在小說家, 可無譏也) 雖爲有識所譏, 頗爲無知所說. 而斯風一扇, 國史多同.(馴而濫入國史矣) 至如王思狂躁, 起驅蠅而踐筆, 畢卓沈湎, 左持螯而右杯, 劉邕榜吏以膳痂, 齡石戲舅而傷贅, 其事蕪穢, 其辭猥雜. 而歷代正史, 持爲雅言. 苟使讀之者爲之解頤, 聞之者爲之撫掌,(一作'抃') 固異乎記功書過, 彰善癉惡者也.(**釋**: 此節兩層, 從詭誕嘲諧邊論書事之得失. 愚謂此諸點綴, 略見無妨. ○已上三節統爲中截)

29-5

대개 근대(近代)의 사서는 사실의 서술이 번잡하다. 자세히 살펴보면 그 중 특히 심한 것이 네 가지가 있다. 무릇 상서(祥瑞)라는 것은 성덕(盛德)을 나타냄으로써 은미(隱微)하게 성명(聖明)한 군주를 칭송하는 것이었다. 예컨대 봉황새가 날아와 의식을 따르고,[41] 두 모[苗]에 이삭이 하나 달린 벼를 헌상했으며,[42] 진(秦) 문공(文公)이 꿩과 비슷한 소리가 나는 돌을 주웠다거나,[43] 노나라에서 노루와 같은 기린을 얻었다[44]는 등의 내용을

41 **역주**: 『상서(尙書)』「익직(益稷)」편에, 소소(簫韶)라는 순(舜)임금의 음악으로 아홉 번 음조를 다르게 하여 연주하니 봉황이 날아와 의식을 따라 춤추며 축복하였다고 했다.

42 『일주서(逸周書)』「귀화(歸禾)」 서(序)에, 당숙(唐叔)이 벼를 얻었는데 두 모[苗]에 이삭 하나가 달린 벼[異畝同穎]를 왕에게 헌상하였다. 왕이 당숙에게 명하여 주공(周公)에게 동(東)으로 돌아가도록 하고 「귀화(歸禾)」를 지었다. 주공이 천자에게 명을 받았으므로 그를 받들어 「가화(嘉禾)」를 지었다.

43 『사기』 권28, 「봉선서(封禪書)」에, 진(秦) 문공(文公)이 하나의 옥석을 얻어 진창산(陳倉山)의 북쪽 산비탈에 성을 쌓고 옥석을 제사지냈다. 그 옥석의 신령(神靈)은 내려올 때는 항상 밤이었는데 마치 형상이 수탉 같았다. 그 소리가 간절하여 들꿩들도 밤중에 울었다. 소나 양 등을 희생으로 제사를 지냈는데 이를 '진보(陳寶)'라고 불렀다. **按**: '수탉[雄雞]'을 『한서』「교사지(郊祀志)」에서는 수꿩[雄雉]이라 하였다.

『상서』나 『춘추』에서 찾는다면 상하 수천 년의 기록 중에 확인할 수 있는 것은 겨우 한두 가지에 불과할 것이다. 그러나 근고(近古)에 와서는 그렇지 않았다. 무릇 상서(祥瑞)의 출현은 치란(治亂)과는 아무 관련이 없다. 대개 군주가 미혹(迷惑)되면 신하들은 이를 이용해 군주를 속이기 때문에 군주의 덕정(德政)이 적을수록 상서(祥瑞)가 더욱 많이 출현하고, 정치를 잘못할수록 상서(祥瑞)가 더욱 많아진다. 그러므로 환제(桓帝)·영제(靈帝)가 받은 길조로서의 복[祉]은 문제(文帝)나 경제(景帝)에 비해 풍부하며,[45] 전조(前趙 : 304-329)의 유연(劉淵)이나 후조(後趙 : 319-351)의 석륵(石勒)이 천자가 될 조짐[應符]은 삼국 위(魏)의 조씨(曹氏)나 진(晉)의 사마씨(司馬氏)보다 배나 더 많았다. 그런데도 사관(史官)들은 이러한 잘못된 이야기들을 수집하고 간사한 말들을 기록하면서, 진위(眞僞)를 분간하지 않고 시비를 가리지 않았다. 이것이 첫 번째 번잡한 점이다.(釋 : 상서로운 징조[符瑞]를 쓸데없이 많이 적고 있는 것이 네 가지 번잡함 중의 하나이다)

大抵近代史筆, 敍事爲煩. 榷而論之, 其尤甚者有四.(四句提後截) 夫祥瑞者, 所以發揮盛德, 幽贊明王. 至如鳳皇來儀, 嘉禾入獻, 秦得若雉, 魯獲如麕. 求諸『尙書』·『春秋』, 上下數千載, 其可得言者, 蓋不過一二而已. 爰及近古則不然. 凡祥瑞之出, 非關理亂, 蓋主上所惑, 臣下相

---

44 『공양전(公羊傳)』 애공(哀公) 14년(B.C. 481) 봄, 서쪽에서 사냥을 하다가 기린을 잡았다. 누가 잡았는가? 땔나무를 하는 나무꾼이었다. 땔나무를 하는 나무꾼이었다면 미천한 자인데 왜 수(狩 : 사냥)로써 말한 것인가? 크게 여기려고 하기 위해서였다. 기린이란 어진 짐승이다. 왕자(王者)가 있게 되면 이르게 되고, 왕자가 없게 되면 이르지 않는 짐승이다. 이 짐승을 고하는 자가 있어서 말하기를, '노루 같은데 뿔이 있는 짐승'이라고 했다. 공자(孔子)가 말하기를, '누구를 위하여 왔는가? 누구를 위하여 왔는가?' 하고는 소매를 돌려서 얼굴을 닦고, 흐르는 눈물을 앞깃으로 닦았다고 했다.

45 역주 : 『한서』 권5, 「경제기(景帝紀)」의 찬(贊)에, 효문제(孝文帝)에 이르러 공검(恭儉)함이 더해졌고, 효경제(孝景帝)는 이를 변함 없이 받들었다. 5, 60년 동안에 이풍역속(移風易俗)과 여민순후(黎民淳厚)함의 경지에 도달했다. 주(周)나라에 성왕(成王)·강왕(康王)의 성세가 있다면 한나라에는 '문경지치(文景之治)'가 있다고 하겠다. 아름답도다! 라고 하였다. 이는 실제 정치와 사가에 의해 부서(符瑞)가 빈번하게 등장한 것과는 괴리가 있음을 유지기가 강조하기 위해 인용한 것이다.

欺, 故德彌少而瑞(或作'祥')彌多, 政逾劣而祥(或作'瑞')逾盛. 是以桓·靈受祉, 比文·景而爲豊; 劉·石應符, 比曹·馬而益倍. 而史官徵其謬說, 錄彼邪言, 眞僞莫分, 是非無別. 其煩一也.(釋: .侈寫符瑞, 爲四煩之一)

29-6

춘추시대에 이르러 제후들은 무력으로 싸우면서 각기 영웅과 패자(霸者)로서 스스로 군신(君臣)관계를 만들었다. 『춘추(春秋)』 경(經)에 아무개 나라의 사신이 내빙(來聘)했다든가, 아무개 나라의 군주가 내조(來朝)했다고 기록한 것은, 제후국 사이의 우호적인 왕래와 성덕(盛德)이 미치고 있음을 밝히기 위함이었다. 이러한 것은 모두 국가의 대사로서 빠뜨릴 수 없는 것이다. 그리하여 『사기』와 『한서』 이래 이를 계승하여 계속 서술하였다. 흉노 호한야선우(呼韓邪單于)가 입시(入侍)하고,[46] 숙신(肅愼)이 내조한 것[47]과 같은 부류는 기록하는 것이 좋을 것이다. 그러나 번왕(藩王)이

46 『한서』 권8, 「선제기(宣帝紀)」에, 감로(甘露) 2년(B.C. 52) 흉노의 호한야선우가 오원색(五原塞)에 이르렀다. 3년 춘 정월에 선제의 행차가 감천(甘泉)에 이르렀고 태치(泰畤)에서 천제(天祭)를 올렸다. 호한야선우와 계후산(稽侯狦)이 내조하여 예를 행할 때에 번신(藩臣)이라 칭할 뿐 이름을 부르지 않도록 예우하였다. 선제가 감천으로부터 지양궁(池陽宮)으로 돌아올 적에 만이(蠻夷)의 군장이 도로 좌우에 죽 늘어서서 맞이하였다. 선제가 위교(渭橋)에 오르자 모두 만세(萬歲)를 불렀다고 했다.

47 『사기』 권47, 「공자세가(孔子世家)」에, 무왕(武王)이 상(商)을 멸하고 구이(九夷)·백만(百蠻)과 교통(交通)하고 각각 그 지방의 특산물을 조공하게 하였는데, 숙신(肅愼)은 싸리나무로 만든 화살과 돌로 만든 화살촉을 바쳤는데 길이가 1척(尺) 8촌(寸)이나 되었다고 했다. 『후한서』 권85, 「동이열전(東夷列傳)」에, 읍루(挹婁)는 옛 숙신의 나라이다. 부여(夫餘) 동북쪽 천 여리 떨어진 곳에 있었다. 『진서(晉書)』 권2, 「문제기(文帝紀)」에, 숙신이 내조하여 돌 화살촉과 표범의 가죽 등을 바쳤다. 천자가 명하여 대장군부(大將軍府)에 귀속토록 하였다. **按**: 『삼국지』 권4, 「위서」 「삼소제기(三少帝紀)」의 「진류왕기(陳留王紀)」에, 경원(景元) 3년(262) 숙신이 사신을 보내 여러 차

나 지방의 제후 등이 경사(京師)에 올라와 조회(朝會)에 참석하는 것[48] 역시 반드시 본기(本紀)에 기록해야 한다면 『춘추』의 뜻과는 다르게 된다.(原注 : 예컨대 『한서』에서 초왕(楚王) 효(囂) 등이 내조한 사실을 기록한 것이나,[49] 『송서(宋書)』에서 단도제(檀道濟) 등이 내조한 사실을 기록한 것[50] 등을 말한다) 신하가 군주를 알현하고 자식이 부모를 찾아 뵙는 것은 일상적인 도리이기 때문에 특별한 사실은 아니다. 이러한 것까지 사서에 기록하게 되면 얼마나 낭비인가! 이것이 두 번째로 번잡한 점이다.(釋 : 정기적으로 내조하는 것을 기록하는 것이 네 가지 번잡함 중의 두 번째에 해당한다. 내가 보기에 어떤 일이 있을 때에 조근(朝覲)하는 경우는 신자(臣子)로써 당연히 기록해야 한다)

當春秋之時, 諸侯力爭, 各擅雄伯, 自相君臣.(一作'長') 『經』書某使來聘, 某君來朝者, 蓋明和好所通, 盛(疑'威'字之訛)德所及. 此皆國之大事, 不可闕如. 而自『史』·『漢』已還, 相承繼作. 至於呼韓入侍, 肅愼來庭, 如此之流, 書之可也. 若乃藩王岳牧, 朝會京師, 必也書之本紀, 則異乎『春秋』之義.(原注 : 若『漢書』載楚王囂等來朝, 『宋書』載檀道濟等來朝之類是也) 夫臣謁其君, 子覲其父, 抑惟恒(亦作'常')理, 非復異聞. 載之簡策, 一何辭

례의 통역을 통해 공물을 보낸 것이 바로 이 사실을 말한다. 또 『진서』 권3, 「무제기(武帝紀)」에, 함녕(咸寧) 5년(279) 숙신이 내조하여 싸리나무로 만든 화살과 돌로 만든 화살촉을 바쳤다고 했다.

48 역주 : 『좌전』 소공(昭公) 13년(B.C. 529)에, (숙향(叔向)의 말 중에) '이런 이유로 현명한 군주의 제도는 제후들에게 해마다 방문하여 자신의 직책을 가슴깊이 새기게 하고, 매 3년째마다 행해지는 1차 조근(朝覲) 때에는 예를 익히게 하고, 2차 조근하는 매 6년째에 제후들을 회동시켜 위엄을 보이고, 제후들이 두 번째 회동하는 매 12년째에는 결맹하여 신의를 표명하도록 하는 것이오. 그래서 우호를 맺은 가운데 자신의 직책을 명심하게 하고[志業於好], 등급의 차서(次序)로서 예를 익히게 하고[講禮於等], 제후들의 회동에서 위엄을 내보이고[示威於衆], 신령 앞에 신의를 밝힘[昭明於神]을 행하는 것이오. 예로부터 이는 빠뜨릴 수 없는 것이오. 국가의 존망지도(存亡之道)는 항상 여기에서 나오는 것이오'라고 하였다.

49 역주 : 초왕 효는 선제(宣帝 : B.C. 74-49)의 아들이다. 『한서』 권80, 「선원육왕전(宣元六王傳)」에 열전이 있다.

50 역주 : 단도제는 남조 유송의 건국에 공을 인정받아 영수현공(永修縣公)에 봉해지기도 했다. 『송서(宋書)』 권43에 열전이 있다.

費? 其煩二也.(釋 : 常朝入紀, 爲四煩之二. 愚謂有事入覲, 卽臣子亦當書)

29-7

예컨대 백관(百官)의 이동[遷除]이나 임면(任免)에 관하여 본기(本紀)에 이름을 기재할 수 있는 경우는 대체로 단지 3공(三公)[51]정도라 할 수 있다. 때문에 전한(前漢)의 사가들은 사서를 편찬하면서 단지 승상(丞相)과 대부만을 수록하였고, 후한(後漢)의 경우 단지 사도(司徒)·태위(太尉)를 열거하는데 그쳤다. 그러나 근세에는 3공으로부터 아주 낮은 관리까지 후한 봉록을 받은 경우 기록하지 않은 것이 없다. 또한 한 사람이 여러 관직을 겸하는 경우, 혹은 위계의 호칭은 있지만 실제 직위가 없는 경우, 혹은 실제 직위가 없으면서 이름만 지닌 경우도 마찬가지이다.(『남사(南史)』·『북사(北史)』 이후 사서들의 대부분이 이러했다) (조당(朝堂)에서) 이들을 호칭하느라 관리의 입이 힘들고, 직위를 모두 적어 서명해야 하는 관리의 손이 피로할 정도였다. 이러한 것들까지 사서(史書)에 상세히 기록하고 있으니 무슨 볼만한 가치가 있겠는가? 이것이 세 번째 번잡한 점이다.(釋 : 쓸데없는 관리의 직함이 모두 기재되어 있는 것이 세 번째로 번잡한 점이다)

若乃(一作'乃若')百職(一作'辟', 非)遷除, 千官黜免, 其可以書名本紀者, 蓋惟槐鼎而已. 故西京撰史, 唯編丞相·大夫; 東觀著書, 止列司徒·太尉. 而近世自三公以下, 一命已上, 苟沾厚祿, 莫不備書. 且一人之身,

---

51 역주 : 원문에 보이는 괴정(槐鼎)이란 3공을 가리킨다. 『주례(周禮)』「추관(秋官)」"조사(朝士)"에, 괴(槐)는 3공의 지위를 상징한다고 했고, 『한서』 권27中之下, 「오행지」 中之下에, 정(鼎)의 삼족(三足)은 3공을 상징한다고 했다. 주(周)에는 태사(太師)·태부(太傅)·태보(太保)를, 전한에서는 대사도(大司徒)·대사마(大司馬)·대사공(大司空)을, 후한에서는 태위(太尉)·사도(司徒)·사공(司空)을 각각 3공이라 불렀다.

兼頂數職, 或加其號而闕其位, 或無其實而有其名.(『南』·『北』諸史以後, 大抵皆然) 贊唱爲之口勞, 題署由其力倦. 具之史牘, 夫何足觀? 其煩三也.(釋 : 虛銜備載, 爲四煩之三)

29-8

무릇 인물에 대한 세계(世系)의 전승(傳承)은 대개 그의 읍리(邑里)만을 기록하면 될 것이다. 그 중에는 건국의 기초를 닦고 가업(家業)을 계승하고 대대로 녹봉을 그대로 유지하면서 조상이 쌓은 인덕(仁德)을 자손들이 계승하고 고치지 않은 경우가 있다. 예컨대 항우(項羽)의 조상들은 대대로 초나라 장수가 되었고,[52](『사기』「항우본기」) 석건(石建)의 후손들은 모두 청렴하고 근신함을 계승하였다.[53](『사기』「만석군전(萬石君傳)」) 이러한 사실은 모두 특별한 것으로 그 대략을 열전에 기재하여도 될 것이다. 그러나 이 방면에서의 잘못은 곧 부(父)의 벼슬이 현령(縣令)이나 지방장관에 불과하고 아들의 벼슬은 고작 승(丞)·랑(郎)에 불과하여, 그들의 성망(聲望)과 행적이 작은 향리(鄕里)에서조차 알려져 있지 않은데도 오히려 그들의 이름과 지위를 빠짐없이 일일이 서술하고 있다는 것이다. 이는 실제 가첩(家諜)이지 국사(國史)와는 아무런 관계가 없다. 이것이 네 번째 번잡한 점이다.(釋 : 쓸데없이 조상 대대로의 관직을 기록하는 것이 네 번째 번잡한 점이다)

---

52 역주 : 『사기』 권7, 「항우본기(項羽本紀)」 참조.

53 역주 : 『사기』 권103, 「만석군전(萬石君傳)」에, 만석군의 이름은 분(奮)이고, 그의 부(父)는 조(趙)나라 사람으로서 성(姓)은 석(石)이었다. 그의 네 아들이 모두 품행이 선량하고 부모에게 효순(孝順)하며 일 처리가 신중하였다. 석분과 네 아들이 모두 2천 석(石) 관리에 임명되었으므로 신하의 존귀와 영예가 석분의 일가에 집중되어 있다고 하여 석분을 만석군(萬石君)이라 칭하였다고 했다.

夫人之有傳也, 蓋唯書其邑里而已. 其有開國承家, 世祿不墜, 積仁累德, 良弓無改. 項籍之先世爲楚將,(『史記』「項羽本紀」) 石建之後廉謹相承,(『史記』「萬石君傳」) 此則其事尤異, 略書於傳可也. 其失之者, 則有父官令長, 子秩丞郎, 聲不著於一鄕, 行無聞於十室, 而(一無'而'字)乃敍其名位, 一二(或作'一一')無遺. 此實家諜, 非關國史. 其煩四也.(釋 : 贅錄世官, 爲四煩之四)

29-9

그러므로 이 네 가지 점을 살펴 근고(近古)의 사서들을 자세히 보면, 이미 습관이 되어버려 과거의 모범적인 원칙을 잊어 어찌해야 할 바를 몰랐으므로, 사서를 편찬한 사람의 원칙에 어긋나고 과거 철인(哲人)이 세운 기준을 위반하였다. 공자가 말하기를, "나의 향리(鄕里)에 있는 제자들은 뜻은 높으나 그 실행이 면밀하지 못하여, 찬란하게 문장을 이루었을 뿐이요, 그것을 마름질 할 줄을 몰랐다"[54]고 한 것이 이러한 사실을 일컫는 것이다.(釋 : 시사(書事)의 네 가지 번잡함을 총괄하여 여기에서 그 결론을 말하고 있다)

於是考茲四事, 以觀今(疑當作'近')古, 足驗積習忘返, 流宕不歸, 乖作者之規模, 違哲人之準的也. 孔子曰 : "吾黨之小子狂簡, 斐然成章, 不知所以裁之." 其斯之謂矣.(釋 : 總繳書事四煩, 後截歸宿在此)

54 역주 : 『논어』「공야장(公冶長)」편에 보이는 문장이다. 「단한(斷限)」편 주)5에도 보인다.

29-10

마찬가지로 기록할 만한 말이나 공적(功績)이 있는데도 본기(本紀)나 열전(列傳)에 그러한 말과 사실이 빠지고 전하지 않는다. 무엇 때문인가? 아주 오랜 태고(太古)로부터 중고(中古)에 이르기까지 그동안의 문헌이나 전적(典籍)에 대하여는 이야기할 수 있다. 무릇 공자와 같은 성인도 담자(郯子)를 방문해서야 비로소 소호씨(少皞氏)의 관명(官名)의 유래를 알게 되었고,[55] 숙향(叔向)과 같은 현명한 사람도 자산(子産)에게 자문을 구하고 나서야 (누런 곰인) 황능(黃能)(어느 책에는 '웅(熊)'으로 썼다)으로 귀신에게 제사를 지내는 빌미[祟]를 만드는 유래[56]를 분명히 알게 되었으며, 혹은 팔원재자(八元才子)가 계손행보(季孫行父)에 의해 전해지게 된 것이나,[57](후편(後篇) 원개(元凱)의 주(注)를 보라) 혹은 오고대부(五羖大夫)가 조량(趙良)의 덕분으로 사람들에게 알려지게 된 것[58] 등이다. 이러한 사실을 볼 때 당시

---

55 역주 : 이 사례는 「서지(書志)」편 주)122에 이미 보인다.

56 『국어(國語)』 「진어(晉語)」에, 정(鄭) 간공(簡公)이 자산(子産 : 公孫成子)을 사신으로 진(晉)에 조빙을 하게 했다. 평공(平公)이 병이 나서 한선자(韓宣子)가 자산을 객관(客館)으로 안내하였다. 자산이 평공의 병을 물었다. 대답하기를, 오늘 꿈에 황룡이 침궁(寢宮)에 들어왔는데 이러한 꿈이 도대체 살인을 의미하는 것인지 악귀가 온다는 것인지 모르겠다고 하자, 자산이 말하기를, 예전에 곤(鯀)이 천제(天帝)의 명을 어기고 우산(羽山)으로 쫓겨갔다가 죽고 그 정령(精靈)이 누런 곰이 되어 우산 밑의 깊은 연못에 들어갔다고 전한다. 실제로는 하(夏)나라의 우(禹)가 곤(鯀)에게 교제(郊祭)를 지내기 시작하였지만, 하 · 상 · 주 삼대에도 모두 교제(郊祭)를 지냈다. 이제 주나라 왕실은 쇠약해지고 진(晉)이 그 지위를 계승하였으니 혹 하에서 시작한 교제(郊祭)를 지내지 않았기 때문인가 라고 했다. 『좌전』 소공(昭公) 7년(B.C. 535)에는 '황능(黃能)'을 '황웅(黃熊)'이라 하였다. 두 전(傳)에 모두 숙향(叔向)이 물었다는 말이 없다. 『사통』이 틀린 것 같다.

57 역주 : 『좌전』 문공(文公) 18년(B.C. 609)에, 행보(行父 : 季文子)가 태사(大史) 극(克)을 통해 노 선공(宣公)에게 회답하는 말 가운데 고양씨(高陽氏 : 顓頊)에게 8명의 훌륭한 아들을 세상사람들이 팔개(八愷)라 칭하고, 고신씨(高辛氏 : 帝嚳)에게도 8명의 훌륭한 아들이 있었는데 세상사람들이 팔원(八元)이라 불렀다고 했다. 즉 이들이 행보를 통해 세상에 알려졌음을 의미한다. 보다 자세한 내용은 「인물(人物)」편 주)2 참조

의 정사(正史)나 민간에서 유행되었던 예컨대 3분(三墳)·5전(五典)·8색(八索)·9구(九丘) 등에 기재된 것이나,[59] 우(虞)·하(夏)·상(商)·주(周)의 사서에 기록된 것 중에 빠지거나 생략된 것이 매우 많다는 것을 알 수 있다. (釋: 이 구절에서는 오히려 누락되어 빠진 것으로 이야기를 원만하게 하고 있지만, 여문(餘文)이다)

亦有言或可記, 功或可書, 而紀(一作'記')闕其文, 傳亡其事者. 何則? 始自太上, 迄於中古, 其間文籍, 可得言焉. 夫以仲尼之聖也, 訪諸郯子, 始聞少皞之官; 叔向之賢也, 詢彼國僑, 載辨黃能(一作'熊')之祟. 或八元才子, 因行父而獲傳;(見後篇「元凱注) 或五羖大夫, 假趙良而見識.(「商君列傳」) 則知當時正史, 流俗所行, 若三墳·五典·八索·九丘之書, 虞·夏·商·周春秋檮杌之記, 其所缺略者多矣.(釋: 此節反以遺缺圓其說, 是餘文)

58 역주: 『사기』 권68, 「상군열전(商君列傳)」에, (상앙(商鞅)과 조량(趙良)의 대화 중에) 조량이 말하기를, '오고대부(五羖大夫)는 형(荊) 땅의 보잘것없는 사람이었습니다. 진(秦) 목공(穆公)이 현명하다는 소문을 듣고 만나기를 원했지만 가려고 해도 여비가 없었으므로 자신을 진나라의 나그네에게 팔아 남루한 홑옷을 입고 소를 치게 되었습니다. 1년이 지나서야 목공은 이 일을 알게 되어 그를 소 치는 신분에서 끌어올려 백관의 지위에 오르게 하였지만 진(秦)나라에서는 감히 불만을 품은 자가 없었습니다. 그가 진의 재상이 된 지 6, 7년이 지나서 동쪽으로 정(鄭)나라를 쳤고, 세 번 진(晉)의 군주를 세웠고…… 그의 공로와 명예는 부고(府庫)에 보존되고 덕행은 후세까지 전해지고 있습니다. 오고대부가 죽자 진나라의 남녀들은 눈물을 흘렸고, 아이들은 노래를 부르지 않았으며 절구질을 할 때도 저가(杵歌)를 부르지 않았습니다. 이것이 오고대부의 덕입니다'라고 하였다. 오고대부란 즉 진(晉)의 대부 백리해(百里奚)를 가리킨다. 백리해는 본래 진(秦)의 대부였다. 진(晉)이 우(虞)나라를 멸망시켰을 때 포로가 되었는데 후에 진(秦) 목공(穆公) 부인의 배가(陪嫁)의 노예로 진(秦)에 보내졌다가 초(楚)로 도망가 체포되었을 때 그가 재능 있는 사람임을 알아 본 진 목공이 다섯 장의 양가죽으로 그를 사서 돌아와 대부로 삼았다고 하여 '오고대부'라 칭해졌다. 그는 건숙(蹇叔)·전여(田余)와 함께 진 목공의 패업을 도왔다고 평가된다.

59 역주: 공안국(孔安國), 『상서서(尚書序)』(『문선』 권45 所收)에, 복희(伏羲)·신농(神農)·황제(黃帝)의 책을 3분(三墳), 소호(少昊)·전욱(顓頊)·고신(高辛)·당우(唐虞)의 책을 5전(五典)이라 하며, 8색(八索)은 팔괘(八卦), 9구(九丘)는 구주(九疇)를 가리킨다고 했다.

29-11

급총(汲冢)에서 출토된 책에 기재된 내용과 『5경(五經)』은 서로 다른 곳이 있었고, 사마천이 기록한 내용은 춘추 『3전(三傳)』과 많이 달랐다. 배송지(裴松之 : 372-451)는 진수(陳壽)의 결함을 보충하였고,[60] 사작(謝綽)은 심약(沈約)이 남긴 것을 모은 정도인데도 수집한 이야기가 다섯 수레에 가득하고, 사실이 세 상자를 넘을 정도로 매우 많았다.[61] 사실을 기록하는 체재는 간단하면서도 상세해야 하고, 성글면서도 누락되지 않아야 한다. 만일 번잡함에도 불구하고 쓸데없는 것까지도 모두 취한다거나 생략한다면서 대부분을 버리는 것은, 절충의 원칙을 저버린 것이며 균형의 도리를 잃은 것이다. 오직 학식이 넓고 성품이 단아한 군자만이 그 속에 담겨진 득실을 알 수 있을 것이다.(釋 : 끝에서 다시 경전(經傳)이나 정사 이외의 단편적인 사실들을 모은 책들과 절충하여 잘 살펴야 한다고 했다)

既而汲冢所述, 方『五經』而有殘,(一作'殊') 馬遷所書, 比『三傳』而多別, 裴松補陳壽之闕, 謝綽拾沈約之遺, 斯又言滿五車, 事逾三篋者矣. 夫記事之體, 欲簡而且詳, 疏而不漏. 若煩則盡取, 省則多捐, 此乃忘折中之宜, 失均平之理. 惟夫博雅君子, 知其利害者焉.(釋 : 末又帶及經傳, 正史之外, 掇拾殘叢, 折衷貴審也)

按 : 「서사(書事)」편과 「서사(敍事)」편의 함의(含義)는 각기 다르다. 「서사(敍事)」편은 방법을 중심으로 말하였고, 「서사(書事)」편은 도리를 중심으로 판단하였다. 방법은 부화(浮華)함을 경계하는 것이요, 도리는 당연히 근본을 파악하는 것으로 귀결되고, 용의(用意)는 매우 존엄하였다. 전체 내

---

60 역주 : 배송지는 유송(劉宋) 문제(文帝)의 명을 받아 『삼국지』에 대한 주석작업을 하였다. 그가 남긴 『삼국지』 주(注)는 소위 사주(史注)의 대표적인 저작이다.

61 사작(謝綽), 『송습유(宋拾遺)』 10권은 「서지(書志)」편 “오행(五行)” 부분 참조.

용을 세 부분으로 나누고 도리에 맞는 규범으로 인증(引證)하였는데, 엄숙하고 정제(整齊)됨이 율령과 같았다.(「書事」與「敍事」篇各義. 「敍事」以法言, 「書事」以理斷. 法戒浮華, 理歸體要, 用意尤尊嚴也. 局分三截, 旁引正規, 森如律令)

「인물(人物)」 제30

사서의 성공여부는 얼마나 가치 있는 말과 사실을 담고 있는가에 달려 있다. 말과 사실의 중심에는 물론 사람이 있다. 따라서 어떤 인물을 사서에 담아야 하는가의 문제는 사서편찬에 있어서 핵심이라 할 수 있다. 유지기가 이 편을 설정한 이유도 바로 여기에 있었다. 그는 세상 사람들을 경계할 수 있는 악행을 저지른 사람과 후세 사람들의 모범이 될 수 있는 선행을 실천한 사람을 사서가 수록해야 할 인물의 조건으로 설정하였다. 예컨대 그 죄악이 하늘을 두려워하지 않고 업신여길 정도로 포악한 사람과 그 명성이 세상에 널리 알려질 정도로 오래도록 인덕(仁德)을 쌓은 사람들을 기재하지 않은 것을 『상서』의 잘못이라 하였고, 벼슬을 통해 공적을 세워 나라를 다스리고 백성을 돌볼 수 있는 덕업을 쌓은 사람과 좋은 풍속을 장려할 수 있는 살신성인(殺身成仁)으로 명성을 천하에 전한 사람들을 기록하지 않은 『춘추』의 잘못을 지적한 것도 이러한 조건 때문이었다. 따라서 선행을 실천한 사람들뿐만 아니라 기강을 어기고 사람이 마땅히 지켜야 할 근본 도덕을 문란하게 한 자들로 나라의 존망과 연계된 인물들은 당시의 정치와 관련이 있기 때문에 빠뜨려서는 안 된다고 강조하였다. 그런데도 불구하고 근래에 편찬된 사서에는 널리 폭로할만한 가치도 없는 악행과 후세 사람들을 경계하기에도 부족한 죄과를 수집하여 모두 기록하고 있다고 비판하였고, 아울러 재능이나 행동거지가 다른 사람보다 뛰어남도 없는데 보잘것없는 선행이나 자그마한 공적이 있다고 하여 그들의 세계(世系)를 구하고, 관작과 출신지를 수집하여 쓸데없는 내용을 열전에 수록함으로써 그 번잡함만을 늘린 것을 강하게 비판하였다.

30-1

무릇 사람의 일생에는 현명함과 우매함이 있다. 만약 어떤 사람의 악행(惡行)은 세상 사람들을 경계할 수 있고 선행(善行)은 후세 사람들의 모범이 될 수 있는데도, 죽고 나서 그의 이름이 전해지지 못하는 것은 누구의 잘못인가? 대개 사관(史官)의 책임이다.(釋 : 「인물」편의 전반부에서는 모범이 되거나 경계로 삼아야 할 사람들이 당연히 사서에 기재되어야 한다고 했다)

夫人之生也, 有賢不肖焉. 若乃其惡可以誡世, 其善可以示後; 而死之日名無得而聞焉, 是誰之過歟? 蓋史官之責也.(釋 : 此篇前半以有關法戒之人當見史冊爲說)

30-2

문적(文籍)이 처음 나온 것을 살펴보면, 사서(史書)로는 『상서(尙書)』가 있었으며 고사(故事)에 통달하여 멀리 상고시대의 제왕(帝王)의 일을 잘 알아[疏通知遠][1] 먼 옛날부터 당대(當代)까지를 망라하고 있다. 예컨대 우순(虞舜)이 어진 사람들을 천거하였는데 당시 사람들이 팔원팔개(八元八凱)를 존중하였고,[2] 하(夏)나라가 쇠약해지자 나라가 한착(寒浞)에게 전해졌고,[3] 은(殷)나라가 장차 멸망하게 되자 비렴(飛廉)과 오래(惡來)가 출현하였고,[4]

---

1 역주 : 『예기(禮記)』「경해(經解)」편에 '소통지원(疏通知遠)'이란 『상서』의 가르침이라 하였다.

2 『좌전』 문공(文公) 18년(B.C. 609)에, (태사(太史) 극(克)이 이어 말했다.) 옛날에 고양씨(高陽氏 : 顓頊)에게는 8명의 훌륭한 아들이 있었습니다. 창서(蒼舒)·퇴예(隤敳)·도연(檮戭)·대림(大臨)·방강(尨降)·정견(庭堅)·중용(仲容)·숙달(叔達)입니다. 이들은 가지런하고 도리에 밝으며 도량이 넓고 생각이 깊으며[齊聖廣淵], 밝고 진실하고 인정 있고 성실하여[明允篤誠], 천하의 백성들이 이들을 일러 팔개(八愷)라고 했습니다. 고신씨(高辛氏 : 帝嚳)에게도 8명의 훌륭한 아들이 있었습니다. 백분(伯奮)·중감(仲堪)·숙헌(叔獻)·백호(伯虎)·중웅(仲熊)·숙표(叔豹)·계리(季狸)입니다. 이들은 충실하고 공경스러우며 장중하고 순수하게 아름다웠으며[忠肅共懿], 자애롭고 은혜롭고 온화함을 널리 펴서[宣慈惠和], 천하의 백성들이 그들을 일러 팔원(八元)이라 했습니다. 이 16족(族)은 대대로 그 미덕을 이어받았습니다. 순(舜)이 요(堯)의 신하가 되어 '팔개'를 천거하여 땅을 다스리고 모든 일을 처리하게 했고, '팔원'을 등용하여 사방에 오교(五敎)를 펴게 했습니다고 했다. 역주 : '팔개'의 '개(愷)'란 온화하다는 의미이고, '팔원'의 '원(元)'은 선량하다는 의미이다. 그리고 '오교(五敎)'란 부의(父義)·모자(母慈)·형우(兄友)·제공(弟恭)·자효(子孝)를 말한다. 개(凱)와 개(愷)는 의미가 같다.

3 『좌전』 양공(襄公) 4년(B.C. 569)에, (위강(魏絳)이 말하기를) 옛날 하(夏)나라가 중도에 쇠퇴했을 때 후예(后羿)가 하나라 백성들의 지지를 얻어 하나라를 대신하여 정권을 장악했습니다. 그러나 오직 수렵에만 몰두했습니다. 그는 무라(武羅)·백인(伯因)·웅곤(熊髠)·방어(尨圉) 등과 같은 어진 신하를 버리고, 한(寒)나라의 착(浞)을 등용했습니다. 한착은 백명씨(伯明氏)의 못된 아들로 참언을 잘했는데, 안으로는 궁중사람들에게 아첨하고 밖으로는 여러 신하를 뇌물로 매수한 뒤, 결국 그는 사특한 짓을 일삼아 나라를 취하였습니다고 하였다.

4 『사기』 권5, 「진본기(秦本紀)」에, (순(舜)에게 영(嬴) 씨 성을 하사받은) 백예(伯翳)의 후예 중휼(中潏)은 서융(西戎)지역에 살면서 서부 변경[西垂]를 지켰다. 그는 비렴(飛

주(周)나라가 흥기(興起)한 것은 산의생(散宜生)과 굉요(閎夭)가 있었기 때문이다.[5] 이러한 사람들을 말하자면 어떤 사람은 포악하여 그 죄악이 하늘을 두려워하지 않고 업신여길 정도였고, 어떤 사람은 인덕(仁德)을 오래도록 쌓아 그 명성이 세상에 널리 알려질 정도였다. 비록 당시의 습속(習俗)이 순후(淳厚)하고 질박(質朴)하여 말과 뜻이 요약되고 간단하였지만, 『상서』에 이러한 사람들을 기재하지 않은 것은 무엇보다 잘못이 크다.

觀夫文籍肇創, 史有『尙書』, 知遠疏通, 網羅歷代. 至如有虞進賢, 時宗元凱; 夏氏中微, 國傳寒浞; 殷之亡也, 是生飛廉 · 惡來; 周之興也, 實有散宜 · 閎夭. 若斯人者, 或爲惡縱暴, 其罪滔天; 或累仁積德, 其名蓋世. 雖時淳俗質, 言約義簡, 此而不載, 闕孰甚焉

30-3

공자에 이르러 『춘추』를 편찬하여 200년간의 역사적 사실을 기재하였으며, 『공양전』 · 『곡량전』 · 『좌전』 등 『삼전(三傳)』이 아울러 저작되면서

廉)을 낳았고, 비렴은 오래(惡來)를 낳았다. 오래는 힘이 세었고, 비렴은 달리기를 잘했다. 부자가 함께 재주와 힘으로 은(殷)의 주왕(紂王)을 섬겼다고 했다.

5 **按**: 산의생과 굉요 두 사람은 분명히 『상서』「군석(君奭)」편에 그 이름이 보인다. 『사통』에서는 여전히 팔원(八元) · 팔개(八凱) 등과 함께 실려 있지 않은 점을 의심하고 설명한 것이다. 역주: 「군석」편에, "(주공이 말하기를) 군석이여! 옛날 상제(上帝)께서는 대체로 문왕(文王)의 덕을 거듭 관찰하시고 커다란 명을 그의 몸에 내리신 것이오. 문왕은 더욱 우리 주나라가 화합하도록 다스리셨으며 또 괵숙(虢叔)같은 분이 있고, 굉요(閎夭) · 산의생(散宜生) · 태전(泰顚) · 남궁괄(南宮括) 같은 분이 계셨소. 만약 이 분들이 힘써 법과 가르침을 좇지 못하였다면 문왕께서는 나라 사람들에게 베풀 은덕이 없었을 것이오. 역시 이들이 한결같이 보좌하였고 미덕을 지녔기 때문에 하늘이 벌을 내리는 까닭을 알게 되었고, 이것으로 문왕을 보좌하고 이끌었던 것이오"라고 하였다.

사서가 갑자기 흥하였다. 예컨대 진(秦)나라의 유여(由余)[6]와 백리해(百里奚),[7] 월(越)나라의 범려(范蠡)·대부(大夫) 문종(文種),[8] 노(魯)나라의 조말(曺沫)[9]과 공의휴(公儀休),[10] 제(齊)나라의 영척(甯戚)[11]과 전양저(田穰苴)[12]같은

---

6 『사기』 권5, 「진본기(秦本紀)」에, (융왕(戎王)은 진(秦)에 유여(由余)를 사신으로 보냈다.) 유여의 선조는 진(晉)나라 사람인데 융 땅으로 도망쳤다. 융왕은 목공(繆公)이 현명하다는 소문을 듣고 유여를 보내 진(秦)을 살피도록 한 것이다. 진 목공(秦繆公)은 유여에게 궁실과 쌓아놓은 재물을 보여주었다. 유여가 말하기를, '이러한 궁실과 재물을 귀신에게 만들라고 하여도 귀신을 힘들게 할 것인데 사람에게 만들라고 하면 백성들 역시 고달플 것이다'라고 했다. 목공이 그의 말을 괴이하게 여기자 유여가 웃으며 말하기를, '무릇 융이(戎夷)의 경우, 윗사람은 순박한 덕으로 아랫사람을 대하고, 아랫사람은 충성으로 그 윗사람을 받듭니다. 잘 다스려지는 이유가 무엇인지 모르는 것이야말로 진실로 성인의 다스림입니다'라고 하였다. 이에 목공이 두려워하여 가무기녀(歌舞妓女)를 융왕에게 보내고 유여와 이간질을 했다. 유여가 마침내 융을 떠나 진(秦)에 투항하였다고 했다.

7 『사기』 권5, 「진본기(秦本紀)」에, 진 헌공(晉獻公)이 우(虞)나라와 괵(虢)을 멸망시키고, 우의 군주와 그의 대부 백리해(百里奚)를 포로로 잡아 진 목공(秦繆公)의 부인이 진(秦)에 시집올 때 따라오는 시종인 잉신(媵臣)으로 삼았다고 했다. 按 : 『좌전』의 기록에는 진 목공의 부인의 잉신은 정백(井伯)이라 했고 백리해의 이름이 없다. 다만 『좌전』 희공(僖公) 13년(B.C. 647)에, "진(晉)나라에 기근이 들어 양식을 팔 것을 요청했을 때 진 목공(秦繆公)이 백리(百里)에게 묻기를"이라는 구절에도 역시 해(奚)라는 이름이 없다.

8 『국어(國語)』「월어(越語)」 하에, 월왕 구천(勾踐)이 즉위 3년 군사를 일으켜 오(吳)를 정벌하였지만 이기지 못하고 회계로 물러났다. 월왕이 대부(大夫) 문종(文種)에게 오나라에 가서 화친을 청하게 하면서 말하기를, '범려(范蠡)가 나에게 나라를 지키라고만 한다'라고 하자 범려가 대답하기를, '월나라 사방 국경 안의 백성을 다스리는 일은 범려가 대부 문종만 못하지만, 국경 외에 적국을 상대하여 기회를 보아 단안을 내리는 일은 대부 문종이 범려만 못합니다'라고 하였다. 4년에 오를 정벌하였는데, 군대에 머물기를 3년 드디어 오를 멸망시켰다고 했다.

9 『사기』 권86, 「자객열전(刺客列傳)」에, 조말은 노나라 사람으로 노 장공(莊公 : B.C. 693-662)과 제 환공(齊桓公) 때에 노와 제의 싸움에서 패한 뒤 가(柯)에 모여 맹약을 맺으려할 즈음 비수를 들고 단상에 올라 제 환공을 위협하여 땅을 포기하도록 한 사실이 있다. 그런데도 『공양전』에는 가(柯)에서 맹약을 한 사실과 손으로 비수를 든 사실을 적으면서 조자(曹子)라고 할 뿐 이름이 없다. 『좌전』과 『곡량전』에는 이름을 조귀(曹劌)라고 적었을 뿐 또 환공을 위협한 사실은 없다. 때문에 『삼전(三傳)』에 조말을 적지 않았다고 한 것이다.

10 손석(孫奭), 『맹자(孟子)』 소(疏)에, 『사기』 권119, 「순리열전(循吏列傳)」을 살펴보니, 공의휴는 노나라의 박사로써 뛰어난 성적으로 노의 상(相)이 되었다. 법을 받들면서 순리에 따르고 변경함이 없었다. 이로써 백관(百官)이 스스로 바르게 되어 녹(祿)을

사람들은 모두 당시에 저명한 큰 인재들로서 걸출한 인물들이었다. 그들 중 어떤 사람은 힘을 다하여 벼슬자리에 나아가[13] 공적이 한때 으뜸이었고, 어떤 사람은 살신성인(殺身成仁)으로 명성이 천하에 전해졌다. 만약 그들의 덕업(德業)을 본받는다면 나라를 다스리고 백성들을 돌볼 수 있으며, 그들의 모범적 기풍을 본받는다면 탐욕을 억누르고 좋은 풍속을 장려할 수 있을 것이다. 이러한 사실들을 (『춘추』에) 기록하지 않은 것은 지나치게 간략한 것이 아니겠는가?(釋 : 처음에는 『상서』와 『춘추』에 빠진 내용이 있다는 것으로 단서를 열었다)

洎夫子修『春秋』, 記二百年行事, 『三傳』並作, 史道勃興. 若秦之由余 · 百里奚, 越之范蠡 · 大夫种, 魯之曹沫 · 公儀休, 齊之寧戚 · 田穰

먹는 자는 백성과 이익을 다투지 않게 되고 많은 것을 받는 자 작은 것을 취하지 못하게 하였다. 按 : 이러한 사실은 또 동중서(董仲舒)의 「현량책대(賢良策對)」에 보인다.

11 『관자(管子)』 「소칭(小稱)」편에, 제 환공(齊桓公) · 관중(管仲) · 포숙아(鮑叔牙) · 영척(甯戚) 네 사람이 술을 마실 때 포숙아가 잔을 들고 일어나 말하기를, '환공께서는 거(莒)에 갔을 적의 일을 잊지 마시고, 관자께서는 노(魯)에 잡혀 있었을 때를 잊지 마시고, 영척께서는 소달구지 아래에서 밥을 먹던 일을 잊지 말기를 바랍니다'라고 하였다. 按 : 『여씨춘추(呂氏春秋)』와 『회남자(淮南子)』에는 모두 소뿔을 치며 빠르게 노래하였다고 했다. 그 주(注)에, '「석서(碩鼠)」를 노래하였다'라고 했다. 그리고 『여씨춘추』에는 '영척(甯戚)', 『회남자』에는 '영월(甯越)'이라 하였다. 응소(應劭)에 이르러 노래로 읊었고 또 다른 노래에, '남산(南山)은 깨끗하고, 산의 돌은 현란하고 빛이 나는데 살아 요순(堯舜) 선양의 세상 도리를 만날 수 없고, 단지 능히 다리를 덮을 수 있는 보잘 것 없는 옷을 입고 저녁부터 밤중까지 소에게 여물을 먹이나니 끝없는 긴 밤 언제 새벽이 오겠는가[南山矸, 白石爛, 生不遭堯與舜禪. 短布單衣適至骭, 從昏飯牛薄夜半, 長夜漫漫何時旦]'라고 하였다. 세 책이 모두 기록이 서로 달라서 모두 내용을 갖추어 살펴보아야 한다.

12 『사기』 권64, 「사마양저전(司馬穰苴傳)」에, 사마양저는 전완(田完)의 후예이다. 제 경공(齊景公) 때 안영(晏嬰)이 전양저(田穰苴)를 천거하며 말하기를, '양저는 비록 전씨(田氏)의 서얼이지만 그 사람의 문재(文才)는 많은 사람을 능히 따르게 하고, 무예는 적을 위협할 수 있으니 군주께서는 그를 시험해보기를 바랍니다'라고 하였다. 경공이 양저를 불러 더불어 병사(兵事)에 관한 말을 나누고는 크게 기뻐하고 그를 장군으로 삼았다. 병사를 거느리고 연(燕) · 진(晉)의 군대를 방어하도록 하였다고 했다.

13 역주 : 『논어』 「계씨(季氏)」편에, 공자가 말씀하기를, '구(求)야, 옛날 주임(周任)의 말에 힘을 다하여 벼슬자리에 나아가되[陳力就列] 능히 할 수 없는 경우에는 그만두라'고 하였다고 했다.

苴, 斯並命代(亦作'世')大才, 挺生杰出. 或陳力就列, 功冠一時; 或殺身成仁, 聲聞四海. 苟師其德業, 可以治國字人; 慕其風範, 可以激貪勵俗. 此而不書, 無乃太簡.(釋 : 首以『尙書』·『春秋』有闕開端)

30-4

또한 사마천(司馬遷)이 『사기』를 저술하면서 끊임없이 분주하게 고금(古今)을 살핀 것이 위아래로 수천 년에 달했다. 고요(皐陶)[14] · 이윤(伊尹),[15] 부열(傅說),[16] 중산보(仲山甫)[17] 같은 사람들이 모두 경전에 열거되고, 이름이 제자서(諸子書)와 사서(史書)에 남아 전하고 있으며 공적이 특별히 현저하고 사적이 매우 많았다. 이들을 각각 모아 편집하여 열전의 시작으로 삼으면 될 터인데 백이(伯夷)와 숙제(叔齊)를 (열전의) 첫 머리에 두었으니 어찌하여 작은 범위에 구애됨이 이렇게 심할 수 있는가?(이 말은 「탐색(探賾)」편과 다르다) 이어서 반고가 『한서』를 편찬하여 한 시대를 포괄하고 있는데 인륜과 관계되는 대사(大事)에 대해서는 역시 상세하다고 말할 수 있다. 그 중 박소(薄昭)[18] · 양복(楊僕)[19] · 안사(顔駟)[20] · 사잠(史岑)[21] 같은 사

---

14 역주 : 고요는 순(舜)의 신하로써 형벌과 법률을 관장하였다. 『상서』 「대우모(大禹謨)」 서(序)와 「고요모(皐陶謨)」 참조.

15 역주 : 이윤은 은(殷) 탕왕(湯王)의 신하로써 하의 걸왕을 멸하는데 공을 세웠고, 상고 이래 현상(賢相)의 상징이었다. 『상서』의 「이훈(伊訓)」편은 이윤이 탕왕을 이어 왕위에 오른 태갑(太甲)에게 훈계한 글이 수록되어 있다. 그 외에도 「태갑(太甲)」·「함유일덕(咸有一德)」 등에 그의 말이 수록되어 있다.

16 역주 : 은 무정(武丁)의 중흥을 도왔던 재상이다. 그에 관한 기록이 『상서』 「열명(說命)」편에 보이고, 『사기』 권3, 「은본기(殷本紀)」에도 보인다.

17 역주 : 주(周) 선왕(宣王 : B.C. 827-782)을 도와 그의 중흥을 도왔던 경사(卿士)로서 번후(樊侯)라고 칭해지기도 했다. 『사기』 권4, 「주본기(周本紀)」의 선왕과 관련한 기록에 보인다.

람들의 경우, 그들의 사적이 누락된 것은 대체로 자질구레한 사실들은 생략하고 커다란 사실들만을 보존하기 위해서다. 무릇 아무리 순록을 쫓는 개는 토끼를 거들떠보지 않는다[22]하더라도 아까운 자료[鷄肋][23]들을 버

18 『한서』 권97상, 「외척전(外戚傳)」 상에 부록된 「박희전(薄姬傳)」에, 고후(高后)가 죽고 대왕(代王)을 황제로 영립(迎立)하였다. 태후의 아우 소(昭)를 지후(軹侯)로 봉하였다고 했다. 또 『한서』 권44, 「회남왕전(淮南王傳)」에, 회남(淮南) 여왕(厲王)이 방자하여 한의 법도를 지키지 않았다. 당시 황제의 외삼촌이었던 박소(薄昭)를 장군으로 삼아 중히 여겼다. 문제(文帝)는 박소에게 명하여 여왕(厲王)에게 편지를 써보내 여러 차례 충고하게 하였다.

19 『한서』 권90, 「혹리전(酷吏傳)」에, 양복은 천부(千夫)로써 이(吏)가 되었다. 남월(南越)이 반란을 일으키자 누선장군(樓船將軍)에 임명되어 공을 세워 장량후(將梁侯)에 봉해졌다. 按 : 양복은 다른 사람의 열전에 부록되지 않고 독립된 열전에 수록되었기 때문에 '누락되었다[見遺]'고 할 수는 없다.

20 장형(張衡), 『사현부(思玄賦)』(『문선(文選)』 권15 所收)에, '군위(軍衛)의 눈섶이 하얗게 변하도록 낭관(郎官)의 처소에 묻혀 있었네, 세 명의 황제에 이르러 무제(武帝)를 만나게 되었네'라고 하였다. 이선(李善)의 주(注)가 인용한 『한무고사(漢武故事)』에, 효무제가 낭관의 처소를 지날 때 눈섶이 하얀 낭관을 보고 묻기를, '언제 낭관이 되었는데 그렇게 나이가 들었는가'라고 하니 대답하길, '신은 이름이 안사(顔駟)입니다. 문제(文帝)께서는 문(文)을 좋아하시고 신은 무(武)를 좋아하니 쓰이지 않았고, 경제(景帝)께서는 나이든 사람을 좋아하였는데 저는 아직 젊었고, 폐하께서는 젊은 사람을 좋아하는데 신은 이미 늙었기 때문에 쓰이지 않아서, 이렇게 삼대의 황제에게서 쓰임을 받지 못했던 것입니다'라고 하였다. 이에 황제가 도위(都尉)로 발탁하였다고 했다.

21 『문심조룡(文心雕龍)』과 『문선(文選)』의 이선(李善)주(注) 참조. 『문심조룡』에, '무중(武仲)의 현종(顯宗) 찬미, 사잠(史岑)의 희후(熹后) 찬술'이라 했고, 『문선』의 주(注)에, 한(漢)에는 두 명의 사잠(史岑)이 있었는데, 한 사람은 왕망(王莽) 말기의 사람으로 자는 자효(子孝)였다. 『동관한기(東觀漢記)』에 동평왕(東平王) 창(蒼)이 「광무중흥송(光武中興頌)」을 지어 올렸는데 명제(明帝)가 묻기를 '누구와 같다고 할 수 있는가'라고 하자 교서랑(校書郎)이 대답하길, 예전의 사잠(史岑)에 비교됩니다'에 보이는 사람이다. 그리고 다른 한 사람은 화희등후(和熹鄧后)를 찬송한 사람으로 자는 효산(孝山)이고 왕망 후 백 여년이 지났을 적 사람이었다. 서전(書典)이 없어져 그의 벼슬과 본적을 자세하게 살필 수 없다. 『집림(集林)』에서 제가(諸家)들은 효산(孝山)의 문장을 자효(子孝)의 문집에 실었다. 범엽(范曄)이 말하기를, 왕망 말에 패국(沛國)사람 사잠은 자가 효산(孝山)으로 문장이 뛰어났다고 했으니, 잘못이다. 按 : 『문선』의 주(注)에 「출사송(出師頌)」이 보인다. 『사통』에 나오는 이는 즉 왕망 말의 자가 자효(子孝)였던 사람이다.

22 역주 : 『여씨춘추』 「사용(士容)」편, 『회남자』 「설림훈(說林訓)」 등에 보이는 문장이다.

23 역주 : 「보주(補注)」편 주)31 참조.

렸으니 어찌 섭섭함이 없을 수 있겠는가? 삼국(三國)이 각각 조정을 달리 하고, 양진(兩晉)이 도읍을 달리하던 시기에 환범(桓範)[24] · 장중경(張仲景)[25]은 위(魏)[許 · 洛]에서 재능이 중시되었고, 하정(何楨)[26] · 허순(許詢)[27]은 동진

24 『삼국지』 권9, 「위서」 「조진전(曹眞傳)」에 부록된 「조상전(曹爽傳)」의 배송지(裴松之) 注引, 『위략(魏略)』에, 환범(桓範)의 자는 원칙(元則)이다. 조상(曹爽)이 보정(輔政)할 때 환범이 향리의 노숙(老宿)이라 하여 특별히 공경하였다. 선왕(宣王 : 司馬昭)이 군사를 일으켰을 때 환범이 남방에서 조상을 보고 권하기를 '형제들과 함께 천자를 모시고 허창으로 가서 사방의 군대를 모아 스스로 보정(輔政)하라고 하며, 경의 별영(別營)이 대궐의 남쪽에 있으니 마음대로 부를 수 있을 것이지만 걱정하는 바는 곡식에 있을 터인 바 대사농(大司農)의 인장은 내가 지니고 있다'라고 했다. 그러나 조상이 이를 따르지 않았다. 선왕이 환범을 체포하면서 매우 급하게 서둘자 환범이 그 관리에게 말하기를, '천천히 하라, 나 역시 의사(義士)이니라'고 하였으며, 정위(廷尉)에게 보내졌다. 『위씨춘추(魏氏春秋)』에, 환범이 곡하며 조상(曹爽)에게, '조진(曹眞; 자, 子丹)은 좋은 사람으로 너희들 형제를 낳았는데 너무 편애하였구나! 어찌 오늘 너에게 연좌되어 일족이 멸화(滅禍)를 당할 줄 짐작이라도 했겠는가?'라고 말했다.

25 『삼국지』와 배송지의 주를 두루 살펴보아도 이 사람은 보이지 않는다. 유지기의 뜻이 어찌 장중경(張仲景)을 일컫는 것이겠는가? 황보밀(皇甫謐)의 『석권(釋勸)』에, 화타(華陀)는 정교함이 독식(獨識)에 있고, 중경은 묘(妙)함이 정방(定方)에 있다. 대체로 중경은 의성(醫聖)으로 화타와 함께 유명하다. 『수서경적지』 「자부(子部)」 "의방(醫方)"에는 역시 이 두 사람이 함께 실려 있고 모두 한(漢)나라 사람이라 적혀 있다. 한말(漢末) 위초(魏初)이다. 진수(陳壽)의 『삼국지』에는 화타만 열전이 있고 중경은 없다. 유지기가 중경을 특별히 거론한 것은 사리가 혹 그런 것인가? 『군재독서지(郡齋讀書志)』에, 『명의록(名醫錄)』에 이르기를 중경은 남양(南陽)사람으로 이름은 기(機)이고, 효렴(孝廉)으로 천거되어 장사태수(長沙太守)를 지냈으며, 『상한론(傷寒論)』 22편, 증외합삼백구십칠법(證外合三百九十七法)』, 『일백일십이방(一百一十二方)』을 지었다. 『직재서록해제(直齋書錄解題)』에는 중경의 문사(文辭)는 간고(簡古)하고 오아(奧雅)하다. 고금에 있어서 상한(傷寒)을 치료하는데 있어서 아무도 이 사람을 능가하지 못했다. 『사통』에서 말한 '재주가 허(許) · 낙(洛)지방에서 중시되었고'란 지역을 역시 합쳐 부른 것이다.

26 장은(張隱), 『문사전(文士傳)』(『예문유취(藝文類聚)』 권56, 「잡문부(雜文部)」二, 所收)에, 하정(何楨)의 자는 원간(元幹)이고, 문학적 기량이 매우 뛰어났다. 유주자사(幽州刺史) · 정위(廷尉)를 지냈다. 정의 아들 감(龕) · 훈(勛) · 운(惲)은 대부분 대관(大官)을 지냈다. 이후 대대로 창성(昌盛)하였다. 『진서(晉書)』 권77, 「하충전(何充傳)」에, 충의 자는 차도(次道)이고, 위(魏) 광록대부(光祿大夫) 정(楨)의 증손(曾孫)이라고 했다.

27 『세설신어(世說新語)』 「문학(文學)」편에, 허연(許掾) 즉 허순이 젊었을 적 그를 왕구자(王苟子)와 비교하자 허순은 크게 불만스러웠다. 그때 여러 명사들과 지둔(支遁)법사와 함께 회계(會稽)의 서사(西寺)에서 불경을 강론하였는데 왕구자 역시 그곳에 있었다. 허순은 곧바로 그에게 가서 왕구자와 변론을 벌였고 드디어 왕구자가 크게 졌

(東晉)[揚·豫]에서 문재(文才)로서의 명예가 높았다. 그러나 진수(陳壽)의 『삼국지(三國志)』와 왕은(王隱)의 『진사(晉史)』에서는 각기 열전(列傳)들을 널리 배열하면서도 오히려 이들을 누락시키고 편찬하지 않았다. 이는 그물이 성글어 배를 삼킬만한 고기를 놓치는 셈이니[28] 지나치게 사정에 어두운 것이다.(釋 : 이상에서는 사마천(司馬遷)·반고(班固)·진수(陳壽)·왕은(王隱) 등이 지은 사서의 열전에 빠진 내용이 있음을 설명하고 있다)

又子長著『史記』也, 馳騖窮古今, 上下數千載. 至如皐陶·伊尹·傅說·仲山甫之流, 並列經誥, 名存子史, 功烈尤顯, 事迹居多. 蓋各採而編之, 以爲列傳之始, 而斷以夷·齊居首, 何齷齪之甚乎?(其言與「探賾」篇不相顧) 旣而孟堅勒成『漢書』, 牢籠一代, 至於人倫大事, 亦云備矣. 其間若薄昭·楊僕·顔駟·史岑之徒, 其(一脫'其'字)事所以見遺者, 蓋略小而存大耳. 夫雖逐麋之犬, 不復顧兎, 而鷄肋是棄, 能無惜乎? 當三國異朝, 兩晉殊宅, 若元則·仲景, 時才重於許·洛; 何楨·許詢, 文雅高於

다. 허순이 다시 왕구자의 논리를 사용하고 왕구자가 허순의 논리를 사용하여 다시 변론을 벌렸지만 왕구자가 다시 패했다. 지둔이 조용히 말하기를, '어찌 그리 심하게 하는가'라고 했다. 按 : 허연(許掾)은 곧 허순(許詢)이다. 자는 현도(玄度)이다. 유담(劉惔)이 일찍이, '淸風明月, 恨無玄度'라고 했다. 구자(苟子)는 왕수(王修)의 어릴 적 자(字)이다. 다시 살펴보니, 『신진서(新晉書)』에는 손작(孫綽)·치음(郗愔) 및 여러 왕(王)·사(謝) 열전을 착견(錯見)하였다. 역주 : 허순에 대하여는 『세설신어』 「언어(言語)」편에, '유진장(劉眞長 : 劉惔)이 단양윤(丹陽尹)으로 있을 때 허현도(許玄度 : 許詢)가 도성을 나와 유진장의 집에 유숙했는데'에 대한 주(注)에 인용된 『속진양추(續晉陽秋)』의 기록에, 허순은 자가 현도이며, 고양(高陽) 사람으로 위(魏) 중령군(中領軍) 허윤(許允)의 현손이다. 어려서부터 총명하여 사람들이 신동이라 불렀으며, 장성해서는 인품이 대범하고 소탈했다. 사도연(司徒掾)에 벽소(辟召)되었으나 나아가지 않았고, 요절하였다고 했다.

28 역주 : 『사기』 권122, 「혹리열전(酷吏列傳)」에, (태사공이 말하기를) "한 왕조가 일어나자 고조(高祖)는 가혹함을 버리고 관대함을 실행하였고, 간교함을 억누르고 중후함을 제창하여 배를 삼킬만한 큰 고기도 빠져나갈 수 있을 만큼 법망을 성글게 하였다. 그렇게 하였더니 관리의 치적은 오히려 훌륭하여 실수를 범하지 않았고 백성들은 태평하고 안락하였다. 이상으로 볼 때, 국가의 안정은 이러한 도덕의 힘에 있는 것이지 냉혹한 법률에 의존할 수 없는 것이다"라고 하였다. 법망을 성글게 하는 것을 긍정적으로 평가한 사마천과 달리 유지기는 사료와 관련하여 이러한 태도가 부정적으로 작용한다고 인식하였다.

揚·豫. 而陳壽『國志』·王隱『晉史』, 廣列諸傳, 而遺此不編. 此亦網漏吞舟, 過爲迂闊者.(釋 : 以上述馬·班·壽·隱諸史列傳有闕)

30-5

후한(後漢)시기 현명한 부인들을 보건대, 진가(秦嘉)의 처인 서숙(徐淑)[29]은 행동이 예의에 맞고 언어는 모범이 될만하였다. 남편이 죽자 재가(再嫁)하지 않기 위해 자기 얼굴을 훼손하고 애통해하다가 죽기까지 하였으니 그야말로 재덕(才德)이 모두 훌륭한 사람이다. 동사(董祀)의 처 채염(蔡

---

29 『옥대신영(玉臺新詠)』에 실린 진가(秦嘉)의 「증부시(贈婦詩)」 서(序)에, 진가는 군(郡)의 상연(上掾)이었다. 처 서숙(徐淑)이 병이 들어 집으로 돌아가고자 할 때 직접 이별을 고하지 못하자 시를 지어 보냈다. 서숙이 답시(答詩)를 지어 보냈는데 그 대략은, "나의 운은 정말 좋지 않구려. 질병이 든 몸으로 친정에 왔으니. 병으로 친정에서 바깥출입을 하기 어렵고 오랜 병으로 집으로 돌아갈 수도 없습니다. 오래도록 그대를 돌볼 수가 없으니 그대에게 은애를 표할 길이 없습니다. 오늘 그대가 장차 명을 받들어 천리 땅 도읍 경사(京師)로 출장을 떠나려 한다니 내 마음이 이별을 걱정하지만 마음 속 깊은 정을 말할 방법이 없습니다. 정든 집을 바라보는 마음이 불안하여 오래도록 서서 배회를 합니나. 그대를 생각하는 마음이 괴로워도 꿈속에 보는 그대 모습 빛이 나는구려. 한스러운 것은 날개가 없어 높이 날아 그대를 따라갈 수 없음입니다"라고 하였다. 『예문유취(藝文類聚)』에, 서숙이 다시 진가에게 편지를 보내, "옛날 시인이 말한, 바람을 타고 천리를 날아가는 느낌과 반희(班姬)의 그대가 없으니 누구와 더불어 즐거워할 것인가라는 탄식이 있다. 거문고를 가지고 반드시 그대 돌아오기를 기다리고, 거울 앞에 화장을 하며 그대가 돌아오기를 기다립니다. 그대를 보지 못한다면 보차(寶叉)를 절대 머리에 쓰지 않을 것입니다"라고 하였다. 『단연론(丹鉛錄)』에, 내가 『예문유취』와 『옥대신영』 두 책에서 후한(後漢)의 부인 서숙이 남편에게 보내는 시를 보았는데 모두 문장이 아름다워 암송할 만하다고 했다. 『유명록(幽明錄)』에, 서숙이 낮에 누워 눈물을 흘렸다. 노부인이 그 연유를 묻자 꿈에 진가를 만났는데 진정향(津亭鄕)에 갔다가 병으로 죽었다고 직접 말했다. 객(客)에게 편지를 주어 보낼 터인데 해가 지기 전에 도착할 것이라고 했다. 온 집안이 크게 놀랐다. 편지가 도착하였는데 꿈과 똑 같았다.

琰)[30]은 호인(胡人)의 자식을 낳았고 흉노의 조정에서 치욕을 당하였다. 문사(文詞)에는 뛰어남이 있었지만 절개가 부족하였으니 그야말로 언행(言行)이 서로 어긋나는 사람이다. 범엽의 『후한서』는 열전의 명칭을 「열녀(列女)」라고 칭하면서도 서숙(徐淑)은 빠져 있고 오히려 채염(蔡琰)이 수록되어 있다. 열녀에 대한 사전(史傳)[彤管][31]의 수록기준은 무엇인가?[32](釋 : 이 구절은 『후한서』의 자료 취사(取舍)가 잘못되었음을 다시 보완하여 서술하였다. 문장은 삼국과 양진(兩晉) 이전의 부녀만을 대상으로 하였기 때문에 따로 모은 것이다)

觀東漢一代賢明婦人, 如秦嘉妻徐氏, 動合禮儀, 言成規矩, 毀形不嫁, 哀慟傷生, 此則才德兼美者也; 董祀妻蔡氏, 載誕胡子, 受辱虜廷, 文詞有餘, 節槪不足, 此則言行相乖者也. 至蔚宗『後漢』, 傳標『列女』, 徐淑不齒, 而蔡琰見書. 欲使彤管所載, 將安準的?(釋 : 此補述『後漢書』取舍失當也. 文當列三國 · 兩晉之前, 緣是婦女, 故另綴焉)

30 『후한서』 권84, 「열녀전(列女傳)」에, 진류(陳留) 사람 동사(董祀)의 처는 같은 군(郡)의 채옹(蔡邕)의 딸이다. 이름은 염(琰), 자는 문희(文姬)였다. 박학하고 재치 있게 말을 잘하였고 또 음률(音律)에도 능했다. 하동(河東)의 위중도(衛仲道)에게 시집을 갔으나, 남편이 죽고 자식이 없었다. 헌제(獻帝) 흥평(興平 : 194-195) 연간에 천하가 혼란에 빠졌을 때 호족(胡族)에게 잡혀 남흉노(南匈奴)의 좌현왕(左賢王)에게 끌려가 있었다. 흉노 땅에 있으면서 아들 둘을 낳았다. 조조(曹操)는 평소 채옹과 사이가 좋았기 때문에 사자(使者)를 보내 금벽(金璧)을 주고 채옹의 딸을 돌아오게 하였고, 동사에게 재가(再嫁)하였다고 했다.

31 역주 : 『시경』 「패풍(邶風)」 "정녀(靜女)"에, "조용한 여인은 아름다워라[靜女其孌], 붉은 관을 나에게 주었으니[貽我彤管]"라는 문장에 보이는 동관(彤管)은 붉은 붓 대롱을 말하며 고대에는 여사(女史)가 이 동관(彤管)을 사용하여 내정(內庭)과 후비(后妃)의 활동을 기록하였다고 한다. 따라서 여기에서는 열녀에 대한 사전(史傳)을 의미한다.

32 역주 : 이 같은 유지기의 지적에 대해 장학성(章學誠)은 열녀(列女)라는 명칭은 유향(劉向)의 『열녀전(列女傳)』에서 비롯된 것으로 열녀(烈女)와는 의미가 다르다고 하였다. 따라서 「문원전(文苑傳)」과 마찬가지로 『후한서』 「열녀전」에서는 문재(文才)가 뛰어난 여인을 기록한 것으로써 수절(守節)과 관련한 유지기의 비판은 합당하지 않다고 하였다. 『문사통의(文史通義)』 「영청현지(永清縣志)」 「열녀전(列女傳)」 "서례(序例)" 참조.

30-6

배자야(裴子野)[33]는 『송서(宋書)』를 산삭(刪削)하여 『송략(宋略)』을 편찬하였는데, 사실을 간결하면서도 요령 있게 저술하였다고 당시 사람들의 칭찬을 받았다. 예컨대 장의(張禕)[34]는 비밀리에 군주의 명(命)을 받고 영릉왕(零陵王)을 독살시키려다가 도의(道義)를 지켜 변절하지 않고 독술을 마시고 죽었다. 비록 옛날의 서예(鉏麑)[35]와 같은 의열(義烈)이라 해도 이와 비교하여 어찌 더 뛰어나다 하겠는가? 포조(鮑照)[36]는 문장의 대가로서

---

33 역주 : 배자야(469-530)의 자는 기원(幾原)으로서, 『남사(南史)』 권33, 『양서(梁書)』 권30에 열전이 보인다.

34 『진서(晉書)』 권89, 「충의전(忠義傳)」에, 장의는 오군(吳郡) 사람이다. 젊을 적부터 행실이 좋았다. 공제(恭帝)가 즉위하자 유유(劉裕)는 장의가 공제의 고리(故吏)로써 평소 믿음을 받았던 터라 약주 한 단지를 장의에게 보내 몰래 짐주(鴆酒)를 마시게 황제를 독살하게 하였다. 장의가 이미 그러한 명을 받고 탄식하기를, 짐독으로 임금을 죽이고 목숨을 구하고자 한다면 어찌 세상을 살아갈 면목이 있겠는가! 차라리 죽는 것만 못하리라 하고는 스스로 독을 마시고 죽었다. **按** : 『송서(宋書)』에는 그 아들 「장창전(張暢傳)」에 보인다. 왕조가 바뀌는 과정의 역사적 사실은 체례에 응하여 빠뜨려서는 안 된다고 비난하였다.

35 역주 : 『좌전』 선공(宣公) 2년(B.C. 607)에, 진(晉) 영공(靈公)이 군주의 도리를 행하지 않고 무거운 세금을 거두어들이며 방탕하게 지냈다. 이러한 행동에 대하여 조돈(趙盾)이 진 영공에게 그 부당함을 자주 간하자 진 영공은 이를 싫어한 나머지 진나라의 역사(力士) 서예(鉏麑)를 시켜 조돈을 죽이려 하였다. 그러나 서예는 조돈이 군주에 대한 공경을 잊지 않고 백성의 주인이 될만한 인물이니 그를 해치는 것은 불충(不忠)이고, 군주의 명을 저버리는 것은 불신(不信)이니 차라리 죽느니만 못하다고 하여 스스로 목숨을 끊었다고 했다.

36 『송서(宋書)』 권51, 「종실전(宗室傳)」에, 임천왕(臨川王) 유의경(劉義慶)은 종실의 모범이었다. 문학지사(文學之士)인 동해(東海) 포조(鮑照 : 414-466) 등을 초청하여 좌사(佐使)로 삼았다. 포조의 자는 명원(明遠)이었고, 문사(文辭)가 풍부하고 빼어났으며, 「청하송(淸河頌)」을 지었는데 그 서문(序文)이 매우 정교하였다. 세조(世祖)는 포조의 문장을 매우 좋아하여 아무도 그의 문장에 비교할 수 없다고 하였다. 포조는 이 뜻을 알아차리고 문장을 쓸 때 대부분 비속한 말과 번거로운 구절을 사용하였다. 당시 사람들은 모두 포조의 재주가 다했다고 말했지만 실제로는 그렇지 않았다. **按** : 당(唐)나라 사람들은 무후(武后)의 이름 조(照)를 피휘(避諱)하여 대부분 포소(鮑昭)라고 하였다.

학식이 깊고 넓으며 이름이 온 나라에 퍼져 한나라 때 왕포(王褒)[37]나 동방삭(東方朔)[38]과 같은 유의 인물인데, (장의와 포조에 관한) 사실이 모두 빠져 있으니 어떻게 칭찬과 권장을 말할 수 있겠는가?(釋 : 이 구절에서는 배자야(裴子野)의 『송략(宋略)』의 전(傳)에도 누락된 것이 있음을 서술하였다. ○여기서 문장이 끊어진다. 앞에서는 당연히 열전에 수록해야 하는데도 열전을 세우지 않은 경우를 말하고, 뒤에서는 독립적 열전[專傳]이 필요 없는데도 열전을 세운 경우를 말하고 있다)

裴幾原删略宋史, 時稱簡要. 至如張禕陰受君命, 戕賊零陵, 乃守(舊作'宗')道(一作'通')不移, 飲鴆而絶. 雖古之鉏麑義烈,(宣二) 何以加諸? 鮑昭文宗學府, 馳名海內, 方于漢代褒·朔之流. 事皆闕如, 何以申其褒獎?(釋 : 此述子野『宋略』傳亦有闕也. ○此處截. 上言當傳而不立傳者, 下言不必專傳而傳者)

30-7

무릇 천하에 착한 사람은 적고 악한 사람이 많지만,[39] 그 이름이 사서에 기록되는 경우는 단지 착한 사람들뿐이다. 따라서 태사공(太史公)이 말한, "(『춘추』에 기록된 노나라 애공(哀公) 14년(B.C. 481) 봄에) 기린을 얻은 이후부터 400여 년 동안 현명한 군주와 충신(忠臣), 그리고 도의(道義)를

37 역주 : 왕포는 전한 선제(宣帝) 때 간대부(諫大夫)를 지냈으며 시부(詩賦)에 능했다. 『한서』 권64하에 열전이 있다.

38 역주 : 동방삭(B.C. 154-93)은 한 무제 때의 인물로서 시문(詩文)에 능하였다. 『한서』 권65에 열전이 있다.

39 역주 : 『장자(莊子)』 「거협(胠篋)」편에, 착한 사람이 성인의 도를 얻지 못하면 세상을 살아갈 수가 없고, 도둑도 성인의 도를 얻지 못하면 행할 수가 없는 것이다. 그러나 천하의 착한 사람은 적고, 착하지 않은 사람은 많으니, 성인이 천하에 이롭게 하는 일은 적고 해롭게 하는 일이 많은 것이라고 했다.

위해 목숨을 바친 선비들은 사서에 누락되어 기재되지 못하고 있으니 이를 내가 매우 걱정한다"[40]고 한 말이 곧 그러한 뜻이다. 예컨대 사흉(四凶)이 『상서』에 열거되고,[41] 삼반(三叛)이 『춘추』에 보이며,[42] 전한(前漢)의 사서에 강충(江充 : ?-B.C. 91)[43] · 석현(石顯 : ?-B.C. 32)[44]이, 후한(後漢)의 사서에 양기(梁冀 : ?-159)[45] · 동탁(董卓 : ?-192)[46]을 기재하였는데, 이들은 모두 기강을 어기고 사람이 마땅히 지켜야 할 근본 도덕을 문란하게 한 자들로 나라의 존망과 연계된 인물들이다. 당시의 정치와 관련이 있기 때문에 빠

40 역주 : 『사기』 권130, 「태사공자서(太史公自序)」에 보이는 사마담(司馬談)의 말이다.

41 역주 : 『상서』 「순전(舜典)」에, 법으로 일정한 형벌을 내리시고, 유형(流刑)으로 오형(五刑)을 너그러이 하셨다. 채찍으로 관(官)에서 내리는 형벌로 삼으시고, 종아리 치는 것을 교화(教化)의 형벌로 삼으셨으며, 벌금으로 체형(體刑)을 대신하기도 했다. 과실과 재난으로 지은 죄는 사(赦)해 주었으나 끝까지 지은 죄를 회개하지 않을 때는 사형에 처하였다. …… 그리고 공공(共工)을 유주(幽州)로 보내시고, 환두(驩兜)를 숭산(崇山)에 귀양살이 보내셨다. 삼묘(三苗)를 삼위산(三危山)쪽으로 축출하시고, 곤(鯀)을 우산(羽山)에서 참하셨다고 하였다. 이들을 사흉(四凶)이라 하였지만, 『좌전』 문공(文公) 18년(B.C. 609)에는 혼돈(渾敦) · 궁기(窮奇) · 도올(檮杌) · 도철(饕餮) 등을 지칭한다.

42 『좌전』 소공(昭公) 31년(B.C. 511)에, 제표(齊豹)는 위(衛)나라의 사구(司寇)였지만 불의(不義)한 짓을 하였다. 이에 『춘추』는 도(盜)라고 적었다. 주(邾)의 대부 서기(庶其), 거(莒)나라 대부 모이(牟夷), 주(邾)의 대부 흑굉(黑肱)은 땅을 들어 도망했으나 오직 녹봉만 원했을 뿐 이름[名]을 추구하지 않았다. 비록 그들의 지위가 낮을지라도 반드시 그들의 이름을 기록하였다. 이러한 기록은 방자함을 징계하고 탐욕을 제거한 사례인 것이다. 『춘추』가 제표를 도적[盜]이라 하고, 삼반(三叛)의 인명을 적음으로써 불의(不義)를 징계한 것은 좋은 뜻이라고 했다.

43 역주 : 무제의 신임을 받았던 인물로서 여태자(戾太子) 무고(巫蠱)사건에 관여하였다. 『한서』 권45에 열전이 있다.

44 역주 : 전한 선제(宣帝) · 원제(元帝) 연간의 대신이었다. 음험한 성격으로 비밀리에 소망지(蕭望之) · 경방(京房) · 가연지(賈捐之) 등을 암살하려 하였고, 주감(周堪) · 유경생(劉更生) 등을 파면하고 사당(私黨)을 조직하여 사리사욕을 추구한 인물이었다. 성제(成帝) 때 면관되었으며 『한서』 권93, 「영행전(佞幸傳)」에 열전이 있다.

45 역주 : 후한 순제(順帝) · 환제(桓帝)의 외척으로 대장군을 지냈으며, 질제(質帝)를 독살하고 환제를 옹립하여 20여 년간 조정(朝政)을 전횡(專橫)하였다. 『후한서』 권34에 열전이 있다.

46 역주 : 후한 말의 군웅 중 하나였다. 폐제(廢帝)를 살해하고 헌제(獻帝)를 옹립하고 정권을 장악하였지만 후에 왕윤(王允)의 계략에 따라 살해되었다. 『후한서』 권72에 열전이 있다.

뜨려서는 안 된다.(釋 : 이 문단은 내용이 바뀌어 선한 사람을 적는 것은 허(虛)를 실(實)로 옮기려는 것이오, 악한 사람을 적는 것은 사실에 따라 기록하는 것이기 때문에 나라의 기강과 관련이 있는 것은 빠뜨려서는 안 된다고 함을 강조하였고, 이하 다음의 말을 인용하였다)

夫天下善人少而惡人多, 其(一有'有'字)書名竹帛者, 蓋唯記善而已. 故太史公有云 : "自獲麟以來, 四百餘年, 明主(一無'明主'二字)賢君·忠臣死義之士, 廢而不載, 余甚懼焉." 卽其義也. 至如四凶列於『尙書』, 三叛見於『春秋』, 西漢之紀江充·石顯, 東京之載梁冀·董卓, 此皆干紀亂常, 存滅興亡所繫.(一本此三句中'干'作'千', 無'亂'字·'滅'字) 旣有關時政, 故不可闕書.(釋 : 此段轉關. 書善虛運, 書惡實拈, 皆有關國紀, 故不可闕載耳. 是引下之辭)

30-8

그러나 근래에 편찬된 사서는 이와 다른 점이 있다. 예컨대 재능이 없는 사람들이나 소인의 무리들 중에는 혹 남모르게 추악한 행위를 하고, 혹은 하는 일 없이 나라의 녹봉이나 타먹으며 공연히 벼슬자리에 앉아 있다. 그들의 악행은 널리 폭로할만한 가치도 없으며, 그들의 죄과는 후세 사람들을 경계하기에도 부족한데도 그들의 비루한 사실을 수집하여 모두 기록하고 있으니 추잡하지 않은가?(釋 : 근래의 사서는 자질구레한 사실들도 기재하고 있어서 경계의 모범을 보이기에 부족하다) 또 듣자니 10실(室)의 민가들로 구성된 작은 읍(邑)에도 반드시 충성스럽고 성실한 사람들이 있다.[47] 그러나 한 말 두 되들이의 도량을 지닌 사람들[斗筲之人]을 어찌

47 역주 : 『논어』 「공야장(公冶長)」편 참조.

셈에 넣을 수 있겠는가?[48] 예컨대 『한서(漢書)』의 열전 중에 부관(傅寬)·근흡(靳歙),[49] 『삼국지』 「촉지(蜀志)」의 허자(許慈),[50] 『송서(宋書)』의 우구진(虞丘進),[51] 『위서(魏書)』의 왕헌(王憲)[52] 등이 기재되어 있는데, 이들 중 어떤 사람은 재능이 뛰어나지 못하고 어떤 사람은 행동거지가 뭇사람들보다 특별하지 않은데 한갓 보잘것없는 선행(善行)으로 남들에게 알려지거나 자그마한 공적으로 남들에게 기억된 사람들의 경우, 그들을 뺀다고 하여도 적다고 하지 않겠지만 수록한다면 그 번잡함만 늘리게 된다. 그런데도 사신(史臣)들은 모두 그들의 세계(世系)를 구하고, 관작과 출신지를 수집하여 쓸데없는 내용을 실재의 자료로 만들어 열전에 수록하고 있으니 어찌 번거롭지 않겠는가?(釋 : 근래의 사서에서는 매우 평범한 사실까지도 기재하고 있어서 권장의 모범을 보이기에 부족하다)

但近史所刊, 有異於是. 至如不才之子, 群小之徒, 或陰情醜行, 或素餐尸祿, 其惡不足以曝揚, 其罪不足以懲戒, 莫不搜其鄙事, 聚而爲錄,

48 역주 : 『논어』 「자로(子路)」편에 보이는 말이다. 두소지인(斗筲之人)이란 도량이 작고, 식견·재주 등이 천박한 사람을 일컫는다.

49 『한서』 권41에 번쾌(樊噲)·역상(酈商)·하후영(夏侯嬰)·관영(灌嬰)·부관(傅寬)·근흡(靳歙)·주예(周緤)와 같은 열전에 수록되어 있다. 按 : '부근(傅靳)'은 '부주(傅周)'라고 해야 할 것이다. 대체로 일곱 사람 가운데 공(功)을 서술하면서 부관과 주예의 사실이 가장 적다.

50 『삼국지』 권42, 「촉지」 「허자전(許慈傳)」에, 허자의 자는 인독(仁篤)이다. 또 호잠(胡潛)이 있었는데 자는 공흥(公興)이었다. 둘 다 박시기 되어 옛 문적(文籍)을 관장하였다. 허자와 호잠은 서로 공격하고 비난하여 서적에 있든지 없든지 간에 서로 알려주거나 빌려주지 않았고 때로는 찾아가 회초리로 종아리를 때려 서로의 위엄을 견주기도 했다. 자기 위엄을 과시하고 질투함이 이 지경에 이르렀다고 했다.

51 『송서(宋書)』 권49, 「우구진전(虞丘進傳)」에, (우구진은 송 고조 유유(劉裕)를 도와) 여러 차례의 전투에서 공을 세워 망채현남(望蔡縣男)에 봉해졌고, 송대영서(宋臺令書)에 제수(除授)되었다. 사신(史臣)이 말하기를, 여러 장수들은 일반 평민으로부터 일어나 한 마음으로 주인을 섬기기를 백 번 죽더라도 자신을 돌아보지 않음으로써 드디어 봉후(封侯)의 보답을 누렸던 것이라 했다.

52 『위서』 권33, 「왕헌전(王憲傳)」에, 헌의 자는 현칙(顯則)이고, 북해(北海)의 극(劇) 사람이다. 투항하였을 때 태조가 보고 '분명 왕맹(王猛)의 손자로다'라고 하며 후하게 대우하여 작위가 극현후(劇縣侯)에 올랐다. 89세에 죽었다. 『북사(北史)』 권24에는 헌(憲)을 헌(櫶)으로 썼다.

不其穢乎?(釋 : 近史則庸碌胥小亦書, 不足示戒) 抑又聞之, 十室之邑, 必有忠信; 而斗筲之才, 何足算也. 若『漢』傳之有傅寬 · 靳歙, 『蜀志』之有許慈, 『宋書』之虞丘進, 『魏史』之王憲, 若斯數子者, 或才非拔萃, 或行不逸群, 徒以片善取知, 微功見識, 闕之不足爲少, 書之唯益其累. 而史臣皆責其譜狀, 徵其爵里, 課虛成有, 裁爲列傳, 不亦煩乎?(釋 : 近史於尋常流品亦書, 不足示勸矣)

30-9

『논어』에, "군자는 자기가 알지 못하는 것에는 말하지 않고 가만히 있는 것이다."[53]고 하였다. 때문에 현명한 인물로서 기록할 만 한데도 사서에 기재되지 않았다. 이는 살핌이 주도면밀하지 않은 것이지만, 도리로 본다면 책망할 수는 없다. 예컨대 어리석은 사람과 지혜로운 사람을 모두 기록하면서 훌륭한 것과 추악한 것을 가리지 않고 있으니, 이것이 즉 연석(燕石)을 잘못 알고 헛되이 보물처럼 여긴 것이나,[54] 제나라에 피리를 제대로 불지 못하는 자가 뒤섞여 있는 격이다.[55] 이름이 사책(史冊)에 실

53 역주 : 『논어』「자로(子路)」편에 보이는 말이다.

54 『감자(闞子)』(『태평어람(太平御覽)』 권51, 「지부(地部)」 16, "석(石)" 上 所收)에, 송나라의 어떤 어리석은 사람이 연석(燕石)을 오대(梧臺)의 동쪽에서 얻어 보관하고 큰 보물이라고 생각했다. 주(周)나라에서 온 객(客)이 소문을 듣고 찾아와 보니 가죽 상자를 열 겹으로 둘려 다시 명주수건으로 열 번 동여매어 놓았다. 객이 이런 모습을 보고 입을 가리고 웃으면서 '이는 연석(燕石)으로서 기와벽돌[瓦甓]처럼 흔한 것이다'라고 했다.

55 『한비자(韓非子)』「내저설(內儲說)」 상에, 한쪽 신하의 말만 들어서는 어리석은지 지혜가 있는지 구분하기 어렵고, 신하를 꾸짖으면 무능한 자가 섞이지 않는다. 이 말은 여럿이 피리를 불면 그 중 누가 잘 불고 못 부는 지 알 수 없는 것과 같다. 제(齊) 선왕(宣王)은 사람들로 하여금 피리를 불게 하였는데 반드시 300명이 함께 불게 하

리는 것은 예로부터 매우 어려운 일이었다. 사실로서 『춘추』에 열거된 것을 지혜로운 사람들은 중시하였다. 사가[筆削之士]들은 신중해야 한다. (釋 : 후반에서는 독립적으로 열전에 기재하지 않아도 되는 경우를 따로 끊어 설명하였다)

語曰 : "君子於其所不知, 蓋闕如也." 故賢良可記, 而簡牘無聞, 斯乃察所不該,(謂明不能遍) 理無足咎. 至若愚智畢載, 姸媸靡擇, 此則燕石妄珍, 齊竽混吹者矣. 夫名刊史冊, 自古攸難; 事列『春秋』, 哲人所重. 筆削之士, 其愼之哉!(釋 : 單收後半不必專傳者一截)

按 : 선악(善惡)을 기록하여 사서(史書)의 체례 속에 세우고, 권선징악으로써 수사(修史)의 재능을 넓혔다. 만약 선함이 세상에 권하기에 부족하고, 악함이 세상에 경계하기에 부족하다면 선악을 기록한다는 것이 아무런 작용을 발휘하지 못한다. 그러므로 사서에 대하여 말하자면 사람을 가려 사서에 기록하는 일에는 반드시 원칙이 있어야 하고, 함부로 사용해서는 안 된다. 혹자는 당연히 사서에 나열되어야 함에도 기재되지 않았고, 혹자는 사서에 기록해서는 안 됨에도 원칙 없이 수록되기도 한다. 이 두 경우는 모두 잘못된 것이다. 유지기의 논단은 어느 한 쪽에 치우친 것이 아니다. 비록 그렇더라도 진정으로 그렇게 하는 것이 말처럼 쉽겠는가! 만약 곧은 의지로 귀신을 대하는 공심(公心)과 백세(百世)를 밝히겠다는 분명한 식견이 없다면 누가 능히 이 같은 경지에 도달할 수 있겠는가?(以書善書惡植史體, 以勸善懲惡宏史才. 若善不足以勸, 惡不足以懲, 則其用無所施, 而於體不宜褻. 乃史或闕書言, 或濫書焉, 兩皆失之, 論非不黨也. 雖然, 談何容易. 非矢質鬼神之公心, 而炳俟百世之明識, 其孰能與於斯?)

두 부분을 나열한다 해도 어떤 것은 황당하고 사실과 거리가 멀거나

였다. 성밖 남쪽에 사는 처사(處士)들이 왕을 위하여 피리를 불겠다고 하자 왕이 기뻐하였다. 선왕이 죽고 민왕(湣王)이 즉위하여 한 사람 한 사람씩 불게 하여 듣는 것을 좋아하자, 처사들이 모두 도망치고 말았다고 하였다.

어떤 것은 작고 번거로워 이들을 모두 열거한다 해도 (너무 많아) 열거할 수 없으므로 「품조(品藻)」편처럼 문자의 번거로움에 시달림을 면할 수가 없다.(兩截臚列, 或荒遠, 或細碎, 擧之恐不勝擧, 與「品藻」篇一類, 不免翰黑煩勞)

『사통통석』 권9

「핵재(覈才)」 제31

유지기는 사가로서 갖추어야 할 세 가지 장점 즉 재(才)·학(學)·식(識)을 겸비한 사람이 드물기 때문에 뛰어난 사가를 찾기가 어렵다고 인식하였다. 대개 '사재(史才)'란 사료를 정확하게 파악하고 운용하여 역사적 사실을 서술하는 종합적인 능력을 의미하는데, 유지기가 이 「핵재(覈才)」편에서 말하는 사재(史才)는 사가로서의 단순한 재능을 지칭한다기보다는 사료를 수집하고 고증할 수 있는 능력인 '사학(史學)'과 역사적 사실을 비판할 수 있는 능력인 '사식(史識)'을 모두 포함하는 사가로서의 종합적인 재능을 가리킨다. 때문에 그는 이러한 종합적인 재능을 갖추고 있지 않으면 사관(史官)의 직무를 수행할 수 없다고 하였다. 이와 관련하여 유지기는 질박(質朴)하고 순후(淳厚)한 기풍의 시대가 지나면서 문(文)과 사(史)는 분명히 서로 다른 길을 가게 되었지만 사서편찬을 맡았던 사람들은 대부분 문사(文士)들이었으며, 반고(班固)와 심약(沈約)처럼 문사(文史)에 모두 능했던 경우를 제외하고는 거의 모두가 문장에 뛰어난 사람들이 사서편찬을 맡았다고 했다. 그러나 그들은 사서의 체례(體例)를 제대로 이해하지 못하였고 또 대부분이 사료를 가려내거나 종합할 수 있는 식견이 없었기 때문에 문장을 써 내려가기 위해 자료를 인용함에 있어서도 『춘추』 이래 사서가 갖추어야 할 은미(隱微)하면서도 뚜렷이 드러나거나 완곡하면서도 조리가 있는 말을 찾아보기 어려웠다고 지적하였다. 결국 문사(文史)의 차이를 구별해야 하는 시대의 변화에 주의하지 않고 다만 사람들이 말을 다듬어 멋 내는 것을 중시하고부터 문장은 지나치게 화려한 것을 추구하는 시세(時勢)의 구속을 받아 사서의 문장이 번거롭고 말을 낭비하는 경향이 강해졌다고 비판하였다.

31-1

사가로서의 재능[史才]을 갖춘다는 것은 정말 어렵다.[1] 『진령(晉令)』[2]에,

---

1 역주 : 사재(史才)에 대하여 『문심조룡(文心雕龍)』 「뇌비(誄碑)」편 끝 부분에, 비(碑)라는 형식의 작품을 창작함에는 사가로서의 재능[史才]이 요구된다고 하였다. '사재'에 대한 유지기의 견해는 『신당서(新唐書)』 권132, 「유자현전(劉子玄傳)」에, "(장안(長安) 3년(703) 7월에 예부상서(禮部尙書) 정유충(鄭惟忠)이 묻기를) "자고로 문사(文士)는 많으나 사재(史才)는 적습니다. 무엇 때문입니까"라고 하자, 유지기가 대답하기를, "사가는 세 가지의 장점, 즉 재(才)·학(學)·식(識)을 갖추어야 하나 세상에는 이를 겸비한 사람이 드물며 이 때문에 사학인재가 매우 적습니다. 사학(史學)이 있으나 사재(史才)가 없으면 마치 어리석은 상인의 손에 많은 재물이 있으나 경영할 수 없는 것과 같으며, 사재는 있으나 사학이 없는 것은 뛰어난 손재주가 있는 장인에게 재료와 도구가 없어 집을 지을 수 없는 것과 같습니다. 선악을 불문하고 반드시 기록하여 교만한 임금과 사악한 신하로서 하여금 두려움을 알게 해야하며 이렇게 하면 부족하거나 유감스러운 것이 없습니다"라고 하였다. 결국 '사재(史才)'란 사료를 정확하게 파악하고 운용하여 역사적 사실을 서술하는 종합적인 능력을 의미하며, '사학(史學)'은 사료를 수집·고증할 수 있는 능력, '사식(史識)'은 역사적 사실을 비판할 수 있는 능력을 가리킨다고 할 수 있다.

2 『수서경적지』 「사부(史部)」 "형법(刑法)"에, 『진령(晉令)』 40권이라고 했다. 『진서(晉書)』 권24, 「직관지(職官志)」에, 저작랑은 주(周)의 좌사(左史)에 해당한다. 저작랑은 처음 임명되면 반드시 명신(名臣) 한 사람의 열전을 편찬해야 한다고 했다.

"국사(國史)를 편찬하는 임무는 저작랑(著作郎)에게 맡긴다. 모든 저작랑은 처음 임명되면 반드시 명신(名臣) 한 사람의 열전을 편찬해야 한다"라고 하였다. 이것은 대개 그의 편찬 능력을 살펴보자는 것이며 만약 그러한 재능을 갖추고 있지 않으면 곧 사관(史官)의 직무를 탐내어 함부로 맡아서는 안 된다는 것이다.(釋 : 처음에는 사서를 편찬할 수 있는 인재를 얻기는 정말 어려우며 따라서 그러한 인재의 선발은 신중해야 한다는 것을 말하고 있다) 고대의 작자들을 살펴보면, 채옹(蔡邕 : 133-192) · 유준(劉峻 : 462-521) · 서릉(徐陵 : 507-583) · 유현(劉炫 : 546?-613?) 같은 사람들은 다 저서에 능하다고 자칭하였으며, 사체(史體)에 통달하였다. 그러나 난쟁이[侏儒]의 경우 신체의 어느 한 부분을 보기만 해도 다른 부분을 알 수 있듯이,[3] 그들의 저술 한 부분을 보기만 하면 다른 사실도 알 수 있다.(釋 : 먼저 이상 네 사람을 거론하였는데, 이들은 모두 옛 자료들에 대하여 관심이 많으면서도 아직 사서편찬을 완성하지는 못했음을 언급하였고, 이하 각기 나누어 평하였다) 채옹(伯喈)이 삭방(朔方)에서 상서(上書)한 글을 살펴보면,[4] 마땅히 반고의 「천문지(天文志)」를 넓혀야 한다

3 『삼국지』 권61, 「반준전(潘濬傳)」 배송지 주(注) 引, 「강표전(江表傳)」에, 무릉부(武陵部) 종사(從事) 번주(樊伷)가 반란을 일으켜 여러 이족(夷族)을 유도(誘導)하여 유비(劉備)에게 속하도록 하였다. 외백차(外白差) 도독(都督)이 만 명을 인솔하고 토벌하고자 했지만 손권이 허락하지 않았다. 이에 반준을 불러 물으니 그가 대답하기를, '5천 명의 병사이면 충분히 포로로 잡을 수 있습니다. 번주는 실제 변론(辯論)의 재주가 없습니다. 번주가 일찍이 주인(州人)에게 음식을 베푼 적이 있는데 해가 중천에 왔는데도 음식을 먹을 수 없자 참석했던 십여 명이 자리를 나왔던 적이 있습니다. 이것이 난쟁이[侏儒]의 경우 신체의 어느 한 부분을 보기만 해도 다른 부분을 알 수 있다는 하나의 검증일 것입니다'라고 하였다. 按 : 이 성어(成語)는 따로 근거가 있을 것이다. 좀 더 살펴야겠다. 역주 : 포기룡은 난장이 관련 이야기의 근거를 밝히고 있지 않지만, 이 속담은 환담(桓譚)의 『신론(新論)』에 보인다. 『태평어람(太平御覽)』 권496, 「인사부(人事部)」 137, "언(諺)" 하에 인용되어 있다.

4 『후한서』 권60하, 「채옹전」에, 옹의 자는 백개(伯喈)이고, 낭중(郎中)에 임명되어 동관(東觀)에서 교서(校書)를 맡았다. 재구(災咎)에 대답하고, 총신(寵臣)을 풍자하였다가 하옥되었다. 사형을 감면 받아 삭방(朔方)으로 옮겨졌다. 상소를 올려 자신이 지은 십지(十志)를 설명하였다. 주(注)에서 인용한 「채옹별전(蔡邕別傳)」에, "제가 벼슬을 하기 전 항상 『한서』의 십지(十志)가 왕망에 그치고 광무제 이후는 기전(紀傳)만 남아 있고 지(志)를 편찬하지 않는다고 여겼습니다. 때문에 태부(太傅) 호광(胡廣)이

고 말하고 있다.[5] 『한서』에 있어서 「천문지」는 그야말로 군더더기가 가장 심하다.[6] 만약 문제점을 지적하려 한다면 (빽빽하게 심은 묘종(苗種)을) 호미로 뽑아내듯 해야 할 것인데 어찌 그 잘못을 이어받으면서 이 번잡한 군더더기를 더해야 한다는 것인가? 이것은 황하가 범람할 위태로움을 보고 오히려 범람을 막을 제방을 더 쌓는 것이 아니라 반대로 터진 곳을 파헤쳐 물길을 열어주어 홍수의 피해를 더 가속시키고 확대시키는 것과 같다.[7] 사서를 서술함이 이와 같다면 아마도 숙달된 사가는 아닐 것이다.(釋 : 이 부분에서 채옹(蔡邕)을 평한 것과 「서지(書志)」편에서 천문(天文)을 논한 것은 그 뜻이 같다) 효표(孝標)[劉峻]가 세운 논리는 참으로 탁월하지만, 그의 『자서(自敍)』편(篇)은 지나치게 번쇄(繁碎)하고 「산서지(山栖志)」는 그야말로 문장을 논한 것으로써,[8] 사마천(司馬遷)이나 반고(班固)와 함께 거

과거 사적에 관한 자료를 제게 준 적이 있습니다. 제가 산정(刪定)하고자 한 것이 하나이고, 계속 잇고자 하는 것이 넷, 이전의 지(志)에 없어서 제가 다시 편찬하고자 하는 것이 다섯이었습니다. 수목(首目)을 따로 나누어 모두 문장의 왼쪽에 기록하였으니 폐하께서 살펴주시기 바랍니다"라고 하였다.

5 역주 : 『송서(宋書)』 권23, 「천문지(天文志)」에는 채옹이 삭방(朔方)에서 올린 상소문에 실린 천체(天體)와 천상(天狀) 그리고 이를 바라보는 사관(史官)의 문제를 보는 문제가 열거되어 있다. 반고보다 시대범위를 좀 더 넓혀 천문을 살펴야 한다는 뜻도 포함되어 있다.

6 역주 : 이와 관련한 상세한 내용은 「서지(書志)」편에 보인다.

7 역주 : 『한서』 권29, 「구혁지(溝洫志)」에, 애제(哀帝) 초에 황하의 제방을 관리하는 평당(平當)이 상주한 내용에 대한 가양(賈讓)의 상주문에, 황하를 다스리는 가장 좋은 방법은 물길을 터주는 것이고, 백성을 다스리는 좋은 방법은 그들이 하고자 하는 말을 널리 하게 하는 것[善爲川者, 決之使道; 善爲民者, 宣之使言]이라고 하였다. 이 같은 전통적인 치수방법과 관련하여 볼 때 유지기의 견해는 그 반대의 경우를 말하고 있다. 趙呂甫, 『史通新校注』, pp.545-546 참조.

8 유준(劉峻 : 자, 孝標)은 「보주(補注)」편에 보인다. 또 『양서(梁書)』 권50, 「문학(文學)」 하, 「유준전」에, 병 때문에 동양(東陽)의 자암산(紫巖山)에 집을 짓고 거주하였다. 『산서지(山栖志)』를 지었는데 그 문장이 매우 아름다웠다. 또 「자서(自序)」를 지었는데, "내가 스스로 풍경통(馮敬通)과 비교를 해 보면 같은 것이 셋, 다른 것이 넷이 있다"라고 했다. 자세한 것은 「자서(自敍)」편에 보인다. 역주 : 유효표는 『세설신어』의 주석(注釋)으로 유명하다. 『남사(南史)』 권49에도 열전이 있다. 「산서지(山栖志)」는 그 일부가 『예문유취(藝文類聚)』 권36, 「인부(人部)」 20, "은일(隱逸)" 상에 실려 있다. 그 외 유효표의 「자서」에 대한 자세한 논의는 程千帆, 『史通箋記』, pp.158-159 참조.

론하거나 진수(陳壽)나 범엽(范曄)과 어깨를 나란히 하기가 어려울 것이다.(釋: 이 부분에서는 유준(劉峻)을 평론하고 있다) 서릉(徐陵)은 북제(北齊)에 있을 때 양사(梁史)를 편찬하려는 뜻이 있었지만 강남으로 돌아와서도 끝내 완성하지 못하였다.[9] 아! 서릉이 병려문체(騈麗文體)를 이용하여 사전(史傳)을 썼다고 한다면 이는 마치 아이들의 장난 같은 패상(霸上)의 군대라고 할 수 있는 것이지 진정한 장군은 아닌 것과 같다.[10] 다행히 그는 능력을 다하였지만 사서를 편찬하지 못하였으니 스스로가 자신의 능력을 분명하게 알았다고 하겠다. 유현(劉炫)은 큰 학자로서 학문이 뛰어났지만 많은 어려움에 막혀 세상에 쓰이지 아니하였다. 마음을 다하여 작성한 그의 자서(自敍)는 후세에 전해지길 원하였지만, 그 언사가 모두 천박(淺薄)하고, 도리 또한 중요한 것이 없었다.[11] 그야말로 공자가 말한 바와 같이

9 『진서(陳書)』 권26, 「서릉전」에, 자는 효목(孝穆)이다. 태청(太淸) 2년(548) 통직산기상시(通直散騎常侍)를 겸하였다. 북위(北魏)에 사신으로 갔다가 남제(南齊)가 왕조를 세우자 서릉은 여러 차례 돌아가고자 하였지만 갇히어서 돌아가지 못하였다. 후일 제(齊)가 정양후(貞陽侯)를 보내 양(梁)을 계승하게 하자 서릉을 함께 돌아가게 하였다. 진(陳) 천가(天嘉) 연간에 영대저작(領大著作)을 지냈다. 按: "제(齊)에 있을 때 양(梁)의 사서를 편찬할 뜻을 가지고 있었다"라고 했지만 그의 열전이나 문집에는 그러한 문장이 보이지 않는다.

10 역주: 『사기』 권57, 「강후주발세가(絳侯周勃世家)」에, (주발의 군영이 매우 엄한 모습을 보고) 문제(文帝)가 칭찬하며 말하기를, "아! 그야말로 진정한 장군이로다. 이전에 본 패상(霸上)과 극문(棘門)의 군대는 아이들의 장난과 같았구나. 그곳의 장군은 습격하여 사로잡을 수 있겠지만 주아부(周亞夫)라면 어찌 범할 수 있겠는가"라고 하였다.

11 『수서(隋書)』 권65, 「유림전(儒林傳)」에, 유현은 자가 광백(光伯)이다. 납언(納言) 양달(楊達)이 유현을 박학하다고 천거하였고 경서(經書)의 의의나 시무책(時務策)을 묻는 시험인 사책(射策)에서 높은 점수를 받아 태학박사(太學博士)에 제수되었다. 일 년 정도 지나 하간(河間)으로 돌아갔는데 당시 도적이 봉기하여 교수(敎授)를 행할 수 없었다. 이에 스스로 찬(贊)을 지어 이르기를, 통달한 사람들은 자서(自敍)를 지어 자신의 미덕을 세상에 드러내었지만, 내가 어떻게 감히 선현과 같기를 바라겠는가. 다만 태양이 상유(桑楡)에 비추듯 내 운명의 시간이 다가오고, 문도(門徒)는 사방으로 흩어졌으니 마지막 남은 기력으로 마음속의 몇 마디 말을 남길까 한다고 운운하였다. 역주: 유현은 『논어술의(論語述議)』 10권, 『춘추공매(春秋攻昧)』 10권, 『오경정명(五經正名)』 12권, 『효경술의(孝經述議)』 5권, 『춘추술의(春秋述議)』 40권, 『상서술의(尙書述議)』 20권, 『모시술의(毛詩述議)』 40권, 『주시서(注詩序)』 1권, 『산술(算術)』 1권 등 다양한 저술을 남겼다. 『북사(北史)』 권70, 「유림전(儒林傳)」 하에도 열전이 보

"『시경(詩經)』 300편을 비록 많이 외운들 무슨 소용이 있겠는가!"[12]라고 한 것과 같지 않겠는가!(釋 : 이 부분에서는 유현(劉炫)을 평가하고 있다. ○위에서는 네 사람을 각각 살피면서 보는 바와 같이 뛰어난 재주를 가지고 찬술(撰述)에 뜻을 두기는 하였지만 실천하기가 어려웠다고 하였으니, 사재(史才)를 어찌 쉽게 말할 수 있겠는가!)

夫史才之難, 其難甚矣. 『晉令』云 : "國史之任, 委之著作, 每著作郎初至, 必撰名臣傳一人." 斯蓋察其所由, 苟非其才, 則不可叨居史任.(釋 : 起言史材實難, 揀覈宜愼) 歷觀古之作者, 若蔡邕 · 劉峻(一本峻獨不書名而書字) · 徐陵 · 劉炫之徒, 各自謂長於著書, 達於史體; 然觀(一無'觀'字)侏儒一節, 而他事可知.(釋 : 首擧四人, 皆有心掌故而未及成史者. 此下分評) 案伯喈於朔方(舊誤作'方朔', 或誤作'方翔')上書, 謂宜廣班氏『天文志』. 夫『天文』之於『漢史』, 實附贅之尤甚者也. 必欲申以掎摭, 但當鋤而去之, 安可仍其過失, 而益其蕪累? 亦奚異觀河傾之患, 而不遏以堤防, 方欲疏而導之, 用速懷襄之害. 述史如此, 將非練達者歟?(釋 : 一層評蔡邕, 與「書志」篇論天文同旨) 孝標持論談(一作'析')理, 誠爲絶倫. 而『自敍』一篇, 過爲煩碎; 『山栖』一志, 直論(一作'是')文章.(句恐有訛字) 諒難以偶迹遷 · 固, 比肩陳 · 范者也.(釋 : 一層評劉峻) 孝穆在齊, 有志(一有'於'字)梁史, 及還江左,(一有'而'字) 書竟不成. 嗟乎! 以徐公文體, 而施諸史傳, 亦猶灞上兒戲, 異乎眞將軍, 幸而量力不爲, 可謂自卜者審矣.(釋 : 一層評徐陵) 光伯以洪儒碩學, 而迍邅遇. 觀(一無'觀'字)其銳情自敍, 欲以垂示將來, 而言皆淺俗, 理無要害. 豈所謂"誦『詩』三百, 雖多, 亦奚以爲"者乎!(釋 : 一層評劉炫. ○上分覈四人, 見如此名才, 留心撰述, 猶難輕許, 則史才豈易言哉!)

인다.

12 역주 : 『논어』 「자로(子路)」편에, "공자께서 말씀하시기를, 『시경(詩經)』 300편을 외우면서도 정치를 맡겼을 때 제대로 해내지 못하고, 사방에 사신으로 나가 혼자서 처결하지 못한다면, 비록 많이 외운다 한들 무슨 소용이 있겠는가!"라고 하였다.

31-2

옛날 공자가 말씀하기를 "아름다운 외관[文]이 본바탕[質]을 이기면 겉치레만 잘함[史]이 된다"[13]라고 하였다. 대체로 사(史)란 당시의 문(文)이었다. 그러나 질박(質朴)하고 순후(淳厚)한 기풍이 사라지고 시대가 변함에 따라 문(文)과 사(史)는 서로 분명히 다른 길을 가게 되었다. 때문에 장형(張衡 : 78-139)[14]의 문(文)은 사(史)에 정통하지 못하였고, 진수(陳壽)의 사(史)는 문(文)에 숙련되지 못하였다. 반고(班固)처럼 『양도부(兩都賦)』[15]를 지을 수 있으며 또한 『한서(漢書)』를 편찬할 수 있고, 심약(沈約)처럼 『팔영시(八詠詩)』[16]를 지었으면서 또한 『송서(宋書)』를 편찬할 수 있는 사람이 과연

13 역주 : 『논어』 「옹야(雍也)」편에, "공자께서 말씀하시기를, '본바탕[質]이 아름다운 외관[文]을 이기면 촌스럽고, 문(文)이 질(質)을 이기면 겉치레만 잘함[史]이 되니, 문과 질은 적당히 배합된 뒤에야 군자이다'"라고 하였다.

14 역주 : 장형의 자는 평자(平子)이며 남양(南陽)의 서악(西鄂) 사람이다. 전한 안제(安帝) 때 낭중(郎中)을 거쳐 하간(河間)의 상(相)에 임명되었기 때문에 장하간(張河間)이라 불렸다. 장형은 두 차례에 걸쳐 14년간 천문(天文)을 담당하였는데, 그 동안에 수운혼천의(水運渾天儀)와 후풍지동의(候風地動儀)를 제작하고 『영헌(靈憲)』과 『혼천의도주(渾天儀圖注)』 등의 과학서를 저술하여 천문학에 중요한 업적을 남겼다. 『영헌』의 경우 천지의 생성과 구조로부터 일월성신의 운동 등의 문제까지를 설명하려고 한 저작으로 매우 높이 평가되고 있다. 문학 방면에서는 주로 시부(詩賦)의 업적이 있다. 「이경부(二京賦)」·「귀전부(歸田賦)」·「사현부(思玄賦)」·「회수시(回愁詩)」 등이 있다. 이 가운데 특히 「귀전부」는 위진 이후 서정적(抒情的) 소부(小賦)의 발전에 큰 영향을 끼쳤다. 아울러 칠언시(七言詩)의 발전에도 일정한 공헌을 하였다. 『후한서』 권59에 열전이 있다.

15 「재문(載文)」편 참조.

16 『심은후집(沈隱侯集)』에, 「등대망추월(登臺望秋月)」·「회포임춘풍(會圃臨春風)」·「세모민쇠초(歲暮愍衰草)」·「상래비락동(霜來悲落桐)」·「석행문야학(夕行聞夜鶴)」·「신정청효홍(晨征聽曉鴻)」·「해패거조시(解珮去朝市)」·「피갈수산동(被褐守山東)」 등을 팔영시(八詠詩)라 한다. 소동파(蘇東坡)의 시 건주팔경(虔州八境)에, 팔영(八詠)은 심약을 드러내고 있다고 했다. 왕(王)의 주(注)에, 심약이 동양태수(東陽太守)로 있을 때 '팔영'을 지어 누상(樓上)에 써놓았다. 按 : 동양(東陽)은 지금의 금화부(金華府)이다. 육노망(陸魯望), 「이유시(二遺詩)」 서(序)에, 동양(東陽)에는 명산(名山)이 많은데 금화(金華)가 가장 많다. '수산동(守山東)'이란 바로 이를 가리킨다.

몇이나 되겠는가?(釋 : 여기에서 「핵재(覈才)」편의 논지를 제시하고 있다. 문(文)과 사(史)는 본래 같았지만 당(唐)나라 초기의 문장은 변려체를 숭상하여 사서편찬에도 이용되었다. 그러나 바람직한 것은 아니었다. ○유지기 이전에 사부(詞賦)의 재주를 가진 인재로서 정사(正史)를 완성한 사람은 다만 반고(班固)와 심약(沈約) 두 사람이 있었기 때문에 열거한 것이다)

昔尼父有言 : "文勝質則史." 蓋史者當時之文也. 然樸散淳銷, 時移世異, 文之與史, 較(一作皎)然異轍. 故以張衡之文, 而不閑於史; 以陳壽之史, 而不習於文. 其有賦述『兩都』, 詩裁『八咏』, 而能編次漢冊, 勒成宋典. 若斯人者, 其流幾何?(釋 : 至此提出本篇論旨, 文與史本非二途, 但唐初文尚儷體, 以入史局, 則非其倫矣. ○劉之前以詞賦才而成正史者, 有班 · 沈二人, 故列出之)

31-3

그러한 관점으로 근대(近代)를 대략 보더라도 문장으로 발자취를 남긴 사람이면서 동시에 사전(史傳)을 편찬한 경우가 있기는 하다. 그들이 사전(史傳)을 편찬한 전형(典型)을 말하자면, 나함(羅含)[17] · 사령운(謝靈運 : 385-433)[18]은 가송지문(歌頌之文)을 잘 썼고, 소역(蘇繹 : 508-554)[19]과 강엄(江淹

17 『진서(晉書)』 권92, 「문원전(文苑傳)」에, 나함의 자는 군장(君章)이다. 일찍이 꿈을 꾸었는데 문채(文彩)가 빼어난 한 마리 새가 입구로 날아들었다. 이후 나함의 문장의 화려하고 아름다움이 날로 새로워졌다. 태수 사상(謝尙)이 칭찬하기를 상(湘) 중의 아름다운 옥이라고 하였다. 후일 성의 서쪽 작은 섬 위에 초가를 짓고 베옷과 거친 음식을 먹으면서도 편안해 하였다. 정원랑(正員郎)으로 임명되었고, 정위(廷尉) 등을 거쳐 연로(年老)하여 벼슬을 그만두었지만 문전(門前)에서 행마(行馬)를 이용할 수 있게 해주었다. 역주 : 나함의 문장이 뛰어났다는 기록은 있지만 유지기가 언급한 사전(史傳)과 관련한 문장은 열전에 보이지 않는다.

18 (원문의) 사객(謝客)은 즉 사령운을 말한다. 「논찬(論贊)」편에 보인다. 『남사(南史)』

: 444-505)[20]은 명(銘)과 찬(贊)의 서문을 직접 썼으며, 온자승(溫子升 : 495-547)[21]은 대우구(對偶句)를 특별히 잘 썼고, 노사도(盧思道)[22]는 변려문[23]의 글

권50, 「유견오전(庾肩吾傳)」에, 사객(謝客)의 말은 타고난 빼어남이 있었지만 때로 성율(聲律)에 맞지 않는 것 정도가 조박(糟粕)하였다고 했으며, 「사홍미전(謝弘微傳)」에는 객아(客兒)는 사령운의 어릴 적 이름이라고 했다. 『이원(異苑)』에, 사령운은 회계(會稽)에서 태어났는데 그 집안에 자손이 귀하여 전당(錢塘)의 두명사(杜明師)에게 보내 양육하게 하여, 15세가 되어서야 집으로 돌아왔다. 때문에 객아(客兒)라고 불렀다고 했다. 역주 : 사령운은 『진서(晉書)』를 편찬한 적이 있지만 완성하지는 못했다. 이에 관한 기록은 『송서(宋書)』 권67, 「사령운전」에 보인다. 또 『수서경적지』 「사부(史部)」 "지리(地理)"에는 『거명산지(居名山志)』 1권이 사령운의 저작으로 수록되어 있다.

19 소역은 즉 양(梁) 원제(元帝)이다. 『양서』 권5, 「원제기(元帝紀)」 참조. 처음 상동왕(湘東王)에 봉해졌는데, 제법 명성이 높았다. 배자야(裴子野) · 유현(劉顯) · 소자운(蕭子雲) 등과 지위를 떠난 사귐을 맺었고, 저작이 세상에 널리 유행하였다. 역주 : 소역은 많은 저작을 남겼다. 예컨대 『효덕전(孝德傳)』 30권, 『충신전(忠臣傳)』 30권, 『단양윤전(丹陽尹傳)』 10권, 『주한서(注漢書)』 115권 등이 있고, 이외에도 『주역강소(周易講疏)』 10권, 『노자강소(老子講疏)』 4권, 『전덕지(全德志)』 · 『회구지(懷舊志)』 · 『형남지(荊南志)』 · 『강주기(江州記)』, 『공직도(貢職圖)』 · 『고금동성명록(古今同姓名錄)』 1권, 『문집(文集) 50권 등 다양한 저술활동을 하였다.

20 『양서(梁書)』 권14, 「강엄전(江淹傳)」에, 엄의 자는 문통(文通)이다. 어려서 문장으로 세상에 알려졌고, 나이가 들어 재사(才思)가 쇠미(衰微)하여 조금 못하여지자 당시 사람들은 재주가 고갈되었다고 하였다. 백여 편의 저술과 『제사(齊史)』 10지(志)가 있다고 했다. 역주 : 『수서경적지』 「사부(史部)」에는 강엄의 『제사(齊史)』 13권이 수록되어 있지만 이미 당시에 망실(亡失)되었다고 했다.

21 「서사(敍事)」편 참조. 역주 : 온자승은 북위의 문장가로서 남조의 안연지(顔延之) · 사령운(謝靈運) · 심약(沈約) · 임방(任昉)에 버금가는 문필로 유명하다. 『영안기(永安記)』 3권을 남겼다. 『위서(魏書)』 권85, 「문원전(文苑傳)」에 열전이 있다.

22 『북사(北史)』 권30, 「노현전(盧玄傳)」에, 현의 손자 사도(思道)는 재학(才學)이 모두 뛰어났다. 제(齊) 천보(天保) 연간 중에 『위사(魏史)』가 완성되자 사도는 여러 곳에서 비난받았다. 주(周)가 제(齊)를 평정하자 장안(長安)으로 갔다. 산기시랑(散騎侍郎) · 참내사사(參內史事)로 벼슬을 마쳤고, 문집(文集) 20권이 있다. 역주 : 노사도는 북제(北齊)에서 수에 이르는 시기에 활약했던 문장가이다. 『수서경적지』 「사부(史部)」 "잡전(雜傳)"에 『지기집(知己集)』 1권이 수록되어 있고, 『수서(隋書)』 권57에도 열전이 있다.

23 『문심조룡(文心雕龍)』에는 「여사(麗辭)」편이 있어서 변려체를 논하고 있다. 그 문장에, 자연이 부여한 형체는 사람의 팔과 다리처럼 반드시 쌍을 이룬다. 그러한 조화의 작용은, 사물들이란 고립적인 것이 아니라는 사실을 드러내 준다. 문학작품을 창작함에 있어서도 높고 낮음과 위와 아래가 서로 배합된다. 고요(皐陶)가 말하기를, '의심이 가는 죄상에 대해서는 가볍게 처리하고, 의심이 가는 공로에 대하여는 크게

을 더 좋아하였으며, 강총(江總 : 519-594)[24]은 아름다운 문장을 함부로 휘둘러 미혹에 빠지게 하였고, 유신(庾信 : 513-581)[25]은 경박하고 방탕하여 예의(禮儀)에 맞지 않았다. 이것이 그들에 관한 대강이다. 그러나 앞에서 말한 몇몇 사람들이 저술한 것을 보면, 단지 편기(偏記)나 잡설(雜說)로서 짧은 글에 불과하였다.[26] 뿐만 아니라 어그러지고 외람되며, 잘못되어 혼란한 모양[踳駁][27]이 이 정도인데, 하물며 그들에게 한 나라의 사서를 편찬토록 하고 한 시대의 역사적 사실 전체를 다루면서 시작과 끝을 모두 갖추게 하고, 내용으로부터 형식에 이르기까지 모두 잘못이 없게 하기란 대개

장려해야 합니다'라고 하였고, 또 익(益)이 순(舜)에게 올린 의견에는 '자만(自滿)은 손해를 부르고 겸허함은 유익을 얻게 합니다'라고 했으니 그들이 설마 의도적으로 대우(對偶)를 구성하였겠는가? 조금도 의식하지 않았음에도 자연스럽게 대(對)가 이루어진 것이라고 했다.

24 『진서(陳書)』 권27, 「강총전」에, 총의 자는 총지(總持)이다. 집안에 전해지는 하사 받은 책을 주야로 자세히 읽었다. 그러나 문장이 지나치게 매끄러웠다. 후주(後主) 때 강총은 황제의 총애를 받는 재상이 되어 매일 후정(後庭)에서 연회를 열어 진훤(陳暄)·공범(孔範) 등 10여 명과 어울렸다. 세상사람들은 이들을 '남의 놀림감이 되는 사람들[狎客]'이라 불렀다.

25 『북사(北史)』 권83, 「문원전(文苑傳)」 「유신전(庾信傳)」에, 유신의 자는 자산(子山)이다. 부(父) 견오(肩吾)는 양(梁)의 중서자(中庶子)를 지냈다. 서리(徐摛)가 우위솔(右衛率)이었다. 서리의 아들 릉(陵)과 유신이 함께 초찬학사(抄撰學士)가 되었다. 이들 두 부자가 모두 동궁(東宮)에 출입하였다. 그 은총이 이들보다 나은 사람이 없었다. 문장이 모두 화려하여 세상에서는 '서·유의 체(體)'라 부를 정도였다. 원제(元帝)가 즉위하고 사신으로 서위(西魏)를 방문하였다. 당시 서위의 대군(大軍)이 남벌(南伐)을 하자 유신은 장안에 머물렀다. 여러 관직을 거쳐 개부의동삼사(開府儀同三司)가 되었다고 했다.

26 역주 : 「잡술(雜述)」편에 보이는 사씨(史氏)의 유별(流別) 중 편기(偏紀)나 잡기(雜記) 등이 모두 이와 비슷하다고 할 수 있다. 잡설(雜說)에 대하여는 「고금정사(古今正史)」편에서 정전(正典)과 구분하여 설명한 부분 참조. 그러나 특히 사령운은 『진서(晉書)』 36권을, 강엄은 『제사(齊史)』 13권을 편찬한 적이 있고, 이들 책은 모두 『수서경적지』 「정사」류에 보인다. 따라서 유지기의 지적과는 다른 책을 지은 점에도 유의해야 한다.

27 『장자(莊子)』 말편(末篇)에, 혜시(惠施)가 다방면에 능했지만 그 도는 뒤죽박죽 혼란하였다[踳駁]고 했다. 「위도부(魏都賦)」에, 왕의(王義)에게 뒤죽박죽 혼란한 모양을 꾀하게 하였다고 했다. 按 : 어그러지고 잘못되었다는 의미이다. 본훈(本訓)은 색잡(色雜)이고, 혹 '준박(踳駁)'이라고도 하는데 뜻은 마찬가지로 빌려올 수 있는 것이다. 후세의 책에는 '척박(蹐駁)'이라고 했지만, '척(蹐)'의 뜻은 작은 걸음이므로 그 의미를 잃은 것이다.

역시 곤란할 것이다.(釋: 이 문단에서 거론한 몇 사람은 바로 앞 문장에서 말한 여사(麗詞)가 사필(史筆)과 서로 섞이지 않았음을 증거하였다)

是以略觀近代, 有齒迹文章而兼修史傳. 其爲式也, 羅含·謝客宛爲歌頌之文, 蕭繹·江淹直(一作'究')成銘贊之序,('序'字似當作'筆') 溫子升尤工(一作'喜')複語, 盧思道雅好麗(作'儷'字用)詞, 江總猖獗以沉迷, 庾信輕薄而流宕. 此其大較也. 然向之數子所撰者, 蓋不過偏記雜說, 小卷短書而已; 猶且乖濫踳駁, 一至於斯. 而況責之以刊勒一家, 彌綸一代, 使其始末圓備, 表裏無咎, 蓋亦難矣.(釋: 此段所擧諸人, 正證上文麗詞史筆之不相入也)

31-4

그러나 세상 사람들이 말을 다듬어 멋 내는 것을 중시하고부터 문장은 지나치게 화려한 것을 추구하게 되었다.[28] 그리하여 저송(沮誦)이 제 길을 잃게 되고 영균(靈均)이 중심이 되었다.[29] 서성(西省)의 직위가 빌 때마다 혹은 동관(東觀)에서 인재를 모집할 때마다[30] 대체로 임명되었던 것은 반드시 문장에 능한 사람들이었다. 그러므로 직접 역사편찬에 종사하

28 역주: 양웅(揚雄), 『법언(法言)』「오자(吾子)」편에, 시인(詩人)의 부(賦)는 화려하면서도 원칙에 부합하였고, 사인(辭人)의 부(賦)는 화려하면서도 지나치게 꾸미고 있다[詩人之賦麗以則, 辭人之賦麗以淫]고 했다.

29 『승암외집(升庵外集)』에, 창힐(倉頡)과 저송(沮誦)이 함께 문자를 만들었는데, 지금 세상에서는 창힐만 알고, 저송은 모른다고 했다. 按: "저송이 제 길을 잃었다"는 것은 옛 필치가 행하여지지 않는다는 말을 의미하는 것이다. 또 상세한 내용이 「외편」의 「고금정사(古今正史)」편에 있다. 역주: 저송은 사관(史官)을 의미하고, '영균(靈均)'은 본래 굴원(屈原)을 가리키지만 여기서는 문사(文士)를 가리킨다.

30 역주: 서성(西省)은 중서성(中書省)을 가리키며, 여기에 사관(史館)이 설치되었다. 한대(漢代)의 동관(東觀) 역시 마찬가지이다.

였던 사람들을 보면 대부분이 사료를 가려내거나 종합할 수 있는 식견이 없었다. 문장을 써 내려가기 위해 자료를 인용함에 있어서도 은미(隱微)하면서도 뚜렷이 드러나고, 완곡하면서도 조리가 있는 말을 찾아보기 어렵다.[31] 그런데도 세상사람들은 모두 그들이 능력 있는 인재라고 하여 당시에는 감히 업신여기지 못하였다. 만약 그 중 어떤 사람의 능력이 설사 사마표(司馬彪)나 화교(華嶠)와 같고, 재능이 반고(班固)나 순열(荀悅)에 비길 만하며, 독창적인 견식을 지니고 불후의 사서를 편찬하려는 대업의 포부를 지녔다고 해도 역시 모두 세속(世俗)의 배척을 받고, 붕당의 비웃음을 받게 될 것이다. 그리하여 그저 세속이 좋아하는 것을 따라[哺糟歠醨][32] 부화뇌동하며 아무렇게나 쓰곤 하였다. 비록 속으로 뛰어난 견해를 지니고 있다고 하더라도[披褐懷玉][33] 자기의 의사를 표현할 방법이 없었다. 이것이 바로 관중(管仲)이 말한, "군자를 믿고 등용하면서 오히려 소인을 함께 끼워 넣는 것은 패업(霸業)에 해가 된다"[34]는 것이다.(釋 : 이 구절은 다른 사람들의 취향을 따라 사관의 임무를 맡은 자들이 취하는 바의 풍상(風尙)이 같아, 옛 것에 뜻을 둔 경우는 오히려 수록되지 않았다고 했다)

但自世重文藻, 詞宗麗淫, 於是沮誦失路, 靈均當軸. 每(當有'值'字)西

31 역주 : 『좌전』 선공(宣公) 14년(B.C. 577)에, 『춘추』의 표현은, 문사(文辭)는 간략하되 뜻은 드러내고[微而顯], 사실을 서술하되 뜻은 은미(隱微)하게 하고[志而晦], 완곡하게 기록하되 상법(常法)[法則]을 이루고[婉而成章], 사실을 다 기록하되 왜곡(歪曲)하지 않고[盡而不汙], 악을 징계하고 선을 권장한다[懲惡而勸善]는 것이니 성인(聖人)이 아니면 누가 이렇게 편수(編修)할 수 있었겠는가"라는 말을 인용한 것이다.

32 역주 : 『초사』 「어부(漁父)」에, "만일 세상사람 모두가 취하였다면, 어찌하여 그 전국을 먹지 않고, 걸러내고 남은 싱거운 술을 마시는가[衆人皆醉, 何不餔其糟而歠醨]?"라고 하였는데, 왕일(王逸)의 주(注)에, '포조(餔糟)'란 세속을 따른 것이요, '철리(歠醨)'란 그 녹(祿)을 먹은 것을 의미한다고 했다. 張振珮, 史通箋注』, p.334 주)7 참조.

33 역주 : 『노자』 「지난(知難)」에, "나를 아는 사람이 적고, 또 나를 본받으려는 사람이 거의 없다. 그러므로 성인은 굵은 베옷을 입고 품속에 보배를 품고 있다"라고 하였다. 밖으로는 누추한 굵은 베 옷을 입고 있는 것처럼 보기에는 하천(下賤)해 보이지만, 속에는 귀중한 보물을 품고 있는 것처럼 귀한 도를 지니고 있음을 의미한다.

34 역주 : 『설원(說苑)』 「존현(尊賢)」편에 보이는 제(齊) 환공(桓公)의 물음에 대한 관중의 답변에 보이는 문장이다.

省虛職, 東觀佇才, 凡所拜授, 必推文士. 遂使握管懷鉛, 多無銓綜之識;(舊訛作'職') 連章累牘, 罕逢微婉之言. 而擧俗共以爲能,(一作'共爲能事') 當時莫之敢侮. 假令其(一無'其'字)間有術同彪·嶠, 才若班·荀, 懷獨見之明, 負不刊之業, 而皆取窘於流俗, 見嗤於朋黨. 遂乃哺糟歠醨, 俯同妄作, 披褐懷玉, 無由自陳. 此管仲所謂"用君子而以小人參之, 害霸之道"者也.(一無'也'字. **釋**: 此節趁作之者之所趨, 搭到任之者之所取, 風尚同歸, 將志古者反不見收矣)

31-5

예전에 부현(傅玄 : 217-278)[35]이 말하기를, "반고의 『한서(漢書)』를 보면 확실히 한 시대에 이름을 날린 걸작이었다. 이후 그가 진종(陳宗)·윤민(尹敏)[36] 그리고 두무(杜撫)·마엄(馬嚴 : 17-98)[37]과 함께 후한의 기전(紀傳)을

---

35 부현은 「서사(書事)」편에 보인다. 그 말은 즉 그가 편찬한 『삼사(三史)』의 고사(故事)를 논한 것인데 득실에 대한 평단(評斷)이 아주 정확하다. 부의(傅毅)라고 하는 경우도 있지만 잘못된 것이다.

36 『후한서』 권40상, 「반고전(班固傳)」에, 현종(顯宗 : 明帝)이 반고를 불러 교서부(校書部)로 가게 하고 난대영사(蘭臺令史)를 제수하였다. 전(前) 수양령(睢陽令) 진종(陳宗), 장릉령(長陵令) 윤민(尹敏)과 함께 「성조본기(成祖本紀)」를 완성하였다고 했다. 『곤학기문(困學紀聞)』에, 『논형(論衡)』에 이르기를 진평중(陳平仲)이 광무제를 기록하였는데 한가(漢家)의 공덕이 볼 만하였다. 평중(平仲)이 어떤 사람인지는 자세하지 않다고 했다. 염징군(閻徵君) 약거(若璩)는 「반고전」에 근거하여 '평중'을 진종의 자(字)라고 추정했다. 원굉(袁宏)의 『후한기(後漢紀)』에, 남양(南陽) 사람 윤민(尹敏)의 자는 유계(幼季)이고 재학(才學)이 깊고 통달하였다. 상소하여 올린 참서(讖書)에 대부분이 근래의 말과 속된 문장이었기 때문에 황제가 잘못되었다고 여겼다. 관직이 장릉령(長陵令)에 그쳤고, 반표(班彪)와 사이가 좋았다고 했다. 역주 : 진종에 대한 열전은 보이지 않지만, 윤민의 열전은 『후한서』 권79, 「유림전(儒林傳)」에 보인다.

37 『후한서』 권24, 「마원전(馬援傳)」에, 마원의 형의 아들 엄(嚴)의 자는 위경(威卿)이다.

편찬하였지만 그 문장은 그야말로 읽을만한 가치가 없었다. 혹 시세(時勢)에 구속되었기 때문인가? 그렇지 않다면 어찌하여 (같은 사람에 의해 편찬된 책이) 그렇게 심하게 다를 수가 있는가? 그 후 유진(劉珍)[38] · 주목(朱穆)[39] · 노식(盧植)[40] · 양표(楊彪)[41] 같은 사람들이 또 계속하여 사서를 편찬하였지만 그들 역시 시세에 구속되어 자기의 재능을 충분히 발휘하지 못하였다. 이에 얼마나 비루함을 더하였겠는가"라고 하였다.(이상은 모두 부현의 말이다) 아! 시세의 구속이 가져온 폐단은 그 유래가 오래되었다. 이는 예로부터 사람들이 개탄하던 바로서 어찌 오늘날에만 그렇겠는가? (釋 : 끝에서는 옛 말로서 증거 하였는데, 요점은 '시세에 구속되어[拘於時]' 구절에 있다. 세상이 숭상하는 바가 오랫동안 쌓여 원래대로 돌아가기가 어려움을 탄식하였다)

昔傅玄(或作'穀', 非)有云 : (一脫'云'字) "觀孟堅『漢書』, 實命代奇作. 及與陳宗 · 尹敏 · 杜撫 · 馬嚴撰中興紀傳, 其文曾不足觀, 豈拘於時乎? 不

명덕황후(明德皇后) 마씨(馬氏)가 즉위하자 외척인 관계로 비난과 혐의가 돌아올 것을 염려하였다. 피하여 북지(北地)로 옮겼지만, 황후가 낙양으로 옮겨와 살 것을 명하였다. 현종(顯宗 : 明帝)이 불러 여러 견해를 물어보니 그 대답에 풍도(風度)가 있었다. 황제가 이에 놀라 그를 인수달(仁壽闥)에 머물게 하고, 교서랑(校書郎) 두무(杜撫) · 반고(班固) 등과 『건무주기(建武注記)』를 의논하여 편찬하게 하였다. 역주 : 두무에 대한 열전은 『후한서』 권79, 「유림전」에 보인다.

38 『후한서』 권80상, 「문원전(文苑傳)」 상에, 유진의 자는 추손(秋孫)이다. 안제(安帝) 영초(永初 : 107-113) 연간에 등태후(鄧太后)가 유진과 유도도(劉騊駼) · 마융(馬融) 등에게 동관(東觀)에 보관 중인 백가서(百家書)의 교정(校定)을 명하였다. 또 도도(騊駼)에게 광제 건무(建武) 이래 명신전(名臣傳)을 짓도록 하였다.

39 『후한서』 권43, 「주휘전(朱暉傳)」에, 휘의 손자 목(穆)의 자는 공숙(公叔)이고, 상서(尙書)에 임명되었다. 논주(論奏) 20편이 있다. 그가 죽자 채옹(蔡邕)과 그의 문인들이 함께 그의 행적을 저술하였다. 시호를 문충선생(文充先生)이라 하였다.

40 『후한서』 권64, 「노식전(盧植傳)」에, 식의 자는 자간(子幹)이고, 의랑(議郎)에 임명되어 마일제(馬日磾) · 채옹(蔡邕) · 양표(楊彪) · 한열(韓說) 등과 『한기(漢紀)』를 보완하여 계속 편찬하였다.

41 『후한서』 권54, 「양진전(楊震傳)」에, 진의 증손 표(彪)의 자는 문선(文先)이다. 희평(熹平) 연간에 공거(公車)로 불려와 의랑(議郎)에 임명되었다. 주(注)에, 화교(華嶠)의 『후한서』에 마일제(馬日磾) · 노식(盧植) · 채옹(蔡邕) 등과 동관(東觀)에서 저작활동을 하였다. 按 : 네 사람의 열전 중 주목(朱穆)은 사서 편찬을 계속하는 작업과 관련한 기록이 없다.

然, 何不類之甚者也. 是後劉珍·朱穆·盧植·楊彪之徒, 又繼而成之, 豈亦各拘於時, 而不得自盡乎? 何其益陋也?"(以上並傳玄語) 嗟乎! 拘時之患, 其來尚矣. 斯則自古(一有'之'字)所嘆, 豈獨當今者哉!(一無'當'字·'者'字. 釋: 末以古語證之, 眼在'拘於時'句, 歎時情所尙, 積而難反也)

按:「재문(載文)」편에 이르기를, "문(文)과 사(史)의 성질은 일치한다"라고 했고, 「서사(敍事)」편에는 "그들의 문장을 보면 대체로 문자를 사용함에 홑 글자가 없고 문구를 모두 대구(對句)로 하여 글자 수를 늘렸다"라고 하였다. 또 이르기를, "문(文)과 사(史)는 전혀 다른 두 길을 간다"라고 했다. 대체로 '삼사(三史)' 이전에는 문사(文史)가 일치하였다. 변체문(騈體文)이 유행하자 문장을 쓰는 작법으로 사서를 쓰는 것은 확실히 어려웠다. 이는 도리가 그렇게 되도록 한 것이다. 표면적으로 꾸미기를 좋아하는 사람은 필연적으로 내재적 질박(質朴)함이 결여되었고, 대구(對句)를 쓰는 데 능한 사람은 반드시 졸렬함으로 문구가 소략하였다. 유지기가 처했던 시대는 바로 당(唐)의 발전이 막 정궤(正軌)에 오른 때로서 육조(六朝)와 이어져 있었음으로, 소위 "사국(史局)이 모두 문영지사(文詠之士)로 가득"했기 때문에 유지기는 당시의 상황을 비판하기 위하여 여러 차례 이를 언급하였던 것이다.(「載文」之言曰: "文之將史, 其流一也." 「敍事」之言曰: "其爲文也, 編字不隻, 捶句皆雙." 玆又曰: "文之與史, 較然異轍." 蓋三史以上, 文史一揆. 騈體旣興, 文筆難乎爲史筆, 其理然也. 麗於色者, 必靡於質; 工爲偶者, 必拙爲疏. 當公之時, 値唐初運, 連軫六朝, 所謂"史局皆文詠之士", 故對時局再三言之)

어떤 사람이 의심하기를, 당시 여러 사서의 서사(敍事)가 결국 육조시대의 비문(碑文)과는 다를 터인데 어떻게 유희적(遊戲的) 색채를 띤 시문(俳體)으로까지 연루하여 볼 수 있는가 라고 하였다. 아! 이는 독자가 세밀하게 살피지 않았기 때문에 생긴 의혹이다. 어떻게 진(晉)·송(宋) 때의 여러 책들을 제쳐두고 그들이 말한 이야기를 살필 수 있겠는가? 그 중 장주(章奏)는 길기만 할 뿐 논점이 없고, 기타의 것들은 마치 두 사람이 마주보고 구어(口語)를 나누는 것 같아 갑자기 사육문(四六文)으로 구성하기가 매우 어렵다. 그리고 당시의 작문의 주류로서 변려문(騈儷文)이 아닌 것이 매우 드물었다. 하(河)·갈(羯)·저(氐) 등과 같은 무리들은 오랑캐로써 말과 글의 응답에서 쓴 문장들은 반드시 중첩되는 문구들이었다. 그들이 사용한 문장은 화려하게 꾸미기를 뽐내며 당시의 풍조를 좇았고 이러한 것은 글쓰기에 분명하게 표현되었다. 이러한 것이 배체(俳體)가 아니고 무엇이겠는가? 의심을 갖는 사람이 뒤돌아 조사해보면 모두 이와 같다는 것을 발견하게 될 것이다.(或疑諸史敍事, 究與六朝碑版不同, 何累以俳體瞋之? 噫! 讀書亦不審矣. 盍姑取晉·宋諸書, 觀其敍言乎? 其中章奏大篇無論, 他如立談口語, 決難猝辦四六, 而時流吐屬, 鮮非騈儷. 乃至徒河·羯·氐之流, 竊時裔種耳, 應答言句, 文必疊雙. 其爲矜粉飾, 逐風氣, 顯自筆頭出矣. 非俳而何? 疑者退而檢之皆是)

『사통』은 겉만 번지르르한 말들을 극히 비난하였다. 그럼에도 결국 자기가 쓴 것들 역시 배체(俳體)였으니 바로 시세에 구속되고 있었다는 것이 아니겠는가. 그러나 유지기의 말은 이미 한유(韓愈)와 이고(李翺) 등의 전도(前導)가 되었다.(『史通』極詆儷詞, 卒亦自爲俳體, 正所謂拘於時者乎? 然其言已退之·習之輩前導也)

「서전(序傳)」 제32

이른바 서전(序傳)은 사서에서 작자의 자서(自序)를 가리키는 것으로써 일반적으로 작자는 자서를 통해 저작의 동기와 목적, 책 내용과 서사방법 등을 표명한다. 아울러 이를 통해 자신을 소개하기 위하여 가계와 사승(師承)관계를 설명하기도 한다. 유지기는 자서의 기원이 굴원(屈原)의 『이소(離騷)』에서 비롯되었다고 보았고, 사마상여(司馬相如)에 이르러 비로소 자서를 전(傳)으로 삼았고, 사서의 경우 사마천이 이들 두 사람의 체재와 내용을 수용하여 자서를 '권(卷)'으로 독립시켰고, 반고가 이를 계승하였다고 했다. 아울러 자서의 내용이 처음에는 작자 자신의 입신과 관련한 행적 등을 기록하는데 그쳤지만 이후 점차 조상의 세계(世系)를 차례로 서술하게 되었다고 했다. 유지기는 이 같은 '서전(序傳)'에 존재하는 문제점을 크게 두 가지로 구분하여 비판하였다. 하나는 사서의 기재범위[斷限]를 제대로 지키지 않는 것에 대한 것이고, 다른 하나는 그 내용이 실재와 다르다는 것에 대한 것이다. 기재범위와 관련하여 먼저 사마천의 경우는 『사기』가 다루는 시대와 자신의 가계를 소급하여 서술한 시대가 기재범위에서 일치하고 있어서 문제가 되지 않지만, 반고의 경우 『한서』 「서전(敍傳)」에서 다루고 있는 내용의 연대가 『한서』 본문에서 다루고 있는 연대를 훨씬 벗어났다고 지적하고, 이후 대부분의 정사가 반고를 모방함으로써 가첩(家牒)에 적용할 내용을 국사(國史)에 적는 꼴이 되었다고 비판하였다. 그리고 내용과 관련하여 유지기는 자서(自敍)를 쓰는 의(義)가 자신의 단점을 숨기고 장점을 드러내기 위한 것이라 정의하고 다만 그 말이 사실과 어긋남이 없으면 문제가 없다고 하였다. 하지만 작자 본인의 말을 지나치게 과장되거나 아니면 사소한 것을 모두를 기재하는 번거로움이나, 자신의 문벌을 자랑하기 위하여 일족의 세계(世系)를 소급하면서 사실과 다른 내용을 서술한 것을 비판하였다.

32-1

대개 작자의 자서(自敍)는 그 원류(源流)가 중고(中古)시기로부터 나온 것인가? 굴원(屈原 : B.C. 343-277)의 「이소경(離騷經)」[1]을 살펴보면, 첫 장(章)에서 자신의 씨족에 대해 진술하고 그 뒤에 사망한 조부(祖父)와 부(父)를 적었으며, 먼저 자신의 출생을 서술하고 그 다음 이름과 자(字)를 적었다.[2] 자서의 기원은 실제로 『이소』에 근거하고 있다.(釋 : 부(賦)의 자술(自述)

1 역주 : 「이소」에 '경(經)'자를 붙인 것은 후세 사람이 존경의 뜻이 더해진 것이다. 대개 유가의 중요 저작에 대한 존칭으로 사용되었지만, 굴원을 위대한 애국시인으로 여김에 따라 그의 중요 저작에 대해 존칭을 붙인 것이다. 「이소경」의 명칭이 이미 한 무제 전후에 등장한다고 여기기도 한다. 趙呂甫, 『史通新校注』, p.557 주)2 참조.

2 「이소(離騷)」의 첫 머리에, "나는 고제(古帝) 고양씨(高陽氏)의 자손으로서, 나의 돌아가신 부친의 자는 백용(伯庸)이다. 세성(歲星)이 인(寅)에 있던 그 해의 맹춘(孟春) 월(月) 바로 경인일(庚寅日) 그날 태어났다. 부친께서는 나의 출생시를 자세히 살피시고 나에게 그에 상응하는 아름다운 이름을 주셨다. 부친께서는 나의 이름을 정칙(正則)이라 하시고, 동시에 나의 자(字)를 영균(靈均)이라 지어 주셨다"라고 하였다. 按 :

형식이 '자서' 체재를 열었다고 했다) 후일 사마상여(司馬相如 : B.C. 179-118)에 이르러 비로소 자서(自敍)를 전(傳)으로 삼았다.[3] 그러나 굴원이 자서에서 서술한 것을 보면 단지 자신의 어린 시절부터 성장할 때까지의 입신(立身)과 관련한 행적 등을 기록하는데 그쳤으며, 선조와 그 출생에 대해서는 아무런 기록이 없었다.(釋 : 자서 체재가 시작되었지만 그 선조를 서술하지 않았다고 했다) 사마천(司馬遷)에 이르러 또 삼려대부(三閭大夫)[屈原]의 방법을 채용하고, 효문원령(孝文園令)[司馬相如]의 근래의 저작을 모방하면서 이 두 사람을 그대로 본받아 「자서」 한 권(卷)을 완성하였다. 그리하여 양웅(揚雄)은 옛 전철을 그대로 따랐고,[4] 반고가 그의 영향을 받음에 따라[5] 「자서(自敍)」라는 편장(篇章)이 당시 실재로 성행하였다. 비록 지칭하는 용어는 달랐지만, 「자서」 체례는 바뀌지 않았다.[6](釋 : 사마천[太史公]에 이르러 조상의 세계(世系)를 차례로 서술하는 자서체가 갖추어져 후세의 받드는 바가 되었다. ○이상은 그 기원이다)

蓋作者自敍, 其流出於中古乎?(一無'乎'字) 案屈原『離騷經』, 其首章上陳氏族, 下列祖考; 先述厥生, 次顯名字. 自敍發迹, 實基於此.(釋 : 此以

유신(庾信)의 「애강남부(哀江南賦)」에 스스로 자신의 씨족을 비교적 상세하게 진술하고 있다.

3 按 : 『한서』 권57상 · 하, 「사마상여전(司馬相如傳)」 상 · 하에는 자서(自敍)가 실려 있지 않다. 후일의 사서에 이러한 언급에 대한 근거가 있음을 증명할 수 있다. 『수서(隋書)』 권75, 「유림전(儒林傳)」, 「유현전(劉炫傳)」의 유현(546-613)이 스스로 쓴 찬(贊)에, 통유(通儒) 사마상여 · 양웅(揚雄)[子雲] · 마융(馬融)[季長] · 정현(鄭玄)[康成] 등은 모두 자서(自敍)에 미덕을 서술하여 좋은 명성을 후세에 남겼다고 했다. 대체로 유지기 이전의 옛 사람들이 이미 이를 언급하였다.

4 역주 : 양웅의 「자서(自敍)」가 『한서』 권87, 「양웅전」에 보인다.

5 역주 : 『한서』 권100, 「서전(敍傳)」을 가리킨다.

6 역주 : 「태사공자서」 이래 당 · 송까지의 다양한 '자서'의 형식에 대한 논의는 전대흔(錢大昕), 『二十二史考異』 권5, 「사기태사공자서(史記太史公自序)」 조에 보인다. 「서전(敍傳)」 · 「보서(譜敍)」 등의 이름으로 자서를 수록하거나 혹은 열전이나 찬(贊) 등에 세계(世系)를 간략하게 수록하거나 아예 빼는 경우가 있었고, 당 · 송 이후가 되면 사관(史館)이 설치됨에 따라 다시는 「서전(敍傳)」의 명칭이 보이지 않게 되었다고 했다.

賦體自述, 而遂開敍體者)降及司馬相如, 始以自敍爲傳. 然其所敍者, 但記自少及長, 立身行事而已. 逮於祖先所出, 則蔑爾無聞.(釋 : 此則敍體所始, 而不述其先者) 至馬遷, 又徵三閭之故事, 放文園之近作, 模楷二家, 勒成一卷. 於是揚雄遵其舊轍, 班固酌其餘波, 自敍之篇, 實煩於代. 雖屬辭有異, 而玆體無易.(釋 : 至太史公, 則歷述先世而敍體備, 遂爲後代所宗. ○以上是原始)

32-2

사마천(司馬遷)의 『사기(史記)』를 살펴보면, 위로는 헌원씨(軒轅氏)로부터 아래로는 한 무제(漢武帝)까지를 모두 기록하고 있어서 영토의 범위가 넓고 장구한 시대를 적고 있다. 때문에 그의 자서(自敍)에는 사마씨가 중려(重黎)에서 비롯된 사실부터 사마천 자신이 태사(太史)가 되기까지를 적고 있다.[7] 「자서」의 내용이 비록 위로부터 아래까지를 모두 기록하여 전하고 있지만 결국 『사기』가 다루고 있는 연한(年限)을 넘어서지는 않았다.[8] (釋 : 여기부터 이상의 사마천을 이어 의론을 시작하였다) 반고(班固)의 『한서(漢

---

7 역주 : 『사기』 권130, 「태사공자서」에, 옛날 전욱(顓頊)은 남정(南正) 중(重)에게는 천문에 관한 일을 관장하게 하였고, 북정(北正) 여(黎)에게는 지리에 관한 일을 맡게 하였다. 당우(唐虞) 즉 요순(堯舜)시대에 와서도 중과 여의 후손들로 하여금 계속해서 천문과 지리에 관한 일을 주관하게 하여 하(夏)와 상(商)에 이르렀다. 그러므로 중과 여는 대대로 천문과 지리에 관한 일을 주관해왔다. 주대(周代)에 이르러 정백(程伯)에 봉해졌던 휴보(休甫) 또한 여의 후손이었다. 그러다가 주 선왕(宣王) 때 여의 후손들은 그 관직을 잃고 사마씨가 되었다. 사마씨는 대대로 주나라의 역사를 주관하였다고 했다.

8 『사기』 권130, 「태사공자서」에, 마침내 도당(陶唐)[堯] 이래 획린(獲麟)[애공(哀公) 14년]에 이르기까지의 역사를 편찬하였는데, 그 기록은 황제(黃帝)로부터 시작하였다. 按 : 이는 『사기』 전체의 총기(總紀)로서 「태사공자서」의 시종도 역시 이 범위를 포괄한다.

書)』는 다만 전한(前漢) 200년의 사실을 기재하는데 그쳤지만, 그의 자서[敍傳]는 멀리 (초나라의) 영윤(令尹)이었던 자문(子文)까지 소급되어 초 문왕(楚文王 : B.C. 689-676 재위)의 시대부터 시작하여 가까이는 『답빈희(答賓戱)』까지 기록하였으니[9] 이미 한 명제(漢明帝)의 시대에 해당한다. 따라서 다루고 있는 연대가 『한서』 본문에서 다루고 있는 연대를 훨씬 벗어나고 있었다. 후일의 (정사에 부록된) 서전(敍傳)은 일가(一家)에 그치지 않고 다투어 반고의 자서를 따라 하였으므로 그러한 풍조가 성행하였다. 이러한 방법을 가첩(家牒)에 적용하는 것은 혹 통할 수 있지만 국사(國史)에 넣게 되면 많은 잘못이 나타나게 된다.(釋 : 이는 첫 단락의 의론으로써, 사마천의 『사기』는 본래 기재범위[斷限]가 없었기 때문에 멀리 상고시기까지를 소급하여 서술하였지만, 반고의 『한서』는 한 왕조를 서술하는데 그치면서도 먼 시대까지 소급하여 서술하였다. 이러한 습관이 한 번 일어나자 떠받들어 유행되었다)

尋馬遷『史記』, 上自軒轅, 下窮漢武, 疆宇修闊, 道路綿長. 故其自敍始於氏出重黎, 終於身爲太史. 雖上下馳騁, 終不越『史記』之年.(釋 : 自此乃頂接史公, 開出議論) 班固『漢書』, 止敍西京二百年事耳. 其自敍也, 則遠徵令尹, 起楚文王之世; 近錄『賓戱』, 當漢明帝之朝. 苞括所及,(一作'聞') 逾於本書遠矣. 而後來敍傳, 非止一家, 競學孟堅, 從風而靡. 施於家諜,(一作'譜') 猶或可通, 列於國史, 多(一作'每')見其失者矣.(釋 : 此爲初段議論, 言遷史本無斷限, 故遠溯源流. 班書止述本朝, 而亦追敍遠代. 此習一起, 攀仰成風)

9 『한서』 권100상 · 하, 「서전(敍傳)」 상 · 하에, 반씨(班氏)의 선조는 초나라 영윤 자문(子文) 이후 마지막 「답빈희」까지이다. 시기는 명제(明帝) 영평(永平 : 58-75) 연간이었다고 했다. 사마천은 「태사공자서」에서 사관(史官)의 유래를 소급하였지만 반고는 성씨에 대한 서술에 그쳤기 때문에 『사통(史通)』이 비판한 것이다.

32-3

자서(自敍)를 쓰는 의(義)로서 만약 자기의 단점을 숨기고 그 장점을 드러내면서도 그 말이 사실과 어긋남이 없다면 곧 실록(實錄)이 된다. 그러나 사마상여(司馬相如)의 자서(自敍)에서는 오히려 자기의 손님인 임공(臨邛)과 훔쳐온 처인 탁문군(卓文君)을 기록하면서[10] 『춘추(春秋)』에서 은휘(隱諱)하였던 것을 오히려 미담(美談)으로 하였다.[11] 비록 사실이 허위는 아니었지만 도리로는 취할 수 없는 일이다. 그것을 전기(傳記)에 끌어들이는 것이 어찌 부끄럽지 않은가? 또한 왕충(王充 : 27-100)의 『논형(論衡)』「자기(自紀)」편에는, 그의 선조와 부친이 변변치 못하여 고을에서 놀림을 받자, '고수(瞽叟)는 매우 나빴지만, 순은 신성하였고, 곤(鯀)은 나쁜 사람이었지만, 우(禹)는 성인(聖人)이었다'라고 대답한 것을 적고 있다.[12] 자서

10 『한서』 권57상, 「사마상여전」 상에, 상여(相如)가 양(梁)나라를 유람하다 돌아와 임공령(臨邛令) 왕길(王吉)과 함께 탁왕손(卓王孫)의 연회에 불려갔다. 당시 탁왕손의 딸 문군(文君)이 막 과부가 되었는데, 상여가 거문고로 마음을 유인하였고, 문군은 밤중에 상여에게 도망가 함께 급히 성도(成都)로 돌아갔다고 했다. 역주 : 이러한 내용은 『사기』 권117, 「사마상여열전」에도 자세히 언급되어 있다.

11 역주 : 『좌전』 성공(成公) 2년(B.C. 589)에, 초나라 신숙궤(申叔跪)가 무신(巫臣)에게 이르기를, '이상합니다. 선생께서 삼군(三軍)의 출동이라는 막중한 임무를 띠고 계신데, 또 뽕나무밭에서 남녀가 밀회하는 기쁨을 가지고 계신 것 같으니, 장차 남의 아내를 훔쳐서 도망하시려는 것 같습니다'라고 하였다. 무신은 정나라에 이르러 수행하는 사람에게 제나라에 가지고 가던 예물을 초나라로 돌려보내게 하고 자신은 하희(夏姬)를 데리고 떠났다고 하였다. 이러한 내용이 『좌전』에는 기록되어 있지만 『춘추』 경문(經文)에는 실려 있지 않은 것과 마찬가지라고 여겨 유지기가 이렇게 언급한 것이다. 程千帆, 『史通箋記』, p.162.

12 「자기(自紀)」편에, 왕충은 회계(會稽) 상우(上虞) 사람으로 자는 중임(仲任)이다. 그의 선조는 본래 위군(魏郡)에 살았는데 종군(從軍)에 공(功)을 세워 회계양정(會稽陽亭)에 봉해졌다. 그 후 제후국이 없어지고 집에서는 농상(農桑)을 업(業)으로 하였다. 세조(世祖) 용(勇)이 성격이 멋대로 인지라 원망하고 미워하는 자가 매우 많았다. 조부(祖父) 범(汎)이 가계를 꾸려나가면서 전당현(錢塘縣)에 안주하였고, 아들 둘 즉 장남 몽(蒙)과 차남 송(誦)을 낳았다. 송이 곧 왕충(王充)의 부(父)인데, 당시 호가(豪家) 정백(丁伯) 등과 사이가 좋지 않아 상우(上虞)로 이사를 하였다. 按 : 순(舜)의 부(父) 고

(自敍)에서 자신의 가세(家世)를 말하는 경우 마땅히 자기의 친족들이 이름을 떨친 것을 위주로 해야 하고, 정말 그러한 사람이 없을 경우에는 비워 두어도 좋다. 이렇듯 자기를 크게 자랑하면서 오히려 그 선조를 지나치게 욕보이는 것은 자기 아버지가 양(羊)을 도적질했다고 증명한 아이나,[13] 떠돌아다니며 공부하다가 돌아와서 모친의 이름을 부르는 아이[14]와 무엇이 다르겠는가? 만일 인륜(人倫)의 명분을 밝히는 가르침[名敎][15]으로 질책한다면 실로 3천 가지 죄 중 가장 큰 죄에 해당되는 사람[16]이 될 것이다.(釋 : 이 두 문단은 논지와 오히려 거리가 있다. 자서의 잘못을 말하면서 그 잘못은 과장에 있다고 했다. 그런데도 사마상여는 자신의 더러움을 꺼리지 않았고, 왕충은 자신의 출생을 막된 소리로 비난하였다. 이는 인정과 도리를 벗어난 것이다)

然自敍之爲義也, 苟能隱己之短, 稱其所長, 斯言不謬, 卽爲實錄. 而相如自序, 乃(舊訛'及')記其容游臨邛, 竊妻卓氏, 以『春秋』所諱, 持爲美

수(瞽叟)는 매우 나빴고, 우(禹)의 부 곤(鯤)은 나쁜 사람이었다고 한 말은 모두 「자기(自紀)에 나오는 말이다. 역주 : 이 말은 조상과 상관없이 그 후세에 걸출한 자손이 나올 수 있다는 생각을 왕충이 「자기(自紀)」편에서 밝히고자 한 말 중에 나오는 말이다. 자신의 걸출함을 자랑하기 위해 자신의 조상이 변변치 못함을 언급하였다.

13 역주 : 『논어』 「자로(子路)」편에, 섭공(葉公)이 공자께 말하기를, '우리 마을에 행실이 정직한 사람이 있습니다. 그 아비가 양(羊)을 훔친 것을 아들이 증명하였습니다'라고 하니, 공자께서, '우리 마을의 정직한 사람은 그와 다릅니다. 아비는 자식을 위해서 숨기고 자식은 아비를 위해 숨기나니 그 가운데 정직함이 있는 것입니다'라고 한 문장을 인용한 것이다.

14 『전국책(戰國策)』 「위책(魏策)」 3에, 송나라에 어떤 사람이 공부하러 갔다가 3년 만에 집에 돌아와 자기 어머니의 이름을 불렀다. 그 어머니가 '내 이름을 부르는 것은 무슨 이유인가?'라고 하자 아들이 '요(堯) · 순(舜)은 성인이지만 모두 이름을 부르고, 천지만큼 위대한 것도 없지만 이름을 부른다. 어머니께서는 어짐[賢]에 있어서 요와 순에 미치지 못하고, 위대함에 있어서는 천지에 미치지 못한다. 때문에 어머니 이름을 부른 것'이라고 하자 그 어머니는, '네가 배운 도리에 대하여 완전히 실행하고 있다고 생각하느냐? 학습한 바를 실행하지 못한 바 있거든 원컨대 너는 잠시 어머니 이름을 부르는 것을 뒤로 미루라'고 하였다.

15 역주 : 위진(魏晉)의 명교에 대한 해석에 대하여는 程千帆, 『史通箋記』, pp.162-163 참조.

16 『효경(孝經)』 「오형(五刑)」편에, 공자가 말하기를 오형(五刑)에 속하는 것이 모두 3,000종류가 되지만, 그 죄 가운데 불효보다 큰 것은 없다고 했다.

談. 雖事或非虛, 而理無可取. 載之於傳, 不其愧乎! 又王充『論衡』之『自紀』也, 述其父祖不肖, 爲州閭所鄙, 而已答以瞽頑舜神, 鯀惡禹聖. 夫自敍而言家世, 固當以揚名顯親爲主, 苟無其人, 闕之可也. 至若盛矜於己, 而厚辱其先, 此何異証父攘羊, 學子名母? 必責以名教, 實三千之罪人也.(釋 : 此兩屠與論旨反離, 言自敍之過, 過在鋪張. 而相如不嫌自汙, 王充醜詆所生, 是出情理之外者)

32-4

무릇 자기 스스로 잘났다고 뽐내며 중매 없이 시집가는 것은 사인(士人)의 여자로서 못난 행위이다.[17] 그러나 다른 사람이 자기를 알아주지 않아도 군자는 그것을 부끄러운 일로 여기지 않는다.[18] 공자의 『논어(論語)』에, "10호(戶)쯤 되는 조그만 읍(邑)에도 반드시 나처럼 충신(忠信)한 사람이 있지만, 나처럼 학문을 좋아하는 사람은 없을 것이다"[19]라고 하였다. 또한, "(증자가 말씀하기를) 나는 날마다 내 몸을 살피노니, 남을 위하여 일을 도모해 줌에 정성을 다하였던가? 벗들과 더불어 서로 사귀면서 신의를 다하였던가?"[20] 또 이르기를 "문왕(文王)은 이미 세상을 떠났지만 문(文)[성인의 도]은 이 몸에 있지 않느냐?"[21]라고 하였으며, "(증자가

17 역주 : 『한시외전(韓詩外傳)』 권2, 『설원(說苑)』 「존현(尊賢)」편, 『포박자』 「정곽(正郭)」편, 『조자건문집(曹子建文集)』 권8, 「구자시표(求自試表)」 등에 보이는 내용이다. 陳漢章, 『史通補釋』, pp.768-769 참조.

18 역주 : 『논어』 「학이(學而)」편에, 공자께서 말씀하시기를, '남이 알아주지 않더라도 서운해 하지 않는다면 군자가 아니겠는가', '남이 자신을 알아주지 못함을 걱정하지 말고, 내가 남을 알지 못함을 걱정해야 한다'라고 하였다.

19 역주 : 『논어』 「공야장(公冶長)」편.

20 역주 : 『논어』 「학이(學而)」편.

말씀하기를) 유능하면서도 무능한 사람에게 묻고, 학식이 많으면서도 과문(寡聞)한 사람에게 물으며, 있어도 없는 것처럼 여기고, 가득해도 빈 것처럼 여기며, 자신에게 잘못을 범하여도 따지지 않는 것을, 옛 적에 내 벗이 이 일찍이 이 일에 종사하였었다"[22]고 하였다. 성현(聖賢)들은 말을 남길 때에 때때로 자신의 재능을 크게 드러내거나, 혹은 완곡한 어조로 자기의 의사를 암시하거나, 혹은 겸손한 말로 자신의 행적을 보여주었지만, 시종 성난 듯 자기자랑을 눈을 부릅뜨고 하지 않았고 격동적으로 공언(公言)을 하지도 않았다. 뿐만 아니라 공자는 제자들에게 "각기 자네들의 생각을 말해보아라"라고 지시하였는데 유(由)의 겸손하지 못한 태도가 공자에 의해 무례하다고 비웃음을 받았다.[23] 양웅(揚雄)[24] 이후를 하나하나 살펴보면 어떤 사람들의 자서(自敍)에는 자기를 스스로 뽐내고 떠받드는 것을 가장 중요한 것으로 삼기 시작하였는데, 위 문제(魏文帝)[25] · 부현(傅玄 : 217-278)[26] · 도매(陶梅)[27](오기(誤記)인 것 같다. '매도(梅陶)'라고 해야 맞을

21 역주 : 『논어』 「자한(子罕)」편.

22 역주 : 『논어』 「태백(泰伯)」편.

23 역주 : 『논어』 「선진(先進)」편에 공자가 네 제자 즉 자로(子路) · 증석(曾晳) · 염구(冉求) · 공서화(公西華) 등과 대화를 나누는 과정에서 나온 문장이다. 네 제자들의 장래의 뜻을 물으며 각자의 포부를 스스로 말하게 한 것이다. 다만 자로 즉 유(由)의 말에 겸양하는 빛이 없음을 탓한 공자의 말을 인용한 것이다. 이 부분은 『논어』 가운데 가장 긴 문장으로 구성되어 있다.

24 『한서』 권87, 「양웅전」 안사고(顔師古)의 주(注)에, 진작(晉灼)은 진(晉)의 대부에 양후(揚侯)는 없다고 했고, 안사고는 양웅은 자서(自敍)한 보첩(譜牒)에서는 양후(揚侯)라 칭했는데 잘못된 것이다. 이에 근거하여 「양웅전」은 모두 그가 쓴 '자서'임을 알 수 있고, 그 말은 반드시 받은 바가 있을 것이다. 앞의 '사마상여(司馬相如)의 자서(自敍)'의 주(注)에서 이미 살핀 바 있다.

25 『전론(典論)』 「자서(自序)」에서는 동탁(董卓)을 평정한 일, 장수(張繡)로부터 벗어난 일과 활쏘기 · 격검(擊劍) · 바둑두기 등에 관한 일을 차례대로 서술하여 모두 담고 있다. 역주 : 위 문제 조비(曹丕; 187-226)의 『전론』 「자서」는 『삼국지』 권2, 「위서」 「문제기(文帝紀)」 마지막 부분의 배송지 주(注)에 인용되어 있다.

26 현(玄)의 자는 휴혁(休奕)이다. 「서사(書事)」편에 보인다. 『부자(傅子)』 3편을 지었는데 「자서(自敍)」는 보이지 않는다. 역주 : 『진서(晉書)』 권47에 열전이 있다.

27 이 사람에 대하여는 자세히 살필 방법이 없다. 다만, 『세설신어(世說新語)』 「방정(方正)」편 주(注)에, 매이(梅頤)의 제(弟) 도(陶)는 자가 숙진(叔眞)이고 왕돈(王敦)의 자의

것이다) · 갈홍(葛洪 : 283-343)[28] 같은 사람들에 이르러서는 또 그들보다 더하였다. 무엇 때문에 이렇게 말하는가? 자신에게 작은 선행(善行)이 있거나 아주 작은 능력이라도 있으면 그 모두를 세세하게 가려내어 말하고 그 내용을 반드시 기재하였다. 이것이 어찌 성인의 가르침을 본받아 밝히고[29] 겸손으로써 스스로를 수양하는 것이겠는가?(釋 : 이 구절은 본「序傳」편의 바른 지적으로 「자서(自敍)」를 통해 지나치게 뽐내는 것을 규제하였다)

夫自媒自衒, 士女之醜行. 然則人奠我知, 君子不(舊作'所', 誤)恥. 案孔氏『論語』有云 : "十室之邑, 必有忠信", "不如某之好學也."又曰 : "吾每自(一依經作'日三')省吾身, 爲人謀而不忠乎? 與朋友交而不信乎?"又曰 : "文王旣沒, 文不在茲乎?"又曰 : "吾之先(一依經作'昔者吾')友, 嘗從事於斯矣."則聖達之(舊無'之'字)立言也, 時亦揚露己才, 或托諷以見其情, 或選(與'巽'通)辭以顯其迹, 終不盱衡自伐, 攘袂公言. 且命諸門人"各言(一作'見')爾志, 由也不讓, 見嗤無禮. 歷觀揚雄已降, 其自敍也, 始以夸尙爲宗. 至魏文帝 · 傅玄 · 陶梅(恐誤, 或當作'梅陶') · 葛洪之徒, 則又逾於此者矣. 何則? 身兼片善, 行有微能, 皆剖析具言, 一二必載. 豈所謂憲章前聖, 謙以自牧者歟?(釋 : 此節乃本篇正諷, 爲自敍誇尙者進規)

참군(咨議參軍)을 지냈다고 했다. 『진서(晉書)』에, 조적(祖逖)의 형 납(納)이 매도(梅陶)에게 묻기를, '그대의 향리에는 월단평(月旦評)을 한다고 들었는데 어떠합니까'라고 하니, 내답하기를 '신(善)을 장려하고 악(惡)을 징계하는 훌륭한 법이지요'라고 하였다. 왕은(王隱)이 곁에 있다가 '『상서』에는 3년 동안 그 행적을 살핀다고 하였는데 어찌 매월 포폄을 행한다는 것입니까'라고 하니 도(陶)가 말하기를 '그것은 관법(官法)이고, 월단평은 사법(私法)이다'라고 하였다. 按 : 도(陶)가 태어난 곳이 허소(許劭)의 고향이고 논의를 좋아하였으니 자서(自敍)를 지은 사람이 혹 이 사람이 아닐까.

28 『포박자(抱朴子)』「자서(自敍)」에, "나는 많은 책을 보고 자료를 모아 그 중 정요(精要)한 것을 모았다. 혹자가 말하기를, '옥 가루가 한 수레 가득해도 온전한 옥[璧]만 못하다'라고 하자, 대답하길, '수영하던 사람이 진주를 따게 되면 조개는 버린다. 형산(荊山)에 오르는 자가 옥(玉)을 줍고 돌은 버린다. 내가 공작과 취조(翠鳥)의 깃털을 줍고 소뿔과 상아를 버리는 것과 같다'라고 했다." 『포박자』「자서」에 보이는 세계(世系)는 『진서(晉書)』 권72, 「갈홍전」에 그 대략이 인용되어 있다.

29 역주 : 『예기』「중용(中庸)」편에, 중니(仲尼)는 요순(堯舜)을 조술(祖述)하고, 문무(文武)를 본받아 밝혔다[憲章]고 했다.

32-5

또한 근고(近古)의 사람들은 문벌[閥閱]을 말하길 좋아하였다. 한미(寒微)한 집안으로 아주 오랫동안[百代] 아무런 이름도 알려지지 않았다가 후손들 중에 특출한 인물이 탄생하여 갑자기 현귀(顯貴)해지면,[30] 자기 일족(一族)의 세계(世系)를 소급하여 서술하면서 자기들을 선철(先哲)의 후대라고 망녕되게 말하지 않는 사람이 없다. 예컨대 의보(儀父)와 진탁(振鐸)은 모두 조씨(曹氏)의 선조가 되었고,[31] 순유(淳維)(당연히 시균(始均)이라고 해야 한다)와 이릉(李陵)은 모두 탁발씨(拓跋氏)의 시조라고 불렀다.[32] 하내(河內) 사마씨(司馬氏)의 조상에 대하여 사마천(司馬遷)과 사마표(司馬彪: 262-?)의 관점이 같지 않고,[33] 오흥(吳興) 심씨(沈氏)의 조상에 대하여 심약(沈約)과 심

30 역주:『논어』「옹야(雍也)」편에, "공자께서 중궁(仲弓)을 논평하여 말씀하시기를, '얼룩소의 새끼가 털이 붉고 뿔이 제대로 났다면[騂而角] 비록 그것을 제물(祭物)로 쓰지 않으려 하나 산천의 신이야 어찌 그것을 버리려 하겠느냐?'"라는 문장을 인용한 것이다.

31 『대대례기(大戴禮記)』「제계(帝繫)」편에, 전욱(顓頊)의 현손(玄孫) 육종(陸終)이 귀방씨(鬼方氏)를 아내로 맞아 여섯 아들을 낳았다. 다섯 째 아들이 안(安)이었는데, 바로 이 사람의 성이 조(曹)이다. 조성(曹姓)은 주씨(邾氏)이다. 정초(鄭樵)의『통지』「씨족략(氏族略)」에, 무왕(武王)이 안(安)의 후손 주협(邾挾)을 부용(附庸)으로 봉하였다. 이후 의보(儀父)에 이르러 비로소 경문(經文)에 보였다. 按: 주의보(邾儀父)는 곧 조(曹)의 후예이지 조의 선조가 아니다. 유지기의 말이 조금 차이가 있다.『사기』에, 조(曹)의 숙진탁(叔振鐸)은 주 무왕(周武王)의 아우이다. 무왕이 은(殷)의 주(紂)를 멸망하고 숙진탁을 조(曹)에 봉했다고 했다.

32 『위서(魏書)』 권1,「서기(序紀)」에, 황제(黃帝)는 토덕(土德)으로 천하의 군주가 되었다. 북방의 풍속에 '토(土)'를 '탁(托)'으로, '후(后)'를 '발(跋)'로 읽었다. 때문에 이를 씨(氏)로 한 것이다. 그 후예 시균(始均)은 요(堯)임금의 시대에 벼슬하여 전조(田祖)에 명해졌다. 삼대(三代)의 시기를 거치는 동안 시균의 후예들이 남쪽의 제하(諸夏)와 교류가 없었다. 67세(世)가 지난 후 성제(成帝)에 이르러 휘(諱)를 모(毛)라고 하였는데 그 위세가 북방에 떨쳤다.『송서(宋書)』 권95,「색로전(索虜傳)」에, 색두로(索頭虜)의 성(姓)은 탁발(拓跋)로서 그들의 선조는 이릉(李陵)의 후예들이라고 했다.(역주: 이 같은 이야기는 본래 최호(崔浩)에 의해 제기된 것이다. 程千帆,『史通箋記』, p.165 참조) 按: 구본(舊本)에는 시균을 순유(淳維)라고 하였다. 순유는 흉노의 먼 조상으로써 탁발과는 아무런 관련이 없다. '탁(拓)'은 '탁(托)'·'탁(託)'과도 같은 의미이다.

형(沈炯)의 말이 다르다.[34] 이러한 관점은 모두 공자가 취률(吹律)에 근거하고 꿈에 자기가 두 기둥 사이에 자리잡고 있는 것을 본 것에 근거하여 자기는 은나라 사람의 후손이라고 인정하고 있는 것[35]과 달리 직접 경사(經史)에 근거하여 스스로 모순을 드러내었다. 즉 양씨는 서촉(西蜀)에 살면서 백교(伯僑)의 후예라고 말하고,[36] 반씨(班氏)는 삭방(朔方)에서 영웅을 칭하면서 자신들을 웅역(熊繹)의 후손이라 말하고 있지만[37] 아마 모두 스스로가 지어낸 이야기로 사실과는 큰 차이가 있다는 것을 알 수 있다. 대개 제사를 지내지 말아야 할 귀신에게 아첨하여 제사를 지내면,[38] 귀신은 제수(祭需)를 흠향하지 않고,[39] (자신의 부모를 존중하지 않고) 다른

---

33 按 : 『사기』 권130, 「태사공자서」와 『진서(晉書)』 권1, 「선제기(宣帝紀)」에는 모두 한나라 초 하내(河內) 사마앙(司馬卬)을 조상으로 하고 있다. 『사통(史通)』이 '사마표의 관점과 다르다'라고 한 것은 사마표의 『구주춘추(九州春秋)』에 성별(性別) 조상을 서술한 것을 말하지만 좀 더 살펴보아야 한다.

34 『송서(宋書)』 권100, 「자서(自序)」에, 심자국(沈子國)은 지금의 여남(汝南) 평여(平輿) 심정(沈亭)이다. 후에 와서 국호인 심을 성씨로 하였다. 한나라 때 심융(沈戎)이 있었는데 그의 자는 위경(威卿)이었다. 광무제가 그를 해혼현후(海昏縣侯)에 봉했지만 사양하고 받지 않았으며, 회계(會稽) 오정현(烏程縣)의 여불향(餘不鄕)으로 피하여 옮겨 살았다. 그리고는 대대로 거주하였다. 순제(順帝) 때 회계를 나누어 오군(吳郡)으로 하였고, 영제(靈帝) 때 오정(烏程)을 나누어 영안(永安)으로 하였다. 오나라 손호(孫皓) 때 오군(吳郡)을 나누어 오흥군(吳興郡)으로 하였다. 진(晉)이 오나라를 멸망한 후 영안(永安)을 무강(武康)이라 고쳤다. 사신(史臣)[沈約]의 7세조 심연(沈淵)이 처음 현의 동쪽 박륙리(博陸里) 여오촌(餘烏村)에 거주하였다고 했다. 『남사(南史)』 권69, 「심형전(沈炯傳)」에도 오흥(吳興) 무강(武康) 사람이라고 했다. 『사통』에서 말한 '신형의 말과는 다르다'라고 한 것이 어디에 근거한 것인지 자세하지 않다.

35 이 구절은 어느 책을 인용한 것인지 분명하지 않다.

36 『한서』 권87상, 「양웅전(揚雄傳)」 상에, 그 조상은 유주(有周)의 백교(伯僑)로부터 나왔다. 그 지서(支庶)가 처음으로 진(晉)의 양(揚) 땅에 식읍(食邑)과 채읍(采邑)을 받았으므로 이를 성씨로 하였다고 했다.

37 『한서』 권100상, 「서전(敍傳)」 상에, 반씨의 선조는 초(楚)와 동성(同姓)으로 영윤(令尹) 자문(子文)의 후손이다. 자문이 출생했을 때 호랑이가 젖을 먹였다. 따라서 초나라 사람들이 호랑이 반씨라고 불렀고 그리하여 이를 성씨로 하였다고 했다. 按 : 웅석(熊釋)은 초의 선군(先君)이다.

38 역주 : 『논어』 「위정(爲政)」편에, "공자가 말씀하기를, '그 제사지내어야 할 귀신이 아닌 것을 제사하는 것은 아첨함이요[非其鬼而祭之, 諂也]'"라고 하였다.

39 역주 : 『좌전』 희공(僖公) 10년(B.C. 650)에, "신(臣)[狐突]이 듣건대, 귀신은 제사 지낼

사람의 부모를 존경하고 중히 여기는 사람은 도덕에 어그러진 행위를 하는 것이다.[40] 무릇 서전(敍傳)을 짓는 사람들은 마땅히 이러한 도리를 분명하게 잘 알아야 한다. 알지 못하는 것을 말하지 않고 가만히 있는 것[41]이 무슨 지장이 있겠는가?(釋 : 끝 구절은 제사를 지내지 말아야 할 귀신을 함부로 계승하여 과장한 정황은 숨길 수 없다고 했다)

又近古人倫, 喜稱閥閱. 其蓽門寒族, 百代無聞, 而騂角挺生, 一朝暴貴, 無不追述本系, 妄承先哲. 至若儀父·振鐸, 並爲曹氏之初; 淳維(當作'始均')·李陵, 俱稱拓拔之始. 河內(舊訛作'南')馬祖, 遷·彪之說不同; 吳興沈先, 約·炯('先約炯'一作'約先後', 非)之言(一作'序')有異. 斯皆不因眞律, 無假寧楹, 直据經史, 自成矛盾. 則知揚姓之寓西蜀, 班門之雄朔野, 或胄纂伯僑, 或家傳熊繹, 恐自我作故,(舊作'古') 失之彌遠者矣. 蓋諂祭非鬼, 神所不歆; 致敬他親, 人斯悖德. 凡爲敍傳, 宜詳此理. 不知則闕, 亦何傷乎?(釋 : 末節極之於冒承非鬼, 而誇情莫遯矣)

按 : 이 편은 무엇 때문에 지은 것인가? 왜냐하면 사가들이 자서(自序)를 전체 사서의 가장 끝에 두기 때문에 쓴 것이다. 『사기(史記)』 이래 자서를 쓴 사람은 『한서(漢書)』를 지은 반고(班固), 『송서(宋書)』를 지은 심약(沈約), 『남사(南史)』·『북사(北史)』를 지은 이연수(李延壽) 등과 『사기』를 지은 사마천 모두 네 사람이다. 그리고 비슷한 것이 사마상여(司馬相如)와 양웅(揚雄) 등에게 있는데, 사전(史傳)이 곧 그들의 자전(自傳)이었다. 왕충(王充)·

사람이 아닌 사람이 지내는 제사는 흠향 하지 않고, 백성은 다른 족속의 신에게 제사를 지내지 않는다고 합니다"라고 하였다. 또 희공 31년(B.C. 629) 겨울에도, 귀신은 그 자손이 지내는 제사가 아니면 그 제사를 흠향 하지 않는다는 내용이 보인다.

40 『효경(孝經)』「성치(聖治)」편에, 자신의 부모를 사랑하지 않으면서 남을 사랑하는 자를 일러 패덕(悖德)이라 하고, 자신의 부모를 공경하지 않으면서 남을 공경하는 자를 일러 패례(悖禮)라고 한다고 했다. 역주 : 이는 자신의 조상을 소급하여 서술하면서 결국 남의 조상을 표양(表揚)하는 행위를 비판한 것이다.

41 역주 : 『논어』「자로(子路)」편에, 공자가 말씀하기를, "비속하구나 유(由)여! 군자는 자기가 알지 못하는 것에는 말하지 않고 가만히 있는 것이다"라고 하였다.

위 문제(魏文帝)·매도(梅陶)·갈홍(葛洪) 등 본집(本集) 중에 그 자서(自序)가 보이는 사람들은 모두 비슷한 예로 찾아내어 설명하고 그것을 빌려 자신의 생각을 넌지시 드러내었다. 사마천[龍門]의 자서(自序)가 가장 최초의 모식(模式)이었고, 반고가 이를 따라 계승하였으며, 예컨대 사마상여가 자신이 처를 훔쳐왔다는 사실을 기록한 것과 왕충이 조상의 변변치 못함을 기록한 것은 명교(名敎)를 어기는 것이라 생각한다. 과장을 하거나 선철(先哲)을 망녕되이 계승하는 것 역시 자서의 서술원칙을 넘어서는 것이었다. 이 같은 유지기의 평론은 정확하고 조리 있는 것이었다.(후일 사관(史館)에서 각기 나누어 편찬함에 따라 서전(序傳)의 체례는 없어졌다)(篇何以作, 爲史家以自序殿全史而作也. 『史記』而下有自序者, 『漢』之班·『宋』之沈·『南』·『北史』之李, 與史遷而四耳. 而旁及於相如·揚雄者, 史傳卽其自傳也. 于及於王充·魏文·傅玄·陶·葛諸人序見本集字, 觸類而長, 藉以起諷也. 以龍門爲初式, 以蘭臺爲踵事, 以洗身證祖爲失體, 以誇尙妄承爲進規, 核而辯.(迨後官局分編, 序傳之例遂廢))

이 편은 당연히 앞의 「서례(序例)」편과 「제목(題目)」편 중간에 두어야 하는데 이곳에 배치한 것은 아마도 잘못일 것이다.[42](篇當次前「序例」·「題目」之間, 恐是錯簡)

당나라 유중부(柳仲敷)가 '씨족(氏族)'을 논하며 이르기를,[43] 천자는 국가를 다스리기 위하여 덕이 있는 사람을 뽑아 그가 태어난 지명을 성(姓)으로 하사하였다. 나라 이름을 성으로 한 것은 제(齊)·노(魯)·진(秦)·오(吳)가 있고, 시호의 경우 문(文)·무(武)·성(成)·선(宣), 관명의 경우 사도(司徒)·사마(司馬), 작위의 경우 왕손(王孫)·공손(公孫), 자(字)의 경우 맹손(孟孫)·숙손(叔孫), 거주하는 지역의 경우 동문(東門)·북곽(北郭), 지명으로 하는 경우 삼오(三烏)·오록(五鹿), 종사하는 직업으로 하는 경우 무(巫)·을

42 역주 : 『사통』의 편차(編次)와 관련하여 포기룡의 지적처럼 「서전(序傳)」편의 배열이 잘못된 것은 아니라는 견해도 있다. 張振珮, 『史通箋注』, p.335

43 역주 : 이하 『신당서』 권199, 「유학열전(儒學列傳)」 中, 「유충전(柳冲傳)」에 보이는 문장이다.

(乙) · 장(匠) · 도(陶) 등이 있어서 하사 받은 성씨(姓氏)가 매우 다양하였다. 진(秦)의 분서갱유로 인해 학술이 소멸하면서 공후(公侯)의 자손은 원래의 전승을 잃게 되었다. 한(漢)나라에 와서 비로소 현명하고 능력 있는 관리를 선임하는 '상관(尙官)'제를 시행하였다. 7상(相)과 5공(公)이 이로 인해 생겼다. 위(魏)나라 때 9품(品)을 세우고 중정관(中正官)을 두어 귀족의 후예를 높이고 빈천한 출신의 사인(士人)을 경시하였다. 진(晉) · 송(宋)이 이를 그대로 따랐고, 가필(賈弼) · 왕홍(王弘)의 보학(譜學)이 흥성하였다. 보첩을 연구하는 기구(譜局)가 설치된 후 사직(史職)에 보첩을 편수(編修)하는 사람이 포함되었다. 강남의 경우 교성(僑姓)이라 불리는 세족(世族), 산동(山東) · 관중(關中)의 경우 군성(郡姓), 대북(代北)의 경우 로성(虜姓)이 있었다. 삼세(三世)에 걸쳐 삼공(三公)을 배출한 경우 고량(膏粱), 상서령(尙書令) · 상서복야(尙書僕射)를 역임한 경우 화유(華腴), 상서(尙書) · 영(領) · 호(護) 이상의 경우 갑성(甲姓), 9경(卿) · 방백(方伯)의 경우 을성(乙姓), 산기(散騎) · 태중(太中)의 경우 병성(丙姓), 이부정원랑(吏部正員郎)의 경우 정성(丁姓)이라 하여 이들을 '4성(四姓)'이라 불렀다고 했다. 또 『당서(唐書)』「고검전(高儉傳)」에 이르기를,[44] 태종(太宗)은 사람들이 문벌을 숭상하여 금전을 주고받는 매매혼이 성행함을 알고 조서를 내려 고검(高儉)과 위정(韋挺) 등에게 천하의 보첩을 조사하고 사전(史傳)을 참고하여 그 진위(眞僞)를 검정(檢正)하게 하였다. 충현(忠賢)을 높이고, 패악(悖惡)을 물리치며, 종실(宗室)을 앞에, 외척(外戚)을 뒤에 위치시켰다. 신흥 문벌을 억제하고, 옛 망족(望族)을 높였다. 고량(膏粱)을 높이고, 한문(寒門)을 낮추었다. 합계 293성(姓), 1651가(家)를 9등급으로 정리하고 이를 『씨족지(氏族志)』라 불렀다. 후에 이의부(李義府)가 자신의 가문이 명성이 없음을 부끄럽게 여기자, 다시 공지약(孔志約) · 양인경(楊仁卿) 등에게 『씨족지』를 중수하도록 명하여 체계와 규칙을 고치고 증감하게 하면서 관품의 고하에 따라 그

44 역주 : 『구당서』 권65, 「고사렴전(高士廉傳)」.

순서를 배열하여 『성씨록(姓氏錄)』이라 칭하였다. 당시의 진신(縉紳)들이 이를 부끄럽게 여기고 입공(立功)이나 관계(官階)를 나타내는 훈격(勳格)이라 비난하였다. 정초(鄭樵)[漁仲]가 지은 『통지(通志)』는 오계(五季) 이래 각종 지록(志錄)이 모두 산일(散佚)되었다고 하였다. 보주(譜冑)의 원류(源流)와 흥폐(興廢) 가운데 살필 수 있는 것은 이와같다. 사서에서 말한 매혼(賣婚)을 통해 재산을 요구하는 것은 염치가 무너졌음이다. 다시 그 위에 풍기(風氣)의 교화가 점차 약화되고 보록(譜錄)이 모두 없어졌다. 왕공귀족은 모두 이미 지니고 있던 가산(家産)을 탕진하고, 일반 사인(士人)들은 예로부터 전해온 도덕전통을 잃었다. 그러나 수심(水心) 엽씨(葉氏)는 또 말하기를, 숙향(叔向)은 난(欒)·극(郤)·서(胥)·원(原)·호(狐)·속(續)·경(慶)·백(伯) 등 세가귀족이 평민이나 노예로 떨어졌기 때문에 공실(公室)의 쇠미(衰微)를 우려하였다. 만약 지향하는 바가 우국(憂國)에 있지 않고, 행위가 평민을 위한 것이 아니고 단지 일개 문호(門戶)가 대대로 부귀와 총애를 누리기 위함이라면 즉 예컨대 진(晉)·송(宋)의 왕(王씨)·사(謝), 북방의 최(崔)·노(盧)와 같다면 숙손표(叔孫豹)가 말한 세록(世祿)이란 불후(不朽)가 아닌 것이다. 이 문장을 보았기 때문에 씨족과 관련한 이야기를 여기에 부기(附記)하였다.(唐柳仲敷論氏族曰 : 天子建德, 因生賜姓. 以國則齊·魯·秦·吳, 以謚則文·武·成·宣, 以官則司徒·司馬, 以爵則王孫·公孫, 以字則孟孫·叔孫, 以居則東門·北郭, 以地則三烏·五鹿, 以事則巫·乙·匠·陶. 于是受姓命氏, 粲然衆矣. 秦旣滅學, 公侯子孫, 失其本系. 漢始尙官, 七相五公所由興也. 魏立九品, 置中正, 尊世冑, 卑寒士. 晉·宋因之, 賈氏(弼)·王氏(弘)譜學興焉. 自有譜局, 史職皆具. 過江則爲僑姓, 山東·關中號郡姓, 代北則虜姓. 凡三世有三公者曰膏粱, 有令·僕者爲華腴, 尙書·領·護而上者爲甲姓, 九卿若方伯者爲乙姓, 散騎·太中者爲丙姓, 吏部正員郎爲丁姓, 謂之“四姓”. 又『唐書』「高儉傳」曰 : 太宗以人尙閥閱, 嫁娶取資, 謂之賣昏. 詔儉與韋挺等責天下譜牒, 參考史傳, 檢正眞僞. 進忠賢, 退悖惡; 先宗室, 後外戚; 退新門, 進舊望; 右膏粱, 左寒畯. 合二百九十三姓, 千六百五十一家爲九等, 號『氏族志』. 後李義府恥其家無名, 更令孔志約·楊仁卿等裁廣義例, 各以品位高下次之.縉紳恥焉, 目爲勳格. 至鄭漁仲作『通志』, 謂五季以來, 諸志錄皆

散佚云. 譜冑源流興廢可考見者如此. 史言賣昏求財, 汨喪廉恥. 至風敎又薄, 譜錄都廢, 而公靡常産之拘, 士亡舊德之傳矣. 然水心葉氏又言 : 叔向以欒 · 郤 · 胥 · 原 · 狐 · 續 · 慶 · 伯, 降在皂隷, 憂公室之卑矣. 若夫志不必憂國, 行不必及民, 但爲門戶, 世有顯寵, 如晉 · 宋王 · 謝, 北方崔 · 盧, 此叔孫豹所謂世祿, 非不朽也. 因閱此文, 附記其說)

「번생(煩省)」 제33

시대적인 배경에 따라 초기 사서(史書)의 상략(詳略)이 고르지 못한 문제는 이후 그 내용의 번잡함과 간결함[煩省]의 문제로 발전한다. 유지기는 따라서 이 문제와 관련하여 먼저 사서 내용의 많고 적음으로 번생(煩省)의 기준으로 삼던 옛 사례들을 간략하게 정리하고, 특히 근래의 사서가 번잡한 것 역시 시대의 변화에 따른 추세라고 인식하였다. 사료의 수집이 용이해지고 사서편찬에 종사하는 사람이 많아지면서 그들이 수집한 사료들이 많아짐에 따른 결과라고 이해하였다. 이러한 추세에도 불구하고 유지기는 사서에서 문장을 간요(簡要)하게 하는 것을 매우 중요하게 여겼다. 때문에 그는 앞서 「재문(載文)」편·「서사(敍事)」편·「서사(書事)」편 등에서 이들 사실을 기록하는데 있어서 내용의 번잡함과 문장의 과장됨으로 인한 번거로움을 거듭 비판하였는데도 불구하고 다시 이 「번생(煩省)편을 설정하여 이들 문제에 대한 커다란 기준을 제시하였다. 따라서 그는 사서의 '번생(煩省)'과 관련하여 "다만 사실을 터무니없이 기재하여 그 내용이 번잡한 곳이 없는가 혹은 사실이 누락되어 너무 간략하지 않았는가 하는 것만 살피면 된다. 반드시 당시 사정의 크고 작음으로 헤아리거나 편폭(篇幅)의 많고 적음으로 한정하는 것은 사리에 맞지 않는다"라고 한 말을 거듭 강조함으로써 그 기준을 명확히 하고 있다. 즉 유지기는 사실을 터무니없이 기재하는 것[妄載]과 당연히 기록되어야 할 내용을 누락된 것[闕書]을 기준으로 번생을 따졌던 것이지 단지 당시의 사정의 크고 작음이나 편폭의 많고 적음을 기준으로 한 것은 아니었다.

33-1

예전에 순자(荀子)가 말하기를, "연대가 먼 것은 간략하게 하고, 가까운 것은 상세하게 한다"(구본(舊本)에, "먼 것은 기록하고, 가까운 것은 간략하게 한다"라고 했는데, 잘못이다)[1]고 하였다. 그러므로 사서(史書)의 상략(詳略)이 고르지 못한 문제에 대하여 아주 오래 전부터 살펴 왔음을 알 수 있다.(釋 : 순자의 말은 본편(本篇)의 제목으로 삼아도 좋다. 두 구절이 이어져 있지만 제대로 이어진 것이 아닌 것 같다. 구본(舊本)이 잘못 전함으로써 「번생」편 전체와 모순된다) 간영승(干令昇)[2]은 『사의(史議)』에서 각 사가들의 역사서술에 대해 하나하

1 『순자(荀子)』「비상(非相)」편에, 전(傳)은 오래된 것은 논의를 생략하고, 가까운 것은 논의를 상세히 한다. 생략할 경우 큰 것만을 거론하고, 자세히 할 경우 작은 문제까지도 거론한다. 어리석은 사람은 그 생략만을 듣고 그 상세함은 모르고, 상세함을 듣고는 그 큰 것을 모른다. 按 : 문장의 잘못은 유협(劉勰)의 『문심조룡(文心雕龍)』으로부터 비롯되었다. 『문심조룡』에 이르기를, 순자가 먼 시대의 사실을 기록하고 가까운 시대의 것을 생략한다. 대체로 의심이 가는 것은 비워두는 것은 믿을만한 역사를 귀하게 여기기 때문이라고 했다. 의미가 역시 스스로 배치된다.

2 영승(令昇)은 간보(干寶)의 자(字)이다. 『이체(二體)』편에 그에 관한 내용이 보인다. 역주 : 진대(晉代)의 사가로써 『진기(晉紀)』·『춘추좌씨의외전(春秋左氏議外傳)』·『수신기(搜神記)』 등의 저작이 있다. 『진서(晉書)』 권82에 열전이 보인다. 『사의(史議)』는 현재 전하지 않는다.

나 비판을 하면서도 홀로 『좌전(左傳)』만을 칭찬하면서, "좌구명(左丘明)은 30권의 간약(簡約)함으로 240년간의 사실을 포괄하면서도 누락된 것이 없었다.[3] 이것은 저술[立言]의 우수한 표준이며, 저작의 훌륭한 본보기"라고 하였다. 또한 장세위(張世偉)[4]는 「반마우열론(班馬優劣論)」을 지어 말하기를, "사마천은 3천년간의 사실을 서술하면서 50만 자를 쓰고 반고는 240년간의 사실을 서술하면서 80만 자를 썼다. 이것은 반고가 사마천보다 못하다는 것을 말해준다"라고 했다. 그러한 즉 예로부터 사서의 번잡함과 간결함[煩省]을 논하는 사람은 모두 좌구명이 가장 훌륭하고, 사마천은 그 다음이며, 반고가 가장 못하다고 하였다. 위(魏)·진(晉) 이후 왕조의 수명이 매우 짧았음에도 불구하고 국사(國史)의 분량이 반고의 『한서』보다 적지 않았다. 이는 후세의 사서가 점점 더 번잡해지면서 그 결함이 점점 더 심해지고 있다는 것을 말해준다.(釋 : 가장 먼저 후세의 사서들이 더욱 번잡하다는 것을 논안(論案)으로 제시하고 먼저 간보(干寶)와 장세위(張世偉)의 의견을 들어 분별의 단서를 열었다)

昔荀卿有云 : 遠略近詳.(舊作'錄遠略近', 誤) 則知史之詳略不均, 其爲辨(舊作'患', 誤)者久矣.(釋 : 『荀子』語可作本篇題目, 二句承接, 竟似破承, 舊本傳訛, 遂與通篇牴牾) 及干令升『史議』, 歷詆諸家, 而獨歸美『左傳』, 云 : "丘明能以三十卷之約, 括囊二百四十年之事, 靡有孑遺. 斯蓋立言之高標, 著作之良模也."(並「史議」原文) 又張世偉著『班馬優劣論』, 云 : "遷敍三千年事,

---

3 역주 : 이 말은 「이체(二體)」편에도 보인다. 그리고 『좌전』 30권은 은공(隱公 : B.C. 722-712, 재위 11년 : 제1권)·환공(桓公 : B.C. 711-694, 재위 18년 : 제2권)·장공(莊公 : B.C. 693-662, 재위 32년 : 제3권)·민공(閔公 : B.C. 662-660, 재위 2년 : 제4권)·희공(僖公 : B.C. 659-627, 재위 33년 : 제5-7권)·문공(文公 : B.C. 626-609, 재위 18년 : 제8-9권)·선공(宣公 : B.C. 608-591, 재위 18년 : 제10-11권)·성공(成公 : B.C. 590-573, 재위 18년 : 제12-13권)·양공(襄公 : B.C. 572-542, 재위 31년, 제14-19권)·소공(昭公 : B.C. 541-510, 재위32년 : 제20-26권)·정공(定公 : B.C. 509-495, 재위 15년 : 제27-28권)·애공(哀公 : B.C. 494-468, 재위 27년 : 제29-30권)으로 구성되어 있다.

4 세위(世偉)는 장보(張輔)의 자(字)이다. 「감식(鑒識)」편 주)14를 참조. 역주 : 「반마우열론」에 대한 다양한 논의는 程千帆, 『史通箋記』, pp.165-166 참조.

五十萬言; 固敍二百四十年事, 八十萬言. 是班不如馬也."(並「優劣論」原文) 然則自古論史之煩省者, 咸以左氏爲得, 史公爲次, 孟堅爲甚.('甚', 舊作'非', 恐誤) 自魏·晉已還, 年祚轉促, 而爲其國史, 亦不減班『書』. 此則後來逾煩, 其失彌甚者矣.(釋 : 首提後史益煩爲論案, 乃先擧干, 張兩議, 以啓辨端)

33-2

나는 근래의 사서가 번잡하다고 생각하며 확실히 이러한 정황이 있다. 이는 고금(古今)의 시대가 같지 않고 추세가 그렇게 되도록 만들었기 때문이다.(釋 : '세(勢)'자를 내세우고 있다) 여기서는 그 본래의 뜻을 살펴 대략 논하고자 한다.(釋 : 이하 두 논의를 나누어 살폈다) 무엇 때문인가? 춘추시대에 제후들은 저마다 힘을 다해 싸우면서 각기 국경을 걸어 잠그고 적대(敵對)함으로 육로와 수로의 교통이 막혔다. 만약 어떤 나라에 길흉대사(吉凶大事)가 있을 경우 다른 나라를 통해 알게 되는데, 혹은 다른 나라에게서 길을 빌려서야 그 일을 듣게 되거나 혹은 동맹을 맺어 내왕함에 따라 사신을 통해 비로소 알게 된다. 만약 이렇게 하지 않으면 곧 그러한 사실을 알 수 없다. 노나라의 사서에 기록된 내용은 실재로 이러한 방법을 사용하였던 것이다. 예컨대 진(秦)·연(燕)이 서쪽과 북쪽 지역을 점거하고, 초(楚)·월(越)이 동쪽과 남쪽 지역을 크게 개척하면서, 지역은 한쪽으로 치우쳐 제융(諸戎)과 인접하였으며 사람들은 중원의 여러 나라와 왕래하기 어려웠다. 그러므로 그들에 대한 사적이 『춘추』에는 대부분 빠졌다. 뿐만 아니라 『춘추』에는 선공(宣公)과 성공(成公) 이전의 기록은 36년간을 한 권(卷)으로 구성하였고, 양공(襄公)·소공(昭公) 이후의 기록은 몇 해가 한 권을 차지하였다. 그러므로 서로 멀리 떨어져 있는 나라의 기록은 상세하지 못하고, 가까운 연대는 기록이 자세한 것을 알 수 있다.(原注 : 두예(杜預 : 222-284)는 『춘추석례(春秋釋例)』에서 말하기를, "문공(文公) 이전의 여섯 제후[六公]는 구체적으로 날짜를 기록한 것이 249일이고, 선공(宣公) 이후도 여섯 제후인데 구체적인 날짜를 기록한 것이 432일이다. 연수를 계산하면 대체로 서로 같지만 날짜 수는 오히려 이전의 것보다 두 배나 된다. 이것은 『춘추』 경에 대한 『좌전』의 주(注)에서 이미 알아차린 것이다. 按 : 앞뒤로 날짜를 적은 문장은 두예(杜預)의 『집해서소(集解序疏)』에 보인다. 어떤 책에는 '날짜를 적는다[書日]'를 모두 '나라를 적는다[書國]'로, 또 '『좌전』[傳者]'을 '유자(儒者)'로 쓰고 있는데 모두 틀렸다)[5] 이것은 좌구명(左丘明)이 듣고 본 것에 근거하여 쓴 『좌전』의 문장이니 어찌 고의로 간약(簡約)하게 한 것이겠는가?(釋 : 이 구절은 두 부분으로써 『좌전』의 간약화와 『좌전』의 추세를 말하고 있다. 하물며 『좌전』에도 역시 간약(簡約)하게 할 수 없는 때가 있었는데 간보(干寶)의 말이 어찌 정론(定論)이라 하겠는가!)

余以爲近史蕪累, 誠則有諸, 亦猶(古'由'通)古今不同, 勢使之然也.(釋 : 揭'勢'字是篇的) 輒求其本意, 略而論之.(釋 : 此下對兩議分辨) 何者? 當春秋之時, 諸侯力爭, 各閉境相拒, 關梁不通. 其有(一訛'言')吉凶大事, 見知於他國者, 或因假道而方聞, 或以通(一作'同')盟而始赴. 苟異於是, 則無得而稱. 魯史所書, 實用此道. 至如秦·燕之據有西北. 楚·越之大啓東南, 地僻界(一作'遠', 非)於諸戎, 人罕通於上國. 故載其行事, 多有闕如. 且其書自宣·成以前, 三紀而成一卷; 至昭·襄已下, 數年而(一作'各')占一篇. 是知國阻隔者, 記載(一作'事')不詳, 年淺近者, 撰錄多備.(原注 : 杜預『釋例』云 : 文公已上六公, 書日者二百四十九. 宣公已下亦六公, 書日者四百三十二. 計年數略同, 而日數加倍, 此亦久遠遺落, 不與近同也. 是則傳者注書已先覺之矣. 按 : 先後書日之文, 見杜氏『集解序疏』. 一本'書日'皆作'書國', 又'傳者'作'儒者', 並誤) 此(一作'左')丘明隨聞見而成傳, 何有故爲簡約者哉!(釋 : 此節兩層, 言左之約, 左之勢也. 況左亦有不能約之

---

5 역주 : 『춘추』의 날짜 기재 수가 『춘추장력(春秋長曆)』과 『진서(晉書)』 「율력지(律曆志)」에는 모두 779일이라 하였는데, 원주(原注)의 경우 합계가 681일인 점을 지적한 견해가 있다. 趙呂甫, 『史通新校注』, p.572 주)27 참조.

時, 干之言豈定論乎!)

33-3

한나라가 천하를 통일하면서 모든 토지와 백성들이[普天率土][6] 복종하지 않음이 없었다. 통계를 내고 그것을 정리하는 관리가 해마다 조정에 보고하고, 조정의 사신(使臣)들이 매달 지방 군국(郡國)에 파견되었다. 사관(史官)들은 경조(京兆)에 있으면서 사방의 사적(事迹)들을 수집할 수 있었기 때문에 만이(蠻夷)나 화하(華夏)의 사실을 막론하고 모두 알 수 있었고, 원근(遠近)에 관계없이 모두 수집할 수 있었다. 그러므로 한대(漢代) 사서의 편폭(篇幅)이 『춘추(春秋)』에 비해 배나 증가하였던 것이다.(釋 : 이 구절에서는 반고의 『한서』가 번거롭지 않을 수 없었던 추세를 말하고, 장세위(張世偉)가 그 점에서 사마천만 못하다고 했는데 마찬가지로 어찌 그것을 정론(定論)이라 하겠는가!)

及漢氏(一作'時')之有天下也, 普天率土, 無思不服. 會計之吏, 歲奏於闕廷; 輶軒之使, 月(一作'日')馳於郡國. 作者居府於京兆,('府'字舊訛在'京兆'下) 徵事於四方, 用使夷夏必聞, 遠近無隔. 故漢氏之史, 所以倍增於『春秋』也.(釋 : 此節言班有不得不煩之勢, 張乃以爲不如馬, 亦豈得爲定論乎!)

---

6 역주 : 『시경』 「소아(小雅)」 "북산(北山)"에, "넓은 하늘 아래 땅 왕의 땅이 아닌 곳이 없고, 모든 땅의 그 누구도 왕의 신하 아님이 없다[溥天之下, 莫非王土, 率土之濱, 莫非王臣]"라고 하였다.

33-4

시대가 내려와 후한(後漢) 때가 되면 작자들은 더욱 많아졌다. 이름난 주군(州郡)이나 커다란 도시에는 곳곳에 재주가 훌륭한 인재가 많았고, 문벌이 높은 귀족들에게는 대대로 재덕(才德)이 뛰어난 인물이 많았다. 지방의 노인들과 향리(鄕里)의 현사(賢士)들이 저마다 다투어 별록(別錄)을 편찬하고, 가첩(家牒)이나 종보(宗譜)에 각기 개인적인 전기(傳記)를 만들었다. 그러므로 사서를 편찬하는 사람들이 수집한 자료가 더욱 많아지게 되었던 것이다. 이것이 후한의 사서(즉 『후한서』이다)가 『한서』보다 더 번잡하게 된 까닭이다.(釋 : 반고로부터 시작하여 『후한서』의 번잡함을 말하면서 역시 추세가 그럴 수밖에 없음을 말하였다. 그러나 이제 범엽(范曄)의 『후한서』가 반고의 『한서』보다 편폭이 짧다고 했는데 이는 대체로 화교(華嶠)와 사침(謝沈)의 『후한서』를 들어 말한 것이다. 이 편의 끝에서 화교와 사침의 『후한서』가 반고와 사마천보다 번잡하다고 한 것이 그것이다)

降及東京, 作者彌衆. 至如名邦大都, 地富才良, 高門甲族, 代(一作'世') 多髦俊. 邑老鄕賢, 競爲別錄; 家牒宗譜, 各成私傳. 於是筆削所採, 聞見益多. 此中興之史,(卽『後漢書』也) 所以又廣於『前漢』也.(釋 : 由班而推後漢之煩, 又其勢有必然者. 但今范史短於班史, 此蓋擧華·謝諸本而言, 篇尾云華·謝所編, 煩於班·馬是也)

33-5

무릇 영웅과 현명한 인재의 출현이 어느 나라인들 없겠는가? 그들이 사서에 기록되면 해와 달처럼 영원히 빛나게 되고, 사서에 기록되지 않으면 연기나 티끌처럼 영원히 사라지게 된다. 그러므로 사승(謝承)[7]은 특별히 강남(江南)의 사실에 대해 잘 알고 있었기 때문에 장안(長安)이나 낙양(洛陽)에 대한 서술은 강남 일대[三吳][8]에 대한 기록보다 적었고, 진수(陳壽 : 233-297)는 촉의 사실에 치우쳐 자세히 앎에 따라 파(巴) · 양(梁)의 인물들에 대한 기록이 위(魏) · 오(吳) 두 나라보다 상세하다.[9] 송(宋) · 제(齊)가 천명(天命)을 받고, 양(梁) · 진(陳)이 정권을 장악하였지만, 혹은 통치 지역이 단지 『우공(禹貢)』의 한 개 주(州) 정도이고, 혹은 왕조의 수명이 단지 진(秦)의 두 대(代)[10]의 치세와 같다. 영토가 한 쪽에 치우쳐 작고, 왕조의 수명이 짧아 작자들이 직접 방문하여 자료를 수집하기가 용이하여 크고 작은 사실에 빠뜨림이 없고, 노인들에게 자문을 구할 수 있으니 숨어 있거나 거리끼던 사실들이 모두 드러나게 되었다. 이것이 작은 나라의 사서가 큰 나라의 사서보다 양이 적지 않은 까닭이다.(釋 : 한나라로부터 다시 근대에 가까운 사서만을 추론함으로써, 번잡한 것이 또한 모두 시세(時勢)에 기인한 것이라 했다)

夫英賢所出, 何國而無? 書之則與日月長懸, 不書則與烟塵永滅. 是以謝承尤(一作'周')悉江左, 京洛事缺於三吳; 陳壽偏委(悉也. 一作'安', 非)蜀中, 巴 · 梁語詳於二(或作'一', 非)國.(『蜀志』最短, 何以云然? 恐兼壽所撰『益部耆舊傳』而言) 如宋 · 齊受命, 梁 · 陳握紀; 或地比『禹貢』一州, 或年方秦氏二世. 大地之偏小, 年之窘迫, 適使作者採訪易洽, 巨細無遺, 耆舊可詢,

7　역주 : 사승은 삼국시대 오(吳)의 사가로서 『후한서』 130권을 편찬하였다. 외편 「잡설(雜說)」편 상에, 사승의 『(후)한서』는 오월(吳越)에 편중되어 있다고 했다.

8　역주 : 『수경주(水經注)』 권40, 「점강수(漸江水)」에, 삼오(三吳)란 오흥(吳興) · 오군(吳郡) · 회계(會稽)를 가리킨다고 했다.

9　역주 : 이 같은 평가가 『삼국지』 「촉서」를 이르는 것이라면 문제가 있다. 왜냐하면 「촉서」의 내용이 「위서」나 「오서」에 비해 상대적으로 적기 때문이다. 따라서 『익도기구전(益都耆舊傳)』 혹은 「촉서」에 실려 있는 「계한보신전(季漢輔臣傳)」을 가리킨다는 견해도 있지만 확실치 않다. 趙呂甫, 『史通新校注』, pp.572-573 주)43 참조.

10　역주 : 진의 시황제와 이세(二世)를 가리킨다.

隱諱咸露. 此小國之史, 所以不減於大邦也.(釋 : 更由漢而推之偏近之史, 其煩又各因其勢也)

33-6

무릇 사서의 번잡함과 간결함[煩省]에 대하여 논하면, 다만 사실을 터무니없이 기재하여 그 내용이 번잡한 곳이 없는가 혹은 사실이 누락되어 너무 간략하지 않았는가 하는 것만 살피면 된다. 반드시 당시 사정의 크고 작음으로 헤아리거나 편폭(篇幅)의 많고 적음으로 한정하는 것은 사리에 맞지 않는다.(釋 : 이상 몇 마디가 이 편의 중요한 대목이다. 사실이 합당한가 아닌가를 논하고, 많고 적음을 논하지 않았다는 것은 참으로 적절한 평론이다) 좌구명(左丘明)의 사실기록이 간결하다고 말한다면, 개갈(介葛)[11]이 어미 소의 울음소리를 듣고 송아지를 가려내어 제사에 쓸 희생으로 썼다고 한 사실이나, 숙손표(叔孫豹)가 하늘이 자신을 누르는 악몽[天厭]을 기억하고,[12] 초(楚)나라 사람이 진(晉)나라 사람들에게 수레에 매단 깃대를 뽑도록 가르쳐주어 도망가게 하고,[13] 성을 쌓는 사람이 화원(華元)을 풍자하여 갑옷

---

11 「언어(言語)」편 참조.

12 『좌전』 소공(昭公) 4년(B.C. 538)에, 처음 노나라 대부 숙손목자(叔孫穆子 : 叔孫豹)는 숙손씨를 떠나 길을 가다가 경종(庚宗) 땅에 이르렀을 때 부인(婦人)을 만나 은밀하게 사통(私通)하였다. 이후 숙손목자는 제(齊)나라로 가서 결혼을 하고 살았다. 어느 날 꿈에 하늘이 무너져 내려 자신을 눌렀으나 이를 어찌할 수 없었다. 좌우를 둘러보다 사람을 발견하였는데 피부가 검고 곱사등이였는데 두려운 나머지 '우(牛)야 나를 도와다오'라고 그에게 소리쳤다. 숙손목자는 노나라로 돌아가 경(卿)이 되었는데, 경종에서 함께 잤던 부인이 꿩을 바치면서 나의 아들이 이렇게 장성하였다고 했다. 자세히 보니 꿈에서 본 사람과 같았다. 그리하여 '우(牛)야'라고 부르니 '네'라고 대답하였다. 자신을 돕는 신하로 삼고 총애하였다. 마침내 집안을 어지럽혔다.

13 『좌전』 선공(宣公) 12년(B.C. 597)에, 필(邲)의 전투에서 진(晉)나라 군대가 도망을 갔

을 버리고 돌아간 노래[14] 같은 사실들을 모두 기록하고 있는데 어떻게 『좌전』이 간결하다고 말할 수 있겠는가? 만약 『한서(漢書)』의 사실기록이 번잡하다고 말한다면, 한 무제(漢武帝)가 백곡(柏谷) 주막집의 노인에게 술을 요구한 일,[15] 진평(陳平)이 계책을 바쳐 한 고조(高祖)가 흉노(匈奴)의 포위망을 빠져 나올 수 있게 한 일,[16] 장사왕(長沙王)이 춤을 이용해서 봉지(封地)를 넓혀줄 것을 청하고,[17] 양복(楊僕)이 총애를 믿고 함곡관(函谷關)을

으나 이때 진나라 전차가 구덩이에 빠져나가지 못했다. 초나라 군사가 이를 보고 전차 앞부분의 빗장을 댄 나무인 경(扃)을 빼어 내라고 가르쳐 주었다. 그러나 조금 나아가다가 말이 제자리에 서 빙빙돌 뿐 나아가지 못했다. 초나라 군사가 다시 가르치길 깃대를 뽑아[拔旆] 횡목(橫木)을 갖다 놓으라고 하였다. 그러자 전차가 빠져나왔다. 이에 진나라 군대가 초의 군사에게 '우리 진나라는 싸움에 자주 패하여 도주하며 빠진 전차를 어떻게 빼내는지 잘 아는 초나라와는 다르오'라고 하였다.

14 「언어(言語)」편 참조.

15 곽연년(郭延年), 『사통평석(史通評釋)』 주(注)에, 무제(武帝)가 미행(微行)하던 중 밤중에 백곡(柏谷)에 도착하여 역여(逆旅)에 머문 적이 있다. 시종(侍從)이 미음[漿]을 구하자 주인 남자가 미음은 없고 오줌이 있을 뿐이라 하고 무제 일행이 도적이라 여기고 공격하려 하였다. 주인 여자가 무제의 모습을 범상치 않다고 여기고 남편을 말렸지만 듣지 않자 술을 먹여 묶어 놓고 무제 일행에게 닭을 잡아 음식으로 내놓고 손님을 접대하였다. 다음날 무제가 환궁하여 주인 여자를 불러 금 천근을 내렸다고 했다. 按: 곽연년은 출처를 말하지 않았지만 후에 찾아보니 『한무제고사(漢武帝故事)』에 실려 있었다.

16 『한서』 권1하, 「고제기(高帝紀)」 하에, 평성(平城)에 이르러 흉노에게 포위된 지 7일 만에 진평(陳平)의 계략을 이용하여 탈출하였다. 주(注)에, 응소(應劭)가 말하기를 진평이 화공(畵工)에게 미녀(美女)를 그리게 하여 알씨(閼氏)에게 보내 이간을 하며 이 여인을 바치고자 한다고 했다. 알씨가 자신의 총애를 빼앗길까 두려워 선우(單于)에게 말하기를, 한의 천자(天子)는 역시 신령을 갖추고 천하를 얻은 사람이니 어떻게 할 수 없을 것이오 라고 하였다. 그리하여 포위망 한 모서리를 열어 도망할 수 있었다. 정씨(鄭氏)는 계책이 비루(鄙陋)하였기 때문에 비밀에 부쳤다고 했다.

17 『한서』 권53, 「경십삼왕전(景十三王傳)」에, 장사정왕(長沙定王) 발(發)의 모(母)는 신분이 미천하였다. 때문에 보잘 것 없는 가난한 지역에 분봉되었다. 주(注)에, 응소(應劭)가 말하기를, 경제(景帝) 즉위 후 2년에 제후왕들이 내조(來朝)하여 조서를 내려 황제의 장수를 외치며 가무를 하였는데, 정왕(定王)만이 소매에서 손을 내밀어 흉내만 낼뿐이었다. 좌우에 있던 사람들이 그 졸렬함을 보고 웃었다. 황제가 이상하다고 여겨 그 연유를 묻자 대답하길, '신의 나라는 땅이 협소하여 춤을 추며 돌기에 부족합니다'라고 하였다. 이에 황제는 무릉(武陵) · 영릉(零陵) · 계양(桂陽) 세 곳을 봉지로 추가해 주었다.

옮기게 한 것[18] 같은 사실들을 모두 기재하지 않았는데 어떻게 번거롭다고 할 수 있겠는가? 이러한 이유로 말하자면, 사서의 번생(煩省)에는 정해진 규정이 없다는 것을 알 수 있다.(釋 : 이 구절은 다시 간보(干寶)와 장세위(張世偉)가 논한 두 책의 뜻을 자세히 조사·검토하여 그들이 말한 소위 번생(煩省)이란 말 역시 아직 정확하지 않다고 했다)

夫論史之煩省者,(一無'者'字) 但當要(一作'求')其事有妄載, 苦於榛蕪, 言有闕書, 傷於簡略, 斯則可矣. 必量世事之厚薄, 限篇弟以多少, 理則不然.(釋 : 數語一篇筋骨, 論當否, 不論多少, 洵篤論也) 且必謂丘明爲省也, 若介葛辨犧於牛鳴, 叔孫志夢於天壓, 楚人教晉以拔旆, 城者謳華以棄甲. 此而畢書, 豈得謂之省邪? 且必謂『漢書』爲煩也, 若武帝乞漿於柏父, 陳平獻計於天山, 長沙戲舞以請地, 楊僕怙寵而移關. 此而不錄, 豈得謂之煩邪? 由斯而言, 則史之煩省不中,(衷也, 不衷於一也) 從可知矣.(釋 : 此節更就干·張所論之二書, 搜討其義, 言彼所謂煩省之說, 并亦未確也)

18 『한서』 권6, 「무제기(武帝紀)」에, 원정(元鼎) 3년(B.C. 114) 겨울, 함곡관을 신안(新安)으로 옮기고, 옛 관(關)을 홍농현(弘農縣)으로 하였다. 주(注)에, 응소(應劭)가 말하기를, 당시 누선장군(樓船將軍) 양복(楊僕)은 여러 차례 큰 공을 세웠지만 자신이 관외민(關外民)임을 부끄러워하였다. 상소를 올려 동관(東關)으로 옮겨주기를 원하고 가재(家財)를 그 용도로 할 수 있게 하였다. 무제의 뜻도 광활한 것이 좋았으므로 관(關)을 3백리 옮겼다고 했다. 按 : 이상의 네 가지 내용은 모두 반고가 수록하지 않은 것들이다. 이제 『한서』를 자세히 살펴보니 과연 그 내용이 보이지 않는다. 그런데도 곽연년(郭延年)은 『사통평석(史通評釋)』에서 반고의 『한서』의 정문(正文)의 내용을 따라 오히려 그 말이 모두 사서의 문장에서 나온 것같이 하였으니 어찌 본래의 뜻과 어긋나는 것이 아니겠는가. 양복(楊僕)에 관한 내용은 「혹리전(酷吏傳)」을 베낀 것으로 더욱이 관(關)을 옮긴 것과는 아무런 관계가 없다. 단지 이러한 내용을 교정(校訂)하는데 하루 종일 시간을 썼다. 후에 상세한 왕유검(王惟儉)의 『사통훈고(史通訓故)』를 보니 대부분이 곽연년의 책 내용보다 좋았다.

33-7

또한 고금(古今)의 상황이 다르고, 사회풍조의 부박(浮薄)과 순후(淳厚)함이 같지 않았다. 요(堯)는 하늘을 본받아 위대하다고 칭해지면서도[19] 『상서(尙書)』중에는 다만 『요전(堯典)』편 하나만 있을 뿐이고, 주 무왕(周武王)이 맹진(孟津)에서 열병(閱兵)하면서 맹서한 말이 『상서』 「태서(泰誓)」의 세 편(篇)을 구성하고, 복희(伏羲)는 다만 팔괘의 도형을 그리기만 했으므로 주 문왕(周文王)이 「계사(繫辭)」편을 덧붙였다.[20] 그들은 모두 큰 성인(聖人)으로서 행한 일은 모두 같지만 남긴 책의 많고 적음을 같지 않아 그 차이가 이같이 컸다. 만일 고대의 사실을 오늘날과 비교하고, 저것을 이것과 비유하는 경우, 치우(蚩尤)와 황제(黃帝)가 판천(阪泉)에서 서로 전쟁을 한 것을[21] 춘추시기에 옮겨놓는다면, 진(晉)·초(楚)사이의 성복(城濮)전투와 언릉(鄢陵)전투와 같고,[22] 유궁씨(有窮氏)가 하(夏)나라 정권을 찬탈하고

19 역주 : 『맹자』 「등문공(滕文公)」 상편에, 공자가 말씀하기를, 위대하도다. 요(堯)의 임금 됨이여. 오직 하늘만이 위대한 것인데 요의 덕이 그것을 본받을 수 있었다[孔子曰, 大哉堯之爲君. 惟天爲大, 惟堯則之].

20 역주 : 『한서예문지』 「육예략(六藝略)」 "역(易)" 서문에, "『역』에 이르기를 복희(伏羲)씨가 우러러 상(象)을 하늘에서 살피고, 굽어서 법칙을 땅에서 살피며, 조수(鳥獸)의 문(文)과 땅의 마땅함을 보아, 가까이는 그것을 몸에서 취하고 멀리는 그것을 만물에서 취했다. 이에 비로소 팔괘(八卦)를 만들어 그것으로써 신명(神明)의 덕(德)에 통하고 만물의 정(情)을 분별했다"고 하였다. 은·주 때에 이르러 주왕(紂王)은 천자의 자리에 있으면서 천명(天命)을 거스르고 만물을 학대하였다. 문왕(文王)은 제후였지만 천명에 순종하고 도(道)를 행하였다. 천인(天人)의 점(占)을 얻어 힘써서 이에 역(易)의 육효(六爻)를 거듭하여 상편과 하편을 지었다. 공씨(孔氏)가 이것으로 단(彖)·상(象)·계사(繫辭)·문언(文言)·서괘(序卦) 등 10편을 만들었다. 그러므로 말하기를, "역의 도는 깊어서 사람은 세 성인을 바꾸었고, 세상은 상고(上古)·중고(中古)·근고(近古)를 거쳤다"라고 했다.

21 역주 : 『좌전』 희공(僖公) 25년(B.C. 635)에, 진(晉) 문공(文公)이 복언(卜偃)에게 점을 치게 했다. 복언이 점을 친 뒤 말하기를, '길합니다. 옛날 황제(黃帝)가 판천(阪泉)에서 신농(神農) 씨의 후손과 싸웠을 때와 유사한 점괘가 나왔습니다'라고 하였다. 판천은 하북성(河北省) 탁록(涿鹿)지방이다.

소강(小康)이 복위하여 중흥(中興)한 것을[23] 양한(兩漢)에 옮겨놓는다면 왕망의 찬탈과 광무제의 중흥과 같다.[24] 오왕 부차(夫差)가 멸망당하고, 월왕 구천(勾踐)이 패자가 된 것을[25] 동진(東晉)시기에 옮겨놓는다면, 환현(桓玄 : 369-404)의 찬탈과 송 무제 유유(劉裕 : 356-422)의 건국과 같다.[26] 장의(張儀)와 사마착(司馬錯)이 진(秦)을 위해 촉(蜀)을 멸망시킨 것을[27] 삼국시기에 옮겨놓는다면 등애(鄧艾 : 197-264)와 종회(鍾會 : 225-264)가 진(晉)을 위해 촉(蜀)을 멸망시킨 것과 같다.[28] 과거에 기록된 내용은 이렇듯 간략하고,

---

22 성복(城濮)의 전투는 노 희공(僖公) 28년(B.C. 632)의 일이고, 언릉(鄢陵)의 전투는 노 성공(成公) 16년(B.C. 575)의 일이다. 소위 춘추시대 진(晉)·초(楚) 간에 벌어졌던 세 차례의 전투 중 둘이다. 역주 : 성복은 춘추시대 위(衛)나라에 위치한 곳으로 『좌전』 희공 28년의 경문(經文)에 관련 기록이 보이고, 언릉은 정(鄭)나라의 읍으로 마찬가지로 성공 16년의 경문(經文)에 관련 기록이 보인다.

23 유궁씨 후예(后羿)에 관하여는 「인물(人物)」편을 참조. 또 『좌전』 애공(哀公) 원년(B.C. 494)에, "(오원(伍員)이 오왕 부차(夫差)에게 말하기를) 옛날 유과(有過)의 군주 요(澆)가 하(夏)나라 군주인 상(相)을 죽였습니다. 이때 후의 부인 민(緡)이 마침 임신 중이었는데 유잉(有仍)으로 도망쳐 소강(少康)을 낳았습니다. 요(澆)가 소강을 잡아오도록 하자 소강이 유우(有虞)로 달아났습니다. 그 뒤 유우의 군주 사(思)가 그에게 성씨가 요(姚)인 두 여인을 아내로 삼게 하고 윤(綸)읍을 봉지로 주었습니다. 소강은 덕을 베풀며 하나라의 군중의 마음을 얻었습니다. 소강은 신하 여애(女艾)를 보내 요(澆)의 동정을 살피게 하고 우왕(禹王)의 치적을 다시 세웠으며 역대 왕을 종묘에 제사지내며 하늘에 짝하게 하였습니다"라고 하였다.

24 전·후한의 종시(終始)는 「본기」와 「열전」에 기록되어 있는데 모두 여러 권(卷)에 달한다.

25 역주 : 이들에 관한 상세한 내용은 『사기』 권31, 「오태백세가(吳太伯世家)」와 권41, 「월왕구천세가(越王勾踐世家)」에 보이며, 『좌전』 정공(定公) 14년(B.C. 577), 애공(哀公) 원년 등에도 단편적인 내용이 보인다.

26 이들에 관한 사적은 『진서(晉書)』 「반역전(叛逆傳)」과 「제갈장민(諸葛長民傳)」, 그리고 『송서(宋書)』 「무제기(武帝紀)」와 「유도규전(劉道規傳)」 등에 실려 있는데 역시 여러 권에 달한다.

27 『전국책(戰國策)』 「진책(秦策)」에, 사마착(司馬錯)과 장의(張儀)가 진(秦) 혜왕(惠王) 앞에서 병사를 일으켜 촉(蜀)을 정벌할 것을 쟁론하였고 드디어 촉을 평정하였다. 『사기』의 내용도 대략 같다.

28 『삼국지』 권28, 「위지」 「등애전(鄧艾傳)」에, 등애의 자는 사재(士載)라고 했다. 같은 책, 「종회전(鍾會傳)」에, 종회의 자는 사계(士季)이고 태부(太傅) 요(繇)의 작은 아들이다. 사마문왕(司馬文王) 사마소(司馬昭)는 촉의 장군 강유(姜維)가 여러 차례 변방을 공격하자 촉을 크게 정발하고자 했다. 경원(景元) 4년(263) 가을, 조서를 내려 등

후세에 기록된 내용은 그 자세하기가 이와 같았다. 가령 후세의 내용을 과거와 같도록 일률적으로 책을 만들게 한다면, 학자들은 반드시 그 내용이 소홀하고 누락이 많은 것을 꾸짖을 것이고, 그 조략(粗略)함을 더욱 나무랄 것이다. 평론하는 사람들이 심약(沈約)의 『송서(宋書)』와 소자현(蕭子顯)의 『남제서(南齊書)』의 내용이 손성(孫盛)과 습착치(習鑿齒)의 진사(晉史)[29]보다 배나 더 많다고 비웃고, 화교(華嶠)와 사침(謝沈)의 『후한서(後漢書)』의 문장이 사마천(司馬遷)의 『사기(史記)』나 반고(班固)의 『한서(漢書)』와 비교하여 번잡하다면 역시 잘못된 것이 아니겠는가?(이상의 문구는 구본(舊本)에는 복잡하고 어지러워 말이 되지 않는다. 이 편 뒤에 기록하였다)[30] 때문에 내

애에게 3만여 군대를 통솔하여 감송(甘松)과 답중(沓中) 일대를 공격하여 강유를 꼼짝못하게 했다. 종회에게는 10만의 군대를 주어 사곡(斜谷)과 낙곡(駱谷)에서 들어가게 하였다. 촉의 장리(將吏)와 사민(士民)에게 격문을 보내 운운하였다. **按**: 『삼국지』의 「위지(魏志)」와 「촉지(蜀志)」 및 『진서(晉書)』 「문제기(文帝紀)」 등에 그러한 내용이 실려 있어서 한 책에만 실려 있는 것은 아니다.

29 **역주**: 손성의 『진양추(晉陽秋)』와 습착치의 『한진춘추(漢晉春秋)』를 가리킨다.

30 처음 이 책에 주(注)를 달고자 할 때 책상머리에 판본이 다른 책 두 권이 있었는데, 문장은 달랐지만 잘못은 같았다. 마침 고민을 하는 중에 장옥곡(張玉穀)이 와서 함께 살펴보았다. 두 곳을 가려내고 두 군데 필요 없는 부분을 정리하여 네 구절을 빼내고 틀린 곳을 바르게 고쳤다. 후일 다른 판본을 보니 한 글자도 어그러진 부분이 없었다. 두 책은 크고 작은 글자가 복잡하게 섞여 있고 잘못된 기록이 많았다. 한 판본에는, 의론하는 사람들이 비웃기를, 심약(沈約)(자는 휴문(休文), 양(梁)나라 사람이다)은 『송서(宋書)』를 지었고, 소연(蕭衍)(자는 자현(子顯))은 『제서(齊書)』를 지었는데, 소연이 기록한 사실이 손(孫)(자는 안국(安國), 진(晉)나라이다)당(當)의 『진시(晉書)의 배나 되었다. 습착치(習鑿齒)(자는 언위(彦威)) 역시 『진서(晉書)』를 지었는데, 습착치·화교(華嶠)·사침(謝沈) 등이 편찬한 책의 내용이 반고의 『한서』와 사마천의 『사기』에 비해 번거로웠다고 했다. 다른 한 판본에는, 의론하는 사람들이 비웃기를, 심약(자는 휴문(休文), 양나라 사람이고, 『송서(宋書)』를 지었다)·소연(蕭衍)(자는 자현(子顯), 『제서(齊書)』를 지었다. 소연이 기록한 사실이 손성의 책보다 배나 되었다)·손성(孫盛)(자는 안국(安國), 진(晉)나라 사람으로 『진서(晉書)』를 지었다)·습착치(자는 언위(彦威)이고 역시 『진서(晉書)』를 지었다) 등이 편찬한 책들의 내용이 반고의 『한서』와 사마천의 『사기』보다 번거로웠다고 했다. **按**: 두 판본은 모두 정문(正文) 사이에 끼인 주(注)가 서로 뒤섞여 있다. 그 문장을 정문으로 보아서는 안 된다. 그리고 '연(衍)'자(字)와 '당(當)'자 등의 잘못은 말할 것도 없다. 형자재(邢子才)가 말하기를, 매일 잘못된 기록을 생각하면서 거듭 틀린 곳을 바로잡았다고 했다. 나는 이 말을 읽으며 고민을 비로소 깨우칠 수 있었고 감탄을 금할 수 없었다.

가 "무릇 사서의 번생(煩省)에 대하여 논하면, 다만 사실을 터무니없이 기재하여 그 내용이 번잡한 곳이 없는가 혹은 사실이 누락되어 너무 간략하지 않았는가 하는 것만 살피면 된다. 반드시 기재한 사정의 크고 작음으로 헤아리거나 편목의 많고 적음으로 한정하는 것은 사리에 맞지 않는다"라고 한 것은 바로 이를 두고 한 말이다.(釋 : 후절(後節)에서는 다시 '번(煩)'의 관점에서 '간(簡)'이 함께 좋다는 뜻을 논증하였고, '세(勢)'자의 비중을 더욱 높이고, 아울러 문장과 정리(情理) 역시 서로 발휘되었다고 했다)

又古今有殊, 澆淳不等. 帝堯則天稱大, 『書』惟一篇; 周武觀兵孟津, 言成三誓; 伏羲止畵八卦, 文王加以『系辭』. 俱爲大聖, 行事若一, 其豊儉不類, 懸隔如斯. 必以古方今, 持彼喩此, 如蚩尤·黃帝交戰阪泉, 施於春秋, 則城濮·鄢陵之事也. 有窮簒夏, 少康中興, 施於兩漢, 則王莽·光武之事也. 夫差旣滅, 句踐霸世, 施於東晉, 則桓玄·宋祖之事也. 張儀·馬錯爲秦開蜀, 施於三國, 則鄧艾·鐘會之事也. 而往之所載, 其簡如彼; 後(一作'今', 非)之所書, 其審如此. 若使同後來於往世,('同後來'舊作'後來同', 誤) 限一概以成書, 將恐學者必詬其疏遺, 尤其率略者矣. 而議者苟嗤沈·蕭之所記,(『宋書』·『南齊書』) 事倍於孫·習;(皆有『晉史』)華·謝之所編,(皆『後漢書』) 語煩於班·馬,(此四句舊木雜亂不成語, 錄見篇後) 不亦謬乎! 故曰 : "論史之煩省者, 但當求其事有妄載, 言有闕書, 斯則可矣. 必量世事之厚薄, 限篇第以多少, 理則不然", 其斯之謂也.(釋 : 後節更從煩一邊指證出與簡並勝之義, 能令'勢'字身分愈高, 而文情亦興會翔舞)

按 : 이 편의 뜻은 모두 『순경자(荀卿子)』로부터 깨달은 것이다. 순자(荀子)가 말하기를, 연대가 오래된 경우 사료가 간략하고 연대가 가까울수록 사료가 상세하며, 간략하면 단지 그 대요(大要)만을 기재하고 상세할 경우 작은 것까지도 기재하게 된다고 했다. 이러한 말을 가지고 이 편의 내용을 개괄한다면 기본적으로는 특별하게 누락된 것이 없어 거듭 군더더기 해석을 필요로 하지 않는다. 유지기가 말하기를, 사서의 번생(煩省)

을 평론하려면 다만 그 사실의 기록이 합당한가 혹은 없거나 누락된 것이 있는가의 여부를 보면 되는 것이지, 사실의 기록과 편목(篇目)의 많고 적음을 가지고 평판의 기준으로 삼아서는 안 된다고 하였는데, 말의 이치는 원만하고 충족하다. 『사통』의 논술에 있어서 종합하고 자세하게 살피는데 어려움이 없었지만, 관용과 조화시키는데 어려움이 있었는데, 이 편이 이러한 것을 할 수 있었다는 점에서 조금도 흠이 없다.(篇意都從荀卿子悟來. 荀言久則論略, 近則論詳, 略則擧大, 詳則擧小. 持此四語, 括此一篇, 大致了了, 不須復贅疏義也. 其曰但論妄載闕書, 不論厚薄多少, 說理尤爲圓足. 『史通』著論, 不難其綜覈, 難其寬和, 如此篇醇乎醇者也)

이 편의 용의(用意)는 겉으로 보기에는 「서사(敍事)」편의 3장(章)['상간(尙簡)'·'용회(用晦)'·'망식(妄飾)'을 가리킴]과 큰 차이가 있지만 실제로 두 편 사이에 모순이 있는 것은 아니다. 「서사(敍事)」편은 어떻게 서술하는가를 가지고 말하였고, 이 편에서는 어떻게 사실을 기재하는가를 가지고 말하였다. 단지 서로 참고하고 깨우치기만 하면 비로소 사실이 증가하더라도 문장을 정간(精簡)하게 쓸 수 있는 방법을 이야기할 수 있다고 하였다. 또 「내편(內篇)」은 여기서 곧 끝을 맺는다. 때문에 특별히 이 편으로 앞에서 논한 것이 한 쪽으로만 치우친 것을 다시 돌려 이야기함으로써 더욱 책을 저술함에 있어서 문제점을 보완할 수 방법을 알 수 있게 하였다.(此篇用意, 與「敍事」三章大相逕庭, 非前後違反也. 彼以用筆言, 此以載事言, 會向此中參悟, 乃可與言事增文簡之法. 又「內篇」至此將竟, 特以斡旋前論偏枯, 更可識著書補救之法)

'한 무제(漢武帝)가 미음[漿]을 구한 일'의 문단을 읽으면 사필(史筆)의 엄근(嚴謹)함을 알 수 있고 독서의 정밀함을 알 수 있다. 이 같은 내용을 보고 그냥 지나치지 않으면 곧 도처에서 스승의 가르침을 얻을 수 있다.(讀武帝乞漿一段, 識史筆之謹嚴, 見讀書之精密, 遇此等不放過, 便能處處得師)

『사통통석』 권10

「잡술(雜述)」 제34

'잡술'이란 사류(史流)의 잡저(雜著)를 이른다.[雜述, 謂史流之雜著]

이 편에서는 정사(편년체·기전체) 이외의 역사저작에 대하여 논하였다. 양(梁) 완효서(阮孝緖)의 『칠록(七綠)』은 먼저 각종 저서를 경전록(經典錄)·기전록(記傳錄)·자병록(子兵錄)·문집록(文集錄)·술기록(術技錄)·불법록(佛法錄)·선도록(仙道錄) 등으로 구분하고, 기전록의 세부조항으로는 국사부(國史部)·주력부(汗曆部)·구사부(舊事部)·직관부(職官部)·의전부(儀典部)·법제부(法制部)·위사부(僞史部)·잡전부(雜傳部)·귀신부(鬼神部)·토지부(土地部)·보장부(譜狀部)·부록부(簿錄部) 등 12부류로 구분하였는데, 그 중 국사부(國史部)가 정사(正史)에 해당되며 그 나머지는 모두 잡사(雜史)류에 해당된다. 당대(唐代)에 편찬된 『수서경적지(隋書經籍志)』에서는 사부(史部)에서 국사(國史)와 고사(古史)가 기전체 사서와 편년체 사서에 해당되는 것을 제외하고 그 나머지 부분을 11부류로 구분하고 있다는 점에서 『칠록』의 구분과 대체로 비슷하다. 그리고 유지기는 이 편에서 정사 이외의 각종 역사류 저작들을 편기(偏記)·소록(小錄)·일사(逸史)·쇄언(鎖言)·군서(郡書)·가사(家史)·별전(別傳)·잡기(雜

記)・지리서(地理書)・도읍부(都邑簿) 등 10부류로 분류하고, 사료학의 각도에서 각 부류의 중요한 특징과 대표적인 책을 간략하게 소개하고 그 득실을 평가하였다. 이외에도 자서(子書) 가운데 예컨대『여씨춘추(呂氏春秋)』・『회남자(淮南子)』・『현안춘추(玄晏春秋)』・『포박자(抱朴子)』 같은 책들의 경우도 대부분 서사(敍事)를 가장 중요시했으므로 잡사(雜史)로 분류할 수 있으나 명목(名目)이 앞서 말한 10부류의 잡사(雜史)와 다르므로 다루지 않았다고 했다. 결론적으로 유지기는 이상의 잡사류가 담고 있는 말과 사실이 비록 모두 자질구레하고, 번잡하면서도 보잘것없는 것들이라고 하더라도 옛 사실들을 널리 이해해야 하고 사물에 대하여 많은 식견이 있어야 한다는 자세를 가지고 이들 자료들이 지닌 상대적 가치를 인정해야 한다고 주장하였다.

34-1

고대의 삼분(三墳)・오전(五典)[1]・『춘추(春秋)』・『도올(檮杌)』[2]은 모두 상고(上古)시기 제왕들의 책이고 중고(中古)시기 제후들의 기록으로써, 대대

---

1 역주 :『삼분』과『오전』에 대한 책명은『좌전』소공(昭公) 12년(B.C. 530)에 보이고, 그 내용은 공안국, 「『상서』서(『尙書』序)」(『문선』 권45 所收)에 보인다. 즉 복희(伏羲)・신농(神農)・황제(黃帝)의 책을 삼분(三墳)이라 하며 대도(大道)를 말하고, 소호(少昊)・고신(高辛)・당우(唐虞)의 책을 오전(五典)이라 하며 상도(常道)를 말하고 있다고 하였다.

2 역주 : 두예는『춘추좌씨전서(序)』(『문선』 권45 所收)에서, "『주례』에는 속관으로 사관(史官)이 있는데 사방 제후국에서 발생한 사실을 보고 받아 보존하는 일을 주관함으로 사방의 기록에 밝다. 제후들은 각기 자신의 국사를 가지고 있는데 국가 대사(大事)는 죽편(竹片)을 이어 만든 책(策)에 기록하고, 작은 일은 다만 간독(簡牘)에 기록하였다.『맹자』「이루(離婁)」하편에 이르기를, '초나라의 사서를『도올』이라 하고, 진나라의 사서를『승』이라 하였으며, 노나라의 사서를『춘추』라 불렀는데 실제로는 모두 같은 것이었다'라고 했다"라고 적고 있다.

로 전해오면서 본보기로 삼았다.(釋 : 「잡술」편의 첫머리에 열거한 것은 모두 정사(正史)에 실려 있는 것을 말하고, 그에 의탁하여 잡술의 논의를 시작하였다) 그 나머지 외전(外傳)으로 말하면 신농씨(神農氏)가 약초들을 두루 음미하고 『신농본초(神農本草)』를 만들었고,[3] 하(夏)나라 우(禹)가 각 지방의 풍물(風物)을 진술하여 『산해경(山海經)』을 편찬하였으며,[4] 『세본(世本)』에서 제왕과 제후의 성씨들을 판별한 것은 주(周)나라에서 두드러지고,[5] 『가어(家

---

3 송예성(宋艾晟), 『본초(本草)』 서(序)에. 신농(神農)의 구경(舊經 : 『본초경』)은 3권 밖에 안 되지만 약초가 수 백종이 수록되어 있었고, 양(梁)의 도홍경(陶弘景 : 456-536)이 이를 기초로 그 내용을 배로 늘렸다. 『신당서(新唐書)』 권104, 「우지녕전(于志寧傳)」에, 황제가 『본초경』과 『별록(別錄)』에 대하여 문자 대답하기를, '반고(班固)는 다만 『황제내경(黃帝內經)』과 『황제외경(黃帝外經)』만을 기재하고 『본초경』을 기재하지 않았습니다. 제(齊) 완효서(阮孝緖)의 『칠록(七錄)』에 이르러 『본초경』이 등장했습니다. 세상에서는 신농씨가 약초를 일일이 맛을 보고 사람들을 구하려 했다고 합니다. 그런데 황제(黃帝) 이전에는 문자로 전해지지 않다가 동군(桐君) · 뇌공(雷公)에 이르러 문자로 그 내용이 실리게 되었습니다. 그러나 기재된 군현(郡縣)의 대부분이 한대(漢代)의 명칭이었습니다. 따라서 장중경(張仲景)과 화타(華佗)가 그 중 문자를 자기 마음대로 고친 것이라 의심을 하고 있습니다. 『별록』은 위진 이래 오보(吳普)와 이당(李當)이 기록한 것인데 그 내용이 매우 다양합니다. 대부분 신농의 『본초경』에 의거하여 해설하고 있습니다. 이후 도홍경(陶弘景)이 이들을 모두 합하여 기록한 것입니다'라고 하였다. **역주** : 이시진(李時珍), 『본초강목』 권1, 「서례(序例)」 상, "역대제가본초(歷代諸家本草)"에 보다 자세한 내용이 전한다.

4 호위(胡渭), 『우공추지(禹貢錐指)』에, 『산해경(山海經)』 13편을 유흠(劉歆)은 당(唐) · 우(虞) 시대에 출현한 것이라 여겼다. 『열자(列子)』에는, 대우(大禹)가 직접 가서 보고, 백익(伯益)이 아는 것을 이름짓고, 이견(夷堅)은 들은 것을 모두 기록하였다[大禹行而見之, 伯益知而名之, 夷堅聞而志之]고 했다. 그러나 그러한 기록에는 의심할 부분이 매우 많다. 안지추(顔之推)가 말하기를, 우(禹)와 익(益)이 기록하였다고 했지만, 장사(長沙) · 영릉(零陵) · 제기(諸暨) 등은 후세 사람들이 섞어 넣은 것이라고 했다. 우무(尤袤)가 말하기를, 이 책은 선진(先秦)시기의 책이고 우(禹)와 백예(伯翳)가 지은 것이 아니라고 했다. 이상의 두 이야기는 모두 합당하다.

5 『한서예문지』 「육예략(六藝略)」 "춘추"에, 『세본(世本)』 15편은 고대 사관(史官)이 황제(黃帝) 이래 춘추시대 제후와 대부의 계보(系譜)와 명호(名號)를 기록한 것이라 했다. **역주** : 삼황오제에서 춘추시대까지를 기록한 선진 사관이 기록하고 보존한 역사자료라고 알려져 있다. 일설에는 좌구명의 저작이라고 한다. 대체로는 전국말경에 필사된 것을 진 · 한초 사람이 정리한 것이며 기록한 내용 역시 진 · 한초까지를 대상으로 하고 있다. 『후한서』 권40상, 「반표전(班彪傳)」 상에, 당(唐) · 우(虞) · 삼대(三代)에는 대대로 사관(史官)이 있어서 전적(典籍)을 관장하였다. 황제(黃帝) 이래 춘추시기까지의 제왕(帝王)과 공후(公侯) · 경대부들에 관한 기록하고 있는데, 이를 『세본』

語)』에는 공자와 그 제자들의 말을 싣고 있는데 공씨(孔氏)에게서 전해진다.[6] 편기(偏紀)나 소설(小說)[7]은 스스로 일종의 체계를 이루면서 정사(正史)와 병행하고 있으니 그 유래한 바가 아주 오래되었다는 것을 알 수 있다.(釋 : 잡술가(雜述家) 몇몇이 나타남으로 이 부류가 시작되었다)

在昔(舊作'昔在')三墳·五典·春秋·檮杌, 卽(當作'皆')上代帝王之書, 中古諸侯之記, 行諸歷代, 以爲格言.(釋 : 篇首所列, 皆謂紀載正書, 用以托起雜述) 其餘外傳, 則神農嘗藥, 厥有『本草』; 夏禹敷土, 實著『山經』; 『世本』辨姓, 著自周室; 『家語』載言, 傳諸孔氏. 是知偏記·小說, 自成一家. 而能與正史參行, 其所由來尚矣.(釋 : 標出雜述家數, 開自此類)

34-2

근고(近古)에 이르러 이 길이 점차 복잡하게 변하여 사가의 유파들이 나뉘어 길을 달리하며 나란히 내달렸다.(釋 : 이후 하나하나 논술하였다) 자세

이라 하였나. 모두 15편이라고 했다. 역주 : 『세본』에는 「씨성(氏姓)」편이 있었다고 한다. 程千帆, 『史通箋記』, p.168 참조.

6 역주 : 『공자가어(孔子家語)』는 『한서예문지』에 따르면 27권으로 공자의 문인이 지었다고 하나 일찍이 산일(散佚)되었고, 현존본은 삼국시대 위나라 사람 왕숙(王肅 : 195-256)이 위찬(僞撰)한 10권 44편이다. 왕숙은 진·한시대 여러 책에 실린 공자 관련 내용을 모아 편찬한 것이다. 가규(賈逵)와 마융(馬融)의 학설에 근거하고 정현(鄭玄)을 배척하였다. 청대 손지조(孫志祖)의 『가어소증(家語疏證)』과 진사가(陳士珂)의 『공자가어소증(孔子家語疏證)』이 참고할 만하다. 『수서경적지』 「경부(經部)」에는 『공자가어』 21권, 왕숙의 해석본이 있다고 했다.

7 역주 : 『한서예문지』 「제자략」 "소설가(小說家)"에, 소설가는 대개 패관(稗官)에서 나온다. 가담항어(街談巷語)나 도청도설(道聽塗說)하는 자가 만드는 것이라 하였다. 비록 군자들이 작은 도(道)에 손을 대지 않는 것이 바람직하지만 나름대로 기록하여 둘 가치가 있다고 판단한 것이다.

히 살펴 논하자면, 그 유파는 열 개가 있다. 첫째가 편기(偏紀), 둘째가 소록(小錄), 셋째가 일사(逸事), 넷째가 쇄언(瑣言), 다섯째가 군서(郡書), 여섯째가 가사(家史), 일곱째가 별전(別傳), 여덟째가 잡기(雜記), 아홉째가 지리서(地理書), 열째가 도읍부(都邑簿)이다.(釋 : 먼저 문류(門類)를 구별하여 정리하였다) 제왕들의 천명(天命)을 받음에는 시작과 끝이 있지만, 작자들이 그것을 저술함에는 상략(詳略)을 고르게 하기가 어렵다. 그러므로 사람들은 잠시 자기가 살던 시대의 역사적 사실을 기재하고 있을 뿐 한 시대 전체를 기록하지는 않았다. 예컨대 육가(陸賈)의 『초한춘추(楚漢春秋)』, 악자(樂資)의 『산양공재기(山陽公載記)』, 왕소(王韶)의 『진안제기(晉安帝紀)』, 요최(姚最)의 『양소후략(梁昭後略)』 등이 있는데, 이들을 편기(偏紀)라고 하였다.[8] (釋 : 편기(偏紀)는 아주 짧게 서술한 책으로써 가까운 시기의 사실을 기록했을 뿐 전체의 역사를 다룬 것은 아니다) 넓고 넓은 세상에는 사람들이 정말 많으니 그들의 사적을 빠짐없이 수집하기는 매우 어렵다. 그러므로 사람들은 다만 자기가 알고 있는 바를 수집하여 단편의 잡기(雜記)들을 편찬하였다.[9]

8 육가의 『초한춘추』 9권은 「육가(六家)」편의 "춘추(春秋)가"에 보인다. 『산양공재기』 10권은 『수서경적지』 「사부」 "잡사(雜史)"에 악자가 편찬하였다고 했다. 按 : 산양공(山陽公)은 한 헌제(獻帝) 유협(劉協)을 가리킨다. 위(魏)가 수선(受禪)한 뒤 강봉(降封)되었다. 『진안제기(晉安帝紀)』는 『송서(宋書)』 권60, 「왕소지전(王韶之傳)」에, 왕소지(380-435)의 자는 휴태(休泰)이다. 사적으로 『진안제양추(晉安帝陽秋)』를 편찬하였다. 저작좌랑(著作佐郎)에 임명되어 그 직업을 계속하여 의희(義熙) 9년(413)까지 편찬하였는데 서사(敍事)에 능했다. 按 : 『진안제기』를 여기서는 『진안제양추』라고 하였다. 옛날에는 『진안륙기(晉安陸紀)』라고 하였는데 이는 잘못된 것이다. 또 살펴보니, 『북사(北史)』에는 왕소(王韶)가 있는데 수(隋)의 무신(武臣)이었다. 이는 '지(之)'자가 없을 뿐 아무런 관련이 없다. 『양소후략(梁昭後略)』 10권은 『수서경적지』 「사부」 "고사(古史)"에 요찰(536-602)이 편찬하였다고 했다. 按 : 『수서경적지』에는 '소(昭)'자가 없고, 신 · 구 『당서(唐書)』에는 모두 '소'자가 있다. 역주 : 「잡설(雜說)하」편의 원주(原注)에도 『양후략』이라 하였고, 『주서(周書)』 권47, 「예술전(藝術傳)」에도 『양후략』 10권이라 하였다. 내용은 양 무제 대청(大淸) 3년(549) 후경(侯景)의 난부터 시작하고 있다. 이상의 『산양공재기』와 『진안제기』 · 『양소후략』 등에 대한 보다 자세한 평가는 程千帆, 『史通箋記』, pp.169-170 참조.

9 역주 : 「잡설(雜說)상」편에, 근래에 황가(皇家)가 편찬한 『진사(晉史)』를 보니 그것이 채용한 사료도 역시 대부분 단편의 잡문[短部小書]들인데 노력이 적게 들고 읽기 쉬

예컨대 대규(戴逵)[10]의 『죽림명사(竹林名士)』, 왕찬(王璨 : 177-217)[11]의 『한말영웅기(漢末英雄記)』, 소세성(蕭世誠 : 508-554)[12]의 『회구지(懷舊志)』, 노자행(盧子行)[13]의 『지기전(知己傳)』 등이 있는데, 이들을 소록(小錄)이라고 하였다.[14](釋 : 소록(小錄)은 개인적으로 편찬한 책으로서 각기 자신이 알고 있는 바를 기록한 것으로 정사(正史)가 아니다) 사관(史官)의 임무는 사실을 기록하고[記事], 말을 기록하는[記言] 것인데,[15] 보고들은 것을 상세히 기록하지 않으면 반드시 누락되거나 없어지는 것이 있게 된다. 그러므로 기이한 것을 좋아하는 사인(士人)들이 책을 편찬하여 사관들이 누락한 것을 보충하였다. 예컨대 화교(和嶠)의 『급총기년(汲冢紀年)』[16], 갈홍(葛洪 : 283-343)의 『서경잡

운 것들이다. 예컨대 『어림(語林)』·『세설(世說)』·『수신기(搜神紀)』·『유명록(幽明錄)』 부류들이 그것이라고 했다.

10 역주 : 『진서(晉書)』 권94, 「은일전(隱逸傳)」 참조.

11 역주 : 왕찬은 삼국시대 위나라 사람으로 건안칠자(建安七子) 중의 한 사람이다. 『삼국지』 권21, 「위지 · 왕찬전」 참조.

12 역주 : 『양서(梁書)』 권5, 「원제기(元帝紀)」에, 휘는 역(繹)이고, 자는 세성(世誠)으로서 고조의 일곱째 아들이고, 저록(著錄)이 많다고 했다. 『회구지』외에도 예컨대 『효덕전(孝德傳)』 30권과 『충신전(忠臣傳)』 30권을 비롯하여 『주한서(注漢書)』 115권 · 『내전박요(內典博要)』 100권 등과 함께 『전덕지(全德志)』 · 『형남지(荊南志)』 · 『강주기(江州記)』 · 『공직도(貢職圖)』 · 『고금동성명록(古今同姓名錄)』 1권 · 『서경(筮經)』 12권 · 『문집(文集)』 50권 외에도 다양한 저서가 있다.

13 역주 : 『수서(隋書)』 권57, 「노사도전(盧思道傳)」 참조.

14 『죽림명사(竹林名士)』는 『수서경적지』 「사부」 "잡전(雜傳)"에, 『죽림칠현론(竹林七賢論)』 2권, 진(晉) 태자중서자(太子中庶子) 대규가 편찬하였다고 했다. 『당시예문지』에도 마찬가지로 『칠현론(七賢論)』을 지었다고 했다. 『한말영웅기』는 『수서경적지』 「사부」 "잡사(雜史)"에 왕찬(王粲)이 편찬하였는데 잔결(殘缺)되었다고 했다. 소세성(蕭世誠)의 『회구지(懷舊志)』 9권은 『수서경적지』와 『당서예문지』에 양(梁) 원제(元帝)가 편찬하였다고 했다. 按 : 세성(世誠)은 원제의 자(字)이고, 휘(諱)는 역(繹)이다. 「핵재(覈才)」편에 보인다. 노자행(盧子行)의 『지기전(知己傳)』 1권은 『수서경적지』와 『당서예문지』에 모두 노사도(盧思道)가 편찬하였다고 했다. 按 : '자행'은 노사도의 자(字)이다.

15 역주 : 『한서예문지』 「육예략」 "춘추"에, 옛날의 왕자(王者)에게는 대대로 사관(史官)이 있어서 군주가 행하는 일을 반드시 기록하였는데, 언행(言行)을 삼가고, 법식(法式)을 밝히기 위한 까닭이었다. 좌사(左史)는 말을 기록하고, 우사(右史)는 일을 기록하였다. 일을 춘추(春秋)라 하고, 말을 상서(尙書)라 하였다. 제왕(帝王)은 이와 같이 하지 않을 수 없다고 했다.

기(西京雜記)』[17], 고협(顧協)[18]의 『쇄어(瑣語)』, 사작(謝綽)의 『송습유(宋拾遺)』[19] 등이 있는데, 이들을 일사(逸事)라고 하였다.[20](釋 : 일사(逸事)는 이런 저런 자료를 모은 책으로서 사관이 누락한 것을 보충할 수 있으므로 자료로 참고할 만하다) 항간에 떠돌아다니는 이야기들을 기록한 것도 때로는 볼만한 가치가 있으며, 자질구레한 이야기들이지만 오히려 없는 것보다는 낫다. 때문에 호사가(好事家)들은 이러한 이야기들을 버리지 않았다. 예컨대 유의경(劉義慶 : 403-444)의 『세설신어(世說新語)』[21], 배영기(裴榮期)의 『어림(語林)』[22], 공사상(孔思尙)의 『송제어록(宋齊語錄)』, 양개송(陽玠松)의 『담수(談藪)』 등이 있

16 역주 : 『진서(晉書)』 권45, 「화교전(和嶠傳)」 참조. 『급총기년』에 관한 자세한 내용은 『수서경적지』 「사부(史部)」 "고사(古史)"의 서문에도 보인다.

17 역주 : 『수서경적지』 「사부」 "고사편(舊事篇)"에는 『서경잡기』 2권의 책명만 보일 뿐 편자에 대한 기록이 없다. 『진서(晉書)』 권72, 「갈홍전」에는 『서경잡기』와 관련한 기록이 없다. 상세한 내용은 『사고전서총목제요(四庫全書總目提要)』 권140, 「자부(子部)」 "소설가류"의 관련 조항 참조.

18 역주 : 『양서(梁書)』 권30, 「고협전」에, 고협은 오군(吳郡) 사람으로 『쇄어』 외에도 『이성원(異姓苑)』 5권이 전한다고 했다.

19 역주 : 「서지(書志)」편 주)72 참조.

20 화교의 『급총기년』은 「육가(六家)」편 "춘추(春秋)가"에 보인다. 모두 과두문자(科斗文字)로 간편(簡編)하였다. 『군재독서지(郡齋讀書志)』에, 8,514자(字)를 수집하여 화교 등에게 조서를 내려 예자(隸字)로 쓰게 하였다고 했다. 『서경잡기』 2권은 신·구 『당서예문지』에 갈홍이 편찬하였다고 했다. 按 : 백후(伯厚)의 『기문(紀聞)』은 오균(吳均)과 소분(蕭賁)이 의탁한 것을 이른다. 고협의 『쇄어(瑣語)』 1권은 『수서경적지』 「자부(子部)」 "소설(小說)"에 양(梁) 광록대부(光祿大夫) 고협이 편찬하였다고 했다. 사작의 『습유(拾遺)』는 「서지(書志)」편의 오행(五行)에 관한 문장에 보인다. 또 「서사(書事)」편에서는 사작이 심약(沈約)이 남겨놓은 것을 모은 것이 이 책이라 했다.

21 역주 : 『세설신어』에 대한 유효표(劉孝標)의 주(注)가 있고, 유의경에 대한 열전은 『송서(宋書)』 권51, 「종실전(宗室傳)」 참조.

22 역주 : 『세설신어』 「경저(輕詆)」편 주(注)에 인용된 『속진양추(續晉陽秋)』에, 진(晉) 융화(隆和 : 362-363) 연간에 하동(河東)의 배계(裴啓)가 한(漢)·위(魏) 이후로 지금에 이르기까지 언어와 응대(應對) 중에서 뛰어난 것을 기록하여 『어림』이라고 했고, 당시 사람들이 대부분 그 책의 내용을 좋아하여 문장이 마침내 유행하였다고 했다. 같은 책 「문학(文學)」편에 인용된 『배씨가전(裴氏家傳)』에, 배영(裴榮)은 자가 영기(榮期)이며 하동 사람이다. 부친 배치(裴穉)는 풍성령(豐城令)이었다. 영기는 젊어서부터 뛰어난 풍모와 재기가 있었으며 고금의 인물을 논하길 좋아하여 『어림』 몇 권을 지어 『배자(裴子)』라고 이름했다고 적고 있다.

는데, 이들을 쇄언(瑣言)이라고 하였다.[23](釋 : 쇄언(瑣言)이란 익살과 우스개를 담은 책으로서 약간의 역사자료를 제공하지만 이야기 거리 정도의 도움에 그친다) 여수(汝水)와 영천(潁川)지방의 뛰어난 사인들[24]과 장강(長江)과 한수(漢水) 지역[25]의 빼어난 인물들의 출생은 그가 살던 고향인 군국(郡國)에 영광을 더해 주었다. 때문에 각 지방의 학자들은 이러한 인물들을 모아 기록하였다. 예컨대 권칭(圈稱)의 『진류기구전(陳留耆舊傳)』, 주비(周斐)의 『여남선현전(汝南先賢傳)』, 진수(陳壽)의 『익부기구전(益部耆舊傳)』, 우예(虞預)의 『회계전록(會稽典錄)』[26] 등이 있는데, 이들을 군서(郡書)라고 하였다.[27](釋 : 군서(郡書)는 지방의 옛 덕망 있는 사람을 적은 책으로서 사가가 보기에는 번잡하다) 문

---

23 유의경의 『세설신어』는 「육가(六家)」편 "상서(尙書)가"에 보인다. 배영기의 『어림』은 「서사(書事)」편에 보인다. 『수서경적지』 「자부(子部)」 "소설(小說)"에는 동진(東晉)의 처사(處士) 배계(裴啓)가 편찬하였다고 했다. **按** : 영기(榮期)는 그의 자(字)이다. 공사상의 『어록(語錄)』은 신·구 『구당서경적지』 「사부」 "잡사(雜史)"에 『송제어록(宋齊語錄)』 10권이라 하였다. 『서지(書志)』편 오행(五行) 관련 문장에도 보인다. 양개송의 『담수(談藪)』는 『직재서록해제(直齋書錄解題)』 「사부(史部)」 "전기류(傳記類)"에, 북제(北齊) 비서성 정자(正字) 북평(北平) 양계송(陽玠宋)이 편찬한 것으로 남북조의 여덟 왕조의 사실을 모두 기록하고 있는데, 수(隋) 개황(開皇) 연간에 저술하였다고 했다.

24 **역주** : 『진서(晉書)』 권69, 「주의전(周顗傳)」에, 사도연(司徒掾)인 같은 군(郡)의 분고(賁高)는 청조(淸操)함을 지닌 인물이었는데, 주의를 보고 감탄하여 여영(汝潁) 일대에는 뛰어난 인재[奇士]가 많구나! 근년(近年)에 아도(雅道)가 쇠퇴하였는데 주의를 보니 옛 풍속을 진작시키고 나라를 청평(淸平)하게 할 수 있는 인재로다고 하였다. 여영 일대는 초(楚) 지역을 가리킨다.

25 **역주** : 과거 촉(蜀) 지역을 가리킨다.

26 **역주** : 우예와 『회계전록』은 각각 「이체(二體)」편 주)24와 「채찬(採撰)」편 주)51에 보인다.

27 『진류기구전』 2권은 『수서경적지』 「사부」 "잡전"에 한(漢) 의랑(議郎) 권칭(圈稱)이 편찬했다고 했다. 『여남선현전』 5권은 『수서경적지』 「사부」 "잡전"에 위(魏) 주비(周斐)가 편찬했다고 했지만, 『구당서예문지』에는 '비(斐)'자를 '배(裴)'자로 쓰고 있다. 『익부기구전』 14권은 『수서경적지』 「사부」 "잡전"에 진수(陳壽)가 편찬했다고 하였고, 『회계전록』 24권은 『수서경적지』 「사부」 "잡전"에 우예(虞預)가 편찬했다고 하였다. **역주** : 진수의 『익부기구전』은 『진서』 권82, 「진수전」에 10편(篇)이라 하였고, 『화양국지(華陽國志)』 권11, 「후현지(後賢志)」 "진수전"에도 10편이라 하였다. 『회계전록』 역시 『진서(晉書)』 권82, 「우예전」에는 20편이라 하여, 『수서경적지』의 권수와 다르다.

벌이 높은 가문들은 대대로 성덕(盛德)을 지니고, 재능 있는 자손들은 가업(家業)을 계승하여 부모들의 이름을 세상에 드러내고자 하였다. 때문에 조상들의 공업(功業)을 기록하여 후손들에게 전해주고 있다. 예컨대 양웅(揚雄 : B.C. 53-A.D. 18)의 『가첩(家牒)』, 은경(殷敬)의 『은씨가전(殷氏家傳)』·『손씨보기(孫氏譜記)』·『오군육씨종계보(吳郡陸氏宗系譜)』 등이 있는데, 이들을 가사(家史)라고 하였다.[28](釋 : 가사(家史)는 문벌의 공업(功業)을 기록한 책으로서 사서 체례와 비교하여 자랑하는 내용이 많다) 현명한 사인들과 절개가 굳은 여자들을 분류하는데 있어서는 구분이 있다. 비록 그들의 행위가 각기 다르지만, 모두 선행(善行)으로 귀결된다. 그러므로 사람들은 자기가 좋아하는 바를 취하여 책을 만들었다. 예컨대 유향(劉向 : B.C. 77-6)[29]의 『열녀전(列女傳)』, 양홍(梁鴻)[30]의 『일민송(逸民頌)』,('일민' 두 글자는 잘못인 것 같다. '고사(高士)'라고 해야 한다)[31] 조채(趙采)의 『충신전(忠臣傳)』, 서광(徐廣 : 352-425)[32]의 『효자전(孝子傳)』 등이다. 이들을 별전(別傳)이라 하였다.[33](釋 :

28 양웅의 『가첩』은 『한서』 권87상, 「양웅전(揚雄傳)」 상의 중요한 자료가 되었다. 열전은 곧 이 자료를 주로 이용하여 작성되었다. 상세한 내용이 「서전(序傳)」편에 보인다. 은경의 『세전』을 『신당서예문지』 「사부(史部)」 "잡전류"에는 『은씨가전(殷氏家傳)』 3권, 은경(殷敬)이 편찬하였다고 했다. 『손씨보기(孫氏譜記)』 15권은 『신당서예문지』에 편찬자의 이름이 없다. 『육종계력(陸宗系歷)』은 『신당서예문지』에는 『오군육씨종계보(吳郡陸氏宗系譜)』 1권, 육경헌(陸景獻)이 편찬하였다고 했다.

29 역주 : 『한서』 권36, 「초원왕전(楚元王傳)」의 「유향전」 참조.

30 역주 : 『후한서』 권83, 「일민전」의 「양홍전」 참조.

31 역주 : 이 책에 대한 자세한 논의는 程千帆, 『史通箋記』, p.175, 趙呂甫, 『史通新校注』, pp.589-590 주)43 각각 참조.

32 역주 : 『진서(晉書)』 권82, 「서광전」 참조.

33 유향(劉向), 『열녀전』의 증공(曾鞏) 서(序)에, 유향의 서문이 모두 8편이라고 하였는데 『수서경적지』와 숭문총목(崇文總目)』에는 모두 15편이라 하였다. 가우(嘉祐) 연간에 소송(蘇頌)이 그 책을 편정(編定)하면서 다시 8편이 되었다고 했다. 양홍의 『일민(逸民)』은 『후한서』 「양홍전(梁鴻傳)」에, 양홍이 이전 시대의 고사(高士)를 흠모하여 사호(四皓) 이하 24명에게 송사(頌辭)를 지었다고 했다. 按 : 양홍이 편찬한 것은 바로 이것이니 당연히 『일민(逸民)』이라고 해서는 안 된다. 혹 양홍이 『후한서』 「일민전(逸民傳)」에 있음으로 주석을 다는 과정에서 잘못 베껴진 것이 아닌지? 조채(趙采)의 『충신전』은 『수서경적지』와 『당서예문지』에는 다만 양(梁) 원제(元帝)가 편찬한 것만 있고 조채의 것은 보이지 않는다. 서광(徐廣)의 『효자전』 3권은 신·구 『당서』에

별전(別傳)은 정절과 모범이 되는 사람들을 기록한 책으로서 이전의 사서에서 누락한 내용을 보완할 수 있어 귀하다) 천지의 음과 양은 화로와 같아 세상 만물을 녹여 무궁한 형상을 부여할 수 있음으로 어떤 사물이라도 모두 생육(生育)할 수 있다. 그 중 괴이한 사물을 수집하여 이상한 이야기들을 더하였다. 예컨대 조태지(祖台之)의 『지괴(志怪)』, 간보(干寶)의 『수신기(搜神紀)』, 유의경(劉義慶)의 『유명록(幽明錄)』, 유경숙(劉敬叔)의 『이원(異苑)』 등이다. 이들을 잡기(雜記)라고 하였다.[34](釋 : 잡기(雜記)는 괴이한 것을 모은 책으로 외사(外史)에 해당하며 권계(勸誡)를 할 수 있어 좋다) 천하(九州)의 모든 토지와 만국(萬國)의 산천에서 나는 물산(物産)은 각각 다르고, 풍속과 교화도 서로 다르다. 만약 자기 지역을 각각 기록하여 지방지(地方志)를 편찬한다면, 사람들로 하여금 해당 지역의 상황을 분명하게 알 수 있게 할 것이다.[35] 예컨대 성홍지(盛弘之)의 『형주기(荊州記)』, 상거(常璩)의 『화양국지(華陽國志)』, 신씨(辛氏)의 『삼진기(三秦記)』, 나함(羅含)의 『상중기(湘中記)』 등이다. 이들을 지리서(地理書)라고 하였다.[36](釋 : 지리서는 각 지역의 인물을 함께 언급하였

모두 서광이 편찬하였다고 했다.

34 조태지의 『지괴』를 『수서경적지』 「사부」 "잡전"에는 2권이라 했는데, 신·구 『당서』 「예문지」와 「경적지」에는 모두 4권이라 하였다. 『진서(晉書)』 권75, 「왕담전(王湛傳)」에 부록된 열전에, 태지(台之)의 자는 원진(元辰)이고, 시중(侍中)·광록대부(光祿大夫)를 지냈다고 했다. 간보의 『수신기』는 『수서경적지』에 30권이라 하였다. 유의경의 『유명록』은 『수서경적지』와 『당서』에 모두 20권이라 하였다. 유경숙이 『이원』 10권은 『수서경적지』에 송(宋) 급사(給事) 유경숙이 편찬하였다고 했다.

35 역주 : 이 문장은 『수서경적지』 「사부」 "지리류(地理類)" 서문을 기초로 하였다. 그 서문에, 옛날 선왕(先王)이 백성을 교화할 적에 오방(五方)의 토지는 습속과 풍상이 발생하는 원인으로써 강유(剛柔)·경중(輕重)·음식(飲食)·의복(衣服) 등이 모두 각기 지역의 특성이 있는 것으로 바꿀 수 없는 것이라 여겼다. 따라서 천하를 몇 지역으로 나누어 적합한 토지에 적합한 식물을 선택하여 심고 어떤 것이 이(利)가 되고 해가 되는지를 알아 그 뜻을 실현하게 해주고 그 바람을 만족시켜 정치와 교화를 제대로 하였다. 따라서 지리환경이 다르면 사람의 습속 또한 달랐던 것이다. 『상서』에서는 대우(大禹)가 천하를 구주(九州)로 나누어 각주의 산천을 확정하고, 각주의 경계를 분명히 하고, 물산을 정리하고, 공부(貢賦)를 구분하였다는 말이 바로 이를 가리키는 것이라고 하였다.

36 성홍지의 『형주기』는 『수서경적지』 「사부」 "지리(地理)"에 송(宋) 임천왕시랑(臨川王

고, 그 책은 사지(史志)의 지방풍속과 같은 부류이다) 제왕의 도읍은 역대 군주들이 남긴 자취가 있는 곳이며, 대대로 나라를 통치한 성과들이 구현된 곳이지만 그렇다고 그 곳이 고정되지는 않았다. 만약 능히 도읍의 규모와 규칙(規則)을 기록할 수 있다면 장래의 제왕들에게 귀감이 될 것이다. 예컨대 반악(潘岳 : 247-300)의 『관중기(關中記)』, 육기(陸機 : 261-303)의 『낙양기(洛陽記)』·『삼보황도(三輔黃圖)』·『건강궁전(建康宮殿)』 등이다. 이들을 도읍부(都邑簿)라고 하였다.[37] (釋 : 도읍부는 도읍[帝京]의 규제(規制)를 언급하고 있는데, 이 책들은 역시 사지(史志)의 도성(都城)과 같은 부류이다. ○이상의 10조(條)에서, 책 40종을 각 부류에 의거하여 그 대강을 거론하였다)

爰及近古, 斯道漸煩. 史氏流別, 殊途並騖.(釋 : 落到後所論列者) 榷而爲論, 其流有十焉 : 一曰偏紀,(一作'記', 後同) 二曰小錄, 三曰逸事, 四曰瑣言, 五曰郡書, 六曰家史, 七曰別傳, 八曰雜記, 九曰地理書, 十曰都邑簿.(釋 : 先釐別其門類) 夫皇王受命, 有始有卒, 作者著述, 詳略難均. 有權記當時, 不終一代, 若陸賈『楚漢春秋』, 樂資『山陽(一有'公'字, 一以偶句從刪)

侍郎) 성홍지가 편찬하였다고 했다. 상거의 『화양국지』는 「보주(補注)」편에 보인다. 신씨의 『삼진』 즉 『삼진기(三秦記)』는 『후한서』 권67, 「이응전(李膺傳)」 장회(章懷)의 주(注)에 인용되어 '등용문에 오르다[登龍門]'는 말을 증거하였다. 이 책이 없어지지는 않았을 것이지만 사지(史志)에는 모두 기록되어 있지 않아 권질(卷帙)을 살필 길이 없다. 동진(東晉) 나함의 『상중』은 『문헌통고(文獻通考)』 「경적고(經籍考)」에 『상중산수기(湘中山水記)』 3권, 진(晉) 뇌양(耒陽) 나함(羅含)·군장(君章)이 편찬하였고, 범양(范陽) 사람 노증(盧拯)이 주(注)를 달았다고 했다. 이 책에는 수·당 이후의 사실을 제법 많이 다루고 있어서 후세 사람들이 덧붙였음을 알 수 있다. 또 살펴보건대, 지리서와 군서(郡書)에는 약간의 차이가 있어서 군서는 인물을 주로 하고, 지리서는 풍토(風土)를 주로 한다. 다만 그 중 『화양국지』는 그런 내용이 멋대로 섞여 있는 것 같다.

37 반악의 『관중기』 1권은 『구당서경적지』 「사부」 "지리"에 반악이 편찬하였다고 했다. 송(宋) 『중흥서목(中興書目)』에는 편찬자를 갈홍(葛洪)이라 적고 있지만 혹 다른 책이 아닌가 한다. 육기의 『낙양기』는 『수서경적지』 「사부」 "지리"와 『구당서경적지』에 모두 1권이라 했다. 『삼보황도』는 「서지(書志)」편의 한(漢) 『삼보전(三輔典)』의 주(注)에 보인다. 『건강궁전』은 살필 길이 없다. 도읍부(都邑簿)는 도읍의 규제(規制)를 기록하고 있어서 군서(郡書)나 지리서와도 구별된다. 역주 : 『태평어람(太平御覽)』 권175, 「거처부(居處部)」 3, "전(殿)"에 『건강궁전부(建康宮殿簿)』가 여러 차례 보인다.

載記』, 王韶(本名韶之)『晉安陸(當作'帝')紀』, 姚最(舊脫'最'字)『梁昭(舊脫'昭'字)後略』. 此之謂偏紀者也.(釋 : 此謂短述之書, 但記近事, 而非全史) 普天率土, 人物弘多, 求其行事, 罕能周悉. 則有獨擧所知, 編爲短部. 若戴逵『竹林名士』· 王粲『漢末英雄』· 蕭世誠『懷舊志』· 盧子行『知己傳』. 此之謂小錄者也.(釋 : 此謂私志之書, 各錄知交, 而非正史) 國史之任, 記事記言, 視聽不該, 必有遺逸. 於是好奇之士, 補其所亡. 若和嶠『汲冢紀年』· 葛洪『西京雜記』· 顧協『瑣語』· 謝綽『拾遺』. 此之謂逸事者也.(釋 : 此謂掇拾之書, 可補史遺, 用資參考) 街談巷議, 時有可觀, 小說卮言, 猶賢於已. 故好事君子, 無所棄諸. 若劉義慶『世說』· 裴榮期『語林』· 孔思尙『語錄』· 陽玠松(或作'松玠')『談藪』. 此之謂瑣言者也.(釋 : 此謂諧噱之書, 略供史料, 止助談資) 汝·穎奇士, 江·漢英靈, 人物所生, 載光郡國. 故鄕人學者, 編而記之. 若圈稱『陳留耆舊』· 周斐(一作'裴')『汝南先賢』· 陳壽『益部耆舊』· 虞預『會稽典錄』. 此之謂郡書者也.(釋 : 此謂鄕邦舊德之書, 視史家爲繁) 高門華胄, 奕世載德, 才子承家, 思顯父母. 由是紀其先烈, 貽厥後來, 若揚雄『家諜』· 殷敬『世傳』·『孫氏譜記』·『陸宗系歷』. 此之謂家史者也.(釋 : 此謂門胄先烈之書, 比史體爲炫) 賢士貞女, 類聚區分, 雖百行殊途, 而同歸於善. 則有取其所好, 各爲之錄, 若劉向『列女』, 梁鴻『逸民』,(二字恐誤, 當云'高士') 趙採『忠臣』, 徐廣『孝子』. 此之謂別傳者也.(釋 : 此謂甄錄貞範之書, 能補前史缺遺乃貴) 陰陽爲炭, 造化爲工, 流形賦象, 於何不育. 求其怪物, 有廣異聞. 若祖台(本名台之)『志怪』· 干寶『搜神』· 劉義慶『幽明』· 劉敬叔『異苑』. 此之謂雜記者也.(釋 : 此謂搜采怪異之書, 足當外史勸誡乃佳) 九州土宇, 萬國山川, 物產殊宜, 風化異俗. 如各志其本國, 足以明此一方. 若盛弘之『荊州記』· 常璩『華陽國志』· 辛氏『三秦』· 羅含『湘中』. 此之謂地理書者也.(釋 : 此兼風土人物言, 其書亦史志地俗一類) 帝王桑梓, 列聖遺塵, 經始之制, 不恒厥所. 苟能書其軌則, 可以龜鏡將來, 若潘岳『關中』· 陸機『洛陽』·『三輔黃圖』·『建康宮殿』. 此之謂都邑簿者也.(釋 : 此指帝京規制言, 其書亦史志都城一流. ○已上十條, 書四十種, 各依其類, 而擧其槪)

34-3

대체로 편기(偏紀)와 소록(小錄) 같은 책들은 모두 그날, 그때의 사실을 기록하는 것으로써, 국사(國史)의 요구에 비추어 보면 사실대로 기록하는 원칙[實錄]에 가장 잘 부합된다. 그러나 모두 말이 비루하고 질박하며, 사실이 자세히 서술된 것이 드물었으므로 결국 함부로 손댈 수 없는 완성작으로 후세에 길이 전해지지 못하고, 공연히 후세의 작자들이 저술을 고치고 삭제하는데 이용하는 자료가 될 뿐이었다.(釋 : 이하에서 그 득실을 논한다. ○처음 편기(偏紀)와 소록(小錄)을 합하여 논하고 있는데, 그 내용을 버리고 쓰지 않은 것 같지만 실제로는 취하고 있어서 간절하면서도 이해가 쉬운 저작으로서 족히 사서의 기초를 제공한다고 했다) 일사(逸事)라는 것은 모두 이전의 사서에서 누락되었다가 후세 사람들에 의해 기록되면서 서로 다른 이야기를 찾는데 도움되는 바가 확실히 많다. 망녕된 사람들이 저술하게 되면 전해들은 것만 구차하게 기록할 뿐 잘 살펴 가리지 않음에 따라 진위(眞僞)의 구별이 없게 되고, 시비(是非)가 뒤섞이게 된다. 예컨대 곽자횡(郭子橫)의 『동명기(洞冥記)』,[38] 왕자년(王子年)의 『습유기(拾遺記)』[39]는 전부 쓸데없

38 후한 곽헌(郭憲)은 『동명(洞冥)』의 서(序)에서, 무제(武帝)는 현명하고 뛰어난 특별한 군주였음으로 동방삭(東方朔)은 골계(滑稽)와 부탄(浮誕)을 이용하여 간언(諫言)을 하여 마음을 도의 가르침으로 통찰하게 하여 명적(冥迹)의 오묘함이 밝게 드러나게 하였다. 이제 구사(舊史)에는 실려 있지 않은 것을 모아 『동명기(洞冥記)』 4권을 편찬하였다고 했다. 자횡(子橫)은 곽헌의 자(字)이다. **역주** : 곽헌의 열전은 『후한서』 권82 상, 「방술전(方術傳)」 상에 보인다. 『수서경적지』 「사부」 "잡전(雜傳)"에, 『한무동명기(漢武洞冥記)』 1권, 곽씨(郭氏)가 편찬했다고 했고, 조공무(晁公武)의 『군재독서지(郡齋讀書志)』에 곽헌의 서(序)가 인용되어 있다. 보다 상세한 내용은 『사고전서총목제요(四庫全書總目提要)』 권142, 「자부(子部)」 "소설가류"의 『한무동명기(漢武洞冥記)』 참조.

39 양(梁) 소기(蕭綺)의 『습유기(拾遺記)』 서문에, 『습유기』는 진(晉) 농서(隴西) 사람 왕가(王嘉, 자는 子年)가 편찬하였지만 모두 잔결(殘缺)되었다. 내용이 복희(伏羲) · 염제(炎帝)에서 시작하여 서진(西晉)시대까지이다. 글이 과장되고 황당하지만 사실의 추리에 있어서는 매우 뛰어나고 해박하다고 했다. **역주** : 『진서(晉書)』 권95, 「예술전(藝

는 말로 되어 있어서, 무지하고 어리석은 사람들의 호기심이나 불러일으킬 뿐이었다. 이것이 그 폐단 가운데 심한 것이다.(釋 : 일사(逸事)의 득실로서, 기이한 내용이 황당해지기 쉬우므로 이 같은 경계를 쓴 것이다) 쇄언(瑣言)이라는 것은 대부분 당시의 변론(辯論)과 응대(應對), 세속적인 해학(諧謔) 등을 많이 싣고 있는데, 국가의 요직을 맡은 사람들이 이를 빌려 가볍게 이야기하거나 담론을 좋아하는 사람들이 구실로 삼았다. 사리에 어두운 사람들이 이 같은 책을 편찬함에 이르러 남의 허물을 들춰내어 서로 조롱하면서 조상까지도 공격하고, 남녀가 침상에서 나눌 수 있는 추잡하고 비루한 말이 출현하였다. 이러한 내용들이 모두 책에 기록되어 바른 말[雅言]처럼 사용되었으니, 결코 풍기(風紀)에 아무런 도움이 되지 않았고 명교(名教)에 해를 입혔다.(釋 : 쇄언(瑣言)의 득실로서, 여기서 경계하는 바를 마땅히(소위 잊지 않기 위해 큰 띠로 적어 두는) 서신(書紳)으로 이용해야 한다) 군서(郡書)는 자기 고장의 어진 선비를 자랑하고 자기 종족(宗族)을 칭찬하는 책을 가리킨다. 자기 나라에서는 자못 유행될 수 있지만, 다른 지방에서는 특별한 흥미를 갖게 하기가 어렵다. 그 중 예컨대 상거(常璩)의 『화양국지(華陽國志)』[40]같이 세세한 데까지 두루 미치거나, 유병(劉昞)[41]의 『돈황실록(敦皇實錄)』같이 자료를 널리 담고 있는 책은 영원히 전해질 수 있는 것들이다. 후세 사람들에 의해 칭찬을 받을 수 있는 것은 대개 몇 종의 책 밖

術傳)」에 보이는 왕가의 열전에는 『습유록(拾遺錄)』 10권이라 했고, 『수서경적지』 「사부」 "잡사(雜史)"에는 『습유록』 2권, 위진(僞秦) 요장(姚萇)의 방사 왕자년이 편찬하였다고 했다.

40 역주 : 「보주(補注)」편 상거의 「화양사녀(華陽士女)」 주)10 참조.

41 『돈황실록』 10권과 『양서(涼書)』 10권을 편찬하였다. 유병에 대하여는 「논찬(論贊)」·「고금정사(古今正史)」·「점번(點煩)」 등 세 편에 상세한 내용이 있다. 역주 : 『수서경적지』 「사부」 "패사(覇史)"에는 『돈황실록』 10권, 유경(劉景)이 편찬했고, 『양서(涼書)』 10권, 장궤(張軌)의 사실을 기록하고 있는데, 위대량장군종사중랑(僞大涼將軍從事中郎) 유경(劉景)이 편찬하였다고 했다. 『수서경적지』에서는 당 고조 이연(李淵)의 부 이병(李昞)을 피휘(避諱)하여 유경이라 한 것이다. 『위서』 권52, 「유병전(劉昞傳)」에는 위의 두 책 외에도 『약기(略記)』 130편·84권, 『방언(方言)』 3권, 정공당명(靖恭堂銘)』 1권 등의 저작이 보인다.

에 없다.(釋 : 군서(郡書)의 득실은, 자기 고장의 어진 선비를 칭찬하는 기록은 해마다 더욱 늘어나고 있어서 이들을 읽어보고 의문이 일어난다는 것이다) 가사(家史)라는 것은 단지 부(父)·자(子)·손(孫) 삼족(三族)[42]만을 기재하고, 언행은 한 가문에 한정되어 한 집안에서만 전해지므로 나라 전체에 전파되기 어렵다. 뿐만 아니라 후손들이 부조(父祖)의 가업을 그대로 이어받을 수 있으면 그러한 기록은 보존될 수 있지만, 만약 가문이 망하면 그러한 책들 또한 없어지게 된다.(釋 : 가사(家史)의 득실로서, 세가(世家)의 자제들은 당연히 그 말을 음미해야 한다) 별전(別傳)이란 것은 자연스러운 생각에서 나온 것이 아니고 문장을 창작하는 구상의 정교함에서 말미암은 것도 아니다. 단지 예전의 사서들을 널리 수집하고 그것을 묶어서 책을 만든 것이다. 그 중 새로운 말이라고 할만한 것과 과거와 다른 이야기를 덧붙인 것은 대개 열 중 하나에 불과하다. 만약 견문이 좁고 아직 학문이 미숙한 무리라면 매우 좋게 여기고 숭상하겠지만, 깊이 따져가면서 사리를 밝혀내려는 사람들에게는 자료로 취할 만한 것이 없다.(釋 : 별전의 득실로서, 앞의 주(注)에서 말한 (이전의 사서에) 누락한 내용을 이것으로서 보완할 수 있어 귀하다는 것이다) 잡기(雜記)라는 것은 만일 신선(神仙)의 도를 논할 때에는 단약(丹藥)을 복용하고 기공(氣功)을 연마하면 수명을 연장시킬 수 있다고 하고,[43] 도깨비의 유래를 말할 때에는 착한 사람은 복(福)을 받고 악한 사람은 화(禍)를 입을 수 있으니 권선징악(勸善懲惡)해야 한다고 했다. 이러한 경우는 괜찮다. 그런데 그릇된 사람이 그것을 한다면 구차하게 괴이한 이야기를 지껄이고 요사스러운 일을 적는데 힘쓸 것이니, 널리 사람을 이롭게 하는 것을 추구한다면 그 내용은 취할만한 뜻이 없다.(釋 : 잡기(雜記)의 득실로서, 이를 가지고 앞의 주에서 말한 권계를 할 수 있어 좋다는 것이다) 지리서(地理書)는

42 **역주** : 삼족의 범위를 일반적으로 부·자·손의 형제를 모두 이르지만, 부·모·처 일족의 부·자·손을 포함하기도 한다.

43 **역주** : 이와 관련한 책으로 『수서경적지』에는 『신선복식방(神仙服食方)』 10권이 보이고, 『신당서예문지』에는 『태청신선복식경(太淸神仙服食經)』 1권이 보인다.

주공(朱贛)[44]이 채록한 것 같이 구주(九州)에 두루 미치고, 감인(闞駰)[45]이 기록한 내용처럼 사방의 모든 나라들을 망라한다. 이러한 책들은 언사(言詞)가 모두 고상하고 바르며, 기록된 사실에 편파적인 것이 없다. 이와 다른 것이 있는데, 사람들은 모두 자기 고장을 즐거운 땅으로 여기고, 집집마다 모두 자기 고장을 명도(名都)로 여기며 자신들이 살고 있는 곳을 다투어 찬미하지만, 그 말이 실제보다 과장되었다. 또한 성지(城池)의 옛 유적들과 산수(山水)의 명칭을 얻게 된 사정들이 모두 항간에 전하는 이야기에서 비롯된 것인데도 그것을 사실이라고 여기니, 정말 비루(鄙陋)하다.(釋 : 지리서에 관한 득실로서는 자신들이 살고 있는 곳을 찬미하는 것을 피해야 하고, 지관(志館)에서 방지를 편찬하는 사람들은 이 점을 가려야 한다) 도읍부(都邑簿)가 궁궐 · 능묘 · 거리와 상점, 촌리(村里) 같은 것들에 대하여 그 규모를 분별하고 관련 제도를 설명하는 것은 괜찮다고 할 수 있다. 그런데 어리석은 사람이 이러한 책을 편찬하게 되면 곧 번잡하면서도 외람되고 널리 자료를 이용하면서도 그 한계가 없다. 서까래나 기둥을 논하면서 1척(尺) · 1촌(寸)을 모두 기록하고, 초목을 기록하면서 한 포기, 한 그루라

---

44 『수서경적지』 지리서 부분을 살펴보면, 육징(陸澄)이 『산해경(山海經)』 이래 160가(家)를 모았지만 대부분 흩어져 없어지고 42가(家)가 보인다. 또 임방(任昉)의 『지기(地記)』는 육징의 책보다 84가(家)를 더 모았지만 마찬가지로 대부분 없어지고 겨우 12가(家)가 보일 뿐이다. 이제 남아 전하는 책을 살펴보니 모두 주공(朱贛)이 편찬했다는 구주(九州)를 책명으로 편찬한 것이 보이지 않는다. 어찌 이 책도 흩어져 없어진 책에 속한다고 할 수 있겠는가. 앞에서 말한 신씨(辛氏)의 『삼진(三秦)』의 경우도 마찬가지로 그렇다. 역주 : 『한서(漢書)』의 「지리지(地理志)」는 주공 등의 작업에 기초하여 작성한 것이다. 『한서』 권28하, 「지리지」 하에, 한(漢)은 백왕(百王)의 끝을 계승하였으나 국토는 변하였고, 백성도 옮겨졌다. 성제(成帝) 때에 유향(劉向)이 대략 국토를 획분하였고, 승상(丞相) 장우(張禹)와 그 속관 영천(穎川)의 주공(朱贛)에게 지역으로 나누어 그 풍속을 설명하게 했지만 전부를 살피지는 못하였으므로 이를 전부 모아 집중적으로 평론하고 그 본말 전부를 문장으로 완성하였다고 했다.

45 『북사(北史)』에 감인은 돈황(敦煌) 사람으로, 자는 현음(玄陰)이다. 낙안왕(樂安王) 비(丕)가 불러 종사중랑(從事中郎)을 삼았다. 『십삼주지(十三州志)』를 편찬하였다고 했다. 『수서경적지』 「사부」 "지리지기(地理之記)"에는 『십삼주지』가 10권이라 했다. 역주 : 『위서(魏書)』 권52에도 열전이 보인다.

도 반드시 계산하여 상세하게 꼼꼼히 살피는데 힘쓰며, 이러한 것으로 자신의 재능을 자랑하였다. 그리하여 학자들이 읽을 때 혼란스러워 정리하기가 어렵다.(釋 : 도읍부에 관한 득실로서, 궁궐의 척촌(尺寸)이나 물산(物產)의 포기와 그루 수는 무익한 것은 아닌 것 같다) 이상에서 열 가지 부류에 대해 살피면서 많은 사가들의 사서들을 검토하였는데 정사(正史)이외의 잡사(雜史)의 각 부류가 모두 포함되었다. 그 속에 득실(得失)이 뒤섞여 있고 좋고 나쁜 것이 섞여 있어서 상세하면서도 하나하나 조리 있게 서술하기 곤란하기 때문에 대강을 대충 서술하였다. 『시경(詩經)』 중의 「회풍(鄶風)」 이하의 시들과 마찬가지로 기타 다른 저술들은 비난할 가치도 없다.[46](釋 : 이 구절에서는 이상의 열 가지 부류를 종합하여 '사(史)'자를 요점으로 하여 설명하였다. 비록 여러 책들이 '사(史)'를 이름으로 하고 있지는 않지만 역시 모두 '사'의 잡류(雜流)들이다. 또한 모든 것을 설명하지 않고 몇 가지로서 나머지를 포괄하였다)

大抵偏紀·小錄之書, 皆記卽日當時之事, 求諸國史, 最爲實錄. 然皆言多鄙樸, 事罕圓備, 終不能成其不刊, 永播來葉, 徒爲後生作者削稿之資焉.(釋 : 自此以下論其得失. ○首二條合論, 詞似棄而實取, 切見親知之作, 足供史底也) 逸事者, 皆前史所遺, 後人所記, 求諸異說, 爲益實多. 及妄者爲之, 則苟載傳聞, 而無銓擇. 由是眞僞不別, 是非相亂. 如郭子橫之『洞冥』, 王子年之『拾遺』, 全構虛詞, 用驚愚俗. 此其爲弊之甚者也.(釋 : 第三條之得失. 奇者易誕, 故著此戒) 瑣言者, 多載當時辨對, 流俗嘲謔. 俾夫樞機者藉爲舌端, 談話者將爲口實. 及蔽者爲之, 則有詆訐相戲, 施諸祖宗, 褻狎鄙言, 出自牀笫, 莫不昇之紀錄, 用爲雅言, 固以無益風規, 有傷名敎者矣.(釋 : 第四條之得失. 此條所戒, 宜用書紳) 郡書者, 矜其鄕賢, 美其邦族; 施於本國, 頗得流行; 置於他方, 罕聞愛異. 其有如常璩之詳審,

46 역주 : 『좌전』 양공(襄公) 29년(B.C. 544)에, 오(吳)나라 공자 계찰(季札)이 노나라를 예방하여 연회 중에 악공(樂工)이 각 국의 민요를 노래 부르게 하였고, 주남(周南)과 소남(召南)의 민요를 비롯하여 패(邶)·용(鄘)·위(衛)·정(鄭)·제(齊)·빈(豳)·진(秦)·위(魏)·당(唐)·진(陳) 등의 민요에 대하여 모두 평론하였다. 그러나 회(鄶)나라부터 이하 민요에 대해서 계찰은 비평하지 않았다고 했다.

劉昞(或作'炳', 非)之該博, 而能傳諸不朽, 見美來裔者, 蓋無幾焉.(釋 : 第五條之得失, 鄕賢升送, 年增歲益, 閱此爲之起疑) 家史者, 事惟三族, 言止一門, 正可行於室家, 難以播於邦國. 且箕裘不墮, 則其錄猶(一作'雖', 非)存; 苟薪構已亡, 則斯文亦喪者矣.(釋 : 第六條之得失. 世家子當味其言) 別傳者, 不出胸臆, 非由機杼, 徒以博採前史, 聚而成書. 其有足以新言, 加之別說者, 蓋不過十一而已. 如寡聞末學之流, 則深所嘉尙; 至於探幽索隱之士, 則無所取材.(釋 : 第七條之得失. 前注言能補闕遺乃貴者以此) 雜記者, 若論神仙之道, 則服食鍊氣, 可以益壽延年; 語魑魅之途, 則福善禍淫, 可以懲惡勸善, 斯則可矣. 及謬者爲之, 則苟談怪異, 務述妖邪, 求諸弘益, 其義無取.(釋 : 第八條之得失. 前注言足當勸戒乃佳者以此) 地理書者, 若朱贛所採, 浹於九州; 闞駰所書, 殫於四國. 斯則言皆雅正, 事無偏黨者矣. 其有異於此者, 則人自以爲樂土, 家自以爲名都, 競美所居, 談過其實. 又城池舊迹, 山水得名, 皆傳諸委巷, 用爲故實, 鄙哉!(釋 : 第九條之得失. 土名俚鄙之戒, 居志館者擇之) 都邑薄者, 如宮闕(一作'闈')·陵廟·街廛·郭邑, 辨其規模, 明其制度, 斯則可矣. 及愚者爲之, 則煩而且濫, 博而無限.(一有'故'字, 或作'於'字, 疑皆衍) 論榱棟則尺寸皆書, 記草木則根株必數, 務求詳審, 持此爲能.(一訛'論') 遂使學者觀之, 瞀亂而難紀也.(釋 : 第十條之得失. 宮闕尺寸, 物產根株, 似非無益) 於是考玆十品, 徵彼百家, 則史之雜名, 其流盡於此矣. 至於其間得失紛糅, 善惡相兼, 旣難爲覶縷, 故粗陳梗概. 且同自鄶, 無足譏焉.(釋 : 此節總結十品, 拈出'史'字作眼. 雖諸書不以史名, 亦皆史之雜流也. 又以不悉數者括其餘)

34-4

또 살펴보건대 자서(子書)와 사서(史書)는 본래 서로 다른 성격의 책이다. 그러나 예컨대 『여씨춘추(呂氏春秋)』·『회남자(淮南子)』·『현안춘추(玄晏春秋)』[47]·『포박자(抱朴子)』 같은 자서(子書)들은 대부분 서사(敍事)를 가장 중요하게 여겼으므로 열거하여 평론하자면 또한 잡사(雜史)라고도 할 수 있다. 그러나 명목(名目)이 앞서 말한 잡사(雜史)와 다르므로 이들을 다시 여기에서 다루지 않았다.(釋 : 여기서는 또 '자가(子家)'류에 속하는 것에서 사서에 가까운 것을 골라 거론하였다)

又案子之將史, 本爲二說. 然(一脫'然'字)如『呂氏』·『淮南』·『玄晏』·『抱朴』, 凡此諸子, 多以敍事爲宗, 擧而論之, 抑亦史之雜也, 但以名目有異, 不復編於此科.(釋 : 此又就子家者流剔出近史者以該之)

34-5

옛 사람이 말하기를 "수많은 별들의 밝음이 달빛 하나만 못하다"[48]라고 하였다. 예로부터 하나하나 살펴보면 작자들이 저술한 책은 많다. 비

---

47 역주 : 서진(西晉) 황보밀(皇甫謐 : 215-282)의 저작이다. 유지기는 이 책을 자서(子書)라고 분류하였지만, 『수서경적지』에는 「사부(史部)」 "잡전(雜傳)"에 분류되어 있다.

48 역주 : 『문자(文子)』 「상덕(上德)」편에, 수많은 별들의 밝음이 달빛 하나만 못하다고 했고, 『회남자』 「설림훈(說林訓)」도 마찬가지이다. 또 『예문유취(藝文類聚)』 권92引, 장현(張顯), 『석언론(釋言論)』에, 여러 별들이 달 하나의 밝음만 못하다고 했고, 『태평어람(太平御覽)』 922에 인용된 문장 역시 같다고 했다. 陳獻章, 『史通補釋』, p.775 참조.

록 수많은 문호(門戶)가 마치 파도처럼 계속 밀려오고 구름처럼 층층이 쌓였지만, 그들의 말은 모두 자질구레한 것들이었고 사실들은 모두 자잘한 것을 모아놓은 것에 지나지 않았다. 결코 『오전(五傳)』[49]의 영예[光塵][50]를 이어받고, 『삼사(三史)』[51]와 나란히 빛나기는 어렵다. 옛사람들은 이러한 것들을 단지 상자에 가득한 옥 부스러기에 비유하였으니[52] 참으로 깊은 뜻이 있다.(釋 : 여기에서 「잡술」편 전체를 총괄하면서 먼저 잡가를 폄하하였다) 그러므로 초야(草野)에 사는 사람들의 말이라도 현명한 군주는 반드시 가려서 취하였고, 순무[葑菲]처럼 쓸모가 적은 구절이라도 『시경(詩經)』의 작자들은 버리지 않았다.[53] 그러므로 학자들은 옛 사실들을 널리 듣고 사물에 대하여 많은 식견이 있어야 한다. 만약 비정통의 다른 기록을 살피지 않고, 이단(異端)의 책들을 검토하지 않고서 오로지 주공(周公)이나 공자(孔子)의 장구(章句)를 연구하고, 사마천과 반고의 기전(紀傳)만을 고수(固守)한다면 어찌 스스로 이러한 경지에 이를 수 있겠는가? 공자 또한 말씀하기를, "많이 듣고 그 중 좋은 것을 가려서 따르며", "이것이 아는 것의 다음이 된다"[54]고 하였다. 만일 이와 같이 할 수만 있다면, 책에는 성현

---

49 역주 : 오전(五傳)이란 『춘추(春秋)』에 대한 좌씨(左氏) · 공양(公羊) · 곡량(穀梁) · 추씨(鄒氏) · 협씨(夾氏) 등의 '전(傳)'을 가리킨다.

50 역주 : 『노자』에 보이는 "(도(道)는) 만물의 지나친 빛을 부드럽게 고르고, 만물의 더러움에 동화한다[和其光, 同其塵]"는 말에서 비롯된 말로 전체적으로는 영예(榮譽)의 의미로 쓸 수 있다.

51 역주 : '삼사(三史')란 『사기』 · 『한서』 · 『동관한기』를 가리킨다. 대체로 '삼사'란 '육경'에 대응하는 의미로 사용된 것이기도 하다.

52 역주 : 『논형(論衡)』 「서해(書解)」편에 나오는 말이다. 즉 "옥 부스러기가 상자에 가득하다해도 보물이 될 수 없다"라고 한 말을 인용한 것이다.

53 역주 : 『시경』 「패풍(邶風)」 "곡풍(谷風)"에, "순무를 캠은 뿌리만을 위한 것이 아니니[采葑采菲, 無以下體]"에서 인용한 문장인데, 순무를 캠에 있어서 뿌리만을 보고 위 잎새까지 맛이 없다고 내버리지 않는다는 뜻이다.

54 역주 : 이 구절은 모두 『논어』 「술이(述而)」편에 보인다. 즉 "많이 듣고서 그 중 좋은 것을 가려서 따르며, 많이 보고서 기억해 둔다면 이것이 아는 것의 다음이 된다"라고 한 말에서 인용한 것이다. 기억해 둔다는 것은 좋은 것과 나쁜 것을 모두 기억해 두어 참고에 대비하는 것이니 이와 같이 하는 자는 비록 실제로 그 이치를 알지 못한다고 하더라도 아는 자의 다음이 될 수 있다는 것이다.

(聖賢)의 말이 아닌 것이 들어 있을 수 있고, 말에는 경전에 맞지 않는 것이 많으니, 학자들은 널리 듣고 나서 그 중 (좋은 것을) 선택하면 될 것이다.(釋 : 문장을 써내려 가면서 '택(擇)'자로 결론을 내리고 있다. 본래 태사(太史)의 '더욱 바르게 선택하여 말한다(擇言尤雅)'고 할 때의 선택한다는 것으로 옛 것을 읽어 잘못을 막기에 가장 옳은 것이다)

蓋語曰 : "衆(一作'聚')星之明, 不如一月之光." 歷觀自古, 作者著述多矣. 雖復門千戶萬, 波委雲集. 而言皆瑣碎, 事必叢殘. 固難以接光塵於『五傳』, 並輝烈於『三史』. 古人以比玉屑滿篋, 良有旨哉!(釋 : 至此統攝全篇, 先將雜家一抑) 然則(作'然而'用)芻蕘之言, 明王(一作'主')必擇; 葑菲之體, 詩人不棄. 故學者有(當作'欲')博聞舊事, 多識其(恐當作'奇')物, 若不窺別錄, 不討異書, 專治周 · 孔之章句, 直守遷 · 固之紀傳, 亦何能自致於此乎? 且夫子有云 : "多聞, 擇其善者而從之", "知之次也". 苟如是, 則書有非聖, 言多不經, 學者博聞, 蓋在擇之而已.(釋 : 以揚筆收, 而歸結到'擇'字. 本諸太史'擇言尤雅'之擇, 最是讀古隄防)

按 : 「육가(六家)」편에서 「번생(煩省)」편까지 33편에서는 (편년체와 기전체로 된) 정사(正史)에 대한 논술이 모두 갖추어졌다. 이 「잡술(雜述)」편에 이르러 정사 이외의 역사저작을 논하며 크고 작은 것 모두를 빠뜨리지 않았고, 장중(莊重)하거나 익살스러운 내용과 관련된 저작 모두를 수록하였음으로 하나하나 선양하였다고 할 수 있겠는가? 정사에 대하여는 엄하게 살핌으로써 차라리 빠뜨리더라도 남발하지 않았고, 잡다한 저술에 대하여는 널리 두루 수록하여 누락된 것이 없었다. 이를 통해 유지기의 이 책은 마음을 다하여 가려내고 제거하는 작업이 특별히 저작을 함에 있어서 정결(淨潔)하여 잘못됨이 없길 바랐던 것이지 천하의 모든 사람들로 하여금 함부로 여러 사람들의 말을 폐기(廢棄)토록 한 것은 아니었다. (從上三十三篇, 論正史者備矣. 至是乃旁羅雜乘, 洪纖靡遺, 莊諧殫錄, 可謂具體鼓吹者乎? 於正史則嚴核之, 不嫌於孤; 於雜乘則廣收之, 必赢其類. 可知子玄是書, 盡意洗伐, 特欲令

著作之庭, 淨無塵點耳, 非教天下謾棄羣言也)

많은 사서(史書)들을 자세히 조사하면서 방법에서 엄격[猛]함을 이용한 것이 「번생(煩省)」편과 같았지만, 결국은 평온한 마음으로 사물의 정리(情理)에 맞도록 하였다. 잡다한 저술을 수록하면서 방법은 느슨하였지만 도리로 본다면 여전히 비루한 것을 제거함으로써 저작의 규범을 지키려 하였다. 엄격함으로 느슨함을 보충하고 느슨함을 통해 엄격함을 보충하는 것을 공손교(公孫僑)[子産]에 대하여 말하자면 바로 그의 위정지도(爲政之道)이며 북궁문자(北宮文子)에 대하여 말하자면 바로 소위 예를 갖추었다는 것이다.(核羣史, 道用猛矣, 而如彼上篇, 卒以持平者愜物情. 收雜述, 道用寬矣, 而就中分論, 仍以祛猥者閑文紀. 猛以濟寬, 寬以濟猛, 其諸公孫僑之爲政, 北宮文子所謂有禮者乎?)

그 유파로는 열 가지가 있고, 특징이 비슷한 것을 들자면 40개나 되었다. 유파가 비록 많지만 모두 사서의 범주를 벗어나지는 않아서 내용이 심오하면서도 혼란스럽지 않았다. 서로 비슷한 것을 거론하여 보기에 번잡한 것 같지만 실제로는 간략하였다. 간략하게 대표적인 성격을 갖는 소수를 취하였고, 그 대표적인 소수를 수록함으로써 기타 대다수 역시 알 수 있었다. 간략하면서도 빠짐없이 살폈다.(其流十, 其擧似者四十. 流別雖多, 不離史屬, 賾而不亂也. 擧似似煩而約, 約且取小, 小冊見收, 大者可知也. 約而盡也)

「변직(辨職)」 제35

'변직'을 어느 책에서는 '변지(辨識)'라 했지만, 잘못이다.[職一作'識', 誤]

이 편에서는 주로 당대(唐代) 사관(史館)에 있어서 수사(修史)의 문제점을 논하였다. 유지기는 세 차례나 사관(史官)이 되어 사관(史館)에 들어갔지만 결국 자신의 뜻을 펴지 못한 개인적 체험을 지녔기 때문에 이 문제에 대한 비판이 매우 신랄하다. 따라서 이 「변직」편 이외에도 「자서(自敍)」·「사관건치(史官建置)」·「오시(忤時)」 등 제 편에서도 거듭 그 폐단을 지적하였던 것이다. 유지기는 이 편의 첫 머리에서 관직을 설치하여 직책을 분담하는 일과 관련하여, 군주로 하여금 헛되이 관직을 수여하지 않게 하고 신하가 헛되이 작록을 받지 않도록 하는 것은 정말 어렵지만, 특히 사관의 경우가 합당한 사람을 임용하기가 어렵다고 하였다. 그는 먼저 사관으로 힘써야 할 것으로 으뜸은 선(善)을 표창(表彰)하고 악(惡)을 징계하며 강포(强暴)한 세력을 두려워하지 않는 것이고, 그 다음은 사서를 편찬하여 완성함으로써 불후의 업적을 남기는 것이며, 상대적으로 가장 아래에 속하는 것이 뛰어난 재능과 큰 학식을 구비하여 한 시대에 이름을 남기는 것이라 하였다. 때문에 이 세 가지 모두를 갖추고 있지 않으면서 사관의 직무를 맡은 자들은 결국 헛되이 작록을 받은 꼴이라고 비판하였다. 그리고 유지기는 수사(修史)에 있어서 조정의 대신들이 사관(史官)을 지휘・감독하는 상황과 관련하여 그러한 직무 수행에 합당한 능력을 가지고 있을 경우 큰 문제가 되지 않지만, 그렇지 못할 경우 문제가 많음을 신랄하게 비판하였다. 당시의 감수대신(監修大臣)들은 모두 "황제의 총애를 받고 있는 고관(高官)들이고 대개 어리석고 천박한 인물들로서 종일 배불리 먹으며 적당히 시간이나 때우고, 편안히 앉아서 사람이나 부리고 결재나 할 뿐"이라고 비판하고 이들은 수사(修史)와 관련하여 아무런 지식을 갖추지 못했음을 지적하면서 "좋은 것이 왜 좋은지 또한 나쁜 것이 왜 나쁜 지도 모른다"라고 비판하였다. 따라서 사관(史館)은 "분명 일하지 않고 놀고 먹는 자들의 소굴이며 공짜로 녹봉을 타먹는 자들의 집합소"라고 격렬한 감정을 실어 비판하였다. 이러한 비판이 결국 사관의 직무를 벗어날 수밖에 없었던 자신의 체험과 무관하지 않음은 물론이다.

35-1

관직을 설치하여 직책을 분담하고, 쌓인 공적과 능력을 심사하여 군주로 하여금 헛되이 관직을 수여하지 않게 하고, 신하가 헛되이 작록을 받지 않도록 하는 것은[1] 정말 어렵다. 옛날 한 문제(漢文帝)가 여러 장수들의 군영을 순행하면서 주아부(周亞夫)를 '진정한 장군[眞將軍]'이라 칭하

1 역주 : 『조식(曹植)』「구자시표(求自試表)」(『문선』 권37 所收)에, 덕(德)을 논하여 관리를 임명하는 것이 대업을 성취한 군주이고, 능력을 헤아려 작위를 받는 것이 힘써 군주의 명을 따라야 할 신하이다. 때문에 군주는 헛되이 관직을 수여하지 않고, 신하는 헛되이 작록을 받지 않는다[故君無虛授, 臣無虛受]. 헛되이 관직을 수여하는 것을 '잘못된 임용[謬擧]'이라 하고 헛되이 작록을 받는 것을 '아무 일도 하지 않고 녹만 타먹는 것[尸祿]'이라 하였다.

였다.[2] 아! 사관(史官)의 직책은 반드시 진실을 추구[求眞]해야 하는데, ('구진(求眞)' 두 글자와 관련하여) 특히 그에 합당한 사람을 임용하기가 정말 어렵다.(釋 : 대체로 직무와 관련하여 사직(史職)의 어려움을 적고 있다)

夫設官分職, 佇績課能, 欲使上無虛授,(一作'稱') 下無虛受, 其難矣哉! 昔漢文帝幸諸將營, 而目周亞夫爲眞將軍. 嗟乎! 必於史職求眞,('求眞'二字, 或作'求其若之', 一作'求眞若此') 斯乃特(一無'特'字)爲難遇者矣.(釋 : 泛從課職意刷出史職之難)

35-2

사관으로서 힘써야 할 것으로 세 가지 길이 있다. 무엇인가? (첫째는) 선(善)을 표창(表彰)하고, 악(惡)을 징계하며 강포(强暴)한 세력을 두려워하지 않는 것이다. 예를 들면 춘추시대 진(晉)의 동호(董狐),[3] 제(齊)의 남사씨

2 『사기』 권57, 「강후주발세가(絳侯周勃世家)」에, 주아부(周亞夫)가 흉노를 막기 위해 세류(細柳)에 주둔하였다. 문제(文帝)가 친히 군대를 위로하기 위하여 갔다. 그의 선발대가 도착하였지만 들어갈 수 없었다. 군문(軍門)을 지키는 도위(都尉)가 말하기를, 군중(軍中)에서는 장군의 명령만을 듣고 천자의 조서도 듣지 말라고 하였다고 했다. 얼마 안 있어 황제가 도착하였지만 영문(營門)을 지키던 군관이 장군의 규정에는 군영에서 말을 달릴 수 없다고 하였다. 천자가 이에 말고삐를 잡고 천천히 걸어갔다. 군영에 이르니 주아부가 군례(軍禮)로 대하였고, 의식을 마친 후 떠났다. 문제는 주아부를 칭찬하여 말하기를 '아! 그야말로 진정한 장군[眞將軍]이로다' 하였다.

3 역주 : 동호에 관한 기록은 『좌전』 선공(宣公) 2년(B.C. 607)에 보인다. 즉 9월 27일, 조천(趙穿)이 진(晉) 영공(靈公)을 도원(桃園)에서 죽였다. 조돈(趙盾)은 외국으로 달아나다가 미처 산을 넘지 못하고 있다고 이 소식을 듣고 곧 바로 되돌아왔다. 이를 두고 태사[大史] 동호가 기록하기를 조돈이 그의 군주를 시해했다고 하고 이를 조정에서 공표하자 조돈이 태사를 찾아가 그렇지 않다고 변명하자 동호가 힐책하기를 '그대는 나라의 정경(正卿)으로 망명을 하려고 했다고는 하나 아직 국경을 넘지 않았고 돌아와서는 군주를 시해한 죄인을 토벌하지 않았으니 그대가 시해한 것이 아니고

(南史氏)[4] 같은 사람들이며, 이들이 가장 뛰어나다.(곧고 바른 사람들이다) (둘째는) 사서를 편찬하여 완성함으로써 불후의 업적을 남기는 것이다. 예를 들면 춘추시대 노(魯)의 좌구명(左丘明), 한(漢)나라의 사마천(司馬遷)같은 사람들로서, 그 다음에 속한다.(거책(巨冊)을 완성한 사람들이다) (셋째는) 뛰어난 재능과 큰 학식을 구비하여 한 시대에 이름을 남기는 것이다. 예를 들면 주(周)나라의 사일(史佚),[5] 초(楚)의 의상(倚相)[6] 같은 사람들로서 그 아래에 속한다.(다만 견문이 많은 사람들이다) 만일 이 세 가지 모두를 갖추고 있지 못하다면 사관으로서 다시 무엇을 할 수 있겠는가?(釋 : 이 세 가지는 실로 어려움이 있다. 따라서 방법은 그에 맞는 인재에게 직무를 맡기는데 있었지 사관(史館)을 설치하고 그것을 감독하거나 지휘하는데 있지 않았다. 논의를 시작하면

누가 시해한 것인가' 하자 조돈이 물러 나와 '내가 조국을 그리워하다가 오히려 우환을 자초했다고 한 말이 바로 나를 두고 한 말'이라고 탄식하였다. 공자가 이를 두고 '동호는 옛날의 양사(良史)이다. 서법(書法)대로 기록하여 사실을 숨기지 않았기 때문'이라고 하였다.

4 역주 : 남사씨에 대한 기록은 『좌전』 양공(襄公) 25년(B.C. 548)에 보인다. 즉 5월 23일, 제 경공이 대부들과 함께 거자(莒子)와 결맹했다. 이때 태사[大史]가 죽간에 최저(崔杼)가 그의 군주를 시해했다고 썼다. 그러자 최저가 태사를 죽였다. 태사의 아우 중 두 사람이 계속하여 이같이 기록하였다가 연이어 죽음을 당했다. 태사의 또 다른 아우가 다시 그렇게 기록하자 최저는 더 이상 죽일 수가 없었다. 나라밖의 제나라에 있던 시관 남사씨가 태사의 형제들이 다 죽었다는 소식을 듣고 기록을 위해 죽간을 가지고 갔다가, 이미 사실대로 기록되었다는 이야기를 듣고 이내 돌아갔다고 하였다.

5 '일(佚)'을 『상서(尙書)』에는 '일(逸)'이라 하였다. 「낙고(洛誥)」에, 왕이 주공(周公)에게 명한 후에 책(冊)을 지어 일(逸)에게 고하라 하였고 그에 대한 공(孔)의 전(傳)에, 왕이 책서(冊書)를 지어 사일(史逸)로 하여금 백금(伯禽)에게 봉명지서(封命之書)를 고하게 하였다고 했다. 『좌전』 성공(成公) 4년(B.C. 587)에, 계문자(季文子)가 간하기를, '사일(史佚)의 지(志)에도 그러한 기록이 있습니다'라고 했는데, 두예(杜預)의 주(注)에 사일(史佚)은 주 문왕(文王)의 태사[大史]라고 하였다.

6 『좌전』 소공(昭公) 12년(B.C. 530)에, 좌사(左史) 의상(倚相)이 빠르게 지나갔다. 초 영왕(楚靈王)이 말하기를, '저 사람은 좋은 사관[良史]이니 그대는 잘 보아두기 바라오. 그는 삼분(三墳) · 오전(五典) · 팔색(八索) · 구구(九丘) 등을 모두 읽을 수 있소'라고 했다. 『국어』 「초어(楚語)」에, 왕손(王孫) 어(圉)가 말하기를, '좌사 의상이 있었는데 능히 훈전(訓典)을 말할 수 있었으며 많은 사물에 능통하여 조석(朝夕)으로 과군(寡君)에게 좋은 역사적 경험을 말해주어 과인이 선왕(先王)의 공업(功業)을 잊지 않도록 하였소'라고 했다.

서 전체를 총괄하였다. ○이하 사관을 지휘하거나 그 직에 종사하는데서 발생하는 두 가지 폐단을 자연스럽게 들추어내었다)

史之爲務, 厥途有三焉. 何則? 彰善貶惡, 不避强禦, 若晉之董狐, 齊之南史, 此其上也.(秉直者) 編次勒成, 郁爲不朽, 若魯之丘明, 漢之子長, 此其次也.(勒巨冊者) 高才博學, 名重一時, 若周之史佚, 楚之倚相, 此其下也.(徒多聞者) 苟三者並闕, 復何爲者哉?(釋 : 以三層實其難, 若是, 則道在得人專任, 不在設局監領矣. 全籠起議. ○以下將領局·居局二弊流水抉發)

35-3

예전에 노(魯)의 공자[魯叟]는 『춘추』를 편찬하면서, (맹손(孟孫)·숙손(叔孫)·계손(季孫) 등) 삼환(三桓)의 세력에 기대지 않았으며, 한(漢)의 사신(史臣) 사마천은 『사기』를 편찬하면서 칠귀(七貴)[7]들이 지닌 권세를 빌리지 않았다. 그러나 근고(近古)에 와서 매번 사서를 편찬할 때마다 반드시 조정의 대신들이 으뜸가는 자리를 차지하였다.(釋 : 이하 사관(史館)을 지휘하는 폐단을 논하면서 근세의 고사(故事)를 다루었다) 『진기거주(晉起居注)』[8]에 실려 있는 진 강제(晉康帝 : 342-344 재위)의 조칙(詔勅)을 살펴보면, 사서 저술의 책임이 중대하니 반드시 황친(皇親)의 현명한 사람의 역량에 따라야 한다

7 역주 : '칠귀'가 구체적으로 무엇을 지칭하는지는 분명치 않다. 반악(潘岳)의 「서정부(西征賦)」(『문선(文選)』 권10 所收)의 '칠귀'에 대한 이선(李善)의 주(注)에는 칠성(七姓) 즉 여(呂)·곽(霍)·상관(上官)·조(趙)·정(丁)·부(傅)·왕(王) 등을 이른다고 했지만, 무제 때의 장군이나 재상이었던 위청(衛靑)·곽거병(霍去病)·공손병(公孫病) 등 일곱 명을 가리킨다고도 했다.

8 『수서경적지』「사부(史部)」 "기거주(起居注)"에, 진(晉) 태시(泰始)부터 진 원희(元熙)까지 모두 20부(部)가 있었다고 했고, 또 『진기거주』 317권, 송(宋) 북서주주부(北徐州主簿) 유도회(劉道會)가 편찬하였다고 했다.

고 강조하면서 무릉왕(武陵王) 사마희(司馬晞 : 316-381)[9]로 하여금 비서감(秘書監)을 통솔하게 하였다. 무릉왕은 한(漢) 하간헌왕(河間獻王) 유덕(劉德)과 같은 재능이나 회남왕(淮南王) 유안(劉安)과 같은 식견이 없었는데도[10] 단지 그가 번왕(藩王)이라는 이유로 국가의 사적(史籍)을 정리하는 일을 감독하게 하였다. 그 직위에 적합한 직무수행을 찾으려 했지만 한번도 들어본 적이 없다.(釋 : 이를 통해 영관(領官)이 처음 두어졌던 사실과 그 초기에는 그에 따른 직무가 없었음을 알 수 있다) 후일 북제(北齊)에서 예서(禮書)를 편찬하면서 화사개(和士開 : 524-571)가 전체 책임을 맡았고,[11] 당(唐)나라 때 『본초(本草)』를 수정(修訂)하면서 서세적(徐世勣 : 594-669)이 감독·통솔하였다.[12] 벽양후(辟陽侯)·장신후(長信侯)로 하여금[13](화사개에 빗대었다) 앞에서 마융

9 『진서(晉書)』 권64, 「원사왕전(元四王傳)」에, 무릉왕 희(晞)의 자는 도숙(道叔)이고, 강제(康帝) 건원(建元) 초에 영비서감(領秘書監)을 지냈다. 희는 아무런 학술도 없었고 무예의 재주가 있을 뿐이어서 환온(桓溫)의 미움을 받았다고 했다.

10 『한서』 권53, 「경십삼왕전(景十三王傳)」에, 하간헌왕 유덕은 효경황제(孝景皇帝)의 아들이다. 학문을 좋아하여 예악(禮樂)을 닦고 익힘에 있어서 친히 유가학술을 받아들이고, 배우고자 하는 바는 반드시 유가를 기준으로 하였다. 산동(山東)의 유학자들이 그와 더불어 유람하였다. 그리고 『한서』 권44, 「회남왕전(淮南王傳)」에, 회남왕 유안(劉安)은 빈객을 초치(招致)하길 좋아하였다고 했다. 상세한 내용은 「저서(自敍)」 편에 보인다.

11 『북제서(北齊書)』 권50, 「은행전(恩倖傳)」에, 화사개는 생각이 민첩하였다. 세조(世祖)는 쌍륙잡기[握槊]놀이를 좋아하였는데 화사개가 이 놀이를 잘하였기 때문에 매우 가까이 하였다. 세조가 즉위하자 시중(侍中)으로서 개부(開府)를 더하였다. 후주(後主)가 매우 깊이 신임하고 정사를 맡겼다. 또한 먼저 호태후(胡太后)에게 총애를 받아 후일 회양왕(淮陽王)에 봉해졌다고 했다. 또 『북제서』 권37, 「위수전(魏收傳)」에, 후주(後主)가 즉위하자 위수가 조고(詔誥)를 관장하였다. 상서우복야(尙書右僕射)가 되었다. 오례(五禮)에 관한 일을 감수(監修)하는 일을 총괄하면서 조언심(趙彦深)·화사개·서지재(徐之才) 등과 함께 감수할 것을 주청(奏請)하였다고 했다.

12 『구당서(舊唐書)』 권67, 「이적전(李勣傳)」에, 적(勣)은 조주(曹州) 사람으로 본성(本姓)은 서(徐), 이름은 세적(世勣)이다. 태종의 휘(諱)를 피하여 '적'이라는 단명(單名)을 사용하였다. 후일 이씨(李氏) 성을 하사 받고, 영국공(英國公)에 봉해졌다고 했다. 또 『구당서』 권79, 「여재전(呂才傳)」에, 우감문장사(右監門長史) 소경(蘇敬)이 도홍경(陶弘景)의 『본초(本草)』에 많은 오류가 있다고 말하였다. 중서령(中書令) 허경종(許敬宗)과 여재 및 이순풍(李淳風)에게 조서를 내려 여러 명의(名醫)들의 구본을 증손(增損)하게 하고, 사공(司空) 이적으로 하여금 총괄 감수(監修)하여 편정(編定)하게 하였다. 그림[圖]을 합하여 모두 54권을 완성하였다고 했다.

(馬融)과 정현(鄭玄)을 지휘하게 하고,[14] 주발(周勃)[15] · 장비(張飛)[16]로 하여금 (서세적에 빗대었다) 동군(桐君) · 뇌공(雷公)이[17] 편찬한 의약서적을 감독하게 하는 꼴이니 이 또한 괴이한 일이다.(釋 : 고사(故事)를 인용하면서 다만 권신[貴幸]이나 무인[武夫]이 사관을 감독하거나 지휘하는 것은 웃기는 것이라 했다. ○국사(國史)를 찬정(撰定)하는데 절실하지 않았음을 말하면서 다만 지휘 · 감독하는 사람이 적임자가 아니라고 지적한 것을 예로 들었다. 『본초(本草)』 앞에 보이는 예로 든 화사개가 원래 예(禮)를 감수하기 위해 임용되었던 것을 알 수 있었다. 본문은 바로 이어진 다음 구절에서 사서편찬을 감독하는 일이 더욱 어려움을 말하였다. 누가 고치고 바꾸어 사실의 해석을 강제할 수 있겠는가!)

昔魯叟之修『春秋』也, 不藉三桓之勢; 漢臣之著『史記』也, 無假七貴之權. 而近古每有撰述, 必以大臣居首.(釋 : 此下論領局之弊, 落出近世故事)

---

13 순열(荀悅), 『한기(漢紀)』 「고후기(高后紀)」에, 벽양후 심이기(審食其)를 좌승상으로 삼았다. 처음 여후(呂后)가 초(楚)에서 얻어 사인(舍人)으로 여후를 섬기다가 총애를 받아 승상까지 되었다. 국정(國政)은 관여하지 않고 궁중의 일을 감독하였다고 했다. 『자치통감』 「진기(秦紀)」에, 문신후 여불위(呂不韋)는 사인(舍人) 노애(嫪毒)를 환관으로 삼아 태후에게 바쳤다. 태후가 총애하고 노애를 장신후(長信侯)에 봉하였다고 했다. 역주 : 심이기는 『사기』 권56, 「진승상세가(陳丞相世家)」에 보이고, 노애는 『사기』 권85, 「여불위전(呂不韋傳)」에도 보인다.

14 마융(79-166)과 정현(127-200)에 대하여는 「보주(補注)」편 참조.

15 『사기』 권57, 「강후주발세가(絳侯周勃世家)」에, 강후 주발은 패현(沛縣) 사람이다. 후에 강한 활을 쏘는 용사가 되었다. 고조가 처음 봉기하였을 때 주발은 중연(中涓)의 직위로 고조를 따라 진투에 참가하였다. 주발은 사람됨이 박실(樸實)하고 강인하였으며 문학을 좋아하지 않았다. 혜제(惠帝) 때 열후(列侯)로써 태위(太尉)가 되었다고 했다. 역주 : 앞서 언급한 주아부(周亞夫)는 주발의 아들로서 강후(絳侯)를 세습하였다.

16 『삼국지』 권36, 「촉서」 「장비전(張飛傳)」에, 장비(?-221)의 자는 익덕(益德)이고 탁현(涿縣) 사람이다. 선주(先主) 유비가 장판(長阪)의 전투에서 물러날 때 장비가 그 후방을 막았다. 강에 의거하고 다리를 끊고 배수진을 치고 눈을 부릅뜨고 창을 휘두르며 내가 바로 장익덕(張益德)이라고 외치자 감히 접근하는 적이 없었다. 전투마다 승리를 하였고, 서향후(西鄉侯)에 봉해졌다. 시호는 환후(桓侯)이다. 按 : '익덕(益德)'을 『화양국지(華陽國志)』에서는 '익덕(翼德)'이라 하였다.

17 구주(舊注)의 『황사(荒史)』에, 황제(黃帝)의 의약(醫藥)을 주지하는 신하로 기백(岐伯) · 뇌공(雷公) · 유부(兪跗) · 무팽(巫彭) · 동군(桐君) 등 모두 다섯 사람이 있었다. 기백과 뇌공이 『황제내경(黃帝內經)』을 지었고, 동군은 조(盄) 처방에 능하였다. 按 : 동군과 뇌공의 연칭(連稱)은 「우지녕전(于志寧傳)」에도 보인다. 「잡술(雜述)」편 주(注) 참조

案『晉起居注』載康帝詔, 盛稱著述任重, 理藉親賢,(或誤'覽') 遂以武陵王領秘書監. 尋武陵才非河獻,(河間獻王) 識異淮南, 而輒以彼藩翰, 董斯邦籍, 求諸稱職, 無聞焉爾.(釋 : 此推設領之始, 卽就初設抉出不稱來) 旣而齊撰禮書,(舊作'國史') 和士開總知; 唐修『本草』, 徐世績監統. 夫使辟陽·長信,(影和士開) 指揮馬·鄭(舊作'南·董', 亦因國史相承而誤)之前, 周勃·張飛,(影徐世勣) 彈壓桐·雷之右, 斯亦怪矣.(釋 : 遞到因循故事, 徒以貴幸·武夫監領, 可笑. ○ 不切定國史爲言, 但指出所領非人以見例. 觀其夾說『本草』, 可知所擧士開總領, 原用監禮. 本文正以蹴起下句監史尤難耳. 何人改易, 强作解事)

35-4

대체로 사서편찬을 감독하는 일이란 어렵고도 어려운 일이다. 만약 남사(南史)처럼 강직하고, 사마천처럼 재능이 있으며, 양웅(揚雄 : B.C. 53-A.D. 18)[18]처럼 온 마음으로 일에 힘쓰며 게으르지 않고, 응소(應劭)[19]처럼 옛 사적에 대해 환히 이해하는 등, 이러한 장점을 모두 겸비하고 여러 인재들을 감독하면서 그들로 하여금 말을 기재하고 사실을 기록하면서 이를 모범으로 받들도록 하고, 붓을 잡고 작품을 쓰게 하면서 이것을 준칙으로 삼게 하는 것이라면 이는 괜찮다.(釋 : 문장이 다른 방향으로 바뀌면서 필정(筆情)이 달라졌다) 그러나 현재의 감수대신(監修大臣)들은 오히려 그렇지 않다. 무릇 이 직책을 담당하고 있는 사람들은 모두 황제의 총애를

---

18 **역주** : 양웅은 전한(前漢)말의 학자로 『법언(法言)』·『태현경(太玄經)』 등의 저작이 있고, 『한서』 권87에 열전이 보인다.

19 『후한서』 권48, 「응봉전(應奉傳)」에, 응소(應劭)의 자는 중원(仲遠)이라 했다. 「자서(自敍)」편에 상세하게 언급하였다.

받고 있는 고관(高官)들이고 대개 어리석고 천박한 인물들로서 종일 배불리 먹으며 적당히 시간이나 때우고, 편안히 앉아서 사람이나 부리고 결재나 할 뿐이었다.[20](釋 : 관직은 높은데 학문을 갖추지 못하면 바로 쓸데없이 높은 곳에 걸터앉은 모양이라고 썼다) 대체로 이러한 사람들은 좋은 것이 왜 좋은지 또한 나쁜 것이 왜 나쁜 지도 모른다. 때문에 임용된 사람들은 모두 이 방면의 인재들이 아니라 어떤 이는 권세와 재물로 벼슬에 오르고, 어떤 이는 간절히 빌어 발탁된 사람들이다. 그러므로 사관을 맡은 자들의 효용(效用)에 대하여 강남(江南)에는 "수레에 자기 힘으로 올라타 떨어지지 않을 정도의 나이가 되면 저작(著作)이 된다"는 속담이 있고, 사관으로 임명될 때 그 직책을 설명하면서 중원에서는 "사관의 직무는 한가하다"는 말이 돌았다.[21] 말하자면 매우 우습기도 하고 크게 탄식할 일이다.(釋 : 여기에서는 다음 구절을 포함하여 사관의 직무를 통솔하는 사람이 그 직책에 맞는 이가 아니었으므로 옛 일에 돈독한 사인(士人)은 그 직에 오르는 것을 달가워하지 않았다. 사관을 통솔하는 폐단은 이에 이르러 멈추었다)

大抵監史爲難, 斯乃尤之尤(一少'之尤'二字)者. 若使直若南史, 才若馬

20 『후한서』 권67, 「당고전(黨錮傳)」 서(序)에, 여남태수(汝南太守) 종자(宗資)가 범방(范滂)을 공조(功曹)에 임명하였고, 남양태수(南陽太守) 성진(成瑨) 역시 잠질(岑晊)에게 공조를 맡겼다. 두 군(郡)에서는 이들을 비방하여 노래하길, '여남태수 범방과 남양의 종자는 결재나 하고 지내고, 남양태수 잠질(자, 公孝)과 홍농(弘農)의 성진은 앉아서 사람만 부린다'라고 하였다.

21 강남(江南)에서는 "수레에 올랐다가 떨어지지 않을 정도의 연령이면 저작랑(著作郎)이 된다[江左以不樂爲謠]"는 노래가 있고, …… 중원에서는 사관의 직무는 한가하다는 말이 돌았다[洛中以不閑爲說]는 구절에서 '불락(不樂)'과 '불한(不閑)'의 의미가 확실하지 않다. 역주 : 포기룡(浦起龍)의 『통석(通釋)』에는 이상에서처럼 '불락(不樂)'과 '불한(不閑)'으로 되어 있지만, 실제 의미는 강남 즉 남조의 경우 귀족의 관위세습을 비판할 때 귀족의 자제들은 아무런 학술이 없어도 '수레에 자기 힘으로 올라타 떨어지지 않을 정도의 나이가 되면 저작(著作)이 되고, 편지 첫머리에 인사말을 쓸 정도면 비서(秘書)가 된다[上車不落則著作, 體中如何則秘書]'는 요언(謠諺)에서 비롯되었고, 중원의 경우도 불한(不閑)의 의미보다는 그 직무가 한가하다는 '직한(職閑)'의 의미가 맞다. 이상의 견해와 관련하여서 『안씨가훈(顏氏家訓)』 「면학(勉學)」편과 『진서(晉書)』 권48, 염찬전(閻纘傳) 참조.

遷, 精懃(一作'勤')不懈若揚子雲, 諳識故事若應仲遠, 兼斯具美, 督彼群才, 使夫(一無'夫'字)載言記事, 藉爲模楷, 搦管操觚, 歸其儀(一作'準')的, 斯則可矣.(釋 : 作一拘折, 筆情轉動) 但今之從政則不然, 凡居斯職者, 必恩幸貴臣, 凡庸賤品, 飽食安步, 坐嘯畫諾, 若斯而已矣.(釋 : 正寫官貴無文, 虛縻高踞之狀) 夫人既不知善之爲善, 則亦不知惡之爲惡. 故凡所引進, 皆非其才, 或以勢利見升, 或以干祈取(一作'致')擢. 遂使當官效用, 江左以不落爲謠; 拜職辨名, 洛中以不閑爲說. 言之可爲大噱,(一作'笑') 可爲長歎也.(釋 : 至此透後一層, 言惟領局寡識, 遂致所引非人, 轉令敦古之士不樂就職矣. 領局之弊, 之次勒住)

35-5

나는 일찍이 세상에 벼슬에 종사하는 사람으로, 장수(將帥)로 삼고자 했지만 『육도(六韜)』·『삼략(三略)』 등 병법이나 전략에 대한 재능이 없고, 관리로 삼고자 했으나 순리(循吏)나 양리(良吏)가 될 방법이 없으며, 문장을 짓도록 하였지만 사(辭)와 부(賦)에 대해 잘 알지 못하고, 강학(講學)을 맡겼지만 경전에 대한 이해가 없는 경우를 논한 적이 있다. 이는 곧 귀중한 물건을 등에 지고 말을 타다가 강도들을 불러들인 꼴이 되어 후회하는 것과 같다. 비록 조그마한 어린 아이라 하더라도 오히려 이런 방법이 우습다는 것을 안다.(釋 : 이러한 비유를 통해 상하 문장을 관련시켜 사관을 지휘하는 것과 그 직을 차지하고 있는 것 모두를 그만두어야 한다고 했다) 오직 사서를 편찬하는 사람들의 경우가 그렇지 않았다. 어떤 사람은 1년 동안 이 직책을 맡아 있으면서 결국 아무 것도 저술하지 못했지만, 이를 아는 사람이 없었다. 어떤 사람은 자신의 능력을 헤아리지도 않고 경솔하게 붓을 들었지만, 이를 본 사람이 없었다.(두 '사람[人]'이라는 글자는 여전히 사관을 통솔하는 직책을 가지고 있는 자를 말한다) 이러한 사실에 연유하여 말하자면, 역사를 편찬하는 부서[史曹]는 고대광실 깊고 깊은 구중 궁궐에 위치하고 있었다.[22] 비록 궁정(宮廷)[禁中]에 위치하고 있었지만, 그곳의 사람들은 세상과 동떨어진 곳에 있는 것과 같았다. 이 속에서 자신들의 졸렬함이나 어리석음을 감출 수가 있었다. 법을 집행하는 조정의 관리도 그들을 바로 잡도록 조처할 수 없었으며, 강직하고 위엄을 갖춘 관리들도 그들에 대하여 어찌할 수 없었다. 사관이 근무하는 부서는 분명 일하지 않고 놀고 먹는 자들의 소굴이며 공짜로 녹봉을 타먹는 자들의 집합소이다. 무릇 국가를 위하여 힘써 일하고자 하는 사람이라면, 이러한 직책에서 무엇을 하겠는가?(釋 : 여기서는 사관을 통솔하는 직위에 있는 자들이 사관(史館)에서 찬수를 맡으며 영국(領局)의 설치는 산일(散佚)을 막기 위한 것이라 말하지만, 궁궐에 사조(史曹)를 두고 고이 숨어 있는 듯 아무 것도 안하고 한가하게 지내는 소굴이 되었다고 했다)

曾試論之, 世之從仕者, 若使之爲將也, 而才無韜略; 使之爲吏也, 而術靡循良; 使之屬文也, 而匪閑於辭賦; 使之講學也, 而不習於經典. 斯則負乘致寇, 悔吝旋及. 雖五尺童儿, 猶知調笑者矣.(釋 : 入此一喩, 作上下轉樞, 領局·居局俱舍) 唯夫修史者則不然, 或當官卒歲, 竟無刊述, 而人莫之省(一作'知')也; 或輒不自揆, 輕弄筆端, 而人莫之見也.(兩'人'字仍帶領局者) 由斯而言, 彼史曹者, 崇扃峻宇, 深附九重, 雖地處禁中, 而人同方外. 可以養拙, 可以藏愚, 綉衣直指所不能繩, 强項申威所不能及. 斯固素餐(一作'食')之窟宅, 尸祿之淵藪也. 凡有國有家者, 何事於斯職哉!(釋 : 此

22 『구당서(舊唐書)』 권43, 「직관지(職官志)」에, 역대 사관(史官)은 비서성(秘書省) 저작국(著作局)에 속해 있었다. 정관(貞觀) 3년(629)에 비로소 사관(史館)을 금중(禁中)에 옮겨 문하성(門下省)의 북쪽에 두었다. 재상이 감수국사(監修國史)가 되어 고사(故事)를 완성하였다. 대명궁(大明宮)이 완성되자 문하성의 남쪽에 두었다. 사관(史館)의 문동서(東西)에 대추나무 74주(株)를 심었다. 개원(開元) 25년(737)에 다시 중서성의 북쪽으로 옮겨 옛날 상약국(尙藥局) 자리를 이용하였다. 按 : 사관(史館)이 세 번째 옮겨졌을 때가 이미 『사통(史通)』이 쓰여지고 난 뒤의 일이니 전체적으로 모두 금중(禁中)에 있었던 셈이다.

層蒙領局者, 卽入居局纂修者. 言領局之設, 杜散佚也, 遂緣淸禁, 開置史曹, 馴致曠勤同匿, 流爲偸閑奧窟矣)

35-6

옛날에 자공(子貢)이 고삭(告朔)에 쓰이는 제물로 바치는 양[餼羊]을 없애려고 하자, 공자(孔子)가 말하기를 "너는 그 양을 아까워하지만 나는 그 예(禮)를 아까워한다"[23]고 했다. 또한 옛 사람이 말하기를 "설사 나이가 많고 사리에 밝은 신하가 없다 하더라도 예전부터 내려오는 전통적인 법식은 있을 터인즉"[24]이라고 하였다. 역대 조정에 사관(史官)을 둔 것을 살펴보면 어떤 때는 마치 장난 같았지만 끝내 그 직책을 없애지는 않았다. 이는 대체로 예를 아끼고 예전부터 전해오는 전통적인 법식을 아깝게 여겼기 때문이다.(釋 : 실속 없는 고사(故事)를 좇아 갑작스런 글을 썼다)

昔子貢欲去告朔之餼羊, 子曰 : "爾愛其羊, 我愛其禮." 又語云 : "雖無老成人, 尙有典刑." 觀歷代之置史臣, 有同嬉戲. 而竟不廢其職者, 蓋存夫愛禮, 吝彼典刑者乎!(釋 : 就虛循故事頓宕一筆)

---

23 역주 : 『논어』 「팔일(八佾)」편에 나오는 구절이다. 고삭의 예(禮)는 옛날 천자가 항상 섣달[冬季]에 다음 해 열두 달의 달력[月朔]을 제후들에게 반포하면 제후들은 이것을 받아서 조상의 사당에 보관하였다가 매월 초하룻날이 되면 한 마리 양을 가지고 사당에 고유(告由)하고 청하여 시행하는 것을 말한다.

24 『후한서』 권70, 「공융전(孔融傳)」에, 공융은 사인(士人)을 좋아하여 채옹(蔡邕)과 평소 친하게 지냈다. 채옹이 죽고 난 후 호분(虎賁)의 사인 중 얼굴이 채옹과 닮은 사람이 있었다. 공융은 매번 술을 거나하게 마셔 흥이 나면 불러 자리를 함께 하며 말하기를, "설사 나이가 많고 사리에 밝은 신하가 없다 하더라도 예전부터 내려오는 전통적인 법식은 있을 터인즉"이라고 하였다. 按 : 『사통』에서 대체로 이러한 말을 사용한 것은 겉모습은 비슷하지만 실제로는 그렇지 않은 경우를 가리킨다. 때문에 '『시경(詩經)』에 이르기를'이라 하지 않고, '옛 말에 이르기를'이라 한 것이다.

35-7

옛날 좌구명(左丘明)은 『춘추좌전(春秋左傳)』을 짓고 그 책을 공개하지 않았기에 당시 권력자들이 핍박을 피할 수 있었고,[25] 사마천(司馬遷)은 『사기』를 편찬하여 명산(名山)에 감추려고 하였으며,[26] 반고(班固)가 편찬한 『한서(漢書)』는 한 가문에서 나왔으며,[27] 진수(陳壽)가 기초(起草)한 『삼국지(三國志)』 역시 처음부터 개인에 의해 편찬된 것이다.[28] 그런 즉 예로

25 「신좌(申左)」편 서(序)에 설명한 『한서예문지』의 내용 참조. 역주 : 『한서예문지』 「육예략」 "춘추"에 대한 설명에, 좌구명은 제자가 각각 그 뜻을 쉽게 여김으로써 그 진실을 잃을 것을 두려워하였다. 그래서 사실을 논하여 전(傳)을 만들어 공자가 말로만 한 것으로써 경(經)을 설할 수 없는 것을 밝힌 것이다. 『춘추』에서 폄하된 대인(大人)들은 당시의 군신(君臣)으로 권위와 세력을 지니고 있어서 그 사실을 모두 전(傳)에 나타냈다. 그럼으로써 그 글을 숨기고 펴지 않았던 것은 권력자들의 핍박 등 어려움을 면하기 위함이라고 했다.

26 역주 : 『사기』 권130, 「태사공자서(太史公自序)」에, 「태사공자서」의 대략적인 내용은 흩어져 있는 것을 모으고 육경을 보충하여 일가언(一家言)을 이룬 것이다. 결국 육경에 대한 서로 다른 견해들을 모아서 취사한 후 백가의 잡다한 말들을 정제한 것이다. 정본(正本)은 명산(名山)에 소장하고, 부본(副本)은 수도에 두어 후세 성인군자들의 관람을 기대한다고 했다.

27 『후한서』 권40상, 「반고전」 상에, 반고는 아버지 반표(班彪)가 계속하였던 이전 시대의 역사가 상세하지 못하다고 여기고 정성을 다하여 그 작업을 완성하고자 하였다. 어떤 사람이 황제에게 반고가 사사로이 국사를 고치려고 한다고 고발하자 군(郡)에서는 그 책을 모두 압수하여 조정에 보냈다. 현종(顯宗)이 보고 남다른 인재라고 여겼다고 했다. 역주 : 『후한서』 권84, 「열녀전(列女傳)」에, 부풍(扶風) 조세숙(曹世叔)의 처는 같은 군(郡)의 반표(班彪)의 딸이었는데, 이름은 소(昭), 자는 혜반(惠班), 일명 희(姬)이다. 박학(博學)하고 재주가 뛰어났다. 세숙이 일찍 죽자 행동에 절조와 법도가 있었다. 형(兄) 반고(班固)가 『한서』를 편찬하면서 「팔표(八表)」와 「천문지(天文志)」를 완성하지 못하고 죽자, 화제(和帝)는 반소에게 조서를 내려 동관(東觀)의 장서각(藏書閣)으로 불러 반고를 이어 책을 완성하게 하였다고 했다.

28 『진서(晉書)』 권82, 「진수전」에, 진수가 본군(本郡)의 중정(中正)을 겸령(兼領)하여 『위촉오삼국지(魏蜀吳三國志)』를 편찬하였다. 죽고 나서 범균(范頵)이 표(表)를 올리기를, '진수가 『삼국지』를 저술하였는데 득실(得失)이 분명하니 채록하여 이용하기를 원합니다'라고 하였다. 그리하여 하남윤(河南尹)과 낙양령(洛陽令)에게 조서를 내려 진수의 집에 가서 그 책을 베껴오게 하였다고 했다. 按 : 이 구절은 「고금정사(古今正史)」편에도 역시 보인다.

부터 현명하고 뛰어난 사인들은 책을 저술하여 후세에 전하기 위해 반드시 관청에 몸을 두고 사관들 속에 섞인 다음에야 비로소 그 일을 완성할 필요가 있겠는가?(釋 : 이는 바로 사관(史館)을 설치하여 찬수를 맡는 것이 옛과 다름을 증거하였다. 그리고 '사관들 속에 섞인[參僚屬]'구절은 바로 사관을 통솔하는 사람을 대상으로 쓴 것인데 문장이 또한 민첩하다) 그러므로 식견이 깊은 사람들은 이러한 상황을 알고 조용한 지역에 물러나 거주하면서 두문불출하고 스스로 일가지언(一家之言)을 이루고 독자적으로 판단하였을 뿐이다. 어찌 관을 쓴 원숭이같이 아첨이나 일삼는 사람들[29]과 역사적 사실의 득실을 평론할 수 있겠는가!(釋 : 결론도 마찬가지로 뜻이 있는 사인(士人)은 그러한 직위에 있는 것을 부끄럽게 여겼다. 여전히 사관을 통솔하는 문제에 대하여 쓰고 있다. ○모두 자신의 경우가 담긴 말이다)

昔丘明之修傳也, 以避時難; 子長之立記也, 藏於名山; 班固之成書也, 出自家庭; 陳壽之草(一作'爲')志也, 創於私室. 然則古來賢俊, 立言垂後, 何必身居廨宇, 迹參僚屬, 而後成其事乎?(釋 : 此正證設局纂修之非古, 而'參僚屬'句卽繳歸領局者, 運筆又捷) 是以深識之上, 知其若斯, 退居淸靜, 杜門不出, 成其一家, 獨斷而已. 豈與夫冠猴獻狀, 評議其得失者哉!(釋 : 結言惟其如是, 志士所以恥居之也. 仍對領局作收. ○皆自寓之辭)

按 : 내편(內篇)에서는 사서(史書)문제에 대한 검토와 분석이 이미 전면적으로 이루어져 더 이상 토론할 만한 문제가 없다. 여기에 이르러 마침내 사국(史局)에 관한 한 편(篇)의 논술을 지어 끝을 맺고 있다. 『좌전』 이래

29 『한서』 권77, 「개관요전(蓋寬饒傳)」에, 평은후(平恩侯) 허백(許伯)이 새 집으로 이사를 하자 승상과 어사가 모두 찾아가 축하였지만, 관요는 가지 않았다. 허백이 오기를 청하자 그제야 찾아갔다. 술이 거나하게 돌아가고 여홍이 일자 장신(長信)의 소부(少府)인 단장경(檀長卿)이 춤을 추며 원숭이와 개가 싸우는 모습을 흉내내자 자리에 앉았던 모두가 크게 웃었다. 관요가 머리를 들어 지붕을 쳐다보며 탄식하였다고 했다. 按 : '헌상(獻狀)'이란 아첨을 일삼는 태도를 말한다. 허백은 외척으로 은택(恩澤)을 받는 제후였다.

『삼국지』 이전을 살펴보면 편년과 기전체의 모든 사서는 사국(史局)에서 완성된 것이 아니다. 동관(東觀)이 설립된 이후부터 사국(史局)이 생기기 시작하여 점차 사서의 편찬은 반드시 사국(史局)에서 진행되었으며 점차 또 사국에는 중신(重臣)을 파견하여 감수(監修)하도록 하였다. 남조[江南]와 북조[河朔] 역시 이 같은 방법을 따랐다. 당대(唐代)에 이르러 조정의 중신이 감수(監修)하는 제도는 더욱 엄격해졌다. 사관(史館)은 궁외(宮外)에서 궁중 안으로 옮겨왔고, 감수관이 사국(史局) 전체를 관장하였다. 모든 금방(禁防)과 감독할 수 있는 수단과 방법이 빠짐없이 갖추어졌다. 그리하여 예로부터 내려온 풍상(風尙)이 완전히 변하였다. 그러나 각종 다양한 폐단 역시 점점 더 많이 생겨났다. 유지기는 기원을 탐구하고 결과를 고찰하여 그 폐단을 말하면서 감수관(監修官)으로부터 찬수자(撰修者)까지를 하나하나 살펴서 편작(扁鵲)과 창공(倉公)이 병을 진료하는 것처럼 근본적인 병의 원인을 찾아 서로 전염된 것을 극복하고 질병이 응결된 곳을 찾아냄으로써 관찰이 예리하고 문제의 핵심을 볼 수 있도록 하였다. 아! 개인의 저술은 명산에 수장되었는데 이 같은 사서 편찬의 행적은 중복될 수 없다. 유생(儒生)의 시의(時宜)에 맞지 않는 논의를 마침내 견지하면서 폐기(廢棄)하지 않았는데 이 「변직(辨職)」편이 그러하였다.(內篇研辨史事, 無剩義矣. 至是竟作史局議一篇終之. 尋夫『左氏』以來, 『三國』而往, 編年紀傳, 都非局課. 自東觀開而局興焉, 馴而修必於局矣, 馴而局且置監矣. 江左 · 河朔, 踵成故事. 爰暨有唐, 定制加嚴. 史館則移入省中, 監修則通敕朝宰. 凡所爲禁防程督之具, 靡弗備至, 而古風由是盡變, 而叢弊相仍益滋. 劉氏原始要終, 至說病處, 領者 · 修者, 分層遞勘. 如扁 · 倉之胗疾, 抉根因, 剋傳染, 探癥結, 眞可謂洞垣一方. 吁! 室創山藏之轍, 不可復循. 而儒生迂議, 卒自孤行不廢. 如此篇是)

유지기의 이 편의 논의는 당시의 감수관 소지충(蕭至忠) 등을 비판하기 위해 쓴 것으로 「오시(忤時)」편과 대조하며 읽을 수 있다.(此議對蕭至忠輩發, 與「忤時」篇相照)

「자서(自敍)」 제36

이 편에서는 먼저 유지기 자신은 어릴 적부터 사학을 좋아하여 역대 사가들의 저작은 물론 잡기(雜記)·소서(小書) 등을 읽으면서 점차 나름대로 사학에 대한 견해를 쌓아갔고, 이후 세 번씩이나 사신(史臣)이 되어 수사(修史)를 실천할 수 있는 직무를 맡았지만 당시의 감수대신(監修大臣)들과 의견이 맞지 않아 자신의 뜻을 이루지 못하자 물러나 개인적으로 『사통(史通)』을 지어 자신의 뜻을 나타내고자 하였다고 술회하였다. 이어서 유지기는 『사통』을 쓰게 된 배경을 『회남자(淮南子)』·『법언(法言)·『논형(論衡)』·『풍속통(風俗通)』·『인물지(人物志)』·『전어(典語)』·『문심조룡(文心雕龍)』 등과 마찬가지로 당시의 수사(修史)와 관련한 폐단을 지적하기 위한 것이라 비유하며 설명을 시작하였다. 『사통』을 쓰게 된 이유에 대하여는, "오늘날 사필(史筆)을 쥔 사인들이 역사편찬의 원칙에 충실하지 않음을 염려하여 사서 편찬의 목적을 밝히고 그 체통(體統)을 궁구(窮究)하고자 하였다"라고 밝히고, 『사통』이 비록 역사를 주로 다루고 있지만 "위로는 왕도(王道)를 살피고 아래로는 인륜(人倫)을 논하였다. 천차만별의 사회현상을 모두 총괄하고 다양한 문제를 다루었다"라고 하였다. 아울러『사통』이 역사적 사실과 인물들에 대한 평가[與奪]·포폄(褒貶)·감계(鑑戒)·풍자(諷刺) 등과 관련하여 내용을 광범위하고도 깊이 있게 다루었기 때문에 새롭게 밝혀진 내용들이 많다고 자부하였다. 그러나 이러한 자부심과 달리 다른 한 편, "이 책에서 옛 철인(哲人)을 비평한 곳이 많고 기꺼이 옛 사람들의 잘못을 지적하였으니 세상 사람들이 죄를 물어도 실로 마땅하다"라고 하면서『사통』이 후세에 전해지지 않음으로 자신의 노력이 허사가 되지 않을까 염려하였다. 물론 자신과 처지가 비슷하다고 여겼던 양웅(揚雄)의『태현경(太玄經)』이 후세에 칭찬을 받았던 것처럼『사통』에 대한 그러한 기대를 놓지는 않았다. 그리고 이「자서(自敍)」편에서 유지기는 자신의 가계(家系)를 멀리 소급하여 기재하지 않음으로써 자신이「서전(序傳)」편에서 비판한 문제점을 스스로 범하지 않았다. 포기룡이 안문(按文)에서 평가한 것처럼 완전히 자신의 전기(傳記)만을 서술한 것이 아니라 주로『사통』 자체와 관련한 문제를 서술함으로써 정사의 '자서'와는 달랐다. 때문에 이「자서」편은『사통』「원서(原序)」와「오시(忤時)」편 등과 대조하여 읽을 필요가 있다.

36-1

나는 어린 시절 부친의 가르침[庭訓]을 받들어 일찍부터 고대의 전적(典籍)을 공부하였다.[1](釋 : 바로 서문을 시작하고 세계(世系)를 넣지 않았다. 이는 저

1 역주 : 유지기에 대한 열전은『구당서』권102와『신당서』권132에 실려 있다. 연보는 부진륜(傅振倫),『당유자현선생지기연보(唐劉子玄先生知幾年譜)』(臺灣商務印書館, 1982)가 참고할 만 하다.『연보』에 기재된 가세(家世)의 부록을 보면, 부 장기(藏器)에게는 3남이 있었다. 즉 지유(知柔)·지장(知章) 그리고 지기(知幾)였다. 지장에게는 후손이 없고, 지유와 지기는 각각 5남과 6남을 두었다고 했다.

서의 자서(自敍)형식으로서 사가의 서전체(敍傳體)는 아니다) 아직 비단 옷을 입던 어린 나이에 『고문상서(古文尙書)』[2]를 배웠지만 매번 그 문장이 번쇄하여 힘들고 암송하기도 어려웠다. 비록 여러 차례 회초리를 맞기도 하였지만, 학업을 마치지 못하였다. 그러다가 부친이 여러 형들에게 『춘추좌씨전(春秋左氏傳)』을 강의하는 것을 듣고 『상서(尙書)』공부를 그만두고 그 강의를 들었다. 또 강의가 끝나고 나면 형들에게 청하여 설명을 들었다. 나는 속으로 한탄하기를 "만약 『상서』가 모두 이와 같다면 내가 더 이상 게으름을 부리지 않을 텐데"라고 하였다.(釋 : 첫 머리에 평생 사서와 인연을 맺은 것이 오래되었음을 밝혔다) 선친[先君][3]이 나의 생각을 기특하게 여기고 비로소 내게도 『좌전』을 가르쳐 주셨다. 나는 1년 만에 『좌전』의 뜻을 듣고 낭송하는 것을 모두 마쳤다. 이때 나의 나이는 겨우 열두 살이었다. 부친의 『좌전』 강의내용을 내가 비록 아직은 깊이 있게 이해하지는 못했지만, 그 대강의 의미는 터득하였다. 선친과 형들은 나에게 『좌전』의 주석들을[4] 두루 이해시켜 『춘추』에 정통하게 할 생각이었다. 『춘추』에는 (애공 14년의 마지막 부분인) 기린의 포획[獲麟][5] 이후의 역사적 사실

2 역주 : 장학성(章學誠)은 『장씨유서(章氏遺書)』 외편(外篇), 「병진차기(丙辰箚記)」에서 유지기의 이 말에 근거하여 공안국(孔安國)의 『고문상서』가 당초(唐初)에 여전히 남아 있었다고 했지만, 공안국의 『고문상서』는 이미 삼국시대 위(魏) 때 망실(亡失)되고, 진(晉) 매색(梅賾)의 『위고문상서(僞古文尙書)』가 유행되었다. 당시 유지기가 본 것은 정관(貞觀) 연간에 공영달(孔穎達)이 편찬한 것이었다.

3 역주 : '선군(先君)'은 원래 먼 조상이나 망형(亡兄) 등을 지칭하였지만, 후일 고인이 된 조종(祖宗) · 부형(父兄) 등을 모두 가리키는 용어로 사용되었다. 程千帆, 『史通箋記』, p.179 참조.

4 역주 : 진(晉) · 당(唐) 간에 『좌전』에 대한 주석서로는 두예(杜預)의 『춘추좌씨경전집해(春秋左氏經傳集解)』 30권과 양(梁) 최영은(崔靈恩), 『춘추좌씨전입의(春秋左氏傳立義)』 10권, 진(陳) 심문아(沈文阿), 『춘추좌씨경전의략(春秋左氏經傳義略)』 25권이 있었다. 두예의 책을 제외한 나머지는 모두 망실되었다.

5 역주 : 『공양전(公羊傳)』 애공 14년(B.C. 481)에, 경신(庚申) 봄에 서쪽 지방에서 수렵하여 기린을 잡았다. 왜 이를 기록한 것인가? 괴이한 일이라 기록했다. 왜 이를 괴이한 일이라고 하는가? 중국에서 사는 짐승이 아니기 때문이었다. 그렇다면 누가 수렵을 한 것이었는가? 땔나무를 하는 나무꾼이었다. 땔나무를 하는 나무꾼이었다면 미천한 자인데 왜 사냥[狩]라고 말한 것인가? 위대하게 하기 위해서였다. 왜 위대하게 여

은 기록되어 있지 않기 때문에 다른 사서를 읽고자 하였고 그리하여 새로운 사실을 더욱 많이 알게 되었다.[6] 다시 계속하여 『사기』·『한서』·『삼국지』를 읽었고 그 후에는 고금 역사의 연혁과 천명을 받아 왕조가 교체되는 상황을 알고 싶어서 관련 책자를 구하는 대로 읽었으므로 선생의 가르침을 빌려 이해하지 않아도 되었다.[7] 한이 중흥한 이래 나온 책으로부터 당조(唐朝)[皇家]의 『실록(實錄)』 등을 내가 열일곱 살이 되던 해[8] 대부분을 두루 열람할 수 있었다. 내가 읽었던 책은 비록 대부분이 빌려 읽은 관계로 내용이 빠진 부분이 있거나 편목(篇目)이 유실(遺失)된 것이 있었지만 서사(敍事)의 대강과 입언(立言)[9]의 대략적인 내용은 대충 알 수 있었다.(釋 : 오래 전부터 공부해온 장점으로 말미암아 나이가 아직 약관이 되기도 전에 전체 역사를 처음으로 훤히 알게 됨으로 옳고 그른 것을 판단할 수 있었다)

予幼奉庭訓, 早游文學.(釋 : 直敍起, 不衍世系, 是自敍著書體, 非史家敍傳體也)

기려고 했는가? 기린을 잡은 것을 크게 여긴 것이다. 왜 기린을 잡은 것을 크게 여기려고 한 것인가? 기린이란 어진 짐승이다. 중국에 왕자(王者)가 있게 되면 이르게 되고, 왕자가 없게 되면 이르지 않는 짐승이다. 이 짐승을 고하는 자가 있어 말하기를 노루가 있는데 뿔이 있는 짐승이라고 했다. 공자는 누구를 위하여 왔는가? 누구를 위하여 왔는가라고 하며 소매를 돌려서 얼굴을 닦고 흐르는 눈물을 앞깃으로 닦았다. 제자인 안연(顔淵)이 죽었다. 공자께서는 슬프다! 하늘이 나를 상하게 하도다라고 했고, 자로(子路)가 죽자 슬프다! 하늘이 나를 단절시키는구나라고 했다. 서쪽의 사냥에서 기린이 잡히자 공자는 나의 도가 다했구나라고 탄식하였다고 했다.

6 역주 : 『춘추』의 기록은 노 애공(魯哀公) 14년에 그치고 있지만, 『좌전』의 경우 애공 27년까지 기록되고 있음을 말하는 것이다.

7 역주 : 유지기가 관심이 있었던 것은 명물(名物)이나 훈고(訓詁)에 관한 내용이 아니었기 때문에 구태여 사훈(師訓)을 빌리지 않아도 스스로 내용을 이해하였다는 의미이다.

8 역주 : 유지기가 태어난 해가 고종(高宗) 용삭(龍朔) 원년(661)이니 이때는 의봉(儀鳳) 3년(678)이었다.

9 역주 : 『좌전』 양공(襄公) 24년(B.C. 547)에, "(범선자(范宣子)에게 목숙(穆叔)이 말하기를) 제가 듣건대, 최상의 것은 덕행을 베푸는 입덕(立德)이요, 다음은 공을 세우는 입공(立功)이요, 그 다음은 훌륭한 말을 남기는 입언(立言)이라 하였습니다. 비록 사람이 죽은 지 오래되었다고 하더라도 그의 덕과 공, 말씀이 폐기되지 않을 때 이를 일컬어 '삼불후(三不朽)'라고 하는 것입니다"라고 했다.

年在紈綺, 便受『古文尙書』. 每苦其辭艱瑣, 難爲諷讀. 雖屢逢捶撻, 而其業不成. 嘗聞家君爲諸兄講『春秋左氏傳』, 每廢『書』而聽. 逮講畢, 卽爲諸兄說之. 因竊嘆曰 : "若使書皆如此, 吾不復怠矣."(釋 : 首表平生與史爲緣, 殆由宿植) 先君奇其意, 於是始授以『左氏』, 期年而講誦都畢. 于時年甫十有二矣. 所講雖未能深解, 而大義略擧. 父兄欲令博觀義(舊作'議')疏, 精此一經. 辭以獲麟已後, 未見其事, 乞且觀餘部, 以廣異聞. 次又讀『史』·『漢』·『三國志』. 旣欲知古今沿革, 歷數相承. 於是觸類而觀, 不假師訓. 自漢中興已降, 迄乎皇家實錄, 年十有七, 而窺覽略周. 其所讀書, 多因假賃. 雖部帙殘缺, 篇第有遺, 至於敍事之紀綱, 立言之梗槪, 亦粗知之矣.(釋 : 由其宿植之優, 遂得年未弱冠, 創通全史, 胸貯皀白)

36-2

그러나 당시에 나는 관직에 나가기 위해 과거시험에 필요한 문장을 익혀야[揣摩][10] 함으로 각종 사서(史書)에 전념할 여가가 없었다.(釋 : 네 마디로 요약하여 정리하였다) 스무 살[弱冠]이 되었을 때 과거에 응시하여[射策][11] 조정의 관리가 되었다. 이때에 와서야 정신적으로 여유가 있었고, 본래 바라던 바를 실현할 수 있었다. 장안(長安)과 낙양(洛陽)을 오가며 머문 지 몇 년 동안 관청과 개인이 소장하고 있는 많은 서적들을 빌려 마음껏 읽어볼 수 있었다. 한 왕조(王朝)를 다룬 사서가 여러 종류나 되었고,[12] 그

10 역주 : '췌마(揣摩)'란 본래 (의도를) 반복하여 세심하게 따져보는 것을 의미하지만, 여기서는 과거시험에 필요한 문장을 익히는 것을 가리킨다. 程千帆, 『史通箋記』, p.180 참조.

11 역주 : '사책(射策)'이란 과거시험의 책문(策問)을 가리키는데 이에 대한 자세한 언급은 程千帆, 『史通箋記』, p.181 참조.

외에도 잡기(雜記)와 잡문[小書][13] 종류들이 있는데 각기 경쟁하듯 이설(異說)을 드러내었는데, 이들을 나는 자세하게 연구하고 검토하여 그 장점과 단점을 모두 파악하였다.(釋 : 이에 이르러 다양하고 잡다한 사류(史流)를 합쳐 종합하지 않은 것이 없었다) 그에 더하여 나는 어릴 적부터 명분과 이치를 즐겨 이야기하였는데, 깨달은 바는 모두 내 스스로의 마음에서 얻어진 것이지 다른 사람의 영향을 받은 것이 아니었다. 그러므로 나는 어릴 적[總角][14] 처음 반고의 『한서』와 삼국시대 오나라 사승(謝承)의 『후한서(後漢書)』[15]를 읽으면서 『한서』에는 「고금인표(古今人表)」가 수록되어서는 안 된다고 지적하였고,[16] 『후한서』의 경우 갱시제(更始帝)를 마땅히 「본기(本紀)」에 수록해야 한다고 했다.[17] 그러나 당시 이 견해를 들은 사람들이

---

12 역주 : 예컨대 『신당서예문지』에 수록된 『진서(晉書)』의 경우만 하더라도 왕은(王隱) · 우예(虞預) · 주봉(朱鳳) · 사령운(謝靈運) · 장영서(臧榮緖) · 간보(干寶) 등이 편찬한 『진서』와 하법성(何法盛)의 『진중흥서(晉中興書)』 등이 있었다.

13 역주 : 「보주(補注)」편에, 경전과는 다른 역사의 잡문[史傳小書]과 인물들의 잡기(雜記)에 대한 주석이 있다. 예컨대 지우(摯虞)의 『삼보결록(三輔決錄)』 주(注), 진수(陳壽)의 『계한보신찬(季漢輔臣贊)』 주, 주처(周處)의 『양선풍토기(陽羨風土記)』 주, 상거(常璩)의 『화양사녀(華陽士女)』 주 등이 있다. 알맹이가 없는 말과 미사여구로 문장을 나열하고 사정의 경과에 대해 상세히 서술한 내용을 작은 글씨로 주석에 쓰고 있다고 했다. 외편(外篇) 「잡설(雜說)상」편에도 '단부소서(短部小書)'의 예로 『어림(語林)』 · 『세설(世說)』 · 『수신기(搜神記)』 · 『유명록(幽明錄)』 등이 언급되고 있다.

14 역주 : 남녀가 아직 관(冠)을 쓰거나 비녀를 꽂지 않은 나이인 20세 미만을 가리킨다. 『예기』 「내칙(內則)」편 참조.

15 역주 : 범엽(范曄 : 398-445)의 『후한서』가 편찬되기 전에 읽혀지고 있었던 후한에 대한 최초의 기전체 사서로써 모두 130권이었다. 지금은 집본(輯本)만이 전한다.

16 역주 : 「표력(表曆)」편의 주)11 참조.

17 역주 : 후한 갱시제(更始帝 : 재위 23-25)의 원명은 유현(劉玄)으로서 후한의 창건자 광무제(光武帝) 유수(劉秀)와 같이 춘릉후(春陵侯)의 자손이었다. 유현은 왕망(王莽) 정권 말기 왕광(王匡) 주유(朱鮪)가 반란을 일으키자 유협(游俠) · 망명자 · 몰락 농민 등으로 조직된 신시병(新市兵)에 의해 수령으로 추대되었고, 23년에는 제위에 올라 연호를 '갱시(更始)'로 정하였다. 23년 장안에 진공하여 왕망의 군대를 격파하고 그를 죽인 후 장안에 도읍하였으나 혼란을 수습할 능력을 갖추지 못하고 섬서(陝西)지방에서 공격해 온 적미군(赤眉軍)에게 격파되어 최후를 마쳤다. 후에 유수는 그를 일족으로 여겨 후하게 장례를 치렀고 그의 세 아들은 열후(列侯)에 봉해졌다. 『후한서』 권41에 「유현전(劉玄傳)」이 있는데, 유지기는 유현이 칭제를 하였으니 마땅히 본기

모두 어린애가 무엇을 안다고 감히 경솔하게 옛 대학자[前哲]를 평하느냐고 책망하였기 때문에 얼굴이 빨개져 자신감을 잃고 아무 대답도 하지 못했다. 그런데 후에 장형(張衡)[18]과 범엽(范曄)의 문집[19]을 읽고 과연 그들도 『한서』와 『후한서』의 잘못을 지적한 것을 알게 되었다. 나의 견해와 옛 사람들의 의견이 약속이나 한 듯 일치하는 곳이 적을 수 없을 만큼 많았다. 나는 이때 비로소 일반 사인들과 더불어 말하는 것이 어렵다는 것을 알게 되었다. 그리하여 무릇 다른 견해가 있으면 이를 모두 마음속에 차곡차곡 모아 놓았다.(釋 : 이에 이르러 많은 이야기들의 진퇴가 자신의 견해로 정해질 수 있었다)

但於時將求仕進, 兼習揣摩, 至於專心諸史, 我則未暇.(釋 : 四語略頓) 洎年登弱冠, 射策登朝, 於是思有餘閑, 獲遂(一作'遂其')本願. 旅(一作'旋', 非)游京洛, 頗積歲年, 公私借書, 恣情披閱. 至如一代之史, 分爲數家, 其間雜記小書, 又競爲異說, 莫不鈷研穿鑿, 盡其利害.(釋 : 至是并史流旁雜, 靡不兼綜矣) 加以自小觀書, 喜談名理, 其所悟者, 皆得之襟(亦作'衿')腑, 非由染習. 故始在總角, 讀班·謝兩『漢』, 便怪『前書』不應有(一脫'有'字)『古今人表』, 『後書』宜爲更始立紀. 當時聞者, 共責以爲(舊脫'爲'字)童子何知, 而敢輕議前哲. 於是赧然自失, 無辭以對. 其後見『張衡』·『范曄集』, 果以二史(疑當作'事')爲非. 其有暗合於古人者, 蓋不可勝紀. 始知

에 배열해야 한다고 주장한 것이다.

18 역주 : 장형(79-139)은 후한의 문인이요, 학자였다. 영초(永初 : 107-113) 연간에 조칙에 따라 유진(劉珍)·유도도(劉騊駼) 등과 함께 『한기(漢記)』 편찬에 참여하였다. 이 즈음 장현은 사마천과 반고의 서술이 전적(典籍)과 다른 점 십여 가지를 지적하여 상서(上書)하기도 했다. 장형은 본래 기교(機巧)에 능했고, 음양·천문·역산(歷算)에도 밝았다. 후일 태사령(太史令)을 지냈다. 광무제(光武帝)가 즉위하고 그 앞에 갱시제(更始帝)의 제호(帝號)를 배열할 것을 여러 차례 건의했지만 받아들여지지 않았다. 그의 문집이 『수서경적지』「집부(集部)」 "별집(別集)"에, 후한하간장형집(後漢河間張衡集)』 11권, 『현앙(玄梁)』 12권, 또 어떤 판본은 14권이라고 했다. 『후한서』 권59에 열전이 있다.

19 역주 : 『수서경적지』「집부(集部)」 "별집(別集)"에 『범엽집(范曄集)』 15권이 보이지만, 『장형집』과 함께 모두 전하지 않는다.

流俗之士, 難與之言. 凡有異同, 蓄諸方寸.(釋 : 至是則進退羣言, 中有定主矣)

36-3

내가 서른 살이 지나면서[過立][20] 마음 속에 쌓아둔 깨달은 바가 날로 늘어났으나, 항상 뜻이 같은 사람이나 이야기를 나눌 만한 사람이 없어 유감이었다. 다만 동해(東海)사람 서견(徐堅 : 659-729)[21]을 늦게 알게 되었는데 서로 의기가 맞아 만나게 되면 기쁘고 마음이 흡족하였다. 가령 옛날의 백아(伯牙)가 종자기(鍾子期)를 알아보고,[22] 관중(管仲)이 포숙아(鮑叔牙)

20 역주 : 『논어』「위정(爲政)」편에, (공자께서 말씀하기를) 나는 열다섯 살에 학문에 뜻을 두었고, 서른 살에 자립(自立)하였고, 마흔 살에 사물의 이치에 의혹(疑惑)하지 않았고, 쉰 살에 천명을 알았고, 예순 살에 귀로 들으면 그대로 이해되었고, 일흔 살에 마음에 하고자 하는 바를 좇아도 법도에 넘지 않았다고 한데서 비롯된 말이다.

21 『구당서(舊唐書)』 권102, 「서견전」에, 서견은 어려서 학문을 좋아하여 경사(經史)를 두루 읽었다. 왕방경(王方慶)은 『삼례(三禮)』의 학에 능했다. 어려운 문제가 생기면 서견을 찾아가 질의하였다. 또한 서견의 문장이 지닌 전아(典雅)하고 충실함을 감상하였다. 양재사(楊再思)가 말하기를, 서견은 봉각사인(鳳閣舍人)이 될만한 재목이라고 했다. 현종 개원(開元) 13년(725)에 여정서원(麗正書院)을 집현원(集賢院)으로 개편하면서 서견을 학사(學士)로 삼아 장열(張說)의 부(副)가 되어 집현원의 사무를 맡게 하였다. 서견은 전고(典故)를 많이 알고 있어서 전후 여러 차례 격식(格式) · 씨족 및 국사(國史)의 수찬(修撰)에 참여하였다. 모두 일곱 차례나 서부(書府)에 참여하였다고 했다. 『신당서(新唐書)』 권199, 「서견전」에, 서견은 성격이 관후(寬厚)한 장자(長者)였다. 태평공주(太平公主)가 정권을 장악하고 있을 때 무유기(武攸暨)가 여러 차례 서견을 요청하였지만 서견이 응하지 않았다. 황제가 집현원에서 대포(大酺)를 베풀었을 때 그들의 장막을 다른 모든 관청보다 위에 두었다. 그러자 장열(張說)이 큰 방(榜)을 달아 집현원이 황제의 총애를 받음을 과시하고자 할 때 서견이 이를 바라보고 급히 명을 내려 철거하게 하며 말하기를, 군자(君子)가 어찌 다른 사람 앞에서 자만한 행동을 취할 수 있는가 라고 하였다. 70여세에 죽었다. 시호를 '문(文)'이라 하였다. 按 : 서견과 주경칙(朱敬則) 등은 모두 유지기의 굳게 사귄 친구들이었다. 그들의 품격으로서 서로 증명하려 하였다. 때문에 이들에 대한 자료를 수집하여 상세하게 기록하였다.

를 알아준 것도[23](백아·종자기·관중·포숙아를 거꾸로 인용한 것이 재미있다)[24] 우리들의 관계를 넘어서지는 못할 것이다. 또한 영성(永城)사람 주경칙(朱敬則 : 635-709),[25] 패국(沛國)사람 유윤제(劉允濟),[26] 의흥(義興)사람 설겸광(薛謙光 : 647-719),[27] 하남(河南)사람 원행충(元行沖 : 635-729),[28] 진류(陳留)사람 오긍

22 『열자(列子)』「탕문(湯問)」편에, 백아(伯牙)는 거문고 타기에 능하였고, 종자기(鍾子期)는 음악감상에 능하였다. 매번 백아가 연주할 때마다 종자기는 재빨리 음악이 지향하는 바를 알아차렸다. 백아가 감탄하며 말하기를, '정말 잘 하는구나! 내가 어찌 그 감상을 피하여 소리를 낼 수 있겠는가'라고 하였다. 역주 : 비슷한 내용이 『여씨춘추(呂氏春秋)』「본미(本味)」편에도 보인다.

23 『열자』「역명(力命)」편에, 관중(管仲, 자는 夷吾)과 포숙아(鮑叔牙) 두 사람은 친구로써 매우 가까웠다. 관중은 일찍이 감탄하기를, '나를 낳은 것은 부모이지만, 나를 알아준 사람은 포숙아[鮑子]'라고 하였다.

24 역주 : 실제로는 종자기가 백아를, 포숙아가 관중을 알아보았는데 유지기는 이를 거꾸로 표현하고 있음을 언급한 것이다.

25 『구당서』 권90, 「주경칙전(朱敬則傳)」에, 경칙의 자는 소연(少連)이다. 장안(長安) 3년(703)에 동봉각난대평장사(同鳳閣鸞臺平章事)·겸수국사(兼修國史)를 지냈다. 장이지(張易之)와 장창종(張昌宗)이 일찍이 화공(畵工)에게 명하여 무삼사(武三思) 등 18명의 형상을 그리도록 하고 이를 『고사도(高士圖)』라 하였다. 매번 경칙을 불렀지만 고사하고 가지 않았다. 그의 성품의 고결함과 정직함이 이와 같았다. 세 명의 종형(從兄)과 40여 년 함께 거주하면서도 재산을 달리하지 않았다. 『신당서』 권115, 「주경칙전」에, 경칙이 사관(史官)을 중시하는 선거를 통해 이름 난 인재를 구하기를 청하였다. 시중(侍中) 위안석(韋安石)이 일찍이 경칙이 쓴 역사의 원고를 읽은 적이 있었는데, 감탄하기를, '동호(董狐)가 어찌 이보다 나을 수가 있겠는가. 사관(史官)의 권한은 재상(宰相)보다 중하도다. 재상은 살아 있는 사람을 통제할 뿐이지만, 사관은 살아 있는 사람뿐만 아니라 죽은 사람까지도 다루기 때문에 옛날 성군(聖君)과 현신(賢臣)들이 사관을 두려워하였다'라고 했다. 역주 : 주경칙은 유지기·서견(徐堅) 등과 함께 『삼교주영(三教珠英)』과 국사(國史) 편찬에도 참여하였고, 일찍이 위진(魏晉) 이래 군신성패(君臣成敗)의 사실을 수집하고, 「십대흥망론(十代興亡論)」을 저술하였다.

26 『구당서』 권190중, 「문원전(文苑傳)」 중(中)에, 유윤제는 일찍이 아버지를 잃고 어머니를 매우 정성스럽게 모셨다. 약관(弱冠)에 저작좌랑이 되었다. 일찍이 노(魯) 애공(哀公) 후 12세(世)의 자료를 모아 전국시대에 이어지도록 하여 『노후춘추(魯後春秋)』 20권을 지었다. 장안(長安) 연간에 겸수국사가 되었다. 『신당서』 권202, 「문예열전(文藝列傳)」 중에, 윤제가 일찍이 말하기를, '사관(史官)은 선악(善惡)을 반드시 기록해야 한다', '사관의 이 같은 권력이 가볍단 말인가. 그런데도 반고(班固)가 금을 받은 바 있고, 진수(陳壽)가 쌀을 요구한 바 있으니 그런 것은 내가 보기에 모두 뜬구름과 같도다!'고 하였다.

27 『구당서』 권101, 「설등전(薛登傳)」에, 설등의 본명은 겸광(謙光)이다. 문사(文史)를 널리 공부하였다. 이전 시대의 고사(故事)에 대하여 담론할 때마다 반드시 널리 자료

(吳兢 : 670-749),[29] 수춘(壽春)사람 배회고(裴懷古)[30] 등이 나의 관점에 찬동하

를 인용하여 증거로 하였는데 마치 목격한 듯 하였다. 서견(徐堅) · 유지기(劉知幾) 등과 함께 이름이 났고, 서로 친하게 지냈다. 경운(景雲 : 710-711) 연간에 어사대부가 되었다. 승려 혜범(惠範)이 태평공주(太平公主)의 권세를 믿고 백성을 핍박하여 수탈하였다. 겸광이 이를 탄핵하려 하자 혹자는 그만두기를 청하였다. 겸광이 말하기를, '헌대(憲臺)에서 억울함을 풀어주는 것은 회피할 길이 없다. 아침에 탄핵하여 저녁에 쫓겨난다고 하여도 나는 괜찮다'라고 하면서 드디어 탄핵하는 상서를 올렸다. 오히려 이 때문에 외지로 쫓겨났다. 개원(開元 : 713-741) 연간에 태자빈객(太子賓客)이 되었다. 태자와 이름이 같았으므로 조칙으로 등(登)이라는 이름을 하사 받았다. 73세에 죽었다.

28 『구당서』 권102, 「원행충전」에, 행충은 박학다식하여 적인걸(狄仁傑)이 매우 중시하였다. 성격이 남에게 아부하지를 못하였다. 일찍이 적인걸에게 말하기를, "아랫사람이 윗사람을 모시는 일은 마치 자신이 후일 사용하기 위해 물건을 모으듯 해야 합니다. 각종 육류(肉類)를 모으는 것은 요리를 만들기 위함이고, 각종 약재(藥材)를 모으는 것은 질병을 방지하기 위한 것입니다. 제가 생각하기에 문하빈객(門下賓客)에는 좋은 맛을 내게 하는 사람은 많으니 저는 약물을 준비하는 사람이 되고자 합니다"라고 하였다. 후일 태상소경(太常少卿)에 임명되었다. 행충은 자신의 일족이 북위에 기원하는데도 편년의 역사가 없으므로 『위전(魏典)』 30권을 편찬하였다. 사실은 상세하고 문장은 간요(簡要)하므로 학자들에게 칭찬을 받았다. 비서감 마회소(馬懷素)가 죽자 조서를 내려 행충이 그 직을 잇게 하였다. 표를 올려 고금의 서목(書目)을 통찬(通撰)하기를 청하고 『군서사록(羣書四錄)』이라 하였다. 77세에 죽었다. 살펴보건대, 행충은 또 일찍이 저술하여 진 원제(晉元帝)가 소리(小吏) 우금(牛金)을 쫓아냈다는 무고함을 밝혔다. 「잡설(雜說)」 중(中)편의 '우계마후(牛繼馬後)'에 대한 주(注)에 보인다. 역주 : 『신당서』 권200, 「유학전(儒學傳)」 하(下)에도 열전이 있다.

29 『신당서』 권132, 「오긍전」에, 오긍은 경사(經史)에 두루 밝았다. 성격이 곧아서 다른 사람들과 잘 사귀지 않았다. 위원충(魏元忠) · 주경칙(朱敬則)이 오긍이 논찬을 잘 할 수 있는 인재라고 추천하여 조서를 내려 국사를 편수하도록 하였다. 천보(天寶 : 742-755) 초에 죽었는데 80세였다. 오긍은 서사(敍事)가 간단하면서도 진실하여 양사(良史)라고 불렀다. 처음에 유지기와 함께 『무후실록(武后實錄)』을 찬정(撰定)하면서 장창종(張昌宗)이 장열(張說)에게 위원충에 관한 일을 무증(誣證)하도록 유혹한 사실을 자세히 기록하여, 장열도 이미 동의하였고 송경(宋璟) 등에게도 간절히 권한 데에 힘입어 화(禍)를 돌려 충(忠)이 되게 하였다. 그렇지 않았다면 황사(皇嗣) 또한 위태하였을 것이라고 하였다. 후일 장열이 재상이 되어 이 글을 읽고 마음이 좋지 않았다. 오긍이 쓴 것임을 알았지만 오긍을 불러 거짓으로 완곡하게 말하기를, '유지기가 위제공(魏齊公)의 사실을 기록한 것을 보니 거짓이 적지 않으니 어찌된 일이요?'라고 하자, 오긍이 대답하기를 '유지기가 이미 죽었지만 지하에서도 모함을 받아서는 안 되지요. 제 자신이 사실을 적었고 그 초고(草稿)가 아직 보관되어 있습니다'라고 하였다. 장열이 여러 차례 고쳐줄 것을 권하였지만 사양하며 그대의 사적인 부탁을 받는다면 어찌 실록이라는 명칭을 쓸 수 있겠는가 하고 끝내 고치지 않았다.

고 이상(理想)이 서로 비슷하였음으로 친하게 지냈다. 각종 토론을 진행할 때는 모두 마음속의 생각을 다 털어놓았다. 나는 항상 “덕은 외롭지 않아 반드시 이웃이 있듯이,[31] 이 넓은 세상에서 나를 이해해 주는 사람은 이들 몇 사람뿐이다”라고 하였다.(釋 : 이는 위 구절의 속된 선비들과는 말하기 어렵다는 것에 붙여 자신을 알아주는 사람들이 있어 외롭지 않은 기쁨이 있음을 깊이 느낀 말이다)

及年以('已'通)過(一多'而'字)立, 言悟日多, 常恨時無同好, 可與言者. 維東海徐堅, 晚與之遇, 相得甚歡. 雖古者伯牙之識鐘期, 管仲之知鮑叔, (牙 · 期 · 管 · 鮑倒用, 有味) 不是過也. 復有永城朱敬則 · 沛國劉允濟 · 義(舊誤作'吳')興薛謙光 · 河南元行冲 · 陳留吳兢 · 壽春裴懷古, 亦以言議見許, 道術相知. 所有榷揚, 得盡懷抱. 每云 : “德不孤, 必有鄰, 四海之內, 知我者不過數子而已矣.”(釋 : 此蒙上節俗難與言, 深致知音不孤之喜)

세상에서는 오늘날의 동호(董狐)라고 칭했다. 역주 : 『구당서』 권102, 「오긍전」에, (『측천무후실록』외에도) 오긍은 남북조의 양(梁) · 진(陳) · 제(齊) · 주(周) · 수(隋)의 사서가 번잡하다고 여기고 따로 『양사(梁史)』 · 『제사(齊史)』 · 『주사(周史)』 각 10권과, 『진사(陳史)』 10권, 『수사(隋史)』 20권을 편찬하였다고 했지만, 그리 긍정적인 평가를 받지 못하였다.

30 『구당서』 권185하, 「양리전(良吏傳)」 하에, 회고는 감찰어사를 지냈다. 성력(聖曆 : 698-699) 연간에 염지미(閻知微)가 사지(使者)로 충임(充任)되어 돌궐(突厥)에 갈 때 회고는 감군(監軍)으로 따라가 돌궐의 조정에 이르렀다. 묵철(默啜)이 염지미를 남면가한(南面可汗)에 세우고 회고에게 돌궐의 관직[僞職]을 주고자 하였다. 회고가 따르지 않자 죽이려 하였다. 이에 회고가 저항하며 말하기를, 차라리 충으로써 죽을지언정 절의를 훼손하면서 생을 구걸하지 않겠다. 청컨대 죽여달라고 하였다. 이에 잡아가두고 군대를 따르도록 하였다. 후일 몰래 귀국하여 유주도독(幽州都督)을 지내다가 죽었다. 『신당서』 권197, 「순리전(循吏傳)」에, 회고는 성격이 맑고 곧았으며 행동에도 신중하였다. 유주(幽州)에 있을 때 한완(韓琬)이 감찰어사감군(監察御史監軍)으로 있으면서, 회고를 칭하기를, 회고는 병사를 신의로써 지휘하였고, 재물을 대할 때는 매우 청렴하였다. 나라의 명장(名將)이라고 하였다. 按 : 유지기와 가까운 친우 7명을 거론하였지만 회고만이 사국(史局)에 참여한 적이 없었다 때문에 끝에 거론한 것이다.

31 역주 : 『논어』 「이인(里仁)」편에 보이는 문장이다.

36-4

옛날 공자[仲尼]는 사리에 통하여 깊고 밝은 슬기와 천부적인 많은 재능으로서 사적(史籍)의 번쇄(繁瑣)한 문장을 보고 독자들이 통일된 결론을 얻을 수 없음을 염려하여 『시경』을 간추려 300편(篇)으로 산정(刪定)하였고, 노나라 사관들의 기록을 정리하여 『춘추』를 지었으며, 『역』의 도를 밝혀 팔색(八索)을 없앴고, 「직방(職方)」을 서술하여 구구(九丘)를 없앴으며, 삼분오전(三墳五典)을 자세히 살펴 당(唐)·우(虞)에서 시작하여 주대(周代)에 이르는 『상서』를 편찬하였다.[32] 공자가 편찬한 이들 책들은 한 글자 한 구절도 고침이 없이 전해져 제왕들의 모범이 되었다. 이후 사적(史籍)은 갈수록 더욱 많아졌다. 만약 한 시대의 뛰어난 재능을 가진 선비가 아니라면 누가 능히 그들의 잘못됨을 고칠 수 있단 말인가. 나 같은 보잘 것 없는 사람이 이러한 중임을 감당할 수 있겠는가. 역대 사전(史傳)에 대하여 나는 사마천·반고 이하 요찰(姚察 : 533-606)[33]·요사렴(姚思廉 : 557-637)[34]의 『양서(梁書)』·『진서(陳書)』, 이백약(李百藥 : 565-648)[35]의 『북제서(北齊書)』, 영호덕분(令狐德棻 : 583-666)[36]의 『주서(周書)』, 안사고(顔師古 : 581-645)·공영달(孔穎達 : 574-648)의 『수서(隋書)』 등을[37] 『춘추』의 원칙과 방법에 따라 모두 고쳐 정리하려고 하였다. 다만 공자와 같은 명망이 없는데 오히려 공자

---

32 이상의 문장은 모두 공안국(孔安國)의 『상서(尚書)』 서(序)(『문선』 권45 所收)의 원문을 그대로 인용하였다.

33 역주 : 『진서(陳書)』 권27, 『남사(南史)』 권69 열전 참조.

34 역주 : 『구당서』 권73, 『신당서』 권102 열전 참조.

35 역주 : 『구당서』 권72, 『신당서』 권102 열전 참조.

36 역주 : 『구당서』 권73, 『신당서』 권102 열전 참조.

37 역주 : 이들 책은 정관(貞觀) 3년(629)에 태종의 명에 의해 각각 분담하여 집필한 것으로 비서감(秘書監) 위징(魏徵)이 총재(總裁)가 되어 정관 10년(636)에 완성하였다. 「고금정사(古今正史)」편에는 완성연도를 정관 18년이라 했지만 10년이 정확하다. 자세한 내용은 조익(趙翼), 『해여총고(陔餘叢考)』 권6, 「梁陳周齊隋五史凡三次修成」 조 참조.

의 재능으로 할 수 있는 작업을 하자니 이 때문에 세속의 말류들을 놀라게 해 당시 사람들의 비난을 받음으로써 노력만 낭비하고 아무런 칭찬도 받지 못할까 두려워 매번 필(筆)을 들고 길게 탄식하면서 오랫동안 머뭇거리고 배회하였다. 하고 싶지만 능력이 없었던 것이 아니라, 실제 능력은 있었지만 감히 할 수가 없었다.(釋 : 이 구절은 직접 여러 사서를 고쳐 편찬하여 『춘추』의 뜻을 본받고자 하였지만 잠시 그렇게 하지 못했다는 말이다)

昔仲尼以睿聖明哲, 天縱多能, 覩史籍之繁文, 懼覽者之不一. 刪『詩』爲三百篇, 約史記以修『春秋』, 贊『易』道以黜八索, 述『職方』以除九丘, 討論墳·典, 斷自唐·虞, 以迄於周. 其文不刊, 爲後王法. 自茲厥後, 史籍逾多, 苟非命世大才, 孰能刊正其失? 嗟予小子, 敢當此任! 其於史傳也, 嘗欲自班·馬已降, 訖於姚(一脫'姚'字)·李·令狐·顏·孔諸書, 莫不因其舊義, 普加釐革. 但以無夫子之名, 而輒行夫子之事, 將恐致(一脫'致'字)驚末(一作'愚')俗, 取咎時人, 徒有其勞, 而莫之見賞. 所以每握管嘆息, 遲回者久之. 非欲之而不能, 實能之而不敢(舊作'欲', 誤)也.(釋 : 此節敍到欲出手眼釐定群史, 志擬『春秋』, 姑爲前却之詞)

36-5

후일 조정에 나의 뜻을 알아주는 사람이 있어서 나를 사직(史職)에 추천하였다. 이로부터 세 번째 사신(史臣)이 되어 다시 동관(東觀)에서 근무하게 되었다.[38](原注 : 무후 때 저작좌랑(著作佐郎)에 임명되고, 자리를 옮겨 좌사(左史)가 되었다. 지금의 황제[今上 : 즉 中宗]께서 즉위하자 다시 저작랑(著作郎)에 임명

38 역주 : 이 내용은 『사통』「원서(原序)」에도 보인다.

되었다. 장안(長安 : 701-705) 연간에 저작랑으로서 국사 편수를 겸하였다. 중서사인(中書舍人)에 임명되는 관계로 잠시 사관의 일을 그만 둔 적이 있다. 신룡(神龍) 원년(705)에 다시 국사 편수를 겸하여 지금까지 변함이 없다. 현재의 사관(史館)은 옛날의 동관(東觀)이다) 당 왕조[皇家]가 천명을 받아 천하를 통치한 지가 벌써 여러 해 지났지만, 사관(史官)이 편찬한 역사는 그 기록이 조략(粗略)하였다. (기거주(起居注)와 실록 등은 있었다) 본기와 열전 및 지(志) 등은 모두 아직 편찬되지 않았다. 장안(長安 : 701-704) 연간에 마침 황제의 명을 받아 국사(國史) 편찬에 참여하였다. 금상(今上)[中宗]께서 즉위하였을 때 다시 황제의 명을 받고 『측천대성황후실록(則天大聖皇后實錄)』을 편찬하였다.[39] 그것을 저술할 때 나는 본래의 의미를 주장하였지만 당시 함께 참여했던 동료들과 감수(監修)를 맡은 권신[貴臣][40]들은 항상 다른 의견이었으며, 이러한 견해의 차이를 맞추기가 어려웠다.[41] 때문에 내가 기재하거나 삭제한 부분은 모두 세속의 견해에 따라 부침(浮沈)했다. 비록 내가 구차하게 그들의 의견에 맞추었지만, 그래도 여전히 다른 사관(史官)들의 큰 미움을 받았다. 아! 비록 사관의 직무를 맡고 있었으나 나의 뜻대로 저술하지 못하고, 시류에 따라 임용은 되었으나 좋은[美](마땅히 '선(善)'이라고 해야 할 것이다)뜻을 이룰 수가 없었다.('좋은 뜻[善志]'은 『좌전』에서 주흑굉(邾黑肱)이 전한 말을 인용한 것이다)[42] 가슴에서 솟아나는 원망과 외로운 분노를 삭이고 의지

---

39 역주 : 중종 신룡(神龍) 원년(705)에 무삼사(武三思) · 위원충(魏元忠) · 축흠명(祝欽明) · 유기지 등에게 조서를 내려 『측천실록(則天實錄)』을 편찬하게 하였고, 이듬해 5월에 책 20권, 『문집』 120권을 완성하였다.

40 역주 : 여기서는 당시 조정의 실권자로서 감수(監修)를 맡고 있던 무삼사(武三思)를 가리킨다.

41 역주 : 구체적으로 「읍리(邑里)」편의 원주(原注)에, "당시 국사(國史)를 편찬하면서 나는 「이의염전(李義琰傳)」을 편찬하게 되었다. 이의염의 가문은 위주(魏州) 창락(昌樂)에서 거주한 지 이미 3대가 지났기 때문에 나는 '의염은 위주 창락 사람이다'라고 썼다. 감수(監修)하던 사람이 보고 크게 웃으면서 사서의 체례를 많이 어겼다고 여겼다. 그리하여 이씨의 족망(族望)에 따라 '농서(隴西) 성기(成紀) 사람'으로 고쳤다. 나의 의견이 받아들여지지 않았기 때문에 여기에서 말하는 것이다"라고 하였다.

42 역주 : 이 같은 포기룡의 해석에 대하여 조비(曹丕), 「여오질서(與吳質書)」(『문선』 권

할 데가 없어, 늘 뒤로 물러나 아무 말도 하지 않고, 저술도 하지 않았다. 그러나 내가 죽고 난 후 아무도 나를 아는 사람이 없을 것을 두려워하였기 때문에 물러나 개인적으로 『사통』을 지어 나의 뜻을 알리려 한 것이다.(釋 : 여기서는 정면으로 사국(史局)의 직무를 맡았으면서도 자신의 뜻을 실현하기 어려워 『사통』을 지어 본래의 뜻을 드러내고자 하였다고 쓰고 있다)

旣朝廷有知意(恐'音'字之訛)者, 遂以載筆見推. 由是三爲史臣, 再入東觀.(原注 : 則天朝爲著作佐郎, 轉左史. 今上初卽位, 又除著作. 長安中, 以本官兼修國史. 會遷中書舍人, 暫罷其任. 神龍元年, 又以本官兼修國史, 迄今不之改. 今之史館, 卽古之東觀也) 每惟皇家受命, 多歷年所, 史官所編, 粗惟紀錄.(起居·實錄之類則有之) 至於紀傳及志, 則皆未有其書. 長安中,(一作'年', 一作'中年') 會奉詔預修『唐』(疑當作'國')史』. 及今上(中宗)卽位, 又敕撰『則天大聖皇後實錄』. 凡所著述, 嘗欲行其舊議. 而當時同作諸士及監修貴臣, 每與其(當有'言'字)鑿枘相違, 齟齬難入. 故其(恐當作'有')所載削, 皆與俗浮沈. 雖自謂依違苟從, 然猶大爲史官所嫉. 嗟乎! 雖任當其職, 而吾道不行; 見用於時, 而美(恐當作'善')志不遂.('善志'用『左氏』郲黑肱傳語) 鬱怏孤憤, 無以寄懷. 必寢而不言, 嘿而無述, 又恐沒世之後, 誰知予者? 故退而私撰『史通』, 以見其志.(釋 : 此方敍到正面. 由職史局, 直道難行, 姑作『史通』, 以露本志)

---

42 所收)에 보이는, "응덕련(應德璉)이 문채가 뛰어나 항상 저작에 대한 뜻을 지니고 있었고 그의 재학(才學)이 책을 저술하기에 충분하였지만 좋은 뜻을 실현하지 못하였으니[美志不遂], 참으로 안타깝다"라고 한 구절을 유지기가 직접 인용하였으므로 포기룡의 견해는 잘못이라는 지적도 있다. 程千帆, 『史通箋記』, p.183 참조.

36-6

옛날 한나라 때 유안(劉安 : B.C. 179-122)이 책을 지어 『회남자(淮南子)』[43] 라고 하였는데 이 책은 천지(天地)를 포함하고 고금을 망라하여 위로는 태공망(太公望)[44]으로부터 아래로는 상앙(商鞅)[45]에 이르고 있다. 그 내용은 종횡무진하고 스스로 이르기를 여러 학설에 겸통(兼通)하는데 모든 힘을 다했다고 했다.(釋 : 이하 예로부터 전해지는 책을 차례로 들어 자신의 주장을 가탁하는 단서를 열었다. 『회남자』를 인용한 것은 『회남자』가 한 분야만을 오로지 한 것이 아니었기 때문에 따로 설명한 것이다) 그러나 『회남자』 이후 이 같은 저작은 부단히 나타났다. 자세히 살펴보면 유파(流派) 또한 많았다.(釋 : 이 구절로 앞뒤 문장을 연결하였다) 공자가 죽고 미언대의(微言大義)가 세상에 행하여지지 않았고,[46] 태사공이 『사기』를 지었지만 시비의 판단에 잘못이 많았다.[47] 이로 말미암아 제자백가들이 궤변(詭辯)으로 괴이(怪異)한 말들을 쏟

---

43 『한서』 권44, 「회남왕전(淮南王傳)」에, (한 고조의 손자) 회남왕 안(安)은 책을 좋아하여 빈객(賓客)과 방술(方術)에 능한 사람들 수 천명을 초치(招致)하여 『내서(內書)』 21편을 지었고, 『외서(外書)』는 매우 분량이 많았다. 또 『중편(中篇)』 8권이 있다. 그 내용은 신선(神仙) · 황백지술(黃白之術)을 말하고 있는데 20여만 언(言)이나 되었다. 「채찬(採撰)」편에도 보인다. 按 : 여기서는 대체로 『내서』를 기리켜 언급하고 있는데 즉 현재 선하는 (고유(高誘)가 주(注)를 단) 『회남홍열해(淮南鴻烈解)』이다.

44 역주 : 태공 여상(呂尙)의 본성(本姓)은 강(姜)이다. 주 문왕(文王)과 무왕(武王)을 도왔다. 그의 사적은 『사기』 권32, 「제태공세가(齊太公世家)」에 자세하다.

45 역주 : 상앙(B.C. 390?-338)은 위(衛)나라 사람으로 성은 공손(公孫)이고 이름은 앙(鞅)이다. 상(商)에 봉해졌으므로 상앙 혹은 상군(商君)이라 불렀다. 위(魏)를 거쳐 진(秦)에 들어가 효공(孝公)을 도와 변법(變法)을 실시하였다. 그에 대한 자세한 사적은 『사기』 권68, 「상군열전(商君列傳)」 참조.

46 역주 : 『한서예문지』 서(序)에, 옛날 공자가 죽으니 깊은 뜻을 지닌 말[微言]이 없어졌고, 70제자가 세상을 떠난 뒤에는 대의(大義)가 어그러졌다고 했다.

47 역주 : 『한서』 권62, 「사마천전」 반고의 논찬(論贊)에, (사마천의) 시비판단은 성인(聖人)과 사뭇 달라서 대도(大道)를 논할 경우 황로(黃老)를 앞세우고 육경(六經)을 뒤로 돌렸으며 유협(游俠)을 서술할 경우 처사(處士)를 물리치고 간사한 무리를 앞세웠으며, 화식(貨殖)을 말할 경우 세리(勢利)를 숭상하고 빈천함을 수치로 여겼으니 이것

아내었고, 아주 자잘한 것을 분석하는데 힘썼으므로 근본적인 도(道)가 파괴되었다. 때문에 양웅(揚雄)의 『법언(法言)』[48]이 지어졌다.(釋 : 『법언』은 도리[理]를 말하는 것을 위주로 하였다) 유자(儒者)들이 쓴 책은 학문이 넓기는 하지만 요점이 적어서[49] 그저 조박(糟粕)한 것에 매달리거나 정화(精華)를 잃는 경우가 있다. 세속에 빠진 비루한 사람들은 먼 시대의 것을 귀하게, 가까운 것을 천(賤)하게 여겨 서로 저촉되어 모순된 것을 전하였는데, 이는 스스로를 속이고 다른 사람을 미혹하게 하는 것이었다. 때문에 왕충(王充)의 『논형(論衡)』[50]이 지어졌다.(釋 : 『논형』은 증거를 위주로 하였다) 백성(民)은 무식하고 우매하여 아는 것이 없으며, 그 어리석기가 담벼락을 마주 보는 것 같고, 발음을 잘못하거나 어구(語句)가 비루하다. 그리고 아무도 그 말의 본원을 탐구하지 않고 그저 저절로 해결되기를 기다리며 변통(變通)을 할 줄 모른다. 일거일동(一擧一動)이 모두 구속받거나 기휘(忌諱)하는 것뿐이다. 때문에 응소(應劭)의 『풍속통(風俗通)』[51]이 지어졌다.(釋 :

은 그 책의 폐단이라고 했다.

48 「논찬(論贊)」편 참조. 역주 : 『한서』 권87하, 「양웅전」 하에, 양웅은 제자(諸子)들이 각자 알고 있는 바가 서로 어긋나 대체로 성인(聖人)을 폄훼함으로 괴우(怪迂)하고 교묘한 말로 궤변을 늘어놓아 시정(時政)을 요란(擾亂)하게 하여 비록 작은 몇 마디라도 결국 대도(大道)를 파괴하고 많은 사람을 미혹(迷惑)하게 하여 그러한 말을 듣고도 그것이 잘못된 것인지 모르게 한다. 태사공(太史公)이 육국(六國)으로부터 초한(楚漢)을 거쳐 '인지(麟止)'까지 기록함에 있어서 성인(聖人)과 관점이 달라서 시비의 판단이 경서와 매우 어긋났다. 때문에 사람들이 때때로 양웅에게 물었고, 양웅은 항상 경전의 말을 본받아 대답을 하였다. 이러한 내용을 모아 13권으로 하고 『논어』를 모방하여 『법언』이라 하였다고 했다.

49 역주 : 이 말은 「태사공자서」에 보이는 사마담(司馬談)의 소위 「논육가요지(論六家要旨)」에 보이는 문장이다. 즉 "유가는 학문이 넓기는 하지만 요점이 적고, 수고롭기는 하지만 공(功)은 적다. 그러므로 그 말하는 것을 완전히 따르기 어렵다"라고 하였다.

50 「채찬(採撰)」편 참조.

51 『후한서』 권48, 「응봉전(應奉傳)」에, 아들 소(劭)는 자가 중원(仲遠)으로 『풍속통(風俗通)』을 편찬하여 사물 유별(類別)의 명칭을 변별(辨別)하여 당시 세속에서의 혐의(嫌疑)를 해석하였다. 응소는 『풍속통』의 자서(自敍)에, 세간에 유행하는 말은 많은 사람이 함께 전하는 것으로 쌓여 습관이 되는 것이 아니어서 그 본래의 모습을 살피기 어렵다. (내가) 재주가 없어 부족하므로 아는 바를 거론할 뿐이다. 전(傳)에 이르기를, 백리마다 풍습이 다르고, 천리마다 민속(民俗)이 다르다. 정치의 요체는 풍속

『풍속통』은 널리 두루 미치는 것을 위주로 하였다) 오상(五常)[52]은 태어나면서 각기 다르고, 사람들이 준수(遵守)하는 수많은 행위규범 또한 다르다. 능력에는 모든 분야에 미치는 것과 일정한 부분에만 미치는 것이 있고, 지력(智力) 또한 장단(長短)이 있다. 만약 한 사람의 재능에 따라 그를 임용한다면 자그마한 장점 하나라도 빠뜨리지 않게 하고, 만약 모든 재능을 갖출 것을 요구하여 임용하려 한다면 온 세상을 뒤져도 쓸 만한 사람이 아무도 없을 것이다. 이 때문에 유소(劉劭)의 『인물지(人物志)』[53]가 지어졌다.(釋: 인물지』는 인재의 변별을 위주로 하였다) 나라를 건국하거나 가업(家業)을 계승하여 입신 처세함에 혹은 문(文)으로 혹은 무(武)로, 또 혹은 조정에서 관리를 지내거나 혹은 재야에 은거하며 지낸다. 설사 현명함과 우

을 가리고 바로잡는 것이 최상(最上)이다. 예전 그림을 그리는 사람들이 말하기를, 개나 말을 그리는 것이 가장 어렵고, 귀신이나 도깨비를 그리는 것이 가장 쉽다고 했다. 개나 말은 아침저녁으로 사람 앞에 있기 때문에 똑같이 그리지 않으면 안 되기 때문에 어렵다는 것이고, 귀신이나 도깨비는 형체가 없어 보이지 않으니 그리기 쉽다는 것이다. 오늘날의 속어도 비록 천박하다고 하지만 그러한 것이 곧 어렵다고 했다. 보완하여 살펴보니 문장의 첫 머리에 백성은 무식하다고 말한 것은 본래 『진서(晉書)』「형법지(刑法志)」의 왕도(王導) 등의 의론에 근거한 것이다.

52 역주 : 오상이란 본래 인(仁)·의(義)·예(禮)·지(智)·신(信)을 가리키지만 여기서는 사람의 성질을 의미한다. 유소(劉劭)의 『인물지』 권상(上), 「구징(九徵)」편에, 오행의 실질적 속성은 각기 다섯 가지 품성을 이루게 된다. 그러므로 뼈가 곧으면서도 유순한 사람을 '홍의(弘毅)'라 부르는데, 홍의는 인(仁)의 특질이다. 또 기운이 맑고 명랑한 사람을 '문리(文理)'라 부르는데, 문리는 예(禮)의 근본이 된다. 또 몸이 단정하고 건실한 사람을 '정고(貞固)'라고 부르는데, 정고는 신(信)의 기초가 된다. 그리고 근육이 강인하면서 정일한 사람을 '용감(勇敢)'이라고 부르는데, 용감은 의(義)의 결단력을 나타낸다. 또 낯빛이 평온하고 밝은 사람을 '통미(通微)'라고 부르는데, 통미는 지(智)의 원천이 된다. 이러한 다섯 가지 재질은 항상된 성질을 지니고 있기 때문에 오상(五常)이라 부른다고 했다.

53 『삼국지』 권21, 「위지」「유소전(劉劭傳)」에, 유소의 자는 공재(孔才)이다. 황초(黃初) 연간에 상서랑(尙書郎)을 지냈다. 『황람(皇覽)』·「신율편(新律篇)」·「율략론(律略論)」·「도관고과조(都官考課條)」·「설략(說略)」·「악론(樂論)」 등을 저술하였다. 대체로 찬술한 것이 『법론(法論)』·『인물지(人物志)』 부류의 백여 편(篇)이나 되었다. 완일(阮逸)의 서(序)에, 나는 고서(古書)를 열람하기 좋아하였는데 사부(史部) 가운데 유소의 『인물지』 12편을 구하여 읽었다. 성품(性品)의 상하(上下), 재질(才質)의 겸편(兼偏), 드러나지 않거나 아주 작은 것을 세밀하게 살피고 도리에 일관되었다. 진실로 일가(一家)를 이룬 훌륭한 책이라 했다.

매함에 하늘과 땅의 차이가 있고 선악이 쉽게 가려진다고 하여도, 진실로 때에 따라 인물에 대한 정확한 평가기준이 없다면 각종 인재를 종합적으로 가려 선발하기가 어려울 것이다. 때문에 육경(陸景 : 250-280)의 『전어(典語)』[54]가 지어졌다.(釋 : 『전어』는 인재 품평을 위주로 하였다) 문인(文人)들이 문장을 쓸 경우 그 문체가 각기 다르다. 즉 달고 쓴 것이 각기 다른 맛을 지니고, 붉은 색과 흰 색이 서로 다른 빛깔을 드러내는 것과 같다. 후세의 문인들은 이를 본받아 쓰면서도 식견이 짧아 두루 통달하지 못하고 다른 유파(流派)간에 서로 비난하고 헐뜯으며, 개인 간에도 서로의 결점을 찾고자 하였다. 이 때문에 유협(劉勰 : 466?-520?)의 『문심조룡(文心雕龍)』[55]이 지어졌다.(釋 : 『문심조룡』은 문장의 체재를 위주로 하였다. ○모든 책은 각각 표지(標旨)가 있었다. 각기 내건 뜻이 간략하고 합당한 것이라 보았다)

昔漢世劉安著書, 號曰『淮南子』. 其書牢籠天地, 博極古今. 上自太公, 下至商鞅. 其錯綜經緯, 自謂兼於數家, 無遺力矣.(釋 : 自此以下, 歷擧往昔傳書, 以啓自托之端. 將『淮南』作引. 『淮南』之書不專一路, 故用另述) 然自『淮南』已後, 作者無絶(一作'絶無') 必商榷而言, 則其流又衆.(釋 : 四句上下作紐) 蓋仲尼旣歿, 微言不行; 史公著書, 是非多謬. 由是百家諸子, 詭說異辭, 務

54 『수서경적지』「자부(子部)」"유자(儒者)"의 주(注)에, 『전어(典語)』 10권, 『전어별(典語別)』 2권 모두 오(吳) 지역 하(夏)의 독(督)인 육경이 편찬하였는데 전하지 않는다. 신·구 『당서예문지』에는 육경의 『전훈(典訓)』 10권이 보인다. 按 : 이 책이 『수서경적지』에는 없어졌다고 했지만, 『당서예문지』에는 10권이 여전히 남아 있었고, 유지기 역시 이 책을 보았다. 따라서 없어진 것은 당연히 『전어별』 2권을 가리킨다. '어(語)' 혹은 '훈(訓)' 어느 것이 맞는지는 알 수 없다.

55 『남사(南史)』 권72, 「문학전(文學傳)」에, 유협의 자는 언화(彦和)이고, 양(梁) 천감(天監) 연간에 동궁통사사인(東宮通事舍人)을 지냈다. 『문심조룡』 50편(篇)을 편찬하여 고금의 문체(文體)를 논하였다. 그 책의 서(序)에 대략 말하기를, 내가 입지(立志)의 나이가 되었을 때 일찍이 밤 중 꿈에서 붉은 칠을 한 예기(禮器)를 손에 쥐고 공자(孔子)를 따라 남행(南行)을 하였다. 꿈에서 깨어나 기뻐하며 말하기를, 오직 문장의 공용(功用)은 실제 경전(經典)의 지조(枝條)로서 오례(五禮)는 경전에 힘입어 공(功)을 이루고, 육전(六典)도 경전에 근거하여 그 공용(功用)을 다할 수 있는 것이다. 그리하여 문체를 논하였다. 책이 완성되고, 심약(沈約)이 구하여 읽고, 문리(文理)를 깊이 이해하였다고 하고 늘 책상 위에 두고 보았다고 했다.

爲小辨, 破彼大道, 故揚雄『法言』生焉.(釋 : 『法言』主談理) 儒者之書, 博而寡要, 得其糟粕, 失其菁華. 而流俗鄙夫, 貴遠賤近, 傳兹(恐當作'轉滋')牴牾, 自相欺惑, 故王充『論衡』生焉.(釋 : 『論衡』主徵據) 民者, 冥也, 冥然罔知, 率彼愚蒙, 墻面而視. 或訛音鄙句, 莫究本源; 或守株膠柱, 動多拘忌, 故應劭『風俗通』生焉.(釋 : 『風俗通』主博洽) 五常異稟, 百行殊執,(一作'軌') 能有兼偏, 知有長短. 苟隨才而任使, 則片善不遺, 必求備而後用, 則擧世莫可, 故劉劭『人物志』生焉.(釋 : 『人物志』主辨材) 夫開國承家, 立身行事, 一文一武, 或出或處, 雖賢愚壤隔, 善惡區分, 苟時無品藻, 則理難銓(一作'錯', 非)綜, 故陸景『典語』生焉.(釋 : 『典語』主評品) 詞人屬文, 其體非一, 譬甘辛殊味, 丹素異彩, 後來祖述, 識昧(一訛'殊')圓通, 家有詆訶, 人相掎摭, 故劉勰『文心』生焉.(釋 : 『文心雕龍』主文章體裁. ○每書各有標旨, 看其擧義簡當)

36-7

『사통』을 쓰게 된 이유는 무엇인가? 오늘날 사필(史筆)을 쥔 사인들이 역사편찬의 원칙에 충실하지 않음을 염려하여 사서 편찬의 목적을 밝히고 그 체통(體統)[56]을 궁구(窮究)하고자 하였다. 이 책은 비록 역사를 주로 다루고 있지만 언급한 내용은, 위로는 왕도(王道)를 살피고 아래로는 인륜(人倫)을 논하였다. 천차만별의 사회현상을 모두 총괄하고 다양한 문제를 다루었다. 『법언(法言)』 이하 『문심조룡(文心雕龍)』에 이르는 저작들에 대해서는 마음 속 깊이 그 의미를 잘 이해하여 조금도 막히는 바가 없었

56 역주 : 왕지창(汪之昌), 「의보사통체통편(擬補史通體統篇)」에, "체(體)는 체재(體裁)를 말하고, 통(統)은 통괄[統攝]을 말한다"라고 하였다. 程千帆, 『史通箋記』, p.189.

다.[57](釋 : 이 구절은 이상의 여러 책들과 『사통』이 서로 관련이 있음을 은근히 포괄함으로써 『사통』을 짓게 된 본령(本領)을 담았다) 이 책에 표현하고자 했던 원칙은 역사적 사실과 인물들에 대한 평가[與奪]·포폄(褒貶)·감계(鑑戒)·풍자(諷刺)였다. 이 책은 내용을 깊이 있게 다루었으며 빠짐없이 망라되어 있다. 깊이 있고 폭넓게 검토하여 새롭게 밝혀진 내용들이 많다. 대개 경학(經學)을 논하는 사람들은 복건(服虔)과 두예(杜預 : 222-284)에 대한 비난을 듣기 싫어하고,[58] 사학을 논하는 사람들은 반고와 사마천의 실수를 말하기를 꺼려한다. 그러나 나는 이 책에서 옛 철인(哲人)을 비평한 곳이 많고 기꺼이 옛 사람들의 잘못을 지적하였으니, 세상 사람들이 죄를 물어도 실로 마땅하다. 다만 나의 뜻을 헤아리는 군자(君子)가 있어 때로 볼만한 것이 있다고 여기기를 바란다. 공자가 이르기를, "나에게 죄를 묻는 것도 『춘추』요, 나를 사람들에게 이해시키는 것도 『춘추』이다"[59]라고 하였다. 참으로 나의 생각을 말해주는 것 같다.(釋 : 여기에서는 『사통』을 지으며 "몰래 취한다[竊取]"는 뜻을 보였다. 결국 위로 『춘추』를 모방하고자 함으로써 앞의 내

57 사마상여(司馬相如), 「자허부(子虛賦)」에, (이처럼 넓고 큰 제(齊)나라가) 8, 9개 운몽(雲夢)같은 작은 지역을 삼킨다 하더라도 마음에 걸리는 장애가 될 뿐이다[呑若雲夢者八九, 於其胸中曾不蔕芥]고 했다. 이선(李善)의 주(注)에, 가시[刺鯁]라고 했다. 자전(字典)에, 역시 가시라고 하였고, 안사고(顏師古)는 음이 채(蠆)라고 하였다. 『당운(唐韻)』에서는 음을 제(帝 : di)라고 했다. 역주 : 『사통』의 찬술(撰述)은 『문심조룡』의 체례를 모방하였으므로 예컨대 『사통』「육가」편은 『문심조룡』의 「원도(原道)」·「징성(徵聖)」편이 있는 것과 같고, 『사통』「이체(二體)」·「잡술(雜述)」편은 『문심조룡』「종경(宗經)」 이하 「서기(書記)」편이 있는 것과 같다는 등 『사통』과 『문심조룡』의 각 편을 대비하기도 하였다. 張舜徽, 『史通平議』, pp.98-99 참조.

58 역주 : 복건은 후한의 경학자로서 『좌씨전해(左氏傳解)』가 있고, 두예는 『춘추경전집해(春秋經傳集解)』가 있다. 『구당서(舊唐書)』 권102, 「원행충전(元行沖傳)」에 당시 유행하던 속담인, "공자의 잘못을 말할지언정 정현(鄭玄)·복건(服虔)의 잘못을 듣길 꺼린다[寧道孔聖誤, 諱聞鄭·服非]"라고 한 내용이 인용된 것이 보인다.

59 역주 : 『맹자』「등문공(滕文公)」편(篇) 하에, 세상이 쇠퇴하고 정도(正道)가 미약해서 사설(邪說)과 폭행이 일어나니 신하로서 자기의 임금을 죽이는 자가 생겨나고 자식으로서 아비를 죽이는 자가 생겨나자, 공자께서 이를 두려워하셔서 『춘추』를 지으셨다. 『춘추』는 천자의 일을 다룬 것이다. 그렇기 때문에 공자께서는 '나를 사람들에게 이해시키는 것도 『춘추』요, 나에게 죄를 묻는 것도 『춘추』일 것이다'라고 하였다.

용에 서로 호응하였다)

若『史通』之爲書也, 蓋傷當時載筆之士, 其義不純. 思欲辨其指歸, 殫其體統. 夫其書雖以史爲主, 而餘波所及, 上窮王道, 下掞人倫, 總括萬殊包呑千有. 自『法言』已降, 迄於『文心』而往, 固(一脫'固'字)以納諸胸中, 曾不慸(音蠆, 或誤作'蠆')芥者矣.(釋 : 此節隱括諸書與『史通』相爲吐納, 託出著書本領) 夫其爲義也, 有與奪焉, 有褒貶焉, 有鑒誡焉,(一脫此四字) 有諷刺焉. 其爲貫穿者深矣, 其爲網羅者密矣, 其所商略者遠矣, 其所發明者多矣. 蓋談經者惡聞服·杜之嗤, 論史者憎言班·馬之失. 而此書多譏往哲, 喜述前非, 獲罪於時, 固其宜矣. 猶冀知音君子, 時有觀焉. 尼父有云: "罪我者『春秋』, 知我者『春秋』." 抑(一脫此六字)斯之謂也.(釋 : 至此收到『史通』作而"竊取"之義見, 遂欲上擬『春秋』, 與前迴應)

36-8

옛날 남조 양(梁)의 징사(徵士)[60] 유효표(劉孝標 : 462-521)가 『서전(敍傳)』을 지었는데 자신을 후한(後漢)의 풍경통(馮敬通)과 비교해 세 가지 점에서 같다고 여겼다.[61] 내가 능력은 없지만 가만히 양웅(揚雄)과 비교해보니 네

60 역주 : 조정의 벽소(辟召)를 받았음에도 취임하지 않은 사람을 일컫는다. 程千帆, 『史通箋記』, p.186 참조.

61 『양서(梁書)』 권50, 「문학전(文學傳)」 하, 「유준전(劉峻傳)」에, 준(峻)의 자는 효표(孝標)이다. 그의 『자서(自序)』에 대략 이르기를, 나는 스스로 풍경통(馮敬通)과 비교하여 공통점이 셋, 다른 점이 넷이라고 생각한다. 경통은 재주가 뛰어나 세상에서 손꼽힐 정도였고 지기(志氣)가 굳세길 금석(金石)과 같았다. 나는 비록 그에 미치지 못하지만 절조(節操)가 굳고 강개(慷慨)한 점이 첫 번째로 같은 점이고, 경통은 중흥의 명군(明君)을 만났지만 끝내 시용(試用)되지 않았고, 나 역시 세상을 잘 다스린 영주(英主)를 만났지만 장년(壯年)까지도 배척당하였다는 점이 두 번째로 같은 점이고,

가지 점에서 서로 같았다.(釋 : 이하 또한 오로지 양웅과 비교한 것으로 대개 스스로 이 책을 본받아 지은 내용을 말하고, 후세에 문장의 가치가 정해지기를 기다린다는 것으로 기탁한 뜻이 멀다) 무엇 때문에 이같이 말하는가? 양웅은 일찍이 미사여구나 문장을 꾸미는 작은 기교[雕蟲小技]를 좋아하였지만, 나이가 들어서는 젊은 시절 지었던 시부(詩賦)에 대하여 후회하였다.[62] 나는 어린 시절 시부를 좋아했지만, 나이가 들어서는 다시 쓰지 않았다. 문사(文士)가 되어 이름을 날리는 것을 부끄럽게 여기고 식견을 갖춘 저술가(著述家)가 되기를 바랐다. 이것이 첫 번째 비슷함이다.(釋 : 첫 번째에서는 『사통』을 짓기 전 지기(志氣)가 보인다) 양웅이 『태현경(太玄經)』을 편찬하였지만[63] 여러 해가 지났는데도 완성하지 못하였다. 당시 이 사실을 들은 사

경통에게는 시기질투하는 처자가 있어서 친히 가사 일을 해야 했고, 나 또한 사나운 아내가 있어서 집안 형편이 매우 곤궁하였다는 점이 세 번째로 같은 점이다. 그와 다른 점이 네 가지가 있는데, 경통이 비록 지초(芝草)와 혜초(蕙草)처럼 불에 태워져 아무도 모르게 생을 마쳤지만 후일 명현(名賢)들이 사모하고 그의 풍류가 향기를 농후하게 풍겨 오랫동안 세상에 전해지고 명성이 더욱 커졌다. 그러나 나는 생활이 담백하고 명성 또한 적막하여 세상에서는 아무도 나를 알지 못했다. 따라서 고사(枯死)하는 가을 풀과 같았다. 이 점이 네 번째 다른 점이다. 按 : 경통은 후한(後漢) 풍연(馮衍)의 자(字)이다.

62 역주 : 『법언』 「오자(吾子)」편 참조.

63 『한서』 권87하, 「양웅전」 하에, 애제(哀帝) 때 양웅이 『태현경』을 쓰면서 스스로 담박(淡泊)함을 견지하였다. 혹자가 양웅이 현색(玄色)을 이용하여 백색(白色)을 숭상한다고 조롱하자 양웅이 이를 해석하기 위하여 「해조(解嘲)」편을 지었다. 양웅은 옛 사실을 좋아하고 도를 아꼈으며 마음을 내부로 돌려 수양하기를 좋아하였지 밖에서 구하고자 하지 않았다. 당시 다만 유흠(劉歆)과 범준(范逡)이 양웅을 존경하였다. 거록(鉅鹿) 사람 후파(侯芭)가 양웅을 따르며 함께 거주하면서 그에게서 『태현경』과 『법언(法言)』을 배웠다. 유흠이 이를 보고 양웅에게 말하기를, '그대는 어찌 헛고생을 그리 하십니까? 내가 생각하기에 그러한 저서는 후세 사람들이 장단지를 덮는 용도로나 쓸 것입니다'라고 하였다. 환담(桓譚)이 말하기를, '반드시 후세에 전할 것이다. 다만 나는 볼 수 없을 것'이라고 하였다. 장형(張衡)의 「여최자옥서(與崔子玉書)」에, 어떤 사람이 『태현경』을 펼쳐 보고 나서 양웅이 음양(陰陽)의 수(數)에 능통하였고, 그 마음은 실제 『오경』에 비교하는 마음이라는 것을 알았다. 『태현경』은 400년 후에 크게 유행하였다. 육적(陸績)의 「술현(述玄)」에서, 양웅은 수기(受氣)가 순화(純和)하고, 진실과 도를 포함하여 『태현경』을 세웠는데 성인(聖人)이 지향하는 바와 같았다. 때문에 환담이 다른 사람과 비교하여 월등 뛰어나다고 하였다. 또 『법언』에 대한 송(宋)나라 송함(宋咸)의 「서(序)」에, 『법언』은 당시 궁금한 내용에 대하여 양웅이

람들은 그가 쓸데없는 힘을 쏟았다고 모두 비웃었다. 나도 『사통』을 편찬하면서 여러 해를 보냈는데, 세상의 일반 속인들은 모두 나를 어리석다고 여겼다. 이것이 두 번째 비슷함이다.(釋 : 두 번째에서는 『사통』을 지을 당시의 노력이 보인다) 양웅이 『법언(法言)』을 편찬하자 당시 사람들이 다투어 그의 광망(狂妄)함을 비난하였다. 때문에 양웅은 『해조(解嘲)』[64]라는 문장을 지어 (그러한 비난에) 대답하였다. 내가 『사통』을 편찬하니 보는 사람들이 모두 이 책의 단점만을 이야기하였다. 때문에 나는 『석몽(釋蒙)』(『당서』 「유지기전」에는 보이지 않는다)이라는 문장을 써서 그에 반박하였다. 이 점이 세 번째 비슷함이다.(釋 : 세 번째에서는 『사통』을 짓고 난 이후의 주장이 보인다) 양웅은 젊을 적에 범준(范踆)(『한서』에는 범준(范逡)이라 했다)과 유흠(劉歆 : ?-A.D. 23)으로부터 중시되었지만, 그가 『태현경』을 편찬했다는 말을 듣고 조소(嘲笑)하여 말하기를 "이 책은 후세 사람들이 아마도 장항아리[醬瓿] 덮개로 쓸 것"[65]이라고 했다. 그러나 유흠과 범준이 양웅을 존중하였던 것은 대개 문채가 풍부하였던 「장양부(長楊賦)」·「습렵부(習獵賦)」 등의 문장[66]을 귀하게 여겼기 때문이고, 『태현경』 같이 심오한 저작은 그들이 그 은미한 도리를 찾아 살피기가 어려웠을 것이고, 그 가치를 찾아 파악할 능력[窺逾][67]이 없기 때문에 비난을 가한 것이다. 나는 처음에는 시문(詩文)을 좋아하여 당시에 자못 명성을 얻었지만, 만년에 사전

성인의 법을 이용하여 응답한 것이라고 하였다. 동진(東晉)의 이궤(李軌)의 주(注)를 달았다.

64 역주 : 『한서』 권87하, 「양웅전」 하에 그 문장이 수록되어 있다.

65 역주 : 이는 『한서』 권87하, 「양웅전」 하 찬왈(贊曰)에 보이는 문장으로 범준과는 아무런 관련이 없다.

66 역주 : 「장양부」는 『한서』 권87하, 「양웅전」 하와 『문선』 권9에, 「습렵부」는 『한서』 권87상, 「양웅전」 상과 『문선』 권8에 각기 전문(全文)이 수록되어 있다.

67 역주 : 『맹자』 「등문공하(滕文公下)」편에, "그러나 부모의 명과 중매의 말을 기다리지 않고 구멍을 뚫고 서로 들여다보고[鑽穴隙相窺], 담을 넘어 서로 만난다면[踰牆相從], 부모와 나라 사람들이 모두 천하게 여길 것입니다"라고 한 말을 인용한 것으로, 이 중 '들여다보고 넘는다[窺踰]'('逾'는 '踰'와 통한다)는 것은 다양한 방법으로 살필 수 있는 능력을 의미이다.

(史傳)을 이야기함으로써 나를 잘 아는 사람들에게조차 평가가 깎였다. 이것이 네 번째 비슷함이다.(釋 : 네 번째에서는 전후의 시대사정을 통하여 아는 것이 적으면 자연히 더 귀해진다는 것을 알 수 있다고 했다) 나는 보잘 것 없는 재능을 지녔는데도 선현(先賢)[揚雄]과 자취가 비슷하였다. 그러므로 나는 선현의 이러한 자취를 마음에 새기고 그것으로 스스로를 위안하였다.(釋 : 네 가지 비슷함을 묶어 말하였다)

昔梁徵士劉孝標作『敍傳』, 其自比於馮敬通者有三. 而予輒不自揆, 亦竊比於揚子云者有四焉.(釋 : 此下又專以子雲爲比者, 蓋自摹作此書之身分, 以俟後世相知定文, 寄意綿遠也) 何者? 揚雄嘗好雕蟲小技, 老而悔其少作. 余幼喜詩賦, 而壯都不爲, 恥以文士得名, 期以述者自命. 其似一也.(釋 : 第一層, 在未作『史通』前, 見志氣) 揚雄草『玄』, 累年不就, 當時聞者, 莫不哂其徒勞. 余撰『史通』, 亦屢移寒暑. 悠悠塵俗, 共以爲愚. 其似二也.(釋 : 第二層, 在方作『史通』時, 見功力) 揚雄撰『法言』, 時人竟尤其妄, 故作『解嘲』(『漢書』作'謝')以詶之.(一訛'訓') 余著『史通』, 見者亦互言其短, 故作『釋蒙』(『唐書』本傳不著)以拒之. 其似三也.(釋 : 第三層, 在旣作『史通』後, 見主張) 揚雄少爲范踆(『漢書』作'逡') · 劉歆所重, 及聞其撰『太玄經』, 則嘲以恐蓋醬瓿. 然劉 · 范之重雄者, 蓋貴其文彩若『長揚』 · 『羽獵』之流耳. 如『太玄』深奧, 理難('理難'一作'難以')探賾. 旣絶窺逾, 故加譏誚. 余初好文筆, 頗獲譽於當時. 晩談史傳, 遂減價於知己. 其似四也.(釋 : 第四層, 通前後時情而言, 見知希自貴) 夫才唯下劣, 而迹類先賢. 是用銘之於心, 持以自慰.(釋 : 鉤勒四似)

36-9

그렇지만 여전히 남아 있는 유감은 양웅과 비슷한 것이 한 가지도 없을까 두렵다. 무엇인가? 양웅의 『태현경』이 처음 완성되었을 때 비록 당시 사람들에 의해 천시되었지만, 환담(桓譚 : B.C. 40-A.D. 31)은 이 책이 수백년 이후에는 반드시 널리 전해질 것이라 하였다.[68] 그 후 장형(張衡)과 육적(陸績) 등은 과연 (환담의 예언대로) 『태현경』이 다른 무엇과도 비교할 수 없을 정도로 뛰어나다고 하면서 성인의 저작에 비견되는 것이라 칭찬하였다.[69] 만약 『사통』을 『태현경』과 비교한다면 오늘의 환담(桓譚)이라 할 수 있는 서견(徐堅)·주경칙(朱敬則) 등 몇 사람일 텐데, 후세의 장형과 육적 같은 이가 누구인지는 알 수 없다. 아! 만약 장형과 육적 같은 지인(知人)이 나타나지 않는다면 『사통』은 아마 거름과 함께 버려져 재나 연기가 되어 사라질 것이고, 후대의 식견을 갖춘 선비라 할지라도 이 책을 볼 수 없을 것이다.[70] 이것이 바로 내가 책을 어루만지며 하염없이 눈

68 역주 : 환담, 『신론(新論)』「민우(閔友)」편(엄가균(嚴可均), 『전후한문(全後漢文)』 권15 (所收 輯本))에 보이는 구절이다. 『한서』 권87하, 「양웅전」 하의 찬(贊)에도 비슷한 내용이 보인다.

69 역주 : 장형은 남양(南陽) 서악(西鄂) 사람으로서 대대로 저성(著姓)이었다. 어릴 적부터 문장 짓기를 좋아하고 학문에 뜻을 두어 오경(五經)과 육예(六藝)에 능통하였다. 기교(機巧)한 일에 능하였고, 특히 천문·음양·역산(曆算) 등에도 힘을 쏟았다. 평상시에 『태현경』을 매우 좋아하였는데, 최원(崔瑗)에게 이야기하기를, '내가 『태현경』을 읽고 나서 비로소 양웅(揚雄)이 도술의 묘처(妙處)를 궁구한 것을 알았고, 오경과 비견될 수 있으며' 운운하였다.(『후한서』 권59, 「장형열전(張衡列傳)」 참조) 육적은 오군(吳郡) 오현(吳縣) 사람이다. 용모가 웅장하고 박학다식하였으며, 천문 역법이나 산수(算數) 등 읽지 않은 것이 없었다. 그는 『혼천도(渾天圖)』를 지었고, 『주역』에 주를 달았으며, 『태현경』을 해석하였는데,, 세상에 전한다고 했다. 그 평왈(評曰)에, 양웅의 『태현경』에 대한 육적의 공헌은 공자의 『춘추』에 대한 좌구명의 공헌이나 노자의 『도덕경』에 대한 장주(莊周)의 공헌 같은 것이라고 했다.(『삼국지』 권57, 「오서」 「육적전(陸績傳)」 참조)

70 역주 : 전대흔(錢大昕), 『십가재양신록(十駕齋養新錄)』 권13, 「사통(史通)」에 보면, 구양수(歐陽修)·송기(宋祁)가 편찬한 『신당서(新唐書)』가 『사통』의 영향을 받아 실제 편찬에 적용한 내용을 정리하고 있다. 예컨대, 수선(受禪)의 조책(詔策)이나 제왕이 직접 쓰지 않은 제고(制誥) 등을 기재하지 않았고, 오행(五行)의 재변(災變)을 점(占)으로 검증하지 않았으며, 여러 신하들의 적관(籍貫)으로는 조상들의 본적지[舊望]를 취하지 않았고, 논찬에 운(韻)이나 화려한 말을 삭제하거나 고친 점 등이 그것이다. 이는 각각 『사통』의 「재문(載文)」·「서지(書志)」·「읍리(邑里)」·「논찬(論贊)」편 등의 주장을 받아들인 것이다. 이 같은 유지기의 염려는 기우(杞憂)였다. 程千帆, 『史通箋

물을 흘리고, 눈물이 마르고 나자 계속하여 피가 흐르는 까닭이다.[71](釋 : 끝 부분에서는 오히려 회전하듯 회의(懷疑)함으로써 믿음으로 삼았다. 지금이나 후일 세상의 도리를 논할 때는 단지 인심을 보고 그 대립면으로부터 뜻을 드러내면 된다. ○'옛날 남조 양(梁)의 징사(徵士)'로부터 여기까지 한 번은 중시하고 한 번은 감추어 모호함이 끝이 없다)

抑猶有遺恨, 懼不似揚雄者有一焉. 何者? 雄之『玄經』始成, 雖爲當時所賤, 而桓譚以爲數百年外, 其書必傳. 其後張衡·陸績, 果以爲絶倫參聖. 夫以『史通』方諸『太玄』, 今之君山, 卽徐(堅)·朱(敬則) 等數君是也. 後來張·陸, 則未之知耳. 嗟乎! 倘使平子不出, 公紀(陸績)不生, 將恐此書與糞土同捐, 烟燼俱滅, 後之識者, 無得而觀. 此予所以撫卷漣洏, 泪盡而繼之以血也.(釋 : 末一層, 似却如旋, 以疑爲信. 今時後日, 問世只在徵心. 從對面顯意. ○自'昔梁徵士'至此, 一重一掩, 煙景無邊)

按 : 『사통(史通)』은 역사를 서술한 책이 아니고 사서(史書)를 설명하고 평론한 책이다. 때문에 책 본문의 마지막에 사서를 모방하여 자서(自敍)를 작성하였지만 역시 완전히 자신의 전기(傳記)만을 서술한 것이 아니라 주로 『사통』 자체와 관련한 문제에 대하여 서술하였는데, 체례가 그러하였다. 처음에는 연령에 따라 종합적으로 서술하면서 그 중간에 옛 저술과 비교하여 저술의 동기를 말하고, 마지막에 후세 사람들의 공평한 논정(論定)을 기대한다고 하였다. 그 풍격(風格)은 위엄이 있었고, 그 의미는 심장하였다.(『史通』非史也, 而史肆也. 故於正集之終, 擬史作敍. 亦不全乎敍傳也, 而專乎敍書也, 體例然也. 其始循年銓綜, 其中况古著述, 其末待後論定. 其骨岸然, 其味油然)

이 편[「自敍」]에서 이르기를, "이 책은 내용을 깊이 있게 다루었으며 빠

記』, p.187 참조.

71 이 구절은 『설원(說苑)』 「권모(權謀)」편의 하채(下蔡) 위공(威公)에 관한 사실에도 보인다. 역주 : '눈물이 마르고 나자 계속하여 피가 흘렀다'는 문장은 『한비자』 「화씨(和氏)」편에도 보인다.

짐없이 망라되어 있다. 깊이 있고 폭넓게 검토하여 새롭게 밝혀진 내용들이 많다"라고 했고, 또 이르기를, "대개 경학(經學)을 논하는 사람들은 복건(服虔)과 두예(杜預)에 대한 비난을 듣기 싫어하고, 사학을 논하는 사람들은 반고와 사마천의 실수를 말하기를 꺼려한다. 그러나 나는 이 책에서 옛 철인(哲人)을 비평한 곳이 많고 기꺼이 옛 사람들의 잘못을 지적하였으니, 세상 사람들이 죄를 물어도 실로 마땅하다"라고 했다. 오늘날에 와서 보니 말한 바가 모두 검증되었다. 대개 유지기를 비난하거나 그의 지혜를 보려는 사람들은 그 흉을 들추어내지 않는 경우가 드물다. 그런데도 당대(唐代) 이래 사서를 편찬하는 사람들은 그의 말을 사서편찬의 규율로 삼지 않을 수 없었다. 자기만이 좋아하는 개인적인 것과 모두가 그렇다고 여기는 도리가 상호 교차하면서 사람의 마음을 차지하고 있어서, 스스로 공정한 판단을 내리기가 어려울 때는 결국 다만 언변(言辯)을 발휘하는 방법이 있을 뿐이다. 그가 말한 이야기를 몰래 따라 하면서도 겉으로는 또 그가 쓴 책을 비방하는데, 나는 그들이 도대체 무슨 말을 하는지 모르겠다.(篇中云 : 貫穿者深矣, 網羅者密矣, 商略者遠矣, 發明者多矣. 又云 : 談經惡聞服 · 杜之嗤, 論史憎言馬 · 班之失. 而多識往哲, 獲罪固宜. 由今觀之, 所言皆驗. 蓋攻劉見智者, 鮮有不索其瘢; 而繼唐編史者, 罔敢不持其律. 乃好勝之私, 與同然之是, 交據而不能自斷, 卒出於騁辯之一途. 陰用其言, 而顯訾其書, 吾不知其何說也!)

어찌하여 그가 말한 이야기를 몰래 따라 한다고 말하는가? 이르건대, 당나라 이후 완성된 책을 가지고 증명해보면 곧 알 수 있다. 유지기가 편년(編年)과 기전(紀傳)을 가지고 정사의 체례를 바르게 분별한 이후 두 체례의 모식(模式)이 확정되었다. 그가 『사기』와 『한서』를 이용하여 취사(取捨)를 밝히고 나서 단대(斷代)의 체례가 유행하였다. 그가 『사기』「진본기(秦本紀)」가 제왕이 되기 이전까지를 포함하였다고 비판한 이후 이같이 기재범위를 넘어서는 편(篇)이 더 이상 없게 되었다. 그가 「세가(世家)」에 배열할 것인가의 여부는 마땅히 시대의 변화에 따라야 한다고 한 이후 「재기(載記)」들은 곧 변통(變通)의 정신을 갖게 되었다. 그가 후비(后妃)들을 「본기」에 수록하거나 혹은 「외척전(外戚傳)」에 기탁하여 수록하는 것을 모두 잘못이라 논한 이후 그들에 대한 전기가 처음으로 비로소 바르게 되었다. 그가 각 편의 찬(贊)이 중복되고 번쇄하며 명체(銘體)[72]가 더욱 쓸데없이 많아졌다고 논한 이후 변려체와 운체(韻體)가 더 이상 사용되지 않았다. 그가 힘써 반고의 『한서』에 「오행지(五行志)」가 두어진 것을 비판한 이후 재상(災祥)으로서 참위(讖緯)의 난잡함을 물리칠 수 있었다. 그가 위수(魏收)의 표제(標題)에 대하여 통렬한 비판을 가한 이후 칭위(稱謂)가 다시는 그처럼 황당무계한 제목을 붙이는 경우가 없었다. 그가 군망(郡望)을 적음에 따른 습관이 사실과 다르다는 것을 지적한 이후 인물들의 읍리(邑里)는 모두 당시의 거주지를 따랐다. 그가 사실의 서술에 있어서 번거롭게 꾸미는 것을 깊이 경계(警戒)한 이후 자잘하고 가소로운 이야기들이 저작 속에 반으로 줄어들었다. 대략 이상의 몇 가지를 들어만 보아도 이후 사서들이 어떠했는지 개괄할 수 있다. 그들이 몰래 그의 말을 이용하면서 그 대강을 볼 수 없었겠는가! 무릇 옛 사람들과 지금의 사람들은 서로 미치지 못한다. 양한(兩漢)시대의 뛰어난 인사를 앙망(仰望)하는 길은 확실히 요원하고, 육조(六朝)시대의 화려한 꾸밈을 본받게 되면 진실한 것을 상실하게 된다. 오직 원칙을 엄하게 하며 수사(修辭)를 정결(淨潔)하게 했을 때 학문이 달성될 수 있고 본질을 보전할 수 있다. 이러한 것으로 길을 인도한 것이 『사통』이었다. 지나간 일을 종합하여 살핌으로써 본래의 곳으로 돌아가고자 한 공로 역시 넓고 크다. 때문에 같은 책을 두고도 자세히 살피지 않고 소문을 그대로 따르는 사람들은 "옛 사람을 비판하는데 능할 뿐이다"라고 말하지만, 마음에 느끼는 바가 있는 사람은 "나에게 앞서 길을 이끌어주었다"라고 할 것이다. 나는 이로써 혜안을 가지고 독서하는 사람들에게 말하고 싶은 것이다.(曷言乎陰用其言也? 曰：第取唐後成書印證之, 斷可見矣. 自其以編年·紀傳辨塗轍也, 而二體之式定. 自

72 역주 : 그릇에 새겨 스스로 경계하거나 혹은 묘비 등에 새겨 그 사람의 공덕을 찬양하는 글 등의 문체를 가리킨다.

其以『史記』·『漢書』昭去取也, 而斷代之例行. 自其斥『秦紀』於未帝之先也, 而開創無冒越之篇. 自其擬世家以隨時所適也, 而載記有變通之義. 自其論后妃稱紀或寄外戚皆非也, 而傳首始正. 自其論篇贊複衍, 更增銘體尤贅也, 而駢韻都捐. 自其力排班志之五行也, 而災祥屛讖緯之蕪. 自其痛詆魏收之標題也, 而稱謂絶誕妄之目. 自其以書地因習爲失實也, 而邑里一遵時制. 自其以敍事煩飾爲深誡也, 而瑣噱半落刊章. 約擧數端, 後史可覆. 謂之陰用其言, 不可槪見哉! 夫古今人不相及, 望兩漢之雄俊則道遠, 效六朝之藻飾則眞喪. 唯夫約法嚴, 修辭潔, 可以學企, 可使質全. 爲之鄕道者, 『史通』也. 綜往飾歸, 功亦博矣. 故同一書也, 耳食者曰'工訶古人', 心喩者曰'導吾先路'. 願以告具眼讀書者)

매번 『신당서(新唐書)』와 『구당서(舊唐書)』 중의 서견(徐堅) 등 일곱 사람의 열전을 읽을 때마다 사람들에게 유지기를 더욱 중시하게 하고 싶었지만 감히 함부로 떠들 수 없었다. 이 일곱 사람들은 모두 깨끗한 절개를 지닌 사인(士人)들이었다. 옛말에, "내가 직접 사람을 대면할 수는 없지만 그가 어떤 사람들과 벗을 삼고 있는 지는 살필 수 있다"라고 했는데, 어긋난 말이 아니로다!(每讀『新』·『舊書』徐堅等七人傳, 益使人想重劉公, 不敢哆口譩也. 七人者, 皆皎皎亮節士也. 語有之, 臣非能相人, 能觀人之友也. 其弗爽矣夫!)

「체통(體統)」·「비류(紕繆)」·「이장(弛張)」

모두 전하지 않는다.[1]

按 : 망실된 세 편이 구본(舊本)에는 단지 「내편」 목록의 끝에 보인다. 지금은 목록에 근거하여 여기에 보완하여 배열하였다. 그러나 「자서(自敍)」편 다음에 다시 다른 편(篇)이 있어서는 안 된다. 일찍이 장여우(章如愚)의 『산당고색(山堂考索)』[2]을 읽은 적이 있는데 「비류(紕繆)」편이 「번생(煩省)」편 다음에 있었다고 하고 다른 두 편에 대하여는 다시 언급이 없었다.[3] 그리고 먼저 그 전체가 50여편이었다고 거론한 것은 본래 그 내

---

1 역주 : 왕지창(汪之昌)은 망실된 이 세 편을 나름대로 보완하여 「의보사통체통편(擬補史通體統篇)」·「의보사통비무편(擬補史通紕繆篇)」·「의보사통이장편(擬補史通弛張篇)」을 지었다. 전문(全文)이 程千帆, 『史通箋記』, pp.189-193에 부록되어 있다.

2 역주 : 일명 『군서고색(群書考索)』이라고도 한다. 유서(類書)의 일종으로 남송 장여우가 편찬하였다. 원본은 100권이지만, 원·명시기에 간행된 것은 4집 212권이다. 경사백가(經史百家)의 말을 폭넓게 취하여 정치제도를 논하였는데, 경세치국에 관한 내용을 주로 담고 있다.

3 역주 : 이 세 편과 「잡설(雜說)」 하(下)편에 보이는 잡기(雜記) 10조(條)와의 관련성에 대한 장온화(張蘊華)의 명촉각본(明蜀刻本) 『사통』에 대한 초교기(初校記)를 비롯한

용이 본래 이미 있었고 다만 그 전후의 순서를 확정하지 못했을 뿐이기 때문이다. 다시 『당서』 「유지기전」을 살펴보니 『사통』 내편과 외편 49편을 지었다고 하여 현행본의 권수와 합치된다. 설마 사가(史家)가 사정의 근본에 대하여 소홀하였겠는가?(三亡篇, 舊本僅見「內篇」目錄之末, 今依目補列於此. 但「自敍」後不應更有餘篇. 嘗閱章宮講『山堂考索』, 「紕繆」篇綴在「煩省」之下, 其二篇者不復及. 而先擧其總曰五十餘篇, 則固有其文, 而莫定其原次耳. 再考『唐書』本傳云, 著『史通』內外四十九篇. 與今行本數合, 毋亦史氏疏於元始乎?)

김육불(金毓黻)과 포기룡의 견해에 대한 평가는 程千帆, 『史通箋記』, pp.187-188 참조.